"中国文化与传播"
名家讲演录

北京师范大学人文宗教高等研究院 ● 编

中国社会科学出版社

图书在版编目(CIP)数据

"中国文化与传播"名家讲演录/北京师范大学人文宗教高等研究院编. —北京：中国社会科学出版社，2015.12
ISBN 978-7-5161-7267-4

Ⅰ.①中… Ⅱ.①北… Ⅲ.①文化传播-中国-文集 Ⅳ.①G12-53

中国版本图书馆 CIP 数据核字(2015)第 301151 号

出 版 人	赵剑英
责任编辑	任 明
责任校对	韩天炜
责任印制	何 艳

出　　版	中国社会科学出版社
社　　址	北京鼓楼西大街甲 158 号
邮　　编	100720
网　　址	http://www.csspw.cn
发 行 部	010-84083685
门 市 部	010-84029450
经　　销	新华书店及其他书店
印刷装订	北京市兴怀印刷厂
版　　次	2015 年 12 月第 1 版
印　　次	2015 年 12 月第 1 次印刷
开　　本	710×1000　1/16
印　　张	40.25
插　　页	2
字　　数	642 千字
定　　价	98.00 元

凡购买中国社会科学出版社图书，如有质量问题请与本社营销中心联系调换
电话：010-84083683
版权所有　侵权必究

前　言

　　进入21世纪以来，汉语国际教育事业在全球范围内蓬勃发展。受中国文化影响力在全球的迅速提升的影响，这一事业在短短几年之内从单纯的对外汉语教学转入了全面的文化交流阶段。新的阶段带来了新的机遇和挑战。汉语国际教育事业担负着中华文化对外传播的重大使命，对改善中国的发展环境、促进世界多元文明的和谐与发展有着极其重要的意义。因此，当前汉语国际教育中的文化课程板块需要大规模创新改革，不断改进。

　　在这一背景下，由国家汉办/孔子学院总部、全国汉语国际教育硕士专业学位教育指导委员会主办，北京师范大学人文宗教高等研究院承办的"中华文化与传播"课程研修班（以下简称"研修班"）于2011年7月25日至8月21日在北京师范大学成功举行。第九届、十届全国人大常委会副委员长、北京师范大学人文宗教高等研究院院长许嘉璐，国家汉办主任许琳，北京师范大学党委书记刘川生等领导出席研究班并发表重要讲话。

　　研修班共安排了20场讲座，6大专题研讨和5次文化考察，旨在通过专题讲座讨论、自主学习和课件制作及文化考察等多种形式，全面提高教师在讲授文化类课程方面的素质和能力。来自全国36所高校的40名"中华文化与传播"课程教师作为学员参加了研修班课程。

　　20场讲座由19位来自国内外各相关学科的顶尖级学者或名家担任主讲或主持。除许嘉璐先生外，还有著名学者杜维明、安乐哲、罗思文、陈鼓应、张希清、彭林、赵世瑜、田辰山、于丹、韩茂莉、萧放；还有古琴艺术家李祥霆，宗教界领袖张继禹道长、学诚法师，中医教授曹洪欣，古天文学家杜升云，书法艺术家解小青，画家邹立颖等。讲座内容涉及中华传统文化中思想、宗教、艺术、科技、民俗、历史、地理，以及跨文化交际和传播学等诸多领域。

　　研修班采用了"研—修"模式，上午专家授课，侧重学习吸纳；下午学员自主研讨，旨在研讨创新。在一个月的研修过程中，研修班就6大专题进行了17次全员或分组研讨。学员们对汉语国际教育专业硕士文化板块的课程设置、课程内容大纲及授课方式等问题形成了部分共识，共同撰写了"中华文化与传播"课程大纲（草案），为汉语国际教育专业硕士文化类课程建设做了一些基础性工作。

　　本次研修班是多年来对外汉语教学界首次专门为文化课师资举办的研修班，对汉语国际推广事业中文化课师资队伍建设和汉语国际推广事业的发展具有重大意义。

　　将研修班的讲话、演讲及部分学院的论文结集出版，既可以让更多的同人品味这份文化大餐，也有助于推动汉语国际教育文化类课程师资培养，从而推动汉语国际教育事业的不断发展。

目　录

前言 ··· (1)

开幕式讲话

研讨中华文化传播教学　服务汉语国际推广事业

　　如何培养具有国际视野和跨文化意识，兼具汉语教学和文化传播能力的应用型专门化合格人才，是我们亟待解决的一项重要课题 ································· 马箭飞 (3)

推动传承创新　增进国际传播

　　中华文化悠悠五千年，源远流长；儒、道、释相辅相成，博大精深。中华文化更是以其济世情怀、和谐理念，成为世界文明对话的重要力量 ··················· 刘川生 (5)

名家讲演

漫说"中华文化与跨文化交际"

　　当今中国遇到的最大的问题是社会主义先进文化应该如何建设。党中央、国务院早已经明确提出过这个问题，但是至今还没有破题 ······························· 许嘉璐 (9)

儒家传统的现代转化

　　最近比较关注的课题是21世纪的儒家传统以及面对现在这个传统资源有没有一种参照来衡量人类文明进步的发展 ······························· [美] 杜维明 (31)

中国历史大脉络（一）

　　我们讲的历史，肯定是一种结论，至少是一些到目前为止我们认为正确的结论。关于中国的历史究竟如何发展，它有一些什么样的特点，在不同阶段、不同的区域究竟是怎么表现的，

出了哪些重要的事件或人物，这都是一些结论 ………… 赵世瑜（76）

中国历史大脉络（二）

西周之后进入到春秋战国时期，无论是按照传统的观点还是今天我们新的一些认识，无论如何我们都可以把在公元前5世纪西周之后被称为春秋战国的时期，一直到秦统一之前，看作是中国历史上发生重大社会变革的一个时期 ………… 赵世瑜（98）

《周礼》、《周易》与故宫、北京城

现在大学里开的课基本上都是讲思想文化：老子、庄子、孔子、佛教、道教。其实人类文明最基础的文化叫物质文化 ……………………………………………………………… 彭　林（125）

中西哲学比较

我的责任是把中国传统思想介绍到国外，并将它国际化，让它和西方哲学有一个对话。贝多芬是德国的，但他变成了世界的，孔子的思想，中国传统文化思想将来也是要成为世界的 ……………………………………………………… ［美］安乐哲（145）

从《论语》到《孝经》

某种意义上儒家的社会性都是一种美学的、政治的和精神意义的东西，和道德层面是完全内在一致的，它们帮助我们如何寻找一种过上美好生活的方式 ……………… ［美］罗思文（175）

中西文化比较

中美两个国家总体上可以代表东方国家和西方国家，这两个国家在经济、政治上都处于非常高的层次，如果这两个国家将来能够互相了解，能够联手做一些对世界有利的事情，这个世界会受益匪浅。如果这两个国家将来有问题，结果很难设想 ……………………………………………………………… 田辰山（191）

中医学与中医文化

中药在国际国内都有广泛的需求，有很多文化人讲中医，应该说讲中医文化文化人能讲，但讲中医学确实对文化人来说是有一定难度的 ………………………………………… 曹洪欣（221）

中华文化传播策略

我们在全世界推广我们的传统文化，如何与其他文明形成差异中的对话，差异中的融合，从而形成新的文化生态，我想这才是我们最需要学会的 ………………………… 于　丹（230）

中国佛教的幸福观

长期以来，不少人认为佛教是出世的，甚至是比较消极的。今天的这个题目就回答了这个问题：佛教不是消极的，佛教有出世的这种精神，佛教对现实社会、对现实人生也有它积极正面的主张 ………………………………………… 学 诚（262）

中国古代科举制度

中国从隋唐到明清大多数著名政治家都是通过科举选拔出来的。另外，通过科举还造就了大批的思想家、文学家和著名学者。可以说，这1300年间，几乎所有知识分子、所有地区和绝大部分书籍都与科举有关…………………… 张希清（289）

道教简说

中国人在探求宇宙万物终极的时候，就觉得只有这个无形的东西才是终极的实在，也就是"道"。"道"既是理性的又是感性的，或者说既是有形的，又是无形的。所以它是神妙莫测的，是一切的根本 ……………………………… 张继禹（329）

中国民俗文化

民俗是一个古老的现象，同时它也是一门年轻的学问。它在历史上起源非常早，但今天我们的生活还离不开它，它还在我们的生活里发挥作用 …………………………… 萧 放（348）

中国书法

汉字对于中国人而言，犹如婴儿之于母亲，那一份感情是融入骨髓，流进血脉里的，这种深刻的汉字情结直接成就了中国独特的书法艺术 ……………………………… 解小青（386）

中国历史地理

中国疆域的变迁，这个问题不但是对外汉语教育需要给国外朋友进行介绍的问题，同时也是中国政治中最敏感的问题。中国的疆域，有过很多变化，不仅仅是目前现状，很多边疆问题涉及历史，并且是从历史继承下来的 …………… 韩茂莉（414）

老庄哲学

老子为什么是第一个哲学家，我们以后会知道。主要是他提出的问题是哲学问题，这些问题从来没有人提到过，而且整个哲学史都是依照他这个问题作为中心思想，可以说作为主体思想来发展 ……………………………… 陈鼓应（443）

中国画鉴赏

中国画分科顺序是山水、人物、花鸟，人物画在前，中国画的人物没法像西画用颜色的冷暖作画，而是把画画成平面的 ………………………………………………………………………… 邹立颖（459）

中国古代科技（天文）

天文学讲的是关于宇宙的科学，它的研究方法就有它的特点。主要的特点就是天文学是一门观测的科学，如果离开观测我们就没有办法研究，如果一种理论经不住观测的考验，那么这种理论就会被淘汰，或者暂时被人搁置一旁 ………… 杜升云（488）

中国古琴艺术

古琴，可以说它是高雅的、高尚的、高贵的，但是高而可攀，不是高不可攀；它深厚、深刻、深远，但深而可测，可以理解，可以感受；神圣的、神奇的、神妙的，但神而可解 … 李祥霆（521）

闭幕式讲话

用文化凝聚民族

毋庸讳言，西方在经济、科技发展的同时也主导着世界的话语权，他们的一些观念、概念影响着我们，尽管其中包含很多需要我们学习、交流的东西，但不可否认也有西化甚至分化我们的内容，认识到这一点对我们国家安全、民族发展非常重要 ………………………………………………………………………… 王炳林（559）

东学西渐：神圣的使命

用世界眼光研究世界史，首先要用中国的眼光研究世界史，用中国的眼光看世界！我们现在缺的不是世界眼光，而是中国眼光 ………………………………………………………………………… 许　琳（561）

中华文化的主体性：理性认清与自觉重塑

中华文化的主体性要建立，同时我们又要与世界各地的文明交汇、交流和汇通，这个关系怎么处理？广收兼蓄的理念如何处理？这些都是大的理论问题 ………………… 许嘉璐（565）

附录　研修班学员论文

从问卷调查看汉语国际教育中华文化与传播课程教材
——以中山大学国际汉语学院为例 ………… 颜湘茹（575）

关于文化教学的几点思考 …………………………… 白宏钟（586）
白族孝道传承机制及其反思 …………………………… 黄雪梅（599）
近代美国来华传教士高第丕的汉语词类观
　　——以《文学书官话》为例 ………………………… 李海英（609）
接纳与排斥：试论十八世纪英国有关饮茶的争论 ………… 刘章才（618）

开幕式讲话

研讨中华文化传播教学
服务汉语国际推广事业

马箭飞

马箭飞副主任讲话

"中华文化与传播"课程研修班是在许嘉璐先生倡议和指导下开设的。早在5年前,许先生精心指导、设计了全国第一个汉语国际教育硕士实验班培养方案,47名学员学习期间或毕业后悉数派往国外,从事汉语教学志愿服务,成为汉语国际教育的一支新生力量。

汉语国际教育硕士专业学位正式设立时间很短,如何培养具有国际视野和跨文化意识,兼具汉语教学和文化传播能力的应用型专门化合格人才,是我们亟待解决的一项重要课题。许先生非常关注和忧虑新一代汉语国际教育人才培养方案和模式,为专业硕士的师资队伍着急,为汉语国际教育事业的发展着急,为中华文化真正"走出去"着急。

这次研修班将开创汉语国际教育硕士专业学位课程改革的新模式。这个模式就是围绕一门课程、一个主题,整合中外一流学者和一流课程,分期、分批组织主讲教师研修交流。在研讨、实践的基础上形成对这门课程在课程大纲、教学内容、教学要求等方面的共识,并为形成课程的通用教材打下扎实的基础。这次培训班是个示范,我们将一门门做下去,争取三年做出一批精品课程。

这次研修班也标志着汉语国际教育硕士专业学位任课教师全员培训项目的正式启动。今年3月份,在新一届全国汉语国际教育硕士专业学位教育指导委员会成立会议上,各校代表纷纷提出,希望能对本专业学位的导师和任课教师进行全员培训,以指导大家转变教学理念,改革教学、评价、实习和指导方式,以培养真正适应国外需要的职业化、复合型、应用型国际汉语教师。今天的研修班将是我们组织实施两年内全覆盖培训的良好开端。

各位学员都是各个学校的骨干教师,肩负着培养新一代汉语国际教育师资的重任,也担负着其中最基本、最核心课程内容——中华文化传播教学任务的重责。这次培训是个难得的机会,我们不仅要对这门课程的内容和教学有更好的理解和把握,而且对这门课程的发展模式,对中华文化的传播方式,也要收获一些实实在在的东西。

我们希望,这次研修班既是课程研讨的过程,也是课程大纲和课程标准等相关课程规范建立的过程,也是我们确定课程教材主题内容的过程。我们"汉办"的工作人员包括我自己,将和大家一道参与这个过程,共同来听讲、学习、交流,一起讨论这门课程的改革和发展,以服务于汉语国际教育事业。

推动传承创新 增进国际传播

刘川生

刘川生书记讲话

随着全球化时代的到来，文化的跨时代传承与跨民族传播已是大势所趋。中华文化悠悠五千年，源远流长；儒、道、释相辅相成，博大精深。中华文化更是以其济世情怀、和谐理念，成为世界文明对话的重要力量。今天，在全球文化深入交流、激烈交锋和不断融合的伟大进程中，推动和促进中华文化的传承创新与在全球传播，不但可以激发我们对自身文化的认同感和自信心，而且有助于增强我们国家的文化软实力，更有助于促进世界多元文化的繁荣发展。

推动文化传承创新是大学的重要使命。作为百年名校，北京师范大学始终致力于中华文化的研究、传承与传播。过去，北师大民俗学先驱钟敬文和国学大师启功等一代名师在北师大弘文励教；今天，以许嘉璐先生为代表的一代学人承前启后，担当起了弘扬中华传统文化，推动中外文化交流的历史重任。近年来在国家"汉办"的支持下，我校大力开展对外汉语国际教育，先后与北美和欧洲等院校合作创办了五所孔子学院，创立了"汉语国际推广新师资培训基地"，创立了"北京汉语国际推广中心"，在国际汉语推广事业中发挥了引领作用，为中华文化在世界范围内的广泛传播做出了贡献。

人文宗教高等研究院是我校搭建的跨文化、跨学科的研究平台。2013年，许嘉璐先生凭借其战略眼光和国际视野，创办了人文宗教高等研究院。短短一年来，研究院以"感恩敬畏，人皆我师；安居论道，奋起行之"为院训，大力推动不同文明之间的对话与交流，先后举办了"尼山论坛"、"两岸关系研讨会"、"人文宗教高等论坛"等活动，促进了社会公众对中华文化的自觉意识，促进了世界各国对中华文化的广泛关注。

今天，在许嘉璐先生的倡议下，"中华文化与传播"课程研修班应运而生。研修班在形式上既有名家讲座，又有专题研讨，既有内部交流，又有文化考察；在内容上既有哲学深思，又有信仰引导。希望大家充分利用这一难得的学习和交流机会，围绕当前中华文化传承与传播中的热点问题进行深入研讨，为汉语国际教育事业的发展，为中华文化的传承创新与国际传播注入新的活力！

名家讲演

漫说"中华文化与跨文化交际"

许嘉璐

当今中国遇到的最大的问题是社会主义先进文化应该如何建设。党中央、国务院早已经明确提出过这个问题，但是至今还没有破题。一个有13亿人口的伟大民族，自己有着三千多年有文字记载的历史，按出土文物则是几万年的文明，但是面临着社会转型，居然不知道自己的文明应该怎样建设。这既是悲剧，又是巨大的挑战。

可以说，中华民族目前遇到了"鬼门关"，这一"关"不闯过去，中华民族恐怕会没有希望。卖领带、卖袜子不能让中国成为一个伟大的国家，因为领带、袜子在世界各地都可以生产，唯独自己民族的文化只能自己生产，别国不能代替，何况经济是漂浮的，时起时落的，只有文明最长寿。

在建设社会主义先进文化的时候，我们可以分解为两大难题：

第一个难题就是如何建设现时代的中华文化，并且使之生活化。按照文化发展的规律，任何时代的文化都是在历史的基础上生发的，用我们的话说就是"优秀传统文化如何与时代精神结合"，"与时俱进"。它没有现成的药方，必须要全国文化人和老百姓一起探索才能实现。只有当我们可以清晰地说明，我们这个时代的文化具体的形态大约是怎样的，它的实质和根本理念是怎样的，并且让它不是仅仅停留在图书、书斋和学术刊物里，而是渗透到几亿家庭当中和所有社区的日常生活区当中，乃至大家在街上相见，无论相识不相识，在彼此的交际中都体现这种文化的时候，这才叫中华文化的复兴。解决这个问题至少需要上百年的时间。

第二个难题，当今世界，统治着全球几十亿人的主流文化是发源于希伯来和古希腊的、以现在的美国文化为代表的希伯来—希腊—罗马—盎格鲁·撒克逊文化（也就是夹大西洋两岸的文化，因此有的学者称为"大西洋文化"），这个文化已经渗透到全世界每个人的毛孔里，包括我们学校从小学到中学的学制设置、课程内容的设置、上了大学之后的分系、每个人学的专业，无不受其影响。比如学历史的学生，把历史看成是线性的发展，这早已被国际历史学界所推翻，但我们仍然在讲线性发展。又比如文史哲的分家壁垒森严，造成了我们每个人知识的片面，以致不能把中国的文史哲提高到世界的高度。

当今世界的经济是什么样子的呢？广告商业、明星商业、时尚商业和虚荣商业，这四个名词加在一起就是"今天的经济"，它们成为引领经济发展的最重要的"火车头"，我们的孩子们、兄弟姐妹们已经被这个"火车头"所引发的所谓"时尚"、"虚荣"驱赶着进行消费。如果带着这个眼光，带着西方解构主义、女权主义、后现代主义所给予我们的遗产，来看待今天社会的话，你会把自己平时心里安宁的状态一下子变成了焦虑不安，觉得周边触目惊心。

在这样的情况下，国际学界的一些学者把眼光转向了东方，比如本次研修班请来的几位世界顶尖学者，像安乐哲、罗思文、当代"新儒学"的代表——这个引号是我加的——杜维明先生，以及研究道家的陈鼓应先生等等。在浮躁、荒唐、分裂、残酷的当代世界里，他们看到了中华文明中很多宝贵的东西，这些宝贵的东西足以供全世界参考。

早在四十年前，英国的大历史学家汤恩比就提出，如果中国人向全世界献上一份礼物——中华传统文化，再把它跟西方外向的、激烈的、争夺的、爆发式的文明相结合，就有可能在21世纪形成人类的新文明，只有这样才能挽救人类。安乐哲、罗思文、杜维明等等无不做如是观。

这就是我们遇到的第二个难题：在我们解决第一个难题之后，如何让我们这些宝贝走出国门？

目前中华文化"走出去"有重重的困难。其中，既有三四百年来西方学者对中国文明的错误解读，也有当今世界西方学者对中国的偏见与无知，以及在传播手段上强势经济掌控着全世界的传媒，等等。再反观自身，我们不但自己还没认清自己的文明，而且还缺乏人才，包括缺乏传播中华文化的推手。

从事汉语国际教育的硕士生来源于文史哲、心理学、教育学、传媒学、计算机、环境保护等专业。学文学的不懂哲学，学哲学的没摸过文学，学史学的与哲学、文学决裂，至于学理工科的学生从高二起就把文科扔到一边了，因为文理分班教学了。考上大学之后又只学本专业的东西。知识的这种狭窄是西方文明造成的，它造成中国的学生对中国的东西知道得少之又少，使他们先天不足。那怎么办？这个问题需要全国来解决。孔子学院总部，作为向外输出志愿者和老师的部门，就要尽量使他们后天不要失调。因此，需要大家聚到一起进行研修，研究如何培训我们需要的人才。我在巡视欧美以及大洋洲的孔子学院时，孔子学院的院长、学校的校长乃至当地的教育部官员都操着不同语言异口同声地跟我说："学习汉语不是我们的目的，这不过就是个工具，我们的目的是要了解伟大而神秘的中华文化。"有的人甚至说出"你们的孔子学院无孔子，只有一个塑像"这样的话来。这是批评，这是渴望，这是要求。把我上述可能并不十分准确的对世界和中国情况的分析作为背景，再来看看我们这个研修班，其意义自不待言。

我期望通过我们一系列的研讨研修，再通过大家各自的研究，最后能够形成一股力量，使国民对于中华文化的认识提升一个层次。下面我分解来说其中的意思。

1. 打破学科界限。例如儒释道的界限，文史哲的界限，乃至文科与自然科学的界限。因为讲中华文化需要懂天文，懂地理，懂数学，等等。

2. 提升至形上。我们要形成一支浩浩荡荡的队伍。这支队伍当中的多数人能够摆脱"器"的层面，跃至"道"的层面。一个民族的文明，如果不能上升为形而上学，早晚要灭绝。两河流域的文明、埃及法老的文明无不如此，它们的文字比我们发生得早，经济贸易比我们发达得早，城市建设比我们发达得早，但是现在都灭绝了。归根到底是因为这些民族只着眼于物，不着眼于心；只着眼于器，没有上升到道。这也就是为什么希伯来宗教（包括犹太教和基督教），在前中世纪会如饥似渴地和希腊、罗马的哲学相结合，充分吸收柏拉图、亚里士多德等人的学说，使之哲学化，从而能够延续至今。

3. 透视生活。我们不能坐在"象牙塔"的顶尖上不闻世事，也不能在大学校园里自鸣得意，认为只有自己才掌握了中华文化。文化的主人是人民，文化的生命力根植在他们的生活当中。现实给我们提出许许多多文明与文化的问题，我们要关注，要剖析，并从关注与剖析的过程中提高我们的水平。

4. 培养高端，或者说培养种子。既然中华文化的复兴需要百年，那么以我为起点往下数的年长之人不过是为百年后做垫脚石，希望在我们这些石头上走过的人中出现一批国际级的学者。

以上是我个人的期望，也是我和我的朋友以及我的学生艰苦创建人文宗教高等研究院的原因。

下面步入正题，我要讲的内容有以下几个部分：

一、什么是文化，什么是中华文化；

二、如何把握、观察文化；

三、中华文化的底蕴；

四、以中西文化比较为例，谈不同文化的同与异；

五、中外文化交际的原则。

以上五条只有最后一条是关于跨文化交际的，因为我在前四个问题中都做了铺垫，最后只说最关键的意思就足够了。

一　什么是中华文化？

"文化"极难下定义。我非常赞赏下面的说法——它们虽不是定义却可以看作定义。文化就是"人化"，着眼于人与"兽"的区别。不要以为这是废话，大象的鼻子卷着画笔在画布上画，狗涂了油彩在纸上爬，最后还能卖出去，但那不是文化，那是"兽化"。有些所谓行为艺术家在大庭广众下做爱，这不是"人化"，是"兽化"，因为和猫狗交配时不回避人一样。当今世界上兽化的东西很多很多，它把人经过几百万年，好不容易从兽中摆脱出来成为人的境界，又给拉回到兽里去了。

文化体现在一个民族，一个群体或个人的生活方式中。因此，文化不神秘，如果带着文化的眼光去观察周围世界，那么反观自己一天的生活也无处不是文化。当然，人有动物性，吃喝拉撒、睡觉，这不是文化。

"人类所创造的精神财富"这也不是文化的定义，而是指文化的范围，所以，我这个课不能给大家文化的定义，而且我反对给文化下定义，精确的定义本身是西方二分法思维的结果，有些事物只可意会，很难言传。扩而大之，不但文化不能下定义，就连"人"也不能下定义，不管是中国化的"人"还是英语的 personal。定义的结果是，你不说我还明白，说了我反倒糊涂了。比如，仁爱的"仁"怎么下定义，说"仁者爱人"，那不是下定义，"仁"的范围极广，只要深入到儒学就发现"仁"

很难说清楚,但又能说清楚。所以,老子说:"道可道,非常道,名可名,非常名。"

"文化"、"人"、"仁",等等,都不过是些假名。所以我说的文化是"人化",也是我们的"生活方式",也是"人类所创造的精神财富"。但这种抽象表述还不如我举个具体的例子,请大家看,这个杯子不是文化,但是一看到这个杯子就知道是中国的,只有中国的杯子才是这种造型,这是文化。

什么是中华文化呢?我也不能下定义,但是可以划个范围,56个民族所创造的精神财富是我们的中华文化。这里要强调,我们今天谈文化,谈儒释道,千万不可忽略了我们中华文化的整体是56个民族共同贡献的结果。在我们生活中,在文化的表层和中层有很多可触可见的少数民族文化,例如大家吃的涮火锅就起源于蒙古族的文化。所以我们要树立一个观点,中华文化是56个民族共同创造的,即使是人数最少的少数民族也做了贡献,比如《乌苏里船歌》就是赫哲人的,"哈尔滨"是赫哲话,意思是晒渔网的地方。但是一个文明总要有主干,中华文明的主干就是汉族文化,汉族占了全国人口的94%,这是一个强势的主干。

在汉文明中,儒家不过是百家中之一家,但是自汉以后,它就成为主干了,也正是因为汉代的长期强盛,所以我们的民族才叫汉族。如果汉代没有那么强大,到了唐代才强大,才形成一个伟大、统一的帝国,那么汉族可能就被称为唐族。

从唐以后,儒释道并驾齐驱,三家相互吸收借鉴。儒家首先吸收了佛道两家,这才把儒学提高到了一个新的高峰,这就是宋代的理学;宋代的理学加上宋明的陆王之学(陆九渊和王阳明),就把中国的儒学提高到当时世界的最高峰。由于吸收了儒家和道家的内容,才形成了中国化的佛教——禅宗,并随后得到了极大的普及,到宋代也达到高峰。道教也由于吸收了儒和佛,才形成了自己的教义体系。儒释道鼎足而立,构成了中华文化的主流,但是还是以儒家为主体,尽管唐代曾经把佛教、道教前后定为国教,也没有动摇儒家的地位。其中的原因后面会谈到。

二 如何把握、观察文化

(一)按照人认识的规律,似乎应该把观察放在前,把握放在后,我故意把它颠倒了。这里所谓的"把握"是指宏观地进行把握;"观察"的"察"是审视、细看的意思,"把握、观察"即"先宏后微"。人类认识的规律证明,人想要把握某种事物,首先要对它进行分类,其次要比较,这是人类认识事物的两个基本方法。在分类方面中西方有着不同的特点。西方一分了类就井水不犯河水,我们的分类是相对的,认识到类与类之间水乳交融的关系,每一类有每一类的特点,只不过是某些特点在它的所有属性中占主导地位而已。

中华文化可以横向分类为民族文化、地域文化、雅俗文化、行业文化和形态文化。行业文化和地域文化本身就是交叉的,例如沪文化是以上海为代表的江浙一带的文化。而所谓行业文化包括企业文化,企业是跨地的,这样就交叉了。

中华文化又可以纵向分为远古文化、殷商文化、先秦文化、两汉文化,等等。

把文化分了类就好观察了,我们常说中华文明源远流长,我改了一个字叫"源多流长",实际上我们文明的源头既远又多,远到现在还难以界定它的时间,不知道到底有多长;至于"多"呢,从前都认为中华文化发源于黄河中上游,但是经过近几十年的考古工作,发现还有其他的源头,比如以三星堆和金沙遗址为代表的巴蜀文化就是一种独立的文化,今天中国文化遗产的标志就是一个圆的太阳神,那就是在金沙遗址出土的一个金箔的饰品。

我们承认了巴蜀文化是中华文明的源头之一,并不等于一切问题都解决了:三星堆的人种哪里来?为什么塑造的面具是高鼻凹眼?三星堆的文明瞬间没有了,人到哪里去了?为什么这个种族没了?等到金沙遗址发现了,得到一点线索,可能是三星堆人迁移到金沙的,或者是三星堆文明的一支在金沙,当三星堆衰落之后,金沙兴起了。但金沙的文明除了三星堆的赐予又和陕甘文化有相似之处,金沙的北面就是剑阁、秦岭,连李太白都说"蜀道之难,难于上青天",远古时代的人是怎么背着这么重的器物从陕甘翻越秦岭过来的?他们干吗要费这个劲?不得其解。更有意思的是,金沙有一个十节的玉琮,玉琮是江浙一带的良渚文化中晚期的特点,从成都到浙江两千多公里的水路,以及崎岖难行的山路,怎么就到了金沙呢?谜。但是今天终于让我们懂得了"蚕丛及鱼凫,开国何茫然"中的蚕丛和鱼凫不是虚无缥缈的,他们可能就是金沙人,因为一些出土文物显示,鱼就是金沙人的图腾。

比金沙遗址时间靠后一些的河姆渡文化和良渚文化又证明,吴越文化也是中国文明的源头,而湖南湖北文物的出土,也证明湘楚文化,同样是中国文明的一个源头。近二十年对龙山文化遗址的发掘,让东夷文化得以确立。这些新石器时代的文明证明中华文明是多个源头,所以我说"源多流长"。

接下来在我讲的中华文化的要点中,有一些因素在一两万年前就已经开始在中华大地上酝酿,但是当时还没有成熟。人们常常会说:"哪一个民族不是源远流长的?"我的意见是,把这四个字放到我们文明的头上是恰当的。两河流域文化、埃及法老文化、古印度文化以及希腊罗马文化实际上已经断绝,乃至于今天在两河流域和埃及生活的人种都不是以前的。因此,当两河流域的楔形文字在15世纪被欧洲人重新发现之后,到了19世纪才被法国等国学者破译;晚于楔形文字的埃及法老文化比我们甲骨文早将近两千年,但是后来的埃及人谁也不认识,需要西方学者通过若干年的精力去破译。甲骨文也有三千多年的历史了,但是每一个搞语言文字的老师都会或多或少地认识其中的一些字。如果换成汉代的隶书,那么除了个别繁体字,其他的小孩子都能认识。李太白、杜甫的诗,那时候都已经主要用楷体写成,今天印到课本上,中国的孩子可以直接读他们,这在世界上是唯一的现象。因此,我们的源是多的,是远的,我们的流是长的,流长的意思就是没断,断了不就是流短了吗?

(二)文化的层次的划分及各层次间的关系。

我把文化分为表层、中层和底层三类。

表层是物质文化,指的是人对物质的喜、恶、取、舍。举个例子说,给大家定做的这身文化衫本身不是文化,但是我们把北师大人文宗教高等研究院的Logo印在上面,就赋予了文化。我们有七大菜系或五大菜系,现在又发展到十大菜系,不管哪个菜系,做出的菜本身,比如鸡鸭鱼肉、蔬菜等,这些不是文化,但某个菜系地方的人就喜欢这么吃,就喜欢这种味道,这是文化。再比如,装修房子的时候,有的人可能挂在798买的不知所云的现代艺术画;有的人可能挂齐白石的水印画,这些是文化。

中层,原来我称为"制度文化",现在看来叫"工具文化"可能更好,这指的是制度、法律、宗教、艺术,等等。

底层,以前我叫它"哲学文化",现在我改为"精神文化"。

这三层文化不是绝缘的，底层文化（精神文化）会映射到制度、法律、宗教、艺术、风俗、习惯等中层；中层文化要映射到表层，在衣食住行上体现；反过来，衣食住行的东西可以渗透到中层，中层可以渗透到底层。

举个例子说，我们这代人小时候大多生活困难，当时在我的家乡淮安流行一句话，在过生日的时候，"大人一顿饭，小孩儿一个蛋"。同样，今天的孩子过生日，哪个家长不还是高高兴兴使劲掏钱买东西呢？这就是饮食住行映射到风俗里。

如果某个孩子从小就穿外国名牌，吃麦当劳，稍微大点他会吃法国大餐，这就可能影响到他对祖国的认同感，他对中华文化或者有了更深切的不满，或者会更加热爱。很多出国的留学生跟我讲，出了国了才更爱国，但是也有一些留学生出国几年回来说，我对中国实在不喜欢。是什么影响了他们？是饮食，风俗习惯乃至宗教，影响到他的哲学观。

我们常说中华文化"博大精深"，"博"和"大"同义，怎么个"博"法？960万平方公里，加上13.4亿人，够多的吧？而且几乎世界上所有的文化形态在中华文明中全都有，我们既有游牧民族文化，比如把肉烤一烤，抽出刀来割了就吃；我们也有非游牧饮食文化的极精细的烹饪；我们既有原始宗教，比如相信万物有灵的萨满教至今在西南山区乃至内蒙古和黑龙江沿岸的村子里依然存在；也有西方宗教学意义上的宗教，如佛教和道教，同时伊斯兰教、基督教和天主教在中国的传播我们也能包容。这就是中华文化的"博"和"大"。

精深则在于它的底层。我们的底层文化，特别是在剖析人的内心和内心不断提升以及内心与行动的关系方面，在我看来，它的精细和深刻目前仍然是世界第一，可惜这些现在都局限于书斋，局限于研讨会，而没有生活化。从前不是这样的，那时候无论是北方还是南方，哪怕就是在穷乡僻壤，妯娌间打架，有一方发誓"天地良心，我没做这事儿"，就不吵了。"天地良心"是王阳明的话，一句"天地良心"就约束了人，维护了家庭的和睦与社会的稳定。以前，道教把所有的信仰都收编了，因此，在大街小巷，包括偏僻的村子里，你都能看到土地庙，有的土地庙小到只有这张桌子的四分之一，立在那儿，有的是有相框，是土地爷，供老百姓参拜。还有在北方比较普遍的"泰山石敢当"，比如在北京一户人家，一开门是巷子，那这家人一定要在短巷子的尽头立一个"泰山石敢当"，因为一开门看到对方的屋脊是不吉利的,有了泰山石敢当就给承挡了。泰山石敢当的源头在哪里?可能是古羌族的文化,他们自称是炎帝的子孙,现在在羌村里,像汶川那一带,还能看到"石敢当"。到了北方,泰山最神圣,于是有了"泰山石敢当"。所以中华文化,从原始的信仰到最深刻对人的内心及对人的内心升华的剖析全有,很精深。

三　中华文化的底蕴

分类了我们就可以观察中华文化的源远流长、源多流长和博大精深。它的底蕴在哪里?我从三个方面讲这个问题。

(一) 中华文化的特点

这些特点主体是在农耕时代形成的,它的美妙与高超是来源于此,它的极限和需要发展的方向也在于此。

我用"六个重"来说明它们。

1. 重家庭。

对家庭的看重,对家庭的感情,以及为了维护家庭和睦所做的努力,中华民族在世界上可谓第一。

与中华文化在这点上略微或在一定程度上相近的是匈牙利民族。尽管匈牙利在欧洲,但是匈牙利人讲孝道,讲兄弟姐妹之和睦,然后再由家庭扩展到朋友,这与我们很相似。举例子说,匈牙利人男孩子、女孩子长到16岁,父母亲就给他在外面租一间房,把他们送去,并对他们说:"从现在起你要独立生活,一切生活费用由我们供应,你还可以去打工,挣点零花钱,节假日你回来看我们,或者我们过来看你们。"为什么要这样?要培养孩子的独立性。等到父母老了,虽然儿女不住在一起,几兄弟商量,根据自己的财力定时给父母送去财物。这些和西方,包括更西方的美国和加拿大等地,孩子18岁以后就几乎与父母无关的习俗完全不一样。我跟匈牙利人谈起他们的父母,他们都很动情,说在苏东巨变之后父母的生活很艰难,所以做子女的应该尽量多挣一点钱,让他们过得安稳些。兄弟之间聚会,他们会争着付钱,乃至几个同学、朋友在一起,也是和中国学生一样,先想到埋单的人早已经把钱付了,等到后面的人说是不是应该埋单了,前面的人会告诉他,已经付过了,你别管了,在他们那儿没有 AA

制。为什么？因为匈牙利民族虽在欧洲，但文化上属于东方。

至今，匈牙利人都有一个苦恼，就是所有世界上的文献和出土文物都无法证明匈牙利民族的来源。二十世纪中叶，曾经有两位传教士徒步从布达佩斯出发，一直向东行，想寻找自己民族的足迹，走到离中国不远的地方，发现一个村子，那里的风俗习惯、长相乃至语言和匈牙利语极其相近。就在他们要调查，撰写报告的时候，第二次世界大战爆发，那个地方被日本占领，两个传教士下落不明，只有这么一个信息传回来，没有留下文献。现在又有一些人想沿着这条路去寻找。有一些匈牙利人说他们民族（英文为 Hungary）的名称就是匈奴的变音，是当地人称当年匈奴的词汇，因为"匈"在古音读"Hun"，是不是如此，我们姑且不论，我走过将近80个国家，唯一看到与中国伦理相近的就是匈牙利。重家庭的确是中国的特色。

2. 重稳定。

因为重家庭，所以重稳定。中国人不希望家庭整天吵吵闹闹，乃至分裂。为了拆迁分点钱，打得不可开交，最后上法院，法院不行上电视，甚至最后闹得父子反目，妻离子散，这不是中国人普遍希望的。在这个背景下再来读某些诗文，我们才能品出它里面刻骨铭心的味道来。不管是"独在异乡为异客，每逢佳节倍思亲"，还是"床前明月光，疑是地上霜"，或者"慈母手中线，游子身上衣"，都是希望家庭和睦、稳定。无论在物质、技能、知识和品德等方面，中国人都讲继承。北京过去常见的大门门联中，有一副叫"忠厚传家久，诗书继世长"，其中"忠厚"讲的是品德，"诗书"讲的是知识和技能。中国人在重要的日子里拜祖宗的时候，脑子里并没有一个祖宗的形象，更没有把祖宗塑造成一个人格神来时时护佑我们。中国人拜祖宗为了不要忘记自己是从哪里来的。因为没有远祖就没有近祖，没有近祖就没有祖父，没有祖父就没有父亲，没有父亲就没有我，我能来到世上要感恩。

3. 重传承。

4. 重和谐。

5. 重道德。在个人、家庭、社会、国家乃至国际中，贯穿始终以维持家庭和谐、社会稳定的，是道德。无德则全完。

6. 重现世，轻来世。儒家普遍认为没有来世，"未知生，焉知死"，连生都还没有弄清楚，怎么讨论死的问题？在儒家看来，即便我的肉体死亡了、消灭了，但精神还在，还要流传，传给谁？传给自己的儿女，或传给自己的学生。如果儿女成才以后，为人准则和自己一样，这时候老人的心里比你给他买多少名牌服装都高兴。如果自己教出了几个学生，他们有着和自己一样的品德，并在学业上超过自己，真正的好老师这时候也会非常愉快。他们传的是精神，是形而上的，是非物质的，重的是现世，活一天干一天，生命不息则奋斗不止。

中华文化基本是农耕文化萌芽、成长并成熟的，用这个观点来看，就容易理解上述六点为什么重要了。如果大家读过恩格斯关于家庭的论著都可以知道，重家庭不是从一开始就有的，汉字的"家"是房子里面一头猪，对这个字的理解从许慎的《说文解字》开始就众说纷纭，为什么"家"字会是这样？如果我们从通俗文学角度看，屋顶下（草棚下）养头猪，养猪就得有人，干吗养猪？为了吃，那就是个家庭。"庭"就是庭院，它把一个家庭一个家庭隔开的，这又是后来才有的。从最早重部落、重部族，到后来重家族，再到重家庭，我们的文化正式形成。为什么重部落、重家族、重家庭？因为原始时代耕地时使用的是笨重的石铲、石凿，这种条件下一个人能种多少地？到后来，学会用木头了，但是木头农具只能在熟地上，生地上根本插不下去。《诗经》上所说的"耒耜"就是木质的农具，它像铁锹一样，一个木板两个把手，用的时候两边站两个人，一个人一只脚踩下去，另一个人一拉绳子，土就翻开了，然后再踩下去，又翻开一块地。这种农具，两个人配合不好，就铲不了地。后来发明了犁，但还得两个人互相配合，其中一个扶犁、另一个拉犁，否则就没法耕地。

农业再进一步发展就需要修水利。修水利这种事情，一对夫妻带着几个孩子能干吗？一个家庭能干吗？不能。就需要部落、部族齐心合力，所以农业社会没有集体的努力不行，到了私有制开始产生，部落和部族慢慢分化成一个个家庭，但是所有家庭也还是必须联合起来从事生产才行，怎么办才能联合起来呢？那就要讲道德和权威，老爸就是权威。"孝"就得听我的，你不听我的，大家就视你为逆子，你在家里、在村里、在四里八方没有立足之地，这就是"礼"。重稳定，轻迁徙。所以"父母在不远游"，这从生产者的角度来讲是有道理的。

重和谐、重道德就不说了。

为什么重现世，因为农耕社会最终现世。所谓"种瓜得瓜，种豆得豆"，不要小看这八个字，它渗透着中华文化很深刻的思想。中国人讲现世现报,自己种下的苦果自己尝,因此为人要正派,心胸要豁达,对人要慷慨,这都是农耕社会造成的。

对比一下采集狩猎的时代,那时候还是群婚或者对偶婚。群婚不用说,就是乱交;对偶婚就是这个部落的青年女子是那个部落青年男子的集体妻子,这个部落的中年男子集体是那个部落中年女子的丈夫,生了孩子母亲带,因此古代"知母而不知父",这从《左传》上也可以看出来,周王称异姓的诸侯为"舅",称同姓的诸侯为"叔"。称"舅"是古代婚俗的遗留。这个部落的女子生的孩子都称那个部落的男子为爸,因为分不清,所以这个部落年轻的男子也都是小孩的妈妈的兄弟,也就是小孩的舅舅们。

然后慢慢发展到一对一的婚姻才形成家庭。但文化是最牢固的,所以早期的婚俗仍会在后世有残留。在今天的山西、山东、安徽、江苏乃至内蒙的一些地方还有这样的规矩,家里母亲去世,要把舅舅请来来主持丧事,由舅舅说了算,这在山西叫"主子"。再比如父母亲不在了,弟兄两个闹分家,也要由"主子"来和事,舅舅说:"这个归你,这个归你,别吵了。"他的话就算数。一个民族为了和谐,肯定会找某种合适的机制,有利的机制就会保留,不利的则会抛弃,所以远古的某些习惯留到现在。今天全国大部分已经没有这种风俗了,但是局部地区还保留了一点这种古代的风俗。

重现世,也给我们带来了一些与其他文明相似的元素。农耕社会人们观察生物的萌芽、成长、强壮、衰落、死亡,每年一个周期,不仅仅观察地里的庄稼,还观察森林和草莽当中的各种动植物,因此我们也有"万物有灵"之说,只是比较淡漠而已。

(二) 中华文化的精神或哲学

中华文化的精神或哲学关照四个方面——其实天下所有的哲学都是关照这四个方面,但是我们农耕社会所形成的体验更深。

第一是身与心的关系,也就是肉与灵的关系。

通过刚才漫说中华文化的特点可知道,我们所倡导的"和谐"也始于此,因为身心要和谐。

这里插一句话,人文宗教高等研究院在给大家设置课程的时候,特别请了中医科学院前院长,现在中医科学院研究生院院长曹洪欣先生给大家做讲座。在我们看来，在各种文化形态中，不管是歌舞、打中国结、剪纸、打太极等等，最能够系统完整而且能直接作用于中外人民，让他们享受中国文化的，有两样东西，一是中医，二是喝茶。

身心的统一不可分，在中医和喝茶里都有体现。

喝茶养心。当然我说的喝茶是指刚流失不久的所谓"茶道"，不是像某些节目上的那样，一个小姑娘翘着兰花指用很多有"名堂"的动作和步骤沏茶泡茶，那只是艺术表演，不叫"茶道"。

中医在看病的时候既治病又治心。

比如中医大夫会说："老太太，你没什么病，就是气有点瘀积，最近和儿媳妇吵架了没有？哦，没有。和邻居有什么过不去的？哦，也没有。孙子惹您生气了？嗨！孙子有他自己的天地，有他父母管他，您别操那么多心，您这没病，就是生气的结果，我给你开点药啊，想吃就吃，不想吃就不吃。"治病的时候同时治了人的心灵。

中医讲"天人合一"，大夫开方子的时候可能会跟病人说："这副药必须到同仁堂去抓，因为这个药是湖南出的，那里的最好。"跟那个病人说："我给你开个红花，一定要藏红花，川红花不行，力量不够。"换个病人又说："您这个是湿疹，不要紧，就这闷热的天最容易出湿疹，外湿变成内湿。在这里天人是合一的。西医不是这样，拿着仪器听听，然后告诉你，"化验去"，"透视去"，"做CT去"，回来对着化验单开药，药全是标准生产的，病人按规定上说的日服三次，每次二到三片，跟工厂一样，来什么人看病全是如此。中医不是这样，老太太来看了，大夫给开五副药，临走嘱咐"不好您再来"。过几天，老太太来说："好多了，还有点儿。"这时候大夫说，"我要调方子，和上次的不一样"。换了西医呢？老太太说："还有点不舒服。"西医说："再接着吃。"没有个性化。

接下来谈人际关系和人天关系。

因为二者关系密切，所以放在一起说。

中国文化讲究人与人之间的关系，其中包括群体对群体，也包括群体对个人的关系。我们主张和谐，和谐的哲学根底是宋明理学家在总结了一两千年的儒学之后得出来的，就是"天人一体，同胞物与"。所谓同胞就是人是天地之子，无天无地就没有当中的人，有了人才形成"三才"，这个才是人才，是来补天地生成之不足，用今天不确切地话说就是"改造自然"，说它不确切是因为"改造自然"本身是悖论，自然不能改造，改造了就要受惩罚。

进一步说解一下"天人一体，同胞物与"这八个字。天地生了人类，那么人和人之间是不是同一个胞？"同胞"在今天的意思限于同一个国籍的人，实际上在宋明理学那里全天下的都是同胞。何谓"物与"？万物也是天地所生，这个"与"读参与的"与"，就是说万物都是我的朋友，因此不能暴殄天物。这是处理人与天的关系、人与人的关系以及人与物的关系的哲学依据。

在过去——农耕社会，工业化初期和工业化中期，我们对此都没有什么直接的感觉，但是哲学家已经通过充分地思辨和想象得出这个结论。在今天，当地球因为交通和通信的发达而变小的时候，如果我们静下心来想一想，的确，整个地球上的人是同胞。非洲丛林里的一个部落即使与我们从来没有什么来往，也与我们有着密切的关系。他们在森林里的遗传基因可以抵御各种蚊虫病毒，但是他们身上带着病毒，就有可能在坐飞机、坐火车和餐饮当中把病毒带到大陆，我们就有可能得病。

经济学家曾经提出"蝴蝶效应"的问题——亚马逊河热带雨林里一只蝴蝶一扇翅膀，带动了空气的振动，共振的现象越来越大，就可能在欧洲和亚洲形成风暴。这是一个想象之词，但在今天的社会已经成为现实。拿政治上的事情说，某个国家的黑客破坏了美国的电力系统，就可以造成几十万、几百万的美国家庭断电。如果用美国的"强盗逻辑"，你对我黑客攻击，就意味着战争，我不管是你个人还是集体，不管是国家还是群众，只要那个黑客是这个国家的人，我就视同这个国家对我宣战，我就要打你。假如一个不经世的年轻人弄个黑客攻击美国五角大楼的网站，对方一查发现是中国的，就有可能把导弹打过来。如此看来，谁说人与人之间没关系？但我们的宋代哲学家不是想到现代化的武器才说这些话的，他们是从"道"上，从人的智慧上，从做人的良心上来分析的。所以高明啊，西方哲学家们包括莱布尼茨、黑格尔、康德等等没达到这一步。

我们大家有这种体验：在座的可能没有一位去过汶川大地震的现场，但那里灾民的情况，以及我们的干部、战士、志愿者那种舍生忘死的动人情景，包括那个敬礼的小孩，不是都催我们泪下吗？这就是中华民族"同胞物与"的情结，把人与人看成是一个整体的情结，只是我们百姓日用而不知罢了，这些都是我们的宝贝。

第四是今天和明天的关系。

总体来说，中华民族的人——包括一部分信奉未来宗教的人，不把希望寄托于来世，寄托于彼岸。我的中国学生中就有虔诚的基督徒，我跟他聊的时候，他说他并不承认创世说，没有想到自己就是原罪，也没有想到我信了基督教将来就进能天堂，他只是说基督教讲善、讲爱，如果是一个欧美人可能就不是这样，他们对于天堂寄予希望，把恕罪视为救赎。天主教、基督新教、伊斯兰教以及一些原始的宗教都是这样。可能有人问："佛教不是寄托于来世吗？"这首先是因为误读了佛经，佛经上确实有彼岸的说法，那个彼岸是觉悟的彼岸，不是地理上的彼岸。因为佛陀说，凡人学佛法，学佛经，不过是乘了只船，等到了彼岸，这个船就可以扔掉，所以不要死抠着我讲的东西。佛（Buddha）这个词在梵文里就是觉悟的意思，觉悟者谓之佛，觉悟者是在现实中成佛的。而且佛教中国化之后更加注重今世。

为什么和尚坐化要留下舍利？是因为要用舍利来昭示后人。前些天（7月19日）台湾102岁的悟明长老圆寂了，他在30年前就定制了荷花瓷缸，要把他真身放到缸里，留下全身舍利，这在佛教里叫"坐缸"。他生前留下话，昭示后人要从善，当然这里面多少有点神秘主义，凡是坐缸的人，如果道行修炼得好，他的真身是不坏的。台湾这么热，封在缸里，如果一般人就腐朽了，但得道高僧则不然。坐缸后，等到一定时间再打开的时候，他的真身已经浓缩了，但不腐烂，还在盘腿坐着，然后在真身表面塑上东西，这叫金身。这个现象现在科学还解释不了。和尚昭示大家的，不是如何成神成仙，而是告诉人们只要放下一切，别斤斤计较名利，成天想着升副教授、教授、博导，看着谁房子大了就眼红？要把这些放下，把心调理好，一切都看的淡然，活着非常愉快，你就可以做到这一点。所以，中国人是这样处理今天与明天问题的，大家都是当下之人，谁也不寄托我死之后去见耶和华。

（三）中华文化的境界

是不是中国人不重物质呢？非也。是不是单单一个心态和平就足以呢？不足。所以，我特别标了"中华文化的境界"这个标题，所谓"境界"就是引导人去追求的境界。物的方面，应该由贫困走向小康，大家不要以为我在这里只是简单复述小平同志的理论，我说的"小康"是《礼记·礼运》里的"小康"，小平刚好用的就是这个词。小康就是我们的生活再富裕一些，即使其中少数人成了豪富，有了百亿、千亿美元的财产也不是坏事，财务不是评定一个人品德的标准。我们不要只想到某个人家徒四壁，当月工资当月花，没有积蓄，到时候饿三天都要去捐助，这才叫道德高尚。不是啊。举一个例子，孔老夫子的一个学生子贡就是大商人，照样是贤人。

佛教里的维摩诘就是个居士，按今天的话说就是世界首富，而维摩诘经所说的经是佛教的重要经典。维摩诘病了——我总觉得他是装病，释迦牟尼就请各个菩萨去看望他，菩萨们都不敢去，说他的法太高了，去了怕回答不上来。后来最智慧的文殊菩萨去了，结局就是文殊菩萨跟他谈话，维摩诘坐在那里，摇摇头，不说话了，文殊菩萨马上受到启示，"啊！维摩诘他不说话就是佛法。"这不是故弄玄虚，真正的佛法是不可言说，不可思议的。这涉及佛教比较深的思想，这里不展开。所以，财富并不能评定一个贫穷者的品德，也不能评定一个有钱人的品德，因为毕竟是物的方面，物只是满足肉体和感官需要的，人的境界中更重要的是讲心的境界。

我曾经把境界分为三层，后来想还是冯友兰先生分的四层更为准确①，但我用的词和冯先生的不完全一样，我用的是"自发境界"、"功利境界"、"道德境界"和"同天境界"。

第一个是"自发境界"。比如妈妈爱孩子就不需要经过思考，下班回来保姆跟她说宝宝发高烧了，她没动脑子就问：

"怎么了？"
"发烧了。"
"多少度？"
"38度。"
"哎呀，你怎么不给我打电话呢？"

马上打电话给他爸爸，"快点回来，你到医院找我"，然后抱着孩子出去，叫车或者自己开车上医院了，这是一种自发的境界。

---

① 指"自然境界"、"功利境界"、"道德境界"、"天地境界"，见冯友兰《人生的境界》。

人的本性就是为己，这是出于生存的需要，不能说它是善还是恶。婴儿饿了就哭，一开始哭是自发的，甭管叫谁，难受了就哭。等他妈妈发现孩子饿了，把奶嘴一塞，不哭了，孩子慢慢就明白了，哭是信号，只要饿了就哭，哭就有吃的。稍微长大点了，见了什么就往嘴里放，还是自发的，再大了，就知道不是什么都能往嘴里塞。再往后，特别是在中国伟大的教育体制下，要知道好好学习，父母想办法让他上重点中学，上了重点中学，父母发现还是不行，怎么四点就放学了？于是请家教，上补习班，将来上重点大学。这也不见得是坏事，他必须要适应今天这种以上学为工具的学习（这种学习不是以求知求悟为目的的），不能责怪家长。那么这是什么境界？功利境界。功利境界是个危险的阶段。家长望子成龙是有私心的，自己没有达到这样的程度，就希望孩子在未来能成功，当然主要也是为了孩子的未来。不管怎么样，是一种功利，但还没有损人，也就是利己而未损人。

有的人可能就由这儿分出去，去损人利己，于是不诚信就发生了——坑蒙拐骗偷杀，全是损人利己。如何使人的功利阶段都能在不损人的前提下利己，这是文化的责任。

从功利境界再上升就是道德境界。如果说自发境界和功利境界的前半段多少是顺其自然的话，从功利境界的后半段开始也就变成自觉的，有意识的了，但是要到道德境界就必须摆脱自发时的那种自然状态，应该通过长期的熏陶学习，既靠他人引导，更靠自己的思与行来升华。同样是一个功利的世界，可以有境界的不同，比如一个人看到中国社会的过去、现在，并预感未来，就鼓励孩子说："孩子你好好学，未来是你们的，爸爸只做到工程师，但是中国太需要更高级的工程师，你比爸爸强，好好学习，争取做对国家有用的人才，你爷爷奶奶、妈妈也高兴。"这就公私兼顾了，这是道德的境界。当然家长也不要对孩子说得太正经了。同样是出国，可以是功利的，也可以是道德的。中国的科技要发展，中国的人文社会要发展，但今天的科技强国不是我们中国，必须向人家学习；在人文社科方面，我们不能只知道自己怎么看中国，我们还需要看看外国人怎么看中国，这就要掌握他们的话语体系，就要走出国门，这就是"功利＋道德"，实际是超越了功利阶段，进入了道德的境界。所以同样道德的事情可以以功利为辅。

前几天北京发生一件事情。颐和园外面有一条很深的河，一个人掉到河里了，两个人跳下去救他，这位先生体重又比较胖大，两个年轻人要拖他上岸的时候，岸离水面很高，推不上去，上面人够不着，其中一个小伙子已经支撑不住了，仍然拉着岸上垂下的铁丝努力往上推，这时候又一个人毫不犹豫地跳下去，三个人在那位胖先生身上绑上绳子，岸上四五个人连拖带拉把这位胖先生拉上去，这时候胖先生已经昏迷，有的人打110，下水救人的那三位没留一句话就走了。这是纯道德的层面。

说极端一点，如果这个时候，有人想我现在跳下河去见义勇为，将来就可以得到表彰，这样虽然也做了道德的事情，但实际上是出于功利目的。所以任何事情不都是那么单纯的。做这件事的时候是道德的还是功利的？是以道德为主还是以功利为主？是纯道德非功利还是纯功利非道德？谁知道？只有自己知道。因此中国人强调自省，强度慎独，慎独不是自己关着门一个人，而是说自己知道要在动机和行为上面慎重。这就是道德的境界。

道德境界的人是什么人？君子。这种境界还不够，中国人的终极追求比这还高，那就是"天人一体，同胞物与"，一切为了他人。这也是不经过大脑，而是形成了一种很自然的习惯就去做的境界。这种境界的人在解决自己的生活必需之后视名利为粪土，做科员就好好把科员做好，做部长就好好把部长做好，至于五年之后退下来干什么，不去想，这是什么人呢？圣贤。中国人把"圣人"这个名号封给心底百分之百纯净的、一意为了他人、为了社会、为了地球、为了宇宙的人。这种人哪里去找？没有。没有你说它干什么？这就是中国人就给自己树立的一个世界最高境界，大家都朝这个目标努力。正因为有了这个目标，大家都去努力，所以人人在提升，人人在发展。"法乎其上，得乎其中"，连孔子都拒绝"圣"的称号，说"若圣与仁，则吾岂敢"，他不敢当啊。仁就是圣贤的品德，很难做到呐，孔子在三千弟子中最得意的是颜渊，但孔子也只能说他"三月不违仁"，一年当中有三个月的行为符合仁，说明不是一年十二个月都如此，其他的人恐怕只能就一个月或者几天做到而已，不是说他们其他时间不仁，而是说会冒出非仁，也就是有私心了。所以中国人给自己树立了很高很高的境界。而西方文明是两个境界，一个境界是救赎了原罪回到上帝身边；另一个境界没有救赎又有了新的罪，那就下炼狱。

（四）附带说说中华文化的发展

1. 内动力与外动力。

中国文化的发展靠的是内动力和外动力的共同推动。内动力就是文化自身不同地域、不同类别、不同层次的冲撞。它会有时而竭，所以光靠内动力慢慢就没有发展了，例如中华文化在明末清初开始的衰落就是因为没有外动力。而汉文化、唐文化、宋文化之所以蓬勃辉煌，是因为有了多元的、巨大的、连续不断的外动力。缩小一点说，儒学之所以到宋代出现高峰，是因为接受了佛教的冲击，这种冲击成为一种外动力。因此，我们的文化必须开放，必须广泛吸纳世界各个地方的文化。有冲击不怕，因为有挑战才有应战，有应战才能增强自身。

2. 主体与客体。

虽然要坚持文化多元，广泛吸收其他文化，但是人类的经验，中华民族的经验证明，在这其中一定要以自己为主体，用哲学上的话讲叫文化的一体化，这就是和全盘西化的区别。全盘西化其实这是不可能的，所谓化就意味着彻头彻尾、彻里彻外，怎么可能呢？就算让13亿人全吃西餐都化不了，不是因为我们吃不起，而是因为口味没法变，一个人活到十岁口味定型了，终生改不了，他的饮食中可以有别的，但最爱吃的还是原来的那些。

3. 建设自己的文化，要自觉，要自信，要自强。

四 中西文化的同异

同的方面提两点。

（一）所有的文明、所有的宗教都是喜善厌恶，不独中西方如此。

（二）都在探讨宇宙的奥秘，包括人类的生死，人的生死是人类的大问题，也可以说是第一号问题，不同文明都用自己的不同信仰，不同的学说来解释它，寻求答案。

不同的方面也提两点。

（一）西方文化是二元对立。它的二元对立思想来源于宗教。God 是造物主，宇宙中的一切都是他造的，他既不在宇宙之外也不在宇宙之中；他是一种超越，是一种绝对，是不能够也不应该去验证的；草木虫鱼、飞禽走兽、大江大海，乃至人类全是他创造的，这些被创造物永远成不了创造物，而他（God）永远成不了被创造物。这是二元对立。它通过哲学，通过启蒙运动所谓的绝对真理渗透到各个学科，各个人文环境，渗透到人的心里。因此，西医是内外科对立的，外科只管动手术，在国外常常是外科手术完了才到内科病房，而中医是混着的，胃溃疡通过中医就能慢慢调理好。

因为我们是一元和合，从发展角度来说，最初是混沌的，后来分阴阳，阴中有阳，阳中有阴，而且是动态的，阴可以变成阳，阳可以变成阴，阴阳和合成为整体。乃至我们的生活也是如此。现在年轻人结婚，也还有送一幅字的，上面写着"百年和合"，而不是说今天说我需要你，给个钻戒，结婚了，改天说你讨厌，于是离婚了。

西方把地球，把任何事物，包括对人生都看成是机械，是由部件组成的，我国 19 世纪和 20 世纪之交的哲学家都受这个影响，认为人是个机器。这是把工业革命后对机器的理解移到人身上了，现在进一步发展，可以换零件了，恐怕将来总有一天，我们老祖宗的话要印证，心脏坏了换个狼心，肺坏了可以换个狗肺，如果真的这样，那将来的后遗症如何？不得而知。如果是个老头子，不能生育了，换了也就罢了，如果是二三十岁的年轻人换一个动物的器官，那他的女儿、儿子、孙子、外孙会出现什么情况，真的不敢预知。我从来不反对西医，但人是个整体，要讲顺其自然，因为人和自然是一体的。中医有冬病夏治、夏病冬治的说法，这在西医很难理解。

（二）西方文明有讲排他的一面。这也是从宗教开始的，因为犹太教、基督新教、天主教、东正教，乃至于受犹太教和基督教的影响而产生的伊斯兰教都是一神论，所谓一神就是不允许有第二个神，所以排外，排外的结果就是争吵，争吵的结果就是战争。因此，在西方，千百年来，宗教的战争一刻都没有停止，直到今天。中国儒释道则不然，佛是和平地进入中国的，道是和平兴起的，乃至基督新教、天主教、伊斯兰教进入到中国以后，只有某一个村民因为对某个宗教不尊重，造成了误会而吵起来，但没有发生过宗教战争，这就是我们包容的结果。

五　中外文化交际的原则

中外交际当然包括与西方以外的其他文化的交际，但当前的重点是和西方的交际，因为西方在主宰一切，而东方的中国有13亿人，中西两大文明和谐共处了，世界就和平了。中国人对"西"的看法是有一个反复过程的。最初的"西"就是指欧洲，因为当时美国人还没有强大。在上世纪末，中国人言必称"欧"；到第二次世界大战以后，我们的眼睛慢慢越过大西洋，开始看"美"了；改革开放以后将近二十年的时间，一说西就是指美国，而且还不是全部的美国，就是曼哈顿一带，一说西方教育就是哈佛。最近十年，我们的视线又开始转移了，发现欧洲有它的传统和它的优势，这些都是美国所不具备的，其中有很多值得我们学习，于是欧洲在中国人心目中的地位又慢慢上升了。

所以"西"的含义要明确，这就是"大西洋文化"，也就是我一开始所说的希伯来—希腊—罗马—盎格鲁·撒克逊文化。我们对外交际的目的不是为了对外汉语教学，是为了世界和平，是让中华文化能作为世界文化的一员呈现出来，让人们知道多元文化的必要性和必然性；当然，也是为了中华文化的发展，我们"走出去"接受异质文化给我们的外动力，这样中华文化能够更好地发展，但其前提是我们不能认为中华文化是世界上唯一的好文化，而是必须承认对方的文化，因为那些文化能绵延数千年，维持着广大地区的相对稳定，推动着社会的进步，自有它们的道理，有它们的宝贝。接下来就是要进一步去了解它们，单纯坐在那里听外国教授上课，看点外国书不能算了解，必须走出去，要到他们的文化环境中去了解，所以将来我们派出的教师或学生都是文化的使者，使者不是仅仅代表中华文化，还得把对方的东西拿回来。

拿回来之后呢？要理解。要理解就需要有理性思考，思考哪些于我有利，哪些于我不利，哪些学得来，哪些学不来。理解之后就可以从感情上尊重人家，尊重不是口头上的、礼貌上的，而是发自内心的欣赏，只有到欣赏的阶段才能真心诚意地学习。

中外文化交际的原则所秉承的宗旨是"明异求同"。现在常说求同存异，我故意改了一下。因为"存异"首先要了解人家跟我们有什么不同，除了不同剩下的就是同，这样才能求同存异。

将来大家还有一个任务，就是让文化使者们出去之后不要在生活上造成跟人家不愉快的事情。比如，你多大年龄？你爸爸挣多少钱？这样的问题在欧美是不能问的。我们还得让他们注意礼仪上的、其实更深的是文化上的习俗。例如在美国上课，就不能讲佛诞日，不能讲圣诞节，这是法律规定的，因为犹太人没有圣诞日，而东正教圣诞节跟新教、天主教不是同一天。所以要了解尊重所有民族的文化习惯，知己知彼，这样交际才不会出现问题。

在这个之前要做好准备，我指的做好准备是指整个国民要把握好自己的文化。现在二十多岁的年轻人都处于文化的饥渴阶段，我们应该多给年轻人创造学习文化的条件，让他们慢慢积累，成为我们的优秀的接班人，等到接班的时候，他们的底蕴就不一样了，那时候的他们将是中外文化交际的主干。

儒家传统的现代转化

[美] 杜维明

主持人： 各位老师，今天我们非常高兴，也非常荣幸地请到了著名哲学家，当代儒学研究成就最高的学者，美国哈佛大学教授，哈佛大学著名的燕京学社的社长，现任北京大学高等人文研究院院长杜维明教授。杜教授在全国做过非常多的儒学推广工作，高端研究成果也非常多，今天杜先生给大家讲的是儒学的现代转化。下面有请杜先生！

杜维明： 非常高兴能与各位教授、朋友们交换意见。我最初参加孔子学院的工作较早，当时和"汉办"并不认得，是美国第一个孔子学院在马里兰州建立的时候，我有幸作了主题报告，谈了儒家核心价值的课题。我现在是孔子学院总部的资深顾问，是又顾又问，和孔子学院的发展会有很密切的关系。今年我在雅典孔子学院，之前我在德国的汉堡大学和日本的早稻田大学都有交流的经验，这个学院开始时以汉语教学为主，之后逐渐扩展至以文化为主。还有一些学院，像刚才我提到的早稻田大学和汉堡大学，以及现在的芝加哥大学和普林斯顿大学都以研究为主，但从高端研究到普及教育都有涉猎。最近全世界有一百所孔子学院，向中学生提供汉语教学。上次胡锦涛到美国，特别去芝加哥参观了孔子学校，他对普及教育非常关注。

我今天给大家讨论的问题是儒学的现代转化。我最近关注的课题是21世纪的儒家传统面对现在人类面临重大挑战能够提供精神和制度层面的解决之道。

儒家传统至少可以从四个侧面来理解：

第一，它是超时代的。因为有三千年以的历史。

第二，它是跨文化的。一般我们了解的儒家传统是中国文化的一部分，但我们不管把中国文化扩展到怎样大的范围，也不能够完全地包容儒家传统,因为它不仅是中国的也是朝鲜半岛的,也是日本、越南的,也是海外华人的,现在逐渐在欧美乃至世界其他地方传播发展。

第三,它是多学科的。我们给各位所作的报告多半是从哲学角度了解儒家,有不少学者是从历史、文学角度,从各种不同的社会科学,特别是对文化比较重视的社会科学,比如从社会学、经济学、人类学、政治学来了解儒家。各位同学以后会接触到种种不同学科研究儒学的国内外朋友,有些是哲学家,有些是考古的,有些是人类学的,有些是社会科学的专家学者。

许嘉璐先生已经向各位介绍过。从阶层来看,这个文化至少应该分为两个部分:精英和普及。在精英和普及之中各个不同的侧面都有文化的影响。精英是所谓的大师大德,从事每一位儒学研究的,特别是对哲学有兴趣的朋友有自己的谱系,他跟哪些重要的哲学家对话,从各种不同的哲学传统获得启迪和教益,这是他自己的选择。谱系的意思不是说客观的儒学应该怎样发展,而有时是个人的选择。我所关注的是心学的传统。从孔子开始,之后是子思子,孔子和子思子之间(子思子是孔子的孙子),中间还有孔子的其他弟子。对我们影响比较大的有两位,一位是曾子,一位是颜回,曾子一般说是子思子的老师。颜回虽然没有任何著作,但传说颜回关注《易经》,和子贡一样对天道、性命,人和天的关系的问题(子贡觉得孔子关于性命和天道讲得不多),在《论语》里颜回跟子贡和孔子的对话不少是讨论人天的关系,所谓性与天道。

子贡在孔门中是最智慧的高弟之一,他心里也知道无法和颜回相比,孔子似乎知道他想和颜回相比,所以曾经问子贡,你觉得你和颜回比怎么样?子贡非常清楚自己的能力和老师的意愿,就说没有办法相比,我是"闻一而知二",颜回是"闻一而知十"。孔子说,"对,你比不上他,我也比不上他",孔子特别强调颜回好学。

从孔子、曾子、颜回到子思、孟子,再到荀子,都是我关注的孔门传人,他都强调心,重视修身,但是我的思路基本上是属于思孟心学。从孟子逐渐传承到董仲舒,董仲舒在汉代主要是讲天的问题,天人相命就是天人感应,后来发展到宋代就是天人合一了。在宋代我比较注重周敦颐、张载、程颐和程颢,程颐和朱熹的传统学术界特别重视,但和朱熹进行辩论的是陆象山,陆象山学说发展到明代就是王阳明。在晚明还有刘宗周(或者叫刘蕺山)等人继承王阳明,当时影响也很大。

我对儒学的研究大概是这样的一个思路，因此有很多的限制，虽然我接触过很多重要的儒学家，但是了解比较片面。这个思路只是我的选择，还有诸多不同的思路。因为儒学的研究是开放的，不是封闭的，它是多元的，在儒家传统内部就有很多辩论和讨论。再说，儒者应该有很强的自我反思的能力，《论语》里曾子、颜回和子贡都体现了很强的自我反思的能力，即使子路，也是非常注重反思的。

每一位孔子的学生都是注重反思的，都注重反思。儒学有开放的，多元的，而且自我反思能力非常强的传统。因为这个传统是入世的，许嘉璐先生也提到基督教和佛教的比较，基督教有未来的天国，佛教有净土，儒家讲入世。

入世不是接受凡俗世界，或者是现实生存的环境，也不接受现实政治的游戏规则。一般认为，孔子因为做官不成，政治上又无建树，后来就从事学术研究。我认为这是对他极大的偏见，因为做官是绝对不可能成功的，当时权力斗争、资本运作、政治结构都和他的理念格格不入，所以他不会曲学阿世，放弃自己的基本道德原则，希望君王来选他做臣，说他有做官的野心，对他来说是很大的侮辱。

孔子有一种强烈的精神性，最开始的时候希望通过个人从对自我的认识，自我的理解，自我的发展，也就是道德的自我建立、人格的自我建立来转化现实政治。儒家是入世而转世的，所以政治在孔子心目中是"正"也。即以正确的道德生活为政治打开一条正当的道路。譬如当时的君王虽有实权而没有真正的威望。孔子看不起他们但希望通过道德教化改变他们。当然几个有名的例子，比如子夏（孔子弟子）碰到鲁君提出了很多批评，君王就非常生气，认为我是非常有权威的人，你怎么这么傲慢。子夏说我们生活的世界有三个重要的价值，一是爵，你有爵，但我们还有两个价值，我们作为儒者是德以及齿（年纪）。在乡党（家族）中，齿最重要，我们儒家传统里德最重要，礼所代表的政治权威里爵最重要，我没有爵，但我认为我有德我有齿，所以我可以批评你。这就是张岱年所谓以德抗位的精神。

郭店1993年出土了带三万多字的儒家经典，年代大概属于孔孟之间，就是孔子第一代弟子时期。我们可以听到孔子、颜回、子思子、曾子、子夏的声音，在儒学几千年研究里，我们是非常幸运的。在这些材料中有一个很重要的材料，就是子思子和鲁穆公的对话。鲁穆公说何谓忠臣，子思子的回应是非常直接的，就是"恒称其君之恶者，可谓忠臣矣"，意思是一直批评你，一直看到你的缺点叫忠臣。所以鲁穆公很不高兴，就问了另外一个很有名的臣子（因为子思子那时候年纪比较大，活了80多岁），当时这个大臣跟鲁穆公说子思子是了不起的大儒，所以他对你是没有任何忌惮，看到你的错误就批评，一般的臣子先要谄媚你，然后用很婉转的方式指出缺点，这是一般的臣子。因为你的权威震慑了他，而子思子就是恒称其君之恶者。所以这个抗议精神非常重要，如果不了解他的抗议精神，常常因为儒家入世，我们就说和现实政权结合在一起，常常被政治控制，服务于政治，实际上在中国历史发展过程中，儒家和现实政治有千丝万缕的联系。有些从儒家的传统来讲是"曲学阿世"，把儒家的基本原则给放弃了，真正讲起来这是俗物，是陋物，是贱物，不是大儒。大儒不只是孔子还是子思子，乃至朱熹也是，大儒的抗议精神是毫无疑问的。

举朱熹的例子，当时有开言路的政策，开言路就是鼓励对时政的大胆批评，大小官吏都可以发表意见。朱熹到了朝廷，皇帝要亲自听大臣的奏议，即大臣的建议、批评，百官都聚在一起。朱熹的奏议分三段：第一段是天下一片大坏，因为南宋几乎要亡国了，金是世仇，蒙古也威胁南宋。第二段直接对皇帝说你被一群小人所包围，用今天的话讲你四周都是贪官污吏，朝廷根本就是一个贪官污吏的政权。皇帝就没有声音了。第三段说问题出在你不修身，不以身作则，所以弄得一塌糊涂。我最近看到一些学者关于皇帝对朱熹的批评的报道，第一，讲的话都不能实用，就是空谈；第二，一天到晚骂我，我怎么能接受这样的人呢？结果朱熹在朝廷待了40天就走了，之后绝不接受任何官职。

王阳明更不用说了，因为谏言差不多要被打死，最后被贬到贵州的龙场驿。由于他的关系很多弟子不屑于政治权威，拒绝参加考试，不考试就表示他没有资格做官，所以就进行民间讲学，民间讲学影响很大，多则上千人，所以儒学能够广为传播。到了明末抗议精神就更厉害了，大家都知道"家事、国事、天下事，事事关心"，有些人以天下为己任，把朝廷看成是一个私欲集团，认为朝廷没有合法性，君王是昏君，加上外戚宦官，所以他们在地方讲学。通过在朝廷内部接触官员，在朝廷外部讲学来发展儒家的传统，这点值得大家注意。

儒家的传统一方面是源远流长，另一方面是跨文化。可以从不同的学科来理解其传统,从精英到民间,而且在精英和平民之间的各个不同的社会空间它都占据了。美国学者大卫詹森是专门研究这种中间的社会空间。比如中国传统的戏曲小说几乎都是帝王将相,正好反映了精英和平民之间是写小说的或写戏曲的人,他们不是思想家或精英学者,但在中间扮演非常重要的角色,把儒家的基本信念传达出来,比如《三国演义》、《七侠武义》、《水浒传》之类有儒家的有不全是儒家的精髓,但反映了中国传统社会的基本价值;比如《桃花扇》,忠孝仁义都在这个文里面。所以,中国受到儒家的影响有数千年,不仅是精英,全社会也受其影响。

另外值得注意的是,儒家的价值在传统中国常常是靠不识字的母亲传承的,这是非常重要的,我们平常认为识字就是有文化,说我没有文化就是不认得字,其实这是错误的。一个人可能有非常深的文化体悟和文化资源,可他不一定识字。如果大家了解所谓原住民的社会,中国有五十多种原住民,有些是有文字的,像纳西族,但有些是没有文字的,这些原住民长老或原住民的老师、原住民的知识分子,能够掌握的资源非常丰富,但他不一定识字,这就叫"身教",身教远远重于言教。传统中国通过母亲的身教把文化传继下来非常重要。17世纪的孙奇逢,他的母亲从小就教育他,你应该向我们的文化中两个无父之子学习:第一个是孔子,大家知道他三岁的时候父亲过世了;第二个是孟子,《孟母三迁》大家都很熟悉。他们都得益于这个传统。再如岳飞、欧阳修(母亲是识字的,教他用芦苇写字),此外还有很多案例。

有社会调查显示,现代的中国精英不管是政治的精英、企业的精英,还是学术的精英,受到母亲影响特别多。从比较文化来说,中国这种情况和犹太传统有疑似之处,毛泽东母亲的爱护在他人生旅途中极为重要;蒋介石父亲不知道到哪里去了,母亲不识字,但对他极为重要。企业界的例子也非常多,这是值得我们注意的。文化传统能够传继下来,不仅是精英或是地方的传统。男女都参与了,它不是男性中心主义者,虽然它有男性中心的倾向,大家每次讨论《论语》都喜欢讲"唯小人与女子难养也",我们也经常讨论这个,这句话绝对不是性别论说,孔子讲这句话不是用来歧视妇女,是类似政治论说。把女子和小人连在一起从今天看起来是错误的,不公平。他所说的"女子"和"小人"一定有特定的意思,"小人"就是男人中教育水平不高,地位低贱的人,女子当然不指母亲、妻子或女儿,是什么意思我们可以讨论。他当时主要说的是政治问题,"近之则不逊，远之则怨"，就是没有经过任何正式教育成为侍侯你的人，就是最亲近的人，你如果跟他们疏远了，他怨恨你，你的日常生活就出问题了，而如果离他们太近，他们会腐蚀你。用今天的话讲，不要认为一个官员是清廉的，其身边的人可能就清廉，他的妻子、亲戚、儿子可能不清廉，所以你要能够对你和你非常亲近的人，不管是男还是女，特别是没有受过教育的男人（小人）和女人（女子），要和他们维持距离感，要能保持平衡。很明显，这个传统能够传下来是很多人积极参与的结果。有些学者是从比较文化上来研究，1948年哈贝马斯认为人类有最重要的四个典范人物一直在塑造人类的文明，到了20世纪还很重要，第一个是孔子，第二个是苏格拉底，第三是释迦牟尼，第四是耶稣，现在看来还应该加上穆罕默德。

苏格拉底当时在雅典讲学，雅典是奴隶社会，奴隶比公民多，根据一项资料，公元前43年的雅典，估计有公民（男性成年人）五万，外籍人士两万五，奴隶十万，所谓奴隶社会是这个社会需要靠奴隶来生产才能存活下去。按马克思的这个标准，中国没有出现过奴隶社会。很简单，中国从来没有一个时代有50%、60%的奴隶为这个社会服务，有农人、有商人、有士人，农人有时候还可以上升为士人。孔子的学生中间有有教无类的，有赤贫的（如颜回），有军人（如子路），有商人（如子贡），还有很多其他职业的人。有人认为只要给他束脩就可以教，这也是错误的。朱熹也讲束脩，束脩就是两条腊肉，在那个时代有一条腊肉就很不容易，孟子讲七十而可以食肉也，在传统的社会大半是素食，不是不喜欢吃肉，只是没有这资源，只有很少数的人才可以吃肉，所以食肉的基本上是贵族，或者是权贵，从这个角度来看，束脩不应指腊肉，而是有成长的自觉可以受教育之人。十五六岁的小孩，孔子说"十五而有志于学"，可见十四五岁的小孩已经有自觉了，可以学习了我都可以授。所以是一种有教无类，在有教无类的基础上他广结善缘。

从时间来看，因为它在孔子之前延承了好几百年，以致我们可以说孔子不是儒家的创始者，这和佛祖是佛教的创始者，基督教是耶稣首创有很大的不同。因为孔子"述而不作"，他要回到周公。从考古发掘来看，儒家传统在夏商周就有了，从文物上可以证实，从铜器上可以证实，更早的从新石器时代发展下来，所以儒家传统在孔子之前就源远流长，因为源远流长，所以孔子才集大成，就是集聚过去数万年的历史记忆和哲学智慧。

《五经》都在孔子之前，《诗经》有好几千首诗，孔子从中选了三百多首，但很多孔子没选的诗也传下来了。《易经》是毫无疑问的，现在按照张政烺先生的说法，商代之前《易经》一直被称为数字卦，甲骨表面上看是二、三、四、五的字，其实表示的是卦辞。

《书经》更早了，不管是不是伪尚书，主要内容之一讲的是尧舜时代，特别是禹，"大禹治水"是中国历史上很重要的事实之一。基督教《旧约》里也谈到洪水。诺亚方舟的选择和大禹治水的选择，大家很清楚，是不同的选择。一般说周公制礼作乐，发展到孔孟特别突出仁。由此可见儒家这个传统推得很早，那时候的传统，经过孔子又不断，又普遍地影响精英和地方，从人数来说影响世界人口最多的就是儒家传统。

佛教从公元1世纪传入以后，中国有很多知识精英成为儒教的大师大德，所以从中华民族精神文明来看，从魏晋到唐代特别是隋唐，一直到宋代，中国的精神世界以佛教为主导，所以玄奘特别要到印度取经，玄奘可能是中国历史中强健期间最有影响力的知识分子，尽管他是出家人。他回来时有三千多人参与他的翻译工作，全国放假三天，皇帝亲自去迎接他，影响很大，中国很少有这样风光的知识分子。

虽然如此，宋代的时候又开始儒学的复兴，在复兴的过程中，儒学就从中国文化扩展到朝鲜文化、日本文化，很早以前越南文化就深受儒家文化的影响了。所以，今天有日本学者的术语说东亚是属于"儒教文化圈"。很明显，儒家文化是超时代的，跨文化的。我们一致认为儒家是中国文化的一部分，中国文化很丰富，有道教，有佛教，现在还有基督教、伊斯兰教，还有民间信仰。儒家只是这众多传统当中的一支，有时候大家更认同佛教，现在信佛的人好像比信仰其他宗教的要多，也有不少倾向道教的知识。

有一点值得注意，很难说我信仰儒教，因为儒家严格说不是宗教，它是一种生活方式、社会伦理，是中华民族文化的基因DNA（很多西方学者做了这样的理解）。现在社会学比较流行的观念是"心灵的积习"，在这方面儒家的沉淀特别深厚，只要受到东亚文明影响的人，他的人生观、宇宙观，他的自我理解、与人沟通，他的家庭观念、社会观念、国家观念、天下观念多多少少受到儒家文化的影响，这种心头的积习即使受到文革的苦难也还没有断绝。即使在"文革"的时候反传统运动特别强烈，但最终使社会能够安定、社会还能日常运作的还是很大程度上取决于日常生活中儒家的基本价值，否则情况就很难想象，如果没有亲情，很多受折磨的知识人如何存活。

儒家的基本价值一直存在着，但长期以来，至少在一百七十多年间，这个文化逐渐成为知识分子潜在的传统。主观意愿在打击它、摧残它，希望把它彻底解构，这个力量非常大，有很重要的原因。我认为儒学可以分三期，当然不能简单地分三期：有孔子之前的儒家；有先秦的儒家（孔孟学），两汉的儒家（西汉、东汉时代不同）；有魏晋时代的儒家。王弼应该是儒家的重要人物，在魏晋时候凡是讲圣人都是讲孔子，虽然讲玄学、三玄，但讲到圣人（像王弼非常重视圣人有情、无情的问题），圣人体无的问题，都和孔子有关系。

然后到隋唐两宋。如果我们研究儒学，严格来讲必须包括金代，金代的儒学出了很多人物，像赵秉文、王若虚和李纯甫。另外像刘因、吴澄、许衡这些大儒，在元代的忽必烈也推行儒学时起了很大的作用。他们在很短的时间内汉化，基本把儒家观念和蒙古大地合起来，所以整个元代，以忽必烈为代表的，就是汉化的过程。到今天，不管外蒙古还是内蒙古，有些对于蒙古传统认同感很强的，非常不喜欢忽必烈，他们认同铁木真。有一批研究中国哲学的，到呼和浩特跟他们进行学术交流的时候，他们就反对忽必烈，因为忽必烈被汉化了，他们认同铁木真，铁木真所代表的才是草原文化的基本精神。有时候大家所认同的"狼的文明"（狼所代表的强势、征服的意愿），这主要是体现了铁木真精神而不是忽必烈所代表的儒家和谐之道。

元以后是明，明代以后是清，我们可以把鸦片战争作为一个分期，鸦片战争前后不同。现代儒学再细分，从鸦片战争到五四运动，从五四运动到新中国成立，从新中国成立到"文革"，"文革"期、"文革"后，这些都可以分。

我的基本分法是按照地域扩展为标准只分三期，所以我们现在讲三期。

第一期从曲阜的地方文化扩展为中原文化的主流，经历了相当长时间，一直到两汉。应该明确孔孟传承的不是地方文化而是中原文化的主流。

第二期是没落以后，从宋代开始，中华文明的主流文化成为东亚文明的载体。日本学者岛田虔次认为儒学是东亚文明的体现，1972年"文革"

时期他到北京大学讲课，当时是反儒非常厉害的时候，他的基调很简单，如果贵国对儒家的传统进行非常严厉的批评，那么我们京都学派的学者要加倍努力，加倍深入地研究儒家精华。当时一些学者同意他的说法，但碍于政治压力，对他的讲话进行了非常严格的批评，说我们应该把整个儒家解构掉，"破四旧"，当时反儒的情绪高涨，比如冯友兰《论孔丘》。

鸦片战争之后儒学有没有进一步发展成为第三期这是有待完成的工作。60—80年代在海外研究儒学的人非常多，美国从50年代召集了数百个学者进行这方面的研究，出了四本大书，到60年代又有五本大书，大家集体合作。日本在80年代也集聚了一百多个学者，确切地说是研究儒学和现代日本经济发展关系如何。新加坡是完全发展儒学计划，我也参加了相关工作。马来西亚的华人，都是如此。

印度尼西亚的华人，中国大陆的情况是特例，所以在1984年，我在夏威夷东西中心做研究。联合国有一套关于基本价值的认同问题，比如哪些是基督教的基本价值，经过调查之后发现某些国家非常倾向基督教、天主教，有些国家和基督教的价值有一定距离。

关于儒家的价值，我曾经在香港、台北、汉城（首尔）、京都和上海这五个地区进行了调查。调查结果显示，五个地区中最符合儒家伦理的是汉城，今天也一样，韩国是尊重、承继儒家传统文化的一个社会；第二是东京；第三是香港；第四是台北；第五是上海。汉城和东京的儒家传统和香港、台北的儒家传统有距离但都是认同儒家的地区，这四个地区和上海正好是相反的，因为这四个地区是认同儒家，尽管深浅不同，上海是反对儒家的。《四书》里讲《中庸》，"文革"时候反对《中庸》是因为政治原因，大家都反对《中庸》，认为中庸是骑墙派，因此在"文革"的时候批评《中庸》批评得非常厉害，所以要改变这个情况很难。大家也许认为现在已经改革开放了，国学兴起了，文艺复兴了，理应有所改观，但是如果仔细观察的话，实际情况并不乐观。

最明显的是孔子的铜像在天安门出现之后又不见了。国际社群对此印象深刻，觉得太不可思议了。在西方，比如说希腊的苏格拉底，或者亚里士多德，美国的爱默森或者艾弗森，俄罗斯的托尔斯泰等雕像的撤立是一件严肃的事情。任何民族都有民族的象征，2008年的奥运非常明显地突出儒家的"和"的精神，并认为是一个形象，孔子作为民族精神的象征是不能掉以轻心的。

德国很有名的歌德学院和西班牙的塞万提斯学院在世界各地发展是真正代表德国文化、西班牙文化，是海外接受它们也是真正的心悦诚服。现在确实有很多人对中国文化心悦诚服，但怀疑心理太强，任何地方都说你为了什么，是不是为了非学术，非文化，非道德的政治权谋。国内目前对自己的传统文化还有那么多的暧昧和疑虑，所以很难。我讲这个话不是为了批评任何人，而是我们想要走一条对儒家文化尊重并且真心诚意地把我们尊重的儒家和世人分享的康庄大道还要有一个漫长的过程。

理由在哪里？世界上有古无今的文明有很多，像古埃及、古巴比伦，现在只有到博物馆才能看到它们的历史文物；也有几个很重要的有今无古的大国，俄罗斯没有几百年，美国不超过三百年。又有古又有今，而且源远流长的只有中国和印度，而中国特别强调历史意识，因为中国历史传承意识非常强，除了开发当时每个朝代的基本价值以外，还对整个文化负责任，所以把前朝那些大师大德请来，编撰前朝的历史。目前国内最大的文科研究计划是清史，听说虽然已经投入上亿的资金还要经过相当长时间，由此可见，要能够全面理解文化发展需要倾全国之力。

从1840年鸦片战争开始到1949年建国这110年间，每十年有一次天翻地覆的大变化。1850年左右是太平天国，一般在我们的教科书里对太平天国是充分肯定的，其实从儒家文化来看太平之国是祸害、是大的悲剧。梁阿发信奉的是美国基督教的原教旨主义，严格的说是一种名副其实的邪教，最近基督教原教旨主义在挪威造成了危害，这种原教旨主义就是不择手段地要传教，像十字军东征。梁阿发影响了洪秀全，洪秀全就把基督教原教旨主义的一些象征符号包括天国天父在中国大地宣传，这时候使得一部分真正保教保国的知识分子，像曾国藩把湖南一批乡绅、军队联系起来，说我们要维护文化，不能让基督教代表的原教旨主义者影响我们的社会。斗争非常激烈，两千万人流离失所。之后的情况，两次大战加上日本的侵略，不平等条约，满洲覆亡，军阀割据，国共抗争，每十年至少有一个非常大的变化。

从新中国成立一直到改革开放每五年有很大的变化，从朝鲜战争到"大跃进"。"大跃进"后的基本理念是工业化，要超英赶美，工业化重要的指标之一是钢铁，钢铁就是炼钢，只要是破铜烂铁都可以去炼，结果一塌糊涂，到后来造成三年困难期。

到了"文革"，倾全国之力把最有创发性、最有干劲、最年轻的一批学生、红卫兵团结起来彻底打倒包括"温良恭俭让"的儒家传统在内的中华文化,所以"文化大革命"是革中国文化的命。在这个悲惨的过程中,从儒家文化来看,最值得我们注意的是有些家庭(就是真正的书香门第)从宋代以来(有些更早)遗留下来的文物,如我所知道的河南的程家(程颐、程颢),他们一直保存到"文革"的文物不计其数,但为了怕红卫兵来抄家,烧了三天三夜,包括程颐的进士考卷,破坏性非常大。我们现在的文物非常多,但不计其数的精致的文物则永远消亡了。现在到什么地方可以找到体现儒家精神的精致文物呢?到日本的天理大学,它收藏了三十多万件,到日本的太庙、东洋文库、哈佛燕京学社,当然还有台湾的故宫博物馆。但很多珍贵的文物没有了,比如宋代的线装书。现在我们有一个计划,从域外(海外)把线装书印出来,这样国内才能看到,那个数量不多但工程很大,需要很长的时间。

1979年以后,中国进入太平盛世,经济发展非常快,真正的经济发展严格来说是90年代,或者说是邓小平到南方视察,或者是1992年到1994年上海开始发展之后,所以真正的发展是从1994年开始,到现在时间还不长。整体来说,我们有源远流长的记忆,悠久的历史,而且是生生不息的,所以我们现在能够看到汉代的、先秦的古籍、方块汉字都认得,所以能与它有所联系。在英国,大半主修英文的牛津大学、剑桥大学英文系的学生都看不懂,16、17世纪的古英文。中国可以通读古代汉语,虽然有些甲骨文很难懂,但人家告诉你这个字是什么,你还认得,金文则一直传继性非常强。

我一直在讲"文化中国"的概念。"文化中国"有一个特别的意思:中国大陆、台湾、香港和新加坡是第一个意义世界,都是以华人为主,华人是多数的多数,新加坡的华人大概也有76%以上;第二个意义是散布在世界各地的华人,少数的少数,只要世界有人居住的地方大概就有中国餐馆,有中国餐馆的地方就有中国人,也许有人说中国餐馆的宫保鸡丁远远比孔子学院的声名更大,没有人不知道宫保鸡丁,但很多人不知道孔子。还有一些特别的构想,曾引起一些争议,但我是坚持的。文化中国的第三个意义包括和中国既无血缘,也无婚姻关系的外国人,他们也属于文化中国的组成部分,从地域、族群、政治各方面来看他们都不是中国人,但从文化来讲他们是地道的,有时影响还颇大的"中国人"。

举一个例子可以说明问题,汉学家大家都了解,比如高本汉研究中国古代汉语；李约瑟研究中国的科学技术史；最近施舟人研究中国的道教，他自己还做过道士；还有何莫邪研究中国古代的哲学；现在中国很多的学者还在翻译葛瑞汉的东西，梁涛先生最近说看到他写的东西很振奋，对中国整个哲学思想有所改变，这些人贡献很大。有些人对中国的文字、人际关系都不懂，但对中国文化起到巨大作用。比如在波士顿地区有数百家收养中国女婴的家庭，他们就是文化中国的一部分，有时候他们起的作用非常大。比如说有一批反华势力，组织了一批西方媒体准备对中国孤儿院进行非常严厉的批评，因为大家都不知道中国孤儿院的情况，他们做了抽样调查，找了几个孤儿院，说孤儿院对残疾的儿童，对弱势儿童有很多不符合人道的举措。结果这一批，波士顿地区收养女婴的家庭（都是美国家庭）说我们在中国为了收养女婴，至少参观了一千多所以上的孤儿院，我们觉得一般而言中国孤儿院和世界其他先进国家的孤儿院情况相当。有些比美国孤儿院更人道、更仁慈。这样一来，反华阴谋集团便解体了。试想如果官方媒体、像新华社还是《人民日报》发表言论，说他们是反华的，那样的影响就不会很大。这些所谓的外籍人士其实对中国有影响。所以我说不仅是汉学家，甚至还包括旅游者，只要符合这样一个条件，假如他对中国文化的兴趣（兴趣并不一定是赞同，也可能有严格的批评），只要属于长期关怀的，就属于中国文化的一部分。

我们应该注意两个名词，一是中国人，二是华人。华人的范围绝对要超过中国人，新加坡的华人，不叫华侨，叫新加坡人，他不是中国人。中国人的意思是持有中华人民共和国的护照或属于中华人民共和国的公民。台湾独立运动影响也很大，吕秀莲是一位台湾独立运动非常坚定的斗士，她是哈佛的法学硕士，我认识她。我想如果我问她你是否承认自己是中国人？她会说我绝对不承认。如果我问她，你是不是华人？她会说怎么不是华人？我又不是日本人，我当然是华人。所以，认同是华人而不是中国人的人不少。

所有中国人都是华人，也有很多华人现在不愿意做中国人，比如在台湾的很多人。新加坡的华人也不是政治意义上的中国人，因为他是独立的国家，还有马来西亚以及印度尼西亚的华人，他们都是印度尼西亚和马来西亚的公民。美国也一样，所以文化中国的范围比较宽。但广义上，特别是知识分子文化传统（广义文化传统，不是传统文化）中积累最厚的既不是17、18世纪启蒙运动以来西方的古典文化、希腊文明、中世纪文明，也不是文艺复兴或是启蒙，而是启蒙后期的西方文化，就是现代化文明。中国进行西化以后，我们的文化积淀中现代西方的因素最多，我也不例外。

举一个简单的例子，假如我们不用已经纯粹从西方借来的专有名词我们连谈天都不可能，很多专业的名词都是外来的。比如社会，那是翻译Soeiety的外来语。严复曾用"群"，但后来国人受日语翻译的影响，接受了日本人翻译的"社会"。还有经济，我们想到经济就是economy，是亚当·斯密的经济，而不是传统儒家的经世济民的经济。我们讲的哲学就是philosophy，中国哲学界近年出现一个很难想象的现象，也就是所谓中国哲学合法化的问题，也就是没有什么"中国哲学"只有哲学在中国。据说德里达访华时曾明确表示"中国没有哲学"此后大陆哲学界有中国哲学合作性的争论，其实，据我的了解，如果德里达说了"中国没有哲学"应该不是批评，而是说中国没有希腊传统的"逻格斯"中心的哲学，等于我到美国说，你们有没有身心性命哲学，他说没有，那么你们有没有修身哲学，然后美国就讨论，到底我们是修身在美国，还是我们有美国的修身哲学。我们根本不要忧虑，中国文化中有没有西方定义下的哲学，我们有自己的文化和自己的传统，有希腊的哲学，有儒家的身心性命之学，有道家，有佛家，所以我推动中国哲学界参入到世界哲学界大会中去，作为他们执行部的负责人之一。

2008年世界哲学大会在汉城召开的时候，儒家哲学、道家哲学、佛家哲学已经算哲学的重要组成部分，和伦理学、认识论，语言哲学、分析哲学平起平坐。我在去年也正式说服了世界哲学大会把汉语作为官方语言之一，我担心的是到希腊开会，很多中国学者去了以后，就跟在北京开会一样，只是换了一个地方，就好比这个讲习班不在北师大讲，而在这个会议中心讲一样。如果一大批中国学者到了希腊，大家讲的都是中文，而且没有任何一个外国人参加，那不是和这边人讲的一样？所以中国学者到希腊开会的时候，希腊有人希望能够一一把它翻译成英文，希望"汉办"帮助，这个哲学大会只要做主题发言的或者讨论的应该都有英文，有很多不懂汉语的也能够参加，了解儒家哲学的发展。这就牵涉到一个问题，到底儒家的传统能不能够用非汉语，就是没有古代汉语为基础的文字向世界传播。各位的使命很明显，就是要做这个工作，如果你到国外讲学，当然希望你用英文，也可以用汉语，但汉语只能跟研究生或最高级的研究生交流，那也很困难。如果用英文，人家说你怎么能用英文讲儒家传统，原汁原味全没有了，这讲的都是骗人的。

我和李光耀先生只见过一面，但有一两个小时。当时我和余英时两人一起和李先生交流，李光耀突然问能不能用英文讲儒家伦理，我的回答是可以，但余英时说不可以。他说不可以我理解，如果用英文，有些原汁原味就没有了。但我也不愿意接受用英文讲儒家伦理是虚伪的，不真实的这类观点。为什么可以用英文讲？如果从比较文化学来看很容易理解，你不懂希伯来文，你不懂希腊文，你不懂拉丁文，你懂中文，也依然可以做一个虔诚的基督徒也可以理解乃至发展基督教义，我们可以通过汉语来了解《圣经》，不管是《新约》还是《旧约》，这已经习以为常了，否则要先念完希伯来文再做基督徒，那中国就没有基督徒了。你可以不懂梵文，不懂巴利文，但可以通过现代汉语，通过日语或通过泰语成为一个虔诚的佛教徒。你不能说西方的，比如美国的基督徒比韩国的基督徒更像基督徒，不可能；也不能说亚洲的伊斯兰教徒不像中东那里的伊斯兰教徒那么像伊斯兰教徒。儒家有没有第三期的发展，能不能够走出东亚文明——因为东亚文明很明显是以汉语为中心，是筷子文化，是稻米文化，是汉字文化。如果不能走出去，不能到美国、英国、法国用各种不同的语言表达，只能表示儒家文明具有地方性，没有普遍性、没有全球性。儒家文化当然可以走出去，是不是在讲的时候很多原汁原味没有了，绝对是，但是不是有很多新的价值，新的理念可以被开发出来，也是绝对正确。

举一个简单的例子，在中文里有一个字是感情的"情"，英文里有两个字 feeling 和 emotion，这两个词在英文里分得很清楚。feeling 可以做动词，I feel；但 emotion 没有办法做动词。但这两个字能把中国的情理非常明显地展现出来。韩国的儒学讲"四端七情"开辟出宽泛的哲学论域，中国的儒学没有这个传统，四端就是孟子的仁、义、礼、智，七情就是喜怒哀乐爱欲憎。现在大家可以问自己这个问题，四端的恻隐之情和喜怒哀乐之情是不一样的？用英语讲当然是一种权宜法（方便法），我界定四端是 feeling，而喜怒哀乐爱欲憎是 emotion。喜怒哀乐爱欲憎是感于物而发，是物交物的问题，有了外面刺激才会有情绪的反应，可能是怒，可能是喜。但是恻隐，比如说见孺子而落井，你突然有一种感触，这是内发。用英文说这个人很有 feeling，是说这个人很有心，很有情。说这个人 emotional，表示这个人是一个情绪反应很强的人，你不要跟他太接近，因为他很容易被触怒，很容易情绪化。英文这两个字对了解中国"情"字的复杂内涵大有助益，这类例子很多。

所以，你不用担心，我们尽量通过我们对汉语的理解、对西方语文的理解把它做一个正常的翻译，但不要忘了，文化的传播不只是翻译的问题。如果你只是每天讨论翻译，这个词怎么能这样翻，那样翻，这个人翻错了。这就过分执着文本的层面意义了，因为翻译只是权宜之法，如果你根本不翻译，却能用另外的语言表现出来，你的贡献绝对不亚于翻译。翻译肯定会有很多的错误，解释有很多的错误，但是层次不同。比如西方的佛教弘法叫方便法，根据你的不同实际情况，在中国、德国、意大利讲讨论佛法，这本身有价值。如果你能够把一个文化的精髓、基本价值内化，变成你自己的价值，自己生命的一部分，你可以用你的语言，只要对它的基本价值认可就可以。当然，如果你真正做学术研究必须学习考据，对字源，字音，字形，书的版本都要注意，但在传播你的文化传统时可以以高明的方式传达，不一定就只是依靠翻译。

我和许嘉璐先生一样，有太多想讲的，不一定讲得完。我是以互动作为更重要的选择，所以我尽量把我想要讲的浓缩一下。其实很多都是大家比较熟悉的。下面重点讨论一下儒家的核心价值。

儒家的核心价值是什么？对此有争议，我觉得有一点很值得注意，在儒家的传统中，不管是观念、人物、制度，任何一方面都可以质疑，这一点一般的人不太理解，如果从比较文化或比较宗教来看是很容易理解的。如果你是一个基督徒，就要对三位一体、对童贞女、对复活、对耶稣是上帝的独生子，因为爱来到这个世界、对十字架、对耶稣是神又是人这些作为基督徒的核心价值加以认同并接受，你不接受就必须接受一般基督徒不必面临的考验。如果作为佛教徒你就要承认有净土，有涅槃，要接受"业识流转"，要接受轮回，如果这些你都不接受、不相信，你就不是佛教徒。但儒家没有，任何一个观念，比如仁我以为最关键，但有人说礼比仁更重要，因为孔子是儒家最关键的人物；可很多人说，孔子只有内圣还没有外王，尧舜禹汤，甚至周公则远远高于孔子。如果说没有孝就不是儒家，日本不太重视孝，日本特别重视忠；如果对父亲的血缘关系不重视，就不是儒家，而日本就不注重血缘。

还有血淋淋的故事，日本最重要的是养子，现在养子制度有所改变。比如我家里面有八个孩子，这八个孩子都是男孩，没有一个成才的，我就从外面找一个，就得在外面找一个"经理"来治家。中国为什么富不过三代？因为要把这个东西传给儿子，因为血缘的关系，出了很多纰漏。为什么日本从一个家族企业一下可以变成一个国营的大企业，就是入赘，做了养子后，他尽忠于他所寄养的家庭，而和自己的家庭切断联系，这才叫忠。

17世纪有一个学者渡边，他给学生出了一个难题：假如生父把养父杀死了怎么办？中国人会认为养父倒霉。日本大儒渡边说，一定要把你的生父杀死，拿着他的头为你的养父祭坛，说父亲，我把你的仇人杀了。这是日本经典的故事。所以，日本认同儒家，但不认同中国文化，认同儒家的原则，但不认同孔子。这是非常难理解的问题。

还有一个可以反映日本儒家特色的故事。这个故事来自日本大儒山崎暗斋的设问，假如孔子带了三千弟子兵攻打日本，日本的儒者怎么办？他们认为，把他们消灭不符合儒家的原则，我们要反抗；但一定要把孔子俘虏，来教育我们这个蛮夷之邦。你们想想，从解释学上怎么去理解？毛主席和一批非洲访问学者讲过这样一句话，假如中国走帝国主义道路，你们非洲应该怎么办？非洲学者说你们不会走帝国主义。毛泽东说我们现在就是帝国主义，你们该怎么办？你们要联合起来把我们打垮，这符合中国的革命原则，我们是打倒帝国主义，打倒殖民主义，我们自己变成帝国主义，殖民主义，你要把我们打倒。但后面的观点很难理解，要把孔子俘虏，俘虏以后做什么呢？教育我们这些蛮夷之邦，他自己承认自己是蛮夷之邦。有一个很有名的学者而且也有政治影响力，他曾对我说杜教授我非常讨厌儒家，但是既然儒学能够激发我们的爱国主义，我也能忍受，你就多多去讲儒家吧。我说有没有听说过反华的爱国主义？他说怎么可能，爱国主义就是爱中华。我说你没去过越南，越南的儒者都反华，几乎没有例外，这是从历史延续下来的。

在越南军事博物馆有两位女将，她们打败了伏波将军马援，这是他们越南的民族英雄。为什么反华？因为越南人有强烈的爱国主义和民族主义，他们不堪忍受外辱，所以总是和中国抗衡，在汉代他们即有"外王内皇"的外交谋略，外面中国人的压力太大，我称王，但内部还是称皇帝，所以一定要争取它的独立性。中国文化从汉代就开始处理越南的问题，为什么叫"安南"的原因也在于此。越南的问题非常麻烦，明朝永乐举兵消灭越南胡朝据说用兵八十多万。占领之后控制很全面但仍是暴乱不断，要求独立的意愿极强 。因此，中国对越南的殖民政策并没有奏效。但儒学在越南扎根数百年，越南的民族英雄皆是儒家，这点毋庸置疑。

胡志明就是一个儒家的形象，据说他在党里常提孟子的大丈夫精神和孟子的浩然之气，越南没有经过反传统的过程。我到越南去访问多次，那边很多人研究汉唐，大家都有一种非常强烈的认同精神，有不少知识人对于法国50年殖民并不怀恨，而且说法国给了我们现代语言和生活情趣。现在越南的语言文字已经不是汉语，但它有汉喃文字，也就是你一定要懂古代汉语，同时能用古越南的语言发音才能了解这个字的字音。现在在汉喃研究中心至少有八千部以上的珍贵文献，很多是孤本和手抄本，都属于汉语言。现在中国人民大学、新加坡国立大学和哈佛大学一起合作研究这批资料。

越南的儒学和中国的儒学有很大的不同，韩国更不用说了，韩国精神文明研究院的院长柳存国曾当着我的面严肃地说朝鲜是儒家的宗主国，这点我当然不同意，我提到孔子，但柳教授说《洪范》的箕子才是儒家的开始，箕子是从商地逃到东夷的，东夷即是朝鲜，接着他半开玩笑地说但是我们的祖先不争气，受到巫教影响，道统便由孔子继承了。韩国到今天巫教还很兴盛，在汉城大学或首尔大学门外就有不少巫婆，有些大学生如果有困难就跑到巫婆那儿求助，说是不是有什么灵魂附体的问题？我为什么会生病？这在中国是不能想象的事情，韩国人说我们巫教影响大，所以道统就到了孔子。可是无论怎么辩解，今天道统还是在敝国，因为贵国根本不接受儒家甚至把儒家的根都铲掉了。这是一个值得考虑的问题，所谓多元文化。

儒家最重要的价值，我的理解应该是仁爱的仁了。儒家讲仁是从"为己之学"切入的。学问是为了自己，不是为了父母，不是为了社会，为人民服务首先必须建立在为己之学的基础上，不然你不能真正为人民服务，不能为社会服务。第一要建立自己的人格，自己站起来，这才叫为己之学，身心性命之学，所以我一直对仁爱的仁字的字形感到不安，因为"仁"字是两个人。有人说儒学社会性比个人更重要，我一直觉得不太对劲，如果孔子讲为己之学，孟子讲自得之，孔子讲"三军可夺帅也，匹夫不可夺志也"，孟子讲小体、大体，大体是指"四端"，四端是内在的，我们就讲四端中最重要的一端也就是"恻隐"，恻隐是内在的。如果"仁"是从"相人偶"（《说文解字》）来理解。一定要从社会性来了解。

对此我总觉不妥，因我总是把仁当做内在的主体性。礼是外在的表现，我最早一篇英文论文就是讲仁和礼之间创造的张力问题。

1993年郭店出土了一批文物，仁字的写法是上身下心（息）。郭店所有的仁是都这样写，身心不是指社会关系，而是自己，我想仁就是个人的主体性，个人的独立性，每一个人在儒家的传统都是关系网络的中心点，你先要建立你的中心点，那就是为己之学，要自己站起来，要能够立志。陆象山讲"先立乎其大者"，先把你的"大体"这一根本建立起来，其他的就不怕了。因为人本来就是禽兽，99.9%的人性都与禽兽相似，也是食色，食毫无疑问是生存，色是最强的欲望，否则不能传宗接代。《论语》里重复了两次，"吾未见好德者如好色者"也，意思是我从来没有看过一个人对道德追求的意愿要比对满足性欲的要求更强烈。也许各位觉得可能，我是觉得不可能，孔子也觉得不可能。所以，色、食是自然界任何动物都有的强烈本能，也就是演化论中所标明的维持个体的生命和持续物种的生命。

如果不经过修炼，不经过努力，就不可能成为一个真正的人，这是人的本质特色。这个本质特色有两条路，一是荀子的路，"化性起伪"，性里面是没有善性的，一定要通过社会性。孟子就认为善端是内发的。善端的内容很丰富，不能一目了然，其显现的方式亦多彩多姿，孟子举"孺子落井"为例，阐明人心中原来具有的本能突然发现小孩快要掉到井里的情况你有一种感触，不是说你会自然而然地决定去救他，那是后话，也许经过你思考之后去救或者不救有一种功利算计的意愿，但触动的本身是不假思索的反应。但只要是人，也就是说我们每个人的心量是可以感应的，我们不能想象我们的心量在什么情况之下没有任何触动的可能，这在儒家认为是不可能的也是不应该的，"哀莫大于心死"，除非你麻木不仁，你只要不麻木不仁，对遥远的行星、眼前的草木瓦石，任何事物你只要感知，只要见到，它就和你的心有相连。所以，在这个基础上，才能够说"仁者与天地万物为一体"，也就是孟子说的"万物皆备于我"。

主体性第一个必须克服的就是主观主义和个人中心主义，所以儒家是从复杂的对应关系发展人格。你要真正站起来成为独立的人，就要尽量消除你的个人中心主义和自私自利的心态。自私自利是自然的，但是如果不经过道德的修炼则很难改变，道德修炼的内在资源是你自己的，不是外来的。你可以靠外源，如社会，如环境，但你自己内部自得的价值是最核心的。这是孟子的基本思路。所以孟子的思路可以从不忍到忍。我先对最亲近的人，对父母或对妻子他们受苦受难，我如同身受，我不能忍下去。我对路人受苦受难至少可以暂时不管，假如我能把对亲人的情慢慢地往外推，这就是仁，推己及人。儒家的仁是有差等的爱，不是一般意义下没有分别的博爱，也不是佛教里讲的众生平等，对所有东西都一样对待的慈悲。基督教里有一个非常重要的观念，要爱一切人，包括你的敌人，他打你左脸你要给他右脸，这就叫"以德报怨"。道家也有这种思路，"以德报怨"大家都很熟悉，但是孔子反对这种，他提出"何谓以报德"的设问，人家对你有怨，你以德报，但如果人家对你有德呢？他的观点是"以直报怨，以德报人"。如果人家对你很好，你当然报之以德；人家对你很坏，你就要反思是不是你的问题，假如经过反思不是你的问题，这个家伙就是坏，那么怎么办呢？当然诉诸公正法律，因为"为仁者能好人，能恶人"，要能爱，也要能恨，基督教和佛教里说恨的感情一定要消除，儒家说恨是疾恶如仇，爱该爱的，恨该恨的，不能只有爱没有恨。

挪威现在出了大问题，面对那个肆意枪杀穆斯林移民的极端分子，挪威法律面临难题：第一，它没有死刑；第二，无期徒刑不超过21年，这个人才三十几岁，很明显他不怕什么，只要宪法不改，我进到监狱里，待到50岁出来还可以犯法，而且信誓旦旦：这是上帝意旨，必须卷土重来。儒家了解一个人是对人从不同的方面接受它，儒家不用定义的方式了解一个人，人不只是理性的动物，不只是可以用工具的动物，不只是一个能够用语言的动物。你看《六经》里人就是一个感情的动物，《诗经》里人就是社会的动物，《礼记》里人就是政治的动物，《尚书》里人就是一个历史的动物。没有历史就没有自我，另外人是追求最高意义的动物（《易经》）。家庭就是第一个社会，为什么儒家特别重视家庭？有人说儒家讲家庭是浪漫，因为家庭是温暖的，能够使得我们安宁，有安全感的。这完全不符合事实。现在有太多一塌糊涂的家庭。儒家认为家庭是最重要的机制，为什么重要？它好，你一生都受益；它坏，你一生都受苦。也就是说，家庭对人的最大影响是心理，是精神，是幸福，不是物质问题而已。如果一个人在家庭里，特别是一个孩子在家庭里受到屈辱，他一生会受到很大的摧残，现在小家庭里只是五个人或三个人，即有性别的分别，有年龄的分别，有地位的分别，有权威的分别，有资源的分别，所以，家庭是非常复杂的，因为它有很多独立的组织。因此，家庭里每一个人，父亲、母亲、孩子都必须积极地参与，只要有一个人出问题，这个家庭的和谐就不可能维持，一个残暴的父亲，不负责任的母亲，或者只是一个捣蛋的小孩，家庭会没办法和谐。其中艰苦，儒家知之甚深。

儒家特别注意这种类型的家庭，就是已经完全没有办法正常运作的家庭。孟子有一个儒家式悲剧的案例，大舜的家庭就是残忍的家庭。父亲凶狠无情，继母、继弟要他修井就落井下石，让他去上面修屋子就把梯子拿掉、放火。那样的家庭，舜居然通过他的道德感化使家庭成员基本和谐，这是至孝的体现，一般家庭是做不到的。我们不要把舜体现的孝道强加给一般人，这是不可能的。最近中国做过一个调查，所有出毛病的孩子，一半以上都因为家庭，要么父亲、母亲对他不负责任，要么太溺爱，要么不爱他，或者他感觉不到任何家庭的联系。其实最糟糕的就是没有联系，平常太忙了，没有机会跟孩子谈任何东西，把他养大的基本上是保姆，不是亲生父母。现在新加坡对从菲律宾来的菲佣无微不至，给他们很多好处，让他们生活得愉快，因为新加坡人了解到这是我们下一代成长至关重要的长辈。

《大学》里讲"修身、齐家、治国、平天下"，一个错误的观念是线性思维，认为先修了身才能够齐家，齐家之后才能治国平天下，这是不可能的。到了家庭，修身的问题就复杂多了，到了治国，修身、齐家的问题就复杂多了，所以如何从A—B—C—D的方式推论，这是错误的，从A到B，B就有了A，从B到C，C就有A、B，而且是经过几何学的跃升，非常复杂，到了平天下修身的问题更是错综复杂，我们必须从复杂的体系来了解儒家的修身哲学：自天子以至于庶人，一是皆以修身为本，人是复杂的。虽然如此，但有强烈的信念，每一个人都是有同情心的，没有同情心就不是人，人有同情心就会有恻隐，恻隐才能往下推。仁是滋润所有价值的最重要的价值，只要没有仁，那么其他价值都可能成为非价值；义没有仁就有可能变成尖刻，诉诸法律，法律可以非常严峻、尖刻；礼没有仁就是形式主义，你去参加丧礼，但心里没有感触，即使行为完全符合丧礼的基本礼俗；智没有仁就是小聪明；信没有仁就是小信小义。儒家不只注重信，而且强调诚信，但西方讲信就是我答应你做什么事情我一定会做，儒家不这么重视这种类型的守信（和康德伦理大不相似），比如我曾答应借你钱但发现你有要买鸦片烟的企图，因此我不履行诺言、决定不借。或者我答应帮你做这个事儿，做了一半我不干了，因为我发现如果作下去比不作的结果坏得多。这就是言可以无信，行可以不果，但唯义所在，这个义的原则要高过答应promise（承诺）你的事情。但信作为诚信是社会能不能安定最重要的条件，如果比较兵（安全）食（经济）信（信用），现在认为经济发展是硬道理，结果诚信出了问题，孔子讲这是本末倒置，没有诚信的社会是无法维持下去的，现在我们碰到了大问题，因为市场经济力量已经使我们社会成为市场社会，就是每一个领域都市场化了，企业是市场化的，政府是市场化的，学术是市场化的，乃至宗教，现在到大庙里去，很多和尚已经变成会计师了。这样的情况下，诚信丧失了。社会则岌岌可危，面临解体的危险。

所有价值都可以丰富仁的内容。有仁而无礼是不可能的，有礼而无仁是可能的，有仁而无勇是不可能的，有勇而无礼是可能的，有仁而无孝是不可能。父母对孩子的爱是自然的，孩子要对父母行孝，则要经过磨炼，经过教育。现在大家一般爱护孩子，每个人都愿意牺牲自己去爱孩子，可是深层的探讨会发现我们并不是爱孩子，而是把孩子溺坏了，到了丧失独立生活能力的柔软无力。他们反而有叛逆之心。现在中国的年轻人基本不能承受压力，到国外念书的例子不少。有一点儿不顺心就有自杀之念，开始时你是第一名，跑到最好的大学，人家也都是第一名，这样只有50%的概率。哈佛有一个北大去的非常好的计算机系学生，他的教授告诉他，你能够维持50%就很不错了，你现在是30%，低了。结果他承受不住自杀了，这伤害了父母，他的姑妈在哈佛葬礼的讲话很感动人，对他做了严厉的批评，说我们事实上不是让你成为第一名，而是要你活得快乐，活得有意义，有尊严，你现在这样做，使得好几代人都受了非常大的摧残，你做这事于心何忍？还有更糟糕的，因为跟人家竞争，同学拿了奖金，他没拿奖金，不仅把同学杀死，而且把所有发给同学奖金的老师都杀死，然后自杀。一个举动使整个高能物理范围的五个权威全都没有了。他有暴力倾向，又不合群又孤独，这没有问题，但是完全没有承受压力。别的小孩有他没有，就胡闹，就赶紧给。我最近一个朋友，小孩刚出生，一对父母亲加上两对祖父母，大家都在爱护他。如果照这个趋势发展下去，这个小孩没有成年就会成为一个暴君。

从不忍到忍，与革命精神正好相反，因为革命精神讲斗争，事实上这对一个存亡之初的民族太重要了，没有就站不起来。现在和平发展社会还有革命斗争的阴影则很可怕，因为革命精神就是从忍到不忍。鲁迅先生讲的"狠打落水狗",否则狗上岸之后还会咬你一口,所以对敌人绝对要狠。另外我们长期共事的,如果革命路线不同或者影响革命的,我也要跟他划清界限;如果是至亲好友也要划清界限,一直到我的父母亲、孩子都要划清界限。这种忍心是坚定革命志向不可或缺的心理,但如果在平时对人也如此这般那就太可悲了。所以我对雷锋精神表示质疑,特别是不顾天时地利要求每个年轻人都作雷锋更难认同,因为这根本是虚伪的,要用雷锋精神教育小孩,要么觉得自己根本不行,要么觉得非虚伪不可。雷锋精神如果从儒家的思想讲,越有钱,越有权,越有势,越有影响力的人应该越有责任,最要体现雷锋精神的正是最高的领导,你是没有私心的,要为人民服务。你有一点私心就出问题了,以前就靠皇帝,一般我们一想到皇帝就想到专制,一想到专制就想到我们现在已经民主了,已经解放了,以前是专制的传统。

其实中国的皇帝是最不自由的,从小做太子,还有三个老师教导他,并且每天跟前有两个史官,左手记言右手记事(现在任何领导,如果有两个人跟着你,就不能做那么多贪污腐化的事情了),一个记录讲话,一个记录事情,两个人记录,你是纯粹的公众人物,没有私。你吃饭有一点问题可能这个宦官就下跪"请保重龙体",你的性生活要清清楚楚地记录,要不然连是否亲生子女都不知道,就会出大问题,所以皇帝完全没有任何私,全部是公。现在真正最高的领袖就应该有这种气派,所以雷锋精神应该由他们真正来发扬。为什么雷锋精神不能在民间呢?对老百姓要关爱,我们叫保民,要养民,民为贵,他们要生活,一个无家可归的人只要能活下去就有尊严,一个老百姓只要能够让他生活得平安,只要他不是做损人利己的事情,做愚昧的损人不利己的事情就是一个值得大家尊重的人,普通的人都如此,儿童、普通老百姓都如此。地位越高,儒家就要求就越严,非如此不可,所以才叫上行下效。上面为非作歹,每天宣传说大家要这个要那个,有用吗?

现在西方学者有"逆读"的提法,这是批判精神必须要有的,任何观念的出现你都要知道它背面是有理由的,有人讲权利表示没有权利,讲人权表示没有人权,讲和谐就是没有和谐。讲正义,西方经常讲这个观点,以前有道德的观点,英文讲 Trust,现在是财务机构的通称,目前公司叫 Company,Company 原来的意思是一群伙伴朋友共同组成社团,哈佛是美国第一个 Corporation 公司,这批人要在一起培养神职人员,就是牧师，现在Corporation成为图利的公司符号。逆读的话，表面上看起来很美妙，但后面代表的是真实的，比如家庭和谐，如果大家马上宣传家庭和谐，就表示有很多很多不和谐的家庭，这是很明显的。在《孝经》里有一句话，曾子问孔子，"从父之命何如？"如果父亲要你做什么你做什么会怎么样？孔子非常生气，重复地说"是何言哉！"说这是什么话？因为天子，要有七个谏臣，要有七个专门来批评你的人；做诸侯则谏臣五个，做大夫有三个，在家庭里你要使父亲变成更好的父亲，这是你的责任，父亲要让你做坏事你做是陷父于不义，这是非常大的错误。所以孔子批评曾子：父亲拿了一根棍子打曾子，曾子让他打，说明孔子非常生气。如果拿一个小的竹子打还可以让他打，如果拿棍子打还让他打，他把你打伤了，你对他来讲是陷父于不义，所以才有"正名"的要求。我们一听说"君君臣臣父父子子"便认为是封建，其实这是最有说服力的基本理念，你做领导应该像个领导，做老师像个老师。父父的第一个父是现实的父，第二个父是要达到理想的父，一个现实的父亲要努力做一个更好的父亲，因为修身哲学和每个人都有密切的关系，孩子修身的一部分是使得父母亲变得更好。如果父母亲不行，你在中国就不能一下子切断关系，要婉转不能随便骂。婉转的目的是使他能够更好，这是你的责任。君臣关系是相对的，孟子讲得非常清楚：如果君对臣是礼遇，臣对君基本就是忠诚；如果君看不起臣，臣对君就如路人；如果君对臣是残忍的，臣把君当寇仇；如果你真正的坏，坏到危害老百姓他就把你杀死，这叫革命。因此孟子说"杀一独夫"不是弑君。

周代通过革命建立新王朝，所以有王问孟子，文王、武王把商纣王杀掉，他是王，你怎么能把王给杀掉？这就是孟子有名的独夫的观点：纣不像个王，没有人跟他有任何关系可言，他就是个孤独的独夫，完全暴力倾向特强的独夫，我没有听到被杀掉的是一个君王。所以你不像老师就没有资格用老师的名字，你就不应该被尊称为老师。如果老师没有学生就绝对不会成为老师，教学相长，这绝对是双轨，才叫恕道。

最后我讲一个对话的问题，儒家要发展，必须跟各种不同的文明对话，各位到国外去会碰到各种不同的文明，基督教的文明，佛教的文明，伊斯兰教的文明，印度教的文明。对话在开始一定要是容忍，容忍不难，但是从容忍到承认很难，要承认对方的价值。不承认的意思是，我们认为自己是先进的，我们的知识水平高，我们的现代化高，我们的物质水平高，所以我来帮你们忙，我给你钱，给你安全，我们旅游的时候就请你来，你表演一下。我对你的文化价值毫不关注，因为，你的文化还是在奴隶社会、封建社会，我有什么好学的？没有承认它的存在。另外宗教的推动也很重要，现代化过程中间，包括领导，不管是政治领导还是学术领导，企业领导都是对宗教不敏感。宗教，你用钱来诱惑是没有用的，用权威打压也不奏效甚至用军事来镇压都没有用，越镇压越厉害。

不管怎么样，宗教的问题是特别复杂的，罗马帝国不仅要残杀基督徒，还把他们喂狮子，结果罗马帝国却崩溃了，基督徒发展得越来越好。如果了解一个民族，一开始不能承认它，就不能尊重它，不能尊重就不能把它当做你的参照，不能当做参照就不能和它共同学习。我们平常说要帮他的忙，这就等于孟子讲的嗟来食，这是对人很大的侮辱，他要饿死了，你说"哎，来吃！"他即使饿死了也不会来吃。你现在用各种方式诱惑他，打压他效果适得其反。所以，对话是非常重要的，开始对话绝对不要想办法用你的一套价值来影响他。你不要想办法用道德说教；比如压迫和尚不要再念经，要接受我们的爱国教育；这种强制也不要把你的价值告诉他，而且认为你不了解我，你对我误解了，所以对我误解了，这样怎么可能对话？对话的第一个目标就是培养听的能力，你听听人家在讲什么。

现在有一批志愿者，美国来的一批本科生，他们到农村和中学生去交流。我说第一件事情，假如你去了，过了三个星期回来之后还是像现在一样，就等于白去。你去那边一定要改变你自己，如果你不改变你自己，认为你现在到了美国，凭自己北大高才生的身份，觉得有资格教育那些无依无靠的小孩，其实你没有资格，你要了解他们，学习、倾听他们的声音。第二，你要拓展你的视野，如果从来没有见到伊斯兰教徒，一听到伊斯兰教就会完全受西方媒体的影响，认为它有暴力倾向。其实99%的伊斯兰教徒都是反暴力的，都是和平的，但因为他们痛恨西方，特别是痛恨美国，所以暴力组织在他们的环境里可以生存下来。但绝大多数绝对不赞成暴力，所以对伊斯兰怎么理解？我们到印度那么穷的地方，有一个著名的教授去了一天，拉肚子，马上回来，说印度不能住，就像很多北欧人到北京一样，一到北京就咳嗽，因为他们是零污染，北京不能住，这样你能进行任何的对话交流吗？不可能。

还有通过对话能够增加自己的反思能力，了解我们自己。要能掌握儒家的精华必须对其糟粕（负面因素）有深刻的照察，就是真正了解儒家的阴暗面，我用非常极端的例子，我们生活在一个纯粹法家的社会，比我们生活在彻底政治化的儒家社会好得多。纯粹法家的社会要求的是你的行为，只要你不犯法，你的思想有多么邪恶都没关系，但只要犯法，就得伏法。但是彻底政治化的儒家的社会，领导者控制你的意识形态。你的行为有问题，就把你整死；你的行为没有问题但态度有问题，也要整你；你的态度没有问题，信仰有问题也要整你；你的信仰没有问题但你的下意识、梦里做得不对他也不放心，最好你做的梦都是正确的，你的下意识正确。这样的控制手段很可怕真是无可逃于天地之间，这是明显受到儒家文化最阴暗面的影响。

  儒家讲修身，但被歪曲后，就变成你自己不修身，要人家修身，你要洗人家的脑子，不仅洗他的脑，还要改变他的态度。"文革"摧残人比摧残文物更厉害，受到"文革"摧残的知识分子每个人都有强烈的罪恶感，自咎，自己说自己怎么搞的，我怎么弄成这样，对国家没有贡献。那些摧残人的一个个理直气壮，到现在不后悔的也不少：我们本来就应该这样做，我们是为了国家，为了民族，为了人民。摧残人的人没有后悔之感，被摧残的人有强烈的内疚，这都是五四运动以来，为了爱国而要使中国站起来而形成的风气。现在谁能使中国站起来爱国就非常了不起，不管他的路线如何，政治如何，只要他能够使中国站起来，我们都可以原谅。这是根深蒂固的。我们中间有西方的文明，有反传统的，有造反有理的传统，这些传统在我们心里的积淀其实不是地质的积淀，是化学的作用。

  包括我自己，有时候强烈地认同西方，有时候强烈地痛恨西方；有时候强烈地认同传统，有时候强烈地痛恨传统；有时候强烈地赞成现实，有时候强烈地反对现实。这个情绪正好在我们现在的互联网上表现得尤为突出。中国现在已经有了9亿手机，超出美国人口的3倍，上网的人数很多，上网还有很多的限制，如果上网不受限制，我们将掌握无限的信息，现在我们民族的情绪和方向有无认同感都是非常大的问题，所以不要轻易地把很简单的事情，比如孔子的巨型铜像可以堂堂皇皇地在天安门展现又可以偷偷摸摸地在天安门广场消失，认为这没有什么了不起，是好笑的，其实这不好笑。还有一些很有名很有影响力的企业家，台湾搞独立运动的时候，他说这个问题很容易解决，一个飞弹即可，日本的问题也很容易，两个飞弹即可，南海的问题非打不可，因为这是我们神圣的领土。有很多这样的情绪，如果知识精英的情绪如此，那么一般人的情绪就绝对比这个要极端五倍、十倍,这是个大问题。中国将来怎么走,这不是中国的问题,是亚太的问题,世界的问题。实际上,使这个世界发生改变,最重要但表现得最没有责任感的是美国。虽然我在美国的时间很长,深感美国的生活方式是不可输出的,如果欧洲学习美国,需要再多一个地球,中国人学习美国的生活方式则至少需要再多三个地球,这样的情况下美国非改不改不行。

  中国有很多丰富的资源,比如儒家有四个不可分割的面向,一是自我的问题,就是修身哲学;二是群体的问题,就是和谐社会;三是人和自然的关系,就是持久与和谐的关系;四是人性和天道相辅相成的关系,展现出来的是最完全的一种人文思潮。这个人文思潮对人类走向 21 世纪,能不能存活的影响力太大了,但这个力量能否发挥作用,就看受这个文化影响的东亚人特别是中国人,尤其是中国大陆的精英能不能内化成为我们的价值。没有成为我们的价值就不要喧哗,因为一点用都没有。所谓软实力就是我的价值被人家心悦诚服地接受,我们都接受人权,都接受自由,都接受理性,都接受法制,都接受个人主义,所以,西方宰制力量非常大。我们即使把资源,把人权、自由、法制、个人尊严、理性完全发挥到淋漓尽致,也没有办法进入 21 世纪,因为 21 世纪除了自由以外要有正义,除了理性之外要有同情,除了法制之外要有礼让,除了权力以外要有责任,除了个人尊严以外要有和谐的社会,这些不是亚洲价值,是普世价值,是我们能够接受的。现在这个社会只问正义,如果你是权和钱结合,1% 的人掌握了 40%、50% 以上的资源,有没有正义?我们是不是法制,是不是一个礼让的社会。北京如果和香港比,香港比较礼让,香港和台北比,台北比较礼让,我希望台北要逐渐成为一个富而好礼的,北京能不能变?不要说北京,北京大学的学生能不能变?我们是不是一个和谐的社会?和谐的价值,是儒家最深刻的价值之一。这点值得我们深思。

  最后,我花十分钟时间做简单的结论然后开始互动。

  在西方,从它的政治哲学和现代企业管理各方面来看,这个表说得更清楚一些。他们平时考虑的是个人与社会的关系,并且从一个社会发展这一大的趋向进行选择。自由和平等,或自由和正义这两个消解的矛盾都很重要,另外在经济发展过程中效率和团结也是重要的问题。

	自由	
效率		团结
	平等	

长期以来社会主义和资本主义有这样的分别，社会主义长期注重平等，同时注重社会团结，美国社会突出自由，但只突出自由平等是不够的，资本主义基本的信念，就是假如有自由、有市场经济就有发展，发展这个饼不断变大，分配是平均的，但每个人所得到的利益在增加。现在中国希望走这条路，但我们要问一下这条路是不是成功。某一方面非常成功，改革开放七年内使一亿人脱贫，在联合国讲就是一个家庭一天从1美金到2美金，1美金以下是真正的赤贫，在中国有一亿人脱贫，历史上从没有出现过。

　　一般来说中国经济的发展力度特大，有时候10%、12%，低的时候是9%或是8%，这样的发展速度是奇迹的奇迹，基辛格最近写了 *On China*，他也完全没有想到。柏林墙刚刚倒塌的时候，麻省理工学院有一位教授梭罗（Tester Thorow），他一直在经济学领域发表预言，但他的预言大半是错误的，错了又错再大胆地预言，不断地接出离谱的预言，但是他的影响力却越来越大，他那时候出了一本书。他说世界三大经济体系的竞争，美国、日本和德国，因为柏林墙倒塌了，21世纪的竞争中，德国一定会成功。他来过中国很多次，到香港做过很多的报告，我和他也算认识，我曾问他，你为什么不把"中国因素"放进来？他说你是讲文化，你有的时候是一种理想；我是讲经济，是看数据。当时中国经济是日本经济的十分之一，五十年以后才讨论中国，没几年，他又错了，现在他仍在预言。类似的学者还有不少。现在在世界全球化潮流以后时间越来越短，目前是三十年一代，从电脑看起来就是三年、五年，变化非常快。

　　变化快的意思是向左向右，向下向上都有可能。60年代的巴西是经济发展最快的地区，结果垮了，二十年发展不起来，现在巴西是"金砖四国"之一，又发展了起来。以前说资本主义、社会主义，后来都站不住脚。美国一枝独秀，中国就有一批学者讲一枝独秀不对，将来世界最好是"鼎"才能安定，后来美国、欧洲和东亚，没想到印度也发展起来，像桌子四只脚，形成四足鼎立，更稳。可是俄罗斯垮了之后，现在又发展起来，俄罗斯的石油特别多，还有东正教和丰富的文学资源，又添一只脚。"金砖四国"，包括巴西，以前叫BRIC，现在加上一个南非，叫BRICs。

　　美国人文社会科学院（AAAS）的机关报 *Daedalus* 2002年提出"多元现代性"的观念。多元现代性下面有一个基本的信念，就是说现代化和传统之间复杂的关系。现代性中没有传统是不可能的，除非你说所有的现代性都一样,美国的现代性其实和欧洲的现代性是不同的,从欧洲发展到美国有个飞跃。美国和欧洲的发展,和东亚的发展是不同的,不能说东亚的日本、韩国、中国台湾地区、新加坡、香港、澳门及东南亚地区不现代,这不可能,但它们就有深刻的地方文化。中国文化的因素,不是说一定要走出中国特色社会主义模式。现在很多人说我们要用"中国模式"(Chinese Model),我很忧虑,中国的道路和经验值得肯定,但模式后面有典范的意思,印度应该学我们的经济发展?学我们的经济组织?学我们的社会关系?很难说。

  如果是多元的文明,也还有一个条件,即是必须和经济,政治,社会和生态配合。社会主义现代化过程也可以拥有很多种文明形式,目前有些学者,如庞朴,还是坚持世界上只有三大文明:一是韦伯讲的新教伦理与资本主义的兴起,不是天主教,而是新教。因为基督教有三大块,基督教、新教、天主教和东正教,很明显,新教随着英国和美国的发展而取得了发展。二是儒家文化,80年代关于儒家文化和东亚文明的讨论很多。有的认为佛教不能发展,我认为可以,佛教也有人间佛教,有人生佛教,有人间净土。难道说伊斯兰教、天主教、印度教都不能发展?都会,将来各种不同文明之间一定互有利弊,互有长短,有些发展迅速,有些又遇到困难,不可能一条线。

  一般来讲发展最好的,最为人类向往的社会是北欧,北欧再下来是西欧,然后是美国,之后是东亚,东亚以日本发展得最好,一直这样排下来,最后是非洲。毫无疑问,这条线现在越来越不正确,发展也有可能像花束一样,大家能够互相参照。所有的发展都多多少少带有西化色彩,不是只走西方那条路才能发展,那是不现实的,各有不同的发展趋势。

  另外一种理解,如亨廷顿的合作伙伴哈里逊(Larry Hanism),他坚持只有三种文明有利于现代的经济发展潮流,第一种是新教,第二种是犹太,第三种是近代东亚的儒家。这三种文明从历史上到现在也有两三百年,我们不可能都走西方的道路,比如佛教和伊斯兰教都不可能。另外,不要忽视非洲,现在非洲虽然一塌糊涂,但非洲积累的人类文化十分浓厚,它拥有各种不同的民族和语言。南非的开普敦(Capetown)是世上最有吸引力的都市之一,因为那里一公里的地方,地质、生物都具有超出加拿大的多样性。现在南非发展起来了,还有好几个大国也都发展起来了。我个人认为土耳其,巴西,伊朗和印度尼西亚十年之内都大有可观。尽管很多地方很糟糕，像苏丹，但它会慢慢发展起来，不要忽视它。非洲有个谚语，"地球不是我们祖先送给我们的财富，地球是无限的子孙依托给我们善于保护的珍贵的资源"。美国没有这个观念，现在它已经花了不知道几代人的钱，全花完了，然后花世界的钱。譬如在三藩市，各种日用品绝对比北京便宜得多，美国的油也是世界上最便宜的，大半人都用信用卡，没有人不欠钱，都向政府学习。政府现在说我们要再欠两万亿才可以存活。而且大家认为非借钱不可，否则将来经济会崩溃。这是绝对不可持续的，一旦崩溃大家都倒霉。

对于改革开放，邓小平提出了一个先富起来的策略。先富起来就表示平等的问题先摆在一旁，可能不平等，要发展就要特别注重效率，在经济中最有效率的是市场经济，因为它有竞争，因为有效率所以团结也就是和谐原则必须暂时牺牲，现在这个趋势发展到了极致。我认为胡锦涛的想法是无论如何要注重和谐，就是团结的问题，要注重向农村最穷苦地区、发展不够的地方倾斜，基本上是这样的选择。过分强调效率，团结会出问题；过分强调自由，平等会出问题，这都是好的价值，但其中也有如何平衡的问题。

儒家的思想要把这个摆在更宽的领域里。一是个人，就是修身哲学，就是身心性命的问题。中国没有排斥性的二分法，所以中国现在在哲学上长期唯心、唯物，或者存在与意识。斗争哲学的基本观念在中国儒家传统是不能接受的，中国传统哲学，包括儒家，认为宇宙最基本的动力是气，气又是精神又是物质，气可以说就是能量 energy。从现代量子物理各方面看，不是越小就越单纯，因为以高能物理为例，最小的"亚原子"还是极其复杂，而且有动力变动不均。世界上没有静态的物，一切都在变，桌子在变，山也在变。有时候我们看黄山，中国的艺术家说看的是"黄海"，如果你只是看山的话艺术造诣就很一般，不是看云，而是把山看成永恒变化不居的过程中一瞬间的片断。

身和心是要整合的，物质和精神的分别，神圣和凡俗的分别，唯心和唯物的分别，这都不是中国的思想，中国的思想是个复杂体系。但个人和群体之间，个人是关系网络的中心点，这个中心点必须逐渐扩大，可以看成是一个同心圆，这个圆从家庭、社会扩大到国家，一直到天下。美国没有天下观念，美国最高的利益是国家利益，因为它整个政治是抗衡政治。如果总统说我们国家利益之上还有利益，马上竞选失利。如果州长说我在加州之外还有利益，州长就选不上，因为抗衡才有动力和弹性，所以没有办法离开和超越国家利益。中国从古到今，从"天下为公"的天下观念，扩展到自然，甚至到动物世界、植物世界和所有一切的世界。天地万物为一体，王阳明讲得非常透彻，这是分别也是联系。小孩掉到井里会感触，小孩是人；齐宣王看到一个牛要去衅钟它会觳觫，说明他的心也可以和牛的情境联系在一起；原来非常好的林木现在都被摧残了，这对我们是遗憾；桂林原来有很漂亮的山，现在切断了去做水泥，你感到不忍。人心的情况都不同，但可以联系。人的本身，是个情的世界，所以不要说儒家的思想是模糊的，儒家"黑箱作业"这种说法是浮浅的，不公平的。如果我们平常了解感性没有逻辑可循，就一定要上升到知性，知性再往上就要进入理性，而理性在儒家不是最高目标，理性之上至少还有悟性，而悟性本身也是一种感性，我们常常把儒家的悟性和感性混在一起，这是荒谬的。因为感性如果不提升到知性和理性就不能达到悟性，如果是悟性，它绝对是合情合理合法的，但又高一层，这点非常重要，等于不要把数据和信息混为一谈，不要把信息和知识混为一谈，更不要把知识和智慧一谈。真正的智慧必须包含知识，当然也有信息，有数据，但又比它们高。从事中国哲学研究的有一个很大的考验，把知性、理性非常复杂的结构展现出来再超越，如果不展现出来，人家总是把你的悟性当做感性。

我们说"黑箱"是模糊，模糊有两种意思，一种模糊是没有搞清楚，没有理性的模糊，第二种模糊是没有当做简单的定义和线性方式思考，所以模糊是内容非常丰富的模糊。在方法学上有一种数据的推理，A、B、C非常清楚，从 A 跳到 C，马上就问 B 是什么？还有人类学的知识，比如我想了解师范大学，不能把师范大学所有的数据，如有多少学生，有多少老师等各种数据拿来了解师范大学，你一定要亲身体验师范大学的生活世界，要有一定的感悟，房子的问题，学生的问题。而且第一次去的时候做的描述一定是肤浅的，第二次去，第三次去，第四次去，慢慢地对师范大学熟悉了，才可能有深刻的理解。一个长期生活在师大校园的老师可以说我在这里进行科研四五十年了，我对师大的理解很全面，但事实上有的人比你在师大的阅历可能更深，也有资历浅而理解深的。人和人之间的对话同样如此，开始了解一个人，比如去接飞机，知道他是谁，认得他的脸，说认得他。然后大家在一起共事，共事以后常常交谈进而变成熟悉的朋友，熟悉的朋友就算认识吗？很难说。认识的话双方一定是不能一相情愿，不能单思，一定要有对话的可能。我要跟你对话，你不愿意跟我对话，或者你要跟我对话，我不愿意跟你对话，没有办法沟通，大家都愿意对话并不表示马上理解，还需要长期对话、交心，慢慢生成，所以人生难得一知己，在中国这是最能体现人生智慧的价值之一。

大家都知道伯牙和子期的悲剧故事。伯牙在弹琴的时候和钟子期并未对话，只是他一弹出琴以后有人能听进去，此人听进去对他讲就有意义，而钟子期确实可以欣赏他，一听到他弹琴的声音就等于听到他的心声，不仅听到他的心声，而且还听到了弦外之音，这才叫"知音"，这样才慢慢磨合，后来这个知音没有了，他就把琴毁了。这个过程要有理性，要有知性，要有感性，要有智慧，不然人和人之间能达到君子之交淡如水，但永远的朋友很难。儒家多半是从人和人之间或个人的理解来了解自然，了解世界，这太重要了，我十多年来想参悟"体知"的哲学内蕴，至今所获有限。因为希腊的哲学，以及后来整个西方哲学走上了了解自然之后，才了解人的路，中国是从人了解一切。了解人的一切太复杂了，比如到底听和视哪种重要？你可以自己问自己比较倾向视觉的还是比较喜欢听觉的，你喜欢到博物馆看画展还是愿意到音乐厅听音乐？这是不同的，两大文明，希腊文明和希伯来文明，希腊文明是突出视觉，所以有黄金分割，有几何学，有建筑，有人体雕塑，去佛罗伦萨看雕塑，确实非常难得。而希伯来文明基本是听的文明，上帝从来没有以形象出现，摩西看到那边有一堆火，跑过去，不是去看火，而是走到那边能听到上帝的声音。

中国对耳的观念非常重要，孔子六十耳顺，现在讲圣字的繁体字"聖"含有心和耳的字形，要了解一个文化要通过自己的反思，这是儒家的基本精神。你不了解自己，不了解人与人之间的关系，不了解这个社会如何形成的，不靠契约，不靠诚信就不了解这个社会。所以个体和群体之间的关系是有机的关系，个体脱离群体是不可能成为个人的。所以最近频繁出席讲座的安乐哲（Rogen Ames），他的哲学取径与我最大的不同是他特别突出人的关系。他不谈中心点，他谈发展角色理论，他认为人就是一个关系网络，每一个人有一个角色，一个活生生具体的人不可能孤单一人，一定有父母、兄弟，有各种不同的关系网络。但我认为不管有什么样的关系网络，人有主体性，主体性和客观没有矛盾冲突，主体性和主观主义有分别，主体性一定有超越性。所以，人的自我，为己之学，使得你和社群之间有一种有机的联系。所有的人类和自然应该有一种持久的和谐。

人心和天道要能够相辅相成,这是儒家人文精神里不可分割的四个侧面。四个侧面如果展现出来是最全面的,也就是自我、社会、自然、天道,这些都可以和不同的群体进行对话。

举个例子,有儒家式的基督徒,儒家式的佛教徒,儒家式的伊斯兰教徒,和儒家式的印度教徒,现在没有发现伊斯兰式的基督徒,也没发现佛教式的伊斯兰教徒或佛教式的印度教徒,因此轴心文明的宗教都要发展两种语言。一是宗教的具体语言,特殊语言,基督教是三位一体的,佛教是涅槃;同时又要发展另外一种语言,即世界公民语言,世界公民语言在21世纪最重要的对象就是地球。在1968年人类第一次用肉眼看到了这个地球。看到这个地球以后,我们发现从矿物、植物到土地、空气都很容易受伤,所以关爱地球,这是从作为人的本性去关爱,而不单单作为基督徒或佛教徒必须去这样做。所以基督教徒现在不能说不关怀地球,觉得地球是恺撒的事情,和天国相比是凡俗的,我们现在的重点应该放在未来的天国、上帝,这没有说服力,除非他们是一些真正的原教旨主义者。一个佛教徒也不能说现在不管,觉得这是红尘,让它污染去,我们要找净土。所以佛教徒现在大都是人间佛教,人间净土,基督教徒大半都是社会文化的基督徒,不只是在修道院。有没有犹太教的儒家呢?我去了特拉维夫(Tel Aviv),有一个博士写了一篇论文,题目是"我是否可能成为一个儒家式的以色列人?"因为儒家只有一种语言,它没有特殊的语言,我可以肯定地说儒家的语言就是体现世界公民的语言,也就是说你需要先做人,才能做基督徒、佛教徒,只要做人就会碰到儒家的问题,你不要仁、义等都可以,但自然和天道的问题你无法回避。

在这个问题上,如果能开发儒家的价值,在21世纪绝对会有说服力。但有一个麻烦的事情,只有受到儒家文化影响的人,特别是知识界,就是知识精英,确实能够身体力行体现这个价值,才能开发出儒家的价值,不然是假的,没用。再开一个成功的奥运,一个毒奶粉就能把你整个名誉摧毁。日本民众对中国人的认同感长期处在70%以上,他们认为日本深受中国文化的影响,但一个毒饺子事件使他们对中国文化的认同感从70%降到30%。特别是在处理毒饺子的情况上,第一个官员是否认,说是包装的问题,还说是有些日本右派打了毒药放在里面。日方建议成立国际委员会,里面没有中国人和日本人,由国际委员会来调查,中方没有反应。后来日本所有餐馆门口都贴了一个条子,说餐厅里没有任何从中国来的食物。那时候还没有毒奶粉出现，毒奶粉出现以后，只要有经济条件的中国家庭都买国外的奶粉。自己弄成这个样子怎么能奢想"文明大国"的风姿。而且负责相关事情的官员没有一个下台和道歉，骂的都是无依无靠的人，杀的也是无依无靠的人，这样你能开发儒家价值吗？从儒家的传统来讲这个问题太大，怎么样转化有很大的困难，这说白了是文化中国政治，媒体，企业，知识和社会知识精英的自觉问题。不只是理想和现实的距离问题。

互动环节

问：今天非常有幸听到杜先生的报告，很感谢您，我借这个机会提出两个问题，第一，十年前我读到您和陈振江先生的对谈录，里边您从知识分子的角度对中国在近代选择社会主义道路做了一个解读，今天能够有幸面对您，请您就这个问题回答一下，为什么中国在近代选择了社会主义？这有没有必然性？第二，报恩的思想在中国到底是源于儒家的思想还是佛教的思想？

杜维明：很多年以前，我和陈振江在南开大学有一个对话，使我想起五四运动到新中国成立（1919—1949年）期间上海《申报》组织了很多全国的辩论会。主要有三个大的辩论，一是中国的发展应该以农业为主还是应该以工业为主；二是资本主义还是社会主义；三是以中国文化为本位还是西化为本位。很明显的选择，工业比农业重要，社会主义比资本主义重要，西化或者后来俄化比中国文化本位更重要。

现在这个情况有很大的变化，有人问这样一个问题，以今天的上海作为参照，今天的上海和1949—1979年的上海相比，或1919—1949年的上海相比，更像什么时代？大家都清楚，今天的上海和解放以前的上海完全背道而驰。我在上海念过小学，我1980年首次回去，1985年、1987年、1988年、1989年也都到上海进行学术交流，还找到我的老家。我在上海住过的一个非常小的公寓，霞飞路1333号，四楼最后面一间，当时住的人比1949年之前还多，那时候住的人就不少，当时七八个人住。现在有十几个人住。这段时间是上海整个文化发展的变迁，现在可能又和以前的情况相同。

有人做过调查，1919—1949年，上海是个非常国际化的都市。日本的夏目漱石、芥川龙之介从东京到上海就像今天从中西部小城到北京一样，像刘姥姥到大观园一样很震撼，上海是国际都会。上海当时出的书籍，根据白鲁恂（Lucianpye）的报告，因为有商务印书馆书籍，超出全美国书籍的总和（20世纪初期），但那时候上海是非常腐化的，外资很多，外面的游民很多，穷人无立锥之地，常常有一些人饿死在街上，也有一些人家财万贯。

需要注意的是，实际当时做的三个选择就真的成为了事实，毛泽东有一个梦想，站在天安门往前看都是烟囱，这是中国工业化的前景。现在我们反思这个问题，以现代化中工业化生态环保遭到破坏，这个代价我们能不能承受，这是前所未有的问题。在社会主义发展的时候没有市场经济的问题，现在市场经济的问题出现了。那时候从"五四"以来讲西化、俄化，没有讲中国文化的问题，现在很明显，当时做的选择现在又重新考虑。

第二个问题，报恩事实上在中国是根深蒂固的思想，佛教的报恩绝对受到儒家文化的影响，因为从印度开始，佛教的文化是出家，是小乘佛教，不是大乘佛教，大乘佛教才有菩萨、有慈悲的意念，不能断。如果有任何一个人，任何一个生物还在地狱里，我就不愿意进涅槃。这符合了中国儒家，也许是道家一些思想。禅宗很明显是受中国道家的影响。

在中国《孝经》之前讲孝就是报恩，平常父母亲爱孩子是自然。要讲报恩、孝的思想是需要教育，需要训练，人之所以称为人，从同情角度来讲一定要有报恩思想。

问： 杜先生您好！请教您一个比较具体的问题，先生刚才讲到孔子是看不起君王的，大概意思是说，他是比较有自主意识的。但在我的学习过程中，由于孔子早年丧父以及身份关系，孔子对于帝王这些是很敬畏的，甚至有时候表现出一种战战兢兢，他在敬大人的时候一系列动作像小企鹅一样的，和孟子见大人"则藐之"绝不相同，孟子可以弑君，在孔子看来弑是最大的恶，孟子可以指出独夫，孔子为什么不可以弑君呢？其理论根据是先王之后也，就是桀纣再坏，他是前面商汤、夏禹的后代，您对孔子和孟子这样的矛盾是怎样理解的？孔子见大人和孟子见大人有什么不同？

杜维明： 你刚才对我是有很大的改正，我完全接受，你说的是对的，就是这样。孔子和孟子之间有很大的距离，批判精神在孟子身上是很强烈的，《论语》里有一章我以前总觉得很难真正进去，就是《乡党》那一章，你刚才举的例子，见大人亦步亦趋，这都是《乡党》，讲的都是他的行为。孔子和孟子都是尊重权威的，但不一定认同。这里的"权"有两个意思，一是权威主义或专制主义的意思，就是外来的力量压榨；二是你获得的权威，可能有各种外在的原因。比如莎士比亚权威就是真正掌握了莎士比亚文学的专家学者，比如你在外语学院，是英国文学的权威，学英国文学就应当向你学习。一个社会如果权威崩溃是非常危险的。现在碰到这样的问题，没有任何权威，无论是政治的权威、学术的权威还是企业的权威，整个社会比较浮躁。有钱和没钱的人冲突，那么应当绝对赞成没有钱的人；官和民冲突，应当绝对站在民的一边；有影响权力、权力的人和没有影响、权力的人，一定是站在另一面，基本不对等。这就是超越法律规约之外的群家路线，也就是图格维列（Tocquiville）所言"暴民政治"的前兆。所以，孔子是尊重权威的。

　　孔子有没有弑君的思想，与孟子有很大的距离，但不要认为他们是矛盾的。孔子"正名"思想使得孔子对当时的君王不是藐视，他的异化感是非常强的，他就说如果富贵可求，我就做最贱的事儿也可以做官；如果不可求，从我所好，他分得非常清楚，我所好的是什么，外界客观的条件是什么，他分得非常清楚。孔子最讨厌的就是乡愿，乡愿就是没有原则，见到权威，就放弃自己的人格尊严，见人说人话，见鬼说鬼话。为什么孔子讨厌乡愿（当然孟子更讨厌）？因为这些人没有任何道德自觉。孔子讲的道德自觉，从曾子的"一日三省吾身"到"克己复礼为仁，一日克己复礼，天下归仁焉！"这些基本人格塑造过程中有为己之学的内容。他关于政治的原则和当时实际政治运作的规律是完全不同，他有强烈的批判意识，所以你刚刚讲的孔子和孟子之间的差异必须注意。

　　后来我对《乡党》那一章有特别的理解，日本的哲学大家今道友信，在美学上有突出贡献。他说我们平常看《论语》都是道德说教，那是从伦理学来看，从美学来看有完全不同的印象。《乡党》这一篇，你可以从学生的眼睛看他的老师，老师的每一个行为举止在他们看来都是美的化身，最符合当时的实际情况，所以孟子称孔子"圣之时者"，而不是圣之清者，也不是任者，也不是圣之和者。所谓时者就是任何时候都恰到好处，他哭的话是真的悲戚，整天郁郁不乐，看到哀伤的情景他就不是喜悦的，看到权威基本上要尊重，但如果这个权威是腐化的，对权威进行批判的能力也要有。见到老人他是绝对尊重的，但如果这个老人老而不死则谓之贼。也批评得很不客气，批评老人说你在这边又这么懒散，又这么老而不死，今天看起来是对老人极大的不尊重，但这是对完全不能进一步发展自己的老人的批评和鞭策，对年轻人他非常重视，说焉知后者不如我们，那我对他有什么好尊重的。基本是这个意思。

  问：大陆的一些学者基本上是反儒家的传统，他们对《论语》里有一章"父为子隐，子为父隐"做足了文章，甚至把它与专制联系在一起。我想听听先生对这一章的理解。

  杜维明：这要把它摆在上下文的文本里来理解。他在回答国相，有人向他吹嘘，你看我们这个地方都是直，就是说我们这里是完全守法，而且完全直道而行，如果父亲偷了羊，儿子就去举报。孔子对这个事情，如果用哲学的语言就觉得不仅过火了，而且完全不符合道德的基本礼俗。什么意思呢？在所有的文明中，如果人与人之间的关系价值很重要的话，你就要在法律上突出它的重要性。在欧美法律中，如果丈夫犯了错误，妻子是不能作证的，因为妻子一定会保护丈夫，丈夫也应该保护妻子。在中国，法律上不会说父亲偷了羊你去告发，而且对此感到那么骄傲。隐的问题不是那么简单的，隐是不说出来，或者把它隐蔽了，隐还有情上面的不安之感。假如你的父亲杀了人，你要走的路线也是儒家在讲的悲剧。舜做圣王，他的父亲杀了人，法官说，必须逮捕治罪，可是尧因为父子之情重，竟放弃了王位，背着父亲逃到海边，这是儒家对亲行孝高于忠的解读。比如只有一碗饭，是给君王，还是给父亲？儒家一致认为应该给父亲，不给君王，这是儒家重视亲情的表现。

  如果父亲偷了羊，有太多解决这个问题的方式。在新加坡曾讨论过这一问题，假如你的孩子是警察，父亲超速，你抓了他，要不要罚钱？按新加坡的法律非罚钱不可，但怎么罚呢？抓到父亲和路人是一样的，抓到父亲，对我们孩子是不好的事情，这个罚我做儿子的替你交了，以后你不要这样做了。此外还有各种不同的方式。父亲偷了羊，儿子去举报，他的做法也许合法，但不合情不合理，所以，它说父为子隐、子为父隐，中间的讨论有很多，它是在更复杂的一个人际关系中理解应该怎样做。

  有关父子相隐的问题，在大陆儒学界引起了极有意义的争论可以参考郭其勇所写的与刘清平及郑晓芒新论此一论题的论文集。

  举个更好的例子，有一位在道德推理方面的学者，哈佛教授柯尔伯格（Lawrence Kohlberg），他从智慧的成长角度谈论道德阶段的问题，他得出一个结论：6岁的小孩，男孩比女孩的道德水平要高。一个穷困的家庭妻子得了不治之病，丈夫没有钱，就到药店里偷药救他的妻子，被发现了，你认为应当怎么办？所有6岁男孩子都说，他偷盗，应当将他绳之以法，但是大半女孩都不能回答这个问题。她们说如果丈夫钱多一点儿，不那么贫穷，或者如果这个妻子病不那么重，或者药剂师仁慈点儿，给点儿药就好了。男孩完全是理性地分析。但是柯尔伯格的高足卡罗尔吉利根（Carol Gilligan）提出了不同的看法，6岁的女孩为什么觉得问题难以回答，因为她有同情心，知道这个丈夫穷困，想到丈夫的妻子生病，还想到了药剂师。如果以同情作为道德推力的发展，那比理性高明多了。所以你认为怎么样？刚才那个例子中，那个举报父亲的人完全没有同情心，没有一点父子之情，完全用最狭隘的法律条文来处理这个事情，孔子认为不能这样处理。

问：先生，刚才你基本是从情与法之间的关系的角度给我们做这样的开释，我也能够接受。但能不能有一种更好的解释？因为反儒家传统的学者就是基于你这样的角度，他认为在中国当下的儒学思想不利于中国法治社会的建设。我的意思是说，有没有其他解释的角度？因为我读过一篇文章，主要是从训诂学的角度做了理解，说这一章主要是讲"直"的问题。孔子说"子为父隐，父为子隐，直在其中矣"，说的是儒家的直德。对"隐"有训诂学的新理解，他把这个"隐"理解为檃，这是一种校正取木材的器具，这样他把隐就不理解为"隐藏或隐蔽、包庇、隐瞒"的"隐"，而是看成矫正的意思。"子为父隐"，儿子不要去告发他，但也不是无视他这种行为，要让他有所改变，意识到自己这个行为是错误的。他做了这样一种解释，不知道先生觉得怎样。

杜维明：我的理解是，用训诂的句读方式来理解就没有办法解决问题。比如梁启超说：按字面训诂"民可使由之不可使知之"，这不是愚民政策吗？所以要解决这个问题的句读就是"民可，使由之；不可，使知之"，在"民可"下面断句，老百姓认为是可以的，我就让他走；老百姓认为不可以，我至少要让他知道。假如说"隐"是改正的意思，为什么孔子不说"子正父，父正子"？他不是没有这个语言能力和语言基础来做？我刚才的解释完全符合法。法律有两种，一种是一点弹性都没有，另外一种有一定的弹性。比如美国的法律，如果父亲偷了羊，诉诸法律，法律的解决绝对不是直接把父亲关到监狱里，也要看这个社会关系。妻子和丈夫的关系中，丈夫偷了羊，妻子去告，法律是不允许也不会受理的。如果在中国社会里，父亲偷了羊，儿子去告，法律上对儿子要有教训。有太多的方法来解决这个问题，可以劝说父亲，可以做很多其他的事情。如果用训诂的方式，改字读经总是有困难，比如"民可使由之不可使知之"可以认为是一种叹息，你叫老百姓跟你走他会走，但强迫老百姓知道怎么样做很难。那是程颐的解释，我们希望老百姓知道，但知道是不容易的，这是自觉的，你要他走他可以走，但你要让他知道，他不一定能够知道。

问：我想请教的是关于文化的传承和传播的事情以及中国传统文化的现代性和世界化的问题。按照比较理想化或比较完美的思路是说，传统文化在本国之内实现现代性转变之后再走向世界，但现在，中国文化特别希望与世界文明进行各种各样对话，中国文化想走出去，而现状又是，我们要走出去了，可能有一些现代性准备工作还没有完全做好。您对中国文化"走出去"，中国文化的传承和海外传播的关系，或者现代性和世界化的观点怎样理解？

杜维明：为什么问这么难的问题？好像参加博士考试一样。不过这是好问题，也是我在思考的一个大问题。全球化有两种，一是经济全球化，经济全球化是统一化的过程，不管是金融、贸易、旅游还是疾病、暴力组织都是全球化；二是文化全球化，文化全球化一定与区域化、地方化同步进行，越全球就越区域，越区域就越地方，这些复杂的问题我们暂时不管。

19世纪启蒙运动以后，在世界上很多具有全球意义或具有普世意义的地方知识都是来自西方。比如西方的人权发展过程是非常复杂的，在英国发展就很缓慢，而人权现在已经变成了普世价值。法国大革命以后宣传的自由、平等、博爱，那些观念也成为普世价值，原来不过是巴黎价值，21世纪的情况有很大的改变。

我们重新回顾一下你刚才讲的现代化，西化是个地域观念，从西方发展，逐渐被其他非西方的地区所接受。现代化是个时间问题，有些发展快，有些发展慢，发展慢的向发展快的学习。而全球化是一个复杂体系，不能用简单的线性思维，要用一种多元的思维。在多元思维下，21世纪应该有很多具有地方特色的文化，但称其为区域乃至世界的价值很困难。所以，我觉得在21世纪，至少前面几十年真正有影响的地方知识还是来自西方，但是东亚，比如中国，一定也有些地方的地方知识正逐渐开始影响世界上。儒家就是最好的例子。由于儒家研究受到过很大的摧残，现在常常有人用"新儒学"来替代儒家的新发展。我非常不赞成"新儒家"的说法,因为"新儒家"的观点出来以后就一定会有"后新儒家",比如林安悟自称是后新儒家,还有"新新儒家",比如成中英说他不是"新儒家",是"新新儒家",再后来有"新新新儒家"、"后后后儒家",就像日本的年轻人与经过二战的老一辈人的思想不同。而在日本出现的"新人类"一样,"新人类"提法出现不久便有"新新人类"的观点。

第三期的发展让儒家的影响范围扩大。曾经从曲阜到中原,从中原到东亚,现在又从东亚到世界,在第三期的发展已经经过好几代人的努力。最早是从编写《海国图志》的魏源和龚自珍,明治维新刚刚开始的时候,学习进行发展,几乎所有西化的参照物,比如世界地图,全是源于中国的龚自珍和魏源。后来明治维新发展比较快了,中国后来又逐渐转向日本学习,代表人物有康有为、梁启超。严格意义上来说,儒学传统获得恢复就是在五四时代,第一代人是从德国回来的张君劢,他从德国带着心学回来,张君劢本人是学法学的,他是中国现代法律的开拓者,国民党最早的宪法就是他作为起草人之一起草的,还有讲心学的贺麟,大家都熟悉的冯友兰,还有熊十力和梁漱溟。这一时期从1919年开始到1949年。

1949年以后,中国大陆有两位学者我为非常突出,第一位是华东师范大学的冯契。他把马克思的《实践论》和儒家的修身哲学配合起来,发展了"智慧说";第二位是北京大学的张岱年。他著述了很多优秀的文章,他对儒家伦理有精辟的阐述,他的"综合创新"对我极有启发。关于儒学的研究多半在海外,不仅在文化中国地区,如香港的新亚书院和台湾的东海大学,在日本、韩国、美国、越南等这些海外国家也都做了很多研究。

自1979年改革开放以来,中国大陆的很多学者也从事儒学研究,经过三代就成为一个传统,而儒家传统中间传了两次,很多议题还是同样的,因此儒家传统会影响西方,以其地方文化,曲阜文化,东亚文化——走向西方,我们现在做这样的工作,这个工作是可以走向世界的。但走向世界需要几个先决条件。

第一,我们对这个问题理解到什么程度?我很赞成许嘉璐先生所说的,你先要了解,了解就要学习,学习就要研究。了解应该是始于开放的心灵,了解儒家不是排斥道家和佛教,更不是排斥基督教,是以学习的心态了解它。

以前有一个比较麻烦的问题，就是知识精英，特别是以鲁迅为代表的知识精英，拿中国文化特别是儒家文化的糟粕甚至是糟粕中的糟粕——和西方文明精华的精华来比，拿中国文化的抽鸦片烟、娶妾、裹小脚、随地吐痰、阿Q、祥林嫂来和西方做比较。胡适之、李大钊亦是如此。西方文明的确有自由、民主、人权的价值，但这些价值在西方的发展也经历过非常非常艰难痛苦的过程，权就是特权。西方有非常强烈的贵族主义倾向，直到今天为止，西方贵族对于一般人仍是非常鄙视的。马克思的思想也一样，马克思说农民是一袋马铃薯，没有反思能力，完全被动。中国的民本思想非常强，人民就像水，可以载舟也可以覆舟。孟子讲"民为贵，社稷次之，君为轻"，所有的儒家重要的人物都认同人民的福祉问题，从来没有认同君王。他尊重君王，但从来没有说以君王的利益为主，有了君王的利益才有大家的利益，没有这种思想。君王就要对老百姓负责，越有权的人越应该对没有能力的人负责。这套思想有影响世界的可能。但要看我们自己怎么做，现代化、全球化影响那么大，再加上互联网的飞速发展，这就要求我们有一定的转变，转变的也许不是我们的行为，而是我们的态度，这个影响将会非常了不起。

1985年，我在北京大学讲儒家哲学，有一位教授说你之前还有人在北京大学讲过儒家哲学，我说那了不起，谁啊？他说1923年的梁漱溟。于是我特别去拜见梁漱溟，那时候他已八十多但精力旺盛，在门上贴一纸条说因年老多病谈话以45分钟为限，可却是留我长谈了好几个小时，他说：我讲的时候非常不愉快，大家来看我都像来看怪物——为什么在西化大盛的时候还讲儒家？但我在北大讲课时有一个基本信念，就是我愿意和大家交流。因为大部分的都很好奇，也很有礼貌，所以我们交流的效果也比较不错。学生说，我们这一代中国人不可能认同儒学。你以为儒学可以影响你的身心性命，其实不然。但尽管我们不可能认同儒学，但我们还是可以了解、批判。最近我们进行了调查，清华一半以上从事中国哲学研究的都认同儒学：有的人认为自己就是儒家，这有些奇怪。因为中国传统没有这种说法，就好像一个人不能说"我是君子"一样，这是不傲慢。这和基督徒的问题不同：比如如果我觉得自己是基督徒，你说我不是基督徒，我可以非要说我是基督徒。但儒家不是这样的，你应该谦虚一点：我还没有资格，我还在慢慢做，就好像说我现在还不是基督徒，我一直在努力成为基督徒。也许说儒生比直说儒家好些。

问：杜先生，谢谢您的精彩讲演，您刚才也提到儒家的仁爱是有差等的，您也说到了西方的博爱，其实墨子提到兼爱，而孟子说墨子的兼爱是无父无君之爱，但墨子说有差等的爱是导致各种纷争和战争的根源，我不知道您怎么评价兼爱？如果要真的实现人类大同的理想，仁爱和兼爱到底哪一种更有可行性？

杜维明：那时候孟子碰到两种大的思潮冲击，一是墨子，一是杨朱。孟子可以说是极端的集体主义，杨朱是极端的个人主义。墨子除了兼爱以外还有尚同，还有非攻，所以墨子思想很像60年代美国发展的嬉皮士精神，爱一切人，组织一个革命团体，要打破现在的社会秩序。非攻的意思就是要为小国家抵御大国的侵略，为了信仰牺牲在所不惜。那时候大国（楚国）准备攻打宋国，墨子去大国说服王阻止战争，争论中墨子模拟各种方法抵抗大国的进攻，大国都无法取胜。最后只有一个办法，那就是把墨子杀了，墨子说我不怕，因为我已经把我所有的方法教给了我的学生。

你刚才讲得很对，可是孟子要走出一条路来，这条路就是中道，甚至墨子的中道他认为都还不够，他说如果你是集体主义的，集体主义到了一定程度，就要向外推。他的儒家向外推的想法，我认为很符合一般的常识。如果你要求每一个人都有爱，就要对所有人心怀同样的爱，比如爱路人和爱我父母一样，但实际情况往往是你对你父母的爱就像对路人一样淡泊。当然，他绝对打压杨朱所谓的极端个人主义，所以他对杨朱和墨子做了非常严格的批评。我认为如果没有博爱（不是兼爱，兼爱后面还有一点儿麻烦）的精神是没有办法走向大同的，仁者以天地万物为一体，这是博爱，这个基础上要有分别。张载讲得很好，就是"以乾为父，以坤为母，予兹藐焉，乃混然中处"的问题，以至于"民吾同胞，物吾与也"——所有的人都是我的兄弟姐妹，所有东西都是我的伙伴，没有这种精神，就没有办法真正天下大同，但这个精神在实践的过程中要走一条非常平稳的路，所以"孝悌也者"，其为仁之本义，不是仁的核心价值在孝悌，而是推行仁的过程中从孝悌开始。

问：我问一个关于儒家文化对外传播的问题，现在全世界建了三百多所孔子学院，这其中有一些误解。韦伯写过关于儒教和道教的一本书，书中把儒家文明当做儒教这样一个宗教来看待。梁漱溟先生在《中国文化要义》里提出一个观点，中国文化是伦理型的文明，西方文化是宗教型的文明。宗教文化走出去的时候，是不是可以为伦理型文明和宗教型文明的对话辩护；或者国际汉语教育的老师出去和外国老师对话的时候，宗教文化是不是可以替我们的文化辩护，说服他们，以伦理本位和他们宗教文明本位的宗教文明对话，这方面想听听您的看法。

杜维明：我比较接受许嘉璐先生的看法，儒家不是一种宗教。如果你说基督教是宗教，佛教是宗教，那么儒家是不是宗教？我常常碰到"儒家是不是宗教"的问题。我回答这个问题的时候会先问问我问题的人，因为这个问题的答案涉及你对宗教的理解。如果一个人说"儒家绝对不是宗教"，您可以肯定他对宗教的理解是西方一元神的宗教。所谓宗教就是犹太教、基督教和伊斯兰教，持这种观点的甚至认为佛教不是宗教。在印度尼西亚也不知道佛教算不算宗教。最近的教皇出了很大的问题，他说宗教是正面的意思，大家认为他歧视佛教，以至于他后来道歉了。

假如问问题的人说"儒家当然是宗教"，那说明他对宗教的认识意义很宽泛，马克思主义在某种程度上可以是一种宗教，毛泽东思想——有人会说，毛泽东思想怎么是宗教呢？早请示，晚汇报，跳"忠字舞"，这是真正的神话。"红太阳"了不起，不可以犯任何错误，一句话抵一万句，念完"红宝书"以后整个人生都被改变了，他认为这是宗教。当然有人会说这种宗教是被腐化了，那可不一定，只是它表现出来的是这样的形式。

儒家在一定意义上不是宗教，但儒家绝对有宗教信仰，就是说儒家有精神性。如果只把它当成伦理或伦理说教是不够的。鉴于西方伦理之说中的伦理源于宗教，没有宗教就没有伦理这一观点，有人因此会觉得儒家凡俗的伦理，而不是宗教代表的精神性。所以，我认为可以把儒家当做精神文明。有人说佛教既是哲学又是宗教。西方同时拥有希腊文化和希伯来文化，这两个文化虽然交融，但永远没有合一，所以讲哲学的多半是从希腊文明开始的，讲宗教的神学家多半是从希伯来文明开始研究的。中国的儒家思想就是既有宗教又有哲学，印度文化、古埃及文化也是一样，日本的神道亦是如此。哲学和宗教的分离其实是西方文化的特殊性，我们不要把西方文化的特殊性作为我们对话的基准，你可以先标明它的特殊性。

许嘉璐先生说儒家的入世让它可以和像基督教一样的有精神性的宗教，基督教讲究必须入世，必须要认识到地球的神圣性。因此中间对话的可能性很大。上次在尼山论坛有一位来自芝加哥的神学家霍布金思。在他看来，基督徒最重要的观点是如何做人。我听了半天，觉得他这个讲法跟我的几乎完全一样。他说就受你的启发。我说我是基督徒神学的受惠者，但我不认为儒家是凡俗的伦理，因为儒家有天道一面，神圣的一面。孔子讲的"性与天道，不可得而闻也"（子贡曰："夫子之文章，可得闻也；夫子之言性与天道，不可得而闻也。"），天道本身具有强烈的"天之未丧斯文也"，是一种内在的超越。

儒家跟西方文化的对话是可能的。我希望这个对话不只是互补关系，不只是说："我们只有伦理，你只有精神性，我们来对话吧"。其实，我们有我们的精神性，基督教有基督教强烈的伦理。如果没有基督教，没有宗教信仰，就没有伦理。中国儒家思想对西方的影响也太大了。我们现在都忘了，西方的启蒙如果没有儒家思想的影响走的方向会很不同的。西方启蒙家像伏尔泰、狄德罗，魁纳的书房里就有一幅孔子像，每天膜拜，他们都受到儒家的影响。那时候儒家被翻译到西方，不管是英国的启蒙，德国的启蒙，还是法国的启蒙，都受到了它的影响，特别是法国的启蒙深受儒家的影响。许嘉璐先生讲了一个问题，没有上帝观念的社会居然能够和谐，居然能够稳定，而且发展远远超出西方，这是很了不起的。

在鸦片战争的前夕，中国的经济和现在的美国经济一样占到世界的五分之一，中国和英国的双边贸易是纯粹的顺差。因为英国需要中国的瓷器、中国的茶、中国的丝、中国的工艺品、中国的文物，所以才有鸦片合法性的问题，所以林则徐写给皇帝的信理直气壮提出维护贸易顺差的考虑。但满洲的崩溃出于两种心理，一是无知，18、19世纪西方的发展事业一日千里，工业得到发展，钢铁、造船、军事、科学都有迅猛发展，而民主制度也发展很快，但满清政府的无知再加上傲慢，让中国以为人家来是朝拜的，所以一下子被打垮直到今天。所以，我们今天向国际输出，不要试图说服人家，要和人家分享，和他对话，让人家觉得你讲的这个有道理。儒家有个基本精神，不要"往教，要来求"。"来求"的意思是，中国的学生可以身体力行，来体现儒家的价值，这样做的吸引力和魅力是巨大的。道德说教虽然有效率，但即使当时把他说服了，他心里面还不会心悦诚服。我觉得我们是一体两面，一方面如你们的工作，培养那么多硕士生，让他们真正对这套东西有所体验。最简单的培养是通过看经典的方式。

比如《大学》，就有很多种不同的读法，一种是把它当做对象，甚至可以背得滚瓜烂熟，但它并没有融入到你的生命里，就是一般讲读。另一种是在读的时候用到私我的观念——每个人都有很多的偏见——把所有的偏见集中起来，对它进行考问，当然，有的拷问是荒唐的。我在美国参加过一个在纽约北部山庄举行的"会读"，十天时间专念《大学》，参加者都是教授，而且是美国精英中专门研究中国哲学思想的专家学者。有一个从上海来哈佛访问的学者，他感到很惊讶：十天只念《大学》那不闷死了，《大学》我老早就可以背了。我们讨论到《大学》之道的"明明德"，既然明德，又为什么要明？看起来是个很简单的问题，但一讨论起来不简单，那都是最好的一批教授，讨论了一个多小时还没有结论。我们这位中国来的朋友确实不能赞美，他说：我有一个建议，我建议去掉一个明字，"大学之道在明德"不就行了吗？何必要明明德？本身就多了一个字，马上大家问你出于何典？谁说可以这么读啊？朱熹讲的？他说我讲的。过了两三天，他问我，杜教授，怎么没有一个人再理我？我说很简单，你犯了在诠释学方面不应犯的错误改字读经。你改《圣经》就得上十字架，你现在读不懂，就去改字读经这是不对的。后来我们一起念了十天，他说，一字一句地讨论，受用太大了。比如最简单的"明明德"，既然德已明，是不是德的本身就是明？本身的明是不是内在的？还是你要经过修养才能明？如果需要经过修养，就是荀子的路；如果明是内在的，就是孟子的路。这两条路如果要讨论是讨论，不完的，是有非常有趣的大问题，涉及非常多神学的问题，比如原罪，德和明要靠上帝的恩宠等等，很多问题都可以讨论。更不要说"知者而后定，定而后能静，静而后能安，安而后能虑，虑而后能得"这样的文字了，可讨论的事太多了。

北京大学的高等人文研究院开展了经典会读，就是念《大学》，一个学期十个星期，每个星期三小时，让一个博士研究生带十几个大学生一字一句地读，这些大学生不一定来自文史哲类专业，总共有一百人左右，有来自学物理的，还有学化学、企业管理的等等。大家在一起念的时候每一个人都是积极的参与者。懂的、学过的都没有资格说我有解释权，别人不一定有解释权，因为任何一个解释都会受到挑战，所以大家都一起讨论，这个会读的效果比我想象中好太多了，以前没有想到这么成功，所以下一步要扩大，特别希望搞经济的光华管理学院的高材生，不要唯利是图（笑），也都来参加。其实与经济来参加的本科生不少。

问：儒道释共同建构了中国文化，统治者特别强调儒家文化，在我们大学里，学术腐败特别严重，有的老师就愤恨地说"逼良为娼"，但一部分老师就说,你得先有为娼的潜质,才能够逼良为娼。在中国历史发展阶段中间儒家文化里有很多糟粕,其他的文化也有很多精华。像文景之治,汉代的强盛,唐代的繁荣和儒道释三教合流是有关系的,儒家的专制并不总是能够解决问题,所以,为什么我们在强调中国文化的时候,不强调儒道释合流的文化,而单独强调儒家文化?我现在读了不少儒家这方面的著作,认为并不能够超过宋明理学,而宋明理学也不能解决当时的问题,比如明清鼎革的问题,新儒学如何应对当今世界?新儒家要"新"的话,我认为要针对当今的普世价值问题。在当下,很多人公开地反对普世价值,我们的儒学怎么样能够提供普世价值的思想资源?传统儒学可以作为我们当今世界的大同世界,我们不要叶公好龙,当大同世界走向我们的时候,我们又去违背这个普世价值,新儒学可以为我们的普世价值提供哪些真正独到的核心价值思想?

杜维明: 你这个问题对我很有挑战性,我会去思考这个问题。

问: 第一,您刚才说会强烈认同或强烈痛恨西方的宗教思想,我有时候特别有分裂的感觉,不知道您有没有这种感觉?您认为文化是否有优劣?许嘉璐先生昨天说,现在世界大部分文化是大西洋文化,已经超越了东方文化。第二,而且由于现在社会特别蓬乱,不知道文化有没有优劣性?不知道应该出于哪种立场去考虑问题?您认为中国文化的根基是不是儒家思想?儒家思想是否是能凝聚中华民族的最主要的力量?第三,到底有没有普世价值?指导整个人类的普世价值到底存不存在?我们应该怎么做?

杜维明: 非常感谢!这几个问题我会慢慢思考。

主持人: 非常感谢杜先生!各位老师,我们再一次对杜先生今天的讲座表示我们的感谢!

2013 年 12 月 28 日校正
于柏克莱"艾蓓山庄"

中国历史大脉络(一)

赵世瑜

用不到四个小时的时间讲一部中国通史是非常大的挑战。20世纪70年代末我念书的时候,中国通史要讲3年,后来这个过程减少到两年。这次用两节课介绍。

可能也没有办法给大家讲很多细节,只能讲个大概。如果老师们在讨论的时候觉得没讲清楚,可以提问,我就补充。

先交代一下一个基本的概念:我们讲的历史,肯定是一种结论,至少是一些到目前为止我们认为正确的结论。关于中国的历史究竟如何发展,它有一些什么样的特点,在不同阶段、不同的区域究竟是怎么表现的,出了哪些重要的事件或人物,这都是一些结论。但这些历史的结论其实在我看来是次要的,主要的是,作为研究历史的人,为什么会得出这样的结论?如何得出这样的结论?这个过程就是一种思想。

昨天杜维明教授讲得比较具体,讲的是儒家传统,而不是泛泛地讲思想史。按我的想法,对历史的认识就是一部思想史。著名的历史哲学家科林伍德讲过,"一切历史都是思想史"。还有别的学者也说过类似的话。历史学家给大家讲出来的历史过程,无非都是从所能见到的历史资源中获得的。这些历史资源或历史资料大体是两类,一类是文献资料,一类是考古资料。但过去我们主要依赖的都是文献资料。在座各位中学语言文学专业的老师比较多,这和研究历史的老师一样,都要依靠资料,主要是文献资料。考古资料是反映当时实际情况的资料。但这两种资料只能反映过去已经存在的历史之万一,也就是说目前我们所揭示出来的历史其实已经千疮百孔,全是片断。历史学家只能是一个裁缝,要把这些历史片断——无论文献资料还是考古资料——通过自己的解读连缀成一件完整的"衣服"。所以历史学家研究涉及的范围非常大。今天我们讲的东西范围就非常大，我后面讲的大家也只能当做我个人的一种思想。我认为我讲的东西一方面是有根据的，另一方面距离我们所猜的那个历史最接近。不见得我讲的是历史真实。我曾经看到过一些铁板钉钉的结论，事后都有可能变得非常滑稽可笑。所以孟子说"尽信书不如无书"，确实很对。

所谓历史的脉络也是一个历史的过程，历史的讲述过程通常会有头有尾——其实就整体来讲无头无尾。比如中国历史，从中学课本到大学课本，教给我们的历史的头，是170万年前中国境内就有原始人类，最早的就是元谋人。原因是，就目前考古界的共识来说，在中国境内还没有发现比170万年前更早的人类，如果发现180万年前的古人类这个头立刻就变了，所以这个头是不固定的。长远来讲，历史的尾，就是历史的终点我们也无法确知。所以历史大脉络只能是挑一段出来讲。

很多学文学出身的老师可能会理解，在某种意义上说，历史学家制造出来的历史的结构和文学没有区别。大家可能读过北宋的司马光写的著名的历史书《资治通鉴》，据说毛泽东非常喜欢读《资治通鉴》，因为光看这几个字，就知道，虽然是历史书，但是有助于统治。因为这本书是个编年体的通史，所以当然要有开端和结束。司马光将这本书的结尾写到唐末五代，因为他是北宋人，唐末五代是到他这个朝代所能写到的最近的时代。《资治通鉴》写的历史从什么时候开始呢？也就是他认为历史是怎么开头的？司马光那时候没有考古学家，所以他不可能从170万年前的考古成果写起。也不大可能从史前社会写起，甚至不能像现在这样可以通过夏商周断代工程确定关于夏商存在的传说，因为那个时代的文字资料是没有的。现在科学昌明，是伟大的时代，可以做很多大型的科研项目，但司马光没有赶上这个时代，所以他连夏朝都不敢写。这其实很奇怪，我们知道过去古人是"言必称三代"的，司马光决不是具有科学精神、没见过前面的材料就不敢写的人，这是今天的人干的事儿。那他怎么写的呢？他把《资治通鉴》的开头设在周威烈王二十三年，就是公元前403年。为什么写在这一年呢？因为在这一年发生了一个事件，叫"三家分晋"。虽然很多人不是历史专业出身，但"三家分晋"大家都是知道的，因为晋国这时候分为韩、赵、魏三家。为什么司马光把历史大脉络的开头定在"三家分晋"，即将其作为他的中国历史的起点呢？他把历史起点定在这个地方并无碍于历史是否真实的问题。不能因为司马光从这儿开始写历史就觉得他认为以前是没有历史的，司马光不会笨到这种程度。所以这无碍于真伪问题。关键是为什么他从"三家分晋"开始写历史。其实《资治通鉴》只写了一句今天看起来是客观史实的东西,就是"初,命晋大夫魏斯、赵籍、韩虔为诸侯",他就这么一句,微言大义。这一句后面写了一大篇冠名为"臣光曰"的文字——这个"臣光曰"就是司马光说。因为这是要上献给皇帝御览的文字,所以说"臣光曰",这是他创造的历史书写的一种新的体裁,意思是:前面讲的都是真的,后面讲的都是我的评论。这和《春秋》不一样,这里是把历史和他的历史认识明明白白分开的。后面这个是我自己的,其实前面也是他自己的,只不过他说前面是客观的,后面是主观的。司马光的话留在这儿,我们就大概知道他为什么把历史的开端选在这个时候了。

  他讲了一大篇,我认为核心就两句,一是"天子之职莫大于礼也",这个"天子"是周天子。他说周天子最重要的任务是要恪守礼仪。礼仪,这是很重要的事儿,是值得大讲特讲的。我曾经在一次会议上说,费孝通先生说中国是"乡土中国"(Earthbound China)。我受他的启发,可以发挥一下,我认为中国和西方文明最大的差异就是,中国也是"礼仪中国"(Ritual-bound China)。杜维明先生在旁边说你这个说法我很赞同,但这个英文我得给你修改一下。我说当然,他一直是在美国念书和教书的,我是土包子,一直都是在中国念的书,所以他给我纠正我非常感谢。他说你说的 ritual 在西方的概念和中国的礼仪不一定完全对应得上,过于技术性,无法体现中国这个概念在文化上的意义,建议改为另外一个词,用 civility-bound China 会比较好。我说接受你的建议,当礼仪的问题把民间社会和国家的精英礼制联系起来的时候,从更规范的意义上来讲,用英文的 civility 来表述"礼仪"是更合适的,但这个里面也有 Ritual 的问题。中国文化中有些东西无法完全用西方概念对译,尤其是各位研究的跨文化传播,语言就是个大问题。我讲的这很多东西要翻译成英文给老外,真是困难重重。联系到"臣光曰",他的第二句话就能明白了:"故三晋之列于诸侯,非三晋之坏礼,乃天子自坏之也。"韩、赵、魏三家的地位提升到和诸侯一样——因为这三家原来是三个大夫,比诸侯低一级,常和卿并列,现在——跟诸侯并列了,是周天子你同意的,所以不是三晋破坏了礼仪,而是周天子你自己把它破坏了。这说明司马光认为,把礼仪秩序给破坏了是天大的事情,尤其是由有至高无上地位的周天子自己给破坏了,这就更加是重中之重的大事。他把这么一件事儿作为他写的历史的开端,如果不是他认为这是天崩地裂的事情，他能这样做吗？

我们后来把人类的起源和产生作为人类历史的开端，也是因为它是一件天崩地裂的事情。"人猿相揖别"，一下子整个自然世界就发生了变化。司马光虽然不知道这个，但他知道"三家分晋"的重要性。回头历史脉络当中会讲到相关的问题，即西周制礼作乐以来，有"国之大事，在祀与戎"这样的话，都是讲的礼仪的重要性。司马光把"三家分晋"——三个大夫被周天子分别承认为诸侯的事件认为是"坏礼"。

当然，这是司马光自己的看法，是司马光这么一位伟大的史学家对于历史之首、历史起点的认识。我稍微解释一下，其实司马光对周天子是非常不满意的，他说你最后完蛋是自作自受，活该，"自坏之"，不是别人造成的。他为什么这么想？其实他说这几句话，在我眼里没有一个字是关于春秋战国之际的历史，我看到的全是宋史，就是司马光生活时代的历史。他为什么这样写？其实那是他自己对当时社会变动的看法。因为司马光认为"王安石变法"破坏了原来的传统秩序，而始作俑者就是背后支持他的皇帝宋神宗，包括后来的宋哲宗。所以历史学家是裁缝，也是"奸猾"之人。他把老百姓蒙得团团转，其实他想表达的是什么意思？我不知道毛泽东能不能看透这些东西，我相信他这么伟大，一定看得透。

还有一部史书，就是中国第一部编年体史书《春秋》。《春秋》的纪事结束于什么时候呢？孔子把他的历史的终点置于何处呢？据说孔子停笔于鲁哀公十四年（公元前477年）。在座学文学出身的可能都读过《左传》，《左传》是《春秋》的一个注，它的纪年方式是按照鲁国纪年的。公元前477年发生了什么事情？是不是像司马光说的"三家分晋"意义那么重大呢？这件事可以用一个词来概括就叫"西狩获麟"。"狩"往往用在皇帝身上，用在地位很高的人物身上。比如某个皇帝被北方的民族给抓走了，我们叫"北狩"；"西狩获麟"说的是当时一个大贵族叔孙氏的家臣出去打猎，打猎的时候碰到麒麟——麒麟是什么动物我们也不知道——据说他们把麒麟打伤并擒获。是这么一个事件。这个事件从今天来看也不是什么大事，但大不大全在历史学家一念之间。对"三家分晋"，我们认为不管司马光的认识对错，有没有私心，它确实是个非常大的事件。从郭沫若开始的讲历史的主流观点，就说在巨大的社会变革时期，即所谓"奴隶社会"向"封建社会"转化的标志性事件之一，就是"三家分晋"。现在的人也都这么讲，所以我们也赋予了这个历史事件以超乎寻常的意义。大家注意,这是我们赋予的,它本身是不是就有这个意义是另外一回事。

孔子就认为打猎抓了一个不同寻常的野兽这个事太重要了。大家都知道孔子说过"克己复礼",他把历史的终结放到这儿也是认为悠悠万事、唯此为大了。否则又何必呢?孔子为什么会有这样的想法?很奇怪。大家想想也可能就会明白,据说孔子是他妈妈怀孕的时候突然碰见一麒麟,吓一跳就出生了。当然,传说麒麟这种动物祥瑞。别说麒麟,就算晚上做梦梦见龙啊蛇啊的,钻到肚子里,第二天就生下来,这也是皇帝他妈才能有的梦。这是经典上讲的,不是我编的,说孔子是他妈遇麒麟而生。所以孔子一听说打猎的时候把麒麟给抓了,不说非常恼怒,但至少他觉得是一件非常不吉利的事情。只有末世的乱象才是这样。所以笔一撂,不写了。或许他后面还准备了一堆材料,但就不写了。孔子这样表达,是因为他认为麒麟、凤凰是只有圣人之世才能有的祥瑞,而这些圣人之世的祥瑞被连诸侯都不是的贵族家臣打伤、擒获,是一种严重逾礼的行为。用孔子的话讲,这是"是可忍孰不可忍"的行为,是乱世的象征。既然到了乱世了,历史还不就终结了?前些年美国一位很有名的学者福山写过一本书叫《历史的终结》,其实历史也没有终结。孔子老先生比他早两千年做这件事,他只是将严重逾礼的行为定义为乱世的象征——把圣人之世的祥瑞都给破坏了,所以历史要终结。这件事之后没几年,他就死了。据说在讲完这件事之后,孔子非常忧伤——不像壮年时代是"是可忍孰不可忍",到老年即使非常生气也只能忧伤。这是另外一位伟大的历史学家写的一本伟人的历史书,这样选择历史的终点。

这两个例子说明,所有的历史书都是人写的,所有的用来证明历史的文献资料大都是人写的。所以特别重要的不是它对或者不对,重要的是要想清楚,为什么这些人这样写,这样来解读文献、利用文献,并且基于此来书写他们的历史。这是我们能从中汲取智慧的地方。

我们前面讲的相当于一个引子,后面我来讲讲历史的大脉络是什么样子的。我们现在的历史都从史前时代讲起,而我们所谓的对史前时代的了解,要归功于考古学的成就。以前没有考古学,就叫夏商周"三代"之前的历史。但这些历史通常表现为神话传说,所以我们从文献上了解的情况基本可以称之为"传说时代"。但现在叫史前史的部分,过去肯定还是将尧舜这些上古圣王都还看成历史的一部分。这个很重要的一个影响来自司马迁，因为司马迁的《史记》里有《五帝本纪》。虽然今天看起来《五帝本纪》都是传说时代的东西，但这并不能说就不能与考古的东西相契合。

司马迁写《史记》的时候，他写的商朝对不对我们完全不清楚，但后来通过殷墟考古的发掘我们会知道，特别是王国维先生写文章来证明，殷墟卜辞当中发现的证据与司马迁在《史记》当中所写的东西可以对得起来，比如商王都是哪些，《史记》上记载得对不对，通过卜辞可以得到证明。但司马迁的《五帝本纪》中，还确实有很多东西是他自己当裁缝把它连缀起来的。比如历代帝王，司马迁都是把他们与黄帝连接起来的。所以他写的《史记》当中，很多帝王的寿命是非常长的，因为一个一个排下来，每个人的时代要很长才接得上。这样，上古圣王的历史才不会断。

我们有文字记载以前的历史究竟怎么定，是个很困难的问题。因为有文字之后人们会记这个事情发生在什么时间。在此之前，我们只能看到一些实物，这些实物上没有时间的标记，因此在考古学引入之前，定时非常困难。考古学可以通过某些科技手段测定相对年代，但是考古学也不能解决所有资料定时的问题，它能解决一部分，而且这些定时会有误差。这对于跨越很长时段的史前历史描述来讲，是不得已而为之的办法，但对于后来的历史，这种跨度很大的定时也还是有一些不足。

除此之外，还有很多口述资料的定时问题，一直到现在也没有找到很好的办法。很多口述资料，比如说古老民族的史诗，一直在传唱，传唱过程当中叠加了不同时代的东西。这里面有非常古老的因素，也有在整个漫长的历史过程当中，各个时代叠加进去的东西，你怎么判断哪些东西是历史某个时间的？考古学有它非常伟大的意义，也有它的一些局限性，但对于理解我们的早期历史还是帮助很多的，我也不想给大家细讲早期远古人类的问题。但有一个问题牵涉到后面历史的讲述，必须说明：当我们讲到不管是今天中国境内发现的最早的两颗牙齿——云南的元谋发现的两颗古人类的牙齿，还是以前说得最多的北京周口店的直立猿人——或者还发现有比元谋人更早一点的人，要把它放到世界文明史的脉络中去讲，是整个人类起源及其早期发展历史的一部分。各位是从事向外国朋友宣传中国文化的工作的，既要讲中国历史文化的独特创造，也要注意很多东西是全人类文明历史的一个组成部分，像史前的历史，华夏族还没有产生，也没有中国或者别的什么国,没有必要都算在我们的头上。否则讲这个东西会很牵强,而且会产生反作用。比如我们讲这段历史的时候,就是在讲整个人类的历史,讲在今天中国的境内发生的人类历史。直到一万年前,有了原始农业,在今天的中国境内很多不同地方发现了驯化稻,发现了驯化的猪、狗等,但也不好说那时的人就叫"中国人",所以在考古学上往往定名很具体,比如磁山人、河姆渡人,或者某某文化,等等。我们看到的是,不同地方的远古人类,怎样围绕自己生存的环境创造出自己的产品,发明他的东西,这是整个人类文明的体现。比如北京猿人已经知道用火了,这个意义其实不在于中国人比别的地方的人早知道几千年怎么用人工取火,在于这是古人类的重要变化,因为这使得他的体质发生变化。这跟国和族没什么关系。

　　这里还涉及考古学和历史学对历史的看法问题。其实考古学是由物及人,而历史学是由人及物。因为考古学主要看见的是那个东西,看到的"人"很少。比如我们称之为新石器时代中期的陕西"仰韶文化",即以在仰韶村发现的人类生活遗址而命名的"仰韶文化,"主要根据的是那里发掘出的器物和村落遗址,我们没有办法见到仰韶时期的人。因为有人的骨骼,所以人的生物性方面还能看到一点,但社会性和人性的一面及其呈现,就很难获知了。人们会讲,他们当时已经有了聚落的生活,是通过器物来看的。这个地方挖了一个壕沟,而且是往下挖了一部分,上面有柱子、搭起的草棚等,可以通过遗址复原的方式想象当时人们居住的状况;然后在某一个位置发现他们的尸体,认为这是他们集体墓葬的墓地,即墓葬坑;有一些地方集中挖掘出来彩陶,想象出当时这里是手工作坊。类似这样的考古发掘在中国非常非常多。因此,考古学对历史的认识,是通过对发掘出来的物,通过各种技术手段去看当时的人是什么情况——通过这些物了解当时的情况已经很不简单了。但历史学是不同的。从主要方法来讲,当然也可以借鉴考古学方法,但从本学科的主要方法来讲是不同的,是由人到物的。历史学家当然也见不着当时的人,比如蒋介石离我们很近,但蒋介石这人我们也见不着,但并不妨碍我们理解蒋介石这个人物,因为有这么多的材料讲关于蒋介石的信息,比如档案、日记、音像资料,让我们足以认识蒋介石这个人。知道这个人,所以我们会去理解,比如他用某些东西,我们就好理解了——这是什么样的人,为什么喜欢这个东西,为什么喜欢《曾国藩家书》,那么一切就都迎刃而解了,所以它基本上是由人及物的方法。

从物及人和从人及物各有优缺点，我给大家举一个远古时代的例子。前不久，我去广东佛山的西樵山，那里历史文化非常悠久。考古学家做过很多次历史发掘，在西樵山考古发掘的地点上发现了很多考古学上分类为细石器的遗址。细石器从时代来讲和新石器时代差不多同时，但这是新石器文化的一种亚形，与具体的环境有关。旧石器主要是打制，到新石器是磨制，加工得更细了。细石器的器形往往不大，有较高程度的加工。在广东沿海，热带亚热带植被非常丰富，可以通过捕捞水生生物或采集果实而果腹。考古学家在这里，经常在一个平方米大的灰坑里发现极为丰富的细石器。但问题出在哪儿呢？考古学家通过测算知道，这些细石器是五六千年前的东西。通过这个器物证明，这个地方五六千年前就已经有了人类的活动。但是历史学家可能会说，这样子的石器，实际上在那个地区直到非常晚近还在使用，说明在广东沿海地区，从五六千年以前一直到明清，这种工具一直存在。为什么不用铁器呢？因为铁器成本太高，但满地都是鹅卵石，制作起来很方便。所以，这些东西在几千年中是一直累积的，那个灰坑可能是6000年前的，但里面的"细石器"就未必都是6000年前的了，也许只有500年，甚至100年。不能一概而论，不能一见到某种形制的器物，由于它起源很早，就判断它是那个很早时期的制品。这就需要对历史时期的人类生活有深入了解。

这么多年我们做了很多工作，不像我今天给大家讲得这么宏观，大多是在非常狭小的空间内做研究工作，希望能够通过在一个空间中了解时间的问题。我们上面讲的这个例子，在其他地方可能不适用，但在广东和类似自然条件的沿海地区，有可能就是这样的情况。考古学家有时候很难分辨同一类器物其实可能在几千年前和几千年后是一样的，而且可以出现在同一个堆积层，没办法证明某个灰坑里的某件细石器是新石器时代的还是明代的。问题在于，如果不看历史文献，从新石器时代以后，除了汉代有少量发现以外，一直到元末，这个地方是没有什么考古发现的，等于是考古学上的一个缺环。在西樵山一带，没有发现反映后面这么长一段时间内的任何人类活动遗迹，所以有学者觉得，这是一件很奇怪的事情。考古学家关于西樵山细石器问题写了很多文章，说细石器在东南亚各国都有发现，甚至在南亚的巴基斯坦也有，这似乎是在证明一个传播理论，就是沿着南海大陆架有个细石器的分布，也许是以西樵山细石器为中心的。但假设前面的质疑成立的话，怎么证明是五六千年以前就传播过去，还是明朝大航海时代带过去的？所以，尽管考古学为历史研究提供了许多非常重要的证据，但依然要分析，器物自己不会说话，它们呈现出来的历史，是通过考古学家的嘴巴说出来的。重要的是，这个话怎么说，取决于考古学的方法和思维方式，所以也绝不是纯粹客观的。

　　刚才所说涉及考古学的一般方法，以及它的长处和局限性。因为它是我们研究中国和外国的史前社会非常重要的方法。关于史前社会，有许多不同类型的分期概念，比如黄金时代、白银时代，比如旧石器时代、新石器时代，母系社会、父系社会等。这里面有文学家的概念，有考古学概念，也有社会发展史的概念，不同组别的概念只是试图表达这个漫长的时期的某个侧面的特征，都是相对而言的。旧石器和新石器，这是从人类工具的角度讲。

　　旧石器时代留给我们一个较大的问题即这些文化创造的背后是一个文化传播的问题还是独立起源的问题。这个问题反复被意识形态的因素所纠缠，但是我们抛开意识形态的问题的话，问题本身还是存在的。从考古学和相关学科来看，这个问题基本上没有能够最终解决。从人类起源来讲，目前占主流意见的基本上还是传播论，是从非洲迁移过来的。主要依据确确实实是在非洲发现的那些人类的远古遗存，从时间上比其他地区要早。但持独立起源论的人质疑了，我还没有发现更早的证据，你怎么证明你的假设正确呢？但反过来说，你没有发现更早的化石，这个假设就不能成立，等你发现了再说。至少目前的发现对传播论还是有利的。尽管从人类本身和从发现石器的类型上来讲，都有很多的共性，但去判断世界各地的人类起源是传播的还是独立起源的，其实还是非常困难的。

　　今天中国的境内也同样存在这样的问题。发现最早期人类遗存的地方都在西南，比如说云南，以及四川和湖北交界的地方，等等。西南地区发现的远古人类遗存要比其他地方特别是华北——像陕西蓝田人、北京人和辽宁金牛山人和其他地区要早。从这些遗址中发现的远古人类化石情况来看，感觉确实是像从西南向东北，特别是向北的方向逐渐扩散的轨迹。尤其西南又直接与印度洋和西方的传播路线相连接。这个传播一是从南亚次大陆进入东亚板块，另外一个是经由东南亚的太平洋岛链传播。关于这个问题，争论很多，虽然一直没有被证明，但传播论相对来讲占一点上风。在中国的学术界过去比较强调独立起源论，刚才说过，这和意识形态的问题有关系。但自改革开放以来，支持传播论的也多起来，这是好现象。

关于新石器时代的问题，在中国来讲主要就是文化多元性问题。因为新石器时代发现的文化遗存已经星罗棋布，北方的东北三省，特别是辽河流域，北边内蒙古境内，南边直到沿海，像西樵山的细石器。这时候我们更加关注的问题是，这么广泛的文化遗存属于同一个系统，还是分属不同的系统、后来走了不同的文明之路的问题。所以，新石器时代呈现出来的是多元性、多样性的问题。

在这个过程中，考古发现的很多东西我们到今天为止也得不到很好的解释：究竟各个文化系统之间是一种怎样的关系？比如辽河流域的红山文化，太湖流域的良渚文化，其实已经发展到相当高的程度，而且这两种文化都是以玉器为主的文化。它们也不只是存在于一个地点，所谓红山和良渚都是以代表性遗址命名的，分布范围非常大。比如牛河梁女神庙的红山文化祭祀场所面积很大，这就意味着当时那里的社会已经发育到极高的程度。无论是目前执掌神权的人物还是世俗权力的长官者都有极高的权力，可以动员很大的人力，才能有这么大的祭祀场所。在祭祀场所发现的女神头像等很多器物都做得非常精美。在距离现在五六千年的时间里，在辽河流域发现这样大型的祭祀场所还是非常少见的。但这样的文化，到后来几乎没有继承者——不是说后来辽河流域就没有文化，或没有人群在那里活动，只是在进入文明时期以后，这里的历史上没有留下任何看起来非常强大的势力的记载。这可能有多种情况，一种情况可能是后来以黄河流域为中心的中原政权掌握了记载历史的写作权，像司马迁，他的《史记》成为正统历史的一种标准，《二十四史》都按照这样的标准，大家都赞扬备至，对这个地区的情况缺载。就是中原史官掌握历史话语权以后，就遮蔽了以前南蛮北狄西戎东夷这样的四夷地区历史发展的真实情况，所以有些东西我们今天可能就知道得不多。

为什么说有这种可能性呢？像司马迁的《史记》从文学角度上说是水平很高的历史散文，属于鸿篇巨制，但他也是普通的历史学家。我们现在言必称炎黄，黄帝在儒家文献当中——我不是指后世儒学，是指战国以前儒家文献——很少提到他们。到战国的时候，因为各流派纷呈，炎帝和黄帝就有人提了，但真正把它放大的是司马迁的《史记》。他后来把夏商周三代帝王全都跟黄帝挂上钩，认为全是黄帝的子孙。也就是说，司马迁第一个给黄帝这个人编了一部谱系。春秋时代以前的典籍当中很少有人讲，讲也是非常缥缈的，到了司马迁的《五帝本纪》，也就是到了万世景仰的《史记》里，变成了至少三代以降一直到秦朝以前的共祖，也成为后来所谓中华民族或华夏民族的共祖。为什么？因为大家都知道，司马迁的父亲司马谈是汉初最为兴盛的黄老学派的成员，司马迁也一样，所以他不遗余力地要强化黄帝的位置。特别重要的是，他成为一名伟大的史官，他的书也被人们景仰，因此这样被发明起来的传统就确立起来。这本身也是历史，但不是人们想象的，或者以往人们经常说的历史。所以有些内容被遮蔽是有可能的，当然还有别的可能性，比如后来当地的文化生态变化了，或者可能是我们至今还没有通过辽河流域的考古，在相当长的时间内再发现有非常强大势力的政权，究竟是有延续而我们没有发现，还是突然中断呢？可能性都有。

另外一个就是良渚。良渚文化的东西出得实在是太多了，江浙一带给我们的感觉，与辽河流域红山文化还不太一样，这里出现了很多很漂亮的玉琮、玉璧、玉玦等各种玉器，这个也是权力的象征。我们生活在近世，知道近世江南地区既是财赋地，也是人文薮，所以我们觉得新石器时代有这么高的文化成就也理所当然。但实际情况也不同于一般想象，因为直到魏晋南北朝时期，也就是所谓西晋灭亡后，永嘉南渡建立东晋的时候，北方人口大量南移，到江南一看，发现这个地区人们的生产方式还是刀耕火耨，还是很原始的生产方式。6000年前就有那么发达的良渚文化，为什么到1700年前社会经济还那么落后？这中间是否有中断？

比良渚还晚一些的区域文化还有四川三星堆，那里发现了形制非常奇特的青铜器。这是更高级的文明，应该已经不是新石器时代了。但究竟谁是这些青铜器的主人？在这个非常成熟的文明之前，即在四川的新石器时代，究竟是什么情况？学者们还是莫衷一是。大家都知道"蜀道难，难于上青天"，但在这个相对封闭的成都盆地上也能出现高度发达的文明，而且有相当的独立性。所以，在新石器时代和早期文明时期，在今日中国的这块空间里，当时是一个个非常不同的文化共存。当然，它们相互之间应该是有联系的，但密切到什么程度，我们还不知道。目前看来，它们是有各自不同的文化系统的；但它们在同一个时代上，根据自己的环境创造着自己的成就，所以从那时起是很多文化多元并立的状态。在中国的地理范围内，呈现出非常丰富的文化类型，这些文化类型为后来在这里建立统一帝国以后的那些区域文化差异性奠定了一个非常重要的基础，这个基础就出现在新石器时代。后世文献中出现的"东夷"、"三苗"等,应该与这个时代相合,为后来多元的区域社会和族群的差异性奠定了重要基础。这是了解新石器时代对于后世的重要意义所在。

看看西周的地图(图,西周地图),大概能看到,从今天的黄河流域,北边一直到燕山山脉,中间是淮河流域,南边到长江流域,这是当时西周大体的势力范围。就是西周的封国,最远也无非就是长江流域,势力最强大的是楚国,还有吴。(图)

我给大家只展示了西周的地图,没展示夏,因为夏到目前为止还说不清楚。虽然我们说"言必称三代",也做了很多研究工作,但夏目前来讲,也还是个传说时代,没有任何明确标志是夏的实物出土。但我们都知道商有殷墟、有卜辞,所以我们可以谈一些商的历史。但夏呢?我们现在的方法是反推过去,假设公元前20世纪或公元前21世纪就是夏的话,我们确实在山西、河南等地发现了那个时代的很多东西,包括大型的城址,但就是没有找到蛛丝马迹说明是夏的。我们没有办法在考古学上证明是不是大禹建了一个夏。虽然文献当中,特别是司马迁(当然不只司马迁),比他早的也有,包括孔子本人也说"如果没有禹我们就成鱼虾了",都提到了夏,夏代应该是存在的。我们虽说"尽信书不如无书",但也不能都不信,那就成了虚无主义者了,我们要用大胆质疑的精神,但要通过这些怀疑的精神找出自己认为是离真实更近的东西,而对以前的成说要有警惕的态度。

有了商代的文字,我们就可以比较踏实地从商开始讲我们的历史。但对商我们其实知道得还是不够多,除了对国家的层面了解得多一些。因为"殷墟"、"卜辞"是对商王做的事情留下的记录,这个范围是非常有限的。我们对当时商下面的许多方国——像后来的藩属——与商之间的关系,虽然有蛛丝马迹,但具体的情况都只是知道一点大概。当然这不能苛求,我们认识到这一步已经很不容易。文献中记载,盘庚迁殷之前,商人不断在黄河两岸进行迁徙,文献中记载是叫"荡析离居","不常厥邑",就是难得定居,经常动来动去的。商的中心仍然脆弱,不足以抵御自然灾害和外敌的威胁。情况的变化是到了文献当中所谓的"盘庚迁殷",殷就是我们发现殷墟的河南安阳小屯村。到那个时候商人基本稳定下来。所以今天的河南北部,其实是在河南、河北、晋南、山东西南部交界的地方,是商人后期统治的中心。这以后商得到大规模发展,包括我们看到的青铜器和卜辞，绝大多数都是商代后期的成果。这是定居下来之后经济文化有了突飞猛进的发展。青铜器文明为西周的制度创新，即"制礼作乐"奠定了非常好的基础。

西周最重要的是它成为礼乐文明的开创者。所谓礼乐文明在我看起来就是一种秩序，后人说的"马上得天下，不能马上治之"，就是说要改变方法，靠什么治？实际就是靠礼乐制度来治。这不是书面意义上那样似乎是唱歌跳舞，而是整个一套稳定统治的技术，包括封邦建国。西周搞分封制——后来我们借用这个词来翻译欧洲的 feudalism 的概念——现在很少用这个概念来表述中国的社会形态了，国家博物馆的历史陈列也不用这个概念了。分封制在西周来讲是稳定社会的办法，包括礼乐在内的这套礼仪制度就是维护分封制的重要方式。所以为什么说孔子对破坏礼仪非常生气，因为坏礼就是破坏了王朝的秩序，所以就用"礼崩乐坏"来表示国家的衰败。我们看到的很多青铜器绝大多数都是礼器，很少用于实际的生活。这些礼器在各个不同层级，在天子、诸侯以及贵族祭祀时使用，像编钟、编磬等乐器严格意义上都是礼器。为什么留下来这类东西？说明礼乐制度在当时稳定秩序、特别是规范上下尊卑的社会关系层面上扮演了重要角色。否则我们为什么会发现这么多青铜礼器？因为天子有天子规格的礼器，诸侯、卿大夫、士，各个阶层也都有适合他们规格的礼器，这种上下尊卑的关系要通过这些物化的东西来表现、来约束。通过青铜器我们看到的不仅是铸造技术，更多的是西周开始确立的等级秩序。有了这个秩序，社会才不会紊乱，这是西周——人们常把这归功于周公——最大的贡献。由此我们也明白了礼制的重要性，但现在懂得礼制的学者已经很少了。原因是我们后来认为这个东西是封建糟粕，不重视它，其实我们只要翻开《二十四史》的《礼志》，篇幅那么大，今天我们读历史的人很少有人去读的，可能还奇怪这么虚的东西怎么占那么大篇幅。但历代的撰史者不是傻子，他们一定知道礼制的重要性，而且知道礼制在史书中的重要地位。比如军礼，有没有很深入地研究呢？很少。比如我们知道元代的军营往往都有关帝庙，明代军队要祭祀旗纛，但具体怎么做的，什么人来做，仪式过程是怎么样的，好像也没人说清楚过。

中国现在讲"中国特色"，你如果存在中国特色的现实，就必然有中国特色的历史。我们说"礼乐文明"这个东西，就是中国特色，而这套东西的开创和奠基在我看来就在西周。说到西周分封诸侯，有一点需要特别指出，在这个地图上有许多封国，但没有标出来的诸侯国之间，以及这些诸侯国内部，存在着非常复杂的族群关系。《公羊传·僖公四年》："南夷与北狄交，中国不绝若线。"当然这里的"中国"其实只指中原的华夏诸族，就是说四面八方都是夷狄，华夏族的生存虽然延续，但也是岌岌可危的。也就是说，从事着以农耕为主业的，在此基础上形成自己的文化，同时又基本操着同一种语言的那批人，此时其实没有那么强大。到处都是游猎的、半农半牧的族群，所以春秋时齐桓公才以"尊王攘夷"为旗号来号令诸侯。

在今天看来是华夏腹地的晋南洪洞一带，有一个霍山，古代是"五镇"之一，在这个地方，西周时期有很多戎人和狄人。有个传说，说周武王的儿子成王即位之前和他弟弟叔虞说，我当天子以后要封你做诸侯。这时桐树上掉了一片叶子，成王就说我要封叔虞这个桐叶形状的地方，后来就把叔虞封在山西，建立了唐国。这就是历史的"剪桐封弟"。唐国就在今天的晋南，唐国后来改为晋国，与关中地区隔黄河相望。离周朝统治中心这么近的地方，封给了关系最好的亲弟弟应该是让他拱卫京师。但就是这样的中心地区，还是有戎、狄这些半农半牧的族群，这是我们最初想象不到的。如果了解这样的局面，我们才能理解春秋时期齐桓公争霸的时候提出"尊王攘夷"的口号，也才能体会"春秋五霸"之一的晋文公即位前到处流窜，甚至在流浪过程中还娶了狄人的两个女子回来。这样的历史叙事背后说明什么？说明恰恰在这个时期，到孔子说春秋社会失序的时候，这些所谓的地方霸主，不管是齐国或者晋国或别的地方，为了拓展自己的力量，将自己身边这一块地方和自己文化系统不一样的人驱逐走。但清除异己必须"尊天子"，以天子为旗号，实际上是扩张自己的势力。

所以，在春秋时期，中原群雄并起的时候，通常被我们认为是分裂的、动乱的时期，恰恰是中原华夏族把戎狄向外驱赶的时期。所以原来的唐国、晋国的中心在晋南曲沃这一带，到晋文公时期，势力已向北扩展。我们知道著名的"三家分晋"是春秋战国之际社会变化的重要事件，其中赵国的创建者赵简子开始营造太原城，到赵襄子时代就逐渐把赵国的势力扩展到山西的北部，原来的戎狄退入塞外。

上面讲的涉及夏商周三代，对一些重要的问题，按我的理解讲一些和我们通常在书上看到的不一样的看法，这样大家在今后的工作应当中读一些历史书，至少可以有一些不同的参考，有一些问题可以受到启发。问题还是老问题，但一些角度、出发点和解释也和以往不太一样。按传统讲法，一个王朝接一个王朝周而复始的过程，可能大家也觉得很无聊，而且我也不是按照传统的历史划分段落，而是给大家强调，在漫长的中国历史过程当中经过了几个比较重大的变迁期。我对于时代的变化（这个时代不是指王朝），对于跨越比较大的时代，我会重点强调它的三个变迁期，不是一个点——不是说1949年以前是什么，以后突然变成什么——这些点很重要，但我毋宁把它看成是比较有延续性的变迁期，会从这个重点来讲。本来接下来应该把第一变迁期春秋战国到秦的变迁到第二变迁期的问题讲讲，但今天因为时间关系就先不讲了，明天抓紧时间讲。大家有问题可以随时提，这样可能会有所启发。

各位老师可以针对中国历史的问题，不限于今天所讲的时间范围，共同进行探讨。

问：感谢赵老师的精彩讲课，我想问一些个别的问题，就是夏商周断代工程它把夏朝开始定在公元前2070年。我看完简报还不是很清楚，它是夏禹即位时间还是夏启即位的时间？

赵世瑜：首先对大家老实交代，我不是做先秦历史的，也不是考古学家。我自己研究的范围主要集中在后面，做明清史的，但也像各位一样关注断代工程。所以我讲的东西可能不是很准确，只能是我自己的理解。这个问题比较具体，通常我们确实是把传说中夏的开始定义为公元前21世纪，也就是你所说公元前2070年那个时代。现在把它定义在公元前2070年，就给了过去传统的公元前21世纪一个更为具体的说法。

我们要思考的是，从目前整个国际学术界，包括国内对夏商周断代工程，就夏王朝的几个定时的判断都有极大的争议。应该说，在我看来没有取得预期的结果，因为我们所用来分析的材料是不足以支撑这样非常明确的结论的，无论是通过很多科技的手段还是通过文献进一步梳理和解读，都不足以说明这个问题。但是就现在我们一般讲的，断代工程报告里所讲的2070年，应该是启承袭禹的时代。文献上来讲我们认为也应该从"启"开始作为夏朝的第一王，禹还是上一个时代的结束。这是他们的看法，在这个意义上定位时间的。

问：这个问题我觉得很模糊，想引用又不清楚……

赵世瑜：涉及这个问题，我认为关于夏的问题无须引述断代工程。也可以采取以前的办法，模糊处理，基本上我们还认定是个传说时代，尽管符合这个时间断限考古发掘的东西,也可以称为夏时代或夏文化——如果一定要给夏定义,因为那个时间正好是公元前21世纪到公元前16、前17世纪发现的东西——我们可以说它们是吻合于文献当中夏时代的文化遗存。比如说二里头文化,你不能说它们是属于谁的,只能说这些具有共同文化特质的文化遗存,不能是在山西还是在河南发现的,我们就说它们属于二里头文化。虽然文献上说夏有王朝有政权,我们也可以说从这个时代开始出现早期国家,但你还是得用考古学的说法,那是属于夏文化的东西。这还有待于以后继续确证。

问:人和物是分离的?

赵世瑜:是的。确切地说,是文献记录与考古发现没有完全吻合,当然这也很正常。

问:我一直研究上古史,我知道您是民俗学专家,您认为上古史研究和民俗能不能联系起来?您能否谈谈民俗和上古史的关系?

赵世瑜:这个问题非常重要。历史学家顾颉刚先生,不能说是上古史的专家,但至少也是研究偏前历史的重要学者。因为他疑古疑的主要是上古时代的历史,所以后来鲁迅写了文章讥笑顾颉刚,说顾颉刚认为大禹是条虫。顾颉刚先生又是中国民俗学的开创者之一,民俗和上古史之间的关系很重要地体现在他研究孟姜女的传说上。当然这个传说没有那么古老,但至少可以从春秋战国时代的历史来说,并和后来四大民间传说之一的孟姜女传说联系起来。因此它可以是讨论民俗与古代史之间关系很好的范例。但这个范例的意义在我看来更主要的是体现在方法论的意义上,也就是他所谓"层累地造成中国古史"重要理论的发明是基于对孟姜女传说的形成以及发展变化的爬梳所得出来的,因此,他"层累地造成中国古史"的说法和理论是在对民俗现象进行研究的基础上总结发明出来的,这在方法论意义上说明了民俗研究和上古史研究的关系。但这里要注意一个问题就是,民俗学讨论起来比较复杂,在座有几位研究民俗学的老师,我也不敢说错话。历史学有一个重要的核心任务就是定时,但无论体现为什么形式的民俗资料都是很难定时的。民俗资料只有把它定时了才能用于研究历史,如果不能定时就不能用它来说明历史。如果要用这个就要发明出一套把什么传说、故事、史诗等各种因素定时的方法出来,否则很困难。当然这个工作是比较有意义的工作,需要做。比如我们今天看很多传统的民俗遗留,但首先要做的工作是确定这些民俗究竟是什么时候创造发明出来的，是不是一定就像说的那样，是某个某个时代和某个某个上古圣王联系起来的？比如山西晋东南那个地方存在着大量的尧、舜、禹、汤、女娲、伏羲等遗俗，这些很清楚，我们可以大概知道他们是怎么产生出来的，但它们与上古的尧舜存在的时代究竟有没有直接的延续关系，从严格的历史学意义上来讲并不能够确定。我们大概可以知道是什么时候创造出来的，比如庙，一个村里有好几个，我们知道大概什么时候有这个庙，但不能确定那里是不是当时他们生活的地区。在这方面文献和考古还没有达到契合的程度。

问：赵先生是一个非常慈悲的人，今天的讲演充分考虑到我们这些搞语言文学人的特点，这种慈悲还体现在对我们提的问题，说可以就讲的内容提问，也可以直接跨出这个范围。我的这个问题本来是要向杜先生提问的，但我觉得赵先生给我们回答更适合一点。非常想听听赵先生的看法：从历史学家角度去看，中国儒家有没有批判性的传统？如果有的话，它的存在方式是怎样的？如何存在？存在形式是怎样的？有没有对中国历史的发展产生过实质性的影响？

赵世瑜：谢谢！您提的问题我觉得很重要，也很大，确确实实应该向杜先生提问，他是专家。我们历史学家通常大量日常做的工作是非常具体的工作，在总体的理论概括方面，我们往往把它推出去，不去做。因为往往任何一种理论的解释，像过去说的"理论是灰色的，生命之树常绿"，我们做的是"生命之树常绿"的过程，慢慢发芽，某些人做了一些叶子，最后只见树木，没有森林。

我试着回答您，如果回答不好请谅解。在我看来，可以确定无疑的是中国儒家存在批评性传统。我们过去比较强调孔子在维护什么，但任何一个维护同时也是在批评。按中国历史学的假设，孔子编了《春秋》，如果把他看成是历史学家的话，从中国史学史的传统看起来，他也始终是作为批评性的传统存在的。这可能和一般人的看法有所不同，因为传统上认为中国的史书都是在维护王朝的统治，但实际上中国史家存在另外一种形式的批评。大家知道"春秋大义"是中国儒家应有之义的一部分，一定要有褒贬。而"春秋大义"就是把褒贬的论断放在一个叙事过程当中，它就是一个完整的叙事，字里行间充满了褒贬。他对历史的起点和终点的设定其实就是一种褒贬，一种批判，一种批评，它是连续不断的。当然，作为中国儒家的这个过程，特别是我们后来讲的新儒学——所谓新儒学的概念最开始是称呼宋代理学的。理学的东西我后面专门讲，但提前讲讲，后面就不用多讲。理学过去也说是维护封建正统，但理学出现的特殊性实际上是作为批评性的传统的表现方式。以前对理学我们没有研究太清楚，尽管其中的派别林林总总，但都戴上理学的大帽子。不管是宋儒还是所谓汉儒，过去比较麻烦的是按西哲把它分为唯物主义和唯心主义，现在少一点这种概念化的东西了。现在对宋儒讲的"格物致知"可以有完全不同的理解，特别是心学对人的体悟，像张载对人和天地万物的关系的解释，这些人的看法和历史上的先儒有非常大的不同，具有非常鲜明的针对性。理学产生的背景实际和文学的变化有关系，从韩愈这些人开始，在总体的思想理路上他们是一致的。"文以载道"过去也是被视为是维护正统的，但同时也可以被看成是批判性的，它是对过去"文"的大义究竟是如何的一种反思。这样它存在的形式可以多样化，可以通过经学本身的系统，也可以通过史学的方式，写故事，写叙事，也可以通过散文、诗歌来表达。这样多种形式的存在，对当世、后世的发展，我认为答案是肯定的，都对历史产生过实质性的影响。

举个例子来讲，以明代来论。明代阳明学普及以后，明朝中期在上层发生过一个划时代的事件，看起来也是非常意识形态化的事件，但导致的结果非常令人吃惊——在历史的讲述当中大家可能不太注意。如果是历史学专业出身的学生，对历史多多少少有所了解，就知道明朝嘉靖年间出现过一场争论，叫"大礼议"。大家知道嘉靖皇帝前面是正德皇帝。正德皇帝生活很不检点，无后，只好把在外地做藩王的兄弟家的儿子过继过来继承皇位，就是后来的嘉靖皇帝，明世宗。这涉及一个重要的问题——礼仪。继位之后，嘉靖皇帝相当于是过继的，按照传统礼仪来讲要遵奉伯父（明武宗）和伯母为考妣——本来是伯父、伯母，这时候变成考妣——亲生父母就是皇叔考、皇叔妣。做了皇帝的嘉靖居万人之上，他觉得这不能接受——连自己的亲生父母都不能尊敬，连人子都不能做，怎么能做皇帝，为天下之表率呢？所以他千方百计想改这个东西，要尊自己的亲生父母为考妣，要把上一代的皇帝、皇后尊为皇伯考和皇伯妣，这就违反了中国传统的礼仪。但他也强调，说我这是"孝"。儒家强调"孝"这个概念，"孝"在历史上也经过几番推波助澜，汉代经过很大一次，最大的一次就在明代。这个争论非常大，当时有十几位大臣拼命跟他对着干，说这绝对不合礼，就是不合我们所说的儒家传统。但皇帝坚持，谁提意见揍谁——用明朝发明的廷杖，即在朝廷当场打板子。大家知道，宋朝的文人、士大夫的力量很大，地位很高，是绝对不可以廷杖的，但是明朝居然廷杖一百多人，据说还打死了好几个。宋朝的文人、士大夫的力量很高，绝对不可以，在明朝居然有辱斯文，所以从明朝开始改专制，君主集权制到至高无上都不是正确概括，反正据说打死了好几个。

这时候有几个聪明人，基本上是东南沿海的人。其中有一个是温州人，叫张璁，还有几个是广东南海县人，比如做过礼部尚书的霍韬，开创了"白沙学派"的陈献章、方献夫等，这些人跳出来维护嘉靖皇帝，从历史和儒学传统当中找到和"孝"有关的东西，支持嘉靖皇帝，当然很符合皇帝的心意。当时在嘉靖初政治变局中起到重要作用的首席大学士杨廷和等官员就争不下去了。这种格局是和浙江、福建、广东沿海的传统有关系。那时候的广东刚刚处在开发过程当中，温州那个地方在元朝是"天高皇帝远，民少相公多。一日三遍打，不反待如何"的地方；广东沙田淤积，刚开始做大规模的"圩田"，那里有很多开发者是瑶、疍这些从山里、水上跑到平地上定居的族群，这些人等于都是原来没有根基的弱势群体。这些人定居下来以后，需要先被编户齐民，变成政府的户口。一般人会想，变成政府的户口就要交税服役，这很糟糕，但开始时不是这样，不是大家认为要交税所以就逃跑，变成流民。一开始不是这样，一开始这些人巴不得变成帝国的编户齐民，因为变成编户齐民之后就会有居住在这个地方的合法身份，有了合法身份之后才能上学，才能参加科举。就像现在很多人漂在大城市里，都想要一个合法的户口身份，这样才能享受买房、买车、子女入学等一系列好处，都不会先想要付出多大代价。特别是从唐代之后科举是唯一可以使家庭和家族命运发生变化的桥梁。

正是这些刚刚发达起来、属于东南沿海第一批走上科举阶梯的人鼎力支持嘉靖皇帝，他们知道没有一个好的身份的难处。最后这个事件导致一个非常重要的结果——如果我们空讲思想史、哲学史、儒家史的时候可能不会讲，但问到儒家传统对历史的实质性影响，就必须知道这个具体历史过程——就是它能够使得原来根本就说不清自己来源的很多族群可以有合法的入住权。过去只有贵族子弟，甚至很高级的官员才能建自己的家庙和供奉自己的四代祖先，皇帝现在带头把规矩打乱，以"孝"的名义出发更换自己的祖先来祭祀，那么民间也可以以同样的方式来达到他们所希望达到的目的——所以当时正好是东南沿海地区宗族制度开始确立的时期，开始兴建祠堂，随便什么来源的人都可以给自己找一个祖先，说我们祖先是哪儿哪儿来的。这时候的民俗就是出现了很多关于祖先来历的传说，比如说珠江三角洲一带都说自己是南雄珠玑巷的，南宋王室南迁的后代，并以此获得了合理的资源。其实我们后来都可以查清楚，他们往往就是疍民，水上人家，不许生活在陆地上，不能与陆地人通婚，一直生活在船上。这样的情况一直到浙江北部，广泛存在。这些人获得合法入住权以后，把祠堂、祖产以各种方式，按利益格局把它确立起来。在江西、湖南，特别是福建、广东，宗族制度在基层社会的影响是极其大的，温州也是。改革开放初期温州早期的民营企业基本都是宗族企业。这个发展的契机就是嘉靖初年的"大礼议"。它表面上是政治事件，实际牵涉到对儒学传统的不同理解，这个不同理解与其说是学理的，不如说是和实际的利益有关系。我不知道通过这样一个例子能不能回答这个问题。

问：如果有这样的传统，而且确实能对我们的社会现实或历史产生一定的影响，我想对所有的读书人，包括在座每一位准备从事文化事业的学人来说都是一个福音。昨天杜先生讲我不知道有没有听清楚，今天想问问赵先生：鲁迅先生是不是传统批判精神的延续？

赵世瑜：很抱歉，这个问题我没法回答您。因为在座的所有老师都比我有资格，鲁迅是文学研究当中很重要的人物。

问：因为最近一段时间，鲁迅先生的遭遇可能大家都比较清楚，我有点不理解的是，自由知识分子非常反感鲁迅，我知道他们的理由，这没问题。但是不是有点过了？

赵世瑜：虽然我不懂，但我想可能不限于一部分自由知识分子反感鲁迅。对鲁迅先生的评价任何人都可以因人而异，这可以百家争鸣。我首先讲一个跟这个问题间接相关的问题，尽管在中国有一个儒家的学术传统，甚至是一个治世的传统，但在中国丰富的文化当中，并不是只有儒家文化传统的影响，还有很多的文化传统影响也是非常非常巨大的。因此，中国历史上许许多多人物，特别是那些精英人物，他们可能会受到儒家文化的影响和制约，但也有可能受到其他文化传统的制约，甚至有的人会受到完全外来的，比如基督教传统的影响。早期的比如说徐光启等明末清初很多这样的人，都是受所谓儒家传统教育而成长起来的，他们在接受了外来传统之后，虽然表面上试图把它解释为在调和二教，或者是把中国传统学术和西方的结合起来，或者用中国传统话语对它们进行新的解说，但本质上不能忽略的是，他们改信或皈依还是能说明一点问题，他们可能确实觉得外来的东西不仅仅是技术层面汲取的问题，其实背后从宇宙观到人生观都有很深的影响，因此一些新的看法在他们头脑中也在不断形成。

这既可以把它看做是儒家传统自身具有批评性，它对自身有自我反思、自我怀疑的传统，同时也可以理解为中国的精英确实也在不断选择，有自己的选择。但不一定非要说鲁迅就怎样怎样。

问：刚才您谈到旧石器时代，文化独立起源论，您觉得有没有可能传播呢？旧石器时代怎么可能传播呢？我想听听您的看法。

赵世瑜：我们学人会很自然地产生这个问题，这是基于我们对古代各方面情况的不了解所造成的。我们都知道新航路开辟之后，世界各个角落才联系在一起。那上百万年前，在非洲发现的早期人类可以早到两三百万年，比中国早一百万年，那么这么早的时间怎么可能通过迁移方式造成这种传播？我认为这可能有理解上的误区，不知道对不对。首先，我们一般认为人类之间密切的接触是因为环境才具备了很好的条件，像李白讲的"千里江陵一日还"，是借助江水顺流而下。但在一个非常漫长的时代，甚至是到了明清时代，它往往不是长途旅行的结果，而往往是非常短途的过程。我们不知道古人能通过什么走到多远，因为没有留下来很多可以证明的东西。我们看希罗多德的《历史》，他当时走了大概多远，知道的情况有多少，所以也就能判断信息传递的范围有多大。其实明清时代由于新航路的开辟，航海、海上贸易已经非常发达，麦哲伦、哥伦布远航的情况在当时也还是非常零星的，但并不能够因此而忽略人与人之间接触的频繁程度，因为贸易往往是转口性的，我从一个地方到附近一个地方，那个附近一个地方再带着东西到另外一个地方，是这样一步一步来的。那么早期也可能有这样的情况，当讲传播论的时候，不是讲从一个起点直接到了终点，这个中间不知道换了多少载体，可能这个人走到一百里就死了，到那个地方留存下来的人再一步一步延续下去。这个传播可以是间接的传播，这种关系是可能的。我们从技术层面上还不能够否定传播论的可能性。

问：赵先生，您好！我很佩服您今天讲课的视角，石器时代文化的多元，在一个文化符号之下出现的"中国"概念。我知道您是区域史方面的顶级专家，您说早期我们只是在中原区域，河南、山西南部、山东西部一带，后来再扩展到整个长江以南、辽东地区、西部地区。按地理位置来说，越南和朝鲜半岛和广东南岭以南距离中原地区的距离和交通难度是一样的，而且他们后来也做过中国的郡县，但是为什么后来留在儒家文化圈之内但脱离了中华民族的族群？我想听听您的见解。

赵世瑜：您提的问题非常好，能够看出来对这些基本的知识已经非常的了解。这也是很大的问题或敏感的问题。你说得非常对，我们现在依然存在很多跨境民族，像朝鲜族，不管地理板块是毗邻、接近或完全相邻，语言、风俗习惯等整个文化传统也同样，历史上更不用说了。和越南，包括东南亚其他地区，像泰国、缅甸，都与云南、广西相邻。越南现在留下来大量的汉喃文献，包括乡约，那个资料非常丰富，真的是研究的宝库，对理解我们之间的关系也特别重要。里头的问题在于，现有国家的边界，把它划分为两个不同的国家。在此之前，经历了宗藩的关系——无论当时越南和朝鲜与中国的关系是怎样的，至少在一个比较近的时期里是与明清帝国存在宗藩关系。这种宗藩关系不止越南和朝鲜，还包括琉球。它们之所以相对独立，是双方面的原因。在宗藩关系当中，比较关键性的时代是明朝和清朝时代，从这两个朝代内部原因的角度来讲，它们自己开始逐渐在朝贡贸易国里设定了一些亲疏关系，这不光从地理上讲，也包括从文化等各方面来讲的。这是从主观角度来讲的。从客观角度来讲，在这个时期，这些地区本身是自己的文化认同和政治自主性正在逐渐提升的时期。还有纯粹外来的问题，特别是到了晚清，西方殖民者东来以后，加剧了宗藩关系比较远的部分和中原王朝之间的疏离。这样的过程发生在离今天相对近的时期，因素既有中国内部的也有外部的，这些原因有些时候不见得把它理解为是一个长期发展的必然结果，可能是很多因素共同作用的结果。比如说外蒙古，由于沙俄和苏联的压力，北洋政府又忙于内乱，所以外蒙古在20世纪20年代宣布独立，但民国政府一直没有承认，国际上多数国家也没有承认，直到二战后才在美苏压力下被迫承认外蒙古的现状。越南和朝鲜从藩属变成独立的国家，虽然前面有很多历史原因，但真正追踪，我觉得是和欧洲人的接触开始的，是和西方向全世界渐次推行的民族国家的理念和实践有非常直接的关系的。在较长期的历史中，岭南地区和中央政权的关系并不是宗藩的关系，是直接的统辖关系，所以不太受影响。

这是我个人的看法。

中国历史大脉络（二）

赵世瑜

接着昨天的讲。

大家知道，西周之后进入到春秋战国时期，无论是按照传统的观点还是今天我们新的一些认识，无论如何我们都可以把在公元前5世纪西周之后被称为春秋战国的时期，一直到秦统一之前，看作是中国历史上发生重大社会变革的一个时期。所以在过去的历史典籍当中有很多说法表明这是一个剧烈动荡的时期。比如过去都会讲到春秋时期大国争霸，所以有"春秋无义战"之说，这实际上是后世儒家对那个时候的战争做出的道德上的评价，用现在的话来说就是没有正义的战争，这是一种明显的道德评价，不是历史的评价。这是从他特定的道德观出发来判定什么样的战争是属于正义的战争，哪些是属于非正义的战争。他认为当时没有什么正义的战争，都是为了逐利，为了追求利益最大化。这样的描述在我们今天来看当然不是很恰当，这个时候恰好是各个诸侯国经过了几百年的发展和自己的区域性开发，实力增强。它要进一步开发，人口要进一步向原来人烟稀少的地方去迁移，可能就会和其他的势力范围发生冲突，这种情况发生在当时很多地方是非常自然的。不光是当时，任何时期都是这样，比如，我们很多南方的老师都会听说过，到了清代以后，一直到了现代都会有"土客之争"的说法——原来比较早定居在一个地方的居民，把自己称为"土民"，但是有很多外来的移民，称之为"客民"或者"客籍"，后来还有所谓的客家，甚至被当作一种特殊的族群。"土客之争"就是当外来移民进来以后，必然要和原来就住在这个地方的人抢夺各种资源，不光是土地这种生产性的资源，也包括很多文化资源。那个时候各种资源配置已经非常紧张了，所以就出现了大大小小的争夺，小的如械斗，大的比如说太平天国的爆发，甚至一直到井冈山时期的王佐、袁文才事件，这背后实际也是根深蒂固的土客矛盾。两千年以前，相同性质的情况就反复发生。这样一些纠纷和争斗最后变成了诸侯国之间的争斗。

所以我昨天讲到周成王封唐叔虞到晋南的唐国，后来慢慢从晋文公开始向北发展，把山西中部从事其他生产活动的民族向北驱赶，也是这样一个过程的组成部分。这是发展的一个结果，一个表征，承载着中原文化的这些族群——后来我们叫"华夏"——的形成。再比如西周的灭亡，是因为当时在西边的犬戎等少数民族打了过来。各个地方不同的族群都开始壮大，这是西周的分封制造成了地方的势力扩张。地方势力扩张就地方而言是一种壮大，过去我们对这个地方评价很低，认为是一种混乱失序的状态，包括孔子也说不对，但是这是从西周的角度出发来评价的。今天的人评价整个历史过程包括这个阶段发生的事情，最害怕的、最忌讳的就是跟在过去传统历史文献当中的评价、传统史官的评价后面亦步亦趋，这是最可怕的。所以我们阅读历史的时候，要看看我们自己讲的东西，是不是在被他牵着鼻子走——我们不是说原来说的都不对，但是你脑子里要有一个清晰的概念。当然有没有道理我们需要证明。所以在当时，就各个地方的发展来讲，它是一个好的趋向，是一个积极的趋向。这是从外部来讲，从空间上来看不同的发展。

从内部来讲，由于原来的分封制这样一种等级的秩序被破坏，所以出现了孔子认为的"礼崩乐坏"。这就等于原有的体制不被新的发展力量接受，新的发展力量一定要取代旧的权势阶级，这在任何一个时代都是反复出现的。比如在近代早期，或者是中世纪晚期，当时很多新兴商人，特别是欧洲的新兴商人也会觉得原有的贵族阻碍他们的发展，所以他们也要通过政治上的举措来获取自己的利益最大化，资本主义社会在这样的情况下就发生了。在这种情况下有一些人很聪明，借助了这样一种变化。比如齐桓公提出"尊王攘夷"，交换条件就是你支持我向外扩张。所以所有后世历史学家对那个时代的评价，我们都可以放到这样一个过程当中重新考量。在这个过程当中发生了一个很重要的变化，基本是从春秋末到战国开始发生，到秦王朝结束，就是在一般的老百姓和政府的关系上，或者现在用时髦的词叫做"国家与社会的关系"上，发生了一个变化，从原有的村社农民向"编户齐民"的形式变化。西周的分封是层层分封，管得很多，从上到下，一层一层分下去，但只把贵族这一块搞定，对于最基层的民众基本上没有什么太多的管理体系。从氏族社会的晚期到商朝，一直到西周基本都没有什么变化，在最基层的农村，基本上还保持着非常传统的一种聚落形式，就是村社的形式。这种村社的形式非常分散，和国家的关系比较松——过去有一个关于"井田制"的说法，但后来大家说都不知道究竟是怎么实施的——不管有没有这个"井田制"，按照"井田制"描述的说法我们也可以知道在西周这个时期，国家只是大体上划分了两部分土地，一部分是天子或诸侯自有的封地，其他的土地是村社农民自己耕种的，代价是要在天子或者贵族的土地上无偿地耕作。所以大多数人都是没有具体的管理的，只是名义上属于周天子，或者在不同的层级上再具体属于各个诸侯、大夫、士等各层级。所以如果不去想"井田制"是一种实际存在的制度，就想成是后人对以前的某种情况的一种泛泛的描述，还是可以理解的。当然，最后一旦社会发生动乱，是很容易造成无论是诸侯国也好还是周天子也好，统治基础迅速瓦解，因为没有人给他提供东西了。所以变得越来越强的诸侯或者诸侯下面的大夫和家臣，要使下面非常松散的老百姓紧密地和自己结合在一起，就各自实行一些办法，到了战国以后，就出现了所谓的变法运动、富国强兵的做法。国家这时候就意识到要用这种办法把这些老百姓统一编制到国家的户籍下。所以"编户"就是让这些老百姓所有人一个不差地按照一户一户的关系进入到政府的统计里，这个过程一直延续到了今天——所以中国的户籍制度最早可以追溯到战国以来的"编户齐民"的制度。

因此对于国家来讲，"户"的概念非常重要——"户"的概念不同于"家"——对于国家来讲是一个赋役征收的单位。政府找到其中一个人名作为户名，这个户就负责向政府缴纳赋税和提供徭役。"户"的名称可以不变，具体挂名的那个人死一两百年也没有关系，只要在这个户的名下有人向我缴纳足够的赋税，提供足够的赋役，国家就可以满足了。也正是通过这样一种方式把中国基层的百姓编制起来。被编制起来的老百姓有很大的损失，原来自由自在地种地，现在要定期缴纳赋税和徭役，就有义务了。过去我们都用一种压迫、剥削的话语来讲述这样的过程，事实上成为国家的编户还是有很多好处的，他从此开始具有了一种合法性，去尽自己所能开发土地，去扩大自己资源的合法性，而没有被编户的人就不具备这种合法性。所以一直到后来在一个很漫长的时期里，甚至出现这样的情况：我们所谓什么人是"民"，"民"的概念在典籍里同时具有族群的意义，其实就是指的所谓的"汉人"——当然那个时候没有"汉族"的说法，是指后来的汉人。后来长期发展以后就有了族群划分上的意义，没有被列入"编户齐民"的人往往是用另外的一种称呼，这些人对于国家的利益来讲是没有被国家列入"编户齐民"的一些人，当然他们由于其他方面的不同，所以就被赋予不同的名称，可以是"贼"、"寇"，也可以是瑶、畲。有了在一个地方定居的权利，有了在一个地方进行开发的权利，所以这些人往往就有可能成为最初的那一批地主。这个是非常重要的事情，当然作为代价，他们要向国家缴纳赋税。这个过程是到了秦朝统一帝国，法律才正式确立下来，开始在它的境内普遍实施。

当时各个层级的人扩展自己的地盘到了一定程度以后，建立怎样一个国家，让社会进入到怎样一种相对稳定的状态，这样的问题就必然为各种不同的有识之士所思考。所以在这个时候，出现了不同的思想流派，阐述各自不同的政治主张和学术主张是非常自然的。这是和那样一种变动的社会、流动性非常强的一种社会、分立的社会局面是完全对应的。包括秦朝的建立，我们通常也视为一个新的历史时期的开始，因为从它开始，中国第一次成为一个统一的王朝、统一的帝国。因此它有很多新的制度确立下来，专制王权政治从这时候开始。但是我们也可以把秦朝看成是过渡期（变迁期）当中的一个组成部分。这个时候建立的东西是在战国时期的七个主要诸侯国建立的制度的基础上进一步完善的，但是同时也必然带有战乱时期的制度的特点。这就是后来汉朝初年陆贾、贾谊这些人在总结秦朝速兴速亡的历史教训的时候总结出来的，秦朝还是"马上治天下"。"马上得之，宁可以马上治之乎？""马上治天下"，如果他们概括准确的话，就恰恰说明它是存在于一个过渡的时期或者是变迁期并没有结束的过程当中，因为还没有完全找到"马下治天下"的一个合理的办法，所以秦二世而终也是可以理解的。这样一个时期的结束，我觉得应该可以从汉朝开始。

汉代到中唐是一个很长的历史时段，我给大家先展示几个地图来看一下，这个虽然是历史地图，因为要划疆界，既要符合历史当时的面貌，但是同时又要考虑现实的外交等各方面因素，所以我们即使看地图，也不能把它看成是完全如实客观的对那个时代的空间状况的描画，只是一个大概。每个时期的势力范围的变化其实是很大的，西汉给分成了几大块，这几大块都属于中国历史的范围之内，但还是要历史地看问题，比如北边的这一大块是所谓匈奴的范围，在今天来讲有一些在中华人民共和国的版图之内，有些在蒙古，更大的地方是在今天的俄罗斯西伯利亚的位置，还有一些涉及中亚。所以，对于当时的历史状况，我们不说是不是中国的，这不重要，重要的是在这个地图上，它不属于西汉，还有西部的西藏地区，显然都不纯然属于西汉。为什么到了这个地方还是画成属于西汉呢？西汉的版图是绿色的这一块，是因为这个时候西汉势力延伸到了这个地区，随着丝绸之路和北击匈奴，特别是北击匈奴，建立了一些军事行政单位，还有屯田的开发。所以在当年的居延海一带发现了很多汉朝的竹简，实际上那个时候这个地方是一个前哨阵地，当时其实是一个非常不稳固的地方，用今天的话来讲不是有效控辖的地方，只是说它的势力范围达到并在这里设立了一些行政管理部门。其实不光是这个地方，到东南沿海，从浙江到福建、到广东，甚至到长江南部支流的一些地方，地图上看地名都非常少。我们都会讲，秦朝的时候就打通了湘江和漓江水道，把势力向广西延伸了，所谓有灵渠的修筑。在西汉的时候这里有南越国，是服从于西汉的统治的。从这个地图可以看出来，这个地方真正的编户齐民，无论生活的人口是多少，但是列入西汉的户籍统计里面的是非常少的，是微乎其微的。西汉可能在这里设立了一个衙门，甚至建了一个房子派了一个官，但是官署的衙门之外没有多远可能就跟它一点关系都没有了。我们千万不要想象成有一个地方，因为在这个地方派驻了一个刺史或者派了什么官去了，这个地方的这么一大片地方都是你的，千万不要有这个概念。我们要历史地来看问题，其实在周围那些生活的人根本跟你没有关系。甚至到了元代，蒙古人的势力范围扩展得很大，但是要看当时元朝人的说法。我们说广州这个地方，按道理广州到唐朝的时候，和中原的关系就没得说了。唐朝末年的黄巢农民起义，最后大军都打到了广州，然后又从广州回来。广州最早叫做南海郡，后来叫做广州府、南海县，现在变成了佛山市下面的一个区了。南海县和广州府是同城的，就像北京到了明清时代有宛平县和大兴县一样，这两个县的衙门其实都在一个城，所以当时南海对于广州这个地区来讲是一个非常中心的地方。元朝的时候修南海的地方志，留下来的有《大德南海志》，序里就讲南海为什么要修这个志。在图上看，这个地方其实就是一个"黑痣"而已，说起来他认为这个地方其实是没有特别大的意义的。在书里很多地方在讲这个地方有什么特别奇特的物产，很多中原地方没有的物产。你一看就非常明白，中央并没有把这个地方的人认真管理到我的手下，统计得非常细致，你们要向我年复一年日复一日地交赋税。不是这样，只是说这个地方每年只要向我交一点土特产就可以了，我们的关系就可以维持，你有事了我还帮你解决，平常我也不管你。一直到了元代还是那样一种情况，西汉就更不用说了。所以帝国对地方的控制管理是非常缓慢的逐渐的过程。

这是东晋十六国的地图，也就是魏晋南北朝早期的地图。下面的是东晋的势力范围，其他很多地方都是分别在不同的地方，有的有统一的民族政权，有的没有统一的民族政权。中间这一块是十六国。看这样一些地图，特别像东晋十六国地图，很难说哪个是我们经常说的中原正统的王朝。

到了唐代，唐代范围就更大了，除了这一块，吐蕃和南诏的势力范围以外，都画上了。中间还有靺鞨的渤海这一块。北部的契丹、西边的突厥都没有，因为在唐代的一个特定时期，唐的势力比较强盛的时候把他们都打败了。但是这种拉锯战反复出现，很难在一个很固定的版图中描述一个很动态的历史过程，没有办法，只能按照某个特定的时期，在什么地方设立了哪些机构，包括我们说的所谓安西四镇，包括现在中国的西北部分，甚至一部分是在中亚五国的一些地方，但那些机构其实没有太长时间就撤了。这样的情况让我们知道，在这样一个时期，我们称之为从汉代到唐中叶整个的过程，我们通常说是雄汉盛唐的过程，实际是处在不断变化的过程当中。雄汉盛唐只是说它曾经强大的时候扩张到很远，但是是不是用今天的概念来讲这一大片土地都是咱们的，从今天看到的历史地图的情况来看也不尽然。但是我们通过这些可以知道虽然是不同颜色标示的，恰恰是在这些疆土上生活的这些人和建立政权的人在这样一个历史过程中发生了非常密切的接触往来，不光是战争，还有很多其他的各方面的往来。也正是这些接触和往来，构成了后来有一个相对比较大、比较稳定的中华帝国的版图的基础。复旦大学著名历史地理学家葛剑雄教授在他的《统一与分裂》一书中说，按照某种标准来讲，其实在中国漫长历史当中所谓分裂的时期是远远长于所谓统一的时期的。他的说法没有错，我们应该完全不带有任何褒贬的眼光来审视中国所谓的统一和分裂，不是说统一就是好的，分裂就是坏的，这种二分概念的提出完全是基于现实政治的出发点，我们要考虑到疆独、藏独、台独的问题，等等。现实的问题是另外一回事，但是对历史的问题我们要历史地看。

我们把这样一个漫长的时期看成一个时段，而且冠之以"全球史的视野",也就是说这个时候很重要的一个历史特点,就是和原来你的统治中心区以外的,我们叫做域外的,各种不同的文化开始发生非常密切的往来。因为全球史的观念也需要不断变化,这是跟着人的步伐、跟着人的足迹来变。那个时代的全球史肯定比后代的全球史小,因为那个时候人们的往来还没有和很远的地方有比较密切而直接的往来。当时的情况是,中国从汉代开始就已经通过间接的方式或者直接的方式,和欧洲发生了接触,应该已经是一种全球史范围下的接触了。在这样一个特点当中,有一些情况就需要特别注意,一个问题就是昨天讲到的,作为欧亚大陆东北部的游牧民族,秦汉的时候,匈奴是代表,后来在西汉几次北击匈奴之后,匈奴西迁,这个地方的游牧民族就发生了变化,但是依然是一些游牧民族,甚至有很多是跟匈奴有族缘上的关系的。这个时候的游牧民族其实也正处在一个发展的时期,这样发展成很大的一股势力,也存在着扩展自己生活空间的一种需求。所以在秦朝、汉朝修筑长城,正好经历了它自己的变化和力量的重组,开始强大起来的两种文化发生碰撞。长城的修筑本来是战国时候的一些诸侯国特别是北方的诸侯国之间互相防范的,并不完全是针对北部的游牧民族的,除了极少的北方的诸侯国如燕国、赵国这样一些国家修筑的长城有这样一个功能,多数的比如秦长城、魏长城、楚长城,都和对付北方的游牧民族毫无关系了。但是到了战国以后,我们知道和北方民族之间的纠纷确实开始多起来了。到了秦朝,秦始皇派太子扶苏,用大将蒙恬协助征很多民力修长城,汉代继续因袭,所以我们今天还能看到秦长城和汉长城的遗迹。但这个时候的长城在我个人看来不纯然是用于防守的军事设施,不仅仅是如后人理解的那样,为了抵御北方游牧民族南下牧马而修筑的设施。那个时候的长城虽然有这样的功能,其实很重要的功能——特别是到了西汉的时候——是作为汉朝的势力向西北方扩展的一个桥头堡,是一个进取性的标志。这是我和传统的长城研究的学者不太一样的观点。其实长城是向西部不断延伸的,汉朝向西北的扩张远远超过了秦朝。要想向外扩展,就必然设立相关的政府部门、地方的行政管理部门,更重要的是派驻军队。但是往往孤军深入,给养得不到保证,很难在那个地方长期立足,因此就需要有一个非常强大的后勤保障基地,给这样一些军事力量的扩展提供很好的基础。所以当时一方面是人力的问题:西汉从内地如河南、山东等很多地方征调民夫和军士,甚至鼓励商人向西北地区移民,在那里大规模经营屯田。由此在长城沿线构建一个由大量内地过去的人口和农业开垦的土地为表现的一个后勤补给的很大的基地，这样长城才变得有意义。同时长城本身又是一个防线和堡垒，随着兵锋向西北打，长城就开始向西北延，所以它不仅仅是一个被动的保守的结果。我们现在很难想象在那个时候西汉在长城的开发上达到了相当的程度，只不过到了西汉衰微以后，这些地方就被放弃了——虽然经营起来很困难，当时也很兴盛，但是放弃起来，消失得也会很快。我们曾经发现过很多非常生动的例子，说有一个人出去卖鱼，好像卖了5000条，一是说明弱水和居延海的水还很大，水产很丰富。二是说明了这个地方的商业买卖的交易已经广泛开展起来了。之所以能够卖这么多鱼，也说明有那么多人消费，说明这个地方的人口达到了相当密集的程度，根据汉简，当时在居延聚集了4万多人，每年生产近百万石的粮食。

汉代有一些记载，说汉朝的军队，哪怕是一小股的百人队，离开居延向北深入打匈奴，打到一定程度就返回到长城边上的据点再补给，然后再出去。试想如果不是这样的一种状况，每一次大的军事行动都要跑回到长安附近，或者跑很远的路途补充给养，人家早跑了，没有多大意义。正是在这样的一个西汉向外扩展的过程当中，长城修筑起来，而且不断修筑。这样一个长城的修筑同时又和以"张骞通西域"为标志的早期"丝绸之路"的开辟构成了一个平行线。这个平行线不仅仅是一个简单的空间上的平行，更重要的是构成了一种保护。无论是北击匈奴也好，还是对作为使节的和平往来或者商人贸易的往来来讲，长城的意义都在于一种拓展性，不仅仅是被动防守。

当然，除了北方的情况，汉朝对南方确实也已经关注。刚才我们已经讲到了南越国的问题，包括《史记》里讲司马相如开辟西南夷，开始向西南方向逐渐进入云贵这样的地区。但是大量的汉人移民的开发是非常晚近的事，那个时代只是说开始有人跟那边通消息、有往来。在那样一个时段，虽然到后期我们看到好像中央和北方、和西北部的关系非常紧张，到了清朝还非常紧张，和西南的关系好像还挺好，也比较容易把它统一起来。但是在那个时候，比如说现代中国西南的地方，包括珠江流域开发的程度，甚至和西北都没法比，程度差得太远。那时候开始有了走的动力，但是没有太多的效果，珠江三角洲的大规模开发基本上从明代开始；西南在两宋时期人家有自己独立的政权，就是南诏之后的大理。从中原王朝去西南大规模地开发，宋代有一点点，然后中断，然后基本是元代以后的事情了。恰恰在这样一个点状分布方式——有些地方可能是面上铺得很大，有些地方只是星星点点——开始逐渐出现了所谓汉文化的认同。所以为什么我们后来主体民族叫做汉人，当然是跟汉朝的贡献，特别是西汉的贡献有关系。

汉文化认同的出现和非常多的因素有关，这里当然有秦朝的遗产，因为秦有几个非常重要的大一统技术，大一统技术里很多是完全老生常谈的话，但是这个也特别有用，一是统一文字、统一度量衡、统一货币，包括在相当范围内实行统一的帝国官僚的管理体制。所以你别看这样一些地方和中央的关系不那么一致，有的紧密一点，有的疏离一点，或者说有些地方的族群还是非常复杂的。过去我们讲东南地区，我们称之为百越，就是有很多种相互之间自我认同非常不同的一些南方民族，不但自己之间认为都是不同的，和中原的人更不同。尽管这样，慢慢地都使用统一的文字，在各种各样的语言都可以保存下来一直到今天的情况下，统一的文字构成了相互之间具有共识的纽带。这是一个因素。另外一个就是黄河流域，当然也包括长江流域率先发展起来的农业耕作技术这个时候得到了非常普遍的推广。对于很多地方来讲，农业技术的使用是非常晚近的事情，因为各地的自然条件非常不同。黄河流域虽然基本是旱作的植物，但是毕竟有河流灌溉，沟渠堤堰的技术，包括发明一些比较大型的农具对难以开发耕作的土地进行耕作。很多地方是没有这个压力的。南方很多地方降水很多，可以靠水生的动物、植物，植被也非常繁茂，可以依靠树林里的很多果实，所以发明出来的器具都是非常小型的。大型的农具采用之后，对于那些比较松软、土地条件比较良好、又有很好水利条件的地区的益农性更加超过了黄河流域。但是那些技术和工具是要在相对比较艰苦的环境才可以发明出来。像西北通过军事农垦的办法，也向南方等一些地方推广。随着农业技术的推广，也伴随着大量人口的交流，所以也进一步推进了对中原文化的认同。当然从最上层来说，出现了所谓的"罢黜百家、独尊儒术"的做法，这样的做法其实也是应该从两面分析的东西。过去讲得更多的说它是一种统治术，把汉初还非常丰富的各种说法一体化了，对于儒家的学说来讲当然是有利的助力，但是好像认为特别是和汉武帝的集权化措施是分不开的。这样一些时候做这些事情，除了老生常谈的巩固统治的话以外，其实很重要的一个问题就是在文化上要有一个相对的一致性，在意识形态领域进一步强化主流文化的认同的问题。主流文化的认同从一个非常软的层面，可能能够保证政治上秦朝的大一统技术、官僚体制甚至包括生产技术的推广，导致人与人之间的关系的亲近化，可能从非常软的角度提供非常重要的帮助，也可以为人才的选拔提供一些统一的范本。这一类的问题其实都不是用非常简单的批评的观点能够把它的意义说清楚的。所以这个时候通过这样一些办法，使得汉文化的认同开始逐渐形成。当然，它的形成过程也是漫长的。

东汉的情况我就略去不讲了。两汉以后再度出现了政权分立的时期。这个政权分立的基本情况我个人认为依然是和我前面讲的春秋战国以后的状况有一些相似之处。一方面是原有的在欧亚大陆东北部占主导地位的匈奴，它的主体部分被赶到了西边去，进入了亚洲的西部甚至欧洲的交界，如滚雪球一样一步一步发展。当然也残余一些，我们后来称之为南匈奴，也很快进入到了东汉的境内，逐渐融合到了汉人的里面去了。这时候空旷的草原，这个空白势必要有人来填补，所以从东北到西北这么大一个地区，很多新的强有力的族群开始形成，取代了原来的匈奴的地位。这是从外部的情况来看。从内部情况来看，两汉内部这个时候和春秋战国时期有一些不同的地方。东汉、西汉王朝按照秦朝的制度实行了大一统的帝国管理，和西周的分封制有非常大的区别，因此后面出现的纷乱的局面，不是像春秋战国一样是在分封制下瓦解的。两汉时期一直在强化中央对地方的管辖，两汉以后的情况是有一点自下而上的，不像春秋战国时期是先有春秋五霸、七国争雄，都是诸侯国在做这些事情。两汉留下的很多问题之一是，前面讲了编户齐民：一批列入国家编户的人有了发展自己的合法性，这样一些人当中的少数，还有在西汉的王朝里由于具有很高的地位的世袭贵族，共同构成了地方上实力非常强大的豪强。这些人中的一部分是在朝廷当中的世袭的贵族，作为地方豪强的代言人，但是他们的基础是下面一批通过经商，从事工业、商业而非常有财富、有实力的大商人——司马迁的《史记》里也讲到了扬州、益州有很多大商人很厉害，有很多开矿的，等等，当然也讲到了很多自己扩张土地的人——又构成了具有身份的大贵族的社会基础。这样一些地方的豪强，当中央的权力非常强大的时候，他们会听命于中央，但是中央的权力弱化以后，这些人就纷纷起来。所以两汉之后造成诸多政权分立的局面，一个方面是因为外部的游牧民族和其他的森林民族填补匈奴西迁以后的空白。他们势力强大以后，势必要和长城以南的中原王朝发生各种纠纷、各种冲突。另外从内部来讲，就是刚才说的这个过程。内外两种原因造成了两汉之后比较长期的看起来是政权分立的一个时期。但是在这样一个政权分立的时期，以前和以后同样都有一个共同的地方，就是虽然出现过很多战乱，对国计民生都有非常重大的影响，但是并不能说这样一个时期就没有开发和发展。一个很简单的道理，当我们去评价分立时期的时候，我们说这个地方导致对人民生命财产或者国家造成损失的时候，主要是从中央王朝的角度出发的。因为这个纷乱以后，大量赋税肯定不能进到国库里，但是并不等于在各个分立政权那儿它自己没有动力去发展自己，因为它自己要想不被别人灭了，甚至还想灭了别人，甚至想取而代之成为全中国的共主，不断强化自己的力量的话，它也要尽可能发展。不光是魏晋南北朝时期，也包括后来唐末五代的政权分立时期，都是这样的情况。只不过这一方面来讲，历史学者做的工作很少，没有认真研究，在这样一个时代，各个不同的地方政权统辖之下，自己的综合国力究竟有怎样的发展。

大家都知道的是，永嘉南渡即东晋之后南方获得长足发展。第一次人口迁移的浪潮就是从永嘉南渡开始算的。这次人口南迁的浪潮势必带来南方的深度开发。我们经常讲一个事情，其实我们是可以通过不同的空间去理解时间的——时间就是历史。什么意思呢？通常很少有这种表述，我们这些年这么多研究，试图做的工作，就是怎样通过空间来了解时间。在我刚才讲的问题上就可以很容易理解这个表述。比如我们昨天讲到，今天也重复了，在黄河流域中原最腹心的地区，以晋国为例，它是在不断的开发过程中，把和自己不同的族群向外驱赶，从宜农的地区向丘陵的地方驱赶，宜农地区占满了人，再把非农族群从丘陵地带向山地驱赶。北方很多山也是不适宜人居住的，所以没有办法，只能把这些人赶到草原去了。南方很多山是适宜人居住的，所以为什么后来很多南方的少数民族是在山上，在海拔多少米以上生活呢？这和这些农业民族的不断开发和扩张有非常直接的关系。这样一个过程，在黄河流域，在华夏的腹心地带，在春秋战国的时候就开始启动，在各个地方随着时间的发展在不断进行。但是对于江南地区，同样的过程就是在魏晋南北朝时期特别是东晋南朝时期发生了。比如我们仔细读《三国志》，看吴国大族的发展，都会讲这个地方原来是江东的士族，还有很多是外来的势力，讲了两边的关系。其实这个只是讲到了官僚层面的关系，实际上在下层的庄客、农民，这个关系更加复杂，只不过历史学家没有研究这些东西。现在也有人泛泛地描述这个开发过程，但是不具体，不够细致。

这个过程，又发生在宋朝时期的湖南和江西。比如过去我们说岳飞有一个很大的"污点"，就是镇压在洞庭湖一带的农民起义。其实这个事件应该被放到一个两湖地区开发的过程中去看。南宋之际大量北方人口南迁，有许多进入两湖地区，造成原住民和移民之间的紧张关系。政府也加强了对这些地区的控制，也会引起反抗。当时在湖南地区，有很多所谓的"蛮"。宋代打的最重要的就是"梅山蛮"，今天到湖南去做调查，很多地方都有关于"梅山蛮"的传说。中原跑过去的汉人，开始向当时这些"蛮"的地方去扩张，慢慢地把这些"蛮"赶走。原来蛮在那些地方种地，就把他们赶到山上，因为南宋的时候政府财政收入就要靠南方，不对这些地区进行深度开发，国家财政就无法支撑，因为北方已经丢给金国了。

所以大家可以看到，所谓开发必然伴随着暴力。同时，在西周时期山西经历的过程，到东晋南朝时期在江南出现，到两宋时期在湖南、江西出现，我们可以在不同的空间看到了时间的脉络，某个地方是在这个时代经历了这个过程，另一个地方在那个时代经历了这个过程，这就是我所谓的通过空间去理解时间。在不同的空间都看到发生同样的事情，但是这种事情是在不同的时候发生的。所以在当时来讲，在分立的局面下，魏晋南北朝时期是得到开发的一个时期。那时候很多的争论，比如士族和庶族之间的争论，政府问题的争论，北方人管南方人叫"岛夷"，南方人管北方人叫"索虏"，谁都不服谁。其实都对，因为那个时候很多南方的号称是汉人的人，其实也是少数民族，北方的人也是少数民族。这些我们在历史书当中经常正面大篇幅讲的这些纠纷、争论都是一些表征，其实背后的东西是特别重要的。通过这些表征要看的是什么呢？要想抓出来的历史的东西是什么呢？其实在我看起来，一个很重要的东西就是，在没有了统一的中央的王朝进行非常直接的、有效的、严格的管理的时候，各个不同的地方究竟自己怎么发展。在分立的时候，有可能各个地方都可以最大化地发挥自己的区域优势。我地方就这么小，生产出来的东西满足自己很容易，人口也不多，我也不用管其他的地方。大的地方有时候比较麻烦，有时候得杀鸡取卵，纵向上劫富济贫，横向上中央政府要把富裕地区的东西拿过来赞助穷的地区，但是两边都不高兴，我得尽量搞得妥当，要不然都会闹起来。但是没有了中央政府，各个地方也不用管别人，就把自己搞好。自己搞好的目的当然是为了打倒另外的地方，但至少在短暂的时期可能会构成以后的区域性发展的一个很好的基础。所以中央和地方存在一种非常复杂的关系，我们如何来理解它其实是非常重要的。

当然，正是在这样一个时期，我们经历了非常重要的一次外来文化的冲击。这个"冲击"也不是负面的概念，比如佛教东传，是特别重要的。因为佛教东传之后，对整个中国文化包括对儒学的发展都产生了极大的冲击，是从非常精致化的学术一直到非常生活化的老百姓的东西，全方位地对中国本土文化进行冲击的一个代表。佛教在这样一个时期得到了迅速的发展，它的历史的土壤是非常重要的。大家都知道传说是东汉明帝的时候佛教传入中国，但是真正能够看到很多非常实在的表现的，当然应该是到了魏晋南北朝时期。不仅是很多佛经这时候被翻译出来，更为重要的是，很多从北方进入中原的民族都是信仰佛教的。在山西北部大同地区，无论是文殊菩萨所在的五台山，还是云冈石窟，还是大同城里的华严寺，都是北魏时期留下来的佛教的遗迹。北魏时，从今天的大同迁都到洛阳，洛阳又掀起了一轮佛教的高潮。所以我们看到洛阳龙门石窟也是最早从北魏开始的。北魏时期鲜卑人对于佛教在中原的传播扮演了非常重要的作用。南朝就不用说了，像"南朝四百八十寺"、梁武帝舍身等我们就不去说了。在这样巨大的变动的、政权分立的地方区域性开发的变化过程当中，其实没有任何一个中国本土的意识形态的东西能够在理论的系统性上，以及在各阶层的人们所关注的问题的层面上，在人生理念和生活实践等各个方面，都能够和佛教相比的。虽然儒学在"独尊儒术"以后也经历了一个发展、梳理和进步的过程，但是它基本回答不了人的身后的问题。儒家讲"未知生，焉知死"，不考虑身后的问题，但是身后的问题对于任何人来讲都是一个很大的问题。在宋代理学产生之前，汉儒对终极关怀的问题关注不够，和佛教无法比——它往往用一种非常玄奥的带有一种神秘色彩的"五德终始"理论和"五行理论"试图给出答案，不像佛教那样非常生活化。道教也在这个时候产生，也是为了满足这个时期的现实需求。这个就不多说了，后面都会有专家和学者给大家讲课。所以在这个时期，以外来的佛教为代表的外来文化也是适时地填补了这样一个特殊的分立时代中人们精神的空白。当然如果我们不是非常单一地从中国和外国的文化双向交流层面来看，而是从整个世界文明史的发展大格局来看，这种文化的传播，对任何一个区域——如果把中国当时也看成是一个区域——具体发展是起了非常积极的作用。

　　刚才是从汉代到中唐，中唐以后进入了第二个变迁期。这个之前实际是经过了一个秩序的重建过程。我之所以把隋唐和魏晋南北朝放到一起，是因为我非常赞同一个观点：就是说隋唐的制度很多是上承北朝甚至更早，很多可以从东汉开始溯源。当然有些王朝没有专门建立这些东西，但是有些王朝是在逐渐建立的，很多制度，比如隋唐时候开始确立的三省六部制度，这种属于帝国管理的制度，分工开始比较明确，决策机构和执行机构开始安排得井井有条。这是从东汉开始萌芽，经过了南北朝时期的不断实践，到隋唐的时候开始确立。这是一个比较长的连续性的过程，我们通常到隋唐这儿会强调它，但是它和以前有非常直接的渊源关系。

　　除了三省六部制度表现的官僚科层制之外，很重要的是这个时候有了一个比较新的，和汉代以来的制度不太相同的一个考试制度，一直延续到明清时期，就是当时叫做"科举"的方法，是作为一种人才选拔的制度来出现的。我们不说那些虚的，说科举制度相对来讲如何公平，使得什么人都可以参加考试。它里面当然也有很多限制，但是从一个制度设立的角度出发，它导致了从东汉以来到经历魏晋南北朝时期的贵族社会的彻底瓦解——不能靠世袭，无论什么出身都可以参加考试。这种制度在实践当中当然有很多毛病，但是原则的确定是没有错的，这个意义不在于对大家很公平，不在于可以从一个卑微的家庭过了这道独木桥之后，就可以"一人得道，鸡犬升天"，更重大的意义在于汉代的贵族制度，以及编户齐民导致的少部分人可以扩展势力而造成地方豪强势力扩大的制度，被这样的一种人才选拔的制度所冲击。隋唐之前为什么出现政权分立的局面？基本是因为贵族社会和地方豪强社会的结合物造成了分立。现在这样一种分立的根源通过科举制从根本上斩断了，只有很少的人可以世袭，而且通过类似"门荫"的方式得来的世袭是没有实权的，和当时的父祖辈无法相比，要靠自己的本事。把这个根源斩断了，本质上也是为了预防隋唐之前经历的漫长的分立局面的再度出现，它的真正意义是在这里。所以我们说隋唐制度很多是和前面的历史是发生直接关系的。

　　当然这个时候还有另外一个侧面和前面所说的关系不太大的就是城市制度。这是唐代长安的示意图，像一个棋盘似的。都城的这种设计是经历了很多变化的，我们没有办法详细讲了，其实还是经历了相当长的过渡时期才发展到这一步。所以当时的长安城的工程是在这样一个位置上，靠南边的这块地方实际上是它的外庭，是官员上朝的所在；后面靠北边的是内宫，这个是中轴线设计，这个是朱雀大街，东西里边是两个商业区，就是绿色的这两个部分。商业区和居住区是严格分离的，而且集中在两个独立的区域上。坊市之间都有严格的街道，每一个方块就是一个坊，大概都有所谓的坊门，晨昏定时启闭，听着长安城上的钟声鼓声来确定开启市门或者坊门的时间。这对于管理来讲当然是非常有效的，但是对于市民的生活其实还是有诸多不便之处，比如半夜在家里生了疾病，坊门关着怎么办？当然也有具体办法，临时怎么办，但是也很麻烦。突然失火了怎么办？大家做生意或者买东西，全城不管哪个角落都要跑到这个地方买，也很不方便。所以在唐代及其以后，特别是宋代商业经济发展非常迅猛，这样一种坊市制式必要被突破。这种突破就发生在了北宋。

我们讲中唐以后，特别是中晚唐到北宋的时期看成第二变迁期，商业贸易的发展以及坊市制的突破是其中重要的表现。我们刚才说到的科举制的实行，不是直接的，但是间接上来讲，也给后来第二变迁期带来了很多新的内容。一个是文人的地位得到了极大的提升。因为隋唐实行科举制，进士科的人比较少，到了北宋一科可以有几百，人非常多，北宋搞得太多了以后没有那么多官可以授，所以北宋有一个特点，给你一个官员的名称，实际上有没有实职，还得排队，都是候选。所以当时叫做官、职、差遣相互分离。官只是一种名分，名有了职才有了实际的位置，但是只有具体有了差遣，才有了实际的工作。因为及第的人太多了。这之后文人势力的发展非常厉害，文人势力的发展又打乱了原有的社会秩序，而且造成了基层的读书人口的增多，识字人口增多，对于社会的变动也起了非常大的作用。我们不知道唐中期以后到宋代究竟中国人的识字率达到什么程度，因为大家都知道，一直到50年代，中国的文盲和半文盲还有差不多2.5亿以上。那当时那么早，是什么情况？所以这有一个很重要的指标，什么叫做文盲，什么叫做半文盲？有时候评判标准是不一样的。今天说不会计算机就算半文盲，但是过去不可能。在传统时代的相当长的时期，人家会看账本或者政府来收税，给你留下一个税单你知道上面写什么，可能就不算文盲了，就算识字了。宋代的刻书业非常发达，政府也非常提倡读书。说明当时各个层级读书人口非常多，这也是文人势力大长的非常重要的基础。识字率提升，文人地位提高，政府要再想像过去那样一手遮天，这种愚民政策就变得比较困难。也正是在这个基础上，再加上南北朝一直到唐代以后的佛教以及道教的发展提出的挑战，造成了北宋理学的产生，更加强调了人的自觉性，包括对一些终极问题的思考等，理学也有了很多全新的命题。这个时候，一些士大夫像范仲淹、苏辙、欧阳修等人开始倡导基层社会的建设，建立义庄，编写族谱等，士大夫开始有了一种担当和对社会的责任感。城市商业的发展、贸易的扩大、文人地位的抬升、理学的发展、基层社会的变化，等等，都标志着中国社会进入了第二个重大变迁的时期。

与此同时，这也是辽宋夏金政权并立的阶段。我们看两宋时期的历史地图，北宋和南宋在这个地图里只占有非常小的位置。北宋大概只占地图上的1/4，南宋顶多占1/6。用这两幅图我想说明，我们对这个时代的判断，不能仅仅是讨论北宋和南宋，更不能以北宋和南宋的历史作为主导。因为不能以今天的观点说，因为北宋和南宋是汉人的王朝，我们才以两宋为主，这既不符合今天的民族政策，也不符合今天多元的文化价值观，不能说只有北宋和南宋是当时历史的主线，在同一个时期的历史上，应该包括地图上展现的所有政权。如果把这些加在一起，非宋的政权所管理的地方比宋大几倍，都被排除到历史之外，这不是一个正确的态度。更何况，在这样一个势力格局分布的情况下，说不通过了解其他的民族政权就能真正了解北宋和南宋的历史，我觉得是痴人说梦。但是现在的历史写作基本就是我说的状况，就是讲北宋、南宋为代表，其他地方一笔带过，或者只是讲北宋、南宋与他们的和战，对那些地方的历史，我们知道得非常少，而且很多是通过中原王朝的文献来了解那个地方，你不知道人家是怎么表述的。人家看你北宋、南宋或者看他们自己，以及他们周边的民族政权是一样的吗？所以对这些地图我也不能多讲，更多的是要明白我们应该有怎样的立场。当然，这个过程中出现了很多重要的事情，由于"靖康之变"，又经历了第二次人口大规模南迁的浪潮，中国的经济重心已经发生了南移，所以北宋王朝灭亡以后，南宋迁到临安去也是有这个背景。这个时候湖南、江西、福建等地也日渐开发，所以给它提供了很好的基础。

我举个例子来讲。当时华北地区在南宋时期已经是在金的政权统治之下，但是对金统治之下的华北究竟是什么状况？我曾经写过一篇文章说，有人说在金统治之下，华北地区发展非常落后，甚至倒退，我认为不是这样的。因为首先它不能和江南比，因为江南比那个地方富庶，关键是和以前的华北地区比，比如北宋统治时期或者宋以前的五代或者唐统治时期它自己有了进步。虽然这个研究非常少，但是肯定是有长足的进步的，有很多证据，我就不多讲了。像晋南以今天的临汾为中心，成了一个非常重要的区域文化发展的中心，具体的例子都不讲了。包括北京，北京成为都城是影响到中国后代历史的一件大事，因为从此以后中国的政治中心和经济中心就分离了。原来基本都是一致的，比如周秦汉唐，长安地区是非常富庶的，是政治中心也是经济中心；后来六朝都在南京一带，江南地区也一直非常富庶，是统一的。自从北京成为都城之后就分离了，无论评价是好是坏，至少是影响后来的中国至少八百年历史的非常重要的因素。大家知道，北京所在的地方长期以来，周秦汉唐，都被视为一个边陲，都不是中心，实际是很落后的。比如幽州，经常有战乱，长城脚下，很多人不会把它当做都城，但是只有一类人除外，就是从北方过来的少数民族。因为北方民族的宇宙观、世界图式跟汉人是不一样的，它的北部边界不在这个地方，是超越了贝加尔湖很北很西的地方，所以北京这个地方恰恰就成为他们眼中的中心和枢纽地带。北京以南对他们来讲就是南方了，南方不是我们讲的淮河和长江以南的地方，所以契丹人才有所谓的"四时捺钵"制度，即有四个都城，北京就是辽的南京。从那以后，他们觉得在北京建都有一个很大的好处，就是可以把北边的草原和南方的汉人区域连接起来，它是一个枢纽。接下来就是女真人把它变成了中都，再接下来蒙古人把这儿变成了元大都。明朝短暂在南京建都，后来一看到既成事实，没有办法，也只好迁到北京来。最后清朝就不用说了。所以北京成为都城，就是拜草原民族之所赐，没有北方的民族就根本没有北京。我和研究北京史的人说，你们没有把北京史放到草原民族历史和中原历史的相互之间的博弈当中去思考。所以这个事情在这个过程当中是很大的一个事情，因为它影响了后来历史发展的走向。元代只有90多年的时间，它最大的贡献就是为后世奠定了一个版图基础。这个地图很难说很准，如果要把成吉思汗后面分封的四大汗国，后来到了俄罗斯、伊朗、匈牙利和欧洲的很多地方都算进去了，就要大太多了，这个地图，只是讲了在元代的系统那部分版图。但是元名义上还是四大汗国的共主，虽然元朝的管理是相当松散的，别看做了行省制度。比如对于汉本部的南方地区基本是沿袭了南宋制度，也没什么改变。大军打下包括云南等地建立行省，都是第一次。把大理国灭了，包括对四川、贵州的管辖，很多地方都远远超过了历朝历代，但实际上它就是派几个蒙古官员在那儿，没有进行大规模的治理。不像汉人，比如汉人到西南,军队打过去,采取的办法就是把原来居住在这儿的少数民族基本杀掉,没有杀掉就赶到深山里——当时的汉人的文献写得清清楚楚——然后是人进去,再然后文化进去,这才能有效占领。所以过去我们的历史里老讲北方的胡人进来杀汉人等,但是另外一面基本就没有被提及。其实双方都有。但元朝的时候还没有用这种办法,就是派一小股军队,派个蒙古小官,但是真的就把这么大一个地盘全都设置满了。如果你要找后来统治中国版图的领土依据的话,就回到元朝找它的边缘,一点没错。从中央到地方有一整套非常明确的管理体制,只不过到基层实施的时候几乎没有任何改变,除了在元大都周围附近的一些地方,但也都是把它游牧化。所以为什么很短暂就完了呢?因为底下这套东西全没变,都是人家原来的东西,随便一动就回到汉人原来的状态了。只要把管理的几个官和军队打败赶走就行了。一打,蒙古人就退,原封不动地退到长城以外的草原上。所以整个明朝,朱元璋是把蒙古人当做两个非常重要的敌人之一来防范的,因为没交过战,整个蒙古大军基本上原封不动退回草原上了,实力还在。

最后我们讲全球化的明清时代与第三变迁期。新航路的开辟我们就不说了:从15世纪末作为开端,真正比较大规模的是到16世纪以后。在这样一个时期,其实中国也是同样经历了这样一个变化:郑和下西洋可以看作是一个旧时代的结束。因为郑和下西洋是在传统思路下的航海行为,他不是在欧洲的新航路开辟以后带来的世界格局改变以后的行为。我们老说郑和下西洋比人家早多少年,因为他结束时是1425年,而新航路的开辟是15世纪90年代,其实是两回事。中国放在全球贸易格局里进行的海上的活动是有的,但是郑和下西洋不是,郑和下西洋完全是政治性的举措,所以是传统的航海时代的结束,不是民间的私人海上贸易时代的产物。

什么是私人海上贸易的产物呢?就是通常所说的戚继光"抗倭"那个时期的问题。倭寇其实不都是日本海盗,主要是中国的私人海商。从那个时候到清代实力最雄厚的商帮就是徽商。"倭寇"当中的一个大头目王直就是一个很著名的徽商,我们也叫做新安商人,通过新安江流域进入浙江沿海做大规模的贸易。中国当时最大的势力除了徽商以外还有晋商,但是徽商经营海上贸易的比较多,晋商是经营陆地贸易的比较多。所以这样一种大规模的民间贸易在新航路开辟背景之下进行展开,特别是在中国主导整个东北亚和东南亚的贸易的情况下,政府当时采取了限制的方式。当时在朝廷当中其实也是反复争论,对海商限制最厉害的时期就是和蒙古人打仗最厉害的时期,表面上看起来是和蒙古人打仗最厉害的时期。朝廷一限制,靠海吃饭的老百姓的贸易需求怎么得到满足?只好铤而走险,现在叫做走私,那会儿叫做海盗。其实那时候海盗的概念和现在不太一样,比如索马里海盗劫船等,那时候海盗是自己悄悄做生意,万一碰到官兵的船想打我的话,我这儿也有几杆枪来抵抗。只不过是政府不允许海上贸易,我私下里进行,这样的人叫做海盗。这样的正常贸易在一定时期是不允许的,所以这些经常往来于日本和日本做生意的这些人在当时来讲就构成了所谓"倭寇"。

同时在这个时候,即"倭乱"最厉害的时候,明朝在北边的长城一线和蒙古人打得也比较厉害。当时蒙古俺答汗兴起之后,兵临北京城下,这背后也是贸易的问题,就是中国向北方通过传统的走内陆的商路贸易也被阻绝,所以后来明朝的文献里就把这一段重大的政治问题叫做"北虏南倭"。这个过程正好是美洲的白银通过西班牙、葡萄牙的船只大量流入中国的过程。对美洲白银当时流入中国的总量估计现在有不同的认识,但是明朝中后期流到中国的白银的总量,如果说占到全世界美洲白银传播的1/3只能是过低的估计。世上当然没有人白给你白银,当然是中国的货出口换的钱,中国的大宗贸易换得全世界这么多的白银,最后导致了欧洲的价格革命。现在我们就很难想象当时海上"千帆竞过"的繁荣景象。这种情况发生在当时中国发展的黄金时期,这和中国社会内部结构发生了很重大的变迁有关系,否则怎么会生产出那么多产品?当时中国人是很富裕的,生活的质量也比同时期的欧洲人强得多,不像我们想象的那样,觉得明清非常落后。我们落后的观点是因为我们有一个传统的惯性,觉得只要是发展到了最后一定是完蛋了。明清是最后的王朝了,肯定是最坏的。如果最后一个朝代不是最坏的,取而代之的势力怎么能够具有合法性呢?其实不一定。当时全球化出现了多少共性的东西,我这里不能讲了,包括到最后20世纪以后,为什么会出现革命的成功,为什么是这样的一种成功?

这个时候,我们还会讲到现在评价很负面的海禁的问题。海禁的问题一般从负面意义上讲是归结为当时中国闭关锁国。为什么有这样的负面评价呢?因为和现在的改革开放是相关的。为什么过去落后呢?因为没有改革开放,实行了闭关锁国政策。其实中国历来就"重农不抑商",这两个是相配合的概念。在我看来,中国重农是肯定的,因为中国是传统的农业国家，现在不重农都会有很大问题，所以一直到现在解决"三农"问题等都很重要，大家都知道农产品包括农业的很多问题的复杂性和重要性。但是重农未必要抑商，历朝历代只有非常短的时间是抑商的，绝大多数时期是不抑商的。因为商税是政府财政收入的重要部分，政府没有傻到有钱不挣的程度，非要通过抑商的方式让自己变得贫困化、财政短缺。关键在于在这个过程当中，作为当时的王朝来讲，用今天的词来讲有一个国家安全的问题，他们有一个概念就是商业的流动性和利润的最大化获取目标是造成许多重大的社会问题的一个因素。这样一种认识其实并不错，任何一个重大的变化或者发展的契机都可能是双刃剑。从今天的情况来看，现在一部分人通过商业和开放先富起来，结果是一方面社会有了很大的灵活性，但同时也造成了严重的两极分化，也带来了很多不安定的因素。这必然是双刃剑，无论过去还是现在，关键在于怎么样调整二者之间的关系。过去的王朝在这方面也动了很多脑筋，今天面对这么复杂的问题都没有很好把握，那个时候你要求他怎么样来把握呢？实际上他也考虑到了，很多到东南沿海做官的省级官员一直到下面的官员，了解地方情况的这些人通常都是站在这些地方的开放的立场上来争论的。也有一些在中央的官员对情况不太了解，或者更多从全局角度考虑，有时候持反对意见。所以真正实行海禁的时代其实是比较短暂的，而且是有特殊原因的。比如清初实行海禁，主要是因为郑成功在沿海，后来到台湾建立了郑氏政权，而且造成这样的原因也不在于他是反对清朝的，这是一方面。另外一个很重要的原因就是郑成功的父亲郑芝龙就是传统的大海盗头目，一直传到郑成功之后，成为把持北到日本、南到东南亚，与荷兰、西班牙、葡萄牙人做贸易最重要的中间商。所以这样大批的海外贸易的财富不是落到了中原王朝的手里，而是落到了郑氏政权的手里。这个方面的研究已经非常多了。所以中央采取海禁，要把财源从郑成功那儿夺回来，这是很重要的因素，所以很重要的是经济利益的驱动。第二，从明清以来，东南沿海地区，不仅仅是经济繁荣之地，国家赋税收入的重要来源，同时也是文化发达之地。明清两代在这儿考中进士或者前三甲占了非常大的比重。该地的文化、经济在中国首屈一指，是可以拿出去和欧洲最发达的英国相比较的地区。在朝廷的考虑里，如果他们再通过海外贸易和坚船利炮的洋人勾连起来，这对于王朝潜在的威胁是极大的。他们主要是从这样一个角度来思考，并不是说"重农抑商"、"闭关锁国"，不许发展。到了康熙年间就重新开放了海禁。即使有海禁的时候，私人的海上贸易依然是连续不断的。

那么，我们为什么说明清时代是一个全球化的时代，是全球化发展的组成部分？因为在16世纪，特别是16世纪以后，除了美洲以外出现了很多共性，欧亚大陆的两端，就是传统古老文明的重要地区，包括在南亚的大陆上都发生了很多重要的变化：人口增长造成人口压力；区域性城镇的发展；商人势力的扩大；宗教的复兴和宗教改革，这不仅仅是欧洲的以新教为代表的马丁·路德和加尔文的宗教改革运动，还体现在伊斯兰教苏菲派的东扩，包括藏传佛教格鲁派16世纪以后在西藏的发展——它的扩展由于获得了蒙古大汗的支持，所以在整个蒙古草原和青海很多地方，甚至到了长城以内得到了很大的扩展，在中国本土，阳明心学虽然是儒家学派，但是其中内部有很多和宗教有共性的东西，明清时期大量的民间教团很活跃；另外还有全球性的农民暴动。农民的暴动除了这个时候气候的原因以外，还有一些新的因素的变化导致的矛盾的激化，旧式地主通过经商投资土地，贵族寺庙也热衷于积累地产，游牧民族开始走向衰落，定居的发展，等等。这一系列是从中亚大陆跨越欧亚大陆普遍发生的，是在一个世界性的时代变化过程中产生出来的诸多表象，都可以通过非常具体的情况来说明。我们刚才讲了非常多的海上发展，我通常称之为海洋史的解释逻辑，这也是长期以来世界近代史的解释逻辑，就是"地理大发现"，西方人、欧洲人都来，殖民势力东扩，把全世界变成它的资本主义体系中的一个组成部分。其实还有传统的内陆史的一个解释路径，要注意在内陆上过去通常忽略的很多东西。比如过去中亚地区原来都是蒙古人的势力，这个时候由于商业贸易的发展、建立城镇的趋势出现，开始了在绿洲定居化；与此同时，伊斯兰教苏菲派向这些地方扩展，使中亚地区的人改信伊斯兰教，成为穆斯林向东发展的一个重要的时期。中国的新疆地区就是到了明代中后期才开始信仰伊斯兰教，蒙古人也接受了黄教就是佛教的信仰。接受黄教信仰的同时，正好是俺答汗建设今天的呼和浩特的过程，即定居化。这样的过程奠定了现在世界很多现状的基础，所以，由于具有这样的事件和这样的历史特征，我们把这样一个时期归结为距离我们比较近的第三变迁期。后来的欧洲势力的东来进一步扩展，只是在这样一种趋势下的合理的延伸和扩展。真正的变化已经从16世纪到17世纪开始发生了，而不是到19世纪中叶。

但是19世纪中叶确确实实还是有巨大的变化，这个巨大的变化就在于在欧洲率先实现了所谓的工业革命。工业革命的发生，使得欧洲的历史发展动力有了一个跳跃式的进步。所以一直到19世纪之前，中国最发达的地区和欧洲最发达的地区几乎是相当的，发展速度和发展水平都是相当的，但是到19世纪初以后，也就是工业革命逐渐完成以后，动力能源的使用造成动力机械大范围使用，带来生产力极大的释放，这就导致了它有一个跳跃式的发展，欧洲史学研究者叫做"起飞"，所以就造成了今天的世界历史格局。这种情况正好是中国的鸦片战争前后。

在这样一个大背景之下，在清末的时候，中国开始进入了一个动荡时期，但在这个时候我们依然可以看到很多历史的连续性。清末我们讲是南方的胜利，为什么？因为北伐战争之所以叫做北伐战争，就是南方的革命党造成的。我前面讲到了两宋和辽金时期中国两个中心开始分离，就是政治中心和经济中心分离，这造成的一个极大后果就是两边产生了非常大的冲突：南边的经济发达，觉得北方的政治中心老是需要从南方搜刮，怨言非常多，矛盾也非常激化。虽然北方的人给了南方很多的地位，比如说给他们科举的比例都很大，但是这没有办法解决问题，因为朝廷永远不断地要向经济发达地区收取大量的税收。所以在这个时候，南方由于经济地位的发展、人群的发展以及和西方关系的密切，当时清王朝实行海禁的时候非常害怕的东西到这个时候不可避免地要成为现实——经济最发达、文化上最优越，同时又具有和海外洋人打交道经验的一个地方要有自己的举措。当初孙中山起来革命的时候，绝大多数的上层知识精英是不支持他的。因为孙中山是广东人，那个地方没有多少年的发展，真正到了晚清时候，这个地方文化上才开始出现有大批科举的士绅——同治、光绪的时候才开始有了深层的文化发展。所以孙中山前面几次起义都失败了，孙中山真正仰仗的力量一个是海外的力量，还有一个是会党的力量，就是民间教门。海外的力量在于，由于从明代后期以后，大量的人向东南亚、向海外移民，而且在移民过程当中形成了一个巨大的商业网络，这个商业网络使中国（包括香港）与东南亚、北美之间形成了一个非常密切的政治和经济的网络。因此，孙中山在某种意义上来讲是这样一个网络的重要的代言人。还有会党的力量，即号称以"反清复明"为号召的，比如清代的天地会，再以前就是白莲教这些系统的势力，成为孙中山特意借用的。包括他的资金来源，我们都知道就是海外的洪门，就是天地会的后代，后来到了北美发展成一个组织，就是致公堂。孙中山主要借助他们的大量的资金和人员支持。同时为动员民众，还强化了当时的所谓民族矛盾，在清末民初的时候制造了大量舆论，包括强化清朝初年满洲人入关以后杀人的说法，"扬州十日"、"嘉定三屠"等，都在那个时候被强化，通过各种民间通俗文艺的方式加以传播，这个力量还是不小的，所以造成了南方和北方之间的矛盾的加大。实际上这是他动员民众的一个结果。

所以无论如何，中国在整个大的世界形势下造成了比较大的变化。清末民初的时候又经历了一个历史上很相似的现象，这个相似的现象不仅仅和春秋战国时期，也和魏晋南北朝或五代十国很相似的，看起来政治上是纷乱的，"城头变幻大王旗"，北方和南方的军阀混战，但是清末民初的时候——包括到了第一次世界大战以后的一段时间里，就是我们说的巴黎和会群情激愤、爱国主义高涨的时候——恰恰是中国的经济有较快发展的一个黄金阶段，特别是有些过去不太发达的地区，比如北方不太发达的地区，从光绪中期以后一直到民国初年有一个持续的发展。这个时候各种现代化的制度，包括在今天看起来很司空见惯的一些制度建立起来，当时来讲都是划时代的。比如教育制度，很多大学的建立，很多各位现在所学习的现代学科的出现，很多新体制的出现包括私营企业的发展等。现代化的工厂制度引入以后的早期发展，都在这样一个向上的趋势当中。包括民国时期的思想界，其实也颇类似于"百家争鸣"的战国时代，当时西学、中学很多讨论，无论现在被称为"保守"的还是称为"进步"的，有相当一部分人其实都是非常真诚、非常热情地关注中国向何处去这样一个大的问题。当时来讲，他们认为有很多种方式可以实现"强国梦"，觉得可以尝试不同的方式，这都是当时非常正常的现象，是很多积极进取的知识分子的不懈追求。所以在清末民国初年，在1928年"东北易帜"中华民国统一以后，如果说没有很多战乱，如果有一个比较好的和平环境，通过各方面努力，使民主治国的方式能够走到一个正常化的轨道上，历史就可能走上另外一条道路。但是这个时候，日本的侵华战争是一个非常大的变数，现在看起来好像日本侵华是必然的，但是我们从一个长远角度来讲，一个很长时段的历史来考量的话，其实日本侵华事件带有一点偶然性，至少对中国历史和现代化进程造成中断带有一定偶然性。从此以后，中国的历史发展确确实实要经历一个比当初曲折得多的一个道路。因为中国近代史离我们很近，往往有点"只缘身在此山中"的感觉，如果我们拉大到上万年的历史当中，可能对这个过程的审视不完全一样，至少视这些痛苦和挫折是中国走向新的发展道路的组成部分。在这个意义上来讲，我们历史长河当中其实经历过至少若干次这样变化的过程，只不过每次都增加了很多复杂的因素，需要我们每一个人在这个当中发挥作用。我始终觉得人的作用是可以改变很多东西的，并不都是预先命定的。我们看到很多历史的结局，在任何一个阶段上都未必是人们所设想好的。这是很值得我们深入反思的问题。

问：以文化传播的角度看，您觉得怎么讲历史线索，怎么安排比较好。比如您开始说的思想史的脉络，还有一个是现在比较流行的从物质文化的角度，哪一个角度讲中国的文化传播更好？

赵世瑜：这个问题比较复杂，我没有思考过这样一个问题。首先大家都会认同一个观点，不传播的文化一定是死文化，所有文化想要存在就一定是传播的，因此你讲任何东西都离不开传播。

你问的问题很具体，如果讲述一门课程，从文化传播角度怎么样讲，也就是如何介绍中国历史上的文化传播。这里只能讲讲我个人想到的一点原则，就如我们一开始讲的一样，今天所说的中国的概念，我们要在历史的发展过程当中来把握，比如今天看起来都在中国境内，但是在某一个历史时期，可能在这样一个空间里的不同文化之间的交流和传播，我们必须落到一个很具体的层面上去讲。也有一些是在中原王朝和中原王朝的域外文明之间进行的交流和传播，这又是另外的一个层面。就是一落到"中国"就比较麻烦，就要讲什么时候的中国，那时候有没有"中国"，中国是多大的一个中国，这就非常麻烦，这是需要你来把握一个原则的。

第二就是如果讲文化传播的话，我觉得你刚才涉猎的那些方面和原则，恐怕不能够太多地剪裁，你可能会从物质文化层面来讲，也可能是精神文化方面来讲，也可以是其他的方面来讲，关键在于我要选择的是在不同的历史时期，哪个方面可能更具有代表性，然后加以选择。比如在某一个时期，比如我讲明清时期，商业贸易的过程和物质文化的交流可以讲得比较多。在有些特定时期，我们可以讲述由于战争的原因——因为战争也是文化传播的一种方式——造成的一些特殊的文化传播，比如火器的问题，冷兵器时代的很多东西，都可以来讲。

第三，我觉得讲文化传播的时候是要跟特定时代结合的，是随着时间的推移传播的空间距离会不断扩展。所以可能在不同时代，侧重讲在某一个空间范围内的文化传播，发展到近代，可能文化传播的距离就会越远，涉及的范围可能就会越大。比如我讲中国和欧洲的文化传播，可能也是讲到越近情况就越不同，当然内容也就越不同。

问：历史学家对历史的发展脉络是非常清晰的，也是非常敏感的，我想请您预测一下中国21世纪的历史走向。

赵世瑜：这个问题很抱歉，我没办法回答你。首先你在提问的时候，你说21世纪是未来，因此就不是历史。历史是昨天、是过去。最后一句话我说的是在历史过程当中，后见之明很容易给一个结果找到一个原因的，但是前面有很多各种各样的原因未必发生这样的结果，造成这个结果的偶然因素是非常大的。说白了吧，在历史过程当中，我真正认为是必然性的情况都是在非常抽象的层面去讲的，我认为很多事都是或然性的，所以你让我从必然性角度讲，我很难回答。

问：谢谢您以很独特的视角给我们梳理了中国历史的脉络，但很遗憾的是，后面恰恰是您研究的重点时段，讲得比较快。我是想问，清代是异族一统中原的，它采取的民族政策，您认为它的族群政策有哪些成功的经验？还有哪些失败的教训？另外跟它相关的问题就是现代的研究者常常用现代民族划分的格局来判定清代，比如把曹雪芹算成满族人，您对这个有什么看法？

赵世瑜：我先回答你第二个问题。现在中国的民族识别是50年代以后搞的，民族识别的工作，其实很多学者有很多反感，因为它忽略了很多族群本身存在的复杂性和多元化。实际上这样一种民族识别和族群划分在历朝历代始终是在发生的，它不是现在偶然的现象或者中国共产党的民族政策造成的一个结果，任何时代都是这样做的。什么人是汉，什么人是夷？过去老是扯来扯去。其实夷又被分为生夷和熟夷，生夷就是受汉人影响特别少的，熟夷是受汉人影响特别多的，过去的文献中在不同时代有很多种说法。如果用来考量历史，原则是我们还是要回到历史的情境当中，从你想要表述的族群，双方面来看究竟汉是怎么回事，夷是怎么回事。尽量摆脱任何一个时代族群划分主观的想象，特别是由汉人立场出发的族群区分的想象。当然也不可能完全回避，因为了解当时朝廷或者官员或者士大夫对于这个族群的认识也是有好处的，毕竟一部分人是这样认为的，甚至可能主流部分是这样认识的。总而言之是回到历史的情境当中来看。比如曹雪芹本身是汉军正白旗的，但他们家是上三旗包衣，和清王朝的最高层是有非常直接的关系的，以至于说他是汉人还是满族人，我觉得关系也不是很大，因为过去区分华夷的时候，标准就是看你是不是我的编户齐民，你在我的政府管理之内的，即使你是夷也是属于汉。

第一个问题，清王朝首先的民族政策我觉得是非常积极的，原因主要在于他自身是少数民族，因此他看待周边族群的时候没有完全像汉人的中原王朝一样以汉人为中心来看待。包括今天来看对于西藏、内蒙古等这样一些用信仰黄教的方式让它有向心力，在中央第一次设立了理蕃院这样专门管理少数民族事务的部门，这都是非常伟大的创举。甚至在乾隆时期提出的观念有点类似孙中山的"五族共和"的观念。孙中山之所以有这样的观念，当然不是说一定是和乾隆一脉相承的。孙中山尽管没有说自己不是汉人，但实际上都是和汉人不一样的，只不过自己称之为汉人而已，因此才会有这样平等的观念。

所以我觉得总体来讲清朝的民族政策是积极的，包括确立今天巨大的版图都和这个民族政策是相关的。至于说"旗民分治"这些，首先这是在清朝初年，清朝初年实行这个本身也有它的道理，毕竟它的人口是极少数，否则很难保证自己的优势地位，很容易被汉人的汪洋大海所淹没，所以一定要做一些区分，所以给他一些特殊的地位和权益，这是可以理解的。但是没有经过多久，这个就只能成为口号了，后面虽然一直也都存在，但是真正在社会上能起多大作用，也未必。比如一直到了晚清的时候，虽然满洲人不愿意汉人来把握中央的绝对的统治权，但曾国藩、左宗棠、李鸿章起来以后，地位还是很高，那个口号对于国策的确定其实已经不起非常关键的作用了，所以基本是趋于平衡的状态。

问：关于端午节，以前我们知道的是跟屈原有关系，但是也有人说根本没有这回事，只是一个节气，您怎么看？

赵世瑜：我个人看法，因为这个涉及民俗节日的问题，把端午节和屈原、赛龙舟结合起来是非常晚近的一种文化建构。在很多地方，端午节的传说都和屈原无关，比如山西晋中地区我做调查的时候，他们讲端午节的故事是和元末明初的故事有关的。尽管很多不同地方都是这种形式，因为什么什么原因，某某跳河死了，为了祭祀他，包了什么东西来祭祀他，但是背后蕴含的历史记忆是非常不同的。也就是说即使是屈原故事和端午节出现了以后，很多地方依然在讲自己的故事，有很多区域的历史文化传统，而且从端午节本身的情况来说，一开始就是跟辟邪有关系的，和夏天的自然节气有关系，所以要饮屠苏酒，等等。

关于屈原的因素加进来，当然是有很多不同的争论，需要认真再去考察的，在我看来，最初只是在局部的区域开始有，然后到更晚近以后，才不断地扩展，影响到其他的地区。

《周礼》、《周易》与故宫、北京城

彭 林

主持人朱小健： 老师们、同学们，时间到了，我们就不再等了。向大家介绍彭林教授，彭老师原来是我们北京师范大学的教授，现在在清华大学历史系任教，学术造诣非常深，是北京师范大学人文宗教高等研究院部门负责人。今天彭老师在暑假当中给我们讲课，这一课在课本上已经有了，而且将结合我们的实际讲给我们。今天先讲，明天我们去参观，相信在听了今天的课以后再去参观，会和以往参观故宫有非常大的不同，因为有丰富的内容去对照。我相信大家听了以后必有收获，而且收获甚多。

下面以热烈的掌声欢迎彭老师给我们上课！

彭林： 各位老师，今天给大家讲的题目是我在清华开的一门课里的一节，这门课名字叫"文物精品与文化中国"。现在大学里开的课基本上都是讲思想文化：老子、庄子、孔子、佛教、道教。其实人类文明最基础的文化叫物质文化。2001年这门课开始在清华开设，后来这门课被评为第一批国家级精品课。

这门课基本想法是分成十五个专题来介绍古代中国的物质文明。首先略讲一下这些专题，今天讲的题目是"《周礼》、《周易》与故宫、北京城"，是介绍中国古代的建筑。

"贾湖骨笛与中国古代的七声音阶"这一专题是介绍中国古代的音乐。因为河南舞阳出土了一批用仙鹤腿骨做的笛子，这批笛子离现在有九千年，已经有七声音阶了。很多人以前认为中国人五音不全，只有宫、商、角、徵、羽。对于中国有无七声音阶的问题，中国音乐史界曾经在六十年代发生了一场大论战，曾侯乙墓的发现把这个问题彻底解决了。

"裴李岗石磨盘与中国古代农业文明"这一专题是通过河南裴李岗文化来谈中国古代农业。农业是人类文明之母，四大文明，最早都是在农业生产中产生的文明，中国是农业文明的发祥地。

"越王勾践剑与吴越地区的冶铸技术"这一专题是介绍越王勾践剑，谈古代吴越地区冶金技术。下一专题是介绍良渚玉器谈中国古代玉文化。中国古代物质文明有几样是外国所没有的，其中一样是玉器。浙江余姚发现了四千多年前良渚文化的遗址，里面的玉器鬼斧神工。

"曾侯乙墓漆箱盖星象图与二十八宿"这个专题介绍古代天文。曾侯乙墓出土一个箱子，箱子的盖子上画着二十八宿星图。以前一直有争论二十八宿到底是哪个地方最早发现的，有人认为埃及最早，后来被否定了，又有人认为是巴比伦，又给否定了，后来认为是印度，因为印度和中国的二十八宿最相像，这个东西的出现也把这个问题解决了。

"河姆渡蚕形纹盅与先秦服饰文化"这个专题介绍河姆渡出土的一个象牙器物。器物上面刻着几条蚕，表明我们是最早发明丝绸的国家。

下一专题，是讲"青铜器与礼乐文化"。湖北曾侯乙墓里出土的一件东西，外形上看有点像一根棍子，它到底是用来做什么的？一个著名学者——中央音乐学院的老教授，最后考证是编钟的定音器。从这里面可以看出中国在音乐方面的成就，可是非常了不起的。

3号要带大家看一下国家博物馆，国家博物馆有一件铜器，湖南出土的，叫四羊方尊。这件东西的出土和对它的研究过程充满着令人兴奋的东西，按照传统的说法我们认为黄河流域是中华文明的摇篮，长江流域、江南地区是荒蛮之地，但是在这荒蛮之地出现了一件令人叹为观止的青铜器。怎么解释？这里面一连串的东西非常令人感兴趣。

下一个专题是讲"秦陵的铜车马与古代的造车技术"。车子是很难造的，我们有本书叫做《考工记》，中国造车的技术可以说在全世界都是处于前列。

下一个专题是介绍"妇好墓象牙杯与先秦时期生态环境"。河南安阳殷墟有一个墓，叫妇好墓。墓里出土了三件象牙杯子，非常大，说明当时的生态环境和今天很不一样。河南为什么简称叫豫？因为当时有象。现在人类把生态环境破坏了，象只在西藏和西双版纳才有。

下个专题是介绍"泉州宋船与古代造船技术"。我们在福建泉州的海滩上发现了一艘古船，古船经过鉴定是宋代的。如果把这艘古船和《马可·波罗游记》里记载的东西对比来看，大家会感到非常吃惊。明代以前中国的造船技术世界一流，所以才有后来的郑和下西洋。

"舞蹈彩陶盆与甘青地区彩陶文化"这个题目是讲彩陶。青海省西宁附近出土了一件彩陶盆，上面有很多人在跳舞。彩陶是新石器时代很重要的文化现象，中国的彩陶在当时世界上也是居于前列。看完这里面大量的图片后，我们会为自己是中国人而感到自豪。

最后一个专题是介绍"针灸位铜人与针灸源流"。俄罗斯彼得堡博物馆有一件针灸铜人，是从中国抢走的，针灸铜人被抢走以后很长时间我们不知道在哪，后来一个偶然机会才发现在俄罗斯的博物馆。这件东西往前可以追溯到马王堆帛书，张家山汉简里也有关于针灸的记载。可见中国的医学知识非常特殊。

言归正传，我们开始讲今天的主题。

大家到北京来，不知道了解不了解北京。在我们的星球上，城市之多，犹如灿烂河瀚，不计其数。每一个城市各有风格，但是这么多城市里只有我们的中国，把一个民族的理念、一个民族的哲学融入到城市的格局中去。北京这座城市可以说是最具备我们中国东方文化特色的一个城市。

香港回归前夕，有关方面组织了一百位香港大学生到北京来参观学习，当时由北师大负责接待，让我给他们做一个讲座，我以为他们没有来过北京，所以我就让来过北京的举手，结果几乎所有的人都举手。我问他们去过故宫吗，又几乎所有的人都举手。我问他们能不能告诉我看完以后有什么印象，结果好几个同学站起来说好好哦、好大哦，也有说不好的，说没意思，走进去全是四合院：往前、往后、往左、往右都是四合院。我说他们说好说坏都没有说到点子上。

我今天就讲讲我们的故宫和北京城。

中国人自古以来讲阴阳五行。讲阴阳最成体系的是《周易》，"一阴一阳谓之道"。古代讲阴阳不讲五行，讲五行不讲阴阳，《周易》里面找不到五行。在中国人的哲学里面，世界上万事万物都有对立的两个方面，比方有白天晚上、有男有女、有生有死、有太阳月亮。中国古人认为世界上所有的东西都分成对立的两个面，这两个东西互相转化，古人把它叫做阴阳。宇宙里有阴阳二气，阴阳二气相激后化成万物。万物都是由阴阳来的，人都是有男女，男女就是阴阳。阴阳奇妙得不得了，化成了万物。

万物又可以分成五类，叫金、木、水、火、土。有一本书叫《尚书》，《尚书》里面有一篇叫《洪范》，这是中国最早提到五行的一篇文献。我们所有的都可以按照金、木、水、火、土来分，超不出这五类，但

《洪范》里只讲五行不讲阴阳，后来战国时一个叫邹衍的人把阴阳和五行结合起来，所以才有阴阳五行的学说。阴阳五行的学说，如果还要往前追溯，可以追溯到商朝。商朝有一篇非常有名的甲骨文，叫《四方风》。从甲骨文里可以看到商朝人鲜明的五方概念，甲骨文里经常问北方怎么样、南方怎么样、东方怎么样、西方怎么样，商人在讲这个的时候，把自己放在中间来定位。此外，甲骨文里还有四句话：东方的风叫什么风，南方的风叫什么风，西方、北方各叫什么风。这几句话竟然在《山海经》里也有，说明《山海经》这本书不是很怪诞的书，里面隐含了许许多多的事。

到了后来中国人开始把世界上的万事万物体系化，把所有的东西按照阴阳五行结构排列。比如，五行金、木、水、火、土；五方东、南、西、北、中；五季春属木、夏属火、长夏属土、秋属金、冬属水；五色青、黄、赤、白、黑；五音宫、商、角、徵、羽；五器；等等。甚至人体里面有五脏心、肝、脾、肺、肾；五常仁、义、礼、智、信；五畜鸡、羊、牛、犬、豕。而且在中国人看来，万事万物都可以放进去，五成了中国人的宇宙律。宇宙是由阴阳而来，阴阳化成万物，万物可以按照五行来分类，而且五行有相生相克的关系，比方说金克木、木克土、土克水、水克火、火克金。这个对中国人思想影响极深，北京大学有一个教授叫金克木，就是一个最典型的例子。

顾颉刚先生曾经讲阴阳五行是中国人的思想律，不了解阴阳五行就不可能了解中国人的思想。

《周礼》是儒家经典之一，成书在汉代汉景帝到汉武帝之间，发现于民间。这本书分成天官、地官、春官、夏官、秋官、冬官六官，每一官有下属的六十个小官，六六三百六，这就是为什么也叫《周官》。以前学者认为是周公做官用的，所以叫《周官》。我觉得这个说法值得商榷，因为人法地、地法天、天法道、道法自然，这应该是仿照宇宙的。自然界有天、地、春、夏、秋、冬，叫做六合，每一个官是六十，六六三百六，是一个周天的度数，所以叫周官，和这个很有关系。

这本书也非常有意思，它提到国家怎么建设，官员怎么设置，还提到首都应该怎么建设。古人很聪明，那时就发现中午时候的日影跟早晨、晚上的不一样。在同一个时间，洛阳是中午十二点，再往南、往北测出来的日影不等长，于是古人发现天有一个中心，这个中心是阴阳寒暑聚会的一个核心，所以要把首都建在一个这样的地方。阴阳之说合也，他们认为这个地方就是洛阳，是天下之中，这也是我们为什么把自己叫中国。

城应该怎么建呢？画个图表示。我们把国都选在天下之中，上面有天，下面有天子，天子所住的地方也在天下之中。王城弄成方九里，每一边都是九米，九是阳数最高的。在每一边开三个门，门跟门之间都有三条道路把它贯通，这些道路好比一个南北方向的经纬网，我们把它叫经涂九轨。标准来说，一辆车的宽度叫一轨，经涂九轨就是九辆马车可以并排走。我上小学的时候武汉长江大桥通车了，报纸上报道长江大桥可以让六辆解放牌车并行，可想而知那时候的设计多么得好。

天子的宫殿就在最中间，这是一个相当理想化的设计。可是现在考古发掘的诸多先秦的都城中，没有一个都城是这样的设计，只有长安城和这个比较相像。为什么这样？道理很简单，我把你推翻后，只能利用你既有的旧址来建。洛阳这个地方是沿着黄河中一条狭长的带子而建造的，没有办法再展开一个方九里的城。因此，这一理想化设计，始终是理想上的蓝图，并没有实现。

后来是谁把《周礼》里面的方案变成现实的？是一个少数民族，是元朝的忽必烈。说到这里要问大家一个问题，元朝为什么要叫"元"？"大哉乾元"，所以叫元朝。忽必烈虽然是蒙古人，但是对汉文化很尊重，可他毕竟不是汉文化的专家，不懂得如何建设新城。说到这个地方，有一个很有意思的故事：河北邢台出了一个很有名的人叫刘秉忠，是元代学者郭守敬的老师。这个人怀才不遇，当时在一个机构里做刀笔吏，后来到山里做和尚隐居。俗话说，锥处囊中——脱颖而出，锥子放在口袋里谁也看不到，可是只要是把好锥子，时间久了就会露出来，大家会发现这里面有一把好锥子。真正有才的人是埋没不了的。有一天，忽必烈到他所在的庙宇里去玩，后来巧遇他，一聊发现这个人非常有才华，于是就把他带走，请他来设计北京城。所以今天北京城的格局就是经过刘秉忠的手成为一个现实的。

讲北京城之前，首先要有一个概念，就是中轴线。外国人到中国来看北京，最惊讶的是这个城市有一条中轴线，中轴线两边对称分布着各种各样的建筑。诸位去过西方的一些城市，它们总体上比较杂乱，没有一个规划。但在中国，现在从考古上来看，至少在西周时就有规划了。陕西的凤雏发现一个考古遗址，我们对它进行了复原，复原后发现遗址门口有一个照壁，里面有一进、二进、三进，一层一层的院落，两边都是回廊，它是完全对称的。之后到秦国，秦始皇建房子时已经有子午台这样的概念，都是有中轴线的。

众所周知，北京在历史上一直都是一个地方的中心。宋、辽、金、元的时候，北京这个地方也曾经做过当时的中心。金时，它是其中的一个都城，从元朝开始，北京城才真正成为全国的首都。当时刘秉忠开始设计北京城时，在今天正阳门那个地方发现一棵树，于是决定以这棵树作为中轴线。在决定距离长度时，发现在今天的北海那一带有很多的池，觉得池这东西非常好，于是设计时就把这些池框了进来。作为一个半径再甩过来到这里就找到这条边上，那个时候这个位置的地势非常低洼，河从这里流到这里，如果在这个地方做城墙，城墙会不好看，所以就弄窄了一点，这条边靠里，最后这样确定了北京城。最重要的建筑都要安排在中轴线上。

直到今天，奥运会的建筑、毛主席纪念堂都在中轴线上。这里面（PPT图片）的钟楼、鼓楼都在中轴线上，讲得严格点都有标准时的概念，太阳在不同地方出没的时间都不一样，国家这么大必须要有一个标准时间。怎么设定？故宫里有一个七宝灯漏，水一滴一滴往下漏，壶里几点几刻的时候马上报——晨钟暮鼓，向全国颁布北京时间。世界上有个格林威治天文台，以此作为西方的世界标准时。我们在元大都的时候有一个国家标准时。这条线相当于本初子午线。那时候理念非常先进。

这是中轴线。这是正阳门。还要讲大清门、天安门，古书里记载天子有九门，一直到这里。神武门、太和门、乾清门、坤宁门，天子在九重之中。

这是鼓楼、钟楼的一张老照片。现在北京每年到了春节的时候，钟鼓楼晚上都有人敲鼓。

北京为什么叫紫禁城，不知道大家想过这样的问题没有。按照中国人的天文知识，晚上夜观星象，天上所有星都是转动的，只有一颗不转，这颗极为重要的星就叫北极星。离北极星最近的一颗叫北斗星，北斗围着北极在运动。北斗的柄指向东方的时候天下皆春，指向西方的时候天下皆秋，指向北方的时候天下皆冬。古人认为天子跟北极所在的地方对应，在故宫里也是这样。北极周围一共15颗星，分成两排，都用红线连起来，像一个围墙。这十五颗星叫做垣，这些在天中心的十五颗星叫紫微垣。紫禁城是跟天上的紫微垣对应，这个地方叫禁区，一般老百姓不得入内。紫禁城就是从这里引入的概念。

从这边出去有一个土墙，南端有万里同志题的牌子，叫元大都城墙遗址，现在在熊猫环岛那边有一段。可以看到那时候城墙全是夯土夯出来的，没有砖。砖包砌起来的建筑直到明朝才有，明朝之前多是夯土，夯土的非常害怕下雨，所以当时城墙多拿油毡盖住。

这张图片是元大都。明朝灭元之后，发现元大都太大了，那时候国家经济很困难，经营不了这么大一块地方，于是就放弃一段，把这一块明朝城墙收缩到今天的二环一带。之后由于显得太窄，所以往南移动一里多路。从而使得北京城形成了今天的格局。

古代城里有一个皇城，这是最核心的。皇城外面还有一个城，原计划外面还要包一层，结果当时经济困难，项目上得太快，经费太大，弄到一半就停止了。这个地方用围墙围起来，开了个小门叫东便门、西便门。所以这个城形状很奇怪，呈品字形结构。元大都面积很大，到了明、清时面积就小了。这是一个外城，所以大家细看北京地图时会觉得挺纳闷，怎么做成这样的形状，道理就是这样。

刚才讲到紫微垣。在故宫设计里，有前三殿、后三殿，有乾清宫、坤宁宫。原来只有两个，后来因为数字上的需要，中间增加了交泰殿，乾坤交是泰，都是《周易》里的东西。这是为了跟天上的星象相合，变成了东西六宫加上后三殿。

大家看的时候一定要注意"前朝后市"、"左祖右社"。前三殿是处理国家政务的地方，后市是皇帝、皇后跟妃子生活的地方。另外，《周易》里又提到天子要祭天、祭地、祭日、祭月。所以现在北京有天坛、地坛、日坛、月坛。

我们来看看这里面的建筑。筒子河，大概50米宽，把故宫围起来。前面是前朝，后面是内廷，前朝整个设计要体现出阴阳的思想。这个图一看就很清楚，前朝的建筑很少，但个体都很大。太和殿、中和殿和保和殿是这个地方的三大殿。文华殿和武英殿个体也都特别大。前朝是天子住的，体现出阳刚之气，建筑物之间的距离都显得非常疏朗、威严。后宫跟前朝不一样。后宫房子非常密集、纤小，所有的台阶、栏板都是双数，体现出阴。前朝建筑中所有的台阶、栏板的数量都是单数，体现出阳。这里面也非常讲究阴阳的概念。

前朝里面还分文武。太和殿前面一个广场，这个广场是文武百官拜见天子的地方。站在东面的一定是文官，西面的一定是武官。古代文武是这样分的,所以东边的建筑叫文华殿、西边的叫武英殿。太和殿两边的楼一边叫文楼,一边叫武楼。皇帝要是批斩决断犯人,一定秋天在武楼上进行,而且犯人一定是从这边到西边的菜市口去。

现在长安街是贯通的,但在以前有两个东西围起来,一个叫龙门、一个叫虎门。天下来参加科举考试的都住在崇文区,从龙门出来,考试考取了要披红挂彩,从龙门出去。要杀头的从午门出去,再到菜市口。这个城市分得非常清楚。

这是今天的天安门,今天的长安街最初有围墙围住,是禁止入内的,因为里面就是宫殿。1949年开国大典时还可以看到坦克从门洞里穿过去的情形。

刚才讲的天下的举子都从崇文门进去。这是宣武门。文庙在东边,以前的关帝庙在西边,这些新中国成立以后全被拆了。"文化大革命"串联的时候我到北京来,那时候东直门还有瓮城,现在永定门又重建了。

"文革"刚刚过去的时候,故宫是我国第一批世界文化遗产,当时中央人民广播电台报道这条消息的时候说故宫是传统文化的载体,是一种被物化的文化。

故宫每一个地方都有讲究,天安门中间面阔九间,进深五间,这是《周易》上说的九五之尊。门洞五个、金水桥五座,门上的门丁都是九,九九八十一,都是阳数。

这是后廷的照片。

这个地方我要给大家出一个题,刚才这张照片是前三殿:太和殿、中和殿、保和殿。三个都建造在高台上——三层丹陛之上,由汉白玉栏板围起来。这东西一定要高大才庄严,而且都是由汉白玉栏板一层一层堆起来,倘若一点点地摆在那里,则不会让人产生崇敬之情。这三个东西设计的时候非常有意思。

太和殿和保和殿都差不多。建筑最忌讳的是重复,重复是最让人腻烦的。因为太和殿和保和殿一样,如果中间再造一个一模一样的殿,那就成集体宿舍了,说明匠人没有水平,所以绝对不能连造三个,也不能造小了。那时候的设计师是有文化的,是匠人。他们于是就想找一个不一样大,但是一说起来就知道是帝王的东西,后来就找到了明堂,明堂是三皇五帝时天子议政的地方。

明堂很有意思。古书上记载,说明堂中间有一间向四个方向分开来,中间一间叫太室。因为天子和天是同步的，一年中气不断变化，春天的气和夏天、秋天的气都不太一样，因此天子每个月要跟着天走。于是把春天三个月分成三间，把夏天三个月分三间，依此类推。孟春，天子在这里，到第二个月又到这里，顺应时气跟宇宙之气。以前有闰月，到了闰月怎么办？没有第十三个房间，所以天子只能在门下待着，所以闰字这么写。

明堂是方的。为了避免千篇一律的长方形，所以弄一个方的，这样就没有办法责怪他。这是古天子的明堂，中间用汉白玉栏板围起来，地上铺上砖就形成了一个台。太和殿、中和殿、保和殿，中间都被包起来，包起来以后形成一个什么字？大家想想看，这个设计真是太了不起了。

五行金、木、水、火、土，土是中间的、木是东方的、火是南方的、金是西方的、水是北方的。皇帝是中央土，所以紫禁城里的墙都是黄色的。在故宫最中心的地方用三大殿构成了坐北朝南的土字，代表他居天下之中。它在构图上又巧妙地运用了所谓的明堂的说法，避免了雷同。我们先看太和殿，很大；再看中和殿，很有意思；再过去又大了，这样就起了变化，这里面也体现了阴阳五行的东西。现在清华那个房子盖的全是号码，设计的人技艺比较穷，想不出花样。

土在五行里是特殊的。下面再来考考大家，这个地方是不让进去的，我当年师大毕业曾经想到故宫求职，跑到故宫里面去了。屋顶颜色是黄的，其他的太和殿、中和殿、保和殿也是。三大殿东面的三所建筑，是东宫太子住的，他是早晨八九点的太阳，所以屋顶用绿色琉璃瓦，是青的。

"文化大革命"刚开始的时候，我在外地看报纸，报纸上说毛主席神采奕奕地走过金水桥，金水桥是什么桥？前面有金水河，这又是什么河？为什么叫金水？因为水是从西山引过来的，西方属金，所以叫金水。

我们现在到午门，午门很高，午门中间的栏板以红色为主调，因为午门在正南，南方属火，所以要用红色把阴阳五行的观念表现出来。

在最北门的地方有一个天一门，天一生水，和北方有关。假如说我们都不从天安门进故宫去，而从北面的神武门进去，会看到神武门东西两个大房的屋顶是黑的，为什么？因为它们在北面，北面属水，水在五行相类的颜色里是黑色，另外这个地方以前也是老宫女住的，她们老了，最后走到生命尽头了，所以就住在这里。

文渊阁屋顶也是黑的，它在南面，但是为什么是黑的呢？因为藏书楼最怕着火，所以弄个黑的屋顶。钦安殿所有的栏板花纹都是黑的，因为它在北面，属水。

"左祖右社。""祖"现在变成劳动人民文化宫了。这是世界上最大的宗庙，里面全是红木，比太和殿还高一尺。中山公园里是社稷坛，社就是土地神，土地神提供给我们社会生活的资源。皇帝要祭土地神，但中国太大祭不过来，于是就想一个讨巧的方法，弄了一个社稷坛，设计成五种颜色，有一点像刚才画的明堂，中央土是黄色的，另外还有黑色、白色、红色、青色四种土。《北京晚报》副刊叫五色土，取江山社稷这个意思。

三大殿这些名称也是从《周易》里来的。太和殿，叫"保合太和乃利贞"，宇宙之间有一团元气，这团元气是太和之气，太和还要保合，这两个来源是一样的。中间的是中和殿，中和是从《中庸》来的，人有喜怒哀乐之气，喜怒哀乐之气没有发出来而保持一个中的状态，无过无不及。眼睛睁开时，喜怒哀乐之气要出来，如果一个人不修为，喜怒哀乐出来的时候狂喜暴怒，这是不行的，要"发而皆中节谓之和"。"中也者，天下之大本也；和也者，天下之达道也。""中"跟"和"是修身的大道。

刚才讲了前三殿和《周易》的关系，后宫里也是这样。乾清宫，"乾"是清气，三大殿的名称也是这里来的。

老北京已经被毁得所剩无几。我们看看这地方，这是大前门，我们小时候有一种香烟叫大前门，上面画的就是这个。这是正阳门，又叫箭楼，旁边有围墙围起来，像一个瓮，叫固若金汤，上面万箭齐发，一旦城门失守冲进来了，周围城墙上还可以用滚石来还击，叫瓮城。这地方有城墙，当年清华的梁思成先生曾经建议保留全部城墙，城墙上面可以弄一些花、一些树，多弄一些凳子，劳动人民在礼拜天可以到上面看看市景，可以休闲。里面的牌楼也都不要拆掉，像西方城市的雕塑。

当时城里的牌楼非常多，北京有一个地方叫东四，有一个地方叫西四；有一个地方叫西单，还有一个地方叫东单。街四面都有牌楼，东面叫东四牌楼，简称东四，现在牌楼都拆掉了，大家都不知道。我刚来北京的时候也很好奇，问了北京人，年轻一点的北京人也说不出来。东单、西单是单牌楼，只有一个牌楼。

刚才说到瓮城，西直门都是瓮城，可惜现在全没有了。

太和殿是故宫的核心，前面有一个广场。今天的天安门广场很大，其实原来天安门广场中间全是房子。这是从天安门往下拍的，在正阳门北边一点，中间有一条走廊，两边都有围墙，这才是路。现在这个都拆了。

我们来看一看当时的建筑。

在今天毛主席纪念堂这个地方，两边全是房子，这是九卿六部办公的房子，中间有条走廊，很像颐和园的长廊，因为很窄很长所以叫千步廊。门原来叫大明门，明朝被推翻了后叫大清门，后来清朝被推翻了后叫中华门。

千步廊这一建筑给你设定一种场景，营造一种气氛，调动你内心的情感。建筑是凝固了的语言，假如一个人从里面进去，一进去视线就被严格限制在一个狭长的范围里，两边全是建筑，仿佛一下子很遥远。继续往前走，走到前面一抬头，又变得豁然开朗，此时来到故宫里的一个小广场，这个地方就是刚才说的龙门、虎门所在的地方。这里到处是房子，不是一个通行无阻的地方。再往前走，眼前又豁然开朗，抬头看到天安门城楼红红的，像天上的红霞，下面的汉白玉栏杆像朵朵白云簇拥着天安门，很壮丽！

从门内走进去，场景位置发生变化，变成了一边是天安门，一边是端门，两个城楼遥相呼应，旁边是高大的围墙。刚才那么巍峨，走到深宫里如此森严，但从门里走出来，空间又变了，变成了宽阔而狭长的空间，心情又为之一变。之前这个距离是故宫里最长的距离，前面就是午门，午门是故宫里最高的建筑，两面是朝房。自古以来标榜勤政，什么叫上朝？"朝"就是朝，天刚亮就要去，今天是上朝的日子，大家天不亮就要去等着，午门没开时，官员都在休息室休息。那边一喊上朝，官员鱼贯而入。为了烘托午门的庄严巍峨，把这个地方的空间设计得非常宽阔。

这叫五凤楼，古代很重要的典礼都在午门：宣布出兵、军队凯旋都在这里举行。午门进去以后空间又变成了横的长方形，由一条内金水河把它分成两半。这地方最美，像一把弓，上面分布着五座桥，按现代科学来看是黄金分割，两边分割得恰到好处。从太和门往里面一看，巍峨的太和殿就在千步之外。到了这个地方时，对于太和殿的那种崇敬、激情就全部被调出来了。

新中国成立之初梁思成先生曾经带苏联专家沿着我刚才讲的路线走了一遍，走到这个地方时苏联专家说我要跪下来三呼万岁。人的情感变化被一步一步引导到对天子无限的崇拜上。

我们到北京来看故宫，有两句话大家一定要记住，这两句话懂了就能看明白："左祖右社"、"前朝后市"。故宫的左边是太庙，右边是社，太和殿前面是皇帝上朝、处理国家政务的地方。

以前的市，今天讲城市，城和市不是一个东西，城是一个城圈，市是一个市场。以前的市是在后面，根据《周礼》记载是由皇后来掌管。所以今天的什刹海、地安门，买卖东西的都在北面，甚至家里买卖奴仆都在那儿。

说到这里非常有意思，后来天安门改造，一边建造了一座中国历史博物馆，一边建造了一座人民大会堂，有人说这里面含有"左祖右社"的意思，左边是历史，右边是全国人民代表大会。

故宫那么庞大的宫殿群，有人说房间有九千九百九十九间半。在整个建筑群里个体的大小要把握一个度，个体跟个体的距离要把握一个度。在南京城墙上走，感觉特别不舒服，一个特别高的楼，和周围失去了和谐，整个城市氛围被打破了。古人不这样做，古人在建造时遵循着一个原则，叫做"千尺为势，百尺为形"。高度不能超过一百尺、三十多米，太高了就太突兀了，把太和殿造八十层楼那么高，其他都是平房，要多难看有多难看。整个故宫里只有午门超过了一点点，最高的高度不能超过这个。建筑个体和个体之间距离不能太近，否则就像现在有些房子那样，一推窗户都能看到对面家的事；也不能太远，太远显得很空旷，而且宫殿里一旦有事，是男是女都看不清。最远不能超过一千尺、三百米。

故宫里非常和谐、非常紧凑，符合传统建筑的和谐原则。

来看一下这个地方很有意思的现象——房子的高低错落非常有序。故宫的设计还有一个难度，即这么多屋子不能雷同。给人印象最深的就是屋顶。屋顶有很多讲究，一看屋顶就知道其重要性及其在里面的位置。

故宫建筑中最主要的屋顶有九种。

这是午门，午门中间是一个重檐庑殿顶，四面有四角攒尖的楼，叫五凤楼。我提一个问题：天安门有五个门洞，端门有五个门洞，可是午门只有三个门洞，为什么？因为旁边有两个门，现在这里面是卖纪念品的，所以从后面看还是五个门洞。

这个门上有石头的匾额，上面写着什么门，有谁能猜出来？

这个叫左掖门，这个叫右掖门。甘肃有一个张掖，"掖"是什么意思？"掖"来源于"腋"。"腋"这个字在古文里是一个人直立站着，"张中华之腋，断匈奴之臂"。

这是太和殿，这种屋顶有一个专门的名词——重檐庑殿顶。自古以来只有帝王才能使用这种屋顶。现在在甲骨文里有这样的字，下面是一个房子。重檐，屋檐重叠、重复。顶的特点是四面有坡，叫庑殿，两层结构，也有单层的。

照片上可以清楚地看到两层，上面一层是不能居住的。问题是，为什么要搞两层？故宫里每一个地方都是中国文化的载体，要把它读懂。

我来画一个图，看看为什么要把它搞成两层的。设想一下只有上面一层，会有什么问题？建筑要考虑一个最基本的问题：中国是土木建筑，土木建筑最担心的事是下雨，由于墙是木骨泥墙，一下雨墙就会坏。所以古人就想办法，但由于这个很重，所以做一排挑檐柱，这样雨水很难把墙体破坏。另外，为什么不做成这样的形状呢？这叫泛水向阳。有两个目的，一个是往上挑，做成这样采光好；另一个，水这样流下来以后，往远处去再掉下来，远离墙根。

还有个问题，弧形的屋檐是怎么做出来的？我曾经有一个机会在北京看古建，没有天花板，是搭出来的，一根这样，再一根这样，外面经过处理之后就是弧形。这东西是为了把水冲走，使采光度达到最好。和道教、佛教都没有关系。

这种形式大家细看，叫重檐庑殿。有一年给女作家毕淑敏和她的加拿大朋友讲故宫，让他们站在午门和端门之间比较这两个屋顶有什么不同，他们看了好半天才看出来。还有一种不一样的顶，前面的坡和后面的坡一样，这个叫歇山顶。为什么叫歇山？坡面不是直的下去，是切一下再下去。天安门就是歇山，而且是重檐。天安门不能算重檐庑殿，在古代比不上太和殿的规格。

中间能住人的就不能算重檐，是单檐。现在有好多门，比方太和殿前面的太和门，一般都是单檐的。单檐歇山，这种屋顶在故宫里很多。

还有一种叫四角攒尖，四面坡最后收在一起，上面有宝顶，最典型的是中和殿。

还有一种叫悬山，山指山墙，屋顶和墙之间叫搏风板，不是紧贴的，是分开的。南方雨水多，雨水很可能把墙体腐蚀了，为了保护墙体，所以往往会出来一块。有的不仅要出来，还要挂一个东西。我有一年到昆明，搏风板这儿都有一个东西，有的弄成一个鱼，叫悬鱼。有人给东汉太守杨旭送鱼，他把鱼都挂在那儿，都是为了挡风雨。甚至在韩国也能看到这样的用法。北方雨水很少，因此，大多把这个当一个装饰，但是大部分还是硬山顶。

这种叫硬山顶，这个与搏风板和山顶之间是贴着的。清华里好多房子都是这种屋顶。

盝顶，盝是四方的盒子。钦安殿是这样的顶，上面有一个宝顶。

还有一种叫卷棚，没有屋脊。屋脊的瓦是圆的，一般卷棚下面是仓库。现在仿古建筑都建得奇奇怪怪的，很多都是弄成卷棚，以为下面是仓库，但其实是办公的，这种做法缺乏古建筑的常识。

我要问大家一个不太注意的问题：最高等级的是重檐庑殿，但是北京图书馆也是这样的屋顶，为什么？我每次从图书馆前面经过，每次都感到很好奇——这个地方凭什么是重檐庑殿？后来举办了一个展览，我才明白。原来二三十年代重建的时候，一个德国的设计者不了解中国的古建筑，就弄了一个重檐庑殿顶，闹了笑话。

在太和殿顶上有这样的东西，一边一个，这种东西叫什么？这个屋顶原来两边没有装饰，到了汉代的时候，据说有一个皇帝晚上做梦，梦到宫殿失火，醒来后听说有一种动物叫鸱吻，它的尾巴往东海里一打火就灭了，于是汉代的建筑上往往建有这样一个叫鸱吻的东西。后来把龙神圣化，龙生九子，它是其中一子。砖木结构特别怕失火，故宫历史上多次被雷电击中失火。

这个东西叫大吻。龙生九子，九个儿子很厉害，有的特别能负重，有的特别忠于职守，这也是其中一个。龙说你要发挥你的长处，在这里待命，如果失火了就救火。可是这个儿子很调皮，不愿意待在这上面，所以就用一把剑把他固定在这儿，他张着一个大嘴，咬住两边。其实这里面暗藏着一些玄机：一个屋顶三个面，三面都往这边收，因此这个角落是结构最容易出问题的地方，怎么办？这就要用一个东西把它包住、固定住。但这个东西露在外面不好看，所以古人很聪明，把它设计成一个龙头，然后再找一个故事来粉饰。把里面插进去一根几米长的钢钎，把木头和几个面都固定住，外面再装饰成一个宝剑，这样就解决了建筑上的很多问题。这是一个藏拙的东西，把一块大木头，用三十米的钢钎固定在上面。工匠很聪明，设计成了这样的形式。

这个地方也是，檐是两个面交集的地方，也是最不严密、最容易漏水、最容易被腐蚀的地方。出于同样的道理，在这个地方都要有东西把它固定住。这个建筑物的个体越大、东西越长，上面的装饰就越多。前面是仙人骑凤，然后一龙二凤三狮子，后面还有很多。这是藏拙的。古人很聪明，容易有破绽的地方都弄成了装饰。我有一次看到一张图片，从佛香阁往上照的，太可爱了，它把一个兽照进去了，兽蹲在那儿看着昆明湖十七孔桥。我到韩国去，韩国房子很有意思，它在一排小兽的地方弄个孙悟空等，很好玩。

还有一点，我们看故宫一定要懂得斗拱。重檐庑殿屋顶，重得不得了，因此力学上需要把力分开，怎么样把力分开来？这就需要斗拱一层一层把力托减。这是中国人发明的斗拱，唐山大地震的时候很多现代建筑都震裂了，故宫以及凡是用斗拱的房子一点问题都没有。当然现在水泥做的房子为了好看也做斗拱，但是没有力学上的作用，只是一种装饰。我们现在看到这个地方时，都会发现有一层网把它网住，因为鸟觉得在这个地方做窝特别方便，所以现在都网起来，不让鸟破坏。

最后到故宫还要特别看的是太和殿里的龙柱，龙柱有六根，非常粗，上面有龙，一个人才能把它抱住。这上面的金是怎么弄上去的呢？这是非常传统的中国工艺，拿一两黄金——十六两制的一两，把黄金拿来敲打，黄金的延展性非常好，不停地敲不停地延展，一两黄金能敲1.5亩、800多平方米的面积，这样一个东西能薄到像一块丝绸的布，或者一张很薄很薄的纸，然后用石膏在上面弄出龙纹，附在上面，再细的任何一个部位都能剔进去。现在已经很少有人会这种技术，也很少注意这件东西的不凡之处了。

另外柱子两边，靠着门的地方放着几个大的紫檀木做的柜子，至少三米高，大家一看就说这是皇帝的柜子，你很难想象它到底是做什么用的。紫檀在中国是种不出来的，树要生长一两百年才能用，长得很慢。这种木头有什么特点？质密非常高，它的重量和铁差不多。明朝的时候对紫檀进行了掠夺性开采，开采完后放在那里慢慢做。现在颐和园，一个大屋子里，有的被隔断，这个隔断部分都是用紫檀木做的。紫檀是非常名贵的，巴黎有一个六寸大的紫檀木棺材，都觉得了不起，何况这都是三米大的。

有一个演员叫王铁成，是扮演周恩来总理的，他非常有文化。"文革"刚过，人家跟他讲有一张紫檀桌子，卖价四万，那时候四万是一个天文数字，他把家里所有的存款拿出来，把电视机也卖了，买下了这张桌子。消息传出去后，一个香港人愿意出十倍价格买他的桌子，他不卖，他知道这一定是宫廷里流出来的。

按照国际惯例，讲课的人不能把时间全部讲完了，那是对大家的尊重，而且如果下面的人提问越多说明讲课越成功，如果没人提问说明讲课失败。

问： 在大殿里那么显眼的地方，我以前竟然没有注意到那几个柜子，那么那些柜子是做什么用的？

彭林： 装东西的。在太和殿，这边是六根龙柱，旁边是门。我今年去井冈山讲课，那里老百姓现在也玩古董、古玩，我看到一个柜子和故宫里的龙柜差不多，那个柜子很大，是从乡下收购来的。

可以看一看这一张，原来天安门广场上建筑是这样的，现在全拆了。九卿六部，大理寺、刑部、都察院、太常寺等，这些也都被拆了。

上次毕淑敏让我讲故宫，我说一定要站在毛主席纪念堂开始讲，告诉她原来有什么，这才是我们需要了解的。

问： 谢谢彭老师的讲演，我想问唐代的长安城和元、明、清三代北京城在设计上有什么相同和不同的地方？古代都市体现了什么思想？

彭林： 差别太大了，故宫的前三殿、后三殿，这些都没有。它的规模是很大的，青龙、白虎、朱雀、玄武都有。关于都城的记载主要来自《周易》，所以我一开始讲就把《周易》里的一些理念，一些哲学模式用到宫殿和城市建筑里，在全世界是独一无二的。我去年去日本的奈良，很想看看那边的，也没有，但它有很多寺庙。

问： 彭老师，这张图上有一些部门的职能是知道的，有一些部门的职能不知道，会同馆是什么机构？

彭林： 这涉及清代的官职，一些我也不太懂，这是非常专业的学问。

太医院没问题，针灸的铜人原来摆在这个地方，八国联军里俄罗斯的军队也曾经驻守在这里。

国家制度叫礼，婚丧嫁娶也叫礼。我们现在出了问题不知道找谁，就是没有礼部。比方说农村里死了人，风气一塌糊涂，归谁管？结婚应该怎么结？现在也是五花八门，中国人现在没有自己的婚礼。以前这都归礼部管。

户部相当于民政部，吏部相当于人事部，宗人府管理皇族里的事物。

登闻院，古代根据《周礼》记载，老百姓有冤了，要敲鼓，敲了以后会有人出来讯问什么事，老百姓可以喊冤，递交状子，功能相当于信访办。朝鲜当年曾经有一个很有名的学者，按照我们的《周礼》来改革朝鲜政府的官制，其中设立了一个登闻院。小时候我们看戏，有这样的情景：先要把你的状子拿进去，然后再给你一个答复，如果不行可以拦轿喊冤。

龙虎门全部拆掉了。天安门号称是世界上最大的广场。

提问：感谢彭老师的演讲。问一下故宫的龙门、虎门，按照五行里的前朱雀后玄武，最北面有一个真武门，能不能给我们讲一下？

彭林：他们想要得到北方真武大帝的保佑，所以专门建了真武门，是用来祭祀的，现在不开放。故宫里我们没有看到的地方很多。

提问：故宫过去没厕所，一般说大臣上朝之前吃药，可以一天无便溺？

彭林：老有人问这个问题，这个问题无可考证。我到韩国去的时候，韩国有一个类似故宫的建筑，里面人家就介绍皇帝怎么解决内急，做了一个什么东西，下去怎么处理。但是太和殿好像没有这个机构，可也有很多人说一定有厕所，怎么可能没厕所，几千人住在里面，一定有。可能是没有必要给大家参观厕所是什么样的。我们看的部分太少了。

提问：您刚才说的城市是文化的载体，我想请您比较一下中国和其他国家的皇宫，谈一下它们反映了什么问题、什么文化和联系。

彭林：一个是整个宫殿建筑有一个中轴线，凡尔赛宫没有这个。凡尔赛宫我刚去过。初中的时候读过梁启超先生的一篇文章，叫《初到凡尔赛》，说马路"周道如砥，其直如矢"。后来我专门去凡尔赛宫，发现他们没有这样一种整体观念。中国人讲中讲正，所以你是在中还是在东、西。他们方向感不太强，中国文化里，"文化大革命"时大家都住在一铺炕上，北方人晚上说你往南面一点，南方人听了觉得简直是天方夜谭。

东华门、西华门、神武门，我们都把建筑看做一个整体，而这个整体和宇宙的方位、运行有关系，甚至说对应天上的十五个星座。我们讲究和天、和古书对应，每一个东西体现一个理念，如有多宽？九间宽；有多深？五间深。因为《周易》里说的。我们把这些看作中国的经典，一个理想国的传统，而西方人没有这个。

提问：我想问一下您说的推出午门斩首，如果在这个地方进行杀戮的话……？

彭林：不是说在午门斩首，是从午门出去再到菜市口斩首。那时候大臣受惩罚，装在麻袋里打，也是在午门外进行。

我这里提一个小问题，各位都是老师，《礼记》有句话，"请益则起"。"益"就是加一点，再多讲一点这叫"请益"，转化一下就是改日到府上请益。以后你们要求学生，甚至到了国外也要求这样做。什么叫中国文化呢？中国文化尊师重道，跟老师问问题不能像西方人一样，学中国文化要懂中国规矩。做老师很辛苦的，尊师重道体现在很多方面。

提问：我以前去过一些地方小型庙宇，庙宇里人说，只有这个庙才是正南正北的，一般房子都是稍微偏一点，不能完全是正南正北，像故宫这样大型的建筑是不是多少有偏差的？

彭林：故宫基本上正南正北，为什么它搞中轴线，而且有标准时间，我们没有测过它偏多少。考古发现的墓葬中正南正北的很少，这大概也不太容易做到。你最好找一个东西测一下。

提问：彭老师我有一个小问题，大臣们是不是都在太和殿受到皇帝的召见？我们这样说话都很费劲，那么大的地方怎么样传声？

彭林：中间有人传声的。我问你一个问题，什么叫介绍？介绍这个词知道吗？这是古代《礼记》里的东西，古代两个有身份的人见面，一个在这里、另一个在那里，中间都有距离。我的话要过去，中间要有介，身份越高介越多，介就是传。现在说传谁谁谁上堂。私下里的会谈不能这样，但是一些礼仪场合要有介，五个、七个、九个都有。戏里也经常有这样，县太爷惊堂木一拍，旁边有人就传话了。

提问：所说的宫阙⋯⋯

彭林：午门就是阙。阙和缺是相通的，可以看到汉代门楼经常是两个，中间不连起来，走进这个就进去了。午门是仿照古代阙的意思建造的。阙在古代就是两个，中间是缺的。

提问：彭老师我有一个问题，为什么到了元朝蒙古皇帝时才开始按照《周易》来建设，而之前汉族的宫城都没有按照中轴线文化来构造自己的宫城？

彭林：因为元朝有一个刘秉忠，忽必烈把任务交给他，这个人有经天纬地之才，懂天文懂地理。历史有其偶然性也有其必然性。洛阳为什么不能建呢？洛阳地理条件不好，重新建宫城钱太多，有想法也不敢弄。长安为什么有条件而没有建我们不知道。

提问：我有一个疑问。蒙古人的皇帝在占领中原的时候是不是想依附于汉族的传统，依附于汉族大一统来治理国家，所以他用郭守敬建设水利系统，让刘秉忠来建设北京城。这是不是有政权的考虑？

彭林：对，他有他的需要，他可以在马背上打天下，但是不能在马背上治天下，他拿不出像汉人这样的一种成熟、规范、成体系的规划，所以这个东西很容易被他接受。金代的时候，北京也是都城之一。辽的时候都城主要是在今天金鱼池那块，蒙古人抛弃了那块，在这里重新建。重新建的时候它的空间比较自由，加上有刘秉忠这样一个人，刘秉忠提出按照周公之典建造，而《周易》是经过了伏羲、周公、孔子，经过了太古、远古、近古三个朝代的，因此越是把城设计得有文献依据就越能得到大家的支持。

提问：老师我有一个问题，您说故宫按照《周礼》和《周易》思想建造，《周礼》是"左祖右社"，又讲尊卑，太子住在东宫，有点体现儒家思想，还有《周易》思想是阴阳，偏向有点神秘。可不可以这样说，故宫融合了儒家文化空间秩序和道家思想？

彭林：《周易》在先秦已经成体系了。

提问：《周易》有些可能跟阴阳思想、道家思想有内在关联，故宫建筑可不可以理解成融合了儒家文化秩序和阴阳家的思想这两个？

彭林：阴阳是儒家的东西，主要是儒家思想。而且你刚才提到的问题我想和你稍微讨论一下，男尊女卑，现在理解为男性比女性有身份有地位，女的是被压迫被奴役，这是不对的。尊卑本来的意思不是这样，天尊地卑，尊卑是高低的意思，天和地相辅相成。男尊女卑是男相当于天、女相当于地，阴阳并不相排斥，中国古代对于妇女重要性的论述，在其他地方比较少。

《史记·外戚列传》里一再讲每个新朝代的背后都有一个了不起的女子。周为什么能有八百年天下？因为文王有一个好妻子，文王的妈妈是一位非常好的女性，文王的奶奶也是一位非常好的女性。三位女性，把妇女的地位抬得很高。但是古代男女分工不同，男主外女主内，女的不能出去耕田。我们现在弄得有点没有名堂了，当然女的如果不好也很糟糕，朝代的灭亡有时候也源于女性，所以有一句话叫"一个成功男人后面都站着一个好女人，一个失败男人后面站着好几个女人"。

北京大学历史系一个叫邓晓楠的教师考察过江南地区关于宋代妇女的一些墓志铭等，许多名士在自己弥留之际回忆自己一生时都会提到自己的妈妈。称妈妈了不起，没有一个好妈妈很难成才。所以我们不要受极

"左"说法的影响，觉得以前满大街都是祥林嫂，那只是极少数现象。

以后可以找一些资料看看这些东西，其实古代对婚姻是持歌颂态度的，古代婚姻非常讨厌嫌贫爱富、势利眼。陕西有一个剧目《武家坡》。《武家坡》中王宝钏独居寒窑十八年，当宰相的爸爸要给他找一个门当户对的，她不干，非要嫁给薛平贵。薛平贵十八年后回来找她，在第十八天就死了，但是这十八天是她一生追求的幸福。

主持人朱小健：大家肯定还有很多要和彭老师交流的，我们后面还有一次，彭老师会和大家一起看国博。国博里的讲解员，只要听到这件事，他们都会来蹭听。本来还有一次计划要彭老师带大家看故宫，但是彭老师提出抗议。我有时候不太考虑人家的承受力。我们念书的时候在一个宿舍的，有时候就有点不讲理，本身可以看到彭老师是这样的人。彭教授今天给我们讲的对我们有很大启发。启发有两个方面，一个是真的有东西，如果没有非常扎实、广博、深厚的积淀，即使拿着课件讲，也未必能讲得这么好。如果彭老师和大家一块去故宫，那时候更会大不相同。我们那时候看故宫是启功先生带我们去看的，非常长学问。

第二个方面，今天彭老师也教给我们非常好的示范作用。以后我们对自己的研究生也要加强自我引导，培养如何把深厚的积淀知识表述出来。彭老师讲的，我们听上去非常清晰，很实用。大多数人虽有知识却不能特别流畅地表达出来，这一点在做对外文化传播的时候是需要关注的，也是后面一些有这样特长的专家要注意的，我们应该谢谢彭老师，谢谢！

彭林：课间老师问我有没有书可以介绍，我的课件留在这里，因为学术要传播。和课件配套的有一本书，书名叫《文物精品与文化中国十五讲》。

主持人朱小健：据我知道这个课件成本非常高，是由一个团队来做的，是一个精品课。

中西哲学比较

［美］安乐哲

主持人朱小健：各位老师，今天上午的课介绍两位老师，一位是安乐哲教授。安乐哲教授是美国夏威夷大学的著名哲学教授，也是享誉全球的中西比较哲学的大家，应该说在这个领域里无人不知悉他。安乐哲先生在比较哲学里做的一个重要工作是把中国的哲学介绍到了西方。可以这么说，正是在安乐哲先生把中国的文化和典籍介绍到西方之后，才真正在西方哲学领域里，使中国哲学得到相对明确的承认，安乐哲先生在这方面做出了重大的贡献。

我旁边的这位是田辰山教授。田先生也是美籍华人，现在是北京外国语大学文教专家。田先生是安先生的学生，所以在哲学领域，在儒学领域，在中西哲学比较领域也都非常有贡献。本来田先生应该明天来给我们专门讲一次课，今天提前来是帮助安先生，因为语言上安老师给我们讲的时候我们不一定完全（能理解）。安老师汉语讲得非常好，但因为要讲学术的问题，对中国名词的表述田老师可以帮我们更精确一点，所以我们欢迎田老师！

下面的时间就交给安老师，安老师的书我看过一些，在我自己的训诂学的专业里，您的书里涉及很多的训诂学。我第一次看到一个外国专家用训诂学讲中国的传统文化，而且非常到位，所以我也很钦佩，把时间交给安老师。

安乐哲：谢谢朱老师！朱老师的职责和我有点儿不一样。现在我们如果谈音乐，不能只说贝多芬的音乐是德国人喜欢听的音乐。贝多芬是全世界的，是你的音乐，也是我的音乐，所以，我的责任是把中国传统思想介绍到国外，并将它国际化，让它和西方哲学有一个对话。我做这样的工作是扩大它原来的思想，从另外一个立场来了解它，正如中国有这样一句非常好的话,"不识庐山真面目,只缘身在此山中"。我经常在中国大陆、香港、台湾教书。在中国教书的时候,跟最优秀大学(如北大、人大、武大、香港中文大学、台湾大学)的研究生谈中国哲学。我非常佩服中国哲学系的同事,能让一个老外讲他们的哲学思想。如果到日本去,日本把它叫做"日本论",他们认为国外没有办法了解他们,他们觉得自己很神秘,外国人没有办法了解他们的精神。我和中国同学们在一起的时候一直是彼此讨论的,有不同的立场,持一种包容性的态度。

田辰山:安乐哲提到贝多芬,他想利用贝多芬的例子来说明中国的孔子,中国的传统思想。贝多芬是德国的,但他变成了世界的,孔子的思想,中国传统文化思想将来也是要成为世界的。在这个意义上,安老师讲了他自己的角色,他个人的角色就是要把孔子,把中国传统文化介绍到西方去,他把自己的责任这样去比较。

他有一个大家都熟悉的说法,"不识庐山真面目,只缘身在此山中"。什么意思呢?中国人在庐山里,我们看待自己的文化传统,我们只是在庐山里面看待,没有走到庐山外面去看待,而安老师的责任是从外面的角度看庐山,给我们理解孔子传统思想提供一个外来的角度。也就是说,他作为老外介绍中国文化,有他自己特殊的意义,有我们中国人无法替代的意义。日本人也想把自己的文化介绍出去,外面的人对日本的文化也不甚了解,这里面实际上也是缺乏安乐哲老师这样的角度。

安乐哲:我们今天要谈的题目是非常严肃的,如果看看今日的社会危机,诸如"全球温室效应"、"全球传染病"、"食品与水短缺"、"环境破坏"、"人口爆炸"、"国际恐怖主义"等问题,会发现这类问题所共有的社会特点:

第一个特点,它们多多少少是人类制造的,是人类应该负责的问题。

第二,它们无国界,是全世界的,不是中国的,也不是美国的。

第三,我们没有办法不合作就能解决这些问题。要么就合作解决,要么就什么都不解决。

第四,我们可以利用文化资源来解决它们。

要考虑到这些问题本身和这些问题给我们自己造成困境的条件,解决这些问题就需要涉及文化,需要考虑价值问题以及人的行为问题。

田辰山:今天安老师讲的题目是儒家思想与中国文化在世界的意义。为什么讲这个题目?因为我们在全球范围内面临着各种各样的问题,这些问题已经变得十分迫切，已经成为世界人类转折时期的关键，所以这些问题都很紧迫。而由于这些问题都是人造成的，因为有这些众多的全球性问题，我们就要去解决这些问题。将来人类的生存不存在国界问题，也就是说这些问题都是互相联系在一起的，并不能说这个问题是中国的，那个问题是美国的，由美国来解决这个问题，由中国来解决那个问题，而是你要整体去解决这些问题。

另外，你要解决这些问题，就要有解决这些问题的文化资源，从什么角度解决它，就涉及价值观的问题，牵涉到行为问题。考虑到这些问题本身及这些问题给我们自己造成困境的条件，解决这些问题就需要涉及文化，需要考虑价值问题以及人的行为问题。

安乐哲：如果要解决这个困境，我们先要谈一个区别。我们可以谈有限游戏和无限游戏，有限游戏很普遍，是一个态度。态度是个体性的，有限游戏好比两个人要下棋，下棋必定有赢有输。无限游戏不一样，无限游戏就好比我跟我的儿子、我和我的学生之间的关系，对此关系的加强即对此关系的维护。这种态度是关系性的，而不是因素性的。因为在这个情况之下，一个人赢两个都赢，一个人输两个都输。

田辰山：安老师讲到问题和困境问题，为了把这个问题区别开来，他用了一个概念，他用詹姆斯·卡尔斯（James Carse）的两个概念：有限游戏和无限游戏。有限游戏是两个人之间侵略博弈，这种博弈的结果就是造成一个人输，一个人赢。还有另外一个概念是无限游戏，这不单纯属于下棋的游戏，而且牵涉到人与人之间关系的问题，如同父子之间的关系，老师和学生之间的关系，这些都是关系问题，而不仅仅是下棋问题。一方的生存也牵涉到另一方的生存，而不是一个输一个赢的问题。从关系角度考虑的话，用詹姆斯·卡尔斯的概念来讲，人与人之间的关系属于无限游戏，单纯的下棋决定你输我赢，属于有限游戏，就是零和游戏。

安乐哲：我和我的儿子、我和我的学生要面临越来越复杂的事情，如果我们能加强这个关系就能成功，如果我们不能加强这个关系就糟糕了。因此，有限游戏态度是从哪里来的？这是个人主义性的问题。现在人们似乎觉得美元的问题是美国的问题，实际上是世界的问题，特别是中国的问题，如果美国美元跌下去的话，会对中国造成很大的影响。

田辰山：要说到无限游戏，讲的是人与人之间的关系问题，人与人之间的关系问题实际上是大家一起来面对一些问题，一起来解决一些问题。

在这个问题之上的关系就是应该加强的,而不是减弱的。恰恰决定你输我赢的这一有限游戏概念的文化基础、价值基础是来源于个人主义。举一个简单的例子,现在大家看报纸,美国国会里讨论国债的问题,这个国债的问题实际是全世界的问题,不光是美国的问题,特别是把中国牵涉到其中的问题。

安乐哲:以美国做例子,两年前有一个金融危机,金融危机的问题是从哪里来的?是个人用信用卡买很多的东西。同时我们有一个很奇怪的现象,我们买很多的东西,房子装不了,因此要租另外一个地方,赔钱把那些东西放在那里,然后上街再次去买东西。

田辰山:他讲的是金融危机,金融危机有一个现象,美国人有靠借钱买东西的文化现象。他讲到美国人的一个生活习惯,在美国待一段时间你就会体会到,除了自己的家庭之外,还要到外面租一个储藏室,然后把家里很多东西都挪到储藏室去,实际上人们在大量买东西,为了消费,结果买了这些东西都堆在那儿,还要再花钱去租地方,把这些买的东西放在租的地方。美国是这样的生活方式。

安乐哲:公司的情况是与银行彼此缺乏信任的问题,它们本来可以相互合作共同盈利的,但由于它们之间彼此不信任,所以就导致了金融崩溃。

田辰山:他说的是个人的生活方式,这里面金融危机也牵涉到公司之间的关系问题,公司之间也是赢和输的问题,也不是无限游戏性质,公司之间的不信任导致了许多防范,这也是金融危机产生的原因之一。

安乐哲:如果谈国家,一个例子是美国不愿意听从世界社群,而单独侵略伊拉克。第二个例子是美国借钱的问题,美国把借钱这个问题作为自己的问题,而没有考虑到关系的影响。

田辰山:个人主义反映到国家问题上,安老师举了美国的例子,美国去侵略伊拉克,向全世界举债,实际上都出于个人主义的理念,我一个国家的理念,他在这个举措当中并没有考虑到别人的问题,并没有考虑到和别的国家关系的问题。

安乐哲:个人主义在历史上曾经贡献非常大,在17—20世纪的人权、民主主义运动中,个人主义使人们摆脱了贵族的压迫。

田辰山:个人主义在历史上有它的积极性,比如在17—20世纪,如果我们了解西方的文艺复兴运动和启蒙运动,就会知道,个人主义思想为个人摆脱贵族压迫统治起到了积极的解放作用。

安乐哲：我们必须从独立的个人概念转到结构性的关系的观点上去。这一关系可以是人，可以是公司，也可以是国家。

田辰山：虽然个人主义在历史上起到了积极的作用，但从今天的情况来看，个人主义发生了很大的问题，它需要我们从个人观念上转到与其他人之间的关系问题上。

安乐哲：我们要承认两个事情，一是自主观念，另是一个fiction（杜撰）的观念；还有就是自私利己和利他主义是个矛盾。如果什么事情都是为了你自己，为了你自己而破坏关系，结果会导致你自己失去利益。同时你为了和他的关系，而委屈自己，这对你没有什么好处，这是一个矛盾。

田辰山：我们谈个人主义要承认两点，个人主义讲的个人独立和由自己而发的动力，这样的观念在哲学上来讲是个假的命题；再一个是为了自利，为了自己，还有一个观念是利他，这两个关系产生了很大的矛盾。要自利的话，只考虑自己的利益，不考虑和别人的关系，实际上到头来对自己还是不利的，如果太讲利他，忽视自己又会产生另外一种顾虑，好像为了利他，而把自己个人的东西泯灭了。这好像存在着一种矛盾。

安乐哲：所以在危机时代，我们要问人类有没有文化资源来解决现代的问题，这要从个人主义态度转到关系结构性的人的态度。

田辰山：这涉及解决世界性的问题，要解决问题就要考虑解决这些问题的文化资源在哪里？如果必须考虑由个人主义产生的这些问题要转到考虑人与人之间关系的理念上的话，这个文化资源在哪里？

安乐哲：从另一方面说明，就是我们要从个体思维模式转到整体性思维模式。

田辰山：也就是说我们过去的思维方式只是考虑个体，现在我们要从只考虑个体转到整体性的思维。

安乐哲：我第一次来中国大陆是在1985年，那时候我从上海进来，住在和平大饭店，27层，是那时最高的大楼，现在上海有1500个摩天大楼，比纽约还多。

田辰山：他想到他第一次来到中国，一开始是在上海，当时是1985年，在上海看到最高的楼就是和平饭店，大概20多层，现在看上海有1500多座摩天大楼。

安乐哲：摩天大楼可以代表中国经济的发展，这在三十年来是一个 Miracle（奇迹），最近我看了李岚清写的一本书叫《突围》，这本书有两章，第一章是"借鸡下蛋"，第二章是"在游泳中学习游泳"，这是一种实验性的态度。如果谈经济，现在中国是世界第二大经济体。

田辰山：先看到的是 20 多层楼的，只有一个楼房，后来看到 1500 多座摩天大楼，这说明中国发展得很快。很多人都在说中国的发展是个奇迹，这里面有一个现象。李岚清先生写了一本书，是关于中国改革开放的，里面有两个概念，一个概念叫"借鸡下蛋"，另一个概念是"在游泳当中学游泳"。如果从美国哲学思想去理解它的话，实际上是中国非常具有实验性思想的哲学内涵在里面。

安乐哲：政治的影响要伴随着经济的影响。1989 年，我们建立了 APEC，APEC 在二十年来使经济 GDP 扩大了四倍。

田辰山：中国经济崛起，变成世界第二大经济体，政治地位上中国也在崛起。1989 年成立的亚太经济合作组织，二十年来，APEC 经济增长了四倍，是这样的发展趋势，这直接牵涉到中国的政治地位问题。

安乐哲：2006 年我在北大教一个学期的课，那时候我们在北京坐车常常被堵在路上走不动，那和非洲有关系，那时有 50 个非洲经济领导、政治领导都要来中国学习发展模式。

田辰山：2006 年安老师到中国教课，当时是召开非洲论坛的时候，大街上都是关于会议宣传的标志，非洲 50 多个国家领导都到中国来学习中国的发展模式。

安乐哲：2009 年全世界最具有政治影响的组织是 G20，而胡锦涛站在中间。

田辰山：大家都知道西方经济大国，G8 后来因为金融危机变成了 20 个国家，变成 G20，而且 G20 开会的时候，中国的政治地位明显地表现出来，照相的时候胡锦涛站在中间，其他国家（领导人）都围着他照相。

安乐哲：我 17 岁时到香港地区念了一年大学，很早就开始研究东西方思想。那时我就觉得中国与美国将来（看法）会一致，如果两个国家的关系成功我们就成功了，如果不成功我们就糟糕了。

田辰山：他 17 岁来到香港地区，在香港接触到一个比较哲学思想家，跟着他学习。当时他有浓厚的兴趣进行东西方思想的比较，他在比较过程中得到一个很大的体会，即从世界角度来讲，中美这两个国家如果关系好的话就会成功,对世界都有好处;如果这两个国家要产生问题的话,对世界带来的影响都是负面的。

安乐哲:中美两个国家是两个"和而不同"的国家。美国是个移民国家,所以我们的老百姓是联合国型的,是包括性的。我的夫人是日本的,我的大儿子娶了一个菲律宾来的夫人,二儿子现在的女朋友一半是中国人,一半是菲律宾人,所以可以说我们是联合国型的家庭,这要看您的立场。

田辰山:这段比较明确,中国和美国在形式上有些类似的地方,中国是个多民族的国家,有很多文化融合在一起,有非常浓厚的和而不同的因素在里面。美国这个国家是移民国家,移民都是来自不同的地方,这已经变成他家庭的结构,讲到他的夫人也不是西方人,他儿子的对象和媳妇也不是西方人,都是亚洲人。

安乐哲:我们美国的城市就是移民的中心,那些最年轻,最有野心的人都跑到我们那边去建立他们的未来。在中国的城市,在南方他们会说"你到哪儿去?"(粤语),在北方会说"你到哪儿去?"而这些一样是汉人。

田辰山:美国是一个比较年轻的国家,集中的都是雄心勃勃的年轻人,都是移民来的。中国这个国家差别也很大,从语言上来讲,北方人说你到哪儿去,南方人说(粤语),很不一样,但都是中国人。

安乐哲:这和欧洲的纯粹国家不一样。我个人一直想,中国不是西方概念意义的国家,不像法国或加拿大,作为一个 nation(国家)。中国是个大陆,而你说我是中国人的时候,就像说我是欧洲人或非洲人,它拥有那么多不同的民族,语言以及文化都不一样。

田辰山:国家的概念按西方文字来解说的话,不是中国的国家这一概念,意思是不一样的,是欧洲那样的国家,中国不是那样的国家,按安老师的说法,中国是大陆(Continent)。

安乐哲:所以我从1985年开始,一直研究美国本身的思考方法。这种方法在中国叫实用主义,我个人认为是个很大的错误。一听到实用主义是有点坏的感觉,有点机会主义的态度,就像邓小平谈到黑猫、白猫的态度,我们应该把它叫作"实验主义",中国三十年来是个实验性的时代。没有实验主义,美国怎么能把那么多不同的民族联合在一起,成为一个一致性的国家?

田辰山：安老师认为中国所称的"实用主义"其实不准确，其实是实验主义的意思。安老师对美国实验主义研究得很多，他认为美国的实验主义角度和中国儒家思想、传统思想是比较接近的，能够对上话的。如果两方面互相理解，美国人理解中国的话，从实验主义的角度理解中国就比较接近了，但中国把实验主义说成实用主义，历史上一段时间，实用主义在中国被视为是比较负面的，有点机会主义，不考虑原则的。比如黑猫、白猫的事情，其实还是个实验主义，美国那样的国家中来自不同文化的人，在同样的环境之下怎么样生活，这是一种实验性。

安乐哲：美国实验主义内容和中国传统儒学内容有很多共鸣的地方，所以，1985年以来我一直在中国最好的大学，北大、人大、武大给他们开美国实验主义的课，现在在复旦大学有一个杜威中心，明年华中师范大学要把37本的《杜威传记》都用中文翻译出来。

田辰山：美国的实验主义和中国很多传统思想能对上话，很多内容有雷同的地方，1985年起他曾经到武汉大学、北京大学教授美国实验主义哲学思想。复旦大学有个杜威中心，上次他们开了一个会，要把杜威的书全部出版，一共有37本。

安乐哲：我和北大的彭国翔教授、北外的孙有中教授，我们用5年历程建立了一个项目，把美国谈杜威的书都翻译成中文，现在已经出版了9本。去年我们还把所有实验主义的教授们带到中国来，和中国越来越多的实验主义教授开会。

田辰山：北大的老师彭国翔和北外的孙有中老师把美国最好的杜威思想的著作翻译成中文，五年间翻译出了9本书出来。而且还把美国研究杜威思想实验主义最好的专家请到北外，请他们跟国内研究杜威实验主义的人在一起开了一个会，非常成功。

安乐哲：共鸣的地方很多，第一是在关系结构性的人的概念方面；第二是在实验主义的态度方面；第三是认为21世纪的西洋哲学是一场变革，它反对传统哲学的基础性、系统性的东西。在实验主义、存在主义、实现主义、女性知识论上，反对foundationalism（原教旨性）。

田辰山：美国的实验主义思想和中国儒家传统思想有一个共同点，就是注意个体的人还是注意关系。实验主义思想实际是注意关系的，还有人生、社会的实验态度。实验主义思想是美国、西方后现代思想的一支，也就是说西方和美国思想传统产生了革命性变化，这个变化有很多可以称为后现代思潮，各种思潮在这个阶段产生了一个共识，这个共识就是反对传统中属于现代性的、主张有绝对真理和绝对理念的思想，这是西方延续了很久的最基本的思想，新崛起的后现代思想形态反对那种思想，所以，在西方的思想界等于产生了一场革命。

安乐哲： 如果用海德格尔的话，他们是反对西欧以神学为中心本体论的思维方式，而我们可以把美国积极的实验主义与哲学的达尔文主义相对待，用人类的智慧来创造新的世界，这很像中国"人能弘道，非道弘人"的态度，生生不息的"修身、齐家、治国、平天下"的思想。

田辰山： 海德格尔曾经总结了后现代思潮的趋势，就是传统的东西，根本的东西，就是一种神学的本体论，用基督教传统来讲就是上帝的概念，西方学术思想传统完全围绕神学本体论开展学术，而实验主义可以用达尔文主义的思想来对它产生很深刻的理解，也就是说要创造一个新的世界不依靠神学的本体观念来创造新的世界，依靠的完全是人自己，人才是创造自己生活的一个本体，这和中国传统思想"人能弘道，非道弘人"正好是匹配的，因为中国儒家思想、道家思想讲的都是"人能弘道，非道弘人"，讲的是人的主观能动性，人可以改变自己。

安乐哲： 所以解决危机时代的困境，美国有文化资源，中国也有。现在中国有"国学热"，每一个最好的大学都建立了自己的国学院，在北大有三个不同的国学院，北大的陈来刚刚调到清华做国学院领导，许嘉璐先生现在在山东大学有一个很大的高等儒学院，到处是"国学热"，现在的中国对它的传统越来越自信，要把自己的传统思想和中国的将来联系在一起。

田辰山： 刚才讲了美国的实验主义思想，中国传统思想，这两个东西实际上是我们解决面临的世界性问题，我们处在这样的危机时代所面临的困境，所具有的文化资源，也就是说美国实验主义和中国儒家或其他传统文化思想应该作为资源的共同合作伙伴，以便在解决世界问题过程当中共同发挥作用。特别是今天我们看到中国传统文化、"国学热"的兴起，很多大学成立了儒学中心、国学中心，从北大调到清华的陈来成立了国学研究院，许嘉璐先生提倡和组织下的高等儒学院在山东大学建立，在北师大也成立了这样的机构。这表明了中国现在由于经济的崛起、政治的崛起，正在对自己的文化产生越来越自信的气势和态度，把传统的东西与今天联系起来，来解决今天我们所遇到的问题。

安乐哲：山东大学他们很早请我为他们的国际儒学院做一个演讲，因为他们要把一个洋人面孔引进到国际儒学院，表示儒学不只是中国的资源，而是全世界的。

田辰山：这个情况我比较了解，2009年山东大学在成立儒学高等研究院的时候，曾经找安乐哲老师当院长，实际上在中国传统文化的兴起和研究的热潮当中，在这个事业上增加一个老外的面孔，这实际上说明中国的文化与世界的联系是分不开的。

安乐哲：许嘉璐先生很早就有建立孔子学院的想法，从朱老师那儿了解得知你们是将要派到外国去的"汉办"的学生和老师们的老师，这是非常重要的事情。我和许嘉璐的儿子很早就认识，他现在在澳洲一个大学教比较文学，我不知道他是许嘉璐的儿子，我帮助他。他的论文在我们夏威夷大学发表，谈得是苏州的花园。

田辰山：许嘉璐先生的儿子为在国外建立孔子学院起过一些作用，安老师认识许嘉璐先生的儿子，他的儿子在澳洲教比较文学，他研究苏州园林，他的论文在夏威夷大学的哲学杂志上发表了，而且他知道我们今天来的老师是为国外孔子学院准备师资的老师的老师。

安乐哲：夏威夷大学25年来，一直跟北大、北外有密切的关系，这不是单方面学习，而是人与人之间面对面的交流关系。我们好像是外国大学中第三个建立孔子学院项目的，那时候我是夏威夷大学中国研究中心的主任，当时美国《纽约时报》的一位记者给我来了一个电话，他问我，你们在夏威夷要干什么？和中国有什么联系？这是中国政府花的钱，而他们要把你们作为一个工具利用，以便把他们的共产党思想传播到外国去。我跟他说："你说得不错，夏威夷大学中国研究中心是中国以外最大的中国研究中心，57个教授专门研究中国历史、文学等，我们有我们的人才，可以抵抗他们一会儿。但还有一个事儿，明年我们要到武汉大学推广福布莱特项目。福布莱特计划是我们的政府项目，而我们每年要派2400个教授到全世界去，使他们产生对我们比较好的影响。从这一方面讲，中国和我们有什么不一样吗？同时法国有Alliance Francaise，德国有歌德学院，日本有Japan Foundation，韩国有Korea Foundation，我认为中国和我们没有什么不同。"

田辰山：孔子学院在夏威夷大学建立是中国在国外建的第三所孔子学院，夏威夷大学同意建孔子学院的时候，孔子学院在国外的建立刚刚开始。那时安老师是中国研究中心的主任,美国《纽约时报》的记者打电话给他,要他提防,说这是中国政府的钱,中国政府在利用你宣传中国共产党的意识形态。他说夏威夷大学是美国最大的中国研究中心,有57名教授,我们这57名教授完全有能力应付共产党的意识形态,没有问题。正好第二年要在中国进行福布莱特项目,他说福布莱特的钱也是美国政府的钱,美国政府每年派2400个学者到其他国家宣传美国多么好,美国的意识形态,等于到国外搞宣传,中国现在做的也是同样的事情,有什么好奇怪的。包括德国、日本、法国也都在做这样的事情,我认为这和中国政府做的是一样的事情,没有什么可奇怪的。

安乐哲:那时候我和伯克利以及斯坦福中国研究中心主任有联系,他们给我来了一个电话,他们有一点怀疑的态度,有点害怕中国政府这样的做法。去年我在斯坦福和伯克利孔子学院讲学,现在美国有77个孔子学院,全世界有300多个。现在我们正在帮助三个小国家立陶宛、拉脱维亚、斯洛文尼亚建立孔子学院,他们是20世纪90年代才解放的,是条件非常艰苦的三个国家,先后受到波兰、德国和苏联的赞助。这些小国想要成为现代性的国家的话必须和中国有接触和往来。

田辰山:伯克利和斯坦福最初建立孔子学院的时候都产生过怀疑,问过安老师,现在这两个学校都有了,而且安老师也在这些孔子学院演讲了,现在美国有77所,全世界有300多所,像苏联分裂出来的小国家,立陶宛、拉脱维亚、斯洛文尼亚经过安老师的介绍和搭线也开始有了孔子学院。刚才安老师讲了这三个国家的历史,曾经在苏联的范围之内,德国、波兰、苏联范围之内,这样的小国家要走向世界的话,也需要与中国有联系。

安乐哲:我们有一个问题,中国的经济影响和政治影响已经实现,但文化影响还没有达到。中国了解外国,可是外国不够了解中国。现在问题就在这儿。

田辰山:好像现在存在这样一个问题,中国好像在经济、政治上都崛起了,但中国在文化上的地位和崛起还差得很远。目前的状态是,别的国家、西方不了解中国,中国对西方、对其他国家了解得多一些。我的看法也是不理解,特别是西方对中国不理解。

安乐哲:如果回到19世纪,中国和全世界最大的,最有文化的欧洲来往交流,200年来,因为帝国主义的侵略,中国的声音消失了。我们都知道，中国曾经被外国殖民，在北大北面有一个圆明园，里面有一个牌子"勿忘国耻"。

田辰山：中国的文化在历史上是强大的，曾经和欧洲大国有过来往，有过文化交流，只是在最近的二百年来，中国的文化地位下降了，中国的声音没有了，历史很清楚，这是因为中国所受的屈辱，世界帝国主义在政治、经济上给中国带来了破坏。圆明园是个很好的例子，圆明园里有一块牌子"勿忘国耻"，说明经济、政治上在过去受到过屈辱，以至于今天我们在文化上为什么声音这么弱。

安乐哲：可以拿牛津大学《英语大词典》作为一个例子，如果查 Chinese 这个词，它有"看不懂，不了解"的意思。如果是个难题，非常难解决，或者"Chinese puzzle"，就更理解不了。

田辰山：如果谈中国文化在西方的位置、处境的来源可以从《英语大词典》中发现；很典型，《英语大词典》中的词 Chinese "中国的"，这个词汇本身就是看不懂，看不明白的意思，特别是称为"中国难题"的东西，或"中国谜"，对西方来说是更难弄懂的。

安乐哲：如果谈到扑克牌，扑克牌 Chinese Flush 什么都是黑的或白的，这还不够，Chinese Flush 事实上不只是一个 Flash。

田辰山：看到扑克牌黑的或白的，但作为理解中国来讲，它就不是黑的或白的那么分明的东西。

安乐哲：如果你谈了一个对象，他伤害到了你，你要报复他，会打你自己的嘴巴，为了 Chinese Revenge（报复）。

田辰山：我们受别人欺负的时候向外表达一种报复心理实际是打自己，就像鲁迅讲的阿Q。

安乐哲：中国大学学生有一个现象，当开车遇到红绿灯时，遇到红灯的时候他们都下车跑一圈，等灯变绿了他们再跑进车里，然后开过去，这是叫 Chinese Firedrill（防火演习），Firedrill 是严肃的活动。如果遇到火灾，我们应该把人带到外面去，而坐在里面的人，看到中国年轻的大学生这样跑，根本不知道他们在做什么。

田辰山：他讲了一种现象，中国人在开车的时候，在红灯那儿停下来，大家都离开车跑掉，等绿灯来的时候大家又进来继续开这个车。当外国人看到这种现象的时候，对他们来讲很难明白这是什么意思。

安乐哲：这些说明什么？说明我们西方对中国的了解很浅薄，在文化方面还没有开始。

田辰山：实际上他表达的是这么一个意思，中国对西方来讲是一个谜。基辛格当年来到中南海说，我终于来到这个神秘的国家了。这时候周恩来总理说，"不对，你来到的这个国家不神秘，神秘是因为你不理解，理解就觉得不神秘了"，也就是说中国对西方来讲是很神秘的国家，包括中国三十年来取得的成就，西方人不明白中国怎么取得这样的成就，因为中国的模式不是西方的模式，中国戴着好几顶"帽子"，又有中国儒家传统，又有马克思主义，又有自由主义，但中国居然发生了奇迹，经济发展起来了，这是西方人很难明白的。所以，中国对西方人来讲是难以理解的，和西方很不一样。

安乐哲：三十年来，中国发展迅速，这种情况之下，考古学家挖到了非常重要的材料。朱（小健）老师是做训诂学的，以前读《论语》、《道德经》要看宋朝的文字，现在我们读郭店出土的《道德经》是公元前300年的材料，那时候亚历山大刚刚去世，柏拉图和亚里士多德在地球上还有他们的声音在。这非常非常重要。

田辰山：考古上《道德经》的新版本，原来使用的版本是宋朝的，从郭店发掘的新版本是公元前300年的版本，这个版本实际上对我们理解古代思想产生了革命性的影响，这个版本和宋朝的版本有很大的差别。找到的那个版本的时间实际是西方亚里士多德声音还存在的时候，以及亚历山大刚刚去世的时候，说明中国文化的古老，能发掘到这么古老的东西是个奇迹。

安乐哲：西方传教士有他们的目标，他们不是坏人，但他们希望把他们唯一的上帝介绍到中国，宣传他们的宗教。问题在于他们误解了中国的思想，把天的概念翻成 Heaven，把"义"翻译成 righteousness。Righteousness 根本不是英文字，只有到教会听教义才会听到 righteousness 这个词，这个字是按照上帝的意志决定行为的意思。我们把"道"理解为 The Way，这和《圣经》是一类的。"礼"是说你和祖先的关系，我们叫 ritual，ritual 在英文里是贬义词，是没有内容的，那就是一个典礼。把"理"翻译成 principle，principium 是拉丁文，是希腊形而上学的东西，是永远存在的，不改变的意思，这和中国的语境，和自然、宇宙、伦理没有什么关系。

田辰山：他说把中国文化介绍出去，历史上看是传教士做的，传教士做的实际上是想把西方的上帝传到中国来,他们并不是本人心地不好,而只是想把西方的上帝传到中国来,但向中国传教的过程当中,他们要对西方解说中国的文化,解说中国文化的时候就把中国文化完全纳入西方基督教思维框架和话语体系里。比如说中国"天"的概念翻译成英文变成"Heaven"的概念。如果要变成 Heaven 的概念,本身就把中国的道,中国传统思想很多关键理念全纳入到基督教里,因为天是基督教"天堂"的意思。西方人读到"Heaven"理解中国的"天",马上把中国的东西理解为和《圣经》的东西是一样的。

中国的"义"翻译成 righteousness 也是这样,在西方 righteousness 是按上帝的意愿办事,而翻译成中文的"义",也使得西方理解中国的"义"是按上帝的意愿办事。还有礼"ritual",在西方变成空壳、表面、形式上的东西,没有什么实质内容的东西。这都产生了很大的变化。还有中国的宋明理学的"理",被翻译成 principle,principle 是西方哲学传统思想表达永远不变的、真理的,形而上学的意思在里面。

安乐哲: 所以三十几年来我和我的研究生们会把中国的经典翻译成英文,我们需要依靠考古学的材料,这些材料是相当重要的材料,我们可以对它进行解构,我们最重要的目标是再次把古典文本重新翻译成英文,脱离对中国形成的第二档次的基督教国家的理解,而让中国讲它自己的东西。

田辰山: 安先生和他的搭档及学生,现在所做的工作就是把过去曾经翻译成西方文字的中国古典的材料再重新翻译,这要依靠考古发现,主要是纠正过去翻译文本给西方人带来的误解,在那种误解状况之下,过去的那种翻译实际上是把中国的思想文化传统放到第二等的地位,因为它是用西方的概念和话语解释中国的东西,安乐哲先生现在所做的就是改变这种状况,中国的思想理念要用中国的东西来进行解释,而不应该用西方的东西来解释中文。

安乐哲:《论语》里有句话,"觚不觚!觚哉!觚哉!"如果"觚"翻译成普通话,只是个奇怪的觚。按照欧洲的理解的中国是另一个版本的亚伯拉罕宗教,其实是"中国不中国,中国在哪,中国在哪?"的解释。

田辰山: 他用了孔子的一句话,"觚不觚!觚哉!觚哉!"觚是个喝酒的器皿,孔子说这还是喝酒的器皿吗?把中国古代的思想改了,它还是原来的东西吗?等于西方人用西方文化讲述中国的思想传统,讲出的是西方的东西而不是中国的东西,"觚不觚",中国还是中国吗?这应该是我们问的问题。

安乐哲:我们怎么把中国的哲学词汇翻译成外语,剑桥大学一位教授维特根斯坦说语言的限制使我们对世界的认识受到限制。我们应该把中国的字介绍到外国去,如果谈道就应该用"道",谈礼就谈"礼",仁就是"仁",孝就是"孝"。我教希腊哲学的时候,学生们都要了解 Greek(希腊文),需要最根本的希腊词汇来跳过 Descartes 的思想。

田辰山:怎么把中国的东西翻译成英文,特别是中国传统当中很关键的字眼,比如道、仁、孝等字眼,以前是用西方宗教字眼翻译过去的,现在再进行翻译,这些东西要用中国自己的理念说它,要用道的观念说它,"仁"要用中国的意思解释它。维特根斯坦有一个理念,我们说的语言差别是两个世界的差别,如果你只知道一个语言,实际上只知道一个世界,知道另外一个语言等于知道两个世界,两个世界的语言之间的差别。进行翻译的时候,必须要用这个世界本身的事情来说这个世界的道理。必须要避免借助古希腊传统的理念了解中国,这个状况是需要改变的。

安乐哲:钱穆先生是 20 世纪在香港地区建立新亚学院的著名思想家,他那一批哲学叫"新儒学",他说我们没有办法把道、仁这类字翻成外语,它们是我们自己民族的一种表现。

田辰山:钱穆先生建立了香港中文大学的新亚书院,他有一个很重要的说法,谈到中国的思想文化翻译成西语、英文当中存在的问题,中国的"道"、"义",中国传统文化当中关键的理念都是中国自己的东西,没有办法翻成英文。

安乐哲:瑞士有一个语言学家叫费尔迪南·德·索绪尔(Ferdinand de Saussure),虽然我不接受他过程性的语言学,但他有一个区别我们可以应用。他把 langue 和 Parole 分开,langue 是每个民族、每个文化传播有它们的价值和范畴。别的文化传统没有这种东西。西方有上帝,有一个永远超越,永远不改变,完美、完整的上帝,而中国传统没有这个思想。我们有原罪、轮回、永远存在的想法,在中国没有这种字。所以,这个 langue 是每一个传统文化的产物。

田辰山:他举了一个瑞士语言学家索绪尔(Saussure)的两个概念:langue 和 Parole。langue 是充分表达某一种文化和语言是自身文化的语言和思维,西方文字作为 langue 来说,带有西方上帝的感觉,超越的感觉,原罪的东西，西方人讲的那些灵魂的东西在中国都是没有的，如果我们到中国语言去找这种 langue 的话，中国没有这些东西。

安乐哲：可是自然语言表达的能力很强，我们可以用英文很仔细地谈中国的词汇，而多多少少了解它的含义，也可以用中文语言仔细地、清清楚楚地了解西方宗教词汇。

田辰山：和 langue 相对的是 Parole 的概念，Parole 是日常生活中用的语言，如果我们用生活当中自然语言讲西方文化是怎么回事，用西方日常语言讲中国文化、中国思想是怎么回事，是完全可以讲明白的。也就是从中国角度理解英文，从英文角度理解中国，可以用 Parole 这种自然语言来进行。

安乐哲：我和田老师刚刚从山东曲阜过来，我们在尼山做了一个月的培训，我们邀请了美国名校的 15 位教授与中国的教授和学生参与了一项实验。用我们自己翻译的中国传统思想的英文读本学习中国传统。西方人用英文了解中国传统有道理，可是中国学者用英文学习自己的传统有没有道理？我们是这样看的，那些年轻的人多多少少是从北外这些大学来的，同时他们要到国外去代表中国，如果用另外一个语言了解自己的传统，必须得了解它的含义是什么。说"道"的时候要了解"道"是什么意思，说"仁"的时候要了解"仁"是什么意思，与外国沟通的时候，要让他们多了解中国必须有一个词汇，有一个英文表达的方法。

田辰山：安老师刚才提到我们在尼山做的项目，把美国和欧洲来的大学教授——这些人都是资质很高的，都是在大学里讲中国文化的——请来，另外把中国博士班、硕士班以及青年教授请来，用安乐哲、罗思文、郝大维翻译中国古典著作的本子一起来讨论中国的哲学思想和理念，这实际上是我们做的一个实验，要用英文讲中国的文化是什么。特别是对于中国学员来讲，了解自己的文化，为什么要用英文去了解？这个意义在哪儿？这个意义就在于这些人是学外语的，像北外的，用英文出去工作的，到了国外必然要遇到这样的问题。要向国外的人介绍自己的文化，而且你向国外介绍自己文化的时候，用汉语是不行的，要用英文介绍，这样的情况下，你应该怎么样把中国的文化用合适的英文解释出去，意义在这儿。

安乐哲：把中国传统思想作为二等性的基督教是一个障碍，另一个障碍是一种东方主义的词汇。东方主义是用你自己的角度来了解你的对象。因为我们是民主型的，所以你的对象是专制型的；因为我们是理性型的，所以你的对象是神秘型的；因为我们是发展型的，所以你的对象是落后型的；因为我们是智慧型的，所以你的对象是愚昧型的；因为我们是个体型的、自由型的，所以你的对象是集体主义型的；因为我们有唯一的宗教，所以对不起，你们是原始的宗教。二元性对立是第二个障碍。

田辰山：基督教用西方的语言解说中国文化，使得中国文化成为低人一等的文化，这是一个历史的障碍。现在又出现一个新的障碍，叫作"东方主义"的词汇，就是具有东方主义的话语。不管你是西方还是什么人，你和西方对比的时候总是产生出二元对立的说法。西方是民主的，中国是不民主的；西方是先进的，中国是落后的；西方信仰的是一神论，中国信仰的都是不入流的民间的；讲起来都是黑白对立的，同样把中国放在东方，放在低人一等的文化地位。

安乐哲：障碍根源在什么地方，我们老外把中国的经典翻译成英文之后，中国学者把我们的英文再次翻译成中文，所以我们的《论语》、《孝经》、《道德经》、《中庸》都有中国文本。可是如果在国外要找《易经》、《论语》不能到哲学类图书那里去找，只能在东方"宗教"一类图书中才可以找到中国的哲学书。

田辰山：也就是说安老师的一些中翻英的本子都有又从英文翻回来的版本，比如《道德经》中文版本翻成英文了，然后又从英文再翻回成中文，以及《中庸》等几个版本都是这样的。在西方，中国哲学处于低人一等的地位，你要想学中国的哲学，到哲学系、到书店里"哲学"架子上找不到中国哲学的东西，必须到宗教那儿找，到"亚洲"、"东亚"的架子上才能找到中国哲学的书。

安乐哲：这不只是书店具有的现象，一些德国、欧洲大学生如果对中国哲学有兴趣，要学习中国哲学，不是到哲学系，而要到宗教系或亚洲研究系，哈佛大学杜维明是亚洲系的一个教授，而哲学系和他们没有什么关系。

田辰山：和书店里的情况一样，你要到大学里读中国哲学的话，不能到哲学系去读，要到宗教系或东亚研究系学习中国哲学，杜维明在哈佛大学是很有名的学者，但他不是在哲学系，是在东亚研究系，和哲学没有什么关系。

安乐哲：我了解到专业哲学是英欧的一个课程，和东方没有什么关系。

田辰山： 也就是说提到哲学这个字眼就不是中国的东西，而是欧洲、英国等国家哲学的东西，和中国没什么关系。

安乐哲： 而哲学这个词和社会学、历史学有点不一样，哲学是一个传统的智慧。

田辰山： 哲学和其他学术领域也不能相提并论，哲学在西方等于是一种智慧，是成年人，其他学科是小儿科。

安乐哲： 这不只是西方的情况，东方也存在这样的情况。如果到北大学习哲学，最重要的哲学家不是孔子，而是海德格尔。如果到新德里学习印度哲学，最重要的哲学家不是尚克拉（音译 the name of the Indian philosopher?）(Roger, please take care of this.)，而是康德、维特根斯坦。如果到欧洲学习哲学还是欧洲的。如果到美国学习哲学，最重要的哲学家不是自己的杜威和詹姆斯，而是欧洲的。这种现象很普遍，是自我茫然性的现象。

田辰山： 把其他非西方的东西不当哲学看待，不只在欧洲、亚洲是这样。在中国找哲学系的话，找到的不是中国的哲学家，北大找到的是海德格尔，到印度找到的是康德，在非洲找的也是欧洲的东西，在美国找的也不是美国哲学家的影子，而是欧洲的这些思想家。

安乐哲： 问题在于，我们怎么能够在外国跳过现在这个障碍，这也是中国的一个障碍，我们应该用什么方法彼此了解，彼此加强信任的关系。美国有一个思想家叫亨利·大卫·梭罗（Henry David Thoreau 1817—1862）。他说得很清楚。意思是，我们有自身经验，那个经验一直是我们自身带来的一部分，如果不了解我们自己的立场，就没有办法了解对方的经验，经验是合作的过程，我们自身的和我们看到的有密切的关系。

人只是接受他想接受的东西，不管这东西属于形体的、知识的还是道德的。我们只想听、只想懂我们似懂非懂的东西。每个人都是如此践行的，都是这样听、读、看、行的。他所看到的成为一个系列憧憬，与他们所看到的东西无法相联想的现象或事实是他们没有看到的。

田辰山： 他的意思是说，现在面临的这个情况是应该解决的，如果不解决这个问题，东方和西方达不成理解，我们要想解决，进行理解，必须要对这些障碍和问题重新审视。美国有一个非常有名的、自然的哲学家叫梭罗，这个哲学家逃离社会，主张回到大自然当中去。他的思想中存在的重要支点都是能与中国重要思想相呼应的，重视人和人之间的关系，重视人和自然的关系，只有把这些东西作为哲学来看待，才能解决目前我们面临的带有偏见的态度所造成的障碍。

安乐哲：态度是这样一种情况，与人们所看到的东西无法相联想的现象或事实，是他们无法看到的。梭罗是实验主义者，跟哈佛大学和杜维明没有什么关系的普特南（Hilary Putnam）也有同样的表达。他说得很清楚，我们的语言和心是合作的对象，他和我的经验是相通的，我们没有办法追求一个心理语言以外的客观存在，这是客观主义性的想法，是错误的。

田辰山：他讲的是西方哲学的柏拉图和东方本土的哲学家很不一样，本土哲学家讲到人与人的心，人与人的语言是完全可以相通的。因为你是在现实生活当中，你是用生活来说话，用经验来说话，不同的人群是可以说得通的，而不是像西方哲学家要找到一个非常抽象的，实际生活当中不存在的东西去对话，人与人之间必然造成的是一种隔阂。

安乐哲：普特南（Hilary Putnam）说得很清楚，我们的合作是实在的，另外我们的经验有自己的价值，这种情况下我们离不开比喻。如果做比较的话，我们可以有自己的比喻，这个比喻分两种，一种是 Associative，一种是 Contrastive。对于传统中国儒学，可以用 associative analogies 来讨论，这是一种联合在一起的比喻。但我们一提到逻辑，就不能不离开中国，中国没有逻辑的传统，逻辑的传统和客观性的经验有密切的关系。中国没有西方的逻辑，但有其他思维方式。

田辰山：中国和西方比较的话，中国是通过表意的、经验的、现实社会当中的事物来表达意思的，这和西方亚里士多德的逻辑是不一样的，在中国没有亚里士多德那样的逻辑。我自己有个理解，安老师也说到，西方的东西是与超绝的东西联系在一起的，是单线的，那个决定这个，这个决定那个，这在西方叫逻辑，而中国文化表达的逻辑不是这样的，而是事物意象之间的互相联系，就是我们所说的逻辑是事物之间的内在逻辑。我们讲的"道"、"阴阳"是事物内部的内在联系，而西方讲的是一种抽象的，由超绝那儿开始下来的单线逻辑，这个逻辑是很不一样的。

安乐哲：另外一个是 Retail 和 Wholesale 的区别，Retail 是零售，Wholesale 是批发。拿 Aristotle（亚里士多德）比附孔子，如果我们从 Aristotle（亚里士多德）角度去看待孔子的话，会破坏他们两个。Whitehead 是非常重要的思想家，他认为西方的神话和宗教是不合理的。如果有完整的、完美的、永远不变的上帝来创造的话，我们人类就没有什么创造力，所以他要再次分清创造力和上帝的关系。要谈中国的《中庸》，《中庸》中最重要的思想是"天人合一"，人类要负责，要参加创造宇宙的过程。《中庸》是非常美妙、非常重要的一本书，是人类富有创造力的体现。朱熹认为它是《四书》中最高的、最丰富的、最美妙的一部分。据说朱熹最后一天快死亡的时候还在床上修改他对《中庸》的注解。采用Whitehead的观点来谈创造、神话的概念，还有西方绝对原则的概念，这些都和中庸毫无关系。所以，我们可以将它们进行联系，要做 Retail 而不要做 Wholesale。

田辰山：中国理解西方与西方理解中国，不能从总体上匹配起来。把西方的东西完全装入中国的东西或把中国的东西完全装入西方的东西，这有点批发的意思，而我们应该做零售的东西，把西方的东西一点点拿出来，看看和中国的东西是如何互相解释的。如果我们用批发的形式，比如把柏拉图一整套思想拿来解释中国的思想就会对中国的思想产生扭曲和伤害。

安老师刚才还讲了创造性的问题，用怀特海德的说法，西方的神话不合理，它把创造性完全归于上帝，也就是说人是没有创造性的。如果我们注意用创造这个字眼的话，使用它的中文和英文有一个根本的差别，西方要讲到创造的话那是上帝的事儿，中国讲创造的话是人类的事情。这表现在《中庸》里，《中庸》非常重要，讲的是天人合一，有参天的概念，参天其实就是人的一种创造力。朱熹在临死前还在对《中庸》进行注解，把它作为《四书》当中很重要的东西。中国的理念，我们看《易经》的卦，三横，天、地、人，人在天地之间，三横是三才的意思，中国思想传统当中把人的创造力作为很突出的地方。怀特海德虽然批评了西方的神话，把创造性完全归于上帝，但谈到创造性的时候仍然带有那种痕迹。

安乐哲：如果谈《中庸》，《中庸》有人为中心的宗教感，而不是神为中心的、制度型的宗教，这个区别非常重要。

田辰山：中国也有这样的争论，中国孔子的东西到底是宗教还是哲学，如果中国的孔子思想用西方宗教的意思理解，中国的孔子思想不是西方的宗教，而是有宗教感，所谓宗教感就是人与他人的关照和诚恳，这在西方宗教意义上是宗教感的东西，而不是宗教的意思。

安乐哲：拉丁文的宗教是 Religion，这和 Ligament 有关系，和 relegare

有关系，和 obligation 也有关系，所以是一样的字眼。Religion 最根本的意思是绷得很紧，和上帝要绷得很紧，而中国的儒学的看法是我要和我的家庭、社群、祖先绷得很紧张，用礼来绷得很紧。

田辰山：意思是说我们讲西方的宗教讲的是人和上帝之间的关系，人和上帝是有关系的，人和人之间不一定有关系。而中国的哲学没有上帝的概念，中国人如果用宗教感来表示的话，完全是人与人之间的关照。

安乐哲：今天早上的讲座为我们的安排，我们要休息几分钟，然后我们自由讨论。我最近写了一本书，山东大学有一个新项目，北大也有一个新项目，"儒藏"是汤一介建立的一个项目，山东大学有中学的《字海》。我把最近出版的一本书翻成中文，这本书叫《儒学角色伦理学》，是一个词汇，用中文来说，就是儒学有它们自己的伦理学，我们不能用鞋拔子将中国概念的哲学强塞到希腊的"鞋子"中。我们现在所作的比较是不对称的。我们一直问儒学是不是 utilitarianism（功利主义），但从来不问约翰·斯图亚特·穆勒（John Stuart Mill）是不是墨家，也不问亚里士多德有没有表达"理"或"天"的概念，这是西方给中国哲学设立的一个框架。这是中国碰到西方，没有遇到它以前，中国没有自己的范畴。

田辰山：安乐哲老师和罗思文老师最近有一个新的提法叫《儒学角色伦理学》，这本书正被翻译成中文。儒家角色伦理学是说儒家有自己的伦理学。这个伦理学不是西方的伦理学，是西方伦理学所解释不了的。过去用西方的东西解释儒家思想里的伦理概念实际是不对称的，是把儒家作为二等传统思想来对待的。我们经常说墨家是西方功利主义的东西，很少说西方功利主义的思想家穆勒是不是墨家的思想方式。我们经常用亚里士多德的概念解释儒家，但从来没有问问亚里士多德有没有中国"理"的概念。方向总是这么来的，而不是由这边的方向过去，这样的方向是不对称的。

安乐哲：事实上把它叫做儒学角色伦理学是重复的，因为这个"伦"就是"人伦"的意思。

田辰山：从伦理学这三个中国字来理解中国哲学的伦理其实是没有问题的，因为这个"伦"就是中国的概念，问题是这个"伦"是由英文的 Ethics 翻译过来的，这个 Ethics 实际不是中国字这三个字所表达的伦理。

安乐哲：康德的伦理学中的"伦"和"理"一点关系都没有，他的伦理学是关于道德、法律的，是纯粹的意志，和中国的伦理一点关系都没有。

田辰山： 西方讲 Ethics 和中国讲的伦理其实是根本不搭界的事儿，康德是伟大的伦理学家，他讲的伦理 Ethics 和中国讲的伦理一点儿关系都没有。他讲的伦理是个人的意志，个人的意志怎么和外在超法、原则的东西结合在一块儿，这是康德的伦理，和中国的伦理完全不是一回事儿。

安乐哲： 儒学的伦理学的基本概念、基本原则是什么，其和西方最大的区别在于儒学侧重于关系、侧重于结构动名词性（过程性）的人的概念。

田辰山： 这是东西方的差别，儒学伦理学和西方伦理学最大的差别核心是关系，这种关系造成过程性的东西。比如英文动名词表示正在进行的过程。中国哲学、伦理学实际上描述的是那样一个过程，西方所描述的是一个独立的个体，与我们所说的关系和过程根本不是一回事儿。

安乐哲： 个体意识在西方很早就有人研究，毕达哥拉斯（Pythagoras）是第一个谈永远存在的灵魂的人，之后是 Plato's Phaedo, Aristotle's De Anima, John Locke's Second Treatise。如果你的产物和身体在一起，或者 somebody，也会说 someone、来源很长。如果我用英文讲，进来的时候，我可以说："Everybody, Please stand up！"Everyone、someone，这些体现的都是个体的意识，但用中文讲是"大家请站起来"，因为教室里有师傅，有学工，有学妹和学姐，这个关系是很明显的。

田辰山： 西方的传统从毕达哥拉斯（Pythagoras）一直到洛克（Locke）等刚才安老师提到的一系列名字，所给西方建构起来的人的意识都是由个体的意识和上帝的意识结合的东西。它与中国人的意识差别可以在语言上表达出来，比如在老师走进课堂时，会说同学们大家都站起来，英文问候是 everybody，而在中文是大家。也就是说中文当中所表达的是大家，是联系在一起的人的概念，或者说在中国人下意识当中，人是联系在一起的，正好和西方个体下意识不一样；下意识是独立的、个体人的，与上帝相结合的东西，所以中国课堂里，中国和西方大学里很不一样的，同学之间都叫学姐、学妹；独生子女到学校里找兄弟姐妹，这在西方学校里是不会产生的，这是中国人下意识地寻找人与人之间的关系。

安乐哲： 关系性人概念的另外一个例子是人以家庭、国家、人家为主。孝是中国人本身的想法，和西方的个人主义有明显的不一样。关系性的动名词是第一个特点，第二个特点，普南特（Putnam）实验主义整体性的思维方法认为语言和心涉及经验，而中国体现我们的理和体与经验有关系。而"体"这个字，看甲骨文、金文的话，有时候有身字旁，有时候有肉字旁，有时候有骨字旁，我们可以用这个多了解"体"的意思。"身体"的"身"是从里面获得我自己身份的一种存在性的我，而肉体是我的骨头和身体，简化字"体"带有人字旁，是体会、观念化、理论化我的经验，而人本来的思想和人的身体有根本的关系。有一些人对"本"这个词有误会，把本心译为 Original Mind，这是相当大的错误，Original 是获得（get）的意思，root 本和旁边的人字旁是整体的。

田辰山：还有一个区别，西方人是个体思维，美国的实验主义和中国的思想文化传统都趋于整体性思维。实验主义讲的是语言和人的经验之间分不开，中国是讲人的"心"以及"体"、"礼（理）"和人的经验分不开。他特别讲到"体"这个字，金文或甲骨文上，有的是用身字边，有的是用肉字边，有的是用骨字边，而且还发现"体"的上面是身，下面是心，而且身里面还有一个小孩儿，所以中国人理解的经验是这样的，中国字"体"所表达的是这样丰富的含义，与西方的差别是很大的。"本心"翻译成英文是 Original mind，他认为这是很糟糕的翻译，因为 Original Mind 打上的是一个清楚的西方印记，Original 是给你最开始的，时间第一的概念，而中国人讲的本心是根源，活的心，具有活的东西、动的东西，这和英文翻译是不一样的。

安乐哲：本立而道生，本心要依靠孝和体，把体和孝联系在一起。我早晨醒过来刮胡子的时候，看着镜子就能想到我的父母。孝是由上一代人们身传到下一代，所以你的音乐、胃口、走路的样子，每一个举动（gesture）都和你的上一辈有密切的关系。

田辰山：他说的本立而道生，本心是活的东西，他也讲了孝，孝和体是联系在一块儿的。比如早上起来刮胡子照镜子，看到镜子里那个人其实就带有孝的意思在里面，因为你看到镜子里的那个人是你上一辈的人使你形成了照镜子所看到的面孔。也就是说，你照镜子的时候想到孝，想到祖先，就会理解自己的动作、行为、说话、声音其实都是从哪儿来的，孝其实表达了这种延续性。

安乐哲：儒学角色伦理学第三个特点：不像西方完全依靠理性来判断道德是什么，而需要道德性的想象力，而"恕"的概念是把自己摆到对方的立场，用你自己的想象力来了解你应该对他如何反应。

田辰山：他讲角色伦理学第三个特点，区别于西方的有一个什么原则，而中国有的是道。而在角色伦理学中讲一个核心的东西就是恕的概念，恕的概念从中文理解就是推己及人的概念，把自己放在别人的位置上，然后决定自己应该采取什么样的行为，在这个基础上形成人与人之间的道德观念，而不是像西方有一个纯粹的个人，然后有天外之天的原则存在。

安乐哲：第四个特点是以人为中心的宗教感而不是西方制度性的宗教。

田辰山：第四个特点是宗教感的意思，宗教感英文是 religiousness。角色伦理学实际是表明以人类自己为核心的宗教感在里面，而不是西方用制度保存的上帝宗教，完全是外来的东西要你去遵从它。

安乐哲：道德感和宗教性是同一个过程。

田辰山：所以西方的道德总是和上帝这种宗教分不开，把宗教打倒了，上帝打倒了，道德也就没有了。

安乐哲：看这四个特点，可以看到中国的宗教传统和美国实验主义一样有无限游戏的文化资源，我们可以依靠这两点资源来回应现代危机的困境。

田辰山：用中国儒家伦理学这四个特点总结，就知道中国的儒家思想和美国的实验主义思想是很合拍的。儒家思想就是讲无限游戏的规则，讲的是人与人之间的关系，用这个来对待和解决今天的问题，来使我们从困境当中解脱出来。

安乐哲：谢谢大家！

接下来大家有问题的话可以提问，我们来回答。

问：安先生，我有这样的问题，我听您在讲东方哲学和西方哲学的一些不同，如果解决当今世界问题的话，把儒学和基督教思想结合的话，您觉得有没有可能？或者怎么做会更好一些？

安乐哲：现在的基督教和以前的基督教有一定的差异，重要的是我们要超越宗教教条。去年许嘉璐先生在曲阜组织了基督教和儒学的对话，非常开放，很多学者都参加了。我个人认为新的基督教和儒学不是一样东西，孔子说得很清楚，儒学是述而不作，如果谈儒，这个社会阶层是从商朝就开始了，英文把儒学认为是 the Confucianists，实际上那是一千年以前的事。每个时代要用传统思想来解决他们时代的问题，进而传继给下一代,每一代都要做这样的事儿。儒学每一个时代要有新的自己的温故而知新的思想,20世纪西方针对绝对主义性思想开始给我们展现了一个比较开放的机会。

问:刚才您用实用主义作为美国思想的代表,对比中国的儒学。我曾经看过中国学者的一个总结,就是美国的精神是Wasp,盎格鲁—撒克逊的,还有新教徒的,您认为实用主义是不是能代表美国哲学思想的精神?

安乐哲:我正在写一本书,是郝大维写的一百多页的稿子。他去世的时候转给我,我告诉他我将来会继续创作这本书,书名叫 *American's Broken Promise*(《美国人未实现的诺言》)。这本书体现了一种爱默生的精神,但我们还没有写完。美国是一个患分裂症的国家,我们一方面是实验主义者,要求包括所有的人民,要做和而不同性的国家,要追求一种社会和谐(这与中国的想法一样),可是共和党的思想是排他的,把白种美国人当做唯一的美国人,不接受黑种人,特别是墨西哥过来的移民。这是一个冲突。我是夏威夷来的,白种人在夏威夷人口中还不到30%,而夏威夷每两对结婚者中就有一对是不同民族的人。所以,我最大的希望是将来寄托在夏威夷具有的包容性上。

各位知道,中国第一任民国总统孙中山以及美国新总统奥巴马,还有我两个儿子,他们都是从同一所中学毕业。你说得很对,我对你们讲的是美国的一部分人,我们还有很多自己的问题很难解决。

田辰山:他说的分裂症,意思是美国这个国家不是铁板一块,有复杂的情况,人们有不同的思想,而且很对立,比如民主党和共和党,这两个党在很多理念上是很对立的。而且他提到郝大维的书,郝大维是他过去的一个搭档,郝大维去世的时候留下一份书稿,他准备过些年把它完成,这本书的名字叫 *American's Broken Promise*(《美国人未实现的诺言》),实际是利用美国没有实现的诺言讲今天的形势。

问:安乐哲先生,我非常欣赏您说的,中国不应该用西方的框架。我听您批评牟宗三,他认为新儒家是超越的,是用西方超越概念说儒家的理念,我们也是超越的看法。您对中医怎么看?现在中国一直讨论的热点问题是中医是否科学的问题,因为这在知识分子当中也引起了非常激烈的争论。有些激进的知识分子认为中医是巫术的延续,有人认为中医不能用科学的系统解释,但这又存在理解所谓的文明进步和落后保守之间的问题。不知道您对这个问题怎么看?

安乐哲：谢谢！这是非常好的问题，《儒学角色伦理学》第二章讲我们要让中国留在它自己的土壤上去了解它。我的第一部分谈的是作为自然宇宙论的《周易》的大传，如果谈儒学、道家或佛学，他们都存在《易经大传》的世界观；第二部分是用《易经》的思想表达出角色伦理关系。我有一个非常好的学生叫张燕华，现在南卡大学教书，关于中医的哲学性，他写了一篇很详细的论文。对于如何了解关系性的人物，我也常常拿中医做例子，从中医角度谈心脏可以说是关系性的，但心脏本身不具有关系性，如果割下它，30秒钟心脏就会变成死肉，所以心脏也有生理的层次，也有社会心理的层次，因此我常常用中医来表达儒学思想。

第三个部分，这部分不是牟宗三，而是唐君毅的思想。我很喜欢唐君毅，特别是他年轻的时候，我对牟宗三有一点怀疑，他是模仿西方系统性的哲学家，他跳过了康德的思想，可很清楚的是这不是原来的儒学，原来的儒学是要回到我们日常生活来了解，如果我们的理论和日常生活有关系的话，这就是一个证据（证明牟宗三的思想值得怀疑）。如果没有关系，我们还要再思考。我们不要用西方金律来判断中医最后是什么东西，中医是一个实验性的传统，有它自己的依据。现在在澳洲Newcastle University有一个华人姓高（Gao Yin），他一直反对用西方的标准判断中医效果是怎样的。张燕华说中医模仿西方，比如现在买一包中药，三等分后让你一天分三次吃，这是自己破坏中医，丧失了传统，更像是西方医药的东西。

田辰山：刚才安老师举的是心脏的例子，如果用科学的方法看心脏就是肉的东西，割出来以后30秒钟它就死了，用科学眼光看是这样看它的。要从中国传统思想，《易经大传》的思想看心，心是很复杂的东西，它包括着社会关系，人与人之间的关系，人的心理状态，人的情感，是个很复杂的东西，用它来说明中医是什么体系，科学是什么体系，人物是什么体系，用科学眼光看待人，要把人切割成各个部分，然后进行分析，但从中国哲学、《易经大传》看中医的角度，人是不能切割的，是人和人之间是互相有联系的。这是两条路子。

安乐哲：我们可以用Focus field的概念，每个东西是有聚焦性的，有自己的field，什么都是关系性的，我用"儒学角色伦理学"的名字，而且是Focus field的人物。

田辰山：Focus field（心场）是安乐哲老师用的另外一个很重要的概念，意思是，我们看待任何事情的时候是把这个事情看成它所在的场当中，这个场是 Field，这个焦点是 Focus，要把焦点搞清楚，需要了解场，所以焦点和场之间的关系是非常重要的角度，也是中国的角度，如果从科学的角度看待问题，那个场就没有了，完全是焦点的东西。所以儒学角色伦理学用焦点和场的关系看待也是很重要的方法。看树木还是森林，用中文理解是这样的一回事。

安乐哲：个体和场是分不开的，如果谈天就要谈物，如果谈人就要谈天，要谈德就要谈道，要谈太极的话一定要谈无极，要从整体性去看。

田辰山：焦点和场实际上是域境化的思想，谈一个东西要把它放在整体的环境当中去。

问：安老师您好，我记得有一本书叫《先贤的民主》，我看到你在书里谈到民主的兼容性，把美国的实验主义和儒家思想做了很多可比性的研究。民主和自由仍然是我们需要维护的价值和制度，只是在维护的过程当中，是不是美国的文化在实现它的 Promise 过程当中不足以应对，所以，您要写的那本书是 Broken Promise（未实现的诺言），Broken（食言）以后，是不是我们可以用别的文化资源继续维护这个价值？

您谈到儒家的时候，美国实验主义也反对基础主义或者这个基本思考，因为这个基本思考是设立了一个绝对的"道"、绝对的真理，儒家的一个作用是反对这个绝对的真理、绝对的道。我不太明白，中国传统过程当中，要反对绝对天理和绝对的道，有时候是道家在扮演的角色，今天的儒学可以反对这个绝对的真理。而传统过程当中，道家扮演了中国儒家应该要扮演的这个角色，儒家被利用了之后，就说天不变，道也不变，有一个绝对的天理，道家想反对这个绝对的真理。您认为我理解的是不是正确，今天儒家面对道家所起到的作用，是不是正是今天的道家面对儒学所起的作用？

安乐哲：我们可以用美国和中国的对话来说明美国分裂症的扩大，用中文来说服西方。20世纪，哲学刚开始进入中国的时候，杜威来到中国居住了两年多，可是那时他对哲学世界没有什么大的影响，却对教育、文化活动产生了影响。那时候康德认为中医属于金律，在康德之后是黑格尔，现在是海德格尔，我们可以用海德格尔和中国传统思想讨论，而康德是另外的事情。为了加强我们的哲学说服力，不管中国利用海德格尔（的思想）还是我们引用中国（的思想）都是应该的。所以，Broken Promise（未实现的诺言）就是我们希望可以用中国的资源。

第二个问题，我个人的看法，儒学不是唯一的答案，the ultimate answer，每一个时代都需要创造一个新的儒学。儒学现在缺的是 regulative ideals，这就是中国的方向，rule of law，中国越来越加强这个需要。而 regulative ideals 是要依靠关系性的人物模式，而不以个人主义的思想做基础，我们现在说的是 Universal Human Rights。今天下午罗思文要来跟你们谈这个，他在国外是著名的学者，非常激烈地反对个人人权，因为他认为个人人权和社会关系性的人权是两回事，有相当大的冲突。现在外国一直指责中国，特别是美国说中国在人权方面有问题，可是那是个体人的问题，是我自己的财产，我自己的一种表现，我自己的宗教。如果从关系性、社会性的人权去看，有房子住，有饭吃，有稳定的社群，能送小孩上大学，生病的话能去医院看病，这种人权在中国近二十年发展得很快。另外还有一种人权，比如一个胡同，我的家住在这个胡同两百年，经济发展的需要要拆房，如果不拆，我们就不会有新北京和新上海，所以社会的人权和这种人权有新的矛盾冲突，不是说个人人权没有它的价值，但我们还是要让中国去发展自己。

田辰山：中国传统意义上的人权，下午罗思文老师会讲，西方讲的是个人的人权，我们解决社会福利，解决小孩上学，要有工作，解决这种社会问题是一种社会集体性的人权，是一种基本人权，也叫第二代人权（个人人权算第一代人权）。安老师说的意思是中国这种思想传统仍然需要规范性的理念，也就是我们现在正在进行中的，我们如何把中国传统思想和西方具有规范性的思想结合。比如说中国立了很多法，实际上西方有些东西我们还是要吸收的。

刚才提的儒家反对道家天道的问题，其实不是儒家反对天道，也不是反对道家，儒家没有上帝这个概念，没有像西方超绝的思想，这一点上，儒家的思想能与西方后现代思想结合起来构成一种对话，儒家、道家都来自《易经》，是一家，在它们之间不存在反对绝对天道的问题。

安乐哲：是三教为一的现象。要提一个例子，如果谈 freedom of speech 个人话权自由，西方 freedom of speech 的基础中，先天有这种传统思想，这和中国传统没有什么关系，没有什么说服力。如果谈"孝"这个字，年轻的要尊敬上一辈，以此表示年轻人的尊敬，同时他们有快乐的感觉；我为我的老师带东西，关心他，对我的父母也是如此，这都是个人的一种快乐。同时，如果有孝的话一定有谏，年轻人看到老一辈做错了，会想办法让他们改正他们的行为，所以这个"谏"非常重要，如果没有讲话的自由怎么能够谏。如果讲人权，我们就要用中国自己的思想去讲述它。

西方传统谈超越，把理论与实践分得很清楚，讲话就是理论，这不是中国的传统。中国是知行合一的传统，讲话也是行为，也是改变世界的一个功能。所以，用中国自己的思想来表达自己的人权是最好办法。

田辰山：也就是说"孝"的概念是双向的东西，西方讲的个人是单向的，谏也包括在"孝道"当中，这是双向的，而不是单向的。

问：安教授，非常感谢您的演讲。我就问一个问题，您提到了中国儒学和美国实验主义的会通方面，实验主义是哥伦比亚大学的胡适把它介绍到中国来的，这里面存在一个明显的矛盾，一般我们把它理解为反传统文化的，而胡适认为"五四运动"是中国文化真正意义的文艺复兴。胡适认为，把美国实验主义或实用主义思想介绍到中国来，这一选择是非常矛盾的，是因为胡适这个人性格类似儒家的中庸，很温和，不像鲁迅，鲁迅选择的是德国的尼采，极端主义。选择过程中，胡适的文化选择正好体现了儒家的中庸思想，没有选择极端的东西，而是和中国文化很相近的，这个意义上说，是不是可以说胡适是比较靠近中国儒家文化的。胡适有另外一个矛盾，希望能用实验主义思想改变中国，一方面要改变中国传统文化儒家思想，同时想用美国思想改造中国，是不是胡适没有解决这个明显的矛盾，一方面保留儒家文化传统中很中庸的东西，另一方面想用西方的思想改造中国，胡适的这个想法没有完成，请您解释和评价一下？

安乐哲：非常好的问题，我们一定要找一个机会吃吃饭，因为这个情况很复杂。现在有很多人认为胡适是误读，他并不了解杜威，而胡适的实验主义也不是杜威的实验主义，我想这是有原因的，连杜威自己的美国学生也不了解他，我们只有等到以后再继续了解杜威。杜威在西方是个思想激进分子，他与过去老的个人主义性的心理学家，有相当大的差别，他没有中国家庭的思想，可是杜威是个革命分子。一方面我自己觉得胡适是一个传统性的人物，新杂志、新时代、新文化的、五四时代的思想可以看出他的中庸，另一方面胡适也有自由主义的成分，他把美国哥伦比亚大学那个思想带回来，推荐给了那个时代。在中国，那个时代是个实验性的、革命性的时代。杜威自己不来，他认为这是这个世界以外的思想家，所以不想谈中国，要让自己的学生把它介绍到中国来。

我个人对鲁迅的看法是这样的。我个人认为鲁迅是比较传统性的人物，如果从"孝"和"谏"来评判他，他是一个"谏"的人，他不是共产党人，也不是自由主义者，是一个中国人。而他认为那个时代的儒学是腐朽的儒学，这个中国的尼采和我们的尼采也有一点不一样，所以，这个题目很大，我们一定要找一个机会谈一谈。

田辰山：文艺复兴问题是西方一个很特殊的现象，中国没有这个现象，中国也不存在文艺复兴问题。如果是两个文化来对比的话，胡适提出来用西方思想和实用主义改造中国，实际上还是把西方和中国对立起来。按照安老师的分析和研究，美国实验主义思想和中国传统文化、儒家思想是非常一致的，不存在谁改造谁的问题，它本身就不存在二元对立。而且胡适的思想不仅仅是实用主义，还带有很强的自由主义，是这种很强的自由主义使他产生对中国要进行改造的想法。另外，他用西方的话语、概念、思维来对待中国传统。

主持人朱小健：我想各位今天听到安老师上午的课，一定有非常多的收获，在我听来安老师这些观点，与对普通学生讲课有很大的不同，这些成果都是通过安老师的研究得出来的最原创的一些观念，而这些观念的影响应该说是非常巨大的。有一点可以非常明确，已经有非常多的学者在研究探讨，实际上就是西方哲学当中，包括亚里士多德，里面有没有"理"，有没有"义"，是一个完全反向的思维。今天上午也非常感谢田老师，如果说安老师是孔子的话，田老师就是颜渊，《论语》里出现两次"无为"，是颜渊的无为。再次感谢两位老师！谢谢大家！

从《论语》到《孝经》

[美] 罗思文

主持人朱小健：今天下午我们非常荣幸地请到了罗思文教授，罗思文教授是美国马里兰圣玛丽学院的杰出终身教授，现在是布朗大学哲学教授。罗思文先生与安乐哲先生一样，在哲学领域里有非常多的建树，特别是在中西方哲学对比，以及介绍中国哲学和文化典籍到西方方面，做了非常多的工作。欢迎罗思文教授！同时我们下午也邀请到中国人民大学的温海明教授。温老师是安乐哲老师的高足，同样在这个领域里有非常多的建树，在许多国家都有教学、交流和讲课的经历，尤其在中国这样的现状下，他一直用双语进行文化传递工作，也是非常了不起的。今天下午既是请他来翻译，也请他来解惑，使罗老师的介绍更为清晰。欢迎罗老师！

罗思文：我中午和安先生吃了饭，安先生说你们非常聪明，问了很多很好的问题，他印象非常深刻。我下午就人权和相关方面的问题进行详细的阐述。29年中，我做过非常多的演讲，进行了漫长历程的演说。我说话语速很快，因为我很激动。为了使大家容易理解，如果要我慢点说，请你们举手。

温海明：我是安先生的学生，我再帮助罗思文先生解释他的一些说法。

罗思文：安先生有一个思想影响到我们现在所有的人，而且对我们政治、经济、社会问题都有一定的影响。这些社会问题主要集中于一种零和游戏Balance game及游戏所产生的巨大影响，这种游戏在过去两百年中对资本主义发展起了较大的促进作用。这种零和游戏就是如果我赢了，你就彻底输了，成功的人很少，失败的人占绝大多数。现在有1000多个亿万富翁，美国比较多，中国其次，这1120多人控制着世界上2/3的财富，而这些财富要在65亿人当中去分享的，所以我们应该改变这样一种思维模式，从竞争改为合作。

我简单回述一下个人主义在西方的历史及其影响，同时也可以简单说一下，为什么我们取代个人主义。在过去250年当中，如果回溯到古希腊和基督教中对人的认识，在西方可以归结为个人主义。我们都是社会的产物，而且非常明显地跟周围的人相互交流，但作为我们人的非常重要的部分并没有被承认。西方本质主义的哲学背景基于对人的认识影响，这种东西主要是跟西方人对人的身份理解有关。有很多东西我们没法控制，比如父母、语言、公民身份等这些似乎给人以尊严的东西都是我们控制不了的，因为我们没有办法控制这些东西，所以更需要一种内在的东西，这就是自主性，个人内在性。

西方这种基于个体内在性的、强调人的内在自主性的观点，相应地就强调人是理性的，这种理性的人同时也应该是有自由的，这些东西就会导致我们每个人都能够理性地、自主地进行选择和行动。这种关于人的观点，可以说在西方大部分哲学中基本上都有所体现，甚至可以说在大部分经济学理论当中都可以找到，尤其是在文艺复兴，在西方工业革命兴起以前特别明显。人的自主性的观点通常也容易理解为人是自由的、自主的、也是自立的。这在人类伦理学意义上是纯粹向善的，这种善是一种内在的善，而且这种善某种意义上确实可以引导很多人过上好的生活，而且可以终结政治上的压迫。

个人主义没有文化的界限，而且如果我们坚持这样的个人主义的观点，会发现在超越时空的意义上，性别、年龄、种族背景、宗教、肤色等实际上都不太重要，而取而代之的是更多地强调人的内在的东西，这样我们追寻某种普遍的原则和价值，以便让所有人都能够觉得合适。不管这个世界上其他人有什么样的看法，即使他们冲破性别的偏见、种族主义的歧视，甚至是种族主义的倾向，这些都不是最重要的。

我刚才提到的那些说法，如果不超越它们，就容易受到这样一些观点的影响：个人的偏见，对我们个人喜好的担忧，对不同文化传统、信仰、观点的忧虑，等等，这些都是导致我们冲突的来源。但这些东西都说明我们所有的人都有某种内在的推理能力，而且这一能力能够帮助我们统一起来，并给我们以某种更大的希望，而不是更加暴力的未来。

这样一种在西方相当普遍的强调理性、客观性、自主性、独立性的观点，可以说在某种意义上提供了非常强的普遍主义的基础。对当代伦理学来说，我们在与西方接触过程当中，觉得几乎所有的西方哲学家和思想家们，在某种意义上都可以说毫无反思地接受了这种非常强烈的观点，即使这些观点有一种毫无希望的相对性的和权力的东西，因为这种观点能够带给他们和平、自由、平等。西方的个人主义有很强的文化背景，而且超越各种界限，同时因为这种个人主义影响很深，很多人都实践这些观点，所以可以说这种观点在某种程度上根深蒂固。

在西方比较重要的伦理学家，比如康德、边沁、穆勒这些人都提出了不一样的伦理学观点，在中国像唐君毅、牟宗三、徐复观这些人受到的影响比较大，冯友兰、张隆溪也受到了影响，并提出了自己的观点。我觉得从西方普遍主义观点来看，他们都认为人都是理性的，希望能找到一种框架，把儒家的想法适应到这个普遍主义的框架中，去寻找理性的根据和理性的认同。而以康德、亚里士多德的理论框架去理解儒家思想的这种方式可以说是错误的。我们希望寻找另外一种解说儒家伦理的方式，就是我们提出的儒家角色伦理学的方式。

我倾向于把《论语》、《孟子》、《荀子》、《礼记》这些书作为谈论儒家关于人的关系性观点的主要文本，《易经》、《诗经》、《尚书》这些著作总的来说也与这样的观点有关。人都是社会性的，这是它们总的一种观点。某种意义上儒家的社会性都是一种美学的、政治的和精神意义的东西，和道德层面是完全内在一致的，它们帮助我们如何寻找一种过上美好生活的方式。我比较注重先秦儒家的东西，不太重视宋明理学的一些文献，这和我不太认同宋明理学的一些观点有关系，比如朱熹过分强调人的道德、贞洁等东西，这一种观点我不赞同。

在儒家的传统中，没有西方造物者的神话，即有一个上帝把这个世界从无中创造出来，汉代宇宙论里也讨论过这个相关问题，儒家主要强调的是在现世当中寻找人生的意义，而不是在此生之外寻找人生的意义。这一种观点，在随着我们不断实现人的意义的过程中越来越清楚，比如说，儒家观点所追求的是要变成君子和圣人，在这样一种追寻过程当中就会发现，我们的意义是在现世当中体现出来的，所以，非常重要的是，所有的意义都是通过你与他人的交往、互动发现的。人道的概念，只能通过非常明确的，具有宗教意义的伟大旅程才能去理解。

说到儒家经典时，相对于上帝、创造、拯救、永恒的灵魂等任何超越性的存在，尽管儒家没有这些存在于西方基督教、希伯来宗教中的超越的东西，但我们可以说儒家的这种精神是带有宗教感的。孔子曾经说："鸟兽不可与同群！吾非斯人之徒与而谁与？天下有道，丘不与易也。"意思是说我们不能和鸟兽生活在一起，我不和世上的人在一起又和谁在一起呢？如果天下有道，我也就不参与改变它了。我的一个美国同道曾经这样说，孔子说除非两个人，否则没有人。大概意思是说，儒家这种观点当中，独立的人是不存在的，所以我们对人的理解要通过人与人的关系，人和人的交往体现出来。

儒家的社会性需要通过关系性体现出来，我们是被社会角色来决定的个人，而不是某种抽象的个人。作为人都是在不同的交往过程当中，在作为父亲、丈夫、学生、老师等关系当中决定下来的，我们是生活在这种角色当中，不仅仅是扮演这种角色。比如说婚姻导致我们变成某一个新人，离婚就改变了这个关系；我是一个学生，是某种状态，当我变成老师的时候又变成另外一种状态；以前的学生变成了年轻朋友，年轻朋友变成老朋友，这些东西都在不断地改变。所以，当我们在珍惜重要的老朋友关系时，随着时间的推移，这种关系又变化了，角色就是通过关系体现出来的。我们的这种观点，倾向于将西方人的 human being 变成 human becoming，是说人是变化过程的人，而不是本质不变意义上的人。

儒家的仁道是具有成就性的，而不是既定的东西，比如在《论语》当中，孔子说，"人能弘道，非道弘人"，意思是人能使道光大，而不是道能使人光大；曾子说，"士不可以不弘毅，任重而道远。仁以为己任，不亦重乎？死而后已，不亦远乎？"这说明人是不断生存，不断成就的状态。

这样的变化的过程性的人的观点和原来西方传统观点当中根深蒂固的、抽象性的、自主性的、个人的、理性的、自由的，甚至是自我驱动的个人观念可以说有相当大的区别。但我希望儒家这种个人的观点并不是非常遥远的，对西方人来说，它应该可以看作是对人的现实直观状态的表达，比如我们要成为朋友、邻居或爱人的时候就需要我们身边有朋友、邻居或爱人，所有这些周围的人在某种意义上帮助我们成为某种人，所以在这个意义上说，儒家是带有宗教感的。虽然在儒家这样一种"宗教"当中没有和尚、尼姑、修士这样一些角色，但儒家的宗教感还是强的。儒家之道是在践行之中体现出来的，而践行不是孤立个人的事，没有任何一个人可以孤立地践行。

把家庭和社区作为儒家的基础,这种互惠性的关系可以被理解为施惠者和受益者之间的关系,"上下"不看作是在上者和前辈者与在下者的关系,我认为应该更好地理解为给予和受惠的关系。儒家的"礼"翻译为ritual,不仅仅是婚礼、葬礼、风俗习惯和个人交往习惯等礼节,儒家的人应该是在任何时候都非常有礼貌的,而且有比较好的受礼的习惯。怎么理解上下关系呢?我认为这种关系是施惠者和受益者之间的关系,我引用孔子回答子路时说的一句话,"老者安之,朋友信之,少者怀之",这样的理想是要把自己的好的关系带给周围所有的人。

儒家这种交往不是为了某种外在的关系、外在的道理,尤其不是为了追求某种正确的东西。什么是正确的东西,在儒家里,类别不是最关键的问题。安老师和我比较强调"义","义"不能翻译成righteousness,而应该给予合适的翻译,我们和安老师讲授儒学会根据不同的要求采用不同的方式给予解释。所以不是固定不变、不是超越外在的原则的关系。在这样的意义上,安老师和我认为,康德、穆勒、边沁这些西方伦理学家都有局限性,所以我们要提出一种全新的伦理学观点。

比如我们在处理与长辈的关系时,像祖母的关系,我们应该采用各种方式,让她过得更好,传统上各种说法都要在具体实践情景当中让位于一个需要,让她活得更好,而不仅仅是遵从固定的原则,从这个意义上来说,"自由"是成就,而不仅仅是某种状态。希望达到的状态是,我们虽然在履行某种义务,尽管这个义务可能自己并不能够选择,但是我们还是能够真正拥有自由,这种自由通过相互帮助,彼此都能够达到互惠的关系,达到自由。

先秦儒家每个人、家庭、社群成员的这样一种关系,可以让我们很容易得出新的人权观念,这种观念和现在西方道德、政治、法律的思路,尤其是美国相当占主流的人权观念是不一样的,这种人权可以让每个人都可以有尊严,让每个人在物质和机会方面保持尊严,活得更好,这样一种人权观念可以进一步生长。这样的自由个人下面有一种观点,没有任何一个人,没有任何一种政治能够剥夺我们人类基本生存的自由,比如说我想说什么就说什么,我愿意想什么就想什么,我不想要什么东西就不要什么。在美国这样的社会背景下,这可以说是他们认为某种不可剥夺的权力,比如想要自由、权力,就要有使得我想干就干什么的权利得到保证的法律。

在美国,公司在法律意义上是被当作个人来对待的,如果不理解这一点，基本上就不理解美国公司的经营。在美国，人的这种自由，得到权利法案的保护，这些自由通常被称为是第一代的权利，这些公民权利和政治权利基本上基于把个人当作某种纯粹自主的个人来看待。在20世纪的美国，把基本的个人人权扩展到公司层面，也就是说，公司在某种意义上可以被视为有理性的、纯粹追逐个人自私自利的权利，是追求利益最大化的实体，它们千方百计地享受，也追求个人的权利，在这个过程当中推进国家的繁荣。

《联合国人权宣言》在第22—27条说，人类都是受尊敬社会政治的个人，每个人都有相应的权力，这个权利被称为第二代权力，主要是公民权力和政治权力，通常来说，因为这是在伊萨亚·柏林（Isaiah Berlin）的"消极自由"之后提出来的，所以是否定性的，它们在某种意义上也是被动的，是千方百计防止被压迫的权力。第二代权利在另外一个意义上是主动的，也就是说人可以得到社会文化，比如相应的教育、工作、医疗、住房福利等相关的权力，没有这些权力，《联合国人权宣言》说人类的自由和自主性就是一句空话。

如何区分享有自由（freedom from）和享有自由权力（freedom to）是非常细微而且是相当不容易的，我想说明，如果我们每个人都是作为个人，都对生存必要需求享有自由权力，而不是政府能够尊重他人的权力，事情就可以有另外一种样子。第一代的权力基本上都是被动的，比如，每个人都有说话的自由，但我可以根本就不在乎你说的东西。第二代的权力某种意义上说是比较主动，我必须要做一些什么，比如我交税至少能够保证这些权力。学校、医疗、工作、食物、安全、住房这些东西他们都不是从天而降的，都是人创造出来的，这里面就有一个很基本的冲突，关于个人的自主性概念的冲突，什么意义上我要帮助创造出好东西的那些人，使其拥有那种第二代的权力。在那样的状态中，我不可能是一个自主的个人既同时享受第一代权力，否认理性，自由地决定什么是我想要的东西，又同时不去帮助周围的人。

在这样一种过分强调第一代人权的观点上，中国和美国都有一些类似的地方，比如说美国是一个两极极端分化的社会，而中国今天可以说也完全在朝着这样一条道路上走，每天两极分化的情况只是变得更坏，而并没有更好。原因在于，从第一代的人权观点来看，我可以给你言论的自由，但我完全可以对你所言置之不理。无论是中国还是美国都在做着同样的事情，我们作为个人并没有办法选择身份和背景这种先天而来的东西，结果这带来一个问题，不是每个人都有这些权利吗？我们就各管各的好了，你管你的权利，我管我的权利，每个人都只关注自己，现在就是这样一种非常糟糕的状况。

在今天，中国在某种意义上来说，变得越来越资本主义化，在这个过程当中，我们也有某种过度地接受美国那种最流行的保护第一代人权自由的倾向，过度保护第一代人权自由的说法其实本质上应该是主要保护富人的自由，再进一步说就会影响到社会公正。

我们作为21世纪的儒家学者，就要力图改变这样一种状态，在中国，有一个党告诉大家要怎么说、怎么做、怎么想，那么在美国，是富人在告诉大家，要如何做、如何说、如何想。中美在类似的问题上都有很多的问题，他们需要互相帮助，进一步相互改变，我们就应该借助传统儒家的视角来实现这一点。

西方植根于自主个人的这样一种个人主义，在这样的社会当中，可以说把穷人当作牺牲品，所以不可能拯救穷人，在这样的意义上强调个人自由可以说就是以牺牲社会公正作为代价。儒家基于角色的个人观念，可以说把第二代的权利看得相当重要，所以，也就不需要忽视帮助他人取得社会地位、得到工作、担当责任、得到教育机会等权利。在帮助他人保障第二代权利的意义上，又如何和第一代权利，比如言论自由、宗教自由形成某种协调，这还是我们一直在进一步讨论的。总的观点来说，21世纪的伦理学应该倾向于传统儒家的方向，应该更加强调从第一代权利过渡到第二代权利的说法，否则如果过度强调第一代权利，第二代权利会越来越不重要，我们一开始所描述的当代世界存在的危机可以说会越来越严重。

罗思文：接下来我们一起进行互动，大家有问题可以随时提问。

问：刚才罗教授说，西方文明关注第一代人权，第一代自由、平等，儒家文明关注第二代人权，关注社会与人之间的关系、人与人之间的关系，但放到国际关系层面上，今天看起来似乎是个悖论，和刚才罗教授提出的理论是非常矛盾的。西方国家经常批评中国只关心自己，不关心自己之外的东西，对和自己利益没有关系的国际问题漠不关心，比如对苏丹的达尔富尔，对非洲提供帮助，但是对非洲的政治人权、经济发展并不关切，钱怎么花随你，我不干涉你。而西方对你的问题则有更多的关心，不仅关心对你的援助，更多的是对你的人权、政治进行干预，他们认为这种干预是有必要的。国际层面来看，如果把国际关系中各个国家比作个人，把整体世界比作社会和群体，在这个层面上，西方世界对个人同社会的关系更关心一些，我类比于第二代人权，中国更多的是关心我自己，忽略了别人，这个我把它理解为第一代人权。

罗思文：我对您能用英文表达这个问题向您表示感谢与祝贺，您同时也提出了几个问题，我尝试着回答。西方的个人权利要扩展到国际社会，应该是有理论和社会基础的，每个国家都力图为自己的公民谋取最大的利益，在非洲有不少与中国关系相当好的国家确实都是集权主义的国家，类似津巴布韦和苏丹人权状况相当不好的国家，中国还会跟它们有合作，基本上原因就在于这些国家存在一些资源，是中国需要的。同样的情形在美国也一样。很多中东国家，比如埃及等国家都在反对美国的干预，但美国也仍在做着类似的事情。

美国入侵阿富汗和伊拉克出于很简单的理由，就是石油，只要它控制石油这条生命线，就可以进一步控制中国、日本、韩国这些东亚国家，因为这些国家都非常非常需要石油，所以美国就更加想要控制这些油，以此来控制这些国家。如果从我的说法当中得出我不信任何政府的结论，应该说你是对的。我不信任政府是说，政府会说它们是道德的，其实它们都不是，它们应该帮助别的国家，比如说防止饥饿这类东西，但它们往往都不去做，也不阻止污染，从这个意义上，中美对它们的人民所做的事情还是有很多相似之处。在第一代和第二代人权之间存在着某种冲突，联合国坚持认为这是所有人的人权，都应该接受的，如果每个人都是独立的、自由的，而且有理性的话，往往就会影响到其他人，彻底坚持第一代人权会影响到对第二代人权的获得。而如果完全强调工作、教育、住房这些第二代人权也会削弱第一代人权。

安老师和我从儒家的角度认为所有第二代人权都是重要的，虽然每个人的祖母都不一样，但我们通过一个祖母看到所有的祖母，通过人与人的相关性，能够更好地理解儒家对第二代人权的要求。安老师和我提出的这个观点某种意义上还是比较激烈的，我们非常小心地应用我们的词汇来说明这个观点，如果儒家说所有的人都是兄弟，从有亲密关系的人的观点出发，应该说所有第二代人权都是很重要的，如果我们坚持要以第二代人权为主的话，我们能够获得主要的第一代人权。但是假如完全倾向于第一代人权而忽视第二代人权的话，就很可能没有办法得到第二代人权，或者第二代人权就没有什么保障，除非你要另外做很多别的工作。

安老师和我在运用英文词汇时还是相当的小心，原因就是人权 human rights 在英语、法语等语言当中都具有很强烈的个人主义哲学背景。可以说我们不希望保持这些东西，尽量不想用原有人权词汇，希望能用新的词汇表来讨论，用新的儒家式的人权观点来取而代之。

问：罗老师，您谈到的儒家伦理，我觉得从上午安老师和您都好像把儒家伦理当作一种理想的社会管理方式，我不知道儒家伦理能不能够独立地承担社会管理的角色，民主和法制是和它冲突的还是并行不悖的？从新加坡的管理模式来看，它比较注重第二代人权，但它比较牺牲第一代人权，这样的管理模式是否适合应用于中国？我在想，儒家伦理在历史上是否被真正贯彻过，还是它始终就是一种政治理想。葛兆光先生有一种观点，有一种是精英思想，还有一种是泛社会的普遍思想，由于这个思想史是为精英写的，所以我们常常会认为流传下来的这个就是主流的，但实际上从中国现代社会的观察看，比如中国人不太讲究秩序，现代社会不太知道让人，如果我们真的贯彻儒家伦理就不应该这样。我们在强调公民意识的时候往往说我们没有西方的公民意识，如果我们真的贯彻好了儒家伦理，应该是懂得秩序的，应该懂得让人的。我推论出来，我们是不是始终没有把儒家伦理真正很好地引入到生活秩序当中去？余英时先生曾经说，儒家传统和儒教中国分开，因为儒教中国是把儒家政治化的管理模式，所有的负面影响都应该由儒教中国来承担，他认为儒家伦理是完善的、很好的。这种完善的、很好的，是不是历史上中国实现过，现代中国能不能很好地实现，还是现在我们为 21 世纪政治的理想而设置的？

罗思文：余英时先生最早来到美国的时候是个年轻人，并不是非常喜欢儒家。后来随着他在美国居住的时间越来越长，他写了很多关于儒家的书，应该说和他看到的美国社会过度的自由主义有关系。安老师和我还是认为这种思想可以付诸实践，我们把亚洲、欧洲、拉美关于人类繁荣理想化的思想放在一起，但是我们并没有认为它们不能够付诸实践。新加坡的情况应该说相对复杂一些，新加坡人的第一代权利比我们想象的还是要多一些，但是政府又可以控告个人，不让个人拥有更多言论自由的权利。安乐哲先生有一个叫谭素红的学生，现在在新加坡大学哲学系任主任，她曾经写过一本书《儒家民主》，她也谈到过，在新加坡确实有选举，它的第一代权利更多的是通过外在方式强加的，但这里的问题主要是，新加坡和瑞典、丹麦、挪威、冰岛这些国家一样，它们虽然可能都有不少的民主，但因为它们都太小了，曲阜的人口可能比它们的人口还要多得多，所以这就成为一个问题。

有一个更大的问题，在当前这样的形势下，财富越来越集中到少数人手上，这样一来，民主就成为一个很大的问题。我马上就要77岁了，在我这样的生命历程当中，我竭尽一切可能参与每一次选举，但从来没有选到一个我认为能代表我意见的人。每一次我给他投票的这个人他90%的观点我都不同意，而另外一个人的观点有98%的部分我认为是可以接受的。美国应该也是富人控制的政治权力社会，这些富人可以保证我们这样的人不会去代表他们。当然，这样一种观点似乎有点太悲观，我相信民主必须从地区开始，从周围的人开始，每一个人都应该能够充分地表达他们的想法，能够对直接影响到他们的问题发表意见，但是人越多就越难听到个人自己所关注的问题的声音，即使有Internet、微博这样的东西，人们还是需要集中起来讨论这样的问题，所以在大范围之内倾听所有人的意见还是非常困难。

儒家的理想应该是要付诸实践的，当然，怎么样选择最有代表性的人？不管是谁来取代现有的领导者，都很难说能够很好地代表15亿人的利益，这次我选择美国总统也不能代表美国3亿人的利益，英国、印度这些大国家都有类似的问题。在全球性的风暴下面，我们要意识到资源是越来越少的，人类要学会如何在有限的资源面前能够很好地共处。面对这样一种资源越来越少的困境，一方面我们要想尽一切办法去寻找非物质的资源，另一方面政府也要想办法提供资源，这样的情况下，使得我们重新思考与家庭有关的观念。

基于家庭的观念，可以关注我们讨论的，比如说社会福利的问题，在美国住房问题是很麻烦的，尤其是老人的康复，老人院的条件都很差，而且很贵，老人在里面感觉也很不好，可以说他们去那里是等死，一方面花很多钱，社会投入很多，另一方面又不能够很好地取得效果。假如能够更好地接受儒家的观念，接受我们尊老的传统，那就会减少政府很多不必要的麻烦。从这个角度来说，儒家尊老有助于减轻社会福利上的压力。很多家庭非常不和谐，在这样一些不和谐的因素当中，女人往往被过多地批评，类似的情况在中东也存在，其实在近代欧美也存在这样的问题，女性受压迫的社会现象其实不能单纯地从批判儒家角度来看，因为在西方那样的自由主义、个人主义的观念下，他们认为每一个人都是自由的，所以，每一个人都基本上是自顾自，我自己过得好，别人要怎么样都不管。我和安老师看到这样一种情况，我们认为这种社会现象是不应该让它继续的，所以我们提出，在21世纪应该提倡以家庭为主的伦理观念，来达到一种更好的社会秩序。

问：谢谢罗先生，我想问一个对您有点为难的问题，课程的安排上，罗先生演讲的内容是从《论语》到《孝经》，不知道是课程上的老师随便给您写的，还是您曾经打算做这个演讲？如果您打算做这个演讲，为什么要把这两本儒家的经典放在一起？如果要做这个演讲的话，这个演讲的主题您能给我们简单地说一下吗？谢谢！

罗思文：我事先并不知道他们已经给我安排过这样的题目，我是从安老师的思想谈谈21世纪伦理学的问题。这两本书都是我和安老师翻译的，如果诸位没有太多别的问题，我也愿意谈谈这两本书。

过去一个月当中，我们一直在讨论，因为我和安老师在山东有一个研讨班，也是在谈《论语》、《孝经》、《孟子》这些经典，有不少人跟我们表示，他们不是很同意我们这种做法，仍然希望把儒家搬到西方普遍主义、个人主义的框架下。

问：今天下午罗教授你主要谈到人权，特别是儒家和人权的关系，你把人权分为第一代人权和第二代人权，我问的是第一代人权和第二代人权的关系，第一代人权是不是从第二代人权推出来的？儒家角色伦理当中把家庭放在很重要的位置，今后家庭的作用会越来越重要，也就是说有些地方是政府不能承担的责任，或政府承担这个责任代价太高，比如养老。如果把社会应该承担的责任推向现在目前所拥有的核心家庭，这样的家庭履行伦理需要政府很多政策的配套，如果没有政策配套，按照现在家庭的资质要承担很难，如果把家庭放在这样的位置，家庭的伦理怎么样实施？怎么样和政府的政策进行配套？

罗思文：你的问题提得很好。联合国非常重视人权的基础，什么是最基本的人权，比如说罪犯犯了罪，就可能被剥夺一些基本人权，会丧失自由的权利。关于一个人能够满足自己生存条件的权利，这是最基本的，如果一个人不能生存下去，一些自由权利就没有什么意义了。所以，个人的权利基础似乎就回到理性、自主的个人上。在启蒙时代，洛克那个地方，关于人权概念和君权有一定的关系，君权来自某种神圣的权力，君主不应该为所欲为，某种意义上他也受到神圣权力的约束，而不是为所欲为的。如果个人的权利得不到保障的话，整个资本主义就可以说没有办法发展，因为个人的权利首先是财产的权利要得到保证，他能够感觉到安全，如果没有这种基于个人财产权利的公民和政治权利，整个资本主义都可以说失去了基础。类似的公司也要求有保护财产的权利，如果一个国家可以轻易地剥夺一个公司的财产，没有相应的法律来保证这些财产的安全，这些公司也就谈不上有相应的权利。

安老师和我在这里所要强调的是，这些权利其实现在正在阻止社会公正，也就是说那些已经得到权利的个人和社会团体，他们在获得越来越多的权利的同时，也在伤害那些得不到权利保证的个人和群体。

安老师和我讨论关于强调家庭的观点，应该说与美国目前的社会状况紧密相关。举例来说，美国养老系统花费巨大，效率极低，我认为现在应该鼓励更多的老人能够得到家庭的帮助，残疾的孩子能够待在家里，而不是推给社会。更多的家庭互相帮助，建立街道和人们之间的亲密、互助的关系，而不是仅仅想着我是一个个人，另外还有一个政府，中间还有家庭。当然，这样的路要走下去还是不容易的，因为我们这个时代已经有太容易抛弃家庭的观念，但实际上家庭是我们生活的基础，是不可能离开的。我们呼吁的是，现在的社会必须改变它的思路，更加重视家庭，更加强调家庭。但我并没有说我们不要自由，比如我们倾向于某种集权主义的思路，其实不是这样的。

在美国，我们看到很多警察都带着枪。原因在于，在美国社会，美国人倾向于认为教育是学校的事情，很多情况下，父母都外出工作，家里的孩子是由祖父母看护，所以教育不成功的例子相对也会多一些。相比之下，中国人比较重视教育，父母管教孩子会相对更多一些。所以警察太多不见得是好事，警察太多太贵，好的社会不需要太多的警察。

你们提的问题都非常好。

问：我接着刚才那位老师问的，关于第一代人权和第二代人权的关系，您刚才提到第一代人权，刚才我没有听清楚。在我的理解里，您认为第一代人权是否是第二代人权的前提？是不是说必须有第一代人权的建设和建立才会有第二代人权的产生？但我觉得这样的观点是从西方历史的角度来看的，如果您给我们提供的第二代人权是伦理关系的人权，那么中国古代是注重第二代人权的。从您描绘的全球发展史角度来看，是不是说第一代人权可以是全球古代史当中的人权，第二代人权是西方发展史的民主自由人权，第三代人权是您的理想化，就是儒家伦理指导下的人权，不知道这种理解是不是您要传述给我们的，还是不对的？谢谢！

罗思文：关于第三代人权，在《联合国人权宣言》当中有提到，其中它主要讲到的是本土性、地域性的文化权利不可以被侵犯，这样一种权利被定义为第三代人权。关于您的问题，主要在于人权的基础到底在什么地方？在约翰·洛克那个地方，他认为是来自上帝，但21世纪信上帝的人越来越少了，这就涉及人权的基础好像发生动摇的问题。在美国这样的社会当中，人权的基础基本上是基于前面刚刚提到过的自由的、理性的、自立的个人。也就是说我有言论的自由，我想说什么就说什么，政府不可以剥夺我的言论自由；我有宗教信仰自由，我想进哪个教堂就进哪个教堂，政府不可以阻止我走进去；我有集会游行、跟人交往的自由，政府不可以来阻止我，这就是所谓人权的基础。

在《联合国人权宣言》起草阶段，有一个研究孟子的叫张彭春的学者参与其中，这也是第二代人权之所以能够加入的因素。其实美国是不想要第22—27条有关于第二代人权的说法，比如保障人的工作、教育这样一些权利的说法，而苏联不想要第一代权利，最后它们达成了某种妥协，像表面上都接受了似的。

如果我们换一种思路，把人从本质上看作是非常有相关性的，每个人都是与生俱来和别人有关的观念来说，我们所看到的就不是一种非常抽象的哲学推理，就不会被那样一种纯粹的独立个体的观念所俘获，比如我们只是一个人来到这个世间，孤独一人，只想自己，在乎自己，又很孤独地离开人世，这样的人是被隔离掉的，不在乎别人，感觉不到责任，感觉不到自己与别人的关系。如果看到别人的孩子成长花我付出的税，会觉得付出得太多，这是一种自利自私，只在乎自己的观念是非常独立的个体观念，是我们想要拒绝的。

如果我们理解每个人与生俱来就在某种共同体当中，就能很自然地同情和理解那种第二代的权利，会自愿地帮助他人改善他的经济条件，帮助别人获得教育和工作的权利，在别人生病的时候照顾他人。如果每个人都认识到人与人之间要互相帮助，相应的，我们说话的自由、交往的自由以及其他社会政治的权利在某种意义上也就会自然地产生。所以，我们的人生不仅仅是让自己活得更好，是同时让周围的人活得更好；让人生变得有意义。儒家这样一种伦理观念是在自己不断地提高修养的过程当中承担责任，同时非常满足、快乐地与别人交往，把自己的人生变得更有意义。

我们不见得需要通过读《论语》才能领略到人与人之间这种最基本的关系，儒家的《论语》这种人与人之间的关系我认为是有宗教感的，举例来说，你很小的时候非常开心地给祖母画像，祖母也非常开心，这样做是非常合适的，但其他小朋友或小兄弟让你画你未必会画，因为你觉得让祖母开心是很有意思的一件事情。但后来有别的同伴叫你出去玩，祖母不太舒服，希望你来帮助她，你心里面可能会想要与同伴们出去玩，你可能也会自觉地留在家里帮助祖母减轻一些痛苦。这样一种精神上的关爱，关爱自己的家人，关爱自己的家庭老人这样一种行为和思想方法本质上其实是非常具有宗教性的，它不需要一个超越的上帝，而只需要长者，像祖母一样的长辈，而不需要上帝的宗教性。

问： 罗教授您好！我的问题是这样的，您刚才说中国的儒教也有一定的宗教意味，在我们看来，现在很多的中国人也在想从基督教《圣经》里学习一些东西，《圣经》除了有创世的思想以外，还有就是人与人之间的关系，比如要爱人，爱你的邻居，这和儒家里的"克己复礼"是一致的，您能否比较一下《论语》和《圣经》里处理人伦关系的异同？是不是它俩的共同点也很多？

罗思文： 应该说儒家没有基督教那么严格。虽然两者都谈要爱人，爱你的邻人，两者都长期互相被误会，也长期互相被误读。在过去的1600年当中，基督被称为和平之子，但因此产生的战争也连绵不断，所以基督教传统当中爱人的传统是被忽视的，而相应中国儒家传统当中有一个给君王劝谏的传统也没有贯彻，一般来说老百姓都倾向于过度服从。但儒家与基督教之间有一些明显的不同点，比如说在儒家，你要做一些事情时会问做的原因是什么，按照儒家伦理形式的理由是因为你如果不这样做就不是一个完整的人，但在基督教传统当中，你之所以要这样做，是因为上帝说或上帝告诉你应该这样做，这样就涉及一些很基本的问题，你是谁以及人到底是什么。比如在儒家传统当中，如果你说这个人是"不仁"，也就是说这个人缺乏一些很自然的、人的与生俱来的感情，比如当你的祖母生病痛苦的时候你不能去帮忙，这就是"不仁"，所以，儒家的"仁"是非常自然的，出于真心的状态帮助你的祖母，你这样做的原因是使你成为像一个人的人，这和一个超越的上帝是没有太多关联的，作为一个人你就应该这样做，而西方说，是上帝告诉你要这样做你才这样做。

在基督教的传统中，个人应该怎样做是上帝告诉你应该怎样做，更为重要的是，如果你不这样做就要下地狱。当然，现在很多人不再相信地狱这一说了，所以这些《圣经》的教导也就有一定的困难。作为我个人来说，我并不反对基督教，虽然我并不信教，但我们能在《约翰福音》书里。一方面大家都是兄弟，《圣经》里也说如果彼此不能很好相处，不听上帝的话就会受到惩罚，这样的说法和儒家传统当中说人应该成为很自然而然的人是不一样的，儒家就不存在惩罚的结果，只是说你应该这样做。所以，我认为，在一定程度上，儒家和基督教是可以相容的，基督徒可以从儒家里得到教义，和《新约》的说法也相应，两种说法当中可以找到不同的教育方式，找到儒家教育方式的人伦爱和基督教不同爱的方式的区别。但我相信儒家和基督教是可以相容的，基督教、道家哲学和印度教、伊斯兰教、佛教等方面可以接受上帝，如果接受道德哲学时有对上帝的要求，相信这种信徒将来会越来越少。随着人们接受教育的程度越来越高，那些宣称的存在超自然神迹，存在上帝的这样一些说法，就越来越不被人接受，我们很难接受超自然的描述，虽然儒家的圣人不是一般人，但他们不是纯粹意义上的超人，他们还是人，儒家的教导比较平实，比较能贴近我们日常生活，所以，能被所有人接受。

如果我们用一些词汇，比如说道德哲学词汇，很可能像戴震、黄宗羲这些哲学家那样，虽然提到类似的问题，但不一定能接受这样的词汇。同样，人权、自由这些词汇都是由西方进口过来的，具有明确的西方文化的意义，和中国的本土文化在很多方面相容上有很多困难，而儒家的语言是平实的，谈论父母、兄弟、祖母、叔叔、阿姨，这些关系性的词汇在任何文化当中都可以找得到，还有谈论同辈、晚辈关系可以用任何一种语言谈论，所以，我认为儒家的东西在这个意义上也具有普世性。

谢谢大家！

主持人朱小健： 今天我们的时间已经过了35分钟，因为要翻译，所以稍微延长一点时间，本来我们应该到5点。罗思文教授今天的讲座我听了以后觉得有非常大的受益，我没有能力评价罗先生的讲座，我说三点感受：

第一，罗老师和上午的安老师的讲课使我们感受到一种关联性。关于有限游戏、无限游戏以及独立和关系的看法，确实是比较哲学当中至关重要的概念，而提出者提出宣传、深入研究地改变他们。

第二，我感觉，大家越是具有非常朴素的工作态度和认真的精神。可能各位并不知道，上午我们之所以要赶紧结束，是因为他和安先生已经约好，他们一定要把安先生讲的内容和各位提的每一个问题都讨论一遍。我感觉，他们讨论的主要是好问题，在中医问题上，罗先生和安先生还有较多的讨论。包括联系到前面看，杜维明先生也是，来的第一件事儿问我许先生前面讲的是什么，学员是什么样的反应，有这样的精神才能是大家。以前黄季刚先生就说过一句话，说这个世界上往往是最聪明的人做最笨的事情，他用朴素的精神做事才有可能成功。

第三，罗先生对问题的回答。罗老师的哲学博士后导师是乔姆斯基，可以看到他与乔姆斯基的关联性。罗先生给我们所讲的概念，语言精练、准确和表述全面，我认为这是国际传播和中华文化传播非常重要的。要把它说对、说准，并且说得比较全面、相当精练，这个相当精练和全面、准确同样也体现在温老师的翻译和解释上。所以，我们一并感谢温老师。谢谢！

中西文化比较

田辰山

主持人朱小健： 各位老师，今天来的是田辰山教授，田老师昨天和今天的身份还不太一样，昨天是阐释者，今天是弘扬者。今天的专家是相对各有特色，就他们的经历来说就有非常不同的视野和角度，比如许先生是非常高的角度，杜先生和田先生虽然有不同的身份，但因为田先生是从大陆到海外的，在海外待了几十年，杜先生也是从另外的地方过去的，因此有海外视角。安先生和罗先生的视角又有所不同，安先生是从加拿大到美国的。他们对于不同民族、不同文化之间的差异性以及共同性之间的探讨有着它本身内在的一些动因。田老师在最近这几年把主要的精力放到了国内不同的院校里，以前主要在夏威夷大学，昨天安老师介绍的 57 个教授里就有田老师。田老师这几年在国内做了非常多的工作，所以，我们也非常钦佩田老师作为一个华人，对于我们中国文化的一份情愫和由对它的热爱而做出的研究。有请田老师！

田辰山： 非常高兴有这种机会和大家交流，这个交流是我自己的一点心得。作为一个从大陆改革开放以后到西方去，在西方待了二十年的人，在情怀上总有一些感觉，我想把这个感觉跟大家分享一下。我在美国待了近二十年，基本是在夏威夷，也在本土教了一段时间的课。我的一个很重要的感觉是中国和西方差异是很大的，中国和西方的前途正像昨天安乐哲老师所讲的，中美两个国家总体上可以代表东方国家和西方国家，这两个国家在经济、政治上都处于非常高的层次，如果这两个国家将来能够互相了解，能够联手做一些对世界有利的事情，这个世界会受益匪浅。如果这两个国家将来有问题，结果很难设想。怎么考虑这个问题，将来怎么办，想到中西方、中国和美国之间的文化差异，我自己在学习和研究中得出了两个简单的比较模式，我在美国和在中国教美国班的学生就是用这种比较模式教课。

最近我们在尼山举办了一次高端的、哲学内涵上的中西方交流。来自中国几所大学的博士生、硕士生及其老师和来自一些美国大学的十几位哲学教授一起进行交流，进行中国文化师资培训，我给他们上课的时候也采用这种比较模式，这个模式是很简洁的方法，现在我与大家分享一下。

中华文明走出去，在我们与西方人接触中，比如中国女士与西方男士交朋友，中国男士与西方女士交朋友，都会发生两种不同思维方式相互碰撞的情形。这种情形都可以归结为西方一种三角形结构和中国一种圆形结构思维方式的碰撞。这是中西思想文化比较的方法，这个方法比较简洁，我们用这个简洁的分析方法，不是在说中西方是对立的。以这两个模式来理解西方文化和中国文化，只是相对而言。其实仔细想一下，中国人思维时也有包含这两种思维方式的情况，只是程度上反差不像一个中国人和一个西方人在一起时那么大。我把中国人包含这两种思维方式的情况叫做"四不像认知"。中国学界现在有很多争论不休的问题，有很多争论的问题其实反映了我们学界和社会上把这两个不同认知思维方式同时放在自己的头脑当中的情况，是这种情况引起我们在很多问题上的困惑。

我使用这两个结构并不是说中国是这个结构，西方是那个结构，以此绝对地划分。在西方也有中国这样的结构，在中国也有西方那样的结构。三角形结构表示一种二元对立思维，圆形结构表示一种互系性思维，也即认为一切事物都是互相联系、不能截然分开的。我们不是在讲西方是二元对立，中国是互系思维，西方与中国是一个二元对立；不是一讲中国和西方文化差别就是在把两个文化截然对立起来，这一点是特别需要说明的，不然会容易产生误会。我教过很多课，我教课的核心就是讲中西方文化的差别，你讲差别讲多了，有时候人们就怀疑你是不是在讲中国和西方两者对立，不能融合。其实不是这样的，差别也只是相对而言，这是分析方法的问题，在现实生活当中，我们的头脑是很可能同时具有这两种思维模式，但我们的分析方法给出一个很清晰的东西，能帮助我们对思维有更深刻的认识。

中西方不是二元对立，就像太极图所表示的，阴中有阳，阳中有阴。西方传统思想中可以找到中国和东方的一些因素，中国人的思维当中也可以找到西方的思维表现。但是对于西方思想传统，我们可以用一两句话将它总结出来，那就是，西方思想传统的主流、主要方面表达的是一种超绝的、二元性的宇宙观认识和以它为基础的二元对立思维方式，昨天安乐哲举的一些例子，其实都反映出西方思想传统的超绝、二元性的结构。此外，西方的非主流、非主要方面是一种非超绝的、非二元性的。西方总体上应当这样去理解。比如安老师举的詹姆斯·卡尔斯（James Carse）的有限游戏和无限游戏的说法，有限游戏指的就是主流的西方超绝性、二元对立思维方式，他说的无限游戏规则是非主流的表现——一种非超绝的，非二元性的。什么叫非主流、非二元性、非超绝性？得先把主流、超绝性、二元性说清楚。这个问题现在暂且搁置一下。先捎带说一下中国的思维方式，中国的思想传统反映出我们在主流和主要方面是非超绝、非二元性。我们的非主流方面则表现出与西方超绝性、二元性类似的东西，这可以作为我们简单地得出的一个结论。

什么是超绝性，什么是二元性？简洁地说，就是西方思想传统总有一个上帝式的创造和主宰一切的超绝物，这是超绝性；它和任何其他事物之间、万物之间都是严格分开、独立、互不联系、冲突的，这是二元性。

这样的说法很有用，研究社会科学，从事政府、教育和文化工作的人与西方人接触，知道西方是这样的思维会很有用。我们可以做个实验，我请一两个人讲讲他所认识到的中国和西方思想文化传统的差别在哪儿？如果我们对他们提出的这些差别问题不知道如何理解，一会儿可以利用中西方的简单结构去解释，用两个简单的结构作比较就可以对文化差别问题获得比较清楚的理解。哪位愿意讲讲中国思想传统和西方思想传统的差别在哪儿？我们学界经常争论这种问题。然后我们用两个简单的结构解释一下这个问题。

答：我觉得西方很强调独立、自由和个体，中国更强调人与人之间的整体性，另外大家都喜欢家庭式的生活，西方特别强调个体。

田辰山：您能讲讲为什么是这样？

答：我觉得中国的观念应该和儒家观念、中庸的思想有关系，西方不太了解。

田辰山：这个问题我们先搁置起来，为什么西方注意个体，中国为什么注意整体。我们先把问题留在这儿；其实"为什么"就是我们要提出来的这两个结构。

问：我自己有个感想。在社会发展方面，有一个人曾指出，一个汉代的中国人如果在唐代的时候复活，他会感到非常舒服，因为汉唐社会的延续性非常强，而且唐代的经济、物质文化水平都比汉代高，但古希腊人在文艺复兴时期复活会感到无所适从，所以在文化发展方面，中国文化强调延续性、延展性和发展的思路，而西方文化是一种变革性的。不知道这个模式跟它可不可以对话？

田辰山：在回答这个问题之前，分析这个原因之前，我们可以先想想中国文化和西方文化到底有什么差别？

中国文化和西方文化归根结底的差别其实是结构性的差别。如果我们一开始就能够拿中西方思想传统各自不同的结构性差异来进行文化比较的话，很多问题本来不成为问题的。中国文化与西方文化的差别，归根结底的关键，是两个思想传统在结构上的差别。只有从结构差别上看问题，才能得到一个确切的回答。

我们看一看现在都提出什么问题，中国传统思想是不是哲学？儒家思想是不是宗教？到底有没有普世价值？现在在场的各位认为有没有普世价值？学界争论比较多。如果我们用中西方比较思想传统结构的方法看问题，这些本来都不是问题的。中国传统思想是哲学，但不是"philosophy"；儒家思想是宗教，但不是"religion"；西方思想传统是超绝性、二元性，所以认为有普世价值；中国思想传统没有超绝性、二元性，认为世界上没有绝对性，所以也没有普世价值。这都是结构性的差异所致。

我的理解，中国和西方文化差别是一种结构性的差别，这种结构性差别带来了我们刚刚所提出的问题及所看到的那些差别。如果中国遵从着儒家思想，西方遵从个人主义、自由民主，而这种个人主义、自由民主同儒家思想是有着结构性差别的。

我们现在看一下 1. 西方认知的结构；2. 中国认知的结构；3. 中间出现的一个"四不像认知"。

西方认知结构和中国认知结构，是笼统的归纳，是为了笼统区分西方和中国的两个不同传统的认知结构，只是分析方法，为了利于理解。其实在现实中，这两个模式之间存在着大量的既西方又中国、既非西方又非中国的东西表现在我们日常生活中，表现在我们的文化思维当中，我们今天把这个作为主要问题讲一讲。

认知首先是对世界形成什么样的看法。远古时代，人类的祖先最初看到自然界的万物，自己周围这些人、动物、鸟类、树木、山河的时候，作为中国和西方这两个文化传统、两个文明，先哲们都要问同一个问题，这些东西到底是哪儿来的？怎么会有那么多人？怎么会有山河？怎么会有那么多花草鱼虫？西方人在面对这个问题的时候有一个回答方式，这个回答方式就造就了西方人对自然、宇宙的认识论。中国人面对这个问题也有中国人的回答方式，这个回答方式就造就了我们对世界万物的认识，也造就了中国文化独具特色的思想方式。

西方人在面对世界从哪里来这个问题的时候抱有的回答方式，可以拿某种对待处理无头案的态度作比喻。如果发生了一起案件，某人被谋杀，你找不到任何证据，没有任何破案线索，对侦破这个案件无从下手。怎么办？这个时候西方人的态度是采用一种假设的方式：假设是某人所为，去对此人进行调查；调查结果证明不是，或者证明是该人所犯罪行，都好办。就怕调查结果既不证明是该人所为，也不证明不是该人所为；这个人就要永远作为嫌疑对象了。西方人的假设能力是很发达的。

回到世界从哪里来的问题上来，假设是什么呢？西方哲人假设了万物之外有一个万能的东西，有个开世界之始的东西，世界万物一切都从它那儿开始。西方各个时期思想家对这个东西的称呼是不一样的，为什么只有一个东西？为什么这个东西是万能的东西？

假设只有一个东西开世界之始的故事从哪儿讲起？应该从苏格拉底那儿开始。大家知道苏格拉底被判死刑，他在法庭上非常出色地替自己辩护，他辩护自己为什么不应该被判有罪。苏格拉底讲的到底是个什么故事？我们读西方传统典籍就能理解到，苏格拉底是因为鼓吹一神论而被判死刑，他的辩护是论证一神论的正确。苏格拉底虽然服刑而死，但是对西方思想文化的一神论传统的确立奠定了基础。在这个基础上，柏拉图、亚里士多德接着将之继承发展，后来结合了犹太教的宗教思想，一神论的传统在西方得以确立，开启了延续两千多年的基督教传统。

一神论（或一个超绝体的概念）在西方形成了主流的宇宙观，它假设了只有一个万能的东西，是它制造了一切，是它带来了一切，一切的原因都从它那儿开始。如果有这样的假设，有这样的宇宙认识论，这个宇宙认识论就形成了一个体系，构成了一个范畴。也可以说，我们所谈到的西方知识，如哲学发展、神学发展、科学发展、社会科学发展等领域，从"一神论"诞生到今天为止，一直都是在这样的一个范畴中发展的，从寻找这个"神"的存在，寻找它存在的状态以及它存在以后给宇宙带来了什么。它建立了一个有秩序的宇宙，这个宇宙是按照一个外在的、固定的规则而运行的，从它创造宇宙开始一直到宇宙灭亡，是它的一个计划，这个计划有一个从开始到末日的过程。所以，西方一切知识都在回答或者围绕着这些问题。

我们都知道，马克思主义传到中国，有一个"规律"的概念，西语是"law"。当然，马克思是无神论，他的"规律"概念不是上帝设定的。但是原本这个"law"的概念是作为上帝为宇宙万物设定的"法"的概念。上帝创造了人，给了人理性的能力，是让他看到世界万物，去认识上帝设下的规则和法则，这个 law 是作为被人类理解的规则和法则，所以，就产生出各种各样的科学出来。总而言之，西方的知识或学术体系是围绕着这样一个宇宙观作为基础内容的范畴在说话的。

了解了这样一个范畴，我们就知道，由于这样一种认识宇宙的方式方法，就形成了在这样一种认识基础上的西方思维方式。西方的思维方式是二元主义或者说二元论的，也就是英文"dualism"，只有西方才有鲜明的二元论或二元对立论。中国有二元观念，但是没有二元论；阴和阳就是二元，而且我管它叫"二元互系论"（或偶对互系论）。需要区别的是，在中文当中所说的二元和西方的 dualism 根本差别的地方是两者之间的关系在汉语中是那种阴阳中的你中有我，我中有你分不开的关系。而二元的关系在英文里就是两个独立的东西，中间是没有关系的，它们一旦构成关系，必然是一个决定另一个。两个东西各自是独立的，如果有关系，必定是一个支配另外一个的单向单线性，这就是二元关系，在形成 A 决定 B 之前，两者在一起是矛盾和冲突的。矛盾和冲突是绝对的，这叫二元主义，这在汉语当中不存在。

汉语中的阴和阳是差别问题，不同问题，但二者之间是"和"的问题，分不开的问题，这点是与西方思想文化表现出的思维方式有根本差别的。也就是说西方这种宇宙观所表达的思维方式可以看成包含两部分，是结构性的。第一部分是超绝的"一"，意味着就只有这么一个东西；第二个部分是"万物"。是这样一种认识，"一"和"万物"之间是各自独立的关系，"万物"是"一"生成和创造出来的，"万物"和"一"是不能等同的，是各自独立存在的，这个关系是"一"决定了"万物"的存在，决定了"万物"的生存。这是一层关系上的二元对立主义。

还有另一层次的二元对立，就是"万物"都是单一地由"一"生成的，万物的每一单个个体都直接与超绝的"一"有单独的关系。也就是说西方思维当中，万物的作为单个个体的物与"一"之间有关系，但万物的单个个体之间不存在必然联系，如果他们之间有必然性，即是他们之间的关系必然是各自独立存在的，一旦它们相互遇到、产生关系的时候必定是冲突、排斥的。

西方的基督教文化也提倡人之间的相爱，但是这个爱不是人与人之间直接关系的相爱，而是通过上帝外在指示的爱，这里面有一个曲折，曲折点是有一个上帝在起作用。万物和万物之间是各自独立的，各自独立之间的物体就会产生排斥，就会产生 A 决定 B 的单线单向关系。这个意义是西方的二元主义思维方式决定的，这种二元主义思维方式来自西方对宇宙的认识也即对宇宙的那种假设。

中国是讲一种"自然宇宙观"，它没有设想出来的那种"上帝"概念。中国的先哲虽然一开始所看到的也是万物，但中国人认识世界时，并没有在谁创造世界这个命题上做假设。因为中国不习惯做假设，而且认为做假设的意义不太大，因为不太靠谱。比如隔壁某人被谋杀了，没有线索，是个无头案，我们一般不可能去假设谁是凶手。我们一般不做假设，只有等到下一次又发生什么案件，把旧案又牵连出来，我们才再重新把这个旧案拣起来，中国这点上的处理方式和西方很不一样，我们完全是根据现实情况决定如何去做。所以，根据中国人的思维，由于看到的宇宙就是"万物"，我们是在观察万物的基础上总结和形成了一套中国对宇宙的看法。昨天安乐哲讲了唐君毅，认为中国有的是一种非假设性的自然宇宙观。

在总结万物的基础上中国思想传统得出这样的观念。首先，在中国的宇宙观之中缺少了西方宇宙观中的一部分，就是上帝那部分内容，我们完全是万物的部分，是从万物的部分之中总结出中国人对宇宙的认知，这样总结出来就是"一阴一阳谓之道"。"道"是什么？就是万物之间互相联系的路向，万物之间是怎么联系的，是怎么运行的，过去怎么样，现在怎么样；中国人研究的是这套东西。所以可以追溯到《易经》中去，宇宙被看作是延续性、联系性的宇宙，是互系的宇宙，互系的方式方法就是一阴一阳的，中国道的观念是这样产生出来的。如果中国自然宇宙观看到的是万物，那么万物之间是互相联系的；中国人的思维方式是什么？就是注重考虑万物之间的互相联系是什么。任何一种关系都可以用道的观念称谓它，任何关系都是一阴一阳的基本走向，所以，中国人对宇宙的认识是

"道"的观念,是自然的宇宙观,也是中国人的基本思维结构。

如何概括中国人的思维结构?有一个词叫做"一多不分",最初是唐君毅先生提出的,安乐哲先生经常引用这个观念,我也很喜欢这个说法。"一"是什么?它不是西方的"一",西方的"一"是超绝万物的,中国的"一"是道的观念,"一"就是"道","道"就是万物分不开的关系。由于分不开的关系,中国人看到的万物是浑然而一的,也即所谓"整体性"的。这个"一"是万物之间延续的,扯不开、剪不断,所以万物可看成一个整体,这个"一"与万物是不相分的,所以叫"一多不分",也就是说"一"是存于万物之中的。我们读老子的《道德经》讲"道可道,非常道",一就是不可道之道。

这里很重要的是"一多不分"之中有一个"一",这不是超绝于外面的"一",而是安乐哲先生昨天讲的"focus/field"(或曰心场)——一个焦点和所在的场域。(图)场域当中的红点表示我们看待某物或某件事物的时候,实际上是把它作为焦点看待,因为把它当作焦点,所以总是把它放到一定范畴的"场"当中去,"一多不分"实际上就是这样一个focus/field的理念,我称它为"心场结构"。中国人看待事物总是看待某一事物和它在场之中的位置与场域所具有的关系。所以,"一多不分"就是"心场结构"的必然逻辑。

这样,我们就得出两个基本的思维结构,可以把"一多二元"叫做西方的思维结构。我认为中国的思维之中虽然也有"一多二元"表现,所不同的是,这种思维表现在中国思想文化传统整个发展长河当中不是主流的东西,是支流的,而西方恰恰是"一多二元"形成了主流,西方主流意识形态是这样的。中国是"一多不分"的结构,"一多不分"是中国思想文化传统长河发展过程之中的主流。

在典型的西方结构和典型的中国结构(姑且这么说)中都存在大量的以各自为主并兼存他方结构的状态,当我们对这种状况没有意识的时候则表现为混乱的思维认知情形。为什么叫"一多二元"呢?看看"一"在这儿,"多"在这儿,"一"和万物分开的,是各自独立的,是个"一"与"多"的结构方式。这个结构方式非常简明。

(图)左边是西方人对人的一种认识,也就是把人看作是各自独立的个体,两个人之间一旦产生关系,它必然是一种单线的,A决定B,所以西方人很注重人与人之间的等级关系,很容易就把人与人之间的关系想成等级关系。比如哥哥和弟弟，丈夫和妻子，父亲和儿子。在中国儒家思想传统当中这种关系不是等级关系，这种关系中有强有弱，但强弱是相对的、变化的。之所以不是等级关系，是因为关系在中国思想传统中总是双向的，互相的。所以尽管有强弱，但不是一种等级关系。但在西方，任何力量上的强和弱都被认为是构成等级关系的。

英文中把人类叫做"human beings"。什么叫"being"？就是西方对宇宙的看法，它把现象看成是不定的、变化的，认为现象背后有一个不变的东西，所以它把人看成是每个人或人类都有一个不变的本质的东西，being 这个词表达的是本质不变的东西。假如你是 human being，你是本质意义上的人，这个本质是不变的，这个本质是用 being 表达的。这也是西方人对人、对事物的认识，用语言所表达的是不变的东西，是本质的东西。这样我们可以了解到 human beings 体现的是西方语言承载的思维结构，对宇宙的认识。语言是表达变的背后不变的质。

现在我们回头来理解一下刚才那位先生谈到的西方文化与中国文化的差别，就好解释了。为什么西方很强调独立、自由和个体，中国更强调人与人之间的整体性，另外大家都喜欢家庭式的生活，西方特别强调个体？因为西方思想传统看到的"万物"都是单个个体，互相不联系，就是所说独立、自由、个体。而中国传统更强调整体性，整体性就是中国认识到的互系性、不分性。中国人注重家庭生活，其实是注重人与人不通过上帝的、直接的、血肉的关系。由于这个原因，中国语言和西方语言在语言上都是存在结构性的很大差别。

中国人对人是怎么看的？不是看成不变的质，而是把人看作是一个过程。我们一出生，尚未成人，须经过一个成人的过程。活到老，学到老，人的一生都处在成人过程。从儒家思想看，就是做人过程。如果你出生之后多少年内仍没有完成这个做人过程，你的性格、思维、情感等仍然保留动物性，与达到成熟的人性区别很大，从中国人角度看，你没有完成成人阶段，哪怕你 90 岁、100 岁仍然不能算是人。所以"你不是人"在中国是一句对人批评很重的话，就是指没有完成做人的过程。中国的把人看成是一个过程，西方的把人看成是本质，是中国语言和西方语言所表达的很不同的东西，也是中国人的思维结构和西方人的思维结构根本的差异。所以安乐哲作翻译非常强调这一点，他要让读者注意，中国认识的"人"是 human becomings，也就是人是作为成人的过程而存在的。

如果对人有这样的认识的话，那么西方所说的"individuality"（个体性）在中国人的思维结构当中就是不存在的，字面上也是很淡化的。这是因为中国思想传统注重的是人与人的关系，即使我们在讲个体的时候，意思也不是西方的 individuality。中国人讲个体总是放在关系当中去的，个体的成功与失败都与其所具有的关系分不开。而不是西方那样把个人抽出来，不考虑其所在的环境和场域，而只是在这种状况下才会有 individuality 的感觉。我感觉，用中文个人主义作为 individualism 的翻译其实很不确切，individuality 实际上更侧重的是"一己"的意思，我一个，我自己，周围的东西都不考虑在内。

现在总结一下结构，西方是一种上帝在上的"金字塔"结构，而中国的思维方式是一种道的结构、心场结构。

这里需要强调一点，两个不同的结构最根本的差别在哪儿？西方为什么是个三角形或金字塔形呢？中国为什么是"道"，是"圆"的，是"心场结构"？最根本决定的差别是两点：超绝主义与二元主义。西方有超绝"一"的概念，也就是前面讲的超绝性，就是上帝；"一"成为西方思想传统和思维方式不可脱离的东西。"一"在于它的主宰性，由于"一"的主宰性造就西方对宇宙的认识，使得西方所发展出来的思维方式无法丢弃超绝主义。正是因为这个超绝的东西，一切事物之间的关系才是一种二元对立的关系；"多"之间是冲突竞争的关系。这两点区别于中国思想文化传统，将西方传统与中国传统区别开来，中国恰恰没有超绝，没有万物之间的二元对立，所以才造就中国的"圆"。也就是说中国看到万物，不把万物当中某一个因素拔高为一个超绝的"一"，让它起到西方文化传统中那样的角色。如果在中国出现将万物当中某一个东西拔高到西方超绝的"一"地位的时候，中国的思想文化传统就会出现很大的问题。

我作为一班之长，如果要当好班长，必须跟班上每一个同学都有很好的关系，我在考虑班级事务并做决定的时候不能考虑我自己，要考虑到全班的，甚至每一个人的状况，这样才能使得你与全班同学之间紧密联系，使你无法脱离群体，让你避免超绝性。一旦你的超绝显现出来，不考虑全班的事务，只考虑在当班长的时候自己能得到什么好处，就等于你让自己从全班超绝出来，使你和全班形成一种单向关系，全班是为你服务，而不是你和全班之间有互相的关系，形成分不开的关系。用这样的超绝概念，可以说明中国在经济、政治上发生的问题。所以中国历史是这样的一种历史：不少朝代到了最后几个皇帝执政时，到儿子、孙子、重孙子掌权的时候完全是在享受，完全是为自己的利益，或者自己在争权夺利，不把自己的事务和民间的事务作为相互不可分的关系，而是发生单线单向统治的混乱关系，这样民间就产生灾难、混乱、腐败、外族侵略、民不聊生、人民起义，使王朝走向末日，中国的历史是按照这样的路向来反复循环的。中国没有超绝的东西，一旦出现这样超绝的东西中国的文化传统就发生问题。

西方"一多二元"和中国"一多不分"的思维在今天让我们有了困惑。现在我们认知当中兼有这两种思维所产生的这个困惑给我们自己造成了一种后果，导致我们这个时代，乃至自己在很多问题上彷徨。浏览互联网会看到上面有很多稀奇古怪的事情，反映出我们文化中存在的这两个结构相互胶着，这一状态导致认知思维的混杂。这实际是缺乏逻辑性的"四不像"浑浊状态。那到底是怎么一个状态？一方面是一种用西方三角形的思维结构和宇宙观来认知中国；这也就是安乐哲老师经常说的，中国的事情不能用西方概念、西方思维来套，如果套的话，相当于是用鞋拔子，把中国的东西硬塞入西方思维结构，把中国的东西扭曲。另一方面，是我们用中国的观念去理解西方的东西，经常是我们以为西方的某种概念和某种思想表达的是中国思想传统的某种意义。

很典型的是民主问题，民主在英文里是"democracy"，democracy 的含义是西方文化特质性的。如果利用我们刚才所说的两个框架来理解它，democracy 是一个三角形的结构，和上帝分不开的。可以讲，没有上帝就没有 democracy，是和那种特质的一多二元思维方式联系在一起的。我们来看看这个三角形的民主结构；底部发生的是人与人之间的竞争；通过竞争，谁成功谁往上走。到了第二层次，是利益集团、大公司、财团之间的竞争；再往上一个层次，是进行两党竞争，争取在西方三权鼎立的政治结构当中占有更多席位。只有通过竞争，才使某些个人胜出，达到了这个地位，才真正达到了在最顶端的、由上帝赐予人的自由、民主、人权、幸福、权力，这些东西才能得到。而在底部，个体之间仍在竞争，竞争什么？竞争获得幸福的前途。这个幸福包括什么？就包括人权、自由、财富、权力、健康等各种美好的事情，任何美好的事情都是上帝给你的，上帝赐予的东西是要通过竞争获得的，这样的社会运行的政治架构叫 de-mocracy。中国人讲的民主，是人民当家做主，人民当家做主的思想从汤武革命就开始有了,一直传到今天。无论是历史上农民起义、孙中山的国民革命还是共产党的新民主主义革命都传承着人民当家做主的思想。但这不是西方 democracy 架构和意识当中所设计的东西。我们中国人并不理解 democracy 是什么,而是根据翻译成中文的"民主"二字去望文生义地理解西方"democracy"的,也就是说,是用中国人的思维结构、中国人的理解方式去理解西方东西的。缺乏逻辑性的"四不象"浑浊状态是双向的,一方面是从西方角度理解中国,另一方面是从中国角度理解西方,是一种胶着的状态。

这次在尼山,中国有十几个研究生、博士生,他们与 11 位在美国讲授中国文化的教授结成对子。中国学员向他们问了很多关于美国现实社会的问题,当听到美国大学教授给他们讲美国的民主到底是怎么回事、怎么运行时都惊呆了,没有想到自己从中文角度理解的西方民主 democracy 在西方竟是出乎预料的状态和思维结构。这说明中国人理解西方是一种一相情愿的,完全在想象层面去理解它,并没有真正理解西方 democracy 本身的含义。还有西方的人权和自由概念,西方的人权概念含义是人权是上帝所授予的,人和人之间是不授予人权的,在西方一多二元思维结构中不存在这个逻辑,必须有个神圣的东西给人权利,那是西方文化特质的一种思维逻辑。

是这样造成的一种矛盾混杂的状态。什么是用中国的认知理解西方的东西?什么是用西方的认知理解中国的东西?实际上就是以互系性认知理解二元性认知。中国考虑的是万物之间的互相联系,中国人的思维方式是互系性的思维结构,中国人是用互系性思维结构理解西方的二元主义关系,是用阴阳理解西方 A 和 B 之间的关系,西方所认为的 A 和 B 之间单线单向的、A 决定 B 的关系,我们把它理解为互相的、阴阳的关系,认为是 A 中有 B、B 中有 A 的关系。

用西方的概念理解中国,实际是用二元性认知打乱中国的互系性认识,就是说采用西方任何一种概念来套中国,实际都是对中国原有思想文化中互系性的思维结构的一种扭曲,把原来的东西给打乱。所以我们有这样一种感觉,西方的概念,每当我们想去用它看待中国的时候,很多原来感觉起来、理解起来理所应当的事情都变得不是那么回事,都变得值得质疑了。

这有一本人民出版社出版的《中国人的思维批判》,这本书得出中国的传统思维方式结论和我的结论有点类似，但它完全是否定中国的思维方式，认为它模糊、混乱、僵化，是中国落后、独裁的根本原因。它的作者预言："如果不彻底改变落后的思维方式，中国人超越西方永远是一句空话、一个不切实际的幻想。"① 实际上这正是用西方角度看待中国，使得本来从中国角度看中国、在自己的文化中很舒服的东西，一旦从西方角度来看中国就觉得中国什么东西都存在问题了。这也就是我们说的，如果我们这样看待中国事物的话，其实是缺乏逻辑性的"四不像"浑浊认知状态；就是用简单、直线的思维方式理解中国，把中国比较复杂的、互系性的认知方法用一种简单的、直线思维结构来代替。我认为现在最简单的思维结构是频繁出现在广告语言中的，大家可以研究研究广告语言，比如哪儿哪儿出了问题，来吃我的什么什么药。这个现象不能小看，因为一种广告对成年人来说影响思维成长还没有那么严重，但儿童整天成长在这样的广告环境中对形成他们的思维结构的影响是相当大的，将来培养出来他们的思维结构就是简单的。如果我们现在不开始对儿童进行比较复杂性的中国传统文化的教育，未来培养出来的这些孩子的思维结构将是非常简单的。

这个简单思维结构既不是中国互系性的思维，也不是西方单线单向、二元对立的思维，而是二者胶着浑浊状态的。我们现在有大量"中不中、西不西"的东西，同时拿这两个话语说话，导致把本来清晰的问题搞得很浑浊混乱，引起很多的争论，大家又蜂拥而上，结果都处在非常浑浊的思维状态之中。

"四不像"认知下出现了很多问题，现在的很多争论实际就是因为这些浑浊状态的思维而产生的。比如：有没有普世价值？还有，有些人抱怨中国人道德败坏，认为原因是中国人不信宗教，没有宗教情怀，所以提出应该提倡中国人都信宗教，说有了宗教情怀以后，中国人的道德观念就有了。但他们没法解释中国的儒家传统是充满了道德感的，而儒家的思想并没有让我们去信仰上帝。这个问题这样认识到底对不对？另外，我们再考虑考虑中国思想文化的价值观问题：西方的价值观很明确——个人主义、自由、民主、人权，但是中国人的价值观是什么？很多人都提了一些价值出来，但是分歧很大，没有能够在什么是中国价值的问题上取得一致意

---

① 该书第9页。

见，甚至连中国的价值观是什么都达不成共识。

为什么今天中国人开始问起来中国的价值观是什么？实际这也是受了西方思想的影响导致。西方人有西方人的价值观，于是我们也开始想并开始问我们自己的价值观是什么，回答时学者们确实能找到一大堆价值，但怎么也总结不出可以与西方"个人主义、自由、人权、民主"相对应的中国价值观。我们现在也开始搞文化外交、公共外交、软实力，等等，中国也是在外交上要向外介绍自己的价值观的，但中国的价值观究竟是什么，我们是不能没有一个圆满的答案的。

还有人热心于谈论中国人的文化认同是什么？认同的英语是 identify，它是和价值观联系在一起的。西方文化的 identify 很清楚，如个人主义等。中国文化的 identify 是什么，学者之间又发生很大的争论。北京大学一位学者非常关注这个问题，为了找到文化的 identify，认清中国文化是什么，要怎么去说出它来，他写了不少东西，召开了很多次会议。而从"一多二元"同"一多不分"结构的比较层次讨论，"一多不分"本身就是中国文化的特质核心，是独具中国特色的宇宙观、思维方式和价值观结构。

中国有没有自由？很多中国学生到美国读书，有一阵子美国媒体很愿意采访中国人，问你到美国来以后有什么感觉，是不是感到我们很自由？中国同学最普遍的回答是美国很自由，美国的自由至少比我们中国多，但是这种回答其实也反映了二元对立，反映了西方的价值观念、思想对我们现实社会人的思想所产生的影响。如果从两种思想文化结构比较和思考，比较清楚，西方自由是那个三角形结构意义上的 liberty 或 freedom，与汉语"自由"的中国文化含义不是同一范畴中的东西，中国人不会脱离自由的对象而讲什么绝对或抽象的自由。自由的内容是具体的，总是与纪律或者约束联系在一起而论的。

儒学是宗教吗？昨天安乐哲老师做了一些回答。如果从英文角度来讲宗教感的话，就是人与人之间的关照。在西方文化中由于教会组织的存在，产生了人与人之间的关照，这种人与人之间的关照是基于上帝的角度。它集中表现在教会里，比如有的同学初到美国，经济困乏，身无分文，这时候教会出来帮助他，这就是人与人之间的关照。人与人之间的关照西方是有的，但那是在教会里进行的。中国没有西方那种普遍的教会组织，但儒家传统的社会和团体，儒家伦理的家庭是存在的。所以，在这个英文意思层次上，中国有"宗教感"（religiousness），有人与人之间的关照,但这不是宗教。

现在中国还有儒家、道家是不是哲学的争论。西方的哲学是 philosophy。其实如果知道这两个思想文化传统结构是不一样的,这个问题原本是没有什么可争论的。西方哲学是从古希腊发展而来的 philosophy,形而上学的哲学。中国人没有同样的形而上学的、假设性质的哲学。西方人将它叫作智,哲学是爱智。应该说,"哲学"这两个汉字,作为"philosophy"的翻译,其实由于中西思想传统具有不同结构,二者并不等同,而是相差迥异。中国没有 philosophy,但是中国有哲学,西方有 philosophy,但是没有哲学。我们不要用西方 philosophy 来衡量中国有没有哲学。在这个问题上产生很大的争论,实际表现着目前中国与西方认识思维结构存在着胶着的状态。

中国还出现了"中国人没有信仰"的抱怨。这和问中国有没有哲学是同一原因。

要回答中国人有没有信仰的问题。这需要理解中国和西方的不同文化状态和结构,我们可以说我们有我们的信仰,但这不是西方意义的信仰。中国人的信仰不是 belief,不是 faith;信仰在西方人来说是 belief,是 faith。那就是上帝,没有信仰就等于不信上帝,没有上帝的信仰就是没有道德的。西方人认为没有信仰、没有宗教的人是很可怕的。中国人有信仰,但信仰的不是上帝。中国人相信的东西可以归结为一个字:"道",是事物之间运行的适当方式、方法,就是我们琢磨在任何场合、地点遇到具体问题时要使用的非常具体的做法、说法或恰当的关系。自古以来我们讲的信仰是这样的,我们相信"天道",相信"人道",就是相信自然和人类社会的适当的关系。

各种各样现象在现实生活当中层出不穷。我做 PPT 的时候正好发生了上海学生刀刺其母这一事件。由于他母亲没能给够他钱,他在日本生活发生困难,这个学生用刀刺了其母亲 8 刀,有人叫他"汪八刀"。为什么怪现象现在中国这么多?为什么各种不可思议的现象层出不穷?这和我们这个"四不像"的状况有关。再比如开着价值 50 多万元的宝马车来上课,手机号码有七八个,身兼三家上市公司独立董事的云南大学副教授尹晓冰事件,这三个身份标签出现在今日的媒体上,映衬这三个身份标签的是他的另一番宏论:"大学教师全身投入教学是种毁灭——毁灭自己,照亮别人。"

为什么这样的事情在网络、媒体上炒得那么热？这是由于西方和中国的思维结构胶着在一起，于是大家在认知问题上就产生了很多困惑，导致争论。这种状况是由于二元对立式的西方思维结构，我要是赢你就得输，你要是赢我就得输。正如昨天安教授讲的有限游戏和无限游戏，如果是利他我自己就完了，如果是利己他就得完。这与中国儒家思想传统相比恰是背道而驰。儒家的思想是，方便别人就是方便自己，己欲立而立人，己欲达而达人。如果我们任凭风浪起稳坐钓鱼台，守持中国这样的思维结构，我想这种"宏论"，这种争论肯定就不是今天这种状态了。

　　有一些极力取消死刑反对死刑的人说死刑野蛮不文明，好像只有他们才是代表先进的思想，这是我从媒体上抄来的一句。为什么现在有这样的争论，这还是受西方影响的缘故。我记得在美国上哲学课讲康德时，班上同学争论得很厉害，他们争论杀人对不对，有人说杀人对，有人说杀人不对，争论了几乎一堂课，但我一言没发。最后学生让我谈谈看法，我只说了一句话：该杀的就杀，不该杀的不杀，没什么好争论的。在杀人问题上，对和错没有绝对的原则，你受到严重的人身威胁，你的妻子和小孩被别人杀死，这时你还说杀人不对，我总认为是迂腐了。为什么中国相信"道"，"道"没有抽象意义的绝对"对"和绝对"错"的问题，而是让你根据不同的时间、地点和情形采取措施，完全由你自己来决定，没有什么绝对的"对"和绝对的"错"。只是针对现实具体状况，你所做的这个事儿才是无可厚非的。现在把凡是全部取消死刑的国家作为先进国家，凡是还保留着死刑的国家列为是落后的。照此标准，美国是"落后的国家"，因为它还保留着死刑。这反映今天中国的思维结构、认识问题的方式都受到西方认知很明显的影响。

　　"研究发现，携带一种变异基因的人群更易发生出轨"，"一项新研究发现，有些人风流成性、私生活混乱，其实这是他们体内一种特别的多巴胺受体基因——DRD4在作祟"。看到媒体有这样一条消息，让我想起刚去美国不久时，觉得美国社会在某种程度有一个共识，就是某个人犯罪了就要说他的基因问题，因为人们认为这个人犯罪是基因导致的，他的基因和别人不一样。我想这个很自然，某个人犯罪了，认为犯罪原因源于他的基因，那么这个社会就没有责任了。个人犯罪和社会没关系，美国社会就稳定了。任何事物、任何文化推及到是社会问题，社会就不稳定了。中国人正是心场结构地看问题，每个人出的问题都与环境有关系，我们一追究原因就追究到社会。比如现在动车出了事故，媒体、网络上争论来争论去，吵得不亦乐乎，把原因归结为政府，当然政府是有原因的。可是看问题仍然是简单化的。但无论如何，我们中国人是这么思考问题，这表现出中国的思维结构，看待一个事物是看森林，通过森林看树木。这种思维方法在中国是相当普遍的。

中国现在还有一种情况，如昨天安老师讲的，西方人用西方的概念讲述中国，这样的方式和方法，中国人自己也很普遍地用。有一个概念不知道大家注意没有，就是self-colonization自我殖民。我们读萨义德，他讲到东方主义的时候，说你本来知道自己的地位其实是被殖民者，但你在讲述自己的时候，实际是用殖民者的角度，用殖民者的话语讲述被殖民者的故事，这就是self-colonization。用西方的话语结构和文化立场分析非西方的事情，这一现象在我们中国今天还大量存在。最典型的是80年代电视台播放过一个叫做《河殇》的文献片，那是典型的东方主义，典型的自我殖民现象，用西方的概念解说中国的文化，把中国的黄皮肤、黄土地、黄河水都解读为是有问题的、丑陋的。

这个问题是怎么产生的？其实源于西方向中国的传教活动。很多西方传教士是跟着炮舰一起来的，把中国的门打开，传教士进来进行企图让中国人民皈依上帝的活动，中国曾发生过"义和团运动"作为对这种状况的一种回应。西方传教士想把中国人带到上帝那里去，让中国人信仰上帝，对中国人进行传教。传教过程中，他们发现叫中国人信仰上帝不容易，有一些人就开始研究中国的思想传统，研究为什么、怎么使中国这样传统文化之中的人能够变成信仰西方基督教的人。同时，他们也需要对欧洲讲述中国的故事。结果是作为讲述中国思想传统的传教士，把中国思想文化的关键的语词或观念，统统纳入到西方天主教、基督教的话语结构之中去。在这种情况下，用这种方式还进行了汉英辞典的编纂。西方人由此采取这样的方式方法理解中国，讲述中国的思想文化。按基督教的概念讲述中国，于是把中国"天"的作为西方的"Heaven"（即天堂之意）。还有，中国的"义"被作为英文的righteousness，使它与上帝有关，即按上帝的指示、遵从上帝的戒律做事才是"义"，才是righteousness。而中国传统的"义"是指现实生活之中碰到某种情况，决定如何做才适当，所采取的行动叫做"义"。

所以，西方人对中国文化乃至中国人对自己文化用西方概念进行的误读可以追溯到近代传教士那里去。是从传教士这里开始而产生的很大的误会，比如"天"变成"Heaven"的概念，"爱"变成"慈善"的概念，完全和西方基督教传统对应，还有中国"道"的概念。为什么安乐哲要重新将中国很多经典再次翻译为英文？因为过去的经典通过翻译，改变了结构，变成了西方的东西，比如"道"，翻译为"The Tao"，加上了冠词"The"，又是大写，就变成上帝的"道"，翻译造成的误读、误解问题是这样产生的。大家稍微注意一下，看看当初传教士编纂的一直在很大程度上仍然使用的汉英辞典是否是个灾难。安乐哲老师在80年代就说这个话，我听了他的话也很吃惊，所以到今天还记着这句话。总之，按照汉英词典在英文与中文之间来回翻译，问题很大，想起来是不堪回首的。汉英词典今天仍然带有西方传教士的传统。我们学习英文，开始没有办法，要利用这个词典，但最终要抛掉这个字典，否则就会走上一条"不归路"。我有时候对北外的同学说，你们不要骄傲，自以为年纪轻轻英语说得很流利，但英文背后文化的东西你们必须要想办法拿到它，如果不拿到背后厚重的文化含义，只是将"对不起"理解为"I'm sorry"的水平，虽然能给领导人做翻译，可以上电视，但把你扔到外国人群里，连与西方人聊天都聊不起来，在比生活活动更深一点的话题上，就对不上话，因为你所学到的英文没有将背后厚重的文化含义学到手。

这是我个人的经验，我按照在中国学的英文到美国的环境去用，发现很多话不是那个味儿，人家听不懂，人家同样用某一词汇说的英文，我又不懂了，才意识到这不是我在中国学的英文意思。所以，这里面有很大文化上的差异，需要我们去理解到英语当中。

鸦片战争是中国在世界历史地位的一个转折点。我们在近代史之前是强国，郑和七次下西洋，造访许多地域、国家，孟席斯说他比哥伦布发现美洲早87年，他的船比西方哥伦布的船大八倍，所带士兵27000多人，而哥伦布只有几十人。但郑和与哥伦布事迹的历史效果完全是两回事儿。但是后来我们被西方打败了。所以，中华民族要图强、要崛起这样的欲望特别强烈。圆明园用"勿忘国耻"四个大字警示着中国人，这种意识在中国主流思想中很强烈，中国一直就有图强的精神。我们三十年前提出"改革开放，落后就要挨打"，为了不挨打而要快些发展，这都是我们现在正在身临其境的形势。但这种状况使我们曾产生过一个非常简单的结论：西方的军事力量、经济那么强大，一定是它的文化优秀。这个简单逻辑是这么得出来的：实力强大背后，文化必然先进。不少人说中国文化保守，就像《中国人的思维批判》作者那样说中国保守、落后。中国的文化心理状态是老想当学生，向西方学习，这本身就不是保守的，就不是不开放。清末时期向外学习已经变得十分流行，知识分子喊的口号最响，到今天我们仍然还是这么喊。我们一心想学习别人，但逻辑很奇怪，越想向人家学习，人家越是打我们，这是我们整个一个近代史的问题。是这样造成了我们对自己文化的负面结论，认为中国如此落后，如此不强盛，如此腐败，以致得出中国文化一无是处这一结论。

人人都知道1919年五四新文化运动，德先生、赛先生赞扬西方的制度、西方的技术、西方的民主，包括《河殇》，说西方的一切都是好的。西方的蓝眼睛、白皮肤、西方蓝色的大海都是伟大的象征，而中国却黄这个，黄那个，都很丑陋，蓝和黄形成了二元对立，看不起"黄"。这个问题迄今一直存在。

近现代史给我们中国造成的现在状况是，我们用汉语，但对汉语背后的文化懂得太少了。另一方面，我们学了英文，用英文，并不意味我们已经懂得西方文化。我们需要意识到，很多英文，我们在它翻译成中文的字面含义上去理解它，都有带有结构性的误读的。英文概念，我们需要把它的文化找出来，通过它背后的文化达到对它的原汁原味理解。要回到它所产生含义的西方语境中去，要追根溯源。比如很简单的例子，我们要意识到"sorry"不是对不起。中美撞机事件，后来发生的僵局就在于对"sorry"的理解上。中国人说美国人道歉了，美国人说我们没道歉。具体情况是，美国驻华大使、国务卿都说"We are sorry"，中国理解为美国道歉了，而美国马上说我们没有道歉，只是说了"We are sorry"。中国人学习英语的时候，就是作为"对不起"的意思学的，但是从英语背后文化看，它与"对不起"相去甚远。所以我们必须了解语言背后的文化问题。

Democracy不是民主，"民主"是很牵强的翻译，我们需要通过追溯英文"liberal democracy"的思想文化内容来理解democracy的含义，而不是认为"民主"就是democracy。Human rights不是"人权"，Right是"对"的意思，Human rights与上帝有关系，与文艺复兴和启蒙运动有关系。西方中世纪在历史上称为是政教合一的黑暗年代，宗教统治着社会，上帝对人判断，总是说人这个错了，那个错了，人要服从教会，由教会判决你将来是上天堂还是下地狱。为什么会有"文艺复兴运动"？文艺复兴运动就是否定这种政治,伴随文艺复兴有了宗教改革,又有了启蒙运动,上帝也改变了角色,过去上帝说人错的地方,现在说是对的,人的欲望是自然的,是对的,没有什么错,人有点自私,有点欲望,追求自己的幸福都是很自然的事情,是没有错的;这就是"human rights"。

Human rights 是由谁来说?原来说人是错的是上帝,现在上帝又改口说人是对的,必须是上帝来说,只有上帝有这个神圣性和权威,作为人来说则是没有对别人给予权利的资格和条件的,所以英文的人权(human rights)是针对过去说错,今天说对的含义;是 right or wrong 的问题。还有私有财产神圣不可侵犯这个说法,是"对"(rights)的概念的核心,也是上帝说的,只有上帝才能说,只有它说才具有神圣性,不是上帝说的不会是神圣不可侵犯!如果这样去理解西方的文化结构,会发现我们中国人对西方很多东西的理解都是阴差阳错的。中国人讲的人权是人给人的人权,我给你人权,你给我人权,你尊重我,我尊重你,己所不欲勿施于人,你自己不愿意让别人以这种态度对待你,就不要这样对待别人,其中已经有了最大的人权。

为什么我们必须注重这样的差别,为什么我们要提出三角形的框架以及心场二元结构,这是安乐哲先生做比较哲学所着眼的问题。这个着眼点就是看结构,只有在整体看它们的结构才能知道中西两大思想传统的所谓相似之处是什么。这就要求我们必须先看差别,差别比相似更具有研究意义。如果不先看差别的话,很容易犯一个错误,就如同拿一只蚊子的脚和一只大象的脚来做比较,不去看整体,而是在抽象意义上指出,这两个脚是如何如何相似的,如何如何具有同等的功能,都是会走路的。如果我们首先看到一个是蚊子另一个是大象,才能知道这两个在抽象意义上相似的、具有同等功能的东西原来是天壤之别不一样的。这种比较方法就是要在两个大结构、两个整体之间比;在两个大结构之间比是把当中某一个论点或某一个概念或某一个部分,在其本身结构体系当中找到它的含义,然后再到另外大框架中,看与其类似的观念、观点或部分,拿出来比较才能准确地理解是怎么回事。如果不看整体、脱离整体地抽象对比,则会产生很大的误解,失掉赋予某一概念含义的整个语境。

可惜的是,中国与西方所进行的二三百年的接触,所进行的中西方文化的比较,所做的抽象的做法,只是从两个传统中寻找貌似对等的两样东西在抽象上结对子,认为它们是类似的,或者是同一样东西,这样获得的理解其实是误解，是危险的，所以造成了我们今天这样的情况。我们要用两个不同结构把两个文化说清楚。中西比较的重要的意义，在于比较哲学，比较哲学阐释学是很关键的，它可以对任何领域的人文、社科研究具有指导作用。也就是说中西方进行比较一定是两个思想传统基本结构的比较，基本结构必须是"一多二元"和"一多不分"的结构比较，只有这样的比较我们才能对问题获得准确的解释。

我们不仅要知道中西方语言，而且要知道中西方语言各自承载的思维，而且要知道中西方语言承载的宇宙观和价值观，也就是说要意识到中西方语言背后的厚重文化，也即金字塔和心场结构的文化。这是安乐哲和罗思文先生现在做的事情。它是西方一个小学派，如果往前追溯可以追溯到葛瑞汉、李约瑟等一些人，更早会追溯到尼采。这个西方小学派慢慢发展起来，我认为到了安乐哲和郝大维的中西方对比研究这里，实现了一个很大的突破、趋于体系化。安乐哲和郝大维的比较哲学现在在美国影响很大，在欧洲影响也很大。我觉得自己很幸运，来到夏威夷，刚好到中国研究中心工作，安乐哲后来是中国研究中心的主任。我在政治系读博士学位，思考中西方辩证法的问题，觉得光学政治学理论还不行，需要捋一下整个西方哲学传统是怎么回事，于是就到了哲学系，和安乐哲先生的关系就变得更近了一层，读他的书才发现，他确实比一般西方学者谈中国哲学文化谈得到位。我自己已有了一种感觉，西方人写中国问题的书太多了，但我读它们的时候总感觉这里面讲中国问题的方式怪怪的，好像说的不是中国人的事情。但是读了安乐哲的书觉得鲜有西洋人能够讲得像他说得这么到位，觉得中国人是像他说的这样，而这又不是中国人看自己的角度，而是西方人说中国人的一种角度，作为中国人感觉还挺舒服的，觉得他讲的是这回事，但想到中国人自己开发不出这个角度，所以觉得他这个角度很有价值。我2005年回到中国，先在上海大学、山东大学，然后到北外，不管什么课，我都要把中西比较哲学文化的角度揉进去，这好像是成了我的一种使命。我一定要让中国人知道这种比较方法。最近，我们刚刚在尼山办了一个项目，培养国际中国文化"种子师资"，希望凡是有机会和西方人接触的人（特别是在西方教中国文化的西方人），让他们来学习比较中西哲学的方法，让他们意识到如果想讲明白中国文化是什么，比较哲学是关键。我们管这个方法叫做"中西比较哲学阐释学方法论"。结果效果很好。明年6月6日到7月6日我们还要办第二期，计划十年办下去。

我现在给大家放个八分钟的短片,看看我们在尼山的这个项目做了什么,这和我今天讲的题目也有很大的关系。

田辰山:刚才是我的关于中西比较哲学的一点心得总结,两个思想传统的基本结构可能对我们分析和理解事物有帮助,但又不能作中西文化是二元对立理解,把它硬套到现实生活当中去,因为在一个人身上有时候这两个思维方式都有,西方也有中国人的思维方式,中国人也有西方的思维方式,现实生活当中是非常复杂的,作为一种理解事物的方法它很有用。现在大家可以问问题。

问:田教授,我的问题比较小,您刚才使用的是超绝主义而不是超验主义这个词,为什么用这个词,如果是同一概念的不同说法,为什么采用超绝主义而不是超验主义,如果两个概念有区别?请问它们两个之间有什么差别。

田辰山:超越、超绝、超验三个词是翻译采用的区别,英文的词汇是 transcendentalism,这也有另外一个说法 a priori(先验论),我们读康德可以读到"先验"这个词。我记得在中国讲的"先验论"是说某人没有经验过,在实行之前妄加评论,实际上康德讲的先验论是 a priori,就是超验论。超验就是人类所不能经验的,它不是人类的经验问题,是高于人类,先于人类存在的东西。上帝概念是个超验、超绝的概念,这两个词是英文翻译成中文时词的采用问题,都对。但这两个词应该与超越区分开来。超越是中国经常讲的观念,人要超越自己,尤其人的内心追求要向高的境界追求,这种超越是中国哲学基础上的一个词汇。讲的是人的超越,它包含着一个过程。超验和超绝讲的都是上帝那类事情。在基督教叫上帝,在柏拉图那里叫 Form "形式"。柏拉图有一个山洞的故事,故事告诉我们人类看到的都不是实在的东西,而是影像的东西,影像的背后有实在的东西,实在东西实际是阳光,它是真的东西、善的东西、美的东西,叫 Form "形式";在亚里士多德那里这个超绝体叫做 Unmoved mover,不动的动者,宇宙当中、现实社会当中所有事物的动作和变化都是有起因的,上帝自己不动,超绝的东西自己不动,但使得万物动,这叫 Unmoved mover。这个超绝体在不同思想家那里的说法是不一样的。在康德那里是"绝对道德"的概念、到黑格尔那里变成了"绝对精神"。在主要西方思想家那里都有这么一个东西,是超绝、超验"一"的东西,但说法都是不一样的。transcendentalism 是西方思想传统的一个很重要的概念。

问：田老师，我想请教一个问题，您现在做的这个工作是从哲学的角度，也就是从认识论层面发掘文化的根源进行文化的比较。还有一个现在比较流行的做法是文化心理学家做的，他们从国家差异来比较，考夫·塞德做的国家认识论的比较观，我认为他们是从表及里的归纳法，从现有的现象归纳到根源性的东西。而我们觉得现在哲学上的比较是从根源上的东西，从里到表的演绎法来推导我们的行为准则，我认为这也存在一个小小的疑问，即先有语言还是先有哲学。你做哲学演绎的时候又提到语言和哲学的差异，语言和认知、哲学这三者之间的过渡性，苏格拉底之前西方有语言，我们在孔子之前也有语言，往前推语言是先于哲学的，再往前推是认知的差异，语言上的比较是不是整体和个体的理解，我们表述事情的时候会说树下坐着一个老头，而西方说桌上有个苹果，会说苹果在桌上。这样表述的不同会不会导致哲学思维的差异？这是不是可以考虑进去，还是可以把语言割裂开来？

田辰山：我觉得语言产生和哲学思想还不能绝对地说谁在前谁在后，这里没有时间上的问题。任何语言都是前言后语，都是先基于别人的说法。比如西方的民主概念，你对民主概念有你自己的独特思维，这是你自己的，是新的。但你在阐述自己的思维或哲学概念、思想的时候，首先是接着别人的前言，来说你的后语。西方有这样一种情况，人们都用一个词汇、概念，自由、民主、人权，都用理性，但不同的人对理性和自由、民主都放入自己的说法或内容，人们都在说不同的事情，但说不同事情的时候用的都是这一个概念。所以，这在语言上没有不同。另外，语言的作用是交流，交流是为了把自己的思想交流过去。西方人产生了对宇宙的看法，他在跟别人交流的时候要把自己对宇宙的看法交流给别人，交流过程中必须用自己跟别人能够说得通的语言，说通的语言当中既是自己的一个解释，又是表达了自己对宇宙的看法，这样的语言又成为你对宇宙的认识和对宇宙形成的思维方式的载体。

中西方的哲学差异我是分为四大块，第一，对宇宙的认识不一样。第二，由于对宇宙的认识不一样，所以产生了思维方式的不一样。第三，由于对宇宙认识不一样，思维方式不一样，所以出现价值观念不一样，比如西方价值观念比较注重个人和上帝之间的关系。第四，到了文艺复兴、启蒙运动以后，上帝的概念变弱了，但绝对真理概念又升起来了，绝对真理的概念对上帝概念来讲仍然是一个平行的概念。在这个意义上，西方有这样的语言表达。西方注重个体与上帝、个人与真理之间的关系。

我记得有一次中美高中生在电视台上对话，最后得出结论，优秀的中国高中毕业生所追求的人生目标是金钱、权力，而美国学生追求的目标是真理。如果我们不看别的，看到这个结果会觉得非常沮丧，中国人怎么能这样？中国人怎么能这么庸俗、实际，美国学生眼光多么远大，追求真理。其实这是价值观问题，西方人一直把追求真理作为追求（哲学意义），而中国人追求的是道。后来又看到一个调查，中国学生为什么追求钱和权力呢？是因为他觉得有了钱和权之后，追求的一些道，一些社会问题比如保护环境的问题才能得到解决，他是先要把钱、地位拿到手，然后再做那些事情。也对美国学生做了进一步调查，问你为什么追求真理，他说追求到真理，就有钱了，将来就有地位了。所以，如果不在结构上搞懂文化，就会误读。

这里还反映价值观念的区别，有了宇宙观认识、思维方式、价值观念，这三个东西通过语言表达出来。西方的语言承载着西方人思维方式、对宇宙的认识和西方人的价值观念。中国的语言也是一样，朱老师是搞训诂的，安老师是做中西文化比较的，很大一块是做训诂的工作。我搞研究也做一点训诂，在做比较的时候先追溯英文字的来源，来源于古希腊、拉丁文、德文等，找它原来的意思；中文，则要找到《说文解字》，训诂文本上解释的某一个字或词的概念，之后再进行文化整体结构上的比较。

通过这样的比较可以发现，平常很多词语拿出来都可以看到承载的中国宇宙观和思维方式。最简单的"我知道"这样一句话，这是哲学语言啊。我们认为它是很平常的语言，但它承载的是很中国很哲学的。这个"道"就是中国人对宇宙的认识，就是中国人的思维结构，这个"道"不是绝对真理。中国没有绝对正确或绝对错误的观念，只有恰当与否，是根据时间、地点来的。语言和思维，通过我自己的学习和研究，我认为是这样一种关系。

问：田老师，我想问一个与我们的课程有关系的实际问题，您刚才讲座中说到，不仅要懂一种语言，也要懂一种文化，汉语志愿者经常面临的问题是对方对我们的语言了解得非常少，或他的汉语水平非常的一般，这时候这些汉语志愿者如何传播中国文化？因为对方了解的汉语非常少，而汉语志愿者对当地语言的掌握也不是很多，这种时候如何传播文化或如何避免一些文化的误读？

田辰山：对西方人怎么样把自己的文化传播出去，第一，我觉得安老师的比较方法，如果从学术层次去做的话，实际上就不是翻译问题，中国文化不是用外国语言来翻译就能传播的，《论语》、《中庸》不是翻译成英文就解决问题了。《易经》、《论语》最开始是传教士翻译的，立刻就变成基督教的文本。我们应当注意这个问题，今后有意识地在比较哲学、比较文化层次向对方传播、介绍中国的思想，要把比较的角度搁进去，要了解西方的思想传统是什么，西方的语言是什么，通过这种比较方式把自己解释出去，而不是翻译出去，在比较过程当中把自己解释出去。比如西方思想、语言总是离不开一个高高在上、上帝式的东西，中国思想、语言当中没有。中国人关注点在于万物，如果我们用这样的比较方法介绍，就能够使西方人更容易理解中国。

第二，在与西方人接触的过程之中，要让人们都知道这个文化传统结构的比较方法，这里有一个普及问题。我们有这样两个结构框架，怎么样让很多普通人都知道这么两个结构框架，有这样的差别在里面，就要做到普及的工作。

第三，其实真正把文化传播出去就是接触，就是一块儿做事。中国人和外国人在一起做项目，中国小孩和西方小孩一块儿玩，接触过程当中，看到对方行为、对方说话和自己不一样，这样就需要解释，当然不能用哲学词汇、用很高深的东西，至少可以表达我们这样做是什么意思，我们这样做是在做什么。大量东西还是在中西方人接触过程当中传达的。我们在尼山做的那个项目，也是中国人不了解西方人，西方人不理解中国人，可是大家在一起进行文化体验，包饺子，打太极拳，一起参观农舍，上完课一起坐下来讨论：课上老师说中国人是心场结构，你觉得怎么样，中国同学就要进行解释，我认为是这么回事，这样就把不同文化传统的生活意义就解释出来了。大量工作是这样做的。

我们上面说的是一些学术性、理论性的，若要适合于现实生活中的条条框框，就要把它普及化，让人们都知道，让人们在日常生活当中接触。比如中西方的人通过一起做项目最能奏效，中美企业家一起做项目，做项目的方式方法上，来自不同文化的人的着眼点肯定不一样，在做项目过程当中必须把自己向对方说懂、说通，他必须同意，这个项目才能做下去。在这个过程当中，通过交流项目的很具体的东西，也把文化交流出去，介绍出去。

问：我问一个比较极端的问题，假如我是一个法官，在目前的法律体系下，我父亲犯了死罪，请田老师给我们设想一下，中国人与西方人分别会做出什么样的选择。

田辰山：按照西方的方式是必须按法来办事，你不能因为犯罪的是自己的亲人就有所偏袒和照顾，你如果那样做就等于天平不平，法律之神用法律之剑的时候眼睛是蒙一块布的，在法律面前是没有人情的，你必须要果断，按照法律条文来办事，这是西方人的做法。

中国人是什么情况呢？拿包公审案举例，中国人审案不完全根据事实，事实当然必须要弄清楚，但在事实清楚基础上，中国人还要考虑这个事实发生的周围环境因素，是什么导致这种犯罪发生，中国人办案要考虑到认罪态度，具体情节，当时现实社会的状况等很多因素。但中国人也有大义灭亲的说法，也就是说你这个亲属确实犯的是滔天大罪，十恶不赦，你要偏袒和保护的话，中国的文化传统当中也会认为你也是个不怎么样的人。所以，西方人比较孤立地按事实说话，当时的时间、地点、事实是什么，而中国人考虑案件的时候要考虑更多的因素。由于考虑到更多的因素，可能一些本来应该很重的案件，就有可能在现实判案中有所顾忌，判罚得轻一些。如果是知法犯法，中国环境之下可能给你的判罚要加重一些。

在人情上可能都有很难割舍的一面在里面，自己作为法官来判罚亲人，都会有感情因素。中国和西方人的差异不是很大，中国有大义灭亲，西方会因你袒护你的亲属而说你不合格，你不尊重上帝，你对上帝是不忠心的，法和上帝是这样的关系。

问：我这个情况是个假设，实际在《左传》里就有这样的案例，当事人把父亲杀掉，然后自己自杀，按照西方伦理学来讲是个悲剧，但是是崇高的，但历史上我们中国在这方面的文化经典案例不是很多。

田辰山：在西方，有神圣感的东西在法里面，这方面是不含糊的。但西方有没有偏袒？也是有的，这和人有关系，有的人很忠实上帝，觉得很神圣，有的却觉得能保护下来。

问：田老师，我们比较这么多中西方文化两种思维模式或思维方式，到底有没有优劣之分，如果没有，现实的落后状态怎么解释呢？落后的状态和思想文化有没有直接必然的关系？

田辰山：我不用"优劣"这个词，"优劣"这个词带有主观的情感色彩。中国人出于和谐之心，不这样讲述。我们只讲西方的价值观、宇宙观是那样的，中国的宇宙观、价值观是这样的；因为西方的宇宙观、价值观是那样，所以产生了现在在西方所谓的先进，在东方所谓的落后。

我认为东方和西方的思维方式可以互补，中国思维方式是比较粗线条的，我们的思维主要是实用倾向，需要我们细节思维的时候才去细节思维，而不是形成习惯的、强迫性的细节思维。比如西方的秘书发一个传真必然会十分注意细节和准确，纸页的四边留多少，字号是多少，打得工工整整，然后才放心地把传真发出去，要花半小时的时间发一份传真。中国人比较随意，要看这个传真是给谁，能不费事就不费事，非得必要的、费事的中国人才认真去做，因为不费事办不成事儿。男士给女朋友写信恐怕需要严肃、认真、细节、小心一点，给对方公司正式发函也是很严肃的事儿，也要认真一点。但中国人比较灵活。

不好说哪个好哪个不好，哪个优哪个劣，我感觉这是互相的。比如我们做尼山项目需要有细节，这时候你要有细节的思维，要想得特别仔细，特别周密。中国不缺少周密性思维，但是到了必须用的时候，比如鸟巢设计，要没有一点细节思维是做不出来的。西方人的细节思维中国人是有的，但中国人是有选择性地用。

谈到落后，尤其对于西方的先进，认为西方的科技发达而中国是落后，我觉得我们还不能做如此认识。因为西方之所以先进，之所以科技发达，除了在现代时期它在思维方式上和中国有些差异外，更重要的在于文化历史意义上，西方社会、经济、政治的变化与它的文艺复兴、启蒙运动本身是紧密相连、分不开的。我觉得驱动西方科技发展的一个很重大的原因、动力，是出于个人主义；不管是用来扩大再生产、减少成本、在企业里搞很多技术研发，还是从事与军事有关的各种科研，乃至牛顿因为苹果掉下来想到万有引力，其实在西方想到的都是个人行为，最终都能归结到个人主义意义上。而这个个人主义动力，在中国没有，你不能因此而说中国思想文化是"劣"，是"落后"。

问：那是因为他们重视个体，我们不重视个体，我们为什么没有文艺复兴和启蒙运动？

田辰山：我们说西方是二元对立的，西方注重个体，但不能说我们不注重个体。应当说我们是注重个体与他体的互系性。中国的科技发展在近现代之前是走在前面的，近现代之前的中国科技很发达，按李约瑟的说法，西方人想到科技的时候，中国已经应用了14个世纪，而且相当成功。之所以我们那个时候科技这么发达，恰是因为中国互系性、整体性的思维，中国科技都是由国家来主持和推动的，科技项目本身都是为了解决社会问题，解决整个群体人的问题，而不是某一个个人突然想做什么事情。但个人的东西也有，像毕昇活字排版，等等，但总体上有这样的差别。西方的帝国主义、殖民主义都驱动了西方科技的发展，比如奎宁的发明是西方人为了到非洲去，为了解决疟疾而发明。英国的炮舰是专门对付中国的，东印度公司制造炮舰是专门为了发动鸦片战争，我读西方科技史西方学者是如此评论的。在西方科技发达的背后真正驱动其发达的是这些原因。西方很多科学项目起初都为军事目的，要么就是运用在减少成本，增加利润上，这些东西其实都与西方个人主义、启蒙运动分不开的。按照这个意义，中国不可能会有文艺复兴和启蒙运动这种事情。也许我们改革开放在某种意义上算是，但还不能说是。

我认为中国将来在发展科技的动力方面会有所改变，中国也要防范，也要时时想到自己的科技发达，决定自己将来生存前途。另外全球化的趋势，世界变得那么小，互相之间接触这么近，信息流量那么大，这会逐渐改变中国人对科技发展的态度。

问：一定要向西方学习？

田辰山：我想是的，中国人需要懂得、结合使用西方思想文化的东西。但是你首先要弄懂它。学习西方的东西有百利而无一害。关键是弄懂，要消化，而不是生吞活剥，消化不良。同时这只有在不丢中国思想文化的前提下。杨振宁讲过，中国人的思维结构更容易接受西方发明、科学和技术。用中国人的思维方式发展科技是有优势的。

问：田老师，我对哲学是个外行，听了田老师的演讲之后觉得特别受启发，同时也有一个小小的疑惑，请您再阐释一下。今天您立论的一个基础是中西方宇宙观的不同，那么是我们看到的中西方宇宙不一样吗？还是看到同样的宇宙由此对它产生的判断不同？在此之前是不是已经有了思维方式的不同？

田辰山：我觉得这个问题提得挺好。为什么西方有那样的思维，中国有这样的思维，如果追究下去，会发现西方有这样的理论——地缘决定论，如果你长期生活在岛屿上，所看到的一切与你生活在陆地上的环境不一样，会产生出不同的对宇宙的认识和思维方式来。我认为中国和西方对待宇宙的看法不一样，有这方面的原因，但要是说得很确切、全面，还需要追究，还需要研究，查一些资料。

另外有一点比较基本的，产生于西方的上帝式的思维方式和中国的"道"的思维方式，其实是对同一个问题的不同回答方式。西方人想回答的是英文当中的"what"，中国人回答的是"how"。这同一个问题是：这个世界是从哪儿来的？是谁创造的？西方人回答的是到底是谁创造的，那个造物者到底是什么？当然无从下手，找不到是什么，所以按照他们的回答方式就实行假设；然后在假设的前提下进行研究，这样就形成了西方的学术传统。整个西方的学术传统其实都是围绕这个假设的造物者去回答所有关于它的各种问题。

大家都知道，西方描写世界末日的东西很多，中国为什么没有？就是跟思想传统结构有关。中国不追求"what"，到底是谁，到底是什么，而是把注重点放在今天的万物是怎么回事，如何运转，就是"how"，从今天的运转方式中总结出来一点什么，总结出来的东西很可能就是世界万物过去的类似状况。所以，中国是总结来总结去，我们看《易经》可以看得很明显，总结出来的是八八六十四卦，道和阴阳的概念以及《道德经》讲的思想。

对"这个世界是从哪儿来的？是谁创造的?"这一问题的回答方式是不一样的。西方那种回答方式在西方思想文化中一直延续到今天，所谓科学的产生，技术的产生都包括在对这个问题的回答方式里面。中国"道"的思维方式也是从古代开始一直延续到现在，如果我们想从中国传统中找西方的传统思维，找类似西方技术性的东西，往往需要到另外一套分类的文献之中去找。就是李约瑟研究的那套典籍。科技在中国思想传统之中，是作为技巧之门类，不是包括在中国的哲学文献之中的。这样的分类，其实反映的也是中国与西方宇宙观结构上最原始的差别。

主持人朱小健：谢谢田老师，田老师昨天上午跟我们做了一个交流，今天上午他又介绍了关于中西文化思维结构的对比。我看到大家后来的讨论和提问，我再强调一下，因为很多老师还有问题想要提，但机会受限，所以我们希望提问先限于一个。同时你要会提问，也要会听回答，比如专家对你的问题已经明白，已经回答了，就不要再追问了，你要追问就是等于提另外的问题，或者你对这个回答不满意，但这没关系，你已经得到回答了。这样老师会有更多机会与专家进行交流。

  今天田老师给我们讲的，有一点是非常重要的，原来我们了解得很清楚的词语、概念和术语其实不是我们的，或者人家本来用的名词不是我们本来的意思，昨天安乐哲先生提到把中国的典籍翻译成英文，但又有人把英文翻译成中文，这是很有意思的现象。田老师您刚才说了"范跑跑"，翻译成英文怎么翻？将英文再翻回来的时候需要一个非常好的翻译才可以。我就见到一个翻译，在香港地区有一个大楼叫 shao run run 邵跑跑，旁边对应一个中文就是邵逸夫，逸夫和跑跑是多么好的对应？这可能是人家用的概念和我们不同的地方。后来我听到几位的提问已经涉及我们要教的学生的专业方向。我们在昨天被安先生带进哲学之后又逐渐从哲学出来，这是非常好的现象，后面我们还有更多的机会与大家讨论。再次谢谢田老师！

中医学与中医文化

曹洪欣

主持人朱小健：今天我们非常荣幸有机会邀请到中国中医科学院原院长曹洪欣教授给我们讲中医和中医文化。曹院长是我国著名中医专家。我举一个例子：曹院长的博士生帮他整理他开过的药方，已经超过25万个方子，可以看到，中医不是单纯的理论，重要的是实践，是解决病痛。曹院长工作非常忙。今天有机会听曹院长给我们做讲座，也是一个机缘。曹院长的成就得到国内外公认，获国家科技进步二等奖2项，获何梁何利科技奖并被俄罗斯外交部授予国际合作发展奖等。一方面反映了曹院长本身的成就，更重要的是国际上对我们中医的认可。中医最能代表中华文化的特征，下面我们请曹院长给我们展示中医文化。

曹洪欣：谢谢朱老师的介绍。第一，有机会与大家交流，既感到高兴又感到有压力。来讲座的老师都是文化大家，我国的文人巨头，在座的各位都是研究文化的中坚力量，所以给文化专家讲好中医文化感觉有压力。

第二，确实感到很高兴。中药在国际国内都有广泛的需求，有很多文化人讲中医，应该说讲中医文化文化人能讲，但讲中医学确实对文化人来说是有一定的难度。

上个月我去美国，美国双蓝集团是美国最大的医疗保险集团，全民30%的保险。他们期望把中医理念引入美国的医疗保险领域，让人不得病，少得病，晚得病，而不是单纯按照医疗保险给病人赔付费用。按他们的理念"不得病，少得病，晚得病"的主要措施，一是减肥，二是运动。减肥应该是中间过程，引起肥胖的原因很多。"生命在于运动"本身就有局限，单纯追求运动的人很少长寿。中医的理念，生命在于动静结合、形神统一，这些先进的理念对人的养生保健具有重要的指导意义。刚才朱老师说得非常好，中医关键是从实践中来，只有能看好病人才能领悟到什么是真正的中医，什么是真正的中医文化。我今天讲的题目是中医学与中医文化，通过两个小时的报告，一个小时的互动，我希望在座各位真正体会什么是中医，中医的文化精髓是什么？为什么中医是传承中华优秀文化的有效载体？

主要从四个方面报告。

一、认识中医。

二、中医学与中华文化。

三、中医文化核心内涵。

四、中医学是传承中华文化的有效载体。

什么是中医？有人对中医最简单的解释就是中国医学、中华医学；或认为中医是以中和为核心思想，而称中医。对中医最基本的定位就是中医起源发展于中国，是中华民族维护健康、抵御疾病的一门科学。中医学理论体系是什么样？中医学的轮廓以整体观念为指导，以脏腑经络与精气血津液的生理和病理为基础，以辨证论治为诊疗特点，研究人的生命规律以及疾病发生、发展和防治规律的理论体系。有人贬中医实际对中医并不了解，说中医几千年到现在还用阴阳五行。实际中医的阴阳五行已经超过了单纯的哲学范畴，因为它把阴阳五行已经物化到人体的平衡状态和脏腑功能的有机结合。中医几千年观察人的脏腑和神志有密切的关系，包括经络，从人体观察经络的走形和腧穴的定位，并不是在尸体解剖中找到固定的位置，所以经络并不是神经也不是血管，恰恰是人身上存在的，这些现象是中医在人身体上观察到的。中医是在人身上发现问题，经络、藏象、脏腑的平衡，阴阳的平衡都是在人身上发现，而提出问题，再研究解决问题的办法。中医对人体的认知方法与当前风起云涌的转化医学理念有相吻合的一面。中医学蕴含着丰富的中华优秀文化，是人文与生命科学有机结合的系统整体的医学知识体系。中医无论是理念、方法和技术时刻都有中华文化的深刻内涵。中医把中华文化优秀部分融入到中医理论，来指导临床实践，形成独特的理论体系。

中医学是中华民族的伟大创造，是我国具有自主知识产权的优势领域。这个伟大创造，它的理论与实践到现在都行之有效。要讲自主知识产权，中医是我国自己的知识产权。世界发达国家都在看好中医，都开始深入挖掘中医。比方说世界一流的大学和科研机构，包括一流的企业都相继设立中医药专门研究机构。他们看好中医的先进理念和丰富的临床经验，更重要的是在防病治病中不可替代的作用。

中医学为中华民族的繁衍昌盛作出了重要贡献。对世界文明进步也产生了积极影响。我们做了一个研究，我国历史上发生了555次大的疫病流行，大的疫病流行过程中，中国没有死亡上百万的记载。靠什么？是中医发挥了作用。比如在汉代和明末清初这两个时期大疫流行，恰恰在汉代，东汉末年张仲景的《伤寒杂病论》问世。到明清时代，中医瘟疫理论形成，两种理论形成之后，无论理论和方法都得到进一步广泛应用。中国的人口增加，特别到清代末期突破了2亿，中医的历史贡献不可否认。

1918—1919年，当时西班牙大流感，全世界约有5亿人感染，死亡10%，4000万—5000万人。中国这么大，人口占世界四分之一，恰是战乱的时候，我国的死亡人数全世界最低。SARS流行，中医科研和临床一起进入到一线，包括甲流，手足口病的直接介入，这也都证实了中医疗效。中医理论与实践对治疗亚健康、慢性病和复杂性疾病均具有优势。世界上有160多个国家有中医药及相关产品，超过40亿人使用中药和天然药物。

春秋战国到秦汉时期中医理论的形成主要是四部著作，称四大经典，《黄帝内经》、《难经》、《伤寒杂病论》和《神农本草经》的问世标志着中医理论体系的基本构建。《黄帝内经》奠定了理论基础，《难经》和《伤寒杂病论》把临床和理论相结合，《神农本草经》研究中药的药性和作用。

中医有什么特征？在大家心目中，中医可能是一项特殊的技术。然而真正的中医应该有理论有实践，具备三个特征：即科学性、人文性和艺术性。中医的科学性体现在理论和实践的有效性，因为真正优秀的中医不是单纯靠一个秘方、祖传或者民间传用的一种方法，这是民间中医有一技之长的部分，中医应该是有理论有实践，理论指导实践，实践积累经验上升到理论来丰富发展理论。所以中医理论实践的科学性，在于它的有效性，而且中医理论能够有效指导实践，是中医科学性的体现。

中医强调"医乃仁术"、"大医精诚"。"医乃仁术"是什么概念？仁者爱人，医生以治病救人为天职，慈悲为怀，在解决人的病痛中得到快乐。大医精诚是对医生医德医术的有机结合，中医讲大医精诚，是医学的目的和医生行为的最高追求。

中医非常讲艺术，以人为本的理、法、方、药统一的诊疗模式以及中医处方，都体现了中医诊病过程中的艺术性。中医"望、闻、问、切"

四诊过程中，就把人文关怀和艺术结合在一起、体现其中，让患者得到温馨。

我给大家举一个例子，有一同学腹痛，到北京检查，查了三天花了1万多元钱，诊断结论是没有什么病。问她感想是什么？她说，感想是最恨医生。我说为什么？她说，我查了三天，挂了三个专家号就花了1000多元，就没有一个医生给我按按肚子，问问肚子哪儿疼，有没有包块等。而是先让我做超声，又做CT，又做核磁，做完了还得验血等理化检查，虽然没查出病，但还是肚子疼啊。这是先进技术不能单纯解决人的所有问题的典型案例。中医如果看肚子疼，首先问怎么疼，哪个部位疼，疼了多长时间，怎么疼法。因为中医必须这么问才能诊治。如以刺痛为主，属血淤；以胀痛为主的为气滞。结合疼痛的部位，综合分析，即可辨证处方。如需要检查，就开出相应的检查项目，进一步确诊。这就是中医在诊病过程中，把人文和艺术结合起来体现了对患者的关心。

中医认为"医者意也"，"医者意也"就是逻辑思维和悟性思维的结合，有的人学了一辈子医学也成不了名医，关键是除了逻辑思维，更重要的是悟性思维。医学发展到今天，应该说对人身上很多问题还解决不了。人不是一个细胞堆在一起就是一个组织，一个组织堆在一起就是器官。更重要的是组织之间关系，器官之间关系，机体和精神、内部和外部的关系等，对这些整体关系的深刻认识，要靠医生在临床上不断积累悟性，所以优秀的医生是逻辑思维和悟性思维的结合，中医和西医都是这样。认识中医，首先要认识中医的科学内涵。在几千年中医形成发展的过程中，中医学是不断丰富发展的理论体系，有效指导人们养生保健和防病治病，形成系统整体的理论体系。中医理论体系并不是几千年不变，《内经》中形成的理论基础，以后有待发展。中医的理论包容性很强、博大精深。

如何看中医创新，如SARS、甲流的中医治疗，历史上对这两种突发性疾病没有记载，而中医的治疗方案，在实践中得到证实，又升华了理论，这就是中医的创新发展。我认为中医药应利用现代科学技术和西医学的长处，中西医应优势互补。但不能单纯地用西医来评价中医。因为用西医评价中医有不具体、不完整的一面。而中医看西医，西医也有忽视整体、重视局部而不完整的一面。中医强调阴阳平衡、脏腑协调、形神统一和天人相应，注重人体内部整体衡动及与自然、社会和环境和谐生存状态，这应是人类医学追求的方向。实际上亚健康，就是人体平衡状态失调，包括脏腑内部的失衡和脏腑之间的失衡，对这个失衡状态及时调整，如精神调整、起居调整、饮食调整、药物调整等，阴阳脏腑失衡状态得以恢复，就减少或延缓了疾病的发生。

中医看病是通过望、闻、问、切四诊来收集人体的外在信息，通过人体的外在征象来推测人的内在状态而诊断治疗，中医认识疾病的方法和西医不同。比方说 SARS、流感病毒侵犯人体，中医是根据病毒侵犯人体之后引起的发烧、怕冷、头痛、咽痛、咳嗽、出汗等症状与舌脉变化分析是属于风寒风热、毒热，还是湿热等，是侵到肺卫，还是胃肠，通过辨证论治就能达到有效治疗的目的。而西医必须查清病毒种类才能有针对性地选择药物。这种对突发性疾病的认识过程，能体现中医早期干预的优势。

中医有丰富多彩的治疗方法，运用得当，疗效可靠，毒副作用小。了解中医，有几个概念应进一步明确。

一是中医学与中华文化。毛泽东主席曾说："中国医药学是一个伟大的宝库，应当努力发掘，加以提高。"习近平副主席去年在澳大利亚有一句话讲得非常好，"中医学是打开东方文明宝库的钥匙。"过去常有人讲，"中医学是中华文化的瑰宝。"严格来说这句话并不十分准确，因为中医学是医学不是文化。然而中医学蕴含着深厚的中华文化底蕴，是中华优秀文化传承的有效载体，是人文与生命科学相结合的医学知识体系。

二是中医学与中医药。中医学是一个系统整体理论体系，包括理、法、方、药，中药是中医学的重要组成部分。中医药虽然强调了中药，划分了中医与中药两个学科，但往往容易忽视了中医学特有的整体性。

三是中医学与传统医学、民族医学。中医学不能简单地笼统地称传统医学。因为中医学是中华民族的伟大创造，中医姓"中"的定位绝不能变。同时传统的有优秀与糟粕之分，就传统文化而言，我们也要慎重把中华优秀文化叫做传统文化。有传统美德，也有传统糟粕。传统是历代沿袭的，还有落后的、过时的、带有一技之长的含义，中医学不是这样。所以中医不能单纯简单地叫传统医学。世界卫生组织把中医和其他民族医学统一叫传统医学，我们中国人就应该称中医学。中医有理论有实践，许多传统医学有技术、方法，缺少系统理论。在中国历史进程中，中医学与其他民族形成了一体，实际上藏、蒙、维医有各自的特点，但是主体与中医理念密不可分，所以民族医学应是中医学的重要组成部分。

四是中医学与补充替代医学、整体医学。补充替代医学是与西医学相对而言的，因为现代医学有些病治不了，用中医等传统医学补充替代。随着人们对中医的认识深化，发现中医不是单纯的补充替代，把中医称为整体医学更为合理。

东洋医学和东亚医学。东洋医学以日本为主，东亚医学是韩国学者提出的。东洋能涵盖中医，东亚也涵盖中医，而理论体系都源于中医的《黄帝内经》。把在中国几千年形成的中医学，且为人类作出巨大贡献的宝贵财富，换成其他名称，中国人是不会答应的。我非常佩服许嘉璐先生支持孔子学院发展，孔子学院建设体现了国家战略，而中华文化走向世界传播出去，中医是有效载体。通过诊治病能有效使文化理念更广泛地传播。

中医学与中华文化的关系。中医根植于中华文化，中华文化是中医学形成、发展的土壤。所以许嘉璐先生多次强调，真正的好中医应该多学儒学，多学老子，多学中华优秀文化，从文化的角度来提高医学的水平。因为没有深厚的文化基础，对中医不可能有深刻的领悟。比方说来中国学习的留学生，总体数量分析，第一是来学中文、第二是学中医。学中医如果不学好中华文化，只学到技术和方法，很难深悟中医精髓。如中医养生，不能把养生庸俗地看成简单的一些方法，实际中医养生是一种重要的理念，把中医养生理念与自己的状况相结合，构建适合自身特点的养生保健模式，实现不得病、少得病、晚得病的目标。

中医学理论形成受《周易》影响，特别是在《易经》之后，融入儒、释、道文化思想，吸收自然科学成果，形成人文与生命科学相结合的知识体系。中医文化来源于中国哲学思想，是一种生命文化。这种生命文化是关于健康和疾病认知的文化。中医对人体的认知，把文化、生命、健康与疾病的观察有机地结合起来，应该说中医文化是中华优秀文化的重要组成部分，是中华优秀文化传承与传播的重要载体。几千年来，不同时代的优秀文化在中医学中均有体现，特别是文化理念指导下的方法和技术内容十分丰富，有待发展。

中医文化的核心内涵，一是中医以整体观念为核心的生、长、壮、老、已的动态生命观，认为人体内部是有机的整体、人与自然、社会是有机的整体的动态过程。

二是以阴阳平衡理论为基础的动态平衡。中医讲人体整体分阴阳，脏腑又分阴阳，阴阳中又分阴阳。主要就是人时刻处于平衡与不平衡的动态变化中，及时调整失衡状态就减少了疾病的发生。

三是"医乃仁术、大医精诚"的道德伦理观。治病救人是医生的道德底线，也是医生的天职。"大医精诚"是医生医德医术的最高追求，做一名医生虽然很辛苦，但能为他人解除病痛确实是乐在其中。

四是"治未病"的早期干预思想。治未病就是早期干预，包括未病先防、既病防变、病后防复三方面。

四是"仁者寿"的道德养生理念。中医认为"恬淡虚无，真气从之，精神内守，病安从来"。

中华文化有优秀部分，也有糟粕内容。而中华优秀文化凝聚了中华民族的精神内涵。现在一讲弘扬中华文化，就有人出来反对。包括一个月前有一人发微博，说中国是乙肝大国，原因是中国用针灸用得多。真是可笑之极，中国人用针灸多的人都是年龄大的人，真正用针灸多的是美国。实际上他反对的不仅是中医，更重要的是反对中华文化，因为中医真正能把中华文化传到世界，中医学是传播中华优秀文化的重要载体。中华民族如果没有文化的复兴，不可能有伟大复兴。我们文化复兴才能促进经济社会可持续发展。中医在发展过程中应该成为弘扬中华优秀文化的主力。

中医是医学，不仅深受中华文化的影响，更重要的是蕴藏着丰富的中华优秀文化内涵。中医是传统的，因为它经历了中华民族五千年的发展历史；中医是现代的，因为它至今在防病治病中发挥重要作用。中医是中国的，它起源发展于中国；中医也是世界的，因为现在世界上50%以上的国家认识中医，应用中医，特别是发达国家越来越重视中医在养生保健理论和实践方面的作用，应该说中医在国际有很好的发展前景。中医理论与实践结合，在人类健康中发挥着不可替代的作用。

问：我非常认同曹先生一个基本的判断，中医是中华文化的载体，而且也是传播中国文化行之有效的手段。目前中医药发展现状确实令人堪忧，因为我也接触过一些老中医。一个就是中医人才培养模式的问题，从刚刚曹先生跟我们讲中医的时候，我们清楚地认识到一点：中医的人才是不能速成的。我们现在的教育模式是标准化、流水线的生产模式，导致了今天中医庸医非常多，学中医的人最后不去搞中医，完全西化了，被西医卷走了。

我们从国家战略层面对中医培养模式有没有长远的规划或者战略思

想？中药开发走的也是一条产业化的道路，就我对中医药的理解来说，因为中药不仅仅是某些可以提取的成分产生效果，其中有很多未知的因素，如果我们简单地按照西药合成分析的模式把它产业化的话，对中药的疗效会不会有一些影响？不仅仅是有一些影响，其实涉及中医药发展方向的问题，我不知道我们中医药学校包括在国家整体战略层面上有没有应对的考虑。谢谢曹院长。

曹洪欣：我们国家高等教育的培养模式的确受西方教育模式的影响，高等中医院校从1956年成立后，现在中医药大学有14所，中医学院23所，还有一些在综合院校中的中医药学院，等等。中医如果单纯靠学徒师承模式肯定不能满足社会发展的需求，也不可能形成完整的知识结构。我们国家已经把高校办学的自主权放在学校，人才培养关键在学校。学校应探索如何在遵循教育规律的基础上，结合中医人才成长特点，形成自身中医人才培养模式。我们中国中医科学院在博士后培养方面进行了探索。博士后培养必须学科交叉，但我们突破了在中医学科博士后不交叉的传统，我们现在博士后就200多人。从本科、硕士、博士固定了方向之后来做博士后延伸，既有其他导师横向丰富的知识面和高等教育知识面又有传承模式，这种模式有利于高层次中医药人才的培养。我不赞成把中医搞成师带徒，单纯做学徒知识面是不够的。高等中医药教育是最好的平台，其中导师的作用十分重要，比方我对研究生的要求，首先要能看好病，其次要会搞科研，第三要能讲好课。刚才你说国家有没有战略，教育部和卫生部、国家中医药管理局，对中医人才培养还是有战略要求的。如大力发展专业学位就是例子，专业学位就要求临床学科要突出实践能力的培养，把研究生防病治病能力的提高作为重点。

关于中药的研发，突出中医药特色与新药研发规律相结合是关键。对中药研发来说，第一，肯定是疗效；第二，要明确副作用；第三，成分要清楚。青蒿素的研发是中药走向世界的成功案例。然而中药研发还要遵循中医规律，关键是安全有效。中医药走向世界，不应该片面追求和国外接轨，廉价出口中药。我们必须坚持中国主导，统筹资源与国际需求，把遵循中医药规律与有效利用现代科学技术结合起来，实现为人类健康服务的目标。

问：曹教授，刚才您说现代女性的几座大山，我们都深有感触，希望您从中医的角度给我们提供一些宝贵的建议？

曹洪欣：因为女性工作压力大，家庭负担重，包括各种负担，所以承受压力很大。女性由于自身的生理特点，容易神经、内分泌失调。中医称为肝气不舒，就是生闷气之后，胸闷，眼睛发干，嗓子不舒服，心情上高兴不起来，年龄三四十岁比较多见，可用玫瑰花和炒麦芽泡水喝，有疏肝理气之功。能调节情绪，使心情舒畅，预防疾病发生。

如不及时调治，进一步就会出现头痛、心烦易怒，睡不着觉，悲伤欲哭，哭后又后悔，周身串痛。这种情况可用逍遥丸调治。

进一步加重出现眼睛色红、鼻梁发青、烦躁更甚、口干苦、胁肋胀痛，就是肝火盛。可用加味逍遥丸或龙胆泻肝丸。

再进一步发展就出现实质疾病状了，如乳腺小叶增生、子宫肌瘤等，应在医生指导下选择用药。

问：我们现在生活压力比较大，出现很多亚健康的状态。能不能请您跟我们介绍一下基本知识，判断自己有什么虚或者实，或者热症能不能给我们介绍一些？

曹洪欣：刚才我说的养生是中医的词，是我们中华民族创造的。西医没有养生的概念，什么叫养生？比保健的理念更高，保健是保持健康不得病，养生是在你现有的状况下，主要是生活质量的提高，养生应该说保养生命，就是身体进入到最佳状态。怎样对待自己的身体？关键是把握中医理念，构建适合自己的养生保健方式。如何构建自己的养生保健方式？刚才这位老师提的问题非常好，自己发现身体的寒热虚实。就是气血阴阳的虚实，比方说气虚，面色偏白，不愿意说话，比如说老师讲课越讲声音越低，语声低微，神疲倦怠，脸色缺少光泽，易出汗，动则汗出，容易感冒，这就是气虚。阴虚就是脸红，手脚心热，眼睛发干，尿少，晚上口干，睡觉的时候容易出汗。阳虚就是怕冷，手脚不温，倦怠乏力，尿多，尿频。血虚指面色淡白，头晕目眩，口唇指甲淡白，妇女的月经量少等。气血阴阳的不足可见多种不同的亚健康状态，可根据自己的身体状况选择适当的中成药早期调理治疗。

主持人朱小健：感谢曹院长，曹院长确实非常忙，今天给我们作了一个很好的报告，并与大家进行了深入交流。让我们再次感谢曹院长。

曹洪欣：谢谢大家，了解中医，享受中医，希望通过这次讲座之后，我能为大家的健康服务。

中华文化传播策略

于 丹

主持人朱小健：各位老师，今天给我们讲课的是北京师范大学艺术与传媒学院的副院长于丹教授。于丹老师在中华文化的传播上有着非常特殊和重大的贡献。我这么多年一直在做训诂方面的工作，但很少有人和我讨论《论语》，但自从于丹老师讲了《〈论语〉心得》后，我的家人、亲朋都开始跟我讨论《论语》了。

于丹老师的工作安排非常紧密，今天刚刚从欧洲回来，正在倒时差。大家都知道，于丹老师最大的特点，是对学生、对工作、对中华文化的那份热爱，全身心地扑在上面。下面有请于丹老师为大家进行讲座。

于丹：首先谢谢许先生和朱老师的信任。要给大家交代一下渊源。我是"土生土长"的师大人，所以我还可以作为半个主人欢迎大家。我读研究生的时候，许嘉璐先生是我们的系主任，朱小健老师是我的班主任。

今天，老师提携学生，学生走上讲台，跟大家分享一下自己的一些感受。朱老师很早之前就跟我沟通，希望我跟大家交流一下关于中国文化在海外的传播策略。实际上这是我的本行，因为我自己一直在传媒学院教大众传播、媒体研究方面的一些课程。

关于对文化的解释，追本溯源，大家都会想到《周易·易传》中所谓："观乎天文，以察时变；观乎人文，以化成天下。"这是一个起点，就是文化如何去传播？

"观乎天文，以察时变"，意思是说，观察天文、地理，可以了解四时更迭，了解自然的运行规律；"观乎人文，以化成天下"可以让我们观察人间世态的百相。这些凝聚起来就是一种思想理念，一种价值观，用以流化天下，氤氲人心，这是"文而化之"。

在我看来，文化文化，文而化之，它是一个动词，而不仅仅是 Culture 这个名词。我们已经过分地把文化理解为一种成果、遗产，一种名词意义上的文化，一种庞大体系中的元素，甚至是一些盲目膜拜的文化化石。"文而化之"这样一个流化天下的过程却找不到了。

中国有文字记载的文化都已经近六千年历史了，我们还缺"文"吗？卷帙浩繁，其实我们缺的是"化"。今天我们在全世界推广我们的传统文化，如何与其他文明形成差异中的对话，差异中的融合，从而形成新的文化生态，我想这才是我们最需要学会的。

所以，从"文而化之"这个意义上讲，我今天想跟大家沟通一下我理解中的文化传播的三个大问题：

第一，文化的时态：怎么样站在当下进行传播？

第二，文化的空间：怎么样跟不同的文明体系进行交流？

第三，文化的传播策略：我们怎么样传播它才是有效的，才能使大家听得明白？

一　文化的时态

我们都知道英语是有时态的，其实中国文化也是带有时态的。任何时代的文化传播，都有它自己的时间节点和坐标，用今天的话来讲就是有语境。我们这个时代的语境是什么呢？我们基本上都是当大学老师的，我们怎么对待80后、90后的学生，怎么对待被他们使用的网络语言呢？

我说一句仅代表我个人观点的话：我认为和学生交流的时候，如果我不使用网络语言，就意味着学生们会放弃我，而不是我选择什么方式教育他们。

语言是一个载体，承载的不仅仅是它传递的信息本身，还有它使用这个语言时的态度。比如说90后们生造出来的一些语言，可能会让语言学教授们感到愤怒，但是他们并没有把这些写进学术论文，而是在给老师写邮件、发信息的时候使用这样的语言，有的时候仅仅是为了表达跟你的默契、亲密。

今天的世界已经走进了一个品牌的时代。"品牌"这个词在英文中的表达是Brand，它最本初的含义是烙印，也就是说，真正的品牌是一种烙印，有烙印的产品就是品牌产品，有烙印的企业就是品牌企业。而人际交往的"烙印"就是一个圈子里所使用的语境默契，生活习惯的默契。当学生能够跟老师使用这种语言的时候，说明他没有把你当外人，接纳了你成为他们中的一员。如果你武断地说："你们都不要用这种语言，听我的教育！"他可以不再对你使用这种语言，但他在心中已经把你排斥在他的圈子之外了。

传播学上有一种观点认为，语言能够传递的信息，仅占所有信息量的38%。这是一个非常小的数字，剩下的62%是什么呢？我们经常说某个人气场很强，有的人举手投足之间都让人感觉舒服，也有的人虽然语言上彬彬有礼，但你感觉就是冷若冰霜。一个人的语言习惯，伴随着肢体语言，所营造的气氛，特别是双向沟通交流意识，这一切都在传递大量的信息。从这个意义上来讲，文明的语言是国际的，但文明的语法永远是民族的。我们不能用民族的语法守着一个民族的语言，那样我们就没有办法沟通。

我们研究汉语的语法，研究汉字的构成，是为了让它在国际范围内实现有效交流。这就需要注意文化的时态。这个时代的人，对任何事情都会有当下的解读。什么是当下的解读呢？举一个例子，我最近这五年有很多机会在不同的国家做学术交流，在和这些国家的学者交流的过程中，他们会说，"君子日三省乎己"，你们提倡人的自律和反省，我们西方社会提倡他律，在法律的框架中做一个公民，而你们是靠自律，这一是靠不住，二是很辛苦。自律在心里有必要性吗？处于转型期的中国社会，人人面临很大的压力，还有时间和心情自律吗？为什么要"日三省乎己"呢？

这个问题我尝试这样解答：我们看"日三省乎己"说的是哪几件事儿。就是《论语》上说的"为人谋而不忠乎？与朋友交而不信乎？传不习乎？"这三句话的意义我们都明白，我们把它放下不说，先来看现代人的困扰。

现代人的困扰不像几十年前是因为选择过少——贫瘠，反而是因为今天这个时代的选择过多——惶惑。大家看智者不惑的"惑"字是怎么写的？上面一个"或"，此"或"彼"或"，太多选择，考这个学还是考那个学，上这个班还是那个班，买个牙膏、方便面都有十几种牌子，这么多"或"压在一颗"心"上，这颗"心"就实在选不过来了。

今天这个时代，每个人都开始有了多元角色。在座的人，我相信至少有三个角色：

第一个是职业角色。大家都是因为有这份职业，才会在今天坐在这里。职业角色要求我们承担责任，要求我们牺牲小我，顺应群体，要求我们服从大局，实现社会价值。这个角色很辛苦，因为你不断地在付出着。

第二个是伦理角色。我们大多数人都上有老，下有小，外面有一大群朋友、同事，面对着这些人，你有自己的义务，有自己的爱，你要跟他们沟通交流，还要帮人去办很多事情，其实也很辛苦，也是在付出。

如果说前两个角色都是在付出，第三个角色就应该是让我们充电的角色，这就是自我角色。不管我们在职业角色上多么相似，其实我们的个性有着天壤之别。安静的人喜欢喝喝茶、看看书、听听音乐；热闹的人就喜欢呼朋唤友，就像《论语·先进篇》里讲的，"冠者五六人，童子六七人。浴乎沂，风乎舞雩，咏而归"，这未必不是修身养性的一种方式。每个人在这个世界上的个人角色，获取信息的方式，成长生命的方式各不相同。那么问题就来了，一天只有二十四小时，三个角色在互相争夺着时间，我们如何平衡呢？我们回到《论语》那三句话，大家看看"日三省乎己"它说了什么？它告诉我们，在每一个角色中，守住一个简单的底线就好。

"为人谋而不忠乎"，在你的职业角色中要记住一个字，就是忠诚的"忠"；"与朋友交而不信乎"，无论是对自己的长辈、孩子，还是朋友，只答应你能做得到的事情，这就是"信"。"传不习乎"，孔子的时候还没有互联网，而如今的网络时代是信息和知识的海洋，但这些知识就一定能有助于你成长吗？成长的唯一途径就是学习，通过学习让自我的生命不断更新。"破万卷书"是学，"行万里路"一样是学。生活之中只要有所感悟，随时都在学习。所以想想"日三省乎己"，放在 21 世纪的国际语境下，让每个人守住这三个底线，这不是很简单的事情吗？

这是一个奋发图强的时代，这是一个建功立业的时代。在这样的时代中，人人心中都有一些燥火，大家都愿意看生命的上线，而忽略了底线。管理学上有一个理论，叫木桶理论。木桶如果是参差不齐的板子箍起来的，决定其容量的是最短的那块板子。什么是真正的智者？就是永远看得见自己的短板，并且有能力提升它的人。这需要两种才华，一是看得见，二是能提升。你的短板如果是一个变量的话，你就很成功。比如说，最近工作业绩下滑，就减少一些交际应酬，抓一下工作；比如一段时间没锻炼，身体下滑了，我就把工作减少些，腾出些锻炼的时间。如果你的短板是恒量，比如家庭关系一直都不好，这个家就快散了；工作好几年都没有起色，那就快被炒了。

　　那么，中国的儒家理论所提倡的自省与自律有什么样的意义呢？就是要自己反视内心，在反省之中守住底线，而不一定是追求上线。人生这个"木桶"有几个95分并不重要，关键是不能有一个59分。只要有一个59分，其他的95分都没有意义，你的水容量就是不及格。所以"日三省乎己"，你说它有没有意义呢？

　　"为人谋而不忠乎"，什么是"忠"？曾子说："夫子之道，忠恕而已矣。"就这俩字——忠恕。朱熹先生在《四书章句集注》中进一步解释道："中心为忠，如心曰恕。"什么叫忠诚？真正的忠诚就在你的心中，摸得到良知的底线就叫忠诚；什么叫宽恕？学会换位思考，他人心如我心，这就是宽容。

　　朱熹接着又说了两句话，"尽己为忠，推己为恕"。一个人只要能好好尽到自己的心，这就叫忠诚。因为尽人事还得听天命，也没要求尽心就一定要成功。在"忠诚"这件事情上，也是论心而不论绩的，只要尽心尽力，过程也同样有意义。"推己为恕"，无非是推己及人，学会换位思考，所谓"己所不欲勿施于人"。

　　所以这个"忠"字只是我们心中的底线。每天回顾一下这一天的言行，看看自己有没有触碰到底线，这样不就能坦然了吗？

　　对自己的亲朋好友，同样要经常问问自己，有没有不守信的地方，有没有答应过别人却没有做到的事情？孔子说得好，"信则人任焉"。守信用的人，大家都愿意交往，都愿意给他帮忙。

　　"传不习乎"，是指通过学习把知识转化成个人生命经验。当今社会不缺知识，但比知识更重要的是经验，比经验更重要的是悟性。只有知识而没有经验，知识活不了；只有经验而没有悟性，知识不高级。知识转化成智慧要经过一个鲜活而高级的过程，那就是你的经验和悟性对它的成全，光有死知识，不去转化，没有任何意义。

　　星云大师曾经跟我说过一句话："知识这个东西本身不是什么坏事，但有时候学多了会生病。如果在心里不进行转化，知识病了，就是'痴'。痴男怨女往往都是念书念多了，农村那些根本不念书的人，高兴了唱唱歌，跳跳舞，乐呵乐呵，不高兴了喝喝酒，骂骂人，说完就过去了，互相喜欢了就到一起，不喜欢就撒手了，哪有痴缠的？你看那些痴男怨女，很多都是念书念出病来的人。"我觉得这句话说得挺对的，什么是

"传不习乎"？活的学习才能把外部的知识跟生命经验结合起来。

孔子在两千多年前不会想到今天的人们生活是什么状况，但是我们可以站在当下，用自己的智慧解读儒家文化。我们在世界上传播中国传统文化，在经传义理系统之外，还要考虑体用结合的问题，要能对普通人的生活起到作用。我们的学生出去传播中国文化，不是面对国家政要讲，也不是给他们的政府机构做培训，更多的是面对大众。这就注定了我今天所要讲的，是个体之间的生命经验交流。自从2008年年底的金融危机之后，中国的话语权越来越大，我们在政治、外交、经济、金融等方面的地位越来越高，但是作为一个文明古国，我们的文化话语权仍然没有取得它应该有的地位。我们的学生出去传播传统文化，是要在沟通中逐渐建立话语权的，也就是说，我们不带有攻击性，我们不是出去征服，甚至不是说服，要平心静气地交流，把中国文化的普世价值传递出去。实际上，这就是站在当下对世界问题的解读，以中国的方式去解读世界的问题。

中国的各种思想体系可以分为几个不同的价值角度，比如说"半部《论语》治天下"，它对于历朝历代的统治，对整个社会的稳定，特别是对宗法社会的秩序，有着不可替代的作用。可它不在我们今天的讨论范围之内。但孔子所说的"君子之德"，这种修身养性的学问，在今天仍然具有普世价值。如果你用这样的方式去进行探讨，就完成了一种个体之间的沟通。"日三省乎己"就释放出了当下的意义。

同时，我认为"儒道释"作为一个体系要打包去传播，不要偏废。儒家的价值是强大的、稳定的，但不是唯一的。也许从"罢黜百家，独尊儒术"的那一刻起，儒家的文化变得强大的同时，也就变得不那么健康了。因为在意识形态上"唯我独尊"的行政扶持，使它失去了"百家争鸣"的活力。在今天的国际环境下，我们不能总跟人家说《论语》是我们的"圣经"。在对外沟通时，一定要把儒道释放在一个体系之内。

再回到21世纪的语境，儒道释的意义何在呢？我们有一个中国式的造物神话，《三五历记》上记载着盘古开天辟地，盘古是怎么打开天地的？上面记载"天地混沌如鸡子，盘古生其中"，然后，盘古跟着天地长，"天日高一丈，地日厚一丈，盘古日长一丈，一日九变"。盘古在漫长的生命成长中，每一天他的生命气质都出现无数的变化，朝晖夕阴，气象万千。一个人穿越流光，难道不应该表现出他生命峥嵘的气象吗？如果一个人保持着成长的力量，那么这个人永远都有希望。一种文化保持着成长的力量，它就永远不落伍。我们民间流传一些观点，比如"过三十不学艺"，"人到四十天过午"，一过五十就说"土埋半截子了"。这些话就是告诉自己，我可以停止成长了。如果你真这么想，你的生命就失去成长力了，你还能够"一日九变"吗？如果能保持着从容的自信，跟着天地共生共长，这就是庄子所说的"独与天地精神往来"。这就是一颗心磅礴万物之后所做到的"万物与我共生，天地与我合一"。

盘古长了多少年呢？"万八千岁，天地开辟"。一万八千年，从容不迫，每日成长，坚持不懈，以这样的渐变完成了成长。一万八千年以后长成什么样？"阳清为天，阴浊为地"，最后天地分开了，盘古在其中。天地是怎么分开的？是盘古这个人顶天立地把它撑开的。这时候天数极高，地数极深，盘古极长。《三五历记》上用六个字来形容盘古的人格，"神于天，圣于地"——这应该是中国人理想中的人格境界。

我们经常说"神圣"这个词，但"神圣"是什么层面的意义呢？"神于天"，我认为就是中国的道家文化与生命的融合。道家的一个概念就是"游"，用庄子的话来讲，叫作"乘物以游心"。

今天我们的生活像乘车一样，但怎样才能让一颗心真正游离起来呢？如果一个人看到了亘古自然，能对天地、山川、万物有一种天真的欢喜和热爱，那么你就好像天空上的神仙了，真正做到了"神于天"。

什么叫"圣于地"呢？就是说，人在大地上要像儒家那样做一个圣贤。"士不可以不弘毅，任重而道远。仁以为己任，不亦重乎？死而后已，不亦远乎？"只要一息尚存，就要努力承担自己的那份责任，这就是"圣于地"。

在天空上做个神仙，在大地上做个圣贤；在天空上以宇宙、自然的坐标，按道家的观念去走，在社会人生中按儒家的观念来做。儒家教我们自我实现，道家教我们自我超越。一个人如果只实现而不超越，他虽然崇高，但未免沉重；一个人只超越而没有实现，他固然潇洒，但未免有点可耻——谁来为这个世界担当？所以一定要先进入社会，而后又要"心游万仞"。

道家是"神于天"，儒家是"圣于地"，那么佛家呢？如果让我来概括的话，我认为佛家是"诚于心"。我们讲天、地、人"三才"，一个人有了头顶的苍天、脚踏的大地之后，一颗心的成全在哪里呢？这就是中国禅宗所说的"觉悟"。"觉悟者，见我心也"——"觉"字头下面是看见的"见","悟"是"竖心"和"吾"。一个人能不能看见自己的内心？禅宗的顿悟是"羚羊挂角，无迹可求"的，是"拈花微笑，不立文字"的。也就是说，它不一定在经传之中，而只是人心一念。能不能有所觉悟，在于每一个个体。

如果把儒道释看作天地人心的成全，那么，无论是在纽约、巴黎、罗马、开罗，还是在香港、上海、台北、北京，任何一个大都市的人们在当今所遇到的迷惑一定都是相似的。大家会发现，在这个世界上，越封闭的地方差异性越大，越发达的地方相似性越多。我们现在游山玩水，那些深锁于山林之中的，甚至于是一些穷乡僻壤，我们会看到完全不同的民俗和风光。而大都市的楼房、立交桥都差不多，人们开的车、穿的名牌都差不多，大都市带给人们的困惑当然也很一致。既然如此，为什么不能用中国的儒道释完成这种打通呢？这就是我要说的当下的语境。

比如说我们讲禅宗的故事。中国上千年来流传的公案故事，都是开放性的结尾，没有结论。但常回味常有新的意蕴，而且在不同的时代肯定有不同的解读。说一个大家都很熟悉的故事。曾经有一个公差押解一个犯了罪的和尚去京都，路途很远，公差很敬业，每天都在想：我一定得带好几样东西，缺一个都不行。带哪几样呢？手里首先得有一个包袱。这个包袱里是他们俩的盘缠和寒衣，这一定得带着。第二得拿着一份公文。拿着公文最后才能交差。第三样当然是这个和尚。得把和尚押到京都才算完成任务。第四样是我自己，只有我在，才能带着这三样东西上路。这个公差每天上路前都要清点一下这四样东西，然后才上路。

日复一日，这在漫漫路上，经常只有他们两个人，所以免不了互相照应、聊天，越来越像朋友。一天，两个人饥寒交迫地赶路，投宿到一个破庙里。外面风雨交加，和尚累坏了，看公差比他还累。和尚就跟公差说：看你每天押着我真辛苦，今天又这么冷，不如我去给你打点酒。我不能喝酒，但是你可以啊，你可以歇歇啊。公差听了也就懈怠了，给和尚把枷锁全打开，和尚就到镇上买酒去了。酒肉买回来后，公差很高兴，喝着酒，聊着天，一会儿酣然大醉，就睡了过去。和尚一看机会来了，从怀里掏出刚才悄悄买的剃刀，把公差的头发给剃了，然后把公差身上的衣裳扒下来，自己穿上，把自己的袈裟给他裹上，找个破草帽一盖，连夜逃跑了。

公差浑然不知，一觉睡到日上三竿，揉揉眼睛，醒了。像往常一样，上路前清点东西。一摸，包袱还在；再一摸，公文也在；第三样找和尚：

这和尚哪儿去了？庙里找，庙外找，和尚哪里去呢？一摸：哟，头上光的；低头一看，穿着袈裟——高兴了：这不和尚也在吗？第四样是找自己，公差真发愁了，怎么也找不着了，我究竟到哪儿去了？

这个故事很古老，如果你跟欧美的人讲，他们未必能明白。但是，你可以把故事中的元素置换成应当下语境中的事物。

包袱是我们每个人的物质生活，人生道路上，这包袱你永远都忘不了。不管是住别墅的，还是住经济适用房的，都希望自己的日子过得更好好一点，所以这个包袱里头不管是好是坏，你一定忘不了。

公文是我们的职业，每个人都知道拿着这东西交差。名片上是什么头衔，自己在单位里是什么职位，这件事儿一般也忘不了。

和尚在本质上是一个囚徒，而人只有强大的自我在，押解这个囚徒，行使主体权力的时候才是高大的、是自我实现的。但在押解过程中，会不知不觉完成一种转换，我们每个人都有一生的值守，每个人都会执迷于某一件事。比如有些人兴趣在权力上，他这一辈子从科长、处长当到局长、部长，最后就变成了权力的囚徒。还有些人就喜欢挣钱。几千元和几千万有差别，但几千万和几个亿花起来到底有多大区别？赚钱赚到最后就变成一个数字了。"鹪鹩巢于深林，不过一枝；偃鼠饮河，不过满腹。"人这辈子能花多少钱？也有些人一辈子执迷于情，为情所伤，为情所累，为情所迷，这就是情的囚徒。人最看重什么，最终就会成为什么的囚徒。

我们的人生路上，都会押着一个和尚。在最初的时候，觉得追求权力是自我实现，追求金钱是为了美好生活，追求情感更是一种崇高，但是追求到最后呢？和尚还在，可"我"哪儿去了？物质生活变得很好，职业岗位变得很高，自己所值守的东西每天还在，一摸头确实光的，袈裟确实在身上，我们要的意识形态一直都在，但是"我"哪儿去了？

这个公案故事这样跟老外讲，他听不听得懂？他有没有共鸣呢？这个故事我跟很多外国人讲过，后来有一个德国人到处跟人讲这个故事，说这个故事真好。

如果我们讲中华文化像讲西方逻辑，说这就是结论，这就是标准答案，那就错了。大家别以为我们传递的就是内容，比内容更重要的是态度。一定要以中国的方式从容不迫地去传播。这个故事没有强制性的结论，我们不一定非得说这就是中国文化的标准答案。中国文化最高明的地方就是我们没有标准答案。

面对其他文化时，我们要有自信，中华文明五千年历史，我们对外来文化具有很强的包容性，很多外来文化最后都被转化为中国自己的东西。小乘佛教开始是什么样的，最后变成了中国的禅宗。这样的历史，难道不能给我们一些自信吗？这就是我要说的文化时态。

二 文化的空间坐标

文化除了时态还有空间，它空间的坐标是什么呢？我们在讲任何一个文明体系的时候，都一定要去参照它这个文明体系中固有的坐标。跟大家分享我的一个心得，我这些年去了很多国家，逐渐摸索到了一种方式。在国内讲座，我上来就直接讲，然后互动、提问、聊天，可是在国外，我就直接问：你们想知道什么？因为我是教传媒的，我了解一点，信息只有被期待的时候才是有效的。我上来就长篇大论，人家不见得期待，因为这是跨文化的交流，所以我上来就说，你先问，你想知道什么，我就说什么。

当然，这是一个有点危险的方法，因为你会让对方"先发制人"，因为他提出的问题是不确定的，而且很多时候确实会遇到非常尖锐的问题。但是没关系，走多了你就会发现，他们集中问的问题就那几个，各大洲都出不了那几个问题。在2009年的法兰克福书展，中国是主宾国，我去参加《德国之声》的直播对话。主持人拿着我的德文版《〈论语〉心得》，里面夹着二十多张纸条，他真是认真做了功课，温文尔雅地说："教授，你们古圣先贤这么智慧，能不能用一句话给我概括《论语》的核心意思呢？"我说，从当下的应用价值来讲，《论语》的核心就是"仁爱"，不到两万字的《论语》里，"仁"字出现190多次，它肯定是一个价值核心。这是一种将心比心的仁爱。他说："哎呀，非常好，我也这么认为，这书写得很好。可是你们两千年前就有这样的哲学家，你们为什么在'六四'时还会向学生开枪呢？"这就是他问我的第一个问题。

我笑着跟他说，我上大学的时候就读黑格尔、康德，读叔本华、尼采，也读海德格尔、费尔巴哈，一直读到马克思主义，德国有这么多伟大的、灿若星河的哲学家，但是为什么没有阻止纳粹的出现？当然，这种对话一开始剑拔弩张。但你可以心平气和地说，我们的土地比德国大得多，都快赶上整个欧洲了。我们的历史也比德国长得多。这么大的国土，这么长的历史，肯定会有很多问题，可是我们有一个原则，就是在自己土地疆域内管好自己的内政,我们自己解决问题,决不去别人的国土上杀戮别的民族,这是我们的一个准则。你看看今天的中国,年轻人可以听着德国古典音乐,喝着德国的扎啤,吃着德国的烤香肠,为德国的足球加油,但我们依然不议论德国的内政外交,因为我们不见得了解真相。中国举办奥运会的时候邀请各国首脑来参加开幕式,萨科齐等最初抵制的人最后都来了,但你们的默克尔总理到最后也没有来,一方面你们不来了解变化中的中国,另一方面又抱有成见,这应该不是一个文化大国的态度。我们存在文化上的差异,但可以在沟通中解决问题,这才是一种融合的新生态:

这个主持人是个老头,准备了一堆问题。他翻到书后面的版权页,说:"听说你的这本书印了上千万,这么大的印数,你怎么只影响你们的老百姓,不影响你们的当权者呢?"我说:"上千万的印刷数字,你以为是一个作者和一个出版社能做得到的吗?如果没有这个国家的主流意识形态的提倡,如果没有老百姓的呼应,没有整个文化基础的唤醒,能做到这些吗?在欧洲发行一百万册的作者能有几个?更不用说上千万。你希望看到这本书的那些人,正是因为比你早得多看见了这本书,才有我今天坐在这儿和你对话的机会。"这又是一个回合。

我举的是很极端的例子,是我这么多年来遇到的最尖锐的一次。我的德语翻译坐在旁边,大冬天的满脸流汗,一直抓着我的手,他说:"对不起,他并不能代表德国老百姓的态度。"我说:"你一定要忠实地翻译过去。"

遇到这种问题的时候,作为一个中国人,即使我们在国内对现状有不满意,每天都在数落,但出了国就知道,这就像你的家一样,在家里怎么摔盘子打碗骂骂咧咧,但出了门别人说的时候,你也会不高兴的。可是这种不高兴也不是要挽起袖子跟别人打架,一定要条分缕析,跟别人完成文化之间的交流。

我在德国遇到质疑最多的是关于宗教。这是一个不能回避的问题,因为宗教是信仰的依托,是人心的归属。很多西方学者、媒体,包括大众都会问,西方人从小上教堂,每个星期去做礼拜,内心有什么做错的事情去做忏悔,得到一种力量的提升和救赎。中国人连教堂都不去,靠什么来维系这个民族呢?我说,中国的宗法社会在几千年文明中建立了强大的伦理体系,这个伦理也是我们信仰寄托的所在。他们不信伦理有那么大的力量,我举了个例子说,走在路上不小心摔一跤,西方人会本能地说"Oh, my god",中国人会本能地说"哎哟,我的妈呀"。中国人摔个跟头,不会趴在地下说"哎呀,我的神呀",西方人也不会摔个跟头说"Oh, my mum"。因为西方人上教堂求神的时候,中国人出门亲兄弟、上阵父子兵,我们在家里"呼爹喊妈"是替代神来用的。

你们靠什么呢?你们这种维系没有全民宗教靠什么呢?我跟他们沟通,我说中国人对伦理的信任,表现在方方面面。比如说大家在欧洲随处可以看到哥特式的教堂,它是尖顶的,是个体建筑,孤单地、崇高地一直耸入云端,代表生命个体对神的庄严膜拜。这是康德那种优美而崇高的姿态。中国建筑从来在我们的传统中不是垂直空间,而是平面空间的延展。我们从来不向天空去祈求,但我们在大地上铺开秩序。老百姓的房子叫四合院,皇上家的四合院是紫禁城。不管是老百姓家的几间房,还是皇上家的九千九百九十九间半,都是按照伦理秩序修建的。不管老百姓家的老爷子还是皇上,他一定都是住北房的,没见过一个农村家的爷爷或哪朝的皇上住在西厢房里。这是为什么呢?我们看故宫两侧的配置,可以看出秩序感来。这就是伦理秩序在建筑结构中的体现。我们的这种建筑能够体现出来一种归属感,所以它不是指向天空,不是哥特式的个体,而是群体性的建筑。如果我们只有一个太和殿,那就不叫故宫了。故宫一定是群体建筑。

再来看看我们的艺术。芭蕾舞是什么姿态?一个大托举,被托起来的那个演员四肢高高伸开,延展向苍天,呼唤,好像要挣脱地心的引力,要获得自由和救赎。这种无限的肢体延展就是西方艺术中敬神的一个表现。中国的戏曲有这个动作吗?你看昆曲、京剧,里面的武生拉单帮是圆的,跑圆场是圆的,千里送京娘也就在舞台上跑两圈,一千里就跑完了;旦角的兰花指是圆的,睡觉的时候是卧鱼,"啪"一团卧在这里,也是圆的。你会发现中国戏曲舞台上的个体角色以及生旦的配合,一定都是圆润的,俯向大地的,它不挣扎,也不向天空延展,这是中国对称、和谐的美,是一种诚实、圆润的美,所有的舞蹈形状最后都如同阴阳太极。这就是中国艺术的呈现。

你再看意象。我到处看到他们国旗上那只黑鹰。唐诗宋词中有多少歌颂孤独的鹰隼?还真挺少。我们从小学外国文学,特别熟悉雄鹰这个意象,但这不是中国的意象。中国人一歌颂就是一群小鸟。陶渊明说"众鸟欣有托,吾亦爱吾庐",鸟都有自个儿的窝了,我就回我家那草棚吧。

"云无心以出岫,鸟倦飞而知还",鸟回来了,那我也回去吧。所以,中国人为什么要写"山光悦鸟性,潭影空人心"?鸟高兴了,人也跟着欢欣了。杜甫高兴的时候说"一重一掩吾肺腑,山鸟山花吾友与",所有的鸟、花都是我的朋友;伤心的时候会说"感时花溅泪,恨别鸟惊心",鸟跟他是同感的。最后他说自己是"飘飘何所似,天地一沙鸥"——他怎么从来不说自己是天地一苍鹰呢?因为这个意象很不中国。赵传为什么要唱《我是一只小小鸟》?中国人什么时候会去讴歌一只黑鹰?这就是文学意象上的差别。

你跟他去对比,你用生活中的一切细节跟他对比,从康德、黑格尔的纯粹理性的批判一直到叔本华、尼采,从那样一种悲观主义的哲学到权力意志的进化,从新费尔巴哈主义延伸出来就是马克思的思想与经济学的结合。我们如果不了解德国的文化,如何去完成这种交流?我们需要去了解歌德,了解席勒,了解海涅,了解他们在这些地方都曾经写出过什么,"狂飙突进"的运动是什么样的宗旨,歌德的《普罗米修斯》是一个什么样的神,和我们的神有什么样的不同。我们看看海涅诗歌与中国古典诗歌,对比明末清初的时段,对比它意象上有什么差别。其实,当我们手中有材料的时候,就会变得心平气和。在欧洲没法回避古典音乐,这里是巴赫、贝多芬的故里,到了这里能不谈这些吗?怎么样能够完成这样一种沟通呢?我们要拿着真材实料,按照对方的坐标去完成沟通。任何东西都不是凭空建造的,也就是说,要调动对方所熟悉的经验体系,与之比较,这是最容易被接受的方式,在比较差异中完成沟通。

我们过去总说不承认差异,不承认差异还沟通什么?但是也不能承认了以后,就说这是鸿沟,不可逾越。承认差异是为了找到沟通的坐标,在坐标之间去完成对话以及融合。这是一件非常切实可行的事情。很多时候,外国人的提问很有意思。有一位意大利记者曾经问过我:你们中国的先秦哲学家会怎么看待我们的"安乐死"?这个问题提出来的时候,周围的人爆笑。但这个意大利记者非常认真地说:"教授,我们是一个天主教国家,可是现在'安乐死'的讨论在整个亚平宁半岛都是一个焦点,这是科学的、人道的,但它确实与我们的教义之间有冲突。我不是开玩笑,我是真的想知道你们中国的哲学家怎么看待死亡,你们会怎么评价安乐死。"我跟他讨论中国的哲学,孔子的学生问过他,"敢问死"。孔子回答说:"未知生,焉知死?"你活的事儿都明白了吗?没明白生,怎么了解死亡？干吗想死亡的事儿？说"事鬼神"。孔子说："未能事人，焉能事鬼？"人间的事儿你都明白了吗？上有君主，近有爹娘，你都侍奉好了，再去想事鬼神的事儿。这说明什么呢？中国人抱有乐生的态度，看的是当下，也就是说，"六合之外，圣人存而不论"。这是庄子眼中的儒家。其实这句话说得很客观，"六合之外"灵异的事情，为什么"子不语怪力乱神"？他"不语"并不是否定。"存而不论"这四个字说得真好。"存"就是承认它的存在。不了解，可以不做评价，但得承认它存在。乐生，活好当世，这是中国儒家的态度。

道家呢？"生命如同白驹过隙。"大家都知道庄子的"鼓盆而歌"，也就是说，当死亡来临的时候，庄子以天地为棺椁，日月星辰是陪葬。他把死亡看成生命的另一种形态，无非是去了他来的那个地方。实际上，儒家看重的是当世好好活，道家把死亡视为生的延伸，它并不可怕。所以要概括中国人对死亡的态度，那就是六个字：不怕死，不找死。中国人活的时候，好好活着；死亡来临的时候，坦然面对。在中国的传统中，像屈原投江这样的激烈行为是很少见的。不怕死，也不找死，就是中国人对待生死的态度。这个态度跟他是可以沟通的，但要用他的问题引出来。

这么多年来，我在国外最大的收获就是听过各种千奇百怪的问题，什么问题都有。但听得越多，我越认为，什么问题你都不用怕。有的时候我们剑拔弩张、小心翼翼，那是我们防范过度。就算有些问题你答得不好，你呈现出的态度也是价值。我认为，每一个公民在国门之外都是祖国的新闻发言人，不一定是外交部指定的那个人才叫做新闻发言人。一个中国人所呈现出的从容、典雅、真诚的沟通，这本身就大于说的内容的价值。

不要怕提问，让他去问，有提问的交流才会是有效的。我们要充分尊重文化的空间坐标，以对方的问题带起关注，完成和他的交流。他关心环保，我们就跟他谈环保；他关心宗教，我们就跟他谈宗教；他关心中国现阶段的各种制度，我们心中都要有储备，要知己知彼。我希望大家的学生在出去之前，不光要把我们自己讲的这点文化和哲学弄熟了，其实还包括中国的时尚、社会的动态，这一切的一切都得了解。

三　文化的传播策略

我是教大众传媒的，首先想跟大家说说什么样的传播叫做有效传播。

任何传播都是由三个不同的载体构成一个传播通道，信源—信道—信宿。发出信息，给人知识的人叫信源，就是我们每一个教授者和身后的经典文化。我们要到达信宿（信息的归宿），不管去的是德国、新西兰、美国还是日本，要传递到他们那里被他们接受，这是信宿。而中间这点最重要，怎么从我们的信源到达信宿，要通过信道，就是我们的传播渠道。网络是个信道，它是最新的载体；报纸是个信道，它是传统的纸质媒体；电视是个信道，这是大众媒体。这些都是载体。由语言完成的信道叫人际传播。这三点之间完成的行为叫什么呢？信源通过信道传递到达信宿的过程，需要做什么呢？信息是一个个符码，我们传递的都是一些符码。符码要被信宿接受，还需要一道程序，就是解码。用信源编码，通过信道的解码最终到达信宿，这就是大众传播。

我们教书的时候有一个秘诀，也是国际通行的，本来就来自国外，叫"3I 原则"：信源上要 Information，在信道上要 Interesting，到信宿要 Impact。Information，即信息量。在要给出信源的时候，要有充分的信息量。比如对我们文化的当下解读，对对方文化的详细了解，它们碰撞在一起形成可传播的信息量。现在信息量一般不是问题，大家每天都能接触到海量的信息，但 Interesting 会是个问题，就是要传播得有意思。你在编码的时候会考虑趣味的因素吗？会把这种很有意思的东西传递出去吗？更重要的是 Impact，就是在什么样的影响力上传播出去？要怎么样才能把一种有效的影响力传出去？在信宿上，我们最后的目标是什么呢？叫二次传播。不是我们的信息传到信宿就完了，而是我们的传递到达之后，由这些外国人口耳相传，完成他们的二次传播。这才是一个成功的传播行为。

大家可以想想看，为什么小道消息老是不胫而走？为什么绯闻就容易传？国家政策怎么不像绯闻传得那么活跃？你不能指责大众低俗，这是一种民众心理。传播学就是在研究民众心理的基础上，把惰性信息转化为活性信息的一门学问。也就是说，有的信息是惰性的，有的信息是活性的。惰性信息可能很正确，但不利于传播；活性信息可能很低俗，但它利于口耳相传。我们有没有办法把惰性信息转化为活性的？怎么样在"3I 原则"上完成自己的有效传播呢？我们应该通过什么样的传播策略让信息准确到达？我们过去看重信息量，实际上更应该关注信息到达率。

传播的策略要看重接受心理。大家可能学过接受美学，我觉得在面对国际传播的时候，应该了解对方的接受心理。什么样的传播是有效的传播呢？有一个最简单的原则，就是尽可能去给他讲故事。人类对故事有一种天生的需求。小孩睡觉之前，大人要给他讲故事。现在电视竞争那么激烈，一直能吸引眼球的是什么？是电视剧。这就是人对故事的渴求，因为它中间有悬念的驱动。所以在阐述一个结论时，最好把结论作为画龙点睛的"睛"，而在前面用故事去画一条龙。所以文化的传播，特别是跨文化传播，直接讲结论，别人很难明白。你要去讲故事，所以不要怕他们的提问和观念，让他提出来，然后用自己的故事，去跟他完成结论上的差异比较。

曾有美国的记者问我，美国人笃信科学，人们永远会严格地遵守制度，信任科学；而中国一切都是模糊的，特别是现代化管理，人际之间制度不明确，一切都靠人的调整。固然现在中国的制度也在建设，但不觉得传统文化要负一定的责任吗？你们的传统文化中有太多人际管理上的模糊行为，都靠君臣父子这一套，这行得通吗？

这确实是个问题，我们也在现代化进程中逐渐改进，但中国人这种"模糊哲学"的管理就没有一点道理吗？我当时给他讲了一个禅宗的故事。这也是一个公案。

有一个大师学问通达博雅，弟子们都特别钦佩他。有一次，他带着弟子们出去游方讲学，到了一个闹市，听见有人吵架，他大徒弟就过去看热闹。过去一看，是一家布店，来了一外乡人买布，说，这个布不错，我买三丈布。老板说，好啊，八分钱一丈，三八二十四，那你交钱吧。这外乡人就很犹豫，他说，三八是二十四啊？我怎么从小记着三八二十三呢？老板说我天天卖布，这三八二十四还能错吗？俩人就为这点小事儿吵啊吵。这大徒弟一看，这点事儿还至于吵架，就过去拉架：你别不讲理，三八肯定二十四，把钱给人家吧。买布这人是真不明白，正在犹豫间被人一拉架，面子挂不住，就火了，说，你是谁啊？要你多管闲事？我说三八二十三就是二十三。这大徒弟也很生气，说，我师父就在这儿，他无所不知，无所不晓，你敢跟我打个赌吗？咱俩打个赌去问师父，他说二十三就二十三，他说二十四就二十四。买布这人在火头上，想都没想就说，打赌就打赌，三八要是二十四我输你个脑袋。这个徒弟摸摸脑袋想，这赌好像有点太重了。正好头上戴顶新帽子，他说这样吧，三八要是二十三，你看我把帽子给你行吗？这个人说没问题。两个人去见了大师，一五一十，各执一端，怒气冲冲地讲完了，请大师裁决。这个师父听完，笑眯眯地跟徒弟说，哎呀，这三八啊，它就是二十三，你赶紧把帽子给人家吧。徒弟多窝火啊，但也不敢不听师父的，毕恭毕敬摘下帽子给人家。买布的这人高兴坏了，托着帽子一路招摇过市，说，你看，大师说三八就是二十三吧！这一集市的人指指点点，这哪儿来的和尚啊？就这样还来念经啊！最后，师父带着徒弟灰溜溜从这儿逃跑了。

徒弟想不通啊，憋闷着一天两天，观察师父，看师父好像也没老糊涂，终于去问道："师父，你说三八它难道不是二十四吗？你这么一说，我输个赌不要紧，你要落得天下人耻笑，你到底为什么要说三八二十三呢？"师父问了他一句话："你说是帽子重要还是脑袋重要？三八是二十四固然不假，可人家要输的那是个脑袋啊。我也知道三八不是二十三，咱输的不就是个帽子吗？"

你说什么是佛呢？佛的慈悲就是永远站在终端利益上去看最终的原则，要看到人的最大利益，而不纠缠于局部真理。如果能站在高处看全局，我们自己受点委屈，受人耻笑怕什么呀，你还让人家为这点布就把脑袋放在这儿吗？所以师父最后和徒弟说："你记住，当帽子和脑袋发生冲突的时候，三八是可以二十三的。"

讲完这个故事后，我跟这位美国记者说，这是中国哲学的一个故事而已，它不代表一个思想流派，也无从考据这是哪个禅师的故事，在今天也不通行于世，但它起码可以告诉你，在什么样的前提下不去纠缠局部真理。局部真理在局部上是正确的，但在全局上它可能会是对终端利益的损害。在这种时候，模糊的处理更符合中国人的伦理和道德。

其实这就是一种传播的策略。如果你跟他空对空地说，你们笃信的科学不一定科学，我们的模糊就有模糊的道理，拿什么去说？所以大家一定要带着材料去说。大家都是这些传播者的老师，你们回去在训练自己学生的时候，不妨让他们看一些传播学的教材，因为大众传播在接受心理上的强调，会提升我们的传播策略。

今天我们总认为我们的传播内容重要，其实策略本身就是一个价值。在策略过程中，我们凝聚起来的是气场———一个好的传播者永远是带着气场的。这气场其实是不怒而威的，用孔子的话说就是"威而不猛"，它应该是带着一种温和、凝聚的力量，在心平气和中让人心悦诚服。我们不要指望通过一次两次的课程就让多少人了解中国文化，只要他回去说听了以后觉得不错，而且中国人传递文化时的那种态度让他愿意相信，我觉得这就可以了。策略讲的就是时候带着我们所有的内容，完成当下语境中的沟通，在当下完成信息的传递。这就是一种策略。

中国的儒道释是一个大的体系，很多东西都可以把这三点贯穿起来讲。时态、坐标和传播策略融合在一起，去完成这样一种传递，也就是说，在当下去唤醒我们文明中的普世价值。很多时候，我们可以讲中国人的故事，讲中国人的生活。中国文人有很多关于生活的故事是很有意思的。中国的艺术是交流的最大材质，比如说诗词。

中国诗词承载的不仅仅是它本身的意象，更重要的是一种生活的方式。比如说庄子的"天地有大美而不言"，关于这种"大美"，我们可以去讲中国人的美术观、音乐观、艺术生活观。我们现在看画展都是去美术馆，但整个自然的变化是什么呢？为什么中国画可以不讲透视关系？这一点也会受西方人诟病。因为达·芬奇也是从画鸡蛋开始的，讲究明暗对比。达·芬奇有一幅著名的素描画，就是人体与圆和方的关系，外圆内方，中间一个裸体的男性，手是伸直的，四肢展开，刚好抵达方的四个角，撑直的时候正好在那个圆里。这是严格地讲究人体比例的，这是一种严谨。

中国人是怎么画画的呢？唐人张璪说得好，"外师造化，中得心源"。这也是我们学习中国文化的态度：以天地自然的造化作为老师，但心中要有一个活水的源头。所以中国人画画，像魏晋时候的老师都是"张素绢于败壁"，找个破墙，把白布一挂，带着学生看。在那儿熟视良久，看得千山万壑从胸臆中奔涌而出的时候一蹴而就。

我们大家练字都知道读帖。平时拿着字帖看，真正写的时候就不再描摹了，把心中的帖写出来。山水，平时去看，"我见青山多妩媚，料青山见我应如是"，和青山之间有这样的交流，最后在白布上就把心中的青山画出来了。为什么中国人会"相看两不厌，只有敬亭山"？独坐的时候，其实已经把自然山水融入到自己的血脉之中。为什么杜甫说"一重一掩吾肺腑"？那些山川就是自己心中的肺腑，只有这样，才能一蹴而就。石涛画画的时候，把白纸铺开，他说："我写此纸时，心入春江水。江花随我开，江水随我起。"他画在那张白纸上的，自己的一颗心早早浸润进了春江水中。江花、江水都是心中的涌动，这还不是"大美不言"吗？

再来看看听琴。我们今天都是在音乐厅里，要看看吸音的条件怎么样，看看穿燕尾服的乐队从高音到低音秩序的排列。这是西洋的欣赏方法，中国魏晋时的人，抱着琴瑟到崖头之上，抚琴动操，欲令众山皆响，这是境界。一抚琴弦，群山万壑，松风浩荡，都入琴瑟之中，我们今天还能做到那样一种境界吗？为什么嵇康"手挥五弦，目送归鸿"，可以"俯仰自得，游心太玄"？那一刻为什么能心游万仞？这就是中国音乐的寄托。

我建议大家看一些书，给自己积累一些素材，比如《世说新语》。不要认为《世说新语》上的名士猖狂。那是纷乱的末世！为什么阮籍率意独驾，行不由径，走到山林穷尽处，痛哭而返？他心中有多少东西无可诉说？为什么他写那么多无题诗？为什么只敢叫"咏怀"或者"咏古"？他咏的是什么怀抱？所有的事情都要找到形式来安顿。所以那时候的音乐寄托的是平生怀抱。王子猷、王子敬俱病笃——王羲之这俩儿子都病重了——最后子猷说，我弟弟这么久没来看我，他可能已经先我而去了，我给他吊孝去。家人都大惊失色，说他病得这么厉害，弟弟的死讯都瞒着他，但他还是猜出来了。于是家人小心翼翼地跟着他，看见他走进弟弟的书房，走进灵堂去上香，面容泰然自若。最后转进弟弟的卧室，看到桌上放的一架琴，想要再抚一曲，上去一调琴弦不准，调弦再试，琴弦还是不准，如是者三。一次次调，琴弦不准，王子猷掷琴于地，大叫了一声，"子敬子敬，人琴俱亡"，一口鲜血喷了出来。回去后不久，他的灵魂也随着弟弟的魂魄走了。这是中国人爱音乐的故事。

我在奥地利萨尔茨堡看卡拉扬的故居、莫扎特的故居，大家闲聊时，我讲了很多中国的音乐故事，讲了我们的音乐家。他们听了之后说，你们有这样的音乐家，过去为什么不让我们知道呢？确实是，我们为什么不让人家知道？我后来给出的理由是，我讲的这些人都不以音乐为生，因为他们只是一些文人而已。像苏东坡、王维，你能说他们是音乐家吗？他们只是文人而已。比如说苏东坡，在新旧党争的夹缝里，经历了"乌台诗案"，你能认为他只是一个文人吗？他可以是艺术家，可以是教徒，他什么都是，提起这个名字，中国人就会露出会心的微笑。林语堂对苏东坡的评价是"不可救药的乐观主义者"。这样的人你不能当做一种生活态度去讲，你可以讲他们在音乐中的懂得。没有人把陶渊明当音乐家，因为《南史·隐逸传》中说，陶潜不解音律，但还蓄素琴一张，琴上一根琴弦都没有，就是一段木头。他自己有点钱时就呼朋唤友来喝酒，喝多了就给人家抚素琴，自己气势磅礴的，人家什么也没有听见，他还跟人家说

"我醉欲眠卿可去"。这样的故事，看起来就是文人的狷狂不羁。

李太白怎么评价这件事儿呢？"陶令去彭泽，茫然太古心。大音自成曲，但奏无弦琴。"自从他辞了彭泽令那一天，已经心归茫然太古，"大音自成曲"，天籁鹤鸣都在胸臆之中，他还要琴弦干什么？"但奏无弦琴。"这就是元好问说的"一语天然万古新，豪华落尽见真淳"。元好问还有一首诗写他，"君看陶集中，饮酒与归田。此翁岂作诗，真写胸中天"。他不是写饮酒诗就是写归田诗，但他写的是那首诗吗？不，写的是心中那片天地。

这样的人要琴弦何用？所以他轰人家走，说"我醉欲眠卿可去"。李白给他点化了，写了一首天真烂漫而又点石成金的诗，"两人对酌山花开，一杯一杯复一杯"，前两句你听着跟小学生写的似的，但看后面两句多好，"我醉欲眠卿且去，明朝有意抱琴来"。实际上，他改了一个字，把"卿可去"改成了"卿且去"，商量着说，我喝多了，要不你先走，明天再抱琴来找我？

这是何等从容！又过几百年，苏东坡说，"陶靖节以无事为得此生，一日无事，便得一日之生，则见役于物者，非失此生耶！"人这一生，其实是被意义与意思瓜分着。我们现在追求意义太多了，有意思的事情太少。意义和意思的平衡才是意境。陶渊明就过了很多有意思的日子。"携幼入室，有酒盈樽。"这八个字太有味道了。我们还有这样的日子吗？我们现在"携幼入室"的时候也是让他练琴，去做奥数，我们今天已经没有这样一种古朴的欢欣了。

陶渊明"坐止高荫下，步止荜门里。好味止园葵，大欢止稚子"，找哪儿坐呢？有个高高的树荫就够了，不一定非要上现在那么好的酒吧去坐着。"步止荜门里"，坐着看会儿书，起来散个步，我们家柴门里溜达溜达就行了，不一定要远足。"好味止园葵"，想要吃点下酒菜，自己家后院种的蔬菜没有污染，就拔点新鲜的蔬菜一吃，这就是天下最好的美味。"大欢止稚子"，人间最大的欢乐不就是自己的孩子绕膝成欢吗？每句里都有一个"止"，在一个永无止境的时代里有所"止"，这就是《老子》里说的"知足者富"。心里知足的人，就是天下最富有的人。谁有这个止境，谁生活中就有欢欣。

这样的东西不能上升到哲学意义吗？什么是智慧？道家的老子说"知人者智，自知者明，胜人者有力，自胜者强"，"知足者富。强行者有志。不失其所者久。死而不亡者寿"，这是老子告诉我们的话，前四句话我们都了解了，一个人有自知之明，有自胜之力，所以他才是个强者。另外你还得知足，知足的人是天下最富庶的人。"强行者有志"，不因为知足而停止努力，能够努力去做事情说明你有志向，但是这个志向不是凭空的，要"不失其所者久"，要有自己的依托。做到最后为的是什么？"死而不亡者寿"，当肉身生命消殒了，我们做的事情能为这个世界留一份功德，这是真正的长寿。

陶渊明是很道家的一个人，他是"纵浪大化中，不喜亦不惧"。中国秉承儒家精神的一批人成了烈士，而秉承道家精神的一批人成了高士。以儒家的态度，永远是与时光抗争，像屈原说，"日月忽其不淹兮，恐年岁之不吾与"——光阴怎么这么快就过去了？总是"恐美人之迟暮"，在流光中抗争。而道家顺应光阴，在顺应之中旷达自在。这两者不都是哲学的意味吗？我们不能从故事上升到哲学吗？

这就叫传播策略。你给他讲个故事，最后引一段哲学观念——讲哲学体系他也听不明白，也没那个时间——你不能这样让他们去体会一个个活生生的人吗？这些人不都是有音乐体验的人吗？李白这样的人也不仅仅是有《将进酒》的壮怀激烈。"问余何意栖碧山，笑而不答心自闲。桃花流水杳然去，别有天地非人间。"这不也是李白的诗吗？李白的好朋友，蜀地的濬和尚抱着名贵的绿绮琴，从峨眉山上下来给他弹琴，李白说，"蜀僧抱绿绮，西下峨眉峰。为我一挥手，如听万壑松。"你一挥手之间宛如松风扑面而来，而听琴的人"客心洗流水，余响入霜钟。不觉碧山暮，秋云暗几重"。我的心像在潺潺的流水中涤荡过一样，听着琴心上的余韵，融入了带霜的晚钟，一座碧山在暮色之中，人和音乐不知不觉地熔铸成为永恒。中国人的"永恒"意味多么强烈啊！音乐和人可以融入碧山，而明月和人呢？李白说"花间一壶酒，独酌无相亲"的时候，他"举杯邀明月，对影成三人"，尽管"月既不解饮，影徒随我身。暂伴月将影，行乐须及春。我歌月徘徊，我舞影零乱。醒时同交欢，醉后各分散。永结无情游，相期邈云汉"。人和明月也终有一天在云端相逢。你想想中国人永恒的生命欣慰，你可以读出来多少这种感动？李白很道家，他是一个"我本楚狂人，风歌笑孔丘"的人，他是不太喜欢儒家的。他在天地之间行走的时候，流露出来的生活态度，也正是道家生活哲学最好的诠释。如果不讲这些，你怎么去讲中国道家的永生哲学？

所以，中国的很多意象是可以传递的。我们在传播文化的时候，不仅仅在传递文化经典。什么是材料？美术是材料，书法是材料，音乐是材料，诗词也是材料，因为诗词中最高级的是意象。

比如说月亮，从十四行诗到雪莱、拜伦、海涅的诗里，不都有月亮吗？人人看到天上的一轮月，都是心中的意象。

那么，中国人在明月之中追问了什么？苏东坡一举酒杯，"明月几时有，把酒问青天"；李白一墩酒杯，"青天有月来几时？我今停杯一问之"。这一举一落之间，追问已经千年，问出了什么？还是张若虚说得好，"江天一色无纤尘，皎皎空中孤月轮。江畔何人初见月，江月何年初照人？人生代代无穷已，江月年年只相似。不知江月待何人，但见长江送流水"。有激烈相问的，有喃喃自语的；有人在流光中惆怅，有人在流光中欢喜，只有明月见证了古今。李白说："今人不见古时月，今月曾经照古人。古人今人若流水，共看明月皆如此。唯愿当歌对酒时，月光长照金樽里。"我们今天迎樽，酒杯里有白酒，有红酒，有黄酒，现在拼的都是酒的价钱。喝多少钱的茅台，喝多少钱的拉菲，但我们的杯里就少了月光。为什么我们喝来喝去却把自己喝成了酒徒，为什么不能再喝出中国人的明月在诗酒中流连的旷景？

张孝祥被贬官之后，一个人过洞庭湖，"洞庭青草，近中秋、更无一点风色。玉鉴琼田三万顷，著我扁舟一叶"。那是何等的骄傲，如果现在把一个小船搁在那么大的水面上，孤单死了，跳水的心都有，可人家扁舟一叶的时候看见了什么？天上是有明月相伴，"素月分辉，明河共影，表里俱澄澈"。他可以用目光穿越千古，站在南宋的中秋，也对我们说，"悠然心会，妙处难与君说"。这一刻的曼妙你能懂吗？懂了就懂了，不懂我也不跟你说了。这是一种什么态度？他的"岭表经年，短发萧骚襟袖冷，稳泛沧溟空阔"。他能做到有没有光芒的时候都能"孤光自照，肝胆皆冰雪"。一个人有一轮孤光照耀自己的生命，那么肝胆透彻，皆为冰雪。家家中秋坐上嘉宾美酒迎樽，而张孝祥有什么？抬头看见北斗七星大勺子，底下有西江水，满眼山川，他可以"尽吸西江，细斟北斗，万象为宾客。扣舷独啸，不知今夕何夕"，这就是中国人的生命境界。所以，用西方的明月诗引出中国人对月亮的态度，这就是一堂很好的课。

但你光给人家背完诗就行吗？还要上升为哲学，中国讲究阴阳平衡。最大的阴阳在哪儿呢？就是太阳和太阴。我们现在在太阳底下的日子太多，在月亮底下的日子太少。你什么时候看太阳都是圆的，除非日食。圆的就是热的，就是光明灿烂的，就是饱满的，这是人在社会中的进取心。可月亮"望朔之间，盈极而亏，亏极而盈，圆缺无定"，这就是人的平常心。人要向太阳学进取，向月亮学平淡。我们今天这个社会都上火，其实我们都应该到月亮下败败火，看淡很多阴晴圆缺，知道这样一种阴晴圆缺的审美和人心的安顿。

为什么那么多诗僧都写月亮？"圆满光华不磨莹，挂在青天是我心"，这是唐代诗僧寒山的一句诗，月亮圆满光华的时候它可心，但它残损的时候，天边一钩新月带三星，这也是个字，这是个"心"字。人在残月之上可以蓦然撞见自己的心。我们小的时候喜欢仰头看天，长大了以后就喜欢低头看地，因为怕地下有坷垃绊了自己。虽然现在中秋节会放假，但是人跟太阳在一块儿的时间比跟月亮在一块儿的时间多，没有几个人去关注月亮上还有什么。我们现在还有"我寄愁心与明月，随风直到夜郎西"吗？我们今天还会说"故人心似中秋月，肯为狂夫照白头"吗？这样的意境我们今天不想写了，想传达的意思发电子邮件，或坐飞机人就过去了。其实当空间距离不再成为问题时，人心的距离反而拉大了，因为我们失去了诗意的生存。所有这一切，最后都可以归结到一种哲学。

传播的策略太多元了，只要你熟悉中国文化，你可以信手拈来。我们不要去做那种没有材料的传播，传播结论永远是苍白的，但是传播故事就可以完成二次传播中的口耳相传。所以，一个中国人首先呈现的应该是自己从容而丰美的生活态度，是举手投足之间的一种典雅，一种信任，一种温暖，一种归属。当我们自身不能被文化深刻地浸润时，我们作为文化传播的载体是没有说服力的，只有自己被文化陶冶，然后用自己的气息去传递对文化的信任与爱，这比传递理性信息将更有价值。

谢谢大家！

问答部分

于丹：我们开始下面一段时间的互动，听听大家想了解一些什么样的问题，我们沟通一下。

问：非常感谢于丹老师给我们带来了一堂精彩的演讲，也完成了一次非常好的传播。"3I 理论"非常真实又精彩地体现出来，真的非常感谢。我的问题很简单，当我们进行跨文化传播时会涉及翻译的问题，刚才您博古通今说了那么多的诗词，与外国人交流的时候会出现诗词的翻译问题，您是怎么解决这个问题的？

于丹：翻译应该是很准确的。因为我的书有多种译本，他们翻译我的书时，与我有很多的交流，所以我在各个国家演讲的时候，大多是由我的书的译者做翻译。他们对我的书很了解，事先做了很多功课，做翻译的时候也能比较清楚。我建议在国际上讲学的时候，不一定要找非常资深的汉学家，因为他们的研究非常系统，对大众进行传播时存在一个转化问题。我跟大家说一个很有意思的现象，我用过很多语种的翻译，其中有相当大一部分人都是跟中国联姻的，不是中国姑爷就是中国媳妇，他们年龄大多在40岁上下，都是大学里教翻译学的老师，与中国有很深的渊源，对中国有了解。还有一个前提，他对中国文化不仅仅是职业行为，而且有个人爱好，愿意成为文化的传递者。如果翻译者把这个事情当做职业行为，他不会有那么充沛的感情色彩；如果他对中国文化本身很喜欢、很投入，他翻译的时候就会带着热情。

另外，我为什么提倡要传播一些故事呢？因为故事很多时候即使翻译得稍微差一点儿，走一点儿样，还是容易被传递的。我们最后再上升到结论，而不要直接用结论引导。这是我的建议。

问：于丹教授的讲演给我的感受是"精骛八极，心游万仞"。我作为接受者获益良多。作为一个中国人，有和您产生共鸣的地方。我有一个问题，您说儒家是自我实现，而道家是自我超越，当你说"未知生，焉知死"的时候，导引出来中国人更多的是乐观地生活这样的价值观或生活态度。那么，自我实现和自我超越差别在什么地方？您所说的"自我"到底是什么意义上的自我？比如"未知生，焉知死"，如何领悟才能呈现乐观的生活态度？请于丹教授给我们开示。

于丹：其实我讲的也都是个人的想法，也都不成熟，只是作为一个沟通。刚才我讲到的也是沟通方式的问题，就是怎么样呈现中国人的态度。每个人从自然的人成长为社会人的过程中，其实都在寻觅着一种实现，这种实现一定受着自己民族文化的引领。儒家所谓的"自我实现"，是人在社会上完成他的安身立命。与西方人就中国儒家思想进行沟通的时候，很容易地进入点就是生命成长的历程。十五岁的时候有志于学，三十而立，四十不惑，五十而知天命，六十耳顺，七十岁从心所欲不逾矩。这就是一条自我实现的路，十五岁有志于学，是在学问之道上建立起自觉的价值观，这种学问之道有不同的阶段。"入则孝，出则悌"这是第一段教育，大概3—5岁，这是伦理教育。第二段是"谨而信，泛爱众，而亲仁"，十几岁时融入社会，要受社会教育。随后进入学校，"行有余力，则以学文"，这是一种学校教育。有志于学就是人在书本的教育中，有了一种自觉树立的意识。到三十而立时，外立其身，内立其心。人怎么样叫"立"起来呢？就是孔子所说的君子"三达德"，"仁者不忧，智者不惑，勇者不惧"。在具体行为方式上，孔子说"五者行于天下"——恭宽信敏惠。首先，"恭则不侮，宽则得众"，这是做人的修养；"信则人任焉，敏则有功"，这是做事的方法；"惠则足以使人"，你即使做管理者、做官，这也是一种态度。这是把"仁爱"建立起来。所谓"立"，就是建立一些行为方式。如果说三十岁要建立行为方式，那么，四十岁就要解决思维问题。什么是"不惑"呢？知人为不惑，有了自己判断人的标准，有了自己的思维方式。比如"子四绝"，哪四种思想不能要呢？"毋意、毋必、毋固、毋我"，不能主观臆断，不要较劲，不要用固化僵止的方法，最后还要破除自我中心。

五十知天命，终于掌握自己半百年华中的生命密码与自然规律的默契，这时可以不用蛮力，用洞悉规律的方式来提升你的生命境界。到六十岁耳顺，再听人说什么话，你都会觉得尽管不同意，但能理解，因为每个人的此刻都带着他的历史背景。耳顺是心顺的前提，心顺的时候既做到符合内心，又做到超越社会标准，不逾矩，也就是内外合一。这是儒家所说的自我实现。在今天这样一个信息时代，可以在一天中体会到16岁赤子之心的欢畅和60岁老人的宽容博大，你的年龄是可以共时存在的，所以"从心所欲不逾矩"可以大大提前。但是中国人给了你一条循序渐进的修养之路，让你逐步进入社会，确立自我。

什么是道家的自我超越呢？就是从一个社会人格符号里超越出一种精神自我，就是"乘物以游心"，能有一种精神世界的"心游万仞"。如果你真正把《庄子·逍遥游》读透，就掌握了一个巨大的密码。《逍遥游》从根本上是讲让人认识什么是小，什么是大。小与大之间的辨识是《逍遥游》的核心。每个人一开始都有自己的小，怎么认识宇宙的这个大？这个过程中，先要人心有定力。庄子说："举世而誉之而不加劝，举世而非之而不加沮。定乎内外之分，辩乎荣辱之境，斯已矣。"这虽然不是一个最高的境界，但它是一个历练的过程。

《庄子》比《论语》难讲，因为它抽象，但又好讲，因为它故事多。

《逍遥游》中鲲鹏这个意象，我相信外国人也能听得懂。什么是超越？当我们的生命真正达到鲲鹏"抟扶摇而上，九万里长空，背负青天，莫之夭阏者，而将图南"，那是何等气象！鹏飞向南岭，掠过苍天的时候，地下那些鹪鹩、斥鴳、斑鸠都在那儿议论它，觉得"我决起而飞，枪榆枋时则不至"，一碰到榆树叶子就掉地下了，那有什么呀？"我翱翔蓬蒿之间，此亦飞之至也"，我们在蒿子秆里照样翱翔，这不就是飞翔的极致吗？"彼且奚适焉？"那么大个一傻东西，它干吗去？真不理解。这里永远只有麻雀笑话鲲鹏，没有鲲鹏笑话麻雀。鲲鹏没有那个心，也没有那个工夫。鲲鹏之大，就是它永远沉默地掠过天心，它是不会跟鸥鸮计较的。这就是《逍遥游》的生命境界，这就是我说的人生历练遨游的超迈。这时，"游心"就实现了。

还是那句话，一定要带着材料讲。如果直接讲结论，什么叫实现，什么叫超越，别说西方人质疑，中国人也质疑。孔子讲关于历练、成长的材料太丰富了。就拿《论语》来说说我自己的生命体验，我十几岁读《论语》的时候，喜欢的都是"士不可不弘毅"这种恢弘的大智，"匹夫不可夺志"这种振聋发聩的话。到二三十岁的时候，开始明白"仁者不忧，智者不惑，勇者不惧"这些话的意义，明白什么叫"过而不改"，开始思考社会的事儿。四十岁时喜欢的那些话，二十岁时根本不会喜欢的。"老者安之，朋友信之，少者怀之"，这十二个字是我二十几岁时打死都不会喜欢的话，因为它太淡了。但人到四十岁时，上有老，下有小，中间有这么多的朋友、学生，就觉得这三句话太温暖了。这就是我们中国人身体力行的伦理起点。

每个人跟经典都是有缘分的，这个缘分的遇合有时候要来得正是时候。我在二十多岁时，赶稿子、写文章时就酷爱喝咖啡。咖啡的苦，奶的香，糖的甜，每种滋味都鲜明而厚重，含混在一起的浓醇，让人兴奋。那时候我是不屑于喝茶的，因为茶太淡了。我是从三十岁开始才喝绿茶，因为我喜欢那种清亮的颜色，隽永的回甘；四十岁开始喝普洱，在陈年的老茶中体会那一把岁月的味道被缓缓地唤醒与释放。喝普洱一定要用紫砂壶，因为只有用泥土的质地才可以完成与茶的那种呼应。每种茶都有它独特的好。中国古人说绿茶，"入座半瓯轻泛绿，开缄数片浅含黄"，它是泛着浅浅的绿色。喝乌龙茶的时候，"一片金波谁得似？半入松风，半入丁香味"，你能喝出那种岩石上松风涤荡的芳香。喝普洱，那种浓沉消磨去了戾气，对人的温润和亲近，缓缓地、悠扬地，一缕一缕地释放出来，这就是一种缘定。其实，遇见一本书、一杯茶、一首歌、一朵流云，都有生命的缘分。你只有带着故事、带着体验去阐释经典，才能够被对方接受。

当然，如果西方人有自己的立场，他没接受又怎么样？我觉得我们传递的过程就是我们的目标。我们做了，让他能亲近一点，让他能有所体悟就行了。

在做事的态度上，我很喜欢张载的那四句话，"为天地立心，为生民立命，为往圣继绝学，为万世开太平"。我们今天做的这点事儿，沧海一粟，九牛一毛。我们都是"为万世开太平"里多么小的一丁点儿，我们做的这点事儿之所以可以不计较，因为这是万世太平中的一部分。我们能"为往圣继绝学"，有一点点继承和阐发，那对我们的生命就足以告慰了。我们从容地去做，抱着诚意去做，以生命体验去做，我觉得这本身就足够了。谢谢！

问：于老师，您强调要用故事，最后再总结，上升到哲学的高度，这样可能比较有效果，这点对我也非常有启发。我有一个问题，汉语志愿者们去国外的时候，您认为哪些典籍或故事会经常被用到？

于丹：这些故事从哪儿来的，我都记不清楚了。我从小趣味特别庞杂，脑子里装的武侠小说和中国戏曲的戏词可能比正经东西还多。像我开场讲的一句话就是"观乎人文，以化成天下"。我们的汉语研究生志愿者和老师要先学这种态度，要对中国文化有濡染、陶冶和进入的热情。故事当然也要储备一些，我的《〈论语〉心得》、《〈论语〉感悟》、《〈庄子〉心得》里全是故事，那些故事大家都可以无偿使用。问题是，同一个故事，每个人讲得都不一样，效果也就不一样，很多东西只能感同身受，需要自己一点点去感受。

比如说，我从小喜欢看《五灯会元》，上面全是公案故事。但我估计今天很多学生对这本书不会感兴趣。看看《五灯会元》就知道怎么讲故事了。公案是很有意思的，可以加工、阐发我们的现实世界。我给大家讲个例子，有一次我跟星云大师参加一个世界慈善论坛，世界各地大概来了700多人，都是最高端人士。我跟星云大师说，你看我们俩干的这个活儿特别容易挨骂。人家那些企业家教人如何挣钱，就咱俩讲叫人掏钱的事儿，谁愿意掏钱啊？星云大师说，可以通过讲故事来传达。我很发愁不知道如何讲，星云大师不愧是大师，他后来给我进行了范例。

他讲了一个故事：有一天，阎王爷在那儿翻生死簿，看看谁下一世轮回会到人间做人。有些人就迫不及待地去申请，有一个人到他眼前说："你看我下辈子能当人吗？"阎王爷翻了翻，说："你上辈子修了不少的桥，是个做善事的人，下辈子做人吧。"把他发下去。下一个来的是书生，说："我上辈子没钱没修路，我就教了点书，你看我还能当人吗？"阎王一看，说："给钱是财布施，给人学问是法布施。法布施比财布施还高，你这也是做好事了。去吧，当人吧。"也发下去了。这一个个发下去，山上一个猴子就想，这阎王也挺慈悲的，随便就能做人了，就跳下来问："你看我能去做人吗？"阎王正低头忙着，猴子在他眼前喊，他也没抬头，伸手一抓，把猴子放旁边了，这一抓就抓掉了几根猴毛，猴子疼得"嗞哩哇啦"叫，说："你弄疼我了！毛都掉了！"阎王抬起头来说："你看看你，你一毛不拔还想当人吗？"

这就是星云大师在那个世界慈善论坛上讲的故事。我问他这个公案出自哪里，他一笑说，我编的。这个故事别人讲不一定灵，得发自内心，身体的体验、历练到一定程度。

生活中有很多小事不也有这种意味吗？星云大师给我讲过一个真事儿，他刚出家时候的事情。他12岁跟着妈妈从扬州到南京找他爸爸。那年南京大屠杀，他父亲一直没有找到，可能是死了。母子俩走到宜兴这个地方实在走不动了，在一天黄昏，正好遇到智开上人，上人问他："你愿意出家吗？"当时他心中一动，就勇敢地说："我愿意。"妈妈一想，兵荒马乱的年月，儿子在寺里也安全，就同意了。第二天，大觉寺的住持给他剃度。住持问他："谁让你出家的？"他想了想，拍着胸脯说："我自己愿意出家的。"住持二话没说，抄起藤条，劈头盖脸地揍了一顿，说："你小小年纪，好大胆子！没有你师父指点，你能出得了家啊？说！谁让你出家的？"这孩子一挨打，马上改口："是师父让我出家的。"住持拎起藤条，劈头盖脸又揍了一顿，说："你这么大个人，没有主见吗？你师父让你出家你就出家了？说！谁让你出家的？"挨了两顿打。他想了想，说："是我自己愿意出家的，也是师父让我来的。"住持拿起藤条劈头盖脸又揍了一顿，"说，谁让你出家的？"这三顿打完就彻底蒙了。孩子说："我也不知道，你打我就是了。"这句话一说，住持把藤条扔了："好！你开悟了，可以剃度了。"这个故事，不是什么公案，只是星云大师的一个亲身经历。后来，人民网做过一个大学生就业的连线直播，我是用这个开头的。

我是这么理解这个故事的，佛门是一道法门，红尘也是一道法门。人入红尘也是一条修佛的路，一定会经历这三个阶段。第一个阶段，比如一个意气风发的大学生刚进入社会，拍着胸脯说，我终于可以去实现青春梦想了！你能说有错吗？没错，但你一定会被社会修理，会被打得遍体鳞伤。然后你就会想，原来这个世界上还有别的讲究。那你说师父让我来的，我乘愿而来，秉承师命，这能说有错吗？换个角度也没错吧？劈头盖脸还得挨打。要被修理好多回才明白，这个世界上所谓正确的角度也有很多。盲人摸象，你说象耳朵不是像扇子吗？它真像。象腿不像柱子吗？它也真像。可是这局部就不是个象，挨了很多打以后人就知道角度要兼顾。

到第二个阶段，会把不同角度综合在一起。这时候，你胸有成竹地想：我进步了，不再执着于一个单一角度。你还会挨打的，挨了打心里特委屈：我已经进步了，凭什么还挨打？这是人分化的点，第一阶段挨打，有点志气的青年会觉得可以接受，因为自己不成熟。第二阶段还挨打，有一大批人就不接受了，会觉得社会不公平，觉得人心太险恶，我已经成熟了，努力了，怎么还被修理，然后就开始走向了抱怨。这就是没有开悟。怎么样能够成佛呢？如果你跟世界说，我知道还有很多未知都是我此刻不可体验的，但我不能因为未知、挨打就停下我手里的事。我真诚地按照我的想法做这些事情，我在做事和挨打中慢慢学习，你打我就是了，我接着做。这时候，世界就会放下鞭子，这是你成佛的时候，是你红尘成佛，坦然前行的一步。其实，很多的故事来自我们内心。

很多人破万卷书之后，觉得万里路的体验很重要。中国的诗词境界，李白登上庐山，他说"登高壮观天地间，大江茫茫去不还，黄云万里动风色，白波九道流雪山"。这个视角他是怎么看见的？我第一次去庐山是在一个暮秋初冬时节，11月。车在盘山道上曲曲折折终于绕到住宿区那一群小别墅的时候，已经是下午四点多钟。11月的天，四点多已经是黄昏了，云遮雾绕，地上的青石板湿湿的，空气仿佛攥一把就能滴出水来。那时候我想，没什么风景可看了，住下吧。结果庐山管理处的领导站在那里跟我说："您跟我上山。"我没有进房间，直接就开始往山上走。当时就是不好意思辜负人家的美意，心想，这时候上山能看见什么呀？走到一个开阔地,还是这样云遮雾绕的。他说不够高,还要再往上走。我们坐了一段车,还是这样。我心想,还能看什么呀?最后,我们走到没有路的地方,面前一道铁栅栏,他说,这是军队的地方,我跟人家说说。打开,再往里走。当时我又惶惑又沮丧,心想这没完没了走什么呢?

再往上走,终于,在那样一个初冬时节的下午五点多钟,我就觉得我从一片青灰色的云雾中逐渐走向了明亮的白色,逐渐走向了温暖的粉红。再往上走,再往上走,阳光越来越浓郁,最终我站在山顶的时候,一片姹紫嫣红,云霞满天。灿烂的夕阳笼罩着你,而且夕阳里含着金属粉末式的迷离。在温暖霞光中低头看的时候,刚才锁着的那些云雾变成浩荡的风景。那个时刻我热泪盈眶,我突然明白了李白所看见的那番风景。我们被云雾困扰是因为站得还不够高。阳光一直都在,只不过它在很高的地方,曾经在高处见过阳光的人会坚定不移地带你往上走。但没有人带的时候,你放弃吗?沮丧吗?停止吗?你照样要知道阳光一直都在,只不过它在很高很高的地方。一直走,就会遇见在霞光中俯瞰那些云雾的那一个时刻。这也不是书本中的故事,这是我自己的感受。

那么,学生哪儿来那么多生命体验?人的成长,是"文而化之"的过程,我们作为文化陶冶之后的副产品再去传播文化的时候,是最有说服力的。我认为,今天在座的各位老师和你们的学生,所完成的不是一次职业的行为,而是一次生命的体验。我们首先受益于文化,然后将传播文化作为今生的功德。如果这是我们的一种使命,一种信念,这是我们的一种乐趣和自我托付的过程,在传递的时候就会感觉到苏东坡所说的"江上之清风,山间之明月"这样一种天地造物,取之不尽,用之不竭。这些东西都会演化为我们心中的故事,都会成为我们传播的策略。本乎生命的热情再约束以学术的理性,我们用这样一种方式向外传播的话,我相信我和你们,和你们的学生,大家都只是站在起点上,我们一起出发,我们会越走越远。

问:今天非常荣幸能感受到于丹教授的风采!刚才您演讲的时候谈到了林语堂,在20世纪30年代,林语堂先生撰写了一系列著作,像《艺术的精神》、《孔子的智慧》,等等。林语堂在对外文化传播的时候,提出中国文化是半半哲学,一半是儒家,一半是道家。但林语堂在艺术的精神上是侧重于道家的,他这个人比较喜欢自由,不喜欢穿西装,喜欢穿中式服装。他呈现给西方的是自由逍遥,心游万物的艺术家形象,特别像古代文人。这和于教授的风格是比较接近的。林语堂先生在《孔子的智慧》里呈现的孔子形象是很奇怪的,他认为孔子很幽默,而幽默恰恰是西方文化的。林语堂用西方文化审视中国,采用西方幽默的策略;您的《〈论语〉心得》采用个人的心得体验,您是站在传统文化本位的。我现在问的一个问题是,请您评价一下林语堂先生的中华文化传播和您的中华文化传播的体会。我个人认为,从林语堂到您,都可以纳入到中华文化传播的个案。

于丹:谢谢你这个问题。林语堂是我非常敬重、非常喜欢的一个人。我认为他不代表一代人,他只是一个个体,因为他的个性太鲜明了。林语堂博大精深,我觉得你可以把林语堂作为传播的个案。这个人的生命历程太有意思了。林语堂生在福建漳州坂仔村这样一个小小的村落,父亲是中国第二代传教士,他家八个兄弟姐妹其乐融融,从小都跟着父亲一起上教堂。林语堂在厦门集美中学读书的时候,是个数学尖子和体育健将。为什么他那么幽默?因为他的生命就有健康的资本,他不是个书呆子。你能想到他数学竞赛老得第一吗?能想到那个中学的百米短跑纪录一直是林语堂保持的吗?他17岁去上海读圣约翰大学,当他终于能熟读英文《圣经》后,回家跟他父亲宣布了一件事儿,说他不信教了。

他爸爸哭天抢地说,这孩子怎么学好英文之后不信上帝了?林语堂的回答说,"因为我觉得我和天地万物之间,不再需要第三者"。这是一个多么骄傲的回答,因为他把神灵都已经看做是一种隔膜。这就是他的半半哲学的由来。所谓中庸之道,冯友兰先生说,"阐旧邦而辅新命;极高明而道中庸",一个不曾绚烂之极的人是没有资格言说平淡的,一个思想不博大精深的人怎么能谈中庸呢?那充其量是平庸啊。所以,千万不要以为半半哲学是平庸的,它是以博大精深融合而来所获得的均衡。

林语堂也是个发明家,他的发明从应用的打字机一直到家里的牙刷。最早的中文打字机就是林语堂发明的;他给女儿发明的牙刷一拧,牙膏自动就挤上了。一个人要对生命抱有多少爱,才能够在林林总总的事情上灌注热情,完成发明!不要以为发明家是一种科学理性的人,他真是永远抱有孩子的天真才能这样做。所以林语堂眼中的孔子才是幽默的:一个幽默的人看这个世界,他的眼睛里能发现人性中所有幽默的特点。我不认为林语堂是以西方人的观点看孔子,只不过是以他个人的观点看了孔子。

其实孔子身上也真正有这样幽默的气质，只不过看什么样的人去看待他。所谓见仁见智，每个人看见的世界都是他心中的世界。林语堂在整个华文历史中是个幽默大师，而我们去看这个生命的伟大，就在于看他一生中承载了多少苦难。你想想，他最爱的长女以自杀的方式终结自己二十几岁的生命，白发人送黑发人，那是何等悲怆？

林语堂一辈子流离失所，他去德国、美国留学，一生游走世界，他的坎坷不胜枚举，但他始终抱有这样的幽默，所以他才会说苏东坡是一个不可救药的乐观主义者。其实这也是夫子之道，这难道不是演说他自己的生命吗？我们可以把林语堂作为中西文明沟通的个案，因为他深刻地进入到这个文化体系。他在德国莱比锡大学待过，在美国也待过，他到不同的地方进入到这个文明，然后以中国人的方式把这种文明融合到自己的体系中，再去完成智慧的阐发。司汤达的墓志铭上的一句话我很喜欢，说"活过、爱过、写过"。我想这也是我们对于文化的态度，我们首先在文化中活过，被文化锻造，然后我们在文化中有一种执着、无悔、不计回报的爱。不管它怎么辜负我们，我们对它曾经爱过。所谓"写过"就是我们用自己的身体、呼吸去演说。写作也罢，授课也罢，这是一种幸运，我们完成了"文而化之"的传递。我觉得林语堂是我们的榜样。谢谢！

主持人朱小健： 非常感谢于老师。于丹教授给我们做了一个中华文化传播的榜样。我想，我们除了举一反三可以学习这个角度之外，其实在一定意义上，于丹老师可以作为我们研究的对象：她为什么会成功？我从2005年下半年就开始介入汉语国际推广，我说的这个成功与此有点儿关系。我们自己觉得汉语、汉语文化、中华文化很优秀，可很多外国朋友这一辈子却不知道，这对他们太不公平了。

于丹： 就像没吃过饺子一样。

主持人朱小健： 所以我说于丹教授的成功是这个意义上的成功，就是真正让这些人了解到，人类文明中还有这样一个优秀的部分。你可以不理解或不喜欢，但你不了解可能就是一个缺失、遗憾。这个研究的结论现在得不出，但她对中华文化、对自己的学生、自己的工作的这份热爱，也让她乐在其中，使她越传播越漂亮，越动人。像我这样的就麻烦了，我也热爱，但程度不同。让我们再一次感谢于丹教授！

于丹： 谢谢大家！

中国佛教的幸福观

学 诚

主持人朱小健：各位中华文化与传播研修班的老师们！还有各位今天到场的嘉宾，各界的朋友们！今天非常荣幸邀请学诚法师来给我们讲这一课。学诚法师是北京龙泉寺的住持，也是中国佛教协会驻会副会长、中国佛学院副院长。他同时也是全国政协常委、全国青联副主席，有着非常多的社会工作，非常忙，在众多的工作之中抽出时间来给我们开示，我们感到很荣幸！

学诚法师是中国佛教界非常著名的研究佛学造诣非常精深的住持。学诚法师担任广化寺住持的时候才23岁，那个时候是全国最年轻的汉传佛教重要寺院的住持。同时，学诚法师的学术造诣非常精深，也是我们国家最早的佛学硕士，当然现在学诚法师也有博士学位。

学诚法师有着精深的佛学造诣是一方面，另一方面，学诚法师在佛学的传播，在汉传佛教的建设上有着非常突出的贡献。所以，在僧俗两众有着非常高的威信。学诚法师也是我们北京师范大学人文宗教高等研究院的副院长。北京师范大学人文宗教高等研究院在去年12月份刚刚揭牌，从那以后，学诚法师已经在我们学院举办的活动中做了四次讲座，讲了《中国佛教文化的社会责任》、《大乘佛教与王道思想》和《佛教伦理与社会道德》。今天，学诚法师给我们讲的是《中国佛教的幸福观》，这是学诚法师考虑到当前大家关注的热点，也考虑到我们这个班的需求来定的这个题目。我们现在热烈欢迎学诚法师！

学诚法师：尊敬的朱院长！各位老师，各位同学！很高兴今天能够同国家汉办主办的"中华文化与传播"这个班里的各位老师、各位朋友们见面。今天我要讲的题目是《中国佛教的幸福观》。

长期以来，不少人认为佛教是出世的，甚至是比较消极的。今天的这个题目就回答了这个问题：佛教不是消极的，佛教有出世的这种精神，佛教对现实社会、对现实人生也有它积极正面的主张。

关于幸福观，我们常常听到说幸福指数。改革开放三十多年来，我们国家的面貌发生了翻天覆地的变化，经济也有了很大的转变，现在已经是世界第二，但是我们的幸福指数，大家的幸福感怎么样？这是近一两年来大家比较关注的一个话题。

这些幸福指数、幸福感，跟人的幸福观念有关。我今天就想从佛教的角度来同大家探讨一下幸福观。这个讲座分五个方面来说明。

一　幸福观对个人和社会的意义

2011年7月5日，"人民网"的文章《建设幸福社会不是对人民的恩赐》："我们如何以幸福作为最重要的价值取向或者终极价值目标去改造建设我们的社会？……它具有很高的政治意义、个体意义和社会意义。"

2011年7月8日，《重庆晨报》的文章《正确的幸福观能让人获得力量》："幸福观作为人生观的一部分或者说一个方面，反映了一种人生的看法。正确的幸福观可以让人在奋斗中获得力量；错误的幸福观足以让一个民族、一个国家浮躁，从而失去方向。"

现在社会浮躁的现象还是比较突出的。为什么会有这些现象的产生？这是有它的原因的。所以，不能说我们经济发展了，人的幸福指数就越来越高。我们回顾一下，三百年来，我们的科学发展可以说取得了举世瞩目的成就，它的成果被用来改造自然，同时也促进了人类物质生活的改善。世界上不少的人并不一定真正懂得科学是什么，但是科学所带来的实实在在的利益使人们对科学产生了越来越坚固的信赖，这种信赖反过来加速了科学的发展。但另外一个方面，人们也为此付出了巨大的代价。

比如，人类赖以生存的自然环境，因为自然资源的过度开采以及废弃物的过度排放而遭到破坏。由于不同人群组成的社会环境，由于资源的争夺和占有而相互仇恨，甚至发生战争。所以现在这种局部的战争可以讲是接连不断。乃至于一个人群当中，由于过度看重物质利益上面的得与失、多与少，而常常发生不和与争执。除此以外，人们因为享用现代物质的成果而引发了种种疾病，以及现代生活方式给人们带来精神上面的压力，都使物质利益短暂满足的同时，给我们带来的幸福感大打折扣。

如何才能得到真正的幸福呢？科学的发展增强了人类驾驭自然、改造自然的能力，但这样的努力最终能否实现人类的幸福？世界著名的科学家·爱因斯坦曾经这样忠告人："单靠知识和技巧不能使人类过上幸福和高尚的生活。人类有充分的理由把那些崇高的道德标准和道德价值的传播者置于客观真理的发现之上。对我来说，人类应该感谢释迦牟尼佛和耶稣那样的人物，远比应该感谢所有创造性的好奇的头脑的成就要多得多。"在爱因斯坦看来，仅仅靠科学技术还不足以让人类过上幸福的生活，人类还要建立自身的道德标准和道德价值，并以此过一种有道德的生活。

科学能够提供促进经济社会发展的方法和手段，但是单凭科学还不足以制定我们人类发展的方向。科学和宗教的关系也非常密切。人们过去总认为，科学与宗教是相互隔离的，但是恰恰它们可以相互补充、相得益彰。宗教可以为人类生命的意义和目的这样的问题提供答案，就是我们人为什么要活在世上？人应该怎么生活？各个宗教都有非常悠久的历史，他们告诉我们一些生活方式。对佛教来讲，两千五百多年来，我们出家人一直都遵守着这样的一种生活方式，并且一直在发展，从印度到中国，从中国到我们周边的一些国家，比如说朝鲜半岛、日本、越南、蒙古，等等，从亚洲又传到世界各个地方，佛教成为世界性的宗教事业。

宗教的生活方式同宗教的文化和精神是密切相关的，怎样把一种文化的精神与人的生活方式结合在一起也是非常重要的。

二 现今社会对幸福的诉求

（一）现今社会的幸福状态

2006年10月8日，"人民网"的报道《中国人的幸福状况如何？》中说："1994年的幸福指数为69分，1997年最高，达到71分，十年后2004年的指数却降到了67分。据此至少说明：人们的幸福指数并不是随物质生活的改善而同步改善。"

2006年6月26日，"腾讯网"的报道《中产也很脆弱：中国人的幸福感哪里去了？》中说："在经济取得如此举世瞩目的非凡成就的同时，我国国民的生活幸福指数却并没有同步快速增长。中国社会科学院最新的调查显示：2005年只有72.7%的城乡居民感觉生活是幸福的，比上年下降了5个百分点。《中国青年报》社会调查中心一项有7625人参与的调查显示：一方面，78.8%的人认为和十年前相比收入增加了，而另一方面，85.3%的人感觉自己的生活负担比十年前更重。"我想，在座不少人都有这方面的同感。

现代社会的问题、心理的问题、家庭的问题等层出不穷，这当中包含了大量的精神领域的痛苦。为什么科学技术越来越发达，人类的痛苦却越来越多？这些痛苦的来源就是因为人性里头有一部分不是机械性的东西，属于灵性的东西被埋没掉了。人虽然有机械的一方面，就像我们脑神经当中的组织以及生理上的各种反应，这和物质有关；但人还有另外一种不属于物质的，属于心灵方面、灵性方面和悟性方面的层次，这方面懂的人就不多了。而中国的传统文化，不论是佛教、儒家还是道家，都非常重视在心性上做功夫，从中开发智慧的宝藏。

佛教非常注重人类精神的价值取向，也可以说是我们人类精神价值的源泉之一。我们需要有一套价值观，整个人类也应该有一套共同的价值观，以此来引导整个人类。佛教非常强调这种道德，强调、注重戒律和法律，佛教也强调"无我"，等等。从人性方面不断得到升华，就是佛性，所以我们中国常常讲："人成即佛成。"人性里头的觉悟成分让它开发出来，这就是佛性。佛就是觉悟，只有我们这种佛性加强，人性当中这些光明、光辉的部分才会得到显示。

不幸的是，在一味塑造物质的机械文明里，什么都是物化的，甚至连人际关系也是通过物化来管理，就是把人当做机器、当成物质来管理，人心、人性和人的各种行为都变成物化的指标来计量。一个人的价值多少，为单位创造多少财富，发挥多大作用，就通过这种方式来计算。当人被这样计算和管理的时候，还有什么灵性可言？还能有什么快乐呢？我们常常说："这个人很有灵性。"但是灵性没有办法用物化的指标来计算。人的灵性怎样来计算呢？比如我们现在考试里头的选择题，A、B、C、D，可以用电脑来快速地判卷，但是如果你写一篇好的文章，让电脑去阅卷、评判，它就没法知道你这篇文章写得好不好。文章虽然由文字组成，却是人灵性的一种展现，所以电脑是判不了的，人灵性的部分是没有办法用物质的概念来规范化、标准化的。不要说佛教，中国文学上的唐诗、宋词、元曲等也是很难用电脑来评判的。比如我们过去的诗："白日依山尽，黄河入海流。欲穷千里目，更上一层楼。""朝辞白帝彩云间，千里江陵一日还。两岸猿声啼不住，轻舟已过万重山。"等等，这样的一些境界，我们很难用电脑来评判。因为这是一种感悟、一种境界、一种心灵的美，一种对大自然、对人间的热爱，以及人与人之间真情的一种流露。其实我们人的心理都是非常敏锐的，有时候哪怕你一句话不说，甚至不在一起，都可以感受到别人的心。

孔子的弟子曾参是有名的孝子，他有一次外出的时候，他的母亲非常想念他，她就咬自己的手指，曾参马上就感觉到了，知道是他的母亲在思念他，于是赶快回到家里。这个公案对现代人来讲，也许当做故事听一听而已，真正相信的人也许并不非常多。但是现在人的心越来越麻木了，不仅对自然界、对别人，乃至对自己家里的父母和亲人都已经非常麻木了。其原因就是人灵性的部分越来越被压抑，越来越被埋没。所以通常的人如何面对和解决这个问题？无非是麻痹自己。所谓麻痹，就是不承认自己内心当中有灵性的存在，误认为人的本性就是物质的，只是一堆原子的排列组合，人死了以后就什么都没有了。然后用什么方法来麻痹自己呢？首先拿一套理论、说辞把自己蒙蔽掉；其次追逐种种的功名利禄、荣华富贵、物质享受；第三再用小说、电视、电影、唱歌、跳舞等声光色来陶醉自己；再往后就是用种种迷幻的工具，乃至吸毒等来高度地麻醉自己。就是他用另外一个极端、负面的办法来解决内心种种不健康、不良的症状，这样只会错上加错。

（二）现今社会的幸福诉求

温家宝总理在《2010年春节团拜会上的讲话》中说："我们所做的一切，都是为了让人民生活得更加幸福，更有尊严。"

《人民日报》2011年2月21日《各地"十二五"规划出炉，提升幸福指数成为施政导向》的报道中说："观察地方两会，'幸福'可谓其中一大热词。提升居民幸福指数，走民生导向发展之路，让百姓共享更多发展成果已成为共识。北京提出'让人民过上幸福美好的生活'，广东提出'把保障和改善民生作为建设幸福广东的出发点和落脚点'，重庆宣誓'要成为居民幸福感最强的地区之一'……"

2011年2月20日，"人民网"的报道《哪些因素影响幸福感？1.15万人次参与人民网调查》中说："34.4%的网友认为'经济状况、生活质量'是影响幸福的首要因素。……31.4%的网友认为'权力规范、公共服务'是影响幸福感的主要因素。……27.7%的网友认为'社会保障、体面尊重'与生活幸福感关系最紧密。……还有6.6%的网友选择了'社会参与、价值实现'这一选项。"这就是我们目前社会上面的一些幸福观念。

三 中国古代的幸福观

（一）对社会整体的幸福观

在古代的中国，崇尚孔子的儒者们倡导孝悌、忠信等，但其内心真正期许的是天下为公的大同思想。《礼记·礼运第九》中说："大道之行也，天下为公，选贤与能，讲信修睦。故人不独亲其亲，不独子其子，使老有所终，壮有所用，幼有所长，矜寡孤独废疾者皆有所养，男有分，女有归。货，恶其弃于地也，不必藏于己；力，恶其不出于身也，不必为己。是故谋闭而不兴，盗窃乱贼而不作，故外户而不闭。是谓大同。今大道既隐，天下为家，各亲其亲，各子其子，货力为己。大人世及以为礼，城郭沟池以为固，礼义以为纪，以正君臣，以笃父子，以睦兄弟，以和夫妇，以设制度，以立田里，以贤勇知，以功为己。故谋用是作，而兵由此起。禹、汤、文、武、成王、周公，由此其选也。此六君子者，未有不谨于礼者也，以著其义，以考其信，著有过，刑仁讲让，示民有常。如有不由此者，在势者去，众以为殃。是谓小康。"这就是过去儒家对整体社会的幸福观。

（二）个人的幸福观

1. 五福

《尚书·周书》中说："五福：一曰寿，二曰富，三曰康宁，四曰攸好德，五曰考终命。"这就是说，人的长寿、富足、健康、平安、爱好美德和寿终正寝这些方面构成了个人的幸福要素。

2. 修德生福

《中庸》中说："大德必得其位，必得其禄，必得其名，必得其寿。"《孟子》中说："有天爵者，有人爵者。仁义忠信，乐善不倦，此天爵也；公卿大夫，此人爵也。古之人修其天爵，而人爵从之。今之人修其天爵，以要人爵；既得人爵，而弃其天爵，则惑之甚者也！终亦必亡而已矣！"

3. 群己一致

《孟子·梁惠王章句上》中说："古之人与民偕乐，故能乐也。"

《孟子·梁惠王章句下》中说："曰：'独乐乐，与人乐乐，孰乐？'曰：'不若与人。'曰：'与少乐乐，与众乐乐，孰乐？'曰：'不若与众。'"

《孔子家语·贤君第十三》中说："哀公问政于孔子。孔子对曰：'政之急者，莫大乎使民富且寿也。'公曰：'为之奈何？'孔子曰：'省力役，薄赋敛，则民富矣；敦礼教，远罪疾，则民寿矣。'公曰：'寡人欲行夫子之言，恐吾国贫矣。'孔子曰：'诗云：恺悌君子，民之父母。未有子富而父母贫者也。'"

4. 寡欲知足

《孟子·尽心章句下》中说："养心莫善于寡欲。其为人也寡欲，虽有不存焉者，寡矣；其为人也多欲，虽有存焉者，寡矣。"

《道德经》中说："知足不辱，知止不殆，可以长久。……祸莫大于不知足，咎莫大于欲得，故知足之足常足矣。"

5. 道德自乐

《论语·述而第七》中说："饭疏食饮水，曲肱而枕之，乐亦在其中矣。不义而富且贵，于我如浮云。"

《论语·雍也第六》中说："一箪食，一瓢饮，在陋巷。人不堪其忧，回也不改其乐。"

《孟子·尽心章句上》中说："反身而诚，乐莫大焉！"

这些都是我们古代儒家和道家的一些幸福观念。下面我们来看看佛教的幸福观。

四　佛教的幸福观

（一）对社会整体的幸福观

《佛说弥勒大成佛经》中说："时世人民，若年衰老，自然诣山林树下，安乐淡泊，念佛取尽，命终多生大梵天上及诸佛前。其土安稳，无有怨贼劫窃之患，城邑聚落无闭门者，亦无衰恼、水火刀兵及诸饥馑毒害之难。人常慈心，恭敬和顺，调伏诸根，如子爱父，如母爱子，语言谦逊，皆由弥勒慈心训导，持不杀戒、不啖肉故。以此因缘生彼国者，诸根恬静，面貌端正，威相具足，如天童子。……谷稼滋茂，无有草秽，众生福德本事果报，入口销化，百味具足，香美无比，气力充实。"

这些同儒家所强调的天下大同的幸福观是一致的。弥勒佛也是佛教里大家非常崇拜的，每个庙里面的第一个殿里面供奉的就是弥勒菩萨。大家看到弥勒菩萨都能够生欢喜心，看到弥勒菩萨都感到快乐。所以说弥勒菩萨有幸福感，好的不好的他都能够包容。我们有很多的苦恼和问题，就是因为包容心不够。我们的庙里面供弥勒菩萨就是这个意思。"大肚能容容天下难容之事，开口便笑笑世间可笑之人。"只要我们的认识提高了，世间的很多事都不值得一提。我们想不开，就是因为心里的一些观念在作祟，一些观念过不去，引发很多的痛苦。

（二）个人的幸福观

1. 修善生福的幸福观

《佛为首迦长者说业报差别经》中说："一切众生，系属于业，依止于业，随自业转。以是因缘，有上、中、下差别不同。或有业能令众生得短命报，或有业能令众生得长命报；或有业能令众生得多病报，或有业能令众生得少病报……或有业能令众生得少资生报，或有业能令众生得多资生报。"

《大般涅槃经》中说："应当善分别知是善不善、可作不可作，如是作已，长夜受乐。"（第六卷）

业，就是行为。就是无利的行为会引发人的短命，有利的行为会引发人的长命。有些行为会引发人的多病；有些行为会引发人的少病。有些行为会引发人的贫穷；有些行为会引发人的富贵，都是有原因的。这些原因都跟自己的行为有关系。这些行为的造作就是业。

2. 后世安乐的幸福观

《佛说菩萨本行经》中说："行此十善，具足无缺，便得生天，七宝宫殿，所欲自然。不杀、不盗、不淫、不欺、绝酒不醉，五事具足，生于人中，国王、大姓、长者之家，尊荣豪贵，富乐无极。"（卷下）

佛教讲命运是由业决定的。前世造了做人的业，今生才能成为人。虽然大家都是人类当中的一员,但每个人的身体条件、心理状况、人生境遇,乃至面貌特征和知识结构等都各不相同。整个世界上没有两个完全一模一样的人。为何会这样呢?就是因为个人的别业不同。如果过去善业造得比较多,那么这一生人的果报就比较好,家庭经济条件就比较优越、相貌庄严、健康长寿等。如果过去恶业造得多,今生果报就比较差。这都跟自己业的行为有关系。

业有两种:一种善业,一种恶业。一切有业的力量在推动,由业的力量来感召果报。我们希望后半生比现在更好,希望下一生有一个好的去处,比这一生更好,如何能得到呢?就是造善业:诸恶莫作,众善奉行,深信因果,修十善业。这是佛教的基本理论,能够避恶从善,远恶扬善。生活中处处与人为善,人生自然就会越来越好,下一生也会越来越好。反过来,如果我们天天烦恼重重,为非作歹,粗言恶语,挑拨离间,那么后半生就会很难过,下一生肯定更难过。

佛教这样思考是导人向善的。过去很多人认为佛教讲因果是一种宿命论,让人听天由命,逆来顺受,不思进取,是消极的。不少人这么看,其实这是对因果业力概念的误解。佛教讲因果的目的本来是为了帮助改善我们的生命,但是如果学习了业果后,认为自己今生的生命呈现这样一种状态是业果决定的,没有办法改变,那么反而就被业的力量束缚住了。因为你不知道因果的决定权在于自己的努力。如果了解了因果的道理,认命了,就是对因果的一种消极的误读。如果要让后半生更好,我们要从自己的行为上面来改变。要弃恶扬善,多做善事。不是说注定的,是能够改变的。真正学好了业果,就会知道一切都是业感缘起,就会不断去调整人生的目标,去追求人生的觉悟。其实人类本来就有觉悟的能力,不能觉悟的原因就是被无明所迷惑。释迦牟尼佛在菩提树下开悟时说的第一句话就是:"奇哉!奇哉!大地众生皆有如来智慧德相,但以妄想执著,不能证得。"我们内在当中有佛性、有灵性,需要我们慢慢来开发。当我们自身的灵性完全得到开发时,就能够摆脱我们的烦恼和业力的束缚,超越生死的苦海。

人的心是有觉悟能力的,关键是我们怎么样让这种觉悟能力得到发挥。比如说在家里,有时候子女同父母的关系容易弄不好,等等,家里面经常有不和睦的现象。本来父母同子女是最亲的,为什么会引发一些矛盾?都是跟我们的心有关系。有时候,父母希望自己的子女吃饭的时候多吃一点，但是这个小孩有时候偏偏吃不了那么多。很小的事情可能都会引发矛盾，让人心里很难受。考试也是一样，他考 90 分，父母总是希望考 95 分，实际这个小孩也就这么大的能力。假期放假的时候，父母要给小孩上很多很多的补习班，不上也不行，他弄得也很苦恼。这个就是——我们的父母是不是能够完全懂得小孩子的这些特性和特点？过去可能是父母怎么讲，小孩就怎么听；老师怎么讲，学生就怎么听。但是现在的小孩信息来源非常广泛，不一定会听。这样的话这些小孩跟父母、跟老师就会有距离，可能有一部分是一致的，有一部分是不同的，有一部分可能刚好是相反的。如何来解决这个问题就需要智慧，需要包容，需要善巧方便的引导，否则的话肯定是处处对立。

本来人从小到大都要追求快乐，追求幸福。中年人和老年人有时候觉得没有快乐。中年人压力很大，老年人要吃的吃不下，要看的也看不到，要听的耳朵也不好。青少年本来应该说有快乐，但是现在青少年的压力比老年人还重，因为他要应付高考，书包越来越重，书越来越多。很多人大学毕业以后找到了工作，但是不满意，甚至有不少人因为就业问题不能解决，对自己的家庭乃至于社会有抱怨，等等。这些都是需要善加引导的，不仅仅说是一些理论就能够解决的，更多的是要从人的内心的善良方面来开发，让人有这种能力，从善良的角度来解读这个世界。如果不从善的角度来解读这个世界，可能我们人内心负面因素的累积就会越来越多。

3. 佛教所倡导的少欲知足的幸福观

人的欲望是无穷尽的，日益膨胀的欲望势必导致地球资源匮乏，势必因为掠夺资源而发动战争，这样的恶性循环，最终将使人类走向毁灭的不归路。人们追逐欲望是为了寻找快乐，但是快乐的得到却不一定要通过放纵欲望。《佛遗教经》中说："当知多欲之人，多求利故，苦恼亦多；少欲之人，无求无欲，则无此患。……行少欲者，心则坦然，无所忧畏，触事有余，常无不足。……知足之法，即是富乐安稳之处。知足之人，虽卧地上，犹为安乐；不知足者，虽处天堂，亦不称意。"与这种少欲知足的思想相对应，从古到今，众多佛弟子都有一种勤俭节约的生活习惯。

现在，我们一方面要刺激消费，家里的家电用了一半就扔掉，我们的手机也是几天换一部，再换一部，一直在赶时髦，服装也是如此。这种观念是否正确？我们的地球浪费得起吗？没那么多的资源。人的经济条件有没有这么好？需不需要这么频繁地来更新？我觉得这都是很大的问题。这同我们中国传统的勤俭节约的生活方式、生活习惯是相反的。但如果人都像过去那么节约的话，可能经济又很难发展，这就要看每个人怎么来取舍。整个社会应该形成这样的一个价值取向。

一个人在家里是家里面的一个人，在单位里是单位里的一员，在学校里是学校里的一分子。你是哪个民族，你就是这个民族里面的一个单体。如果说站在国家的角度，可能你是某一个国家的国民。如果从整个地球来讲，每个人都是地球人，每个人都是浪费地球的资源。这样的话，整个世界引发的问题都是如此产生的。所以，需要去寻找一些让大家都能够、都应该、都需要接受的公共行为标准。否则的话，有些人在节约，有些人在拼命铺张，就是这样的一种对立现象。所以，"汉办"传播中华文化，我觉得这是一种很好的精神，中国的这种勤俭节约的习惯和精神，乃至于生活方式也会对现代的人起到一定的警醒作用。

西方国家和非洲的一些国家的人，一方面，一部分人的农产品和工业品用不了；另一方面，一部分人又消费不起，买不起，没东西吃，没东西用，没有房子住，等等。这些都是全球性的危机，不仅仅是哪一个国家、哪一些民族的问题。现在全球化嘛，都是息息相关的。倡导知足为乐，满足适度和基本的物质需求就可以了。这样的话，人就会有时间去追求无碍于自己、他人的一些精神财富。财富有两种，一种是精神财富，一种是物质财富。如果人拼命追求的都是物质财富，那么你的精神财富就会匮乏。所以，人只有在物质财富和精神财富达到平衡的时候，幸福感才会很强。

在世俗上面生活，我们常常会听到一个名词：欲望。甚至说人的欲望很大，欲望是永远得不到满足的。如何来对待我们自己内心的贪欲？佛教有它办法，佛教也有它的要求。佛教最主要的是告诉人们不能去追逐欲望，追逐欲望人类就永远不能满足。人如果得到这个欲望还会有更大的欲望，所以，我们人要追求、要追逐的是快乐，而不是欲望。人的追求目标错了，就导致得到的东西不是我们想要的东西。所以佛教告诉我们要从生命的最基本的点，从自己的内心来寻求、来探索、来研究什么是真正的痛苦，什么是真正的快乐。这样的话，人才能够得到更多的快乐，远离痛苦。

4. 心乐为上的幸福观

佛教教人们彻底明了宇宙人生的真相，帮助一切众生远离痛苦，得到快乐。它研究的对象涵盖了精神世界和物质世界，并以精神世界的研究为主。精神世界不同于物质世界，它无形无色，无法用现代科学仪器明显地探测，种种科学研究的方法也就也有不足。佛教认为，人类痛苦的根源在于内心的无明，当这种无明破除以后痛苦就会自然消失，快乐就会自然升起。这样得到的快乐是一种永恒的快乐，并不特别强调依赖外在的条件。

《大般涅槃经》中说："菩萨摩诃萨坚持净戒，无悔恨心自然而生。菩萨摩诃萨不作恶时名为欢喜，精进持戒名之为乐。"（卷第十七）

《大智度论》中说："转轮圣王财自在，佛心自在……转轮圣王从他求乐，佛内心自乐。以是因缘，佛胜转轮圣王。"（卷第二）

《大智度论》中又说："是乐二种：内乐、涅槃乐。是乐不从五尘（色、声、香、味、触）生，譬如石泉水自中出，不从外来，心乐亦如是。"（卷第八）

因此，为了究竟离苦得乐，佛教主要并不是改造外在，而是要破除内在的无明，但这是一个漫长的过程，而且有其方法和途径。我们人的内心有光明、有黑暗，光明就是内心的积极面，黑暗就是人内心的消极面。人内心的光明是这种良性的、积极的状态。反过来就是消极的、恶性的、有毒的、负面的情绪。人的情绪有时候是不由自主的，说不要生气，但是不生气就难受。所以很多情绪靠我们自身的能力有时候很难控制。那我们就需要去学习如何控制自己的情绪，如何让我们内心积极光明的因素越来越多，这就存在一种方法论的问题。

佛教告诉我们怎么样来开发自己内心的光明，所以到庙里面来都要开光。什么都要去开光，念珠、佛像，等等。开光就是开发光明，光明从哪里来？从佛那边来。佛的光明到我们人的身上，我们人就有光明，有光明才能够看得到。如果没有太阳，没有月亮，没有星星，没有电灯，没有火，一片漆黑，我们就很难生存，我们就很难生活，我们就很难工作。所以，光明代表一种健康的状态，光明也代表一种力量，光明也代表一种能量，人也是需要光明的，但有时候我们自身的光明不足。我们常常讲回光返照。回光返照是什么意思？是佛的光，就像太阳一样。如果我们自己也有光，也可以回光返照。什么意思呢？就是光光相照。如果我们没有光明，完全是黑暗，黑暗不能回光返照，黑暗只有不断汲取光明，吸收光明。我们吸收光明，这个光明如果不能在黑暗上面驻留的话，那我们就永远没有光明。就如一个暗室，太阳照不到它，也没有光明。星星、月亮也照不到，也没有光明。如果不打开灯，它永远黑暗；如果打开灯，它一下就亮堂堂。但是灯一关，黑暗又出来了。唯一的办法就是让自己能够发光，那就永远没有黑暗。

所以我们学佛法，就是要让自己能够发光。如果自己不能发光，那就没办法，那就往往要通过外在的力量来要求。外在力量不要求的时候，就容易为非作歹。所以光明黑暗是我们人心的两个方面，善跟恶，实际上就是这么简单。有更多的人需要靠外在的光明、外在的力量、外在的制度的约束，人的这种善良、好的心性才能够得到发挥。只有人的觉悟到了相当高的程度，人内心善良的部分就一直在发挥，所以为善最快乐。如果一个人变成为恶最快乐，那这个人就很麻烦，整个的幸福观、价值观都颠倒了。过去我们都助人为乐，现在这个话比较少听到，好像不怎么说助人为乐，现在都讲报酬，不讲助人为乐。

所以，快乐和痛苦都是人内心的感受。内心感受到快乐就是快乐，内心感受到痛苦就是痛苦。所以要想不管感受到什么都能够让自己内心快乐起来的话，这就需要去修行。如果一个人骂你的时候，你也能感受到快乐，那就是有功夫。往往人家说我们好，我们感受到快乐，人家说我们不好，我们感觉到痛苦。有时候人说我们好，可能是假的，有时候说我们不好，可能是真的，人之所以颠倒往往就是这个原因。人一般说别人好，都是比较客气，"你怎么好、怎么好"，实际上他心里未必这么认为，同时他自己也不会认为说"我自己真的有那么好"，但是他自己就会喜欢这种感觉。

那你如果转过来，别人说好，那你快乐；别人说不好也快乐，你东西多也快乐，你东西少也快乐，只要自己能活下去不会死掉都很快乐，那人就很快乐，就不会有那么多的比较。过去的人常说：不患寡而患不均。过去大家都穷，他也觉得挺快乐。有钱了，富了，他心里总是不满足、有欲望。过去在80年代，万元户都不得了。现在哪里没有万元户？现在他没有那种感觉，人的欲望越来越多。这就是我们人的毛病。

5. 解脱烦恼的幸福观

《法集要颂经》说："因欲生烦恼，因欲生怖畏，离欲得解脱，无怖无烦恼。……刹那修止观，能离诸罪垢，我慢自消除，解脱获安乐。"

《增壹阿含经》说："人生不足贵，天寿尽亦丧，地狱痛酸苦，唯有涅槃乐。"（卷第九）

实际上人有苦有乐，苦乐参半，这是境界。每个人都是一样的，都是公平的。每个人出生以后都会生病，都会衰老，都会死亡。每个人都有贪欲，都有嗔恚，都有无明，都避免不了。无论你用什么方法，它只是在一定程度上的延缓或者改善，不能说人不死。过去道教练丹，没有一个是不死的，最终还是要死。佛教说人命无常，道教有长生不老，其实不死是不可能的。

《大智度论》中说："于诸乐中第一者，断诸渴爱灭狂法，舍五众身及道法，是为常乐得涅槃。"（卷第十九）很多人对涅槃不了解。涅槃就是快乐，永远的快乐，常乐我净。涅槃是把无明灭掉。无明是一切烦恼和痛苦的总根源，就像一个人在黑暗里总是会走错路，总是会到处碰壁，总是会左碰右撞，会非常痛苦。我们的无明烦恼没有了，我们的愚痴没有了，我们的邪见没有了，我们的迷惑没有了，就犹如我们的万物一样，需要阳光照耀，需要雨露的滋润，才能够生长；我们人也是一样，需要善法的滋润，需要善法的阳光，才能得到清凉，才能得到安乐。这些都是能够体会得到的，都是能够体验的。宗教是讲体验的，科学是讲实验的。实验的话，它就讲究条件，物质上面的条件，需要讲方法，需要讲步骤。只要方法得当，步骤得当，关系具足，任何人做出来的结论都是一致的。宗教讲体验，那可能是因人而异，有的人体验得很深，有的人体验得很浅。用同样的方法都因人而异，是因为人的心不同，体验就不一样。他没办法来检测你到底是怎么样的一个程度，只有修行功夫比较深、比较高的人才能感觉得到，通常的人很难感觉出来，这一个人内心世界的一个状态，大家很难感觉出来。

6. 利他自利的幸福观

《佛说华手经》中说："今凡夫人欲求自利而乃自伤。何以故？舍利弗！我不见人若侵害他，自不衰恼。是故当知住自利因是则为难。又于是中，自利利他最为甚难。"（卷第七）

《优婆塞戒经》中说："自利益者，不名为实。利益他者，乃名自利。何以故？菩萨摩诃萨为利他故，于身命财不生悭吝，是名自利。……利益他者，即是自利。菩萨不能自他兼利，唯求自利，是名下品。何以故？如是菩萨于法、财中生贪著心，是故不能自利益也。"（卷第二）

利他就是自利，这是佛教的一种幸福观。现在不是这样子了，是竞争。竞争往往就是损人利己。如果我们每一个人都能够体会到、认识到利他就是利己，用商业上的话说，如果产品的消费者、生产者、流通者和技术的研发者的利益是一致的,大家都能够得到相应的利益,利他就是自利,那么这个企业就肯定做得好。在一个学校当中也是如此,老师和学生的关系,学校和员工的关系,如果能够真正建立了利他就是自利这样的观念,并且能够真正去实现,那么我们学校和单位的工作就能够做好。如果我们只是考虑到一个方面的利益,忽略了另外一个方面,那可能这个单位就会不那么和谐。

我们的书本往往不会涉及这些利的部分,实际上很多人的内心又非常注重自己的福利和报酬,但是往往我们不会把这个作为一个问题来研究,不会说抛开利益让大家来讨论讨论。我们庙里面的过堂就最好。大家都一样,吃的都是一样,利和同均。我们在社会上就不容易做到这一点。所以,自他两利幸福观的建立能够提升我们的幸福指数。

7. 群己一致的幸福观

《华严经·普贤行愿品》中说:"一切众生而为树根,诸佛菩萨而为华果,以大悲水饶益众生,则能成就诸佛菩萨智慧华果。……是故菩提属于众生,若无众生,一切菩萨终不能成无上正觉。"

这些都是菩萨、佛的境界。菩萨,就是专门去利益众生,一辈子就是做利益众生的事。所以说"一切众生而为树根,诸佛菩萨而为华果",就是利益众生圆满才能够开花结果。那怎么来利益众生?"以大悲水"——对众生的慈悲,饶益众生。只有这样,才能够成就诸佛菩萨智慧的华果。所以,"菩提属于众生"。如果没有众生,一切菩萨都不能成佛。佛教就是帮助佛教徒树立这样一个幸福、快乐的观念。所以,佛教徒的这种行为都是发自内心的,就是他觉悟到这种道理,他认可这种道理。

8. 舍自利他的幸福观

《十住毗婆沙论》中说:"世法无忧喜,能舍于自利,常勤行他利,深知恩倍报。"(卷第七)

《华严经》中说:"大士游行诸世界,悉能安稳诸群生,普使一切皆欢喜,修菩萨行无厌足。除灭一切诸心毒,思惟修习最上智,不为自己求安乐,但愿众生得离苦。"(八十卷之卷第二十三)

佛经里面讲,以智慧剑破烦恼贼,智慧的核心就是通达缘起性空的道理。只有将人自身身心的关系、人与人的关系、人与社会的关系、人与自然的关系,这些重重无尽的缘起观察清楚以后,我们的邪见才会破除,正知见才能够建立。反过来说,人有很多的邪见,就是因为不能深入观察缘起性空，我们仅仅看到眼前的表相，不能看到背后更宽广的因缘。实际上，我们往往不想去看，也不想去了解、接受和面对，计较的都是一些非常渺小的，甚至毫无意义、毫无价值的事情。

孙中山曾经说过："佛法是救世之仁。"佛教慈悲为怀，慈能与乐，能够给众生快乐；悲能拔苦，去除众生的痛苦，所以救世济人就是以慈悲心普度众生。要让自己的生命有价值、让人性的尊严得到体现，就要承担责任，要普度众生。

9. 成佛利生的幸福观

《大智度论》中说："佛身大光明，照曜佛身表；佛在光明中，如月在光里。种种恶毁佛，佛亦无恶想；种种称誉佛，佛亦无喜想。大慈视一切，怨亲等无异；一切有识类，咸皆知此事。……其心常一定，为众作利益。智慧力有十，无畏力有四，不共有十八，无量功德藏。如是等无数，希有功德力，如师子无畏，破诸外道法，转无上梵轮，度脱诸三界。"（卷第二）

修行所要得到的结果，就是我们无限生命宗旨的落实。佛教里边谈到小乘和大乘，小乘只是说自己修行解脱，了生死，得到安乐，得到智慧。大乘佛法不仅仅说是自己解脱，了生死，还更加注重众生的解脱，了生死，得到快乐，成就佛道。所以大小乘佛法有很大的不同。中国的佛教一直所奉行的都是大乘佛法，大乘佛法就是用佛法的智慧，让自己内在有了觉悟之后，同时也要帮助世间上的人，能够少病少恼，少点痛苦，多点快乐。

下面看一个视频（看弘一大师出家的视频）。

弘一大师，李叔同，大家都比较熟悉的。可以说他也是一个人生人间境界的圆满，在世间也好，以后出家也好，都有很大的成就。为世间上面的人，也为我们佛教界所公认和怀念。

（三）弘扬十善，自他两利

《大智度论》中说："菩萨从初发意来，自净粗身、口、意业，亦教他人净粗身口意业。……初净身口意业，后为净佛土。自身净，亦净他人。……内法与外法作因缘，若善、若不善。多恶口业故，地生荆棘……弥勒佛出时，人皆行十善故，地多珍宝。……人身行三种，福德具足，则国土清净。内法净故，外法亦净。譬如面净故，镜中像亦净。"（卷第九

十二)

佛教里的不杀生、不偷盗、不邪淫、不妄语、不饮酒,这五戒。不杀生:护生;不偷盗:布施;不邪淫:贞正;不妄语:不说假话、不离间语、不出恶语;等等。所有这些都是善行的表现,也是实现社会公平正义、社会和谐的一些条件。

那么,现在困扰社会的很多问题,从根本上面讲,都是在五戒的范围内。比如说杀生,从杀动物到杀人到战争,原因都是没有慈悲心引发的行为。偷盗,我们常常所听到的这些盗窃、抢劫、偷税漏税、走私,等等,这些都是人的贪心引发出来的偷盗行为。第三,邪淫。社会的风气不正,种种不正当的事情的发生,以及网络、影视、刊物,不健康的一些信息的传播让人堕落、放纵。这是因为人的欲望受到社会上一些不良信息的引导、诱导和激发所出现的问题。妄语就是坑蒙拐骗、陷害,各种假新闻、假汇报,等等,也是导致社会诚信缺失的主要原因。饮酒,酒后打架斗殴,酒后驾车导致车祸,等等。这些是造成人精神麻痹、精神问题,乃至社会问题的原因。如果社会每个人从当下做起,从自身做起,这些问题就会得到比较好的解决。

南北朝的时候,僧祐律师曾经编撰《弘明集》,里面记载了何尚之对宋文帝的一段论述:"百家之乡,十人持五戒,则十人淳谨矣!千室之邑,百人修十善,则百人和厚矣!传此风训以遍寓内,编户千万,则仁人百万矣。……夫能行一善,则去一恶。一恶既去,则息一刑。一刑息于家,则万刑息于国。四百之狱何足难措?雅颂之兴,理宜倍速。即陛下所谓坐致太平者也。"(卷第十一)

所以,佛教里面最基础的五戒十善如果能够得到倡导,得到发扬,平民百姓就能够得到幸福、社会就能够得到安定。作为社会存在的每个个体都应该尽自己的道德职责,让每个人的善心、善缘、善举汇聚成一股强大的社会力量,这样就能够推动社会向健康、良善的轨道来发展。

五 中国佛教的幸福观

佛教传入中国以后经历了两次大的变革。第一次是在公元 800 年前后的唐朝中期,在汲取融合本土儒道文化营养的基础上,形成了有鲜明中国特色的佛教宗派——禅宗。六祖慧能大师完成了教理教义上的构建,百丈禅师完成了组织制度上的落实。第二次是在公元1930年前后的民国中期，面对佛教自身的种种问题以及西方文化浪潮的强烈冲击，佛教又一次以一种崭新的面貌出现在中华大地上——这就是太虚大师有关人间佛教理念的构建。总体看来，第一次转变完成了佛教在中国的本土化历程，第二次转变开启了佛教在中国的现代化序幕。

（一）即心是佛

"菩提自性，本来清净；但用此心，直了成佛"、"直指人心，见性成佛"、"即心是佛"。（《论语·述而第七》中说："仁远乎哉？我欲仁，斯仁至矣！"《孟子·尽心章句》中说："尽其心者，知其性也。知其性，则知天矣！"）

从初祖达摩祖师到六祖慧能大师，成立了中国的禅宗，提出了"本性是佛"、"直指人心"和"见性成佛"的主张，后来逐渐成为禅宗的思想。"即心是佛"、"平常心是道"的思想使佛法与中国人的心理没有丝毫障碍，真正契合和适应我们中华民族的根性，使佛教在中国能够扎根，发扬光大。禅宗没有语言文字上的障碍，也没有心理世界上的隔膜，所以从六祖慧能大师开始，佛教的精髓才真正被深深地打入了中国人的心坎上。不仅与佛教的关系如此，隋唐以来的中国文化也受到了禅宗传入的思想的影响，马祖创丛林、百丈立清规是其中最重要的因素之一。佛教在现实上建立了以先唐禅宗为中心，离开了过去律制而独立，制定了禅院的清规，在寺院的经济制度、组织管理制度等各个方面做出了划时代的变革，更能与我们国家的政治、经济、文化、社会等相适应，使得印度传来的佛教完成了中国化的步伐，有了自己独立的组织和培养人才的方式、方法、场所，从而奠定了中国佛教千余年来发展的基础。佛教在古印度的时候，出家人都是托钵乞食。到了中国以后，到了唐朝，这些庙立了规矩、清规，寺庙有了独立的经济地位，庙里面有教育的制度，有禅修的中心、服务社会的功能，等等，佛教的寺院与社会联系得越来越紧密。

（二）道在平常

就是"平常心是道"，"道在日用"，"搬柴运水，无非是道"。

古来祖师大德讲"平常心是道"，就是能够如实地认识到自己的内心。自己的内心是一种什么状态？内心有什么问题？都清清楚楚，而不是有高有低，所有外在问题都是我们内心的问题。我们内心的问题就是当下的问题，认识不清楚就是缺乏智慧。内心的问题是过去习惯的延续。当我们认识清楚以后，把当下的这些问题去掉，内心的善良、清静、庄严就会出现。勤劳也是中华民族的传统美德，寺庙里的出家人要参与各种劳动，对道场的护持，等等。出家法师、善男信女做种种的慈善公益事业是对社会的回报，同时也是培养自己福德的资粮，这些都能让佛法很好地落实到社会，不会让人误认为佛教都是出世的。

（三）即世出世

慧能大师说"佛法在世间，不离世间觉，离世觅菩提，恰如求兔角。"宋朝宗杲禅师说："世间法即佛法，佛法即世间法。"弘一大师说："以无我之精神，努力切实作种种之事业。"

佛教对众生的弘法、传教、慈济、福利里都能看到佛教积极入世的方面。千百年来，佛教之所以能够在中国社会打下深刻的基础，成为中国人生活中的一个组成部分，都必须归功于佛教对世间的长期贡献和经营。只有这样，佛教才能够在中国社会取得生存与发展的空间。简单地说，佛教在中国传播的成功之处是其以积极入世的态度，成功地影响、改善了中国社会的许多方面。慧能大师的"佛法在世间，不离世间觉，离世觅菩提，恰如求兔角"和宋朝宗杲禅师的"世间法即佛法，佛法即世间法"，从某种意义上面来讲，都是在诠释着古往今来中国佛教的积极介入并奉献社会与人生的行为。出家人不可缺少慈悲济世的精神，否则最多只是一个自了汉，背离了大乘佛法的宗旨。弘一大师曾经说过："学佛法者，固不应迷恋尘世以贪求荣华富贵，但亦决非是冷淡之厌世者。"又说："佛法以大菩提心为主。菩提心者，即是利益众生之心。故信佛法者，须常抱积极之大悲心，发救济一切众生之大愿，努力作利益众生之种种慈善事业，乃不愧为佛教徒之名称。"弘一大师在晋水庵作一联道："草藉不除，时觉眼前生意满；庵门常掩，勿忘世上苦人多！"他虽多次闭门谢客，但也积极行入世之事业，在社会当中影响非常的大。

（四）人间佛教

在佛教界当中，有一些负面的现象，让不少人对出家人、对佛教产生了一些负面的看法。总的来讲，出家人的社会责任是什么？它应该为这个社会尽什么责任、发挥什么作用？刚才谈到唐朝以及民国年间佛教两次的变革。现在在全球化时代，在21世纪，中国的经济已经参与到整个国际社会当中去，我们国家也执行了"文化走出去"的战略，我们佛教也是中华传统文化一个非常重要的组成部分，它也应当"走出国门"，参与到全球化的过程当中，发挥中国佛教应有的作用，所以我们现在还是积极提倡和弘扬人间佛教的精神。

太虚大师曾经在《中国佛学》中说："中国佛学能在新世界中成为世界性的佛学，非但要主持教理的人能够阐明佛教发达人生之真理，依之以趣大乘行果；并须在人间实行六度四摄菩萨道，以尽力推行佛教利益人生的事业。"

原中国佛教协会会长赵朴初居士1989年《接受日本"读卖新闻社"记者小林敬和采访时的谈话》说："团结全国各民族的佛教徒，提倡人间佛教积极进取的思想，发扬佛教优良传统，积极参与社会主义物质文明和精神文明建设，促进社会和平统一，维护世界和平的事业。人间佛教思想主要是不要脱离现实的思想。我们生活在今天这个时代，这块国土，这个地球上，不要脱离这个现实。佛教徒应该为世界和平、人类幸福作贡献。"

无论太虚大师，还是赵朴初居士，他们所极力倡导的人间佛教的理念，被人们誉为"二十世纪中国佛教最宝贵的智慧结晶"。经过近一个世纪的探讨、实践和弘扬，已经在佛教界和社会各界产生积极的影响，践行慈善并以此来净化身心、利益人间，更有人间佛教教理的出现。太虚大师在《怎样建设人间佛教》当中指出："人间佛教是表明并非教人离开人类去做神做鬼，或皆出家到寺院山林里去做和尚的佛教，乃是以佛教的道理来改良社会，使人类进步，把世界改善的佛教。……因世人的需要而建立人间佛教，为人人可走的坦路，以成为现世界转变中的光明大道，领导世间的人类改善向上进步。"人人都有这种心，人人都能够创造净土，人人都能为净土去努力。

佛教对佛教徒的教育和引导，尤其是对年轻佛教徒的帮助以及如何让社会上的青年来正确认识佛教，这么多年来一直在探索。我所主持的陕西法门寺是供奉佛指舍利的地方，这几年来每年都办有大型佛教夏令营。下面我们看一个片段（看《"法门之光"公益夏令营》视频短片）。

这是我们每年所办的夏令营，现在佛教界也比较普遍，基本上每个省都在办，我觉得这是佛教同社会相适应的一种新的方式，所以寺庙不仅是给大家来烧香磕头、求平安的，同时也有教化的部分。教化的功能是从道德方面、文化方面让大家有机会、有可能住在庙里体验寺院生活，不一定说要来皈依佛教。这样的话，社会同佛教的距离就能够缩短，不会让社会上的人对佛教那么陌生。我们这几年还办了一些国际上的佛教会议和活动，中国、韩国、日本从1995年开始，一般每年都办三国会议，每年都有五六百人的规模，三个国家轮流办。同时我们也参加世界宗教和平大会，中国五大宗教——佛教、道教、伊斯兰教、天主教和基督教——成立了中国宗教界和平委员会，我是这个委员会里的秘书长，每年也同世界各国的宗教界开展一些交流、对话以及举办一些活动。从佛教界来讲，我们于2006年在浙江举办了第一届世界佛教论坛，在杭州开幕，普陀山闭幕。第二届是2009年，是同台湾地区一起办的，在无锡开幕，台北闭幕，有世界各国1000多位与会的代表，有出家的法师，还有政府的官员、学者以及企业界、媒体，各界人士都有，影响也很大。我们现在也在筹备第三届世界佛教论坛大会。

中国传统文化的主体——儒释道三家有共同的地方，也有不同的地方，所以可以相辅相成。三家共同的地方是这个时代比较需要的伦理，儒家非常注重伦理。中国的伦理跟西方的伦理不一样，西方认为人是上帝创造的，所有人是平等的。中国的伦理不一样，过去讲"天地君亲师"。现在我们实行了独生子女的政策以后，家里只有一个小孩，小孩成家以后，可能是两个家庭，甚至有几个家庭，他们之间是一种什么关系？我们过去儒家的这些伦理，父子、夫妇、兄弟、朋友，这些伦理怎么来贯彻？因为现在整个社会的结构、家庭的状况跟过去不一样了。伦理实际上是人与人之间的关系，社会关系。人与人之间的一种关系是一种互动、相互的关系，是一种动态的平衡。伦理显然跟法律不一样，如果法律能够规定的就不是伦理。伦理，一个要合理，一个要合情。比如在学校里师生关系，老师对学生的感情和学生对老师的感情肯定不同。比如说，我们老师对学生要爱护，学生对老师要尊重。然后，怎么来体现这种行为的尊重和爱护就很重要。如果说大家都是平等的，它可能就不存在伦理的问题。现在学校里边受到西方平等、民主的影响，这种伦理就很微弱。比如说这些老师同校长，各个院系的主任、院长的关系，里边就存在着如何相互尽责任的问题。如果是一方尽了责任，另一方不尽责任，伦理就很难体现。所以我觉得，我们儒家的伦理，我们传统文化的伦理在这种学校里如何合情合理地来尽各自的责任，是比较重要的一个问题。

家庭也如此，基本上是各住各的，怎么来体现这些不同层次的人——父母、祖父祖母，等等？亲戚有亲有疏，有上有下，上对下怎么亲？下对上怎么亲？上对下要符合什么礼？下对上要符合什么礼？现在社会上大部分人不知道这个怎么办，在家庭往往是父母来孝顺儿子，都颠倒了。家庭怎么来引导、教育这些小孩与人相处？首先在家里与人相处得好，这里面有它的道理和伦理存在，这也是我们需要对待的问题。在职场和岗位也存在着伦理，这个伦理的问题不仅仅是谁亲谁的问题，也存在着责任和义务，互相关心，互相体贴，互相包容，如果这种伦理建立不起来，这个单位很有可能会变成一种利益上面的关系，人与人之间就会很苦，关系不和顺，乃至很紧张。现在我们这个社会因为更加组织化、系统化，所以这种伦理应该不断延伸，要延伸到学校和单位里头去。其次是生活上面的伦理。人与自然界的关系是敬畏自然，如果我们对自然界毫无敬畏之心，人有钱的话怎么做都可以，这对自然就变成一种破坏，对社会也是一种破坏。怎么对待自己的生命？怎么对待自然？怎么对待社会？这要有情理在里头的。比如我们看到河流污染和食品安全问题，从人的本心、感情、本性应该是什么心态？如果一个人被汽车压了，我们应该是什么心情？如果我们看到别人发生车祸，别人有灾有难无动于衷，那这个人就很无情，所以伦理包括"情"跟"理"两个方面。我们在生活、工作、学习和家庭中都应特别注意。再往上讲还有族群的关系，民族与民族的关系，也存在伦理的关系。一个族群和另外一个族群，大家怎样在平等的基础上能够和睦？我觉得儒家伦理都是能够发挥作用的。传统文化儒释道都存在新的时代一个解读的问题，怎么赋予新时代的意义。一是我们要了解这个时代的特点，同时要了解不同区域、不同社会背景之下人与人之间的特点和问题，然后来引导。所以孔子学院和寺庙今后在伦理道德的弘扬和理论建构方面，乃至在生活方式的引导方面，都是能够大有可为的。当然，其他的领域，如政治、经济、科技、法律等有别的系统在管，我们做传统文化和宗教文化要选好角度，这样我们的领域、行业才可以找到自己的位置，才能发挥自己的作用。

下面还有半个小时，大家有什么要交流的可以讲。

现场问答：

问：谢谢法师的开示！您刚刚给我们看了一段弘一大师的视频，我知道您的师尊是弘一大师的弟子，那是不是可以认为您是律宗的当代传人？或者您并不执着于某一个派别，而是要汇通宗派？与此相关的一个问题是，汉传佛教历史上著名的派别如天台宗、慈恩宗，等等，有没有当代传人？如果有，请您简单介绍一下这些高僧大德的法号和驻锡的丛林！

学诚法师：我们八大宗派的祖庭都有，比如说慈恩宗大慈恩寺，天台宗天台山国清寺，禅宗少林寺，华严宗陕西的华严寺，等等。但是，谁也不敢说谁是谁的传人，一般人不敢这么标榜。过去我们比较强调宗派，尤其是在唐朝的时候，八大宗派都是在唐朝的时候成立的。那时候佛教非常兴盛，所以需要开宗立派。就像一个大学一样，它的实力很强，它就分系分科。现代相对来讲，佛教没有唐朝时那么兴盛。所以，我们就提倡人间佛教的观念和思想，就是淡化宗派的意识，强化组织的运作。你看其他宗教，伊斯兰教有什叶派和逊尼派，基督教也有那么多派别。许多宗教的问题都与它的宗教派别意识有渊源。所以，中国的佛教协会不是很强调宗派意识，我们也比较担心这种意识的抬头。我们也不会特别强调说谁是谁的传人，我们都是龙的传人。（大众笑声、热烈鼓掌）

问：今天师父给我们在这里讲了佛教的幸福观。请问师父，"观"在这里是建立一种"观念"，还是通过"观"来观察自己的生活，改变自己的行为？另外，通过看师父的衣着就能感觉到师父的一种幸福感，而我们的衣服总是变来变去的，（大众笑声）师父的穿着常年都是一样的。另外，想请教师父的是，我们落实行动的时候如何使自己，就像师父穿衣一样长远坚持下去，而不是总是变来变去的，请师父慈悲开示！

学诚法师：这种"观"，我认为两种情况都有。你要观察、要思考，然后要逐步串习，才会变成自己的观念。一个人接受了很多知识，乃至接受了很多宗教知识，但是最后能不能成为自己的思想观念很难说。只有形成自己的思想观念，才能够支配自己的行为。所以，我们观念的养成是很重要的。现在的人没有自己的观念，所以自己的行为就不容易得当，不容易得体。因为自己的行为不知道怎么做才能得体和得当，他就不知道自己的工作、生活和修行究竟有什么意义。所以，我觉得一个观念的建立是非常重要的。我们国家非常注重意识形态，意识形态就是观念的问题。

问：谢谢法师开示！我注意到第二届世界佛教论坛视频中有结束宣誓，里面提到"唯有同心，才能和谐；唯有尊重，才能和平"。请法师从佛教的角度解释一下前面的"唯有同心",这个"同心"指的是什么?

学诚法师: 我们当时是在台北发表的闭幕宣言,那位法师是台湾地区的。我们两岸都是一颗中国心,每个人都有一颗人的心,如果这个人心出了问题就不行了,就不容易和谐了。

问: 师父您好!我是来自浙江的义工,在龙泉寺十多天让我对佛教文化产生了另一种不同的认识,我自己在家里也经历了很多起落,我现在想请教法师,法师对取舍是怎样理解的?

学诚法师: 取与舍就跟来与去相同,从那边到这边就是来,从这边到那边就是去。取与舍也是一样的,但是我们通常不会这么认为。都是认为取就是给自己,舍就是给别人。我们如果把不好的东西舍去,把我们的烦恼舍去,那我们也很快乐。同样如此,我们去做布施,比如我们上课,看到门口贫穷的人给他10元,我们也很快乐,所以这种舍也是很快乐的。取就是我们要得到,我们要得到什么?我们得到施舍。比如我们听讲座,可能一句话、两句话你听进去了,这个取就是你得到了。比如你在社会上打工,一天赚到100元,这本身也是取。比如你到外面给人家帮忙,人家对你的赞叹、好评,这也是取。所以看你取的是什么,舍的是什么。这与人的心态,以及支配自己取舍行为的观念是很有关系的。

问: 师父好!我今天上午听讲座的时候,听到第四点佛教的幸福观,其中第二点是关于后世安乐的幸福观。师父讲到了从儿童到老年,不同阶段的我们应该做到的。刚才仁爱慈善基金会有奉送爱心的活动,请教师父关于儿童教育和老年教育的构思或想法。感谢师父!

学诚法师: 儿童教育和老年教育都是比较重要的。每个人都从儿童走过来,并且每个人也都会老,但是我觉得现在的儿童一方面他们的压力还比较大,要学很多东西,上很多课,负担非常沉重。我们怎么样对他施加教育,分成家庭和学校两部分。在家里面对待儿童和学校里对待儿童是不一样的——老师要怎么对待小学生,家长要怎么对待小学生?或者你要办幼儿学校怎么办?这要区别对待。老年人的教育,养老院、敬老院我也经常去考察,也比较了解。老龄化问题在社会中越来越突出,但是里面的问题也比较多。因为这些老年人集中在一起,他们可能会彼此觉得都老了,好像是多余的人。而他们又闲不住,更容易吵架。

还有的子女把老人送到养老院就不管了,因此问题是比较多的。有信仰宗教和没有信仰宗教的也是不同的。没有信仰宗教的更多情况下会尽量让自己生活自由，环境能够相对比较改善，比较有保障，安度晚年。如果有宗教信仰，他还有很多宗教生活方面的要求，要能够得到满足才能够安心。拥有宗教信仰的人在晚年时对来世的修行就会更加恳切，这都需要加以考虑。

从我们自身来讲，我们国家60岁就退休了。60岁身体会很好，怎么样用好自己以后的时间，需要去规划，要去设计自己的人生，就应该把老年人的时光计算进去，设计进去，安排好。退休以后才会有真正自己的时间，才会有自己想要过的生活。退休以前，你要尽家庭责任和社会责任，自己能够选择的并不是很多，更多的只是履行自己的责任而已。我觉得，你在什么位置，就去考虑什么事，才会去想什么问题，也比较符合实际。（鼓掌）

问：谢谢法师！我有这样一个问题：我在工作中是教中国古代文学的，古代文学我们有四大名著，其中有两位：一位是《水浒传》中的鲁智深，他从前杀人如麻，但最终修身成佛；还有一位是《西游记》里的孙悟空，他最后也成为斗战胜佛。我们平时的教学中是从别的角度分析他们的成佛历程，不知道您能否从佛道中人的角度分析他们的成佛历程。

学诚法师：这本身是小说，不能当真。（众笑）唐玄奘没有一个叫孙悟空的徒弟，我们从文学的角度当然可以分析。如果从佛教的角度，因为本身这个前提就不存在，所以我们不好去评判（鼓掌）。

问：请问师父，对于刚刚接触佛法的信众，如何更好更快地入门学好佛学？感恩师父！

学诚法师：学好佛学不是很容易的事情。佛法，就像药一样，佛法就像阳光、雨露一样。我认为佛法够用就行——佛法就像药一样，你得了什么病就吃什么药。因为佛法不是一种知识，但它有知识的成分。佛法要对治我们内心的问题，我们内心有什么问题，怎么来调节内心的状态。不同时期人内心的状态不同，比如你刚刚学开车的时候战战兢兢、小心翼翼的，注意交通规则等训练。你开了十年、二十年，你会发现如果麻痹大意也一样会出问题。一个人与一辆车是同样的问题，我们时时刻刻都要用佛法。佛法是一种规则、一种规划，处理各种各样的关系。我刚才谈到的家庭、学校、工作岗位、民族等这些关系之外，佛法还有一个本身的意义——人有前生后世，人有凡人和圣人，怎么把凡人转化为圣人，佛法有它一套的过程和方法。所以学佛法要成佛，有一套做法。如果我仅仅学习佛法来改善自己的人生，让自己的人生更加幸福美满，让自己的生活更加积极向上，让自己更有成就感、更有价值，它又是一套学习方法，这是不同的（鼓掌）。

问：法师您好，我是小时候跟我奶奶成为佛教的信徒，但是长期以来一直有一个问题困扰着我，请法师开示！既然一切财富都是虚妄，为什么寺庙中的佛像总是要金装？另外，在很多佛教经典中，佛的净土通常被描绘为七宝殿壁，富丽堂皇，我一直被这个问题所困扰，请您明示！

学诚法师：这是很好的问题。为什么佛像用金装？佛有那么大的福报才用金装。世界上任何一个人没有那么大的福报用黄金来装。寺庙里面佛菩萨要贴金，居士最喜欢出钱，这是居士喜欢做的，不是出家人喜欢做的。为什么喜欢做？这样做有功德，所以喜欢做。佛教里面讲"一切有为法，如梦幻泡影"，就是讲它的不实在性、无常、变化的特点。不是说它不存在，金的也好，银的也好，它都是在变化的，只是变化速度的快与慢。阿富汗那么有名的巴米扬大佛被塔利班炸毁，最后塔利班遭到报应。所以金银财宝，世间上面的一切都是变化的。佛教所讲的虚幻不是说它不存在，不是说它是假的，而是说它是变化的，它是各种因缘成就的，所以是虚幻的。比如我们这一堂课，"国家汉办"创造这样的机会，北师大人文宗教高等研究院组织，高校的人来报名，还要买票，来到这里报到等以后才会成就，一个月后这个班就结束了。所以，佛教讲的是虚幻，不是说不存在这个关系，只是这个关系是变化的。我们每天上的课都不一样，那就是在变化，只是不同的科目。

问：师父您好！我想问一下佛家也讲慈悲，少林武僧或者道高望重的高僧有时候也会发怒，通过一些武力手段采取以暴治暴，以恶治恶，应该如何理解？

学诚法师：少林寺旁边有个塔沟武校。这些搞演出的都不是真正意义上少林寺的出家人。你说的以暴治暴，佛经里面也有类似这样的故事。如果一个人杀了非常非常多的人，我们必须处理这个人，如果你不处理，他有可能会成为恐怖分子，不把他抓起来，那很多人就会死。你怎么对待这个问题？这是一个人与众人的问题。你如果不处理这个人，众人的性命就有可能不保。佛教说慈悲，我们就慈悲，那也不是那么容易的事情。我们说共同富裕，也不是那么容易的。我们说要增加幸福指数，我们天天在喊，幸福指数就那么容易增长吗？所以，说的和做的还是有距离的。

主持人朱小健：今天非常荣幸地听到学诚法师给我们做的报告和开示。前面我的介绍还简单了点，学诚法师有非常多的兼任职务，住持就有三个寺——龙泉寺、广化寺和法门寺。学诚法师给我们讲的中国佛教的幸福观与中华文化的传播联系非常紧密。大家通过法师的讲座可以了解到，我们佛学当中提倡的人生观、世界观以及幸福观，与儒家的学说、道家的一些观念等中华文化传统当中一些本土的东西是紧密结合的，有着非常多的关联性和一致性，包括提到的修善生福，利他自利，舍己利他。具体的我们能看到佛门的，包括我们要勤修戒定慧，熄灭贪嗔痴。为什么这样做？后面的效果是什么？其实它是我们人生追求的一个目标，这个就是一种幸福指数。

前面看到弘一法师这一段视频，弘一法师救国、念佛两不忘。他写过一首《放学歌》，中间有一段话："我们仔细想一会，今天功课明白未？老师讲的话可曾有违背？"这里面都含着对精神的追求。这样的幸福观都来源于我们的内心，其实这也正是学诚法师一直提倡的心文化，也是学诚法师正在努力去做的，包括佛学这样的理论架构。非常感谢学诚法师，他还同意我们在这周周末参访龙泉寺，那里届时将会举办盂兰盆节的法会。谢谢学诚法师！

中国古代科举制度

张希清

主持人朱小健：各位老师，今天上午的课马上就要开始了。我们今天请到北京大学历史文化研究所所长，也是中华炎黄研究会的常务副会长张希清教授。张老师在中国古代政治史和中国古代文化史，特别是在中国古代科举制度史上独步学林，有着非常多的学术成果，在国内外很多场合做过交流和讲学。我们今天非常荣幸，有机会请张老师亲自给我们讲课。我们原来设计这个课程的时候想过讲中国古代吏治，后来觉得太大了，就想在这中间挑最关键、最重要的，我们琢磨了很长时间，后来想科举可能是最重要的。为什么重要？请张老师讲解！

张希清：现在大家手头都有一本《中国科举制度概说》，这是我为今天的课程准备的一份讲义，课后大家可以自己去看，课堂上我就不照本宣科了，只是讲一下其中的几个问题。

刚才朱老师说了，科举是中国古代非常重要的一项政治制度。科举制度创始于隋，确立于唐，完备于宋，延续至元、明、清，前后经历了一千三百年之久。中国从隋唐到明清大多数著名政治家都是通过科举选拔出来的。另外，通过科举还造就了大批的思想家、文学家和著名学者。可以说，这一千三百年间，几乎所有知识分子、所有地区和绝大部分书籍都与科举有关。科举制度曾被古代的朝鲜、越南等东方国家所仿效，并被近代欧美等西方国家所借鉴。

有人认为科举是中国火药、造纸、印刷术、指南针之外的第五大发明，是中国对世界文明的一大贡献。孙中山曾经说过："现在各国的考试制度，差不多都是学英国的。穷流溯源，英国的考试制度，原来还是从我们中国学过去的。"① 欧美的公务员制度学了中国的科举制度，是中国的

---

① 孙中山：《五权宪法、民权初步》。

科举制度给了欧美以启发，使他们创立了公务员制度。因为在此之前欧美是贵族制度，他们的传教士来到中国，感觉到中国的科举制度很好，虽然那时候中国的科举制度已经走向了下坡路，但他们仍然觉得通过考试选拔国家管理人员是一个很好的制度。他们通过借鉴科举制度，先是在英国，接着在欧美，也都实行了公务员制度。

现在出口转内销，我们的公务员制度是从欧美那儿学来的，我们国家现在的公务员制度，直接或间接地继承了科举制度。有人说高考类似科举，如果说我上大学时候的高考类似科举大概是可以的。因为我1964年考到北大上学，那时候大学生毕了业是全部由国家分配工作的，可以到国家机关当干部，也可以到工厂当工程师，所以可以说那时的高考类似科举。现在的大学生就不是了，大学毕业国家不包分配，如果要到国家机关工作还要经过公务员考试，等等。现在的高考是取得接受高等教育资格的考试，而不是成为国家干部的考试。所以，应该说现在的高考里有相当多的科举制度的成分，而从本质上来说，现在与科举制度相类似的应该是公务员考试制度。

科举制度在中国历史上乃至世界历史上起过非常重大的作用，至今仍然有着相当广泛的影响。所以，我认为科举是非常重要的。

刚才朱老师还介绍说我是研究科举的。我为什么选择研究科举？第一，是因为科举制度如上所说，是一项非常重要的政治制度；第二，是我的导师邓广铭先生对宋代的典章制度有非常精深的研究，我跟邓先生学习宋史，受邓先生的影响，硕士论文的题目就选择了《北宋科举制度研究》。第三，是与我个人的身世经历有关。我父母是在河南濮阳乡下种地的，三代贫农。《神童诗》里有一句话："朝为田舍郎，暮登天子堂。"1964年，通过高考，我上了北大，从一个偏僻的农村，到了天子脚下读书，也可以说是"朝为田舍郎，暮登天子堂"了。当时，如果想走出农村，只有两条道路，一是参军当兵，二是读书考大学。其实，这也是古人走出农村的两条道路，即"从军"与"科举"。大概我对科举似乎更有一些切身的感受，所以就选择了研究科举。

下面讲第一个大问题：什么是科举制度？科举制度起源于何时？

一　科举制度的定义

关于什么叫科举，学界有很多种说法。至今仍然众说纷纭，使人莫衷一是。我曾经写过一篇文章，题目是《科举制度的定义与起源申论》，对科举制度的定义与起源进行了梳理和讨论。根据我的研究，关于科举制度的定义，过去大概主要有四种说法：

第一种说法是"分科举人"说。这是一种传统的说法。比如早在1939年，周谷城先生在他编著的《中国通史》中就说："科举制，盖取分科目而举士之义。"① 1960年，韩国磐在《略述科举制度》中也说："所谓科举，就是分科举人。"②

第二种说法是"按科取士、考试进用"说。如1976年，沈任远在《隋唐政治制度》中说："科举即是以科目考试选举人才。"③ 1989年，黄留珠在《中国古代选官制度述略》中也说："所谓科举制度，就是按照不同的科目通过考试来选取人才的考试制度。"④

第三种说法是"三要素"说。这是1934年邓嗣禹提出来的。他在《中国科举制度起源考》中说："须知科举考试，必由应试人于一定时期，投牒自进，按科应试。公同竞争，试后有黜落，中试者举用之；然后为真正考试。"⑤ 半个世纪之后，即1983年，何忠礼在《科举制度起源辨析》中重申了这个观点，然后给科举制度下了一个定义："它是一种以'投牒自进'为主要特征，以试艺优劣为决定及第与否的主要标准，以进士科为主要科目的选官制度。"⑥

三个要素，第一是"投牒自进"，就是自己报名，不需要推荐；第二是"一切以程文为去留"，完全以考试成绩决定取舍；第三是以进士科作为主要的考试科目。

---

① 周谷城：《中国通史》上册，开明书店1939年版，第553页。
② 韩国磐：《略述科举制度》，《历史教学》1960年第4期，第23页。
③ 沈任远：《隋唐政治制度》，台北：商务印书馆1977年版，第206页。
④ 黄留珠：《中国古代选官制度述略》第五章"隋唐的科举与铨选"，第197页。
⑤ 邓嗣禹：《中国科举制度起源考》，《史学年报》1934年第2卷第1期，第281页。
⑥ 何忠礼：《科举制度起源辨析》，《历史研究》1983年第2期，第101页。

第四种说法是"广义、狭义"说。刘海峰在《科举制度的起源与进士科的起始》等文中说:"科举一词有广义和狭义之分。广义的科举指分科举人,即西汉以后分科目察举或制诏甄试人才授予官职的制度;狭义的科举指进士科举,即隋代设立进士科以后用考试来选拔人才授予官职的制度。"① 他认为科举有广义和狭义之分,广义的就是"分科举人",狭义的就是以进士科考试来选拔官员。

以上这四种说法,我认为表述得都不太确切。1993年,我曾经对科举制度下过一个定义,即:"科举制度是朝廷开设科目,士人可以自由报考,主要以考试成绩决定取舍的选拔官员的制度。"② 我这个定义只有38个字,包括三个要素和一个实质,比"三要素"说更为确切而简练。第一个要素是"朝廷开设科目"。其一,"朝廷"表明是国家规定的统一考试;其二,没有说"以进士科为主要取士科目",只是说"开设科目"。这是因为:科举的科目,从大的方面来说,有贡举(文举)、武举,这属于常科;还有制举,就是皇帝临时下诏选拔特殊人才直接授官的考试,也叫"特科"。还有15岁以下的少年儿童参加的考试,叫童子举。在这些科目下面还有分科,像贡举,现在大家知道的是进士科,其实在唐朝,除了进士之外还有明经,明经又分五经、三礼、三传、三史等。在隋朝及唐初,恐怕并非"以进士科为主要取士科目"。在宋朝,除了进士、明经以外还有诸科,诸科里边又分九经、五经、三礼、三传、三史、明法、学究等很多科目。只是在王安石变法之后,废除明经、诸科,改为以进士一科取士,进士科才完全成为主要取士科目。因此,在科举的定义中不必列举具体的科目,只说"朝廷开设科目"反而更确切、更简练。

第二个要素是"士人可以自由报考"。我这个表述在"自由报考"前边加了"可以"两个字。因为科举考试里的贡举,就是一般的常科,从唐代以来,就是自由报考的,但制举甚至有时候武举却是需要官员推荐的,也就是说不能自由报考。由此可以看出,武举与制举还保留有察举制度的残余,但是它们已经不是察举而是科举了。因为"怀牒自举"即自

---

① 刘海峰:《唐代教育与选举制度综论》,台北:文津出版社1991年版;《"科举学"发凡》,《厦门大学学报》1994年第1期;《科举制度的起源与进士科的起始》,《历史研究》2000年第6期。

② 张希清:《关于科举制度创立的几个问题》,《北大史学》第1辑,第178页;《中国科举考试制度》,第8页。

由报考对科举来说，是"可以"并不是"必须"，就是说并不是"科举"的必不可少的"必要条件"。在整个官员选拔制度中只要"主要以考试成绩决定取舍"，即表明由察举制度变为科举制度了。制举与武举毫无疑问也应该是科举制度的一部分。

第三个要素是"主要以考试成绩决定取舍"。强调了"主要"二字，而不是"一切以程文为去留"。邓嗣禹和何忠礼说的"一切以程文为去留"，有点太绝对了。因为在科举制度发展过程当中，在隋唐五代及宋初，决定去留就不仅仅是靠一张试卷，还有"通榜"、"公荐"等其他推荐的因素。只是到了宋仁宗庆历元年（1041）之后，既废"公荐"，又罢"公卷"，程文才开始成为决定去取的唯一根据，即陆游所说的"一切以程文为去留"[①]。在庆历元年之前的四百多年间，均非"一切以程文为去留"，但不能因此而说这四百多年间的朝廷开设科目通过考试选拔官员的制度不是科举。科举与察举的区别关键在于考试成绩在决定取舍中是否占主要地位。所以将科举的第三个要素表述为"主要以考试成绩决定取舍"是最为确切的。

还有，科举制度的实质，是一种"选拔官员的制度"。科举的任务和目的是选拔官员，不仅仅是笼统的选拔人才。现在研究科举制度的学者来自很多学科，除了历史学科以外，还有研究教育学的，研究文学的，研究社会学的，等等。来自历史学科的学者比较注重科举是选拔官员的制度，来自教育学科的学者往往认为科举是选拔人才的制度。实质上，科举应该是一个选拔官员制度，也就是说科举考试和现代的公务员制度是同一性质的。在唐朝通过科举选拔出来的人员，即使不能马上做官，但也具备了做官的资格，是候补官员；唐代的科举可以说是官员资格考试。唐朝科举及第之后，再通过铨试即可做官。宋代之后，科举及第之后，一般即可脱掉布衣，换上官服，马上做官，即"释褐授官"。可见，科举制度的实质是一种选拔官员的制度。

二 科举制度的起源

弄清楚了什么是科举，再来讨论科举制度的起源问题，就比较容易解

---

① 陆游：《老学庵笔记》卷五，中华书局1979年版，第69页。

决了。

关于科举制度的起源，主要也有四种说法。第一种说法说是始于汉代说。20世纪30年代，黄炎培先生就持这种观点，他说："如果真要说科举的起源，该说西汉。当时的考试制度，不早已分科射策么？"① 到了90年代，徐连达和楼劲也认为："科举始于汉"，"汉代实为科举的初创期，唐代则系其完善期"。②

第二种说法是始于隋代说。邓嗣禹和范文澜持这种观点。邓嗣禹说："科举之制，肇基于隋，确定于唐。"③ 范文澜认为："六○七年（按即大业三年），隋炀帝定十科举人，其中有'文才秀美'一科，当即进士科。……这是科举（主要是进士科）制度的开始。"④ 近年来，黄留珠、吴宗国等也持这种观点。

第三种说法是始于唐代说。俞大纲、何忠礼等持这种观点。何忠礼认为："科举制度的起源和进士科的创立时间都在唐代。"⑤ 阎步克也认为："进士科始之于隋，而科举制度，则确立于唐代。"⑥

第四种说法是兼顾汉代和隋代说。这是刘海峰先生的说法。他认为："广义的科举指分科举人，起始于西汉；狭义的科举指进士科举，起始于隋代。"⑦ 这种说法与他给科举所下的定义有关。

那么科举制度究竟起源于什么时候呢？既然我们已经明确了科举制度的定义和主要特点，就可以说，已经找到了解决科举制度起源问题的门径。首先，科举制度始于汉代的说法就难以成立了。汉代察举也分科，有秀才，有孝廉，也有明经，但它并不是以考试成绩作为主要的依据来取舍，主要是靠推荐。汉文帝前元二年（前178）的贤良方正等科虽然实行"对策"一类的考试，汉顺帝阳嘉元年（132）的孝廉虽然实行"诸生试

---

① 黄炎培：《中国教育史要·序言》，商务印书馆1931年版，第4页。
② 徐连达、楼劲：《汉唐科举异同论》，《历史研究》1990年第5期，第117页。
③ 邓嗣禹：《中国科举制度起源考》，《史学年报》1934年第2卷第1期，第281页。
④ 范文澜：《中国通史简编》第三编，人民出版社1965年版，第15页。
⑤ 何忠礼：《科举制度起源辨析》，《历史研究》1983年第2期，第111页。
⑥ 阎步克：《察举制度变迁史稿》第十四章"科举的前夜"，第313页。
⑦ 刘海峰：《科举制度的起源与进士科的起始》，《历史研究》2000年第6期，第8页。

家法，文吏课笺奏"，但这种考试都不决定取舍，而最多只决定高下。汉代的察举制度，举荐是第一位的，考试是第二位的。所以，不能说科举制度起源于汉代。

其次，根据科举制度的定义和史书记载，在唐代已经实行科举制度是毫无疑义的。但是，科举制度是否就起源于唐代呢？这是需要认真讨论的。有人说，隋炀帝大业二年就有了进士科，有了进士科就算有了科举。这种说法也不能很好地使人信服。原来汉代察举中就有明经、秀才、孝廉等科，隋代多了一个进士科，这个进士科是不是主要以考试成绩来决定取舍的呢？现在没有史料把它说清楚，所以，现在对于科举制度的起源问题仍然争论不休。

我在1993年写过一篇文章，题目是《关于科举制度创立的几个问题》，认为科举制度起源于隋，我用了反证的方法，引证了唐末五代人王定保《唐摭言》卷一和卷十五中的两条史料。这两条史料清楚记载了唐高宗武德四年（621）到武德五年的一次选拔官员的考试过程。这次选拔官员的考试，第一，应举人既有生徒（"学士"），又有乡贡（"白丁"），可以自由报考；第二，既有明经，又有秀才、俊士、进士等科目；第三，州县考试合格方能贡于朝廷，吏部考试合格，才能被录取，获得做官资格；不合格者则被退回州县，还发了路费，让他们回去继续学习。这些记载充分说明，这次考试已经是一种典型的、完整的科举考试过程。①

为什么说唐朝初年发生了一次典型的科举事例，就证明科举起源隋代呢？因为武德四年（621）四月一日唐高祖下诏实行科举考试之时，唐朝建立还不到三年，还在打仗，没有统一，仍在忙于平定隋朝的残余势力和窦建德等农民起义。这时唐朝政府的首要任务是用战争手段统一全国，巩固政权，还根本来不及创建一套新的文官管理制度。唐人杜佑在《通典》中也说："大唐贡士之法，多循隋制。"② 根据《唐摭言》和唐人的其他记载，可以推断，唐高祖武德四年（621）四月一日敕中所反映的科举制度，应该只是沿袭隋制，并非唐朝新创。

至于科举制度在隋代创立的具体时间，又有多种说法。大体说来，又

---

① 张希清：《关于科举制度创立的几个问题》，《北大史学》第1辑，北京大学出版社1993年版。

② 杜佑：《通典》卷一五《选举典》三，中华书局1988年版，第353页。

可分为两派。一派认为始于隋文帝时，具体又细分为开皇七年（587）说①和开皇十五年或十六年（595、596）说②。另一派认为始于隋炀帝时，具体又细分大业元年（605）说、大业二年说和大业三年说。但是这些说法都没有直接而具体的隋唐时期的史料能够加以说明。我认为，根据《唐摭言》和唐人的其他史料可以推断，科举制度创立于隋。至于具体创立时间，恐怕说"科举制度创始于隋炀帝大业年间"较为稳妥。

科举制度为什么"创始于隋"呢？它决不是偶然的，而是社会经济、官僚政治以及选官制度本身长期发展的必然结果。

第一，科举制度的创立适应了庶族地主兴起门阀士族衰落的社会大变革。魏晋以来，国家长期处于分裂状态，门阀士族垄断了主要仕途，九品中正制成为门阀士族维护其政治特权的工具。南北朝时，庶族地主勃兴，门阀士族在各种打击下日趋衰落。隋朝建立之后，重新统一了中国，顺应社会发展的需要，进行了一系列政治改革，地主经济得到很大发展，庶族地主的势力更为加强。庶族地主尤其是中小地主为了维护和扩大其经济利益，迫切需要废除九品中正制，打破门阀士族在政治上的垄断，代之以一种新的选官制度，以便通过较为公平的竞争，进入仕途，跻身统治者的行列。科举制度就是适应这一社会变动而产生的。

第二，科举制度的创立也是中国古代王朝维护其统治的需要。在察举制度下，由于历史条件的限制，选拔官员的范围比较小，人数也比较有限，因而王朝的统治基础比较薄弱，也难以选拔出大批的真正有用人才。在科举制度下，广大士人都可以怀牒自进，被举送到朝廷的人数也大为增加了，这样就扩大了王朝统治的基础，同时也便于从中选拔治国安民的优秀人才。另外，在察举制度下，州郡长官及朝廷的某些官员握有选官的大权，举主与被举荐者之间往往结成座主与门生、故吏的关系，不利于中央集权。九品中正制下，门阀士族握有选官大权，非但不利于中央集权，甚至往往与皇权分庭抗礼。而在科举制度下，州郡只是按照朝廷的统一规定，主持州郡考试，选拔合格者举送朝廷而已。这只是贡士，而不是举官，被举送者所获得的只是参加更高一级考试的资格，而不是做官的资格

---

① 高明士：《隋唐贡举制度》，第12页。
② 韩国磐：《关于科举制度创置的两点小考》，《隋唐五代史论集》，生活·读书·新知三联书店1979年版，第297页。

或官职。所贡之士能否及第、授官，其大权完全在于朝廷，尤其是创立殿试制度之后，取士大权最后掌握在皇帝手中。这样，科举出身的官员不再是举主的门生、故吏，而是"天子门生"了；不再是"恩归私室"，而是"恩由主上"了[1]。隋统一中国之后，正是为了扩大王朝的统治基础，加强中央集权，在废除九品中正制之后，创立了科举制度。

第三，科举制度的创立又是察举制度长期发展的结果。科举制度与察举制度有许多共通之处。其一，二者都是按科举士，隋朝科举中的某些科目如明经、秀才等，甚至就是直接从察举中转化而来的。其二，科举制度主要是根据考试成绩决定取舍，而察举制度从汉文帝时的贤良对策，到汉顺帝时的"诸生试家法，文吏课笺奏"，再到两晋、南北朝时的秀才、孝廉对策等，也都包含有考试的因素。官员选拔制度发展的内在逻辑要求贯彻"公开"、"平等"、"择优"的原则。这些原则要求不断扩大报考的自由和提高考试的地位和作用。这些因素发展到一定程度，必然从察举制度的母体中孕育出一种新的选官制度——科举制度。于是，南北朝后期已经出现了科举制度的萌芽。[2] 到隋代，在初步具备了从察举制度转化到科举制度的社会经济条件下，九品中正制被废除，科举制度便应运而生了。

下面讲第二个大问题：科举考试的方法。

直到今天，公务员考试、高考等考试里面都有科举制度的影子。之所以科举制度被人们称为"第五大发明"，就是因为科举考试方法是一个相当好的方法。科举考试方法好在什么地方？或者说应该肯定它的是什么？我认为可以用三个词组、十二个字来概括：第一是，"公开考试"；第二是，"平等竞争"；第三是，"择优录用"。

前面讲到科举的科目时，已经说到科举包括贡举、武举、制举、童子举等。其中贡举取士数量最多，延续时间最长，影响也最大，最有代表性，所以我们这里讲的主要是贡举的应举人资格和考试方法。

第一，讲"公开考试"。

中国古代，每当科举之年，朝廷都要颁布诏书，布告天下，开科取士。如《绍兴十八年同年小录》就载有绍兴十七年三月二十四日宋高宗

---

[1] 《宋会要辑稿·选举》三之二二。
[2] 参见唐长孺《南北朝后期科举制度的萌芽》，《魏晋南北朝史论丛续编》，生活·读书·新知三联书店1959年版。

所下开科取士的《御笔手诏》，其中写道："朕惟自古圣王之治，莫先得士，而国家科目之设，最为周密。……可令有司搜取茂异，咸于计偕，朕将试之春官，亲策于廷，縻以好爵，几有益于治道。布告天下，体朕意焉。故兹诏示，想宜知悉。""公开考试"就是一般士人都可以应举参加科举考试，也就是说科举考试是开放的，用一句通俗的话说，就是"人人都可以中状元"。公开考试，大概可以表现为以下三个方面：

第一个方面：取士不问家世。

先秦时期，实行世卿世禄制度，主要依据血缘关系选拔官员。汉代实行察举制度，主要依据推荐；魏晋南北朝时期实行九品中正制度，主要是依据门第选拔官员，致使"上品无寒门，下品无势族"[①]。科举取士，不问家世，无须推荐，一般士人都可以"投牒自进"，参加科举考试，人人都有机会中状元。

科举不问你的家庭出身是什么，都可以参加考试。没有官的士人可以参加科举考试，如果因为门荫或科举做了官，已经有了官的人也可以参加科举考试。比如说现在一般大学生可以参加公务员考试，有的已经是公务员了，也可以再次参加公务员考试。有官人参加科举考试，在宋代叫"锁厅试"，意思是把办公厅锁上去参加科举考试。门荫入仕所授官职都比较低，而且升迁很慢；科举及第是分等级的，如果及第等级较低，授官就比较小。这些小官也可以再参加科举考试，考试成绩比较好，授官的级别就可以高一些，不失为一个升迁的捷径。比如南宋的虞允文，开始以门荫入仕在县里担任一个小官，多年不得升迁；34岁时参加锁厅试，考中一甲进士，立即升为通判，相当于副知州；后来又升为宰相。如果没有锁厅试，虞允文有可能在幕职州县官等低级官员的宦海中了此一生，无法担任要职而成就采石之战的大捷。

宋代平民可以参加科举考试，宗室、皇族也可以参加科举考试。在宋神宗之前宗室不允许参加科举考试，但到宋神宗之后就可以参加了。为什么？一方面他们虽然身为皇室子孙，但也很想通过科举考试担任一官半职，发挥自己的一些才能，不想被无所事事地养着。另一方面，到了宋神宗的时候，赵宋王朝开国已经100余年，皇室子孙繁衍得太多了，老养着也养不起。于是就把他们区别开了，比如比较远房的、五服以外的可以像

[①]《晋书》卷四五《刘毅传》。

平民一样参加科举考试；五服以内已经授官的宗室，也可以像有官人一样锁厅应举，只是宗室及第不能做状元。

士农工商"四民"，隋唐时期工商之家不可以科举入仕；到了宋代，工商之家，如果有奇才异行也可以参加科举考试。至于工商之子更可以科举入仕，如宋仁宗时连中三元的冯京，据说就是一个商人之子。甚至僧人、道士之子也可以参加科举考试，真正是"取士不问家世"。

第二个方面：应举无须推荐。

汉代察举需要有关官员的推荐，唐代科举尚有察举制的残余，每年知贡举官将赴贡院，台阁近臣可以推荐有文学才能者，号称"公荐"。如唐文宗开成三年（838），礼部侍郎高锴知贡举，大宦官仇士良推荐裴思谦，非常蛮横地要求："裴秀才非状元，请侍郎不放。"当时状元已许别人，但高锴迫于仇士良的权势，不得已而从之。[①] 北宋建立不久，宋太祖就多次下诏废除"公荐"，违者重治其罪；鼓励知情人告发，如查证属实，对告发者重加奖励。宋代对常科贡举，根本无须推荐，即可应举；唯有特科制举，有时需要推荐，但涉及的范围甚小。

第三个方面：资格限制甚少。

科举作为一种选拔官员的制度，对应举人的资格当然应该有一定的要求。但对应举人的资格限制甚少，而且越来越宽。

对于一般的贡举考试的应举资格，首先要求品行端正。品行端正怎么来衡量？规定是不要"曾犯刑责"，就是不要有犯罪记录。如宋代开始规定，不要犯"杖"罪以上的刑罚，后来放宽为不要犯"徒"罪以上的刑罚。古代刑罚分"笞、杖、徒、流、死"五种。"笞"就是打比较小的竹板或荆条；"杖"是打比较大的竹板或荆条；"徒"是徒刑，就是在一定期限内强制性地服劳役；"流"是流放，流放到边远地区居住劳作，如《水浒传》中说把林冲发配到沧州看管草料场。现在沧州是很好的地方，但在宋代沧州是很荒凉的。清朝林则徐则被流放到新疆。"死"刑有两种，一种是绞刑，一种是斩刑。犯了笞刑、杖刑等轻刑没关系，只要不犯徒刑以上的重刑就可以应举。

第二，没有丧服在身。开始这个限制比较严格，规定有缌麻丧（即为高祖父母、曾伯叔祖父母、族伯叔父母、族兄弟及未嫁族姐妹，以及表

---

① 王定保：《唐摭言》卷九《恶得及第》。

兄弟、岳父母等服为期三月的丧服）者不得应举；后来逐渐放宽，改为除了"期周尊长服"（即为祖父母、伯叔父母、未嫁姑母及兄、姐等服为期一年的丧服）之外，均可应举。为父母服丧，开始要求是三年，后来改为服满三个月就可以应举了。中国古代讲孝，在父母刚刚去世之后不允许搞娱乐，不能谈婚论嫁，不能在这期间参加科举考试。但科举的限制仅仅是服满三个月，所以与科举冲突的概率很小。

第三，要求身体健康。现在的公务员考试、高考等考试，都有体检，例如考化学系色盲就不行。科举对身体的要求也相当宽。古代对残疾人，分为残疾、废疾、笃疾三种。"残疾"指一目盲（瞎了一只眼睛），两只耳朵都聋，手缺两个指头，脚缺三个指头，手脚没有大拇指，长秃疮（没有头发），患有大脖子病，等等。有这些"残疾"者仍然可以参加科举考试。比如，南宋末年方梦魁右脚瘸了，左眼也失明了，但他不仅可以参加考试，还可以当状元，被皇帝改名为方逢辰。"废疾"指傻子、哑巴，侏儒（身材异常矮小），腰脊折断，缺少一条腿或者一只胳膊之类。患"废疾"以上者不许参加科举。科举是为了选拔官员，"废疾"以上者不便于做官，所以不许参加科举，这是可以理解的。

第四，要有一定的学历。唐朝对学历没有限制，宋朝一度有过限制，但都限制得比较少，而且很快就取消了。到明代以后，才规定"科举必由学校"，即先取得入学资格，成为国子监或州县学的生员，然后才能取得应举的资格。

第五，必须是本贯应举，就是说你必须在籍贯所在地参加科举考试。和现在一样，考大学时，籍贯是北京市的参加北京市的考试，籍贯是河南的就要回到河南考试。为什么这样？因为各州府解试（乡试）录取有一定的名额，士人如果到别的州府应举，就会占用这个州的录取名额，就会牵涉到一个公平的问题。

科举考试，不问家世，不问出身，也不需要推荐，仅有一些资格的限制，而且越来越宽。这也就是说，一般的士人都可以参加科举考试，所以说是"公开考试"。

第二，讲"平等竞争"。

科举考试是一种有淘汰的竞争性考试。为了保证平等地竞争，历代采取了一系列的措施。从隋唐到明清，贡举考试逐步建立起了一套比较完备的考试办法，制定了一系列防止作弊的制度。这样做，一是为了能够真正通过科举选拔出来一些优秀人才，二是通过科举考试笼络士人。因为科举考试不公平就会产生很多矛盾和问题，如果制度设计比较公平，考生会认为是自己没有学好，而不会抱怨科举制度不公平。制度包含两方面含义：一方面是追求公平和正义；另一方面是效率。公平并不是指每个人都能够被录取，而是指不被录取的人也要感到服气。这些措施主要有以下三类。

第一类措施是，实行"锁院"、"别头试"，防止请托，回避亲嫌。

第一项：实行锁院制度，以防止请托。唐代后期，请托之风盛行，弊端百出。宋太宗淳化三年（992），为了杜绝请托之弊，创立了锁院制度。就是考试官从受命之日起，到放榜之日止，一直锁宿于贡院。这样，就隔断了考试官与其他臣僚的联系，使权臣近侍等人的请托难以得逞。这个大家比较好理解，就像现在的高考。高考之前，把负责出题的老师关到一个风景优美、偏僻幽静的地方，与外界隔绝。不但不准出入，而且不准打手机。手机要被收掉，要是有事儿的话，可以用座机，但是不能一个人打电话，得有人看着。目的在于防止漏题。等到高考考完之后，这些老师才能重获自由。这也和科举时代的锁院差不多。正因为锁院是一项有效的防止考官作弊的制度，所以为辽、金、元、明、清历朝所沿用。

第二项：实行别头试制度，以避亲嫌。所谓别头试就是对考试官参加科举的亲戚另派考官、单独设立考场进行考试的制度，以避免考试官与应举人因为是亲戚而作弊。别头试制度始于唐玄宗开元二十四年（736），但时行时废，尚未形成定制。到宋代，逐渐形成一种制度，普遍实行于解试和省试，规定缌麻以上亲属和大功以上婚姻之家，皆牒送别头试。唯有殿试没有别头试，大概因为殿试的主考官是皇帝，不用回避亲嫌。不过，南宋后期规定，在朝官有亲属参加殿试者，不任命为殿试官。其用意也在于避亲。

第二类措施是，严格考场规则。

科举考试在时间、地点上也有一套制度，大家可以看讲义或《中国考试简史》，我这里主要给大家介绍一下考场的规则。为了防止徇私作弊，以便应举人公平竞争，历代都规定了各种考场规则，归纳起来，大致有以下三项。

第一项规则：按榜就坐，不得擅自移动。唐代省试，应举人分甲引试，坐在尚书都省的廊庑之下。宋代解试、省试、殿试，均在考试前一天排定坐次，制成座位图，张榜公布；考试时，由监门按姓名引人，按榜就坐，不得擅自移动。这样，一方面可以防止互相熟悉的应举人坐到一块儿，交头接耳，私相传授作弊，另一方面也便于维持考场秩序。因此，此制也为后世所沿用。

第二项规则：继烛制度。所谓"继烛"，是指贡举考试时，举人白天答卷未完，夜晚点燃蜡烛，继续考试。唐朝省试，卯时（晨五至七时）开考，酉时（晚五至七时）结束。如果答卷未完，一般可以给蜡烛三条，挑灯夜试，烛尽必须交卷。宋朝贡举考试不许继烛。真宗景德二年（1005）规定，"除书案外，不将茶厨、蜡烛等入，如酉后未就者，驳放之"。① 不许将蜡烛带进考场，酉时还没有答完试卷的，不予录取。南宋时，殿试偶尔也有出于特恩例外赐烛者，然而唱名时须降甲、降等。禁止继烛，尽用昼试，这样，在光天化日之下，应举人作弊就比较困难了。

明清时期，殿试仍然不许继烛，而乡试、会试则没有继烛之禁。因为明清乡试、会试的考场与唐宋解试、省试的考场不同。唐宋的考场与现在的高考类似，都在一个一个的大教室中举行，每个考场中应举人有数十以至上百人。明清的考场则是一排排的小房子，每间小房子进深4尺，宽3尺，面积总共一平方米多一点，像鸽子笼一样，每间小房子按《千字文》编号，叫作"号舍"。每间号舍供一名应举人使用。头天寅时（凌晨三至五时）点名按号进入号舍，考试当天子时（深夜十一至一时）发放试题，考试第二天中午前后交卷，戌时（晚上七至九时）清场。应举人要在号舍中吃住两夜三天，所以没有继烛之禁。这就为挟书、传义、代笔增加了机会。如有的士人将五经四书写在内衣上，以便可以脱衣检阅。大家在科举博物馆里常常看到一件衣服，上面密密麻麻地写满了字，那一定是明清时期的，因为唐宋时期实行昼试，不可能当场脱了衣服看上面写的文字。明清时期的这种昼夜考试，看来不是一种好的办法。

第三项规则：禁止挟书、传义、代笔。从唐朝开始，科举考试就不准将书籍带进考场。进入考场时，要由监门官搜查，发现挟书，不但要取消当场考试资格，并且下两次开科取士也不准参加。这和现在的高考不准带书进入考场是一样的。宋朝考诗赋，开始时规定可以带韵书，于是有人在韵书的边上抄写经文，以备考试时查阅。后来连韵书也不许自己带，而由

---

① 李焘《续资治通鉴长编》卷六十，景德二年七月丙子。

官府在考场临时发放。金朝更绝了，规定应举人进入考场之前，先洗一个澡，从里到外换上官府准备的新衣服，以防挟书。这样成本太高了，恐怕没法实现。明清时规定得更多更细，笔砚应该是什么样的，考篮应该是什么样的，都有很严格的规定。总之，不准携带片纸只字，如果查出，应举人永远取消科举考试资格，甚至要枷号一个月，然后问罪发落。进入考场之后，还有巡铺进行巡视，就像现在的监考老师那样在考场里走来走去，发现挟书，立即严惩。

传义指交头接耳，遥口相传，或传递文字。传义之禁始见于宋初，设巡铺官专门防止传义。一旦发现应举人传义，立即赶出考场，取消考试资格。元、明、清也有禁止传义的规定。

科场纪律中还有一项重要规定，就是禁止代笔，即禁止由枪手冒名顶替。代笔之禁始见于五代后周世宗显德二年（955），宋代多次重申。宋代之后，历代一直都把禁止代笔作为科场的一项重要规则。虽然有此严禁，但代笔之事时有发生。为此，历代又采取了许多措施。一是许人告发，告获者给以奖赏。如宋孝宗乾道元年（1165）曾规定："如士人告获，与免一次文解；诸色人赏钱三百千。"① 二是对比字画。让应举人亲自书写卷首家状，解、省试合格之后，对照家状与试卷的笔迹，以防假冒。三是实行复试之法。如清代乡试、会试放榜之后，在参加会试、殿试之前，均进行复试，以检查是否代笔。

总之，以上种种措施，都是为了保证科举考试公正平等、有条不紊地顺利进行。

第三类措施是，公正评定试卷。

在科举考试方法中，试卷评定是十分重要的一环。历代为了择优录用以及示人至公，也采取了一系列措施，使试卷评定制度更加趋于严密，趋于公正。

1. 废"公荐"，罢"公卷"，一切以程文为去留。

在唐代后期和宋初，有一种"潜规则"，就是台阁近臣可以向知贡举官保荐有才能的士人，叫作"公荐"。知贡举官根据应举人的考试成绩和大臣的推荐决定去取。这样有很多弊病。比如前面所说的，唐文宗开成三年（838），礼部侍郎高锴知贡举，大宦官仇士良推荐裴思谦做状元。考试之

---

① 《宋会要辑稿·选举》四之三八。

前，裴思谦去找高锴，传达仇士良的推荐。高锴很为难，但仇士良是非常有权势的大宦官，他没有办法拒绝，就借口要见见裴思谦本人。裴思谦说我就是裴思谦本人，高锴无奈，就让裴思谦做了状元。北宋建立不久，宋太祖多次下诏废除"公荐"，违反者要重治其罪，"公荐"遂被废除。

另外，在唐及五代，应举人除向达官贵人投献诗赋论等作品，即"行卷"以求公荐之外，还要向知贡举官投纳"省卷"，亦称"公卷"，以供观其平素的成绩。唐代后期，知贡举官往往主要根据公荐、公卷决定弃取高下，而应举人的程文即试卷所起的作用反而甚小。宋初承唐及五代之制，解、省试犹用公卷。进士所纳公卷，多假借他人文字，或用旧卷装饰重行书写，或被佣人易换文本，以至于无凭考校。于是，庆历元年（1041）八月，应权知开封府贾昌朝之请而罢公卷。

宋仁宗庆历元年（1041）之后，既废公荐，又罢公卷，因而程文遂成为评定艺业、决定去取的唯一根据，即陆游所说的"一切以程文为去留"①。这样，以一纸试卷定命运，难免有相当大的偶然性。但它避免了实行公荐、公卷所必然带来的弊病，对于平等竞争、择优录用是有一定积极作用的。因而，也就成为元、明、清各代的不易之制。

2. 实行封弥、誊录制度。

封弥，又作弥封，亦称糊名，就是将试卷上应举人的姓名、年甲、三代、乡贯等密封，代之以字号，以防考试官在评定试卷时徇私作弊的一种制度。糊名之制最早实行于唐代选人的铨试和制举考试，但只是在武则天及唐玄宗时一度施行。五代后周广顺初年，亦曾在贡举中实行糊名考校，但旋即废罢。到了北宋，封弥才成为贡举考试中的一项重要制度。考试官在评定试卷时看不到举人的姓名、乡贯等，也就很难作弊了。

但是，封弥之后，尚未能完全杜绝试卷考校中的作弊。因为，考试官还可以通过辨认笔迹得知试卷出自何人之手。为了堵塞这一漏洞，宋真宗时又创立了誊录制度。就是将应举人的试卷封弥编号之后，再让书吏誊写一遍。应举人的试卷是用墨笔写的，称为"墨卷"；誊录的试卷是用红笔（朱笔）写的，称为"朱卷"。誊录之后还要对读即校对，因为抄错了要影响应举人的成绩。对读无误之后，再由考试官评定成绩。这样考试官便不知道试卷是谁写的，所以无法作弊。录取完毕之后，再根据编号调取墨

---

① 陆游：《老学庵笔记》卷五。

卷，拆号放榜。

封弥、誊录制度在防止评定试卷作弊中起了关键作用。欧阳修曾在《论逐路取人札子》中写道："窃以国家取士之制，比于前世，最号至公。……糊名、誊录而考之，使主司莫知为何方之人，谁人之子，不得有所爱憎薄厚于其间。故议者谓国家科场之制，虽未复古法而便于今世。其无情如造化，至公如权衡，祖宗以来不可易之制也。"① 这一评价虽然未免有点太绝对了些，但不能不说是很有道理的。

封弥、誊录制度自从创立之后，一直被元、明、清所沿用。现在高考也还在实行封弥制度，只是不誊录了。高考试卷不写考生的姓名，而是由考生填写自己的考号（准考证号）。交卷之后，考务部门会将每一个考场的试卷各订为一册。我参加过评定高考试卷，当时考号被订在装订线内，阅卷时根本看不见考号。只有评定完成绩之后，考务人员拆掉装订线，才能知道考号。这也是继承了科举考试的方法。

3. 分等考第，多级评定。

考试官对举人的试卷，一般定为数等，并经多级评阅，最后决定去取高下。如宋朝的省试，"士人卷子先经点检官（点检试卷官）批定分数，然后参详官审订其当否，而上之知举（知贡举、同知贡举），从而决其去取高下"。② 所考等第虽不甚详，但点检试卷官、参详官、知贡举三级评定制度是很清楚的。殿试则实行初考、复考、详定三级评定制度。试卷封弥、誊录之后，先送初考官评定等第；然后将初考官所定等第封弥起来，再送复考官重定等第；最后送详定官，详定官可以看到初考官和复考官评定的等第，但他的权限只是或者同意初考官所定等第，或者同意复考官所定等第，自己不能另定等第。如果他认为初考官和复考官所定等第都不合适，可以再上报给皇帝重新评定。

这种分等考第、多级评定的制度，一方面可以防止走后门，另一方面使试卷评定比较准确，不至于有太大的误差，以便选拔出真正有才能的官员。这有点类似于现在高考评定作文的成绩。高考作文首先是一位阅卷老师打一个分数，然后把这个分数盖上，再交给第二个老师打分，如果两个分数差别不大，就取其平均数作为考生的成绩；如果差别太大，则将前两

---

① 欧阳修：《欧阳修全集》卷一一三《论逐路取人札子》。
② 王圻：《续文献通考》卷四三。

个分数盖上，请第三位阅卷老师再打一个分数，取三个分数中两个相近的平均数作为考生的成绩。如果还有问题，则请评议组评议给分。目的也在于公平、准确，减少误差。

总之，上述种种考试方法，在相当大的程度上体现了平等竞争、择优录用的原则，对于选拔官员及笼络士人都是有一定积极作用的。当然，这些方法并不像某些人所说的那样"至公无私"，而且其防弊措施虽多，但也防不胜防，明清时期科场案迭出，就是一个证明。另外，在政治清明时期，这些考试制度还可以得到比较认真的执行；在政治昏暗之时，则会名存实亡，如同虚设，南宋权相秦桧擅权之时就是这样。秦桧肆意破坏科举考试制度，使之成为其擅政专权、为其子孙窃取魏科、拉拢私党充塞仕途的工具。如高宗绍兴二十四年（1154），省试的考官全由秦桧提名。参详官董德元在誊录处找到秦桧孙子秦埙的试卷，就兴高采烈地说："吾曹可以富贵矣！"知贡举魏师逊等于是奏名秦埙为省试第一。殿试时，秦桧仍然安排他的亲信为考官，如又以知贡举魏师逊为殿试的详定官。魏师逊等又奏秦埙为殿试第一。宋高宗阅读秦埙的殿试对策，感觉所用都是秦桧和秦熺的语言，就将张孝祥升为第一，秦埙降为第三名。但秦埙仍按第一名授官，即仍然享受状元的待遇，此时秦埙才十八岁。这一榜，秦桧又使他的族裔、亲戚、门客曹冠、周夤、郑时中、杨俟、秦燉、郑缜、秦焴、沈兴杰等人均进士高第。绍兴二十五年（1155）十月，秦桧病死。绍兴二十六年（1156），殿中侍御史汤鹏举上奏说："今科举之法，名存实亡，或先期以出题目，或临时以取封号，或假名以入试场，或多金以结代笔，故孤寒远方士子不得预高甲，而富贵之家子弟常窃巍科。又况时相（按指秦桧）预差试官，以通私计。前榜省闱、殿试，秦桧门客、孙儿、亲旧得占甲科，而知举、考试官皆登贵显，天下士子归怨国家。"① 于是，秦埙、郑时中等有官人赴试者均改为武官，曹冠、周夤等无官人赴试者均被取消进士及第的功名。

第三，讲"择优录用"。

科举考试是选拔性考试。通过分级考试，逐层淘汰，体现了"择优录用"的原则。

---

① 李心传：《建炎以来系年要录》卷一七一，绍兴二十六年正月辛亥。

（一）分级考试

科举在隋唐时期分两级考试，第一级考试是解试，其中一种是国子监解试，就是学校考试，在唐朝应举者是太学、国子、四门等学校的学生，叫"生徒"；另外一种是诸州府主持的解试，在唐朝应举者大都是乡村的士人叫"乡贡"。就是说不论是在校的学生，还是通过私塾、自学等其他方式具备相关知识的士人，都可以参加科举考试。解试一般在秋天举行，所以也叫"秋闱"。解试合格称为"得解举人"，第一名称为"解元"。明清时期的第一级考试称为"乡试"，改为在顺天府和各省省城举行。

解试合格之后再由州府长官举送到中央政府，参加尚书省礼部主持的考试，唐宋时期称为"省试"，明清时期废除了尚书省，称为"会试"。唐宋省试的"省"不是河南省、河北省的"省"，而是当时中央政府机构三省六部的"省"。三省是尚书省、中书省、门下省；中书省负责制定政令，门下省进行审核，门下省通过之后到尚书省执行。尚书省下属六部，有吏部（掌管官员的任命、考核、升迁等，像现在的中组部、人事部），户部（掌管赋税、财政），礼部（掌管礼仪，包括科举），兵部（掌管军队的行政管理，像现在的国防部），刑部（掌管司法、刑罚等，像现在的检察院、法院），工部（掌管宫室、桥梁等基建，像现在的建设部）。科举考试在唐玄宗开元二十四年（736）之前，归吏部考功员外郎掌管。吏部的级别相当于现在的部级，考功司则相当于司局级。考功司的正副长官是考功郎中、员外郎，郎中相当于司长，员外郎则相当于副司长。也就是说，当时由副司局级的官员来掌管省试。开元二十四年（736）发生了一场"科场案"，知贡举官和应举人之间发生了矛盾和争执。知贡举官才是副司局级，级别太低，对应举人不好管理，所以开元二十四年（736）之后，改为由礼部侍郎知贡举。礼部的正副长官是礼部尚书、侍郎，尚书相当于部长，侍郎则相当于副部长，就是掌管省试的官员从副司局级提高到了副部级。省试一般在春天的正月或二月举行，所以又称"春闱"。在唐朝，省试是科举最高一级的考试，省试合格之后，就是科举及第、具有授官资格了。

宋初科举，仍然分为解试、省试两级。开宝六年（973），因为知贡举官取士不公，宋太祖遂在省试之后御讲武殿对省试奏名者和终场下第者别加考试，考试合格再赐及第。自此在省试之上又创立了殿试制度。殿试是由皇帝亲自主持的对省试合格奏名举人的复试，又称御试、亲试、廷试等，是三级考试中最高、最后的一级考试。殿试第一名称为"状元"。

宋太祖为什么创立殿试制度？当时是说为了公平，为了防止官僚势家垄断科举，堵塞孤寒之路。这只是原因之一，实际上更主要的原因则是，在收兵权之后，把取士的大权收归皇帝亲自掌握。创立殿试制度之前，取士大权不在皇帝手里，而是在知贡举手里。这样，科举及第者只是对知贡举官感恩戴德，而不是对皇帝感恩戴德。知贡举与科举及第者往往结成"座主、门生"关系。创立殿试制度之后，科举及第者都成了"天子门生"，这样，就防止了知贡举官与及第举人结党营私，进一步巩固和加强了赵宋王朝的专制主义中央集权。

金朝初年设乡、府、会、殿试四级。章宗明昌元年（1190），"言事者谓举人四试，而乡试似为虚设，固当罢去"，于是"诏免乡试"，成为府、会、殿试三级考试。元仁宗皇庆二年（1313）恢复科举，仿宋、金之制，分乡试、会试、殿试三级。明、清因之。清代乡、会试之后虽有复试，但只是防止作弊的一种措施，而不是一级考试。因此，可以说，三级考试制度，从宋初创设至清末科举废罢，九百多年间，一直沿用不改，成为不易之制。

（二）逐层选拔

唐宋时期，一般士人都可参加解试；明清时期，一般士人也都可以参加乡试。但是诸州府的解试和诸行省的乡试合格者都是有一定名额的，称为"解额"。如宋代每举约6000人；元代为300人；明代约为1000人；清代大概为1500人。而参加解试（乡试）的应举人则远远多于解额。宋代一般是一二百人得解一人；明清乡试则上千应举人中才有一人中举。解试（乡试）合格，才有资格由州（省）长官贡送朝廷，参加礼部的省试（会试）。可见其淘汰率是非常之高的。真是"百里挑一"、"千里挑一"。

省试（会试）录取人数，唐宋时一般有一定的名额。唐代规定，省试进士一般录取20至40人；明经不超过100人。宋朝初年无定额，自北宋中期起规定，礼部奏名进士400人，诸科也大约为400余人。当时四年一开科场，则平均每年100人。仁宗嘉祐二年（1057）改为间岁一开科场，礼部奏名进士改为200人，诸科大概亦为200余人。英宗治平三年（1060）改为三年一开科场，则礼部奏名进士以300人为额，诸科不得过进士之数，遂成为定制。神宗废明经、诸科之后，礼部奏名进士为600人左右，大约不到参加省试人数的1/10。南宋初年规定省试的省额改为省试终场者每14人取1人，余分不及14人亦取1人。宋孝宗隆兴元年（1163），改为每17人取1名，自后遂为定制，其录取比例较北宋大为减少了。明、清会试录取人数无定额。明初少则不足100人，多则如永乐二年（1404）达472人。成化十一年（1475）之后，一般每科录取则大约300人。清代亦多少不一，少则亦不足100人，如乾隆五十四年（1789）为98人，五十五年（1790）为97人，五十八年（1793）为81人；多则为近400人，如顺治十二年（1655）为399人，雍正八年（1730）亦为399人，一般为200人左右或300人左右。大约为参加会试人数的1/5。省试（会试）的淘汰比例虽然不如解试（乡试）那么大，但却是优中选优，淘汰起来也是很残酷的。

宋太祖开宝六年（973），创立科举的第三级考试——殿试。殿试起初仍然实行黜落制，省试合格奏名举人，经过殿试，被黜落者仍然不少。如宋太宗端拱二年（989），礼部奏名合格进士368人，殿试仅录取186人，就是说刷掉了一半。但自嘉祐二年（1057）起，殿试非杂犯（指犯皇帝名讳等）不复黜落。神宗元丰年间（1078—1085）之后，"杂犯"也不黜落了。为什么殿试不黜落呢？因为本来创立殿试制度就是为了变"恩归有司"为"恩由主上"，如果省试通过了，殿试却通不过，那些被黜落的应举人对皇帝就不是感恩戴德，而是满怀怨恨了。而且，殿试黜落往往比省试黜落更令应举人懊丧和怨恨。所以宋仁宗嘉祐二年（1057）之后，殿试不再决定去取，而只是决定高下，就是重新排一个名次罢了。这样，应举人对皇帝就只会感恩而不会抱怨了。解试（乡试）、省试（会试）层层选拔，而殿试只定高下而不黜落之制，遂被辽、金、元、明、清所沿袭，成为不易之制。

殿试虽然不再黜落，但是其按照成绩重新排列名次，也是一种择优录用。因为殿试的名次不同所授官职也大不相同，高者可以为通判、翰林院编修，低者仅为县的主簿或县尉。

三级考试，层层选拔，既可以筛选出一批优秀的人才，又使科举步步有序，便于平等竞争。

通过上述的一系列程序，最终把最优秀的人才选拔出来充实到官僚队伍当中，所以总的来说，科举制度体现了"公开考试、平等竞争、择优录用"的精神和原则。现在有个新词叫"普世原则"、"普世价值"，我想

"公开考试、平等竞争、择优录用"这十二个字也具有普世价值。

下面讲第三个大问题：科举考试的内容。

科举考试的内容，直接关系到选拔什么样的官员，同时对于士人平时的学习也起着导向作用。因而，考试内容问题为隋唐以来历代统治者所重视。随着时代的不同，科举考试内容也发生了许多变化，对当时的政治及文化产生过重要影响，也为后人提供了许多宝贵的经验和教训。在三级考试中，科举考试科目不同，如唐宋时期有进士科与明经、诸科之分，其考试内容也就不同；同一科目，解（乡）试、省（会）试的考试内容大致相同，而与殿试相比则不大相同。"王安石变法"时期，改革科举，废除了明经、诸科，专以进士一科取士。总的来说，进士科实行的时间最长，影响也最大，下面就主要以进士科为例，谈一下科举考试的内容问题。

（三）进士科解试（乡试）、省试（会试）考试内容

唐初，进士科解试、省试仅试时务策，高宗时加试杂文、帖经。到中宗神龙元年（705），形成"先帖经，然后试杂文及策"的三场考试制度。所谓"杂文"，在中宗以前为箴、铭、论、表之类，到玄宗天宝年间，才开始专用诗赋。

宋初，解试承唐及五代之制，试诗、赋、论各一首，策五道，帖《论语》十帖，对《春秋》或《礼记》墨义十条。主要以诗赋取士。庆历四年（1044），改为先试策论而后试诗赋，主要以策论取士。次年，庆历新政失败，新法未及施行而又恢复旧制。神宗熙宁四年（1071），王安石改革贡举，进士科罢诗赋、帖经、墨义，改为考试四场：第一场，试本经大义十道；第二场试兼经即《论语》、《孟子》大义十道；第三场，试论一首；第四场，试时务策三道。省试前三场与解试同，唯第四场试时务策五道。熙宁五年，第一场改为试本经大义五道，第二场改为试兼经即《论语》、《孟子》大义各二道。元丰四年（1081），解试加试律义一道，省试二道。

南宋解、省试时，又分经义进士与诗赋进士。诗赋进士，第一场诗赋各一首，第二场论一首，第三场策三道；经义进士，第一场本经大义三道，《论语》、《孟子》大义各一道，第二、第三场，与诗赋进士同。即经义、诗赋两科分立，恢复了以诗赋取士。

元代乡试、会试分两榜，蒙古、色目人每榜只试两场：第一场，经问

五条，于"四书"（《论语》、《孟子》、《大学》、《中庸》）中设问，用朱熹《四书章句集注》；第二场，试经史、时务策一道。汉人、南人每榜试三场：第一场，明经、经疑二问，于"四书"中出题，经义一道；第二场，古赋、诏诰、章表内科一道；第三场，试经史、时务策一道。

明代乡试、会试分三场：第一场，试"四书"义三道，经义四道；第二场，试论一首；第三场，试经史策五道。主要以"四书"义取士。这种"四书"文到明宪宗成化年间（1465—1487），演变成为"八股文"。

清承明制，又屡有变更，至乾隆五十二年（1787）成为定制：第一场，试"四书"文三篇，五言八韵诗一首；第二场，试"五经"文五篇；第三场，试经史、时务策五道。清代名为三场，也实以首场为重，即只重"四书"文；而且"四书"只考八股文。清代废除了试赋，但仍然试诗。至光绪二十七年（1901），又改为：第一场，试中国政治史事论五篇；第二场，试各国政治艺学策五道；第三场，试"四书"义二篇，"五经"义一篇。但是，仅仅实行了三年，科举制度就被废除了。

总之，解试（乡试）、省试（会试）的内容主要为诗、赋、经义、论、策等五种文体，其中诗赋为格诗、律赋，在对偶、声韵等格式方面都有严格的要求。经义考试，在隋唐至宋朝中期为帖经、墨义，宋神宗熙宁四年（1071）王安石变法之后改为大义，至明朝成化年间之后，则演变为八股文。策则分为经史策和时务策，也有一定的要求。

（四）进士科殿试考试内容

殿试制度创立于宋。北宋初期，进士科殿试内容仅为赋、诗二题。如宋太祖开宝六年（973）第一次殿试，内出《未明求衣赋》、《悬爵待士诗》题。太宗太平兴国三年（978），进士殿试加试论一首，自是常以赋、诗、论三题为准。当年试题即为《不阵而成功赋》、《二仪合德诗》、《登讲武台观习战论》。神宗熙宁三年（1070），吕公著任同知贡举，上奏说："天子临轩策士而用诗赋，非举贤求治之意，且近世有司考校，已专用策论。今来廷试，欲乞出自宸衷，唯以诏策咨访治道。"[①] 于是，殿试进士罢赋、诗、论三题而改试时务策一道。尽管试策也有这样那样的弊病，但殿试内容由赋、诗、论三题改为时务策一道，无疑是一个进步。正如熙宁

---

① 朱熹：《三朝名臣言行录》卷八。

三年殿试初用对策时，宋神宗所说："对策亦何足以实尽人材，然愈以诗赋取人尔。"① 大概也正因为如此，殿试内容为时务策一道，遂为元、明、清所沿用，成为不易之制。

元朝规定："御试。……汉人、南人试策壹道，限壹仟字以上成。蒙古、色目人时务策壹道，限伍佰字以上成。"②

明朝亦规定："殿试时务策一道，惟务直述，限一千字以上。"③

清承明制，殿试内容仍为时务策一道，限一千字以上成。其不及一千字者，以不入式论，即不合乎格式论处。清代殿试不誊录，读卷诸公往往偏重于书法，而忽视策文。极而言之，殿试内容不是时务策而是书法比赛了。

三　科举考试内容沿革平议

科举考试内容沿革中，有两次大的变化。第一个大变化是王安石的贡举改革，主要内容是：第一，罢诗赋、帖经、墨义，专以经义、论、策取进士；第二，加试律令大义，成为进士科考试的内容之一。这是一次意义重大、影响深远的改革。因为：第一，变诗赋取士为经术取士，有利于古代国家造就和选拔"通经致用"的人才。以诗赋取士，对于造就文学家、推动文学的发展，或许有一定作用；对于选拔和造就通经致用人才，不但无益，反而有害。正如王安石所说："今以少壮时正当讲求天下正理，乃闭门学作诗赋，及其入官，世事皆所不习，此乃科法败坏人才，致不如古。"④ 自唐朝后期以来，有识之士虽然对诗赋取士屡有批评，但是没有什么重大改进，唯独王安石断然罢诗赋，专以经义、论、策取士，连司马光也认为："此乃革历代之积弊，复先王之令典，百世不易之法也。"⑤

第二，罢帖经、墨义，以大义试经术，是科举考试方法的一个进步。何谓"帖经"？唐杜佑《通典》卷十五《选举》三载："凡举司课试之法，帖经者以所习经掩其两端，中间开唯一行，裁纸为帖。凡帖三字，随

---

① 《宋会要辑稿·选举》七之一九。
② 《通制条格》卷五《科举》。
③ 《明会典》卷七七《殿试》。
④ 马端临：《文献通考》卷三一。
⑤ 司马光：《温国文正司马公文集》卷五二《起请科场札子》。

时增损，可否不一，或得四、得五、得六者为通。"这大概是唐高宗调露二年（680）帖经之法。到唐玄宗天宝十一载（752），又稍有变化："每帖前后各出一行，相类之处，并不须帖。"① 宋代帖经，又称"帖书"，考试内容和方法，也大体如此。这和现代的"填空白"十分相似，故宋人亦称之为"填帖"。

什么叫"墨义"？南宋人王栐说："试场所问本经义疏，不过记出处而已。如吕申公试卷问：'子谓子产有君子之道四焉，所谓四者何也？'答曰：'对：其行己也恭，其事上也敬，其养民也惠，其使人也义。谨对'。试卷不誊录，而考官批于界行之上，能记则曰'通'，不记则曰'不'。十问之中四通，则合格矣。其误记者，亦只书曰'不'。而全不能记，答曰：'对：未审。谨对。'"② 可见，所谓墨义，也不过是考试背诵经文及其注疏而已，相当于现代的"默写"，内容和方法也都极为简单，其弊病甚多。正如司马光所说："有司以帖经、墨义试明经，专取记诵，不询义理。其弊至于离经析注，务隐争难，多方以误之，是致举人自幼至老，以夜继昼，腐唇烂舌，虚费勤劳，以求应格。诘之以圣人之道，懵若面墙。或不知句读，或音字乖讹。"③

什么叫"大义"？宋仁宗庆历四年（1044）贡举新制规定："试大义十道，直取圣贤意义解释对答，或以诸书引证，不须具注疏。"④ 仁宗皇祐初年，刘恕曾对《春秋》、《礼记》大义，其方法为："先列注疏，次引先儒异说，末乃断以己意。"⑤《文献通考》卷三一说："试义者，须通经、有文采，乃为中格，不但如明经墨义粗解章句而已。"简单说来，经义就是以经书中的一句或几句话为题目，按照程式阐发经文的义理，敷衍成篇的论说文。

通过以上简单对比，不难看出，试大义显然优于帖经、墨义。正如蔡襄所说："明经（按指帖书、墨义）只问所习经书异同，大义所对之义只合注疏大意，不须文字尽同，或有意见，即依注疏解释外，任自陈述，可

---

① 《唐会要》卷七五《帖经条例》。
② 王栐：《燕翼诒谋录》卷二。
③ 司马光：《温国文正司马公文集》卷五二《起请科场札子》。
④ 《宋会要辑稿·选举》三之二八。
⑤ 《宋史》卷四四四《刘恕传》。

以明其识虑。"① 可见，以大义试经术，对于古代国家造就和选拔"通经致用"的人才，无疑是有好处的；对于学者，也不为无补。正因为如此，从熙宁四年（1071）罢帖经、墨义之后，虽然经历了元祐更化、宋室南迁，以及元、明、清诸代政治风云的变幻，一直没有人提出要恢复帖经、墨义，而以大义试经术成为定制。当然，在后来的经义考试中，也发生过一些流弊。南宋中期以后，甚至命题者"强裂句读，专务断章"②，答义者不顾经旨，或争为新奇。到明代中叶之后，更演变为八股文。明清的八股文与宋代的大义是有明显区别的。下面再详细说明这个问题。

第三，罢诗赋，以策论取士，对于造就和选拔经世致用之才也是有益的。如前所述，在古代社会，诗赋"施于有政，无所用之"，而论策则是封建官僚向皇帝"讲治道"、"议时政"的工具。对于古代国家来说，论策要比诗赋有用得多，连竭力维护诗赋取士的苏轼也不得不承认："自文章而言之，则策论为有用，诗赋为无益。"马端临按语认为：就贡举考试来说，"诗赋不过工浮词，论策可以验实学"③。苏轼说："试之论，以观其所以是非于古之人；试之策，以观其所以措置于今之世。"④ 刘挚说："论以观其识，策以观其才。"⑤ 以论策取士，不但可以使举人留心于治乱，学其所用，用其所学，而且可以考察举人关于历代治乱兴衰的知识，了解他们对当代国家大事的对策，从中选拔真才实学之士。但是，废诗赋却遭到苏轼等人的反对。其理由大概有三：一是唐代以来，一直以诗赋取士，但由诗赋登科为名臣者不可胜数。二是诗赋有声律偶对，其是非工拙，一披卷而尽得之，便于考校。三是诗赋命题不易重复，可以促使应举人涉猎多种知识，而论策命题容易重复，可以拟题抄袭，知识面反而狭窄。后来，这两种意见经过折中调和，遂出现了哲宗元祐时期的经义、诗赋、论、策四科兼试和南宋时期的经义进士、诗赋进士的分科考试的局面。

第四，加试律令大义，可以促使士人粗通法律，有利于实行法治。在古代，礼乐刑政是国家的大事。但是，唐宋科举考试，对律令却并不重

---

① 蔡襄：《蔡忠惠公文集》卷二三《论改科场条制疏》。
② 马端临：《文献通考》卷三二。
③ 马端临：《文献通考》卷三一。
④ 《苏轼文集》卷四九《谢梅龙图书》。
⑤ 刘挚：《忠肃集》卷四《论取士并乞复贤良科疏》。

视。此前进士科不考试律令,而在诸科中,"明法最为下科"①;"习刑名者,世皆指以为俗吏"②。因此,绝大多数应举人只是闭门学作诗赋,根本不过问律令、断案之事。这些人一旦及第入仕,遇到有关律令、断案之事,便束手无策,只好取办于胥吏。而这些胥吏,又往往贪赃枉法,造成许多冤、假、错案。王安石规定进士科在考试经义、论、策之外,加试律令大义,这就必然会促使应举人平时注意学习律令、断案等法律知识,在登科做官之后,也就能够按照有关律令处理政务。苏轼讽刺加试律义是"读书万卷不读律,致君尧舜知无术"③。司马光虽然承认"律令敕式,皆当官者所须",但是却反对以律令大义取士,认为不必要"使为士者豫习之"。其理由是:"夫礼之所去,刑之所取。为士者果能知道义,自与法律冥合;若其不知,但日诵徒流绞斩之书,习锻炼文致之事,为士已成刻薄,从政岂有循良?非所以长育人才、敦厚风俗也。"④ 不懂法律,何以治国?平时不读律令,从政焉能执法?司马光、苏轼这种只试经术、不考律令的主张,绝非"长育人才"、"致君尧舜"之道,同样是迂腐之论。不过,哲宗元祐之后,进士科却不再加试律义,南宋高宗时一度恢复兼新科明法,也旋即废罢。

科举考试内容的第二个大变化是以八股文取士。明清时期,科举考试主要内容仍然是经义、论、策。但考官特重视第一场"四书"义的考试,可以说主要以"四书"义取士,这是一个局限。在明朝的成化年间之后,这种"四书"经义考试的文体演变成了"八股文",这又是一个局限。有人说八股文是王安石搞的,实际上这是一桩冤案,因为王安石的经义与八股文有很大的不同,八股文是在明朝中期以后才形成的。

那么什么是八股文?现在存世的八股文还不少。乾隆年间,有一个著名的学者方苞,他按照乾隆皇帝的旨意,编选了一部《钦定四书文》,收录了783篇八股文,颁布天下,作为应举人学习的范本。清代还有一位著名的学者俞樾,他写了一本书叫《曲园课孙草》,意思是他教孙子怎么来作八股文的一本书。我从中选了题为《不以规矩》的一篇,加了一些说

---

① 刘挚:《忠肃集》卷四《论取士并乞复贤良科疏》。
② 李焘:《续资治通鉴长编》卷二六六,熙宁八年七月辛巳。
③ 苏轼:《东坡集》卷三《戏子由》。
④ 司马光:《温国文正司马公文集》卷五二《起请科场札子》。

明和译文，现抄录如下：

不以规矩 （清）俞樾

规矩而不以也，惟恃此明与巧矣。【破题】

（译文：有圆规、曲尺而不用，就仅仅依仗像离娄的明察秋毫和公输般的技艺巧妙了。）

夫规也、矩也，不可不以者也；不可不以而不以焉，殆深恃此明与巧乎？【承题】

（译文：圆规、曲尺是不可不用的。不可不用而不去用，大概就是非常依仗这种明察秋毫和技艺巧妙吧！）

尝闻古之君子，周旋则中规，折旋则中矩，此固不必实有此规矩也。顾不必有者，规矩之寓于虚；而不可无者，规矩之形于实。奈之何以审曲面势之人，而漫曰舍旃舍旃也。【起讲】

（译文：曾经听说古代的君子，进退揖让则中规，曲折周旋则中矩，这本来不必实有这种圆规、曲尺。然而不必有者，是因为圆规、曲尺存在于虚；而不可无者，是由于圆规、曲尺表现于实。如何以审察曲直面对形势的人，而胡说舍弃舍弃。）

有如离娄之明，公输子之巧，诚哉明且巧矣。【入题】

（译文：有像离娄的明察秋毫和公输般的技艺巧妙，诚然是明察而且巧妙了。）

夫有其明，而明必有所丽，非可曰睨而视之已也，则所丽者何物也？

夫有其巧，巧必有所凭，非可曰仰而思之已也，则所凭者何器也？【起二股】

（译文：有这种明察，而明察必须有所附着，不是可以说斜着眼看一下就完了，那么所附着的是什么东西呢？

有这种巧妙，而巧妙必须有所凭借，不是可以说仰头想一下就完了，那么所凭借的是什么器物呢？）

亦曰规矩而已矣。【过接】

（译文：也可以说是圆规、曲尺罢了。）

大而言之，则天道为规，地道为矩，虽两仪不能离规矩而成形。

小而言之，则袂必应规，袷必如矩，虽一衣不能舍规矩而从事。【中

二股】

（译文：从大的方面说，则天道为圆规，地道为曲尺，虽然是天地，也不能离开圆规、曲尺而成形。

从小的方面说，则衣袖必然应对于圆规，衣衿必然相似于曲尺，虽然是一件衣服，也不能舍弃圆规、曲尺而制作。）

孰谓规矩而不可以哉？【出题】

（译文：什么叫做圆、规曲尺而不可用呢？）

而或谓规矩非为离娄设也，彼目中明明有一规焉，明明有一矩焉。则有目中无定之规矩，何取乎手中有定之规矩？

而或谓规矩非为公输子设也，彼意中隐隐有一规焉，隐隐有一矩焉。则有意中无形之规矩，何取乎手中有形之规矩？【后二股】

（译文：或者说圆规、曲尺不是为离娄设置的，他的眼中明明就有一个圆规，明明就有一个曲尺。那么有眼中无形的圆规、曲尺，何必拿手中有形的圆规、曲尺？

或者说圆规、曲尺不是为公输般设置的，他的心中隐约就有一个圆规，隐约就有一个曲尺。那么有心中无形的圆规曲尺，何必拿手中有形的圆规曲尺？）

诚如是也，则必无事于规而后可，则必无事于矩而后可。夫吾不规其规，何必以规？吾不矩其矩，何必以矩？而不然者，虽明与巧有存乎规矩之外，如欲规而无规何？如欲矩而无矩何？

诚如是也，则必有以代规而后可，则必有以代矩而后可。夫吾有不规而规者，何必以规？吾有不矩而矩者，何必以矩？而不然者，虽明与巧有出乎规矩之上，如规而不规何？如矩而不矩何？【束二股】

（译文：果真如此，则必然不用圆规也可以，则必然不用曲尺也可以。那么我不用圆规去画圆，何必用圆规？我不用曲尺去画方，何必用曲尺？而不然的话，虽然明察和巧妙有出于圆规、曲尺之上，想画圆而无圆规怎么办？想画方而无曲尺怎么办？

果真如此，则必然有用来代替圆规的才可以，则必然有用来代替曲尺的才可以。那么我有不是圆规的东西可以画圆，何必用圆规？我有不是曲尺的东西可以画方，何必用曲尺？而不然的话，虽然明察和巧妙有出于圆规、曲尺之上，画圆而无圆规怎么办？画方而无曲尺怎么办？）

夫人之于离娄，不称其规矩，称其明也。人之于公输，不称其规矩，称其巧也。则规矩诚为后起之端。然离娄之于人，止能以规矩示之，不能以明示之也。公输之于人，止能以规矩与之，不能以巧与之也。则规矩实为当循之准。不以规矩，何以成方圆哉！【大结】

（译文：那么，人们对于离娄，不称赞他的圆规、曲尺，而称赞他的明察秋毫；人们对于公输般，不称赞他的圆规、曲尺，而称赞他的技艺巧妙。则圆规、曲尺确实是后起的。然而离娄对于人们，只能用圆规、曲尺来显示，不能用明察来显示。公输般对于人们，只能用圆规、曲尺来给予，不能用巧妙来给予。那么圆规、曲尺实在是应当遵循的标准。不用圆规、曲尺，用什么来成方圆呢！）

由此可以看出，八股文是一种新的应试经术的专用文体。其特点有四：第一，八股文的题目必须出自"四书"、"五经"，如《不以规矩》就出自《孟子·离娄上》。"孟子曰：'离娄之明，公输子之巧，不以规矩不能成方圆。'"第二，文章不能随意发挥自己的见解，"四书"只能以朱熹的《四书集注》为准绳，而且必须按照题目、模拟古代圣贤的语气作文，叫作"代圣贤立言"。第三，在形式上，有严格的固定格式，一篇八股文通常由破题、承题、起讲、入题、起股、出题、中股、后股、束股、落下（收结）等十个段落组成。其中起股、中股、后股、束股四段，每段必须有两股排比对偶的文字，合起来共有八股，故称"八股文"，也称"八比文"、"时文"或"制义"等。第四，每篇"四书"中义的字数也有一定限制，如康熙时以600字为满篇，乾隆时以700字为满篇。此外，甚至对每段开头的虚词也有规定。如清朝规定，承题开头要用"夫"、"而"、"盖"，末字要用"耳"、"焉"、"矣"；起讲开头要用"且夫"、"尝谓"、"若曰"等。

本来一篇文章分若干段落是作文的方法，大家上中学的时候，老师教大家写作文，会告诉你怎么开头，怎么展开论述（正面论述、反面论述），最后怎么结尾。这种作文的方法在南宋时期逐渐发展成为"十段文"，即破题、承题、小讲、缴结、官题、原题、大讲、余意、原经、结尾。"十段文"首先见于论，随后也见于经义。但是在南宋时中间四段文字不一定都是排比对偶。宋元的"十段文"可以说是八股文的雏形，而八股文的形成则在明宪宗成化以后。

八股文在文学史上有其一定的地位，但在科举史上则是弊大于利。其空虚的内容和僵化的形式，都是对士人的一种桎梏。在它盛行的400多年间，不知摧残了多少人才！明末清初人顾炎武甚至说："愚以为八股之害等于焚书，而败坏人材，尤甚于咸阳之郊所坑者但四百六十余人也。"①清代徐大椿讽刺说："读书人，最不济。烂时文，烂如泥。国家本为求才计，谁知道变做了欺人技。三句承题，两句破题，摆尾摇头，便道是圣门高第。可知道，《三通》、《四史》是何等文章，宋皇、汉祖是哪一朝皇帝？案头放高头讲章，店里买新科利器。读得来肩背高低，口角唏嘘。甘蔗渣儿，嚼了又嚼，有何滋味？辜负光阴，白白昏迷一世。就教他骗得高官，也是百姓、朝廷的晦气。"②

当然，现在也有人为八股文翻案，说它是一种标准化考试，改卷子的时候有一个客观的标准，一眼就能看出优劣高低。但是，我觉得它作为标准化考试方面的意义远远掩盖不住束缚思想、消磨意志的弊病。尤其到了清朝后期，整个时代在前进，西方无论是自然科学还是社会科学都在进步，而清朝的应举人还在"八股文"里打转转，这毫无疑问，不适合时代发展的需要，无法造就和选拔适应时代需要的治国安邦的人才。所以，清朝政府也在进行一些科举考试内容方面的改革，比如康熙二年（1663）就曾经下令："乡、会考试，停止八股文，改用策论表判。"③但过了两年就又恢复了。如前面所说，到光绪二十七年（1901），又把八股文给废除了，改为：第一场试中国政治史事论五篇；第二场试各国政治艺学策五道；第三场试"四书"义二篇、"五经"义一篇，但不用八股文，而是恢复到王安石经义的考法。但这一切都为时已晚，又过了三年，到光绪三十一年（1905），科举被废除；又过了六年，到宣统三年（1911），清朝就灭亡了。

在考试内容上，王安石科举改革是在追求"致用"，以考试实用之学来造就和选拔经世致用的官员；八股文则是在追求"方便"，用现在的话说，叫作"标准化考试"，实际是以空虚无用之文禁锢士人的思想，消磨士人的意志。现在的高考和公务员考试，应该好好汲取科举考试的经验教训。考试的目的是造就和选拔出有用的人才，考试内容是一个指挥棒，必然影响应试人平时的学习内容。"致用"应该是第一位的，"方便"是第

---

① 顾炎武：《日知录·拟题》。
② 袁枚：《随园诗话》卷十二引。
③ 《清圣祖实录》卷九，康熙二年八月癸卯。

二位的，绝不能为了考校的"方便"而影响了"致用"。

第四个大问题是：科举及第与授官。

第一，科举及第。

唐代科举为解试、省试两级考试，省试合格即为科举及第了。那么，唐代科举取士共有多少人呢？据《文献通考》及《登科记考》统计，有唐290年间，共开科取士268榜，有具体数字记载者为：秀才29人，进士6646人，明经诸科（包括明经、三礼、三传、三史、明法、童子科等）共1596人，制举652人，总共8923人。以上统计数字中，进士及第者平均每榜为25人，较为接近实际登科人数。但是，统计所得明经诸科人数，则恐大大低于实际登科人数。如史料记载，开元年间规定："天下明经、进士及第，每年不过百人。"① 当时进士及第者，每年为二三十人，明经当为七八十人。而据《文献通考》及《登科记考》统计，明经诸科每榜平均仅为6人。二者相差如此之大，除了每榜所取明经诸科不一定取满限定人数之外，主要是因为明经诸科在唐代不被人们重视，而为登科记所漏载。唐代史学家杜佑《通典》记载："其进士大抵千人得第者百一二；明经倍之，得第者十一二。"② 据此，唐代明经诸科取士约为进士的2倍。照此推算，唐代当共取明经诸科13292人。这样，唐代贡举、制举、童子举等共取士当为20619人，平均每年71人。唐代进士及第第一名称"状元"，或称"状头"、"榜首"，年龄最小者为"探花"。

宋太祖开宝六年（973）创立殿试制度，成为三级考试，殿试合格始为科举及第。宋代进士及第一般分为五甲。北宋前期，第一、二、三甲赐进士及第，第四甲赐进士出身，第五甲赐同进士出身。也有分为四等或六等者。北宋后期及南宋时期，进士一般第一、二甲赐进士及第，第三、四甲赐进士出身，第五甲赐同进士出身。北宋时，进士殿试第一人称状元，或称榜首、状头，第二人称榜眼，第三为探花。与唐代略同。至南宋后期，始称"第一名状元及第，第二名榜眼，第三名探花"③。也有将前三名均称为状元者。

关于宋代科举登科人数，根据我的统计与推算，正奏名进士约为

---

① 《全唐文》卷二九八，杨玚《谏限约明经进士疏》。
② 杜佑：《通典》卷十五《选举》三。
③ 吴自牧：《梦粱录》卷三。

43000人，正奏名诸科约为17000人，二者共约6万人。平均每年录取正奏名约为188人。此外，还有特奏名，即积累到一定举数和年龄的应举人，免于解试、省试，直接由礼部奏名参加殿试者。根据我的统计与推算，特奏名及第者约为5万人。平均每年录取约为156人。这样，两宋共取士约11万人，平均每年录取约360人。

辽、金略同唐宋之制，不细说了。元代会试取士名额为100人，蒙古人、色目人与汉人、南人分别考试，各取25人。殿试不黜落，及第者分为三甲，分别赐进士及第、进士出身、同进士出身。元朝进士及第分为两榜，以蒙古人、色目人为右榜，汉人、南人为左榜，各有状元。元代不甚重视科举，在将近一个世纪中，共开科取士16次，除元统元年（1333）同同榜、李齐榜取满100人外，其他15榜均不满100人，据统计，共为1139人，平均每年取士不到12人。

明代科举及第分为三甲，分别赐予进士及第、进士出身、同进士出身。第一甲三名，第二、三甲各若干名。第一甲第一名称"状元"，第二名称"榜眼"，第三名称"探花"。科举及第无定额，每榜300人左右。据统计，明代276年间，共开科89榜，取进士24624人，平均每年取士89人。

清代殿试，读卷官考定名次之后，需将所拟前十名试卷进呈皇帝，由皇帝钦定名次。赐第与明朝同。进士及第亦无定额。据统计，清代268年间，第一共开科112榜，取士26888人，平均每年取士103人。

第二，释褐授官。

唐代明经、进士及第之后，只是取得了做官的资格，还不能直接入仕做官，必须再经过吏部考试，及格后才能释褐授官。因而，唐代许多士人明经、进士及第多年之后，仍为一介布衣，以至于有出身二十年而未获官禄者。如一代文豪韩愈参加了四次礼部的科举考试，才考中进士；参加了三次吏部的考试，都没有能够通过，希望能通过当朝宰相的推荐获得一官半职。结果是三次上书宰相均无作用，只好离开京城长安，到宣武军节度使董晋的麾下做幕僚。后来经过董晋的推荐，得到试秘书省校书郎这样的小官，才正式踏上了仕途。

唐代明经、进士吏部考试合格之后，即释褐授官，而其所授官职包括阶官和职事官。阶官表示品阶、级别，职事官才是实际职务。唐代科举出身者初授品阶很低，所授职事官也不会很高，最高者为从八品，一般均为正九品或从九品。

宋初承五代后唐之制，进士、诸科及第之后，并由礼部贡院关送吏部南曹，试判三道，考试合格，始释褐授官。太宗太平兴国二年（977），进士、诸科及第、出身者共500人，不经关试皆释褐授官。并且未授官，"皆先赐绿袍、靴、笏"。"第一、第二等进士并九经授将作监丞、大理评事、通判诸州；同出身进士及诸科并送吏部，免选优等注拟初资职事、判司簿尉"。① 此后遂成为定制。至真宗景德二年（1005）六月一日，由于员多缺少，始规定：进士、诸科第五甲（等）以下，须经吏部铨试合格，才能授官。自此至南宋末年，未再变更。

宋代进士、诸科及第所授官职亦包括阶官与职事官，而且其官职高低在不同时期也有所变化。太祖朝授官甚低，如开宝八年（975）的状元王嗣宗，仅授官为秦州司寇参军，属最低一级的文官。太宗朝之后，始授官优渥。太宗、真宗、仁宗三朝，一般是第一甲第一人授将作监丞；第二、第三人为大理评事，并为诸州通判；第四、第五人授校书郎、签书诸州判官事；第六名以下第一甲及第者授两使职官、知县；第二甲授初等职官；第三、第四甲并诸科及第、出身者，授判司簿尉；第五甲及诸科同出身者守选。仁宗嘉祐三年（1058），乃诏稍损擢任恩典，自今进士第一人授大理评事、签书两使幕职官厅公事或知县；第二、第三人并授两使幕职官；第四、第五人并授试衔知县。第六人以下第一甲授初等职官；第二至第四甲授判司簿尉。南宋时授官略同此制，只不过是阶官名称有所变化而已。如孝宗朝一般为进士第一人授承事郎、签书诸州节度判官事，第二、第三人授文林郎、两使职官，第四、第五人授从事郎、初等职官；第六人以下至第四甲，并授迪功郎、诸州司户簿尉；第五甲，守选。由以上可以看出，未授官先释褐、及第即授官（后改为第五甲同出身者守选）、授官优渥，是宋代科举制度在释褐授官方面与唐代的主要不同之处。这突出表明，科举取士在宋代官僚政治中的地位，有了很大的提高。

元代授官，第一甲第一人为从六品，一般授翰林院修撰；第二人以下及第二甲为正七品，一般授承事郎、同知州事；第三甲一般授将仕郎、翰林国史院编修官或诸路达鲁花赤、诸州判官、县丞等。

明代进士及第，"状元授修撰，榜眼、探花授编修，二、三甲考选庶

---

① 《长编》卷一八，太平兴国二年。

吉士者，皆为翰林官。其他或授给事、御史、主事、中书、行人、评事、太常、国子博士，或授府推官、知州、知县等官"。① 较之宋代，更为优渥。清承明制，大致相同。明、清授官都优于宋代，其原因之一大概是每榜取士较少的缘故吧！

科举及第之后，还有一系列活动，如唱名赐第、赐宴、谢恩、期集、编登科录、立题名碑等，甚为荣耀。时间关系，就不具体讲了。

第五个大问题，是对科举制度的评价，即科举制度在中国历史上的地位与作用。

科举考试制度是中国历史上一种选拔官员的制度。它不问家世，不需举荐，主要以考试成绩决定取舍，比世卿世禄制、察举制更具有公开、平等、择优的性质，因而在历史上也更具有进步性，可以说是中国古代社会中最进步，也是最重要的选拔官员的制度。

科举考试制度在历史上曾经起过很积极的作用，这一点在唐宋时期表现得尤为突出。首先，通过科举考试，选拔了一大批"寒俊之士"，即出身寒微而才能杰出的人才，参加国家管理，分掌兵、刑、钱、谷等事，对于社会的发展，起过促进的作用。如宋太宗朝的名臣王禹偁，《宋史》本传说他"世为农家"，毕仲游则说他是"磨家儿"，以磨面为生人家的儿子。仁宗朝的宰相杜衍，是一个遗腹子，他的母亲改嫁河阳的钱氏，他的继父不容纳他，他只好往来于孟州和洛阳之间，以卖字为生。② 范仲淹两岁时父亲去世，母亲改嫁山东长山县的朱氏，他从继父的姓，叫朱说。他长大之后，知道了自己的身世，就告别母亲，到应天府书院求学。经过五年苦读，终于考中了进士，然后才改名为范仲淹。③ 欧阳修幼年家贫，以至于用芦苇秆当笔在地上写画学字，④ 如此等等。他们都并非出身于富豪显贵之家，完全是通过科举考试才踏上仕途的。又如包拯、王安石，也不过是出身于中小地主家庭，其父辈也仅官至县令，不通过科举考试，他们也是难以位至宰执，参与大政的。这些人才在宋代的政治改革以至诗文革新等方面，都起了积极的作用，对后世也有深远的影响。

---

① 《明史·选举志》。
② 司马光：《涑水记闻》卷十。
③ 《宋史·范仲淹传》。
④ 《宋史·欧阳修传》。

40多年前,社会学家潘光旦、费孝通,曾根据清代915本试卷的履历,统计出有相当一部分人的父祖辈没有功名,即由白衣而获得功名,从而构成了社会阶层的流动。① 同年,美国学者柯睿格曾根据《绍兴十八年同年小录》和《宝祐四年登科录》,统计出有一半以上的进士其前三代都没有人做官,也说明由于科举考试制度,出现了上下的社会阶层流动。此后,有不少学者发表了一些不同意见。但无论其程度与性质如何,中国古代通过科举考试,从地主阶级各阶层(甚至包括少数富裕农民)中选拔不少杰出人才的社会现象是客观存在的。这对于古代王朝调整统治阶级内部的关系,扩大统治的社会基础,提高统治的能力和效率,都是有益的。

其次,科举制度改变了古代社会的官员结构,在一定程序上提高了官员的素质。中国古代社会官员的主要来源为:世袭补官及其变种门荫补官、荐举入仕、科举取士、胥吏出职、进纳买官、军功补官等。隋唐以来,科举出身的官员在高级官员中的比例,逐渐增加,到唐代后期至宋代已占有绝对优势。根据吴宗国教授的统计,从唐宪宗(806—820)时起,进士出身者即在宰相中占据多数;此后继续发展,以至占据绝对优势,而且终唐没有再发生变化。在宋代更是如此。现将北宋时期科举出身者在宰相、副宰相中所占比例列表如下。

项目 朝代	宰相			副宰相		
	总数(人)	科举出身数(人)	占比(%)	总数(人)	科举出身数(人)	占比(%)
太祖	6	3	50	4	3	75
太宗	9	6	66.7	23	21	91.3
真宗	12	11	91.7	17	17	100
仁宗	23	22	95.7	39	37	94.9
英宗	2	2	100	2	2	100
神宗	9	9	100	18	18	100
哲宗	11	11	100	23	22	95.7
徽宗	13	13	100	34	31	91.2
钦宗	7	6	85.7	16	11	68.8
合计	92	83	90.2	176	160	90.9

---

① 《科举与社会流动》,清华大学《社会科学》第4卷第1期,1947年。

元代不重视科举，而明清与宋代的情况大致相仿。科举出身者在高级官员中占绝对优势，对于提高官员的素质是有益的。如在宋代，高官显宦子弟，凭借父祖的官职，"不限才愚，尽居禄位。未离襁褓，已列簪绅"。他们养尊处优，不学无术。"俾之从政，徒只害民。"① 百司胥吏，主行文书，积年寡过，例该出职。他们文化素质较差，而且大多贪赃枉法，使之任官，往往变本加厉。至于富室巨商进纳买官，目的在于提高政治地位，进而攫取更多的财富。所以出官之后，必然加倍搜刮民脂民膏，其能奉法治事者，恐百无一二。而科举所取之士，一般经过一二十年"治经阅史"的读书生涯，又经过解试（乡试）、省试（会试）、殿试三级比较严格的考试，千里挑一，方能及第授官。他们一般具有相当的文化知识，稍顾廉耻，比较注重地主阶级的整体利益和长远利益，虽然其中也有不少庸碌无能之辈，但较之门荫补官、胥吏出职及进纳买官，在素质上，显然要好一些。

第三，科举制度也促进了文化教育事业的发展。如在宋代，在科举考试的刺激下，读书人数急剧增加，对经、史、子、集各类书籍的需求量也大为增加；而在科学技术方面，雕版印刷术的发展和活字印刷术的发明，以及造纸技术的提高，也促使各类书籍得以大量印刷和广泛流布，这样就大大推动了文化的普及。为了适应科举考试的需要，中央官学、地方官学、各地书院及各种乡村私塾空前发展。如中央太学，宋徽宗时生员达上舍200人，内舍600人，外舍3000人，共3800人。各州县一般皆有官学，并有学田、房舍，以供办学之费。据葛胜仲《乞以学书上御府并藏辟雍札子》称，根据当时官方统计，宋徽宗大观三年（1109），宋朝全国24路官学生员共167622人，学舍95298楹，学钱岁所入3058872缗，学粮岁所入640291斛，学田155990顷，房廊155454楹。其官学在校学生之多，校舍之广，经费之大，都是空前的。至于民间的书院与私塾，更是不可胜数。明清时期，"科举必由学校"，官学与私塾的学校教育更为发达。

第四，科举制度在考试方法方面日臻完备，在相当大的程度上体现了公开考试、平等竞争、择优录用的精神，因而对于近代的文官考试制度起了借鉴的作用。英国1855年开始建立的文官考试制度，就显然受到中国

---

① 《长编》卷一三二，庆历元年五月壬戌。

科举考试制度的影响。正如孙中山先生在《五权宪法·民权初步》中所说："现在各国的考试制度，差不多都是学英国的。穷流溯源，英国的考试制度，原来还是从我们中国学过去的。"甚至在现在的考试制度中，还保留着许多科举考试的方法。如试卷封弥制度，按号入座制度，禁止怀挟、传义、代笔制度，主要以考试成绩决定弃取高下制度，等等。科举考试制度的许多方面，对于今天的政治体制改革，尤其是对于实行公务员制度，都是会有启发和教益的。

同时，我们也应充分看到，科举制度也有许多弊病，这一点在明清后期表现得尤为突出，在历史上也起过很消极的作用。首先，在科举考试内容方面，如前所述，唐宋的格诗律赋、帖经墨义，尤其是明清的八股文，都是于世无用的"雕虫篆刻之学"，以此取士，非但不能选拔经世致用之才，反而会败坏人才。当时的有识之士，已经提出了尖锐批评，连古代皇帝也不得不承认这一弊病。如唐玄宗开元二十五年（737）敕云："进士以声律为学，多昧古今；明经以帖诵为功，罕穷旨趣，安得为敦本复古，经明行修？以此登科，非选士取贤之道。"① 王安石更指出："今以少壮时正当讲求天下正理，乃闭门学作诗赋；及其入官，世事皆所不习。此乃科法败坏人才，致不如古。"② 至于以八股文取士，顾炎武认为，其弊甚于焚书坑儒，这绝非危言耸听。尤其到了清代后期，西方国家的科学技术突飞猛进，中国则大大落后时代的潮流和世界的发展，而科举制度仍然引导士人埋头于"四书"、"五经"、"程墨"、"时文"，把科学技术看作是"奇技淫巧"而不屑一顾，其考试内容陈腐，形式僵化，误国害民，昭然若揭。康有为在《请废八股试帖楷法试士改用策论折》中说：总计全国童生，三十年间约为三百万之数，"以最有用之年华，最可用之精力，假以从事科学，讲求政艺，则三百万之人才，足以当荷兰、瑞典、丹麦、瑞士之民数矣，以为国用，何求不得？何欲不成？乃以三百万可用之精力人才，日月钩心斗角，弊精费神，举而投之于枯窘搭截之文中，徒令其不识不知、无才无用、聋盲老死，是比白起之坑长平赵卒四十万尚十倍之，其立法之谬异、流弊之奇骇，诚古今所未闻，而外人所尤怪诧者。"这完全是基于切肤之痛而发出的肺腑之言。

---

① 《唐会要》卷七五《帖经条例》。
② 马端临：《文献通考》卷三一。

其次，古代统治者开科取士的目的之一，就是笼络天下士人。传说唐太宗"尝私幸端门，见新进士缀行而出，喜曰：'天下英雄入吾彀中矣！'"① 宋代科举考试中"特奏名"，也是为了笼络天下士人之心而设的。南宋人王栐明白地指出："自是士之潦倒不第者，皆觊觎一官，老死不止。……英雄豪杰皆汩没消磨其中而不自觉，故乱不起于中国，而起于夷狄，岂非得御天下之要欤！"②

及至明朝中叶以后，完全以八股文取士，在内容上要求应举人完全按照"四书"、"五经"及官方指定的注疏，"代圣贤立言"，不准发挥己意；在形式上严格按照规定的格式排比对偶，敷演成文，甚至连每段开头的虚词也都有规定。这样，就使科举考试制度完全成了文化专制主义的工具。既禁锢士人的思想，又消磨士人的意志。乾隆三年（1738）讨论科举改革时，执政大臣鄂尔泰就曾直言不讳地说过："非不知八股为无用，而牢笼志士，驱策英才，其术莫善于此。"③

时代在前进，社会在发展，科举制度的痼疾日益明显，以至于"废八股、罢科举、兴学校"成为朝野上下的共识。科举制度已经完成了它的历史使命，清朝光绪三十一年（1905）科举制度的废除也是历史的必然。

总的来说，对科举制度还是应该加以肯定的，对它的问题也应该认真总结，在现代高考制度和公务员考试制度里应该汲取当时的经验教训，使现在的这两种考试制度做得更好。但在我看来，现在的公务员考试制度甚至还没有宋朝的科举制度那样公平合理。因为现在公务员考试笔试的时候还是比较公平的，但复试的时候猫腻就太多了。还有古代的科举考试是全国统一考试，现在的公务员考试不是全国统一考试，有的甚至是部门考试，这样也很容易出问题。

今天在座的很多是做文化交流工作的，中国的科举制度与世界是有交流的。中国的科举制度由传教士传到西方，西方发展成为公务员制度，然后又传回到中国，出口转内销，这是世界文化交流的一个样本。通过科举制度与公务员考试制度这个事例，大家也可以看到，凡是具有普世价值的

---

① 王定保：《唐摭言》卷一。
② 王栐：《燕翼诒谋录》卷一。
③ 《满清稗史》第三十七节。

东西，就是人类共同创造的一种文明，这是有世界意义的。世界文化进行交流，大家把人类创造的文明共同发展起来，就可以使明天的地球更美好。

谢谢大家！

主持人朱小健：我们当时设计课程时，选择科举制度的原因，相信大家通过今天上午张老师给我们讲过的这些内容已经能体会到了。"朝为田舍郎，暮登天子堂。将相本无种，男儿当自强。"今天在任何人身上都有可能实现。要从底层来看我们国家这样的制度，将来我们的学生出去传播中国文化，与人家交流时要有这样的认识：现在西方的制度相对于我们，他们更为民主，人权更为平等。但我们今天从科举制度这样的角度来看，从对人的权利的观察角度，恐怕我们这边历史阶段更早，时间早于他们。人人平等其实是不存在的，但制度的公平是我们的老祖宗的文化当中非常重要的层面，这个层面包括前面几位老师给我们讲的思辨的层面。对比西方文化，我们可以看到，从科举制度的层面来认识中华文化的特征，我们可能要加上时空的概念再来进行比较，即使不是这样看，它的早晚以及刚才张老师讲的还有一个流传的过程，还有本质上对人的观念认识。我想这些都是我们今天上午得到的非常重要的启示。

谢谢张老师！

道教简说

张继禹

主持人朱小健：各位老师，今天我们非常荣幸地请到张继禹道长来给我们讲一次关于道教的讲座。张继禹道长是中国道教协会的副会长，中国道教学院的副院长，也是全国人大常委会的常委，当然也是我们人文宗教高等研究院的副院长，还是道教创始人张道陵天师第65代裔孙。张道长在道教学术方面有非常高深的造诣，为道教文化的弘扬做了非常多的工作，对于中华文化的传播起到了非常积极的作用。让我们欢迎张道长为我们讲解。

张继禹：各位老师，大家好。各位都是从事文化交流传播方面的教授、讲师，相信通过这个讲座也会让我受到很多的启发。现在，就我对道教的理解给大家做一个概述。

引　言

我们知道，道教是中国土生土长的宗教，真正的中国本土宗教。我们现在说中国五大宗教，其中佛教、伊斯兰教、天主教、基督教，都是外来的宗教。佛教也是由外国传进来的，但是它传进来的比较早，而且已经中国化了。2000年在联合国召开的"千年宗教"大会上，当时我国五大宗教的人都去参加。在我们申请发言的时候，大会组织者就特别给了中国道教一个大会发言的机会。他们说："道教才是中国最具有代表性的宗教。"

虽然道教是中国土生土长的本土宗教，但是中国人对道教的认识还是不全面的，或者说是"见仁见智"。不只是现在，历史上也是如此。

如宋朝的马端临在《文献通考》里面说："道家之术，杂而多端，先儒之论备矣。盖清净一说也，炼养一说也，服食又一说也，符箓又一说也，经典科教又一说也。"他这样概括有两层意思：第一，道教的学问和方法是"杂而多端"的，而且这个"杂而多端"不是他说的，过去的儒家就已经有论述了。第二，他将所谓"杂而多端"大概分了几个方面：清净、炼养、服食、符箓、经典科教。

南宋的朱熹也有这样的概括。他说："老氏初只是清净无为，清净无为却带得长生不死。后来却只说得长生不死一项。如今恰成个巫祝，专只理会厌禳祈祷。这自经两节变了。"

其实马端临和朱熹这样的看法，在历史上也不少，比如南北朝的时候，南梁的刘勰在《灭惑论》中把道教分为三个层次："上标老子，次述神仙，下袭张陵（就是张道陵）。"然后从三个方面来论说。他概括老子的思想是："著述论道贵在无为。理归静一化本虚柔，……斯乃导俗之良书，非出世之妙经也。"然后又分别论述了神仙与张陵，后面的话基本上没有一句褒义的。

之所以出现这样的看法，我想主要有两种因素：

第一，刘勰是《文心雕龙》的作者，是中国历史上著名的文学批评家。同时他对佛教非常痴迷，是虔诚的佛教信徒，所以他的观点或许代表了那个时代佛教对道教的一种批评。

第二，像朱熹、马端临，则基本上是站在儒家的立场看道教。许多儒家人物对道教、佛教肯定的话比较少，批评的话比较多。因为这样的历史影响，所以从古到今，对道教的看法就出现了多角度、多层面的认识，有肯定的，也有批评的。

近代陈撄宁先生是原中国道教协会会长，也是著名的道教学者、道教仙学的倡导者。他对马端临的《文献通考》有一段评论，他说："《通考》讥诮道家杂而多端，后人遂执此言以为道家病。"

从我的角度来讲，他们的评论不是全面地看待道教的观点。不过，这些观点都有一个共同点，就是他们对于老庄基本上是认可的，甚至是尊重的，但是认为老庄之后的道教从学术来讲是往下走，而不是往上走。所以由老庄到神仙，从神仙再到张陵、葛洪，就是所谓神仙道教，是黄老之学越来越往下走的一个结果。

近代以来，社会上对道教，也包括对佛教，因为历史的原因，特别是新文化运动的原因，基本持全盘否定的态度。近代最早的《道教史》的作者许地山，《道教史》虽然没有写完，但他的结论早就认为《道教史》

就是一部"巫祝史"，这也是跟他所在时代的看法有一定的关系。

在近代历史上，因为一切都向西方看，认为西方的宗教才是"文明的宗教"，认为东方的宗教没有完全进入文明的阶段，就导致了对中国本土宗教的误解与歧视。从宗教学的角度来讲，我们现在的"宗教学"基本上是用西方宗教学的体系、用西方宗教学的理论来论述中国宗教及东方宗教，就好像我们并没有走到"文明宗教"的高度。一些人就认为，东方宗教特别是中国的道教是一个没有迈向高等宗教、文明宗教阶段的"低级"宗教。

但是近些年来，尤其是"文化大革命"以后，这种看法也在改变。我这里引用了两位先生的话。一是王卡先生的话。王卡先生是中国社会科学院宗教所的研究员。他在《道教在近现代的衰弱与复兴》中说："近代中国的西方化精英，将来自西方的宗教视为'文明之宗教'，而将中国传统的道教和民间信仰称作'野蛮之宗教'。他们主张的'脱巫去魅'的现代性价值取向，导致中国本土宗教信徒的信念弱化，精神萎靡不振。"学者们已经自觉地开始反思近代的关于道教的偏见。

还有著名汉学家、荷兰皇家科学院院士、法国高等研究院特级教授施舟人先生的观点。施先生原来是一位基督徒，他后来转向研究东方文化，特别倾心于研究中国的文化。其中，付出最多心血的是道教文化，是著名的汉学家，现在西方许多研究中国文化的年轻学者是他的学生。他在《道教在中国近代的变迁》中谈道："一百多年来，道教在它的本土受到很大的破坏。在那个危机时期，研究道教的人士大概都想过它可能万劫不复了。然而，这个危机已经过去，道教还活着。这对全世界文明来说是一大福音。我们的研究工作也推动了这个转化。在这里，我想再强调一次，道教的复兴不仅是我们研究者的光荣，同时更是人文科学的一大胜利。"应该说他站在同情道教文化的角度，做了一番发人深省的表达。

但是道教在近代，特别是明清以后走向衰弱，到近代更是几乎走向衰亡。"五四"以来对道教的冲击非常大。民国时期有所谓"拆庙兴学"，包括道教的宫观与佛教的庙宇大多被改成了学校。民国时期颁布了一个所谓的废除条例，这个废除的条例没有一个标准，所以把很多所谓的神庙划到要被拆掉、铲除之列。在这样的境况下，道士基本上就回到了民间，没有了应有的社会地位。今天我们道教能得到恢复，是当代对自己传统文化重视和重申宗教信仰自由带来的结果，特别是改革开放以后的变化，为道教带来转机。

以上作为一个引言来开头,也是希望引起大家对道教的思考,就是道教究竟是一个什么样的宗教?下面就进入我的看法,就是我所认识的道教。

一 以道名教

我之所以用这个题目,是想说明所谓道教当然是"以道立教",要不然就不叫道教。

(一)道教渊源

道教的渊源有多种说法,我这里引用的是陈撄宁先生的概括。他对道教的看法也是现代学术界关于道教渊源的基本看法,其实这不完全是道教的,体现更多的也还是学术上的看法。道教的看法主要是道教有三个源头,基本上跟南梁刘勰概括的类似,"上标老子,次述神仙,下袭张(道)陵"。

第一个源头是殷商时期的鬼神崇拜。

在殷商时期,不管是帝王将相还是普通百姓都崇拜鬼神,所以要敬天地、敬山川、敬日月。这种能跟鬼神交通的人就是当时的巫、祝。当时的巫祝是怎样来跟鬼神交通的?他们通过歌舞来降神,以言辞来悦神。

这里需要说明一个问题,当时所谓的巫祝,实际上是那个时代最有文化的人,也就是最高级的知识分子,与我们现在关于"巫祝"的看法完全不同。只有有知识、有灵性的人才可以做"通神达灵"这样的事情。这样的信仰就是所谓的原始崇拜的传统,任何一个民族都经历过这样的历史。就中国人而言,对天神的崇拜、大自然的崇拜、山川的崇拜,都是原始信仰的一部分。

这个信仰在道教就成为了它的一个源头,就是后来对天神和祖先崇拜的源头。如我们道教崇拜的玉皇,玉皇在中国来讲就是天老爷,这个实际上就是由对天的崇拜转变过来的神。还有后土、紫微等与这个渊源有着密切关系。特别是在祖先崇拜这一方面,道教真正祭祀黄帝,祭祀炎黄,黄帝之所以最终成为中华民族的始祖,也与道教的推崇有密切的关系。由此再演变到"功德成神"的信仰,一切有功于国、有功于民的人都可以被尊奉为神。比如中国历史上的城隍神就是因为他们为官时曾造福民众而被尊为城隍神。

第二个源头是战国时期的方仙信仰。

在战国时期，出现了很多关于神仙的故事和传说。在《山海经》中就记载了许多神仙的故事和传说。不过，《山海经》记载的主要是以昆仑为中心的神话，比如西王母的传说就是《山海经》里面记载的。还有关于神仙境界的描述，如神仙住的地方有仙草、仙树，等等，这些在《山海经》里面都有记载。

人们最初对山岳有神圣的信仰，后来这种信仰又扩大到海洋。在方仙信仰中很重要的，就是在海上有仙岛，以至于我们今天还在说蓬莱、瀛洲、方壶等，这些都是仙人住的地方，有不死的人、不死的兽、有仙草等吃了可以长生的植物，而且这些地方的水都是琼浆。以至于后来秦始皇派徐福带500名童男童女出海去找神仙，找不死之药。徐福出海的目的虽然是为了给秦始皇找神仙、找长生仙草，但从另一方面来讲，也是中国船队第一次迈向海洋。现在韩国和日本都有许多关于徐福的故事。

方仙信仰就是要追求长生久视。所以在道教里面，追求成仙也成为修道中非常重要的内容，神仙就是长生不死、逍遥无累的人。南华真人说：千岁厌世，去而上仙。乘彼白云，以至帝乡。

第三个源头是黄老思想。

著名学者萧天石曾经说："我国道家，祖述黄老，崇尚自然，乃我国学术思想最早的一派。"

道教最重要的经典是《道德经》。最尊奉的神就是老子，也叫太上老君或者道德天尊。《道德经》是黄老思想在道教中的最重要的体现。

简而言之，神仙信仰成为了道教对养生、对生命探索追求的原动力；祖先崇拜、鬼神崇拜是道教多神的源泉，但是整个体系中最核心的是黄老思想，这样才形成一个"综罗百代、体大思精"的宗教——道教。

北宋张君房在编纂《云笈七签》的时候，就把道教概括成三个方面的内容，也就是所谓"正真之教"、"返俗之教"、"训世之教"。"返俗"、"训世"、"正真"这些思想都是来源于老庄思想。这也是关于道教源头的一种看法。

后来施舟人先生还说，道教文化是"无边、无量、无比丰富的传统"，他把道教文化概括成"中国文化基因库"，这也是他在北大做讲座的时候所用的题目,后来就以《中国文化基因库》之名出版,这本书是他对道教的观点的阐述,也是一本了解值得看的道教著作。

(二) 太上之道

第一,太上老子行止。

刚才说了,道教是以道名教。并说到道教的三个源头,其实它的核心就是道家的黄老思想。因为有了黄老学说,有了太上老君,之后才有了道教,所以老子《道德经》对于道教来讲是最重要的,因为道教的"道"就是来自老子。对于"道"这个字的说法很早就有,《说文》里面讲"道"就是路,所行道也。在《尚书》、《诗经》里面也都讲到道,但是那个时候的"道"还是原始的含义,就是"路"的意思。

春秋时,《左传》、《国语》便开始把"道"分为天道、人道。孔子也讲"志于道,据于德,依于仁,游于艺"。到了战国时期,"道"已经成为各家在论述自身思想体系时的核心概念,虽然各家的说法各有不同。《周易》里讲"一阴一阳之谓道"。但是"道"真正成为一个囊括万有、生化万物的根本概念还是从老子开始的。

关于老子的记载非常少,就是司马迁的《史记》里面有一点记载。《史记·老子韩非列传》中说,老子是楚国苦县人,姓李,名耳,字聃,在东周的时候做过守藏史,说他的学问"以自隐无名为务"。他在洛阳待了很久,见周朝将衰,遂离去。离开后,他一直往西走,经过了函谷关。那里的关令尹喜看到有紫气飘来,就命令守关的士兵把道路都打扫干净,用黄土铺好,说会有贵人降临。后来果然看到一个白胡子、白眉毛、白头发的老头骑牛过来,尹喜就在这里把老子留下来,老子在尹喜的恳求下,不得已写下了《道德经》五千言。紫气东来的故事也就由此流传了下来。《史记》说,"老子乃著书上下篇,言道德之意五千余言而去,莫知所终"。就是不知道去哪里了。

《史记》中还有一个记载,说到孔子曾经向老子问礼。这个故事在《庄子》里面也有记载,在《孔子家语》里面也有记载,出土的汉代文物里,也有孔子向老子问礼的砖雕。可以说这个故事是有一定根据的。因为他们毕竟是同时代的人,毕竟是当时最著名的、最有影响的两个人物,尽管思想不一样。老子又是管理图书文献的人,普通人能看到和掌握的典籍在当时是很少见的,只有他有这个条件。所以才有孔子向老子问礼的故事。根据《史记》记载的这个故事以及老子与孔子的对话，也确实反映出了道家思想和儒家思想的不同。道家思想追求的是返璞归真的境界，所以老子劝告孔子，"去子之骄气与多欲，态色与淫志，是皆无益于子之身。吾所以告子，若是而已"。孔子回去以后，对老子非常崇敬，留下了"老子犹龙"的赞语。也就是说，老子这样的人，就像龙一样高深莫测，不可思议。

第二，大道之奥。

老子的道之所以会成为道教信仰的核心，或者说是中国文化、哲学思想的核心，是因为老子把"道"树立成了一座真正的思想丰碑。老子认为"道"是"万物之奥"，是生化万物的根本。《道德经》里面说："道者，万物之奥。"道就是一切事物奥妙的根本。《道德经》里面说："有物混成，先天地生。寂兮寥兮，独立而不改，周行而不殆，可以为天下母。吾不知其名，强名曰道。"老子说，我也不知道"这个"应该叫作什么名字，我就把它叫作"道"，它是生化万物的根本。所以唐朝吴筠在《玄纲论》里面说："道"是"虚无之系，造化之根，神明之本，天地之源"。这也体现了他对道的认识。

太上道祖在《清静经》里面说："大道无形，生育天地；大道无情，运行日月；大道无名，长养万物。"这里认为道是生育天地、运行日月、长养万物的根本，这也成为了道教的根本信仰，虽然"道"不是一个完全可以说得清楚的概念，但它是一切事物的根本。

第三，象帝之先。

《道德经》第四章说："道冲而用之，或不盈。渊兮似万物之宗……吾不知谁之子，象帝之先。""象帝之先"，也就是说"道"比天地还早，也比一切神祇的源头还要早、还要根本。所以《庄子》说，道是"有情有信"、"无为无形"，"神鬼神帝"、"生天生地"，具有最崇高的神妙力量，是一切事物背后的根本。

其实，世人都在以不同形式探求终极的真理，西方之所以有上帝的概念，也是人类关于终极的追求。我们能说清楚的事情总是有限的，在能说清楚的事情背后，总是有一个无形的东西。所以西方说上帝创造了万物，也是人类不断地寻找源头、寻找终极真实的结果。

就中国文化来讲，中国人在探求宇宙万物终极的时候，就觉得只有这个无形的东西才是终极的实在，也就是"道"。"道"既是理性的又是感性的，或者说既是有形的又是无形的。所以它是神妙莫测的，是一切的根本。正是因为有这样的探索，"道"就由原来所能说清楚的"道"的观点，逐步演变成了具有神性内涵的概念，也正是因为有了神性的根源，它才能成为道教信仰的最崇高的概念。"象帝之先"就是说道是永恒久远的，神仙也是因为有了道才长久。一切神妙的根源也都是道的妙化，所以道才成为神仙信仰的根本。

第四，老君应化。

就道教来讲，道的具体形象就是老子，因为老子本身就是应化而生的，所以在道教里面说太上老祖是历劫化生的，为皇者师、帝者师、王者师，"假名易号，立天之道，地之道，人之道"。在道教关于老子的传记中说，老子在不同的时期曾经化生成不同的形象。比如在上三皇时期，他化生为玄中大法师；下三皇时期，化生为金阙帝君；伏羲时候，化生为郁华子，神农时，化生为九灵老子，祝融时，化生为广寿子，黄帝时，化生为广成子，一直到后来，在周朝的时候化生为守藏史。这当然是对老子的神化，因为在道教看来，老子是最高的真神，既是真神，那么在宇宙生化开始时他就应该存在。至于具体的形象则是大道历劫应化的结果。

第五，老子即道。

《云笈七签》说："老子者，老君也，此即道之身也。"也就是说，老子是道的一个应化之象。当然这个说法在汉朝的时候就有。东汉王阜在《老子圣母碑》中就讲道："老子者，道也。乃生于无形之先，起于太初之前，行于太素之元，浮游六虚，出入幽冥，观混合之未别，窥清浊之未分。"经过了这样一个神圣化的过程，道教认为老子就是道。道的具象就是三清。

第六，一气化三清。

在道教的信仰中，最高的是道也是三清，三清就是：玉清元始天尊、上清灵宝天尊、太清道德天尊。三清都是由道气化生的。人们常讲"老子一气化三清"。在道教信仰中，老子不仅仅指一个具体的历史人物，老子就是道。换句话讲，"道"又由一气化为三清。其理论渊源就来自《道德经》。《道德经》里面讲："道生一，一生二，二生三，三生万物。"所谓一气，就是道演化万物根本的元气，一就是开始，一就是元首，所以《太平经》里面说"道者，万物之元首也"，直接就用了这样一句话。三清作为道教的最高尊神，又被称为三清道祖。北京白云观三清阁有一副对联说道:"无上三尊乃乾坤之主宰,混元一气为造化之根本。"三清虽然是宇宙化生过程中的不同象征,但实际上都是道的化身。

三清既是道也是中国人对天地人信仰的体现。元始天尊也叫天宝尊,体现了中国人对天的信仰。灵宝天尊体现的是中国人对大地的信仰,因为中国人讲天灵地宝。道德天尊体现了中国人对道德的信仰。在中国人的信仰中,人的价值在于辅助天地化育,辅助天地化育最要紧的就是要"尊道贵德"。所以三清也是中国古代天、地、人三才信仰的体现。

(三) 天师立教

道家之所以称为道教,还有一个很重要的环节就是——天师立教。我们刚开始说老子之道成为了道教信仰和思想的核心,也成为了道教天师立教的重要基础。因为在天师立教的时候,事实上还没有形成以道为本的宗教,虽然人们有信仰,但各地具体的信仰对象还都是不一致的。应该说,道教成为一个具有宗教组织形式的宗教,实际上是从张道陵开始的。由于张道陵也被尊称为"张天师",因此一般将这段历史称为"天师立教"。以什么立教?就是以太上道祖的道来立教,这是它的根本指归。

张道陵本身是一个读书人,后来还做过官,到巴州当过江州令,就是现在重庆的一个地方,因为他对老子的思想特别崇敬,所以就辞官去修道。他去了很多名山,因此现在很多名山有张道陵天师修道的故事。他最后选定在江西的龙虎山炼丹修道。道书上记载,他修道成功以后,就到四川巴蜀地区去传教,"感太上老君降授正一盟威之法",建立二十四治,开始了他传教、弘道的历史。

他传播道教,主要有以下几个方面的内容:

第一,以老子《道德五千文》(《道德经》)为根本经典。他要求所有信教的人都要诵读《道德五千文》,这是一个非常重要的要求。

第二,开始建立二十四治,每一个地方形成一个区域,二十四治设立祭酒来管理每一个"治",来负责这样一个工作。

第三,凸显"三官"神系的信仰。所谓"三官"就是天官、地官与水官。如果教民有了过错,要到"三官"像前去思过。张天师还制定了很多道戒,最重要的就是依据老子思想确立的《想尔九戒》。这九戒实际上是老子思想的具体表现,让大家修行遵守。

关于张道陵天师立教的意义,我觉得他最大的贡献就是以老子之道立教，实际上是对以前的巫祝信仰、鬼神信仰、方仙信仰，所谓各地不同的信仰，用老子的道做了一个整合，这也是它的重要意义所在。他首先把老子推到了教祖（道祖）的地位，就像基督教的上帝一样。然后用老子的思想、老子的道，也就是老子的自然、无为、清静、柔弱等思想对过去的信仰进行了继承与革新。

因此，由张道陵天师开创的正一道遂成为了道教真正的开端。其实在这之前，还有在今天河北一带兴起的尊奉《太平经》的"太平道"，再早还有所谓的"茅家道"，就是以江苏茅山为中心的"三茅信仰"。在这之前还有很多教派，但是这些时期道派都没能成为道教的开端。比如太平道。以太平道为例，太平道行教的方法是把教徒以"方"为单位分成三十六方，它也有一些宗教的仪式，这些仪式跟张道陵说的仪式也有类似的方面，但它就是缺少一个核心的理论去统合整个体系。

张道陵天师之所以能有贡献，就是因为他立足于太上道祖的大道，运用黄老思想对原来的各种内容进行了整合，使其开始过渡到一个具有丰富思想的层面。我们把这个过程概括为对民间信仰的整合，其实是对原来传统信仰的整合，这个整合就是用"道"来整合。"道"既是核心的最崇高的概念，生化万物的根本，又是最神圣的信仰对象——太上老君，有了这个整合过程，才使一个道派成为了一个宗教，也就是"道教"。因为他认为之前的信仰形式和内容并不合乎真道，所以将自己开创的道派称为正一之道，既真正之道。而所谓真道，就是太上道祖的道。

张道陵天师曾注有《老子想尔注》一书，就是注说《道德五千文》的一本经书，这个《道德经》注本是《老子河上公章句》之后最重要的一个注本。但是这个本子后来失传了，现在在敦煌才重新发现，只是敦煌出土的内容也不完整，仅仅只有《道德经》的部分。

在《老子想尔注》里面突出强调了"生"的概念，其实"生"的概念也是中国文化的概念。所谓"天地之大德曰生"，所谓"道"就是生生不息，因为"重生"是中国文化最重要的概念。在《老子想尔注》里面直接把"生"解释为"道"的一种体现。这个思想后来又与神仙信仰结合了起来，与神仙追求长生的观念结合了起来，与老子所谓"长生久视"的观念结合了起来，成为了修道者的人生追求。

学道，求道，生活方式是要有改变的。在当时来讲，巫祝信仰流落到民间以后，成为了蛊惑人心、敛取钱财的手段，所以要改革，对原来的巫祝信仰要进行改变，怎么改变呢？他告诉学道的人应该不贪宠、不求荣；学道的人是不随俗转移的；学道的人要做到予不谢，夺不恨；学道的人要宁施人、宁避人、宁教人为善，这些其实都是老子的思想，这其实也是北宋张君房说的所谓"返俗之教"，因为这个跟世俗所追求的东西是不完全一样的。在《老子想尔注》里面还说到，学道之人"于俗间都无所欲"。就是说相对于普通的凡夫俗子，学道的人是不一样的，确实是有区别，因为修道的生活方式是全新的。

因为是要在这个基础上建立起一个新的教化体系，也就是张君房说的"训世之教"，因为它还是要作用于现实社会，还是要有益于提高社会的道德水平、使人心向上。所以就依据黄老思想建立起了这样一个教化体系。所谓"道设生以赏善，设死以威恶"，教人要积善，要信道行善。然后建立二十四治，确立了"三官"信仰，叫人要忏悔首过。正是这样的教化，使张道陵天师开创了"正一之道"，成为了道教真正的开端。

道教自形成后，一直处在丰富发展的过程中。在这个过程中，还有一支道派非常重要，就是金元时期在中国北方兴起的全真道。我们知道，道教有两大宗派：一个是由张道陵天师开创的正一道，另一派就是由王重阳、丘处机师徒开创的全真道。正一派是传统的教派，全真道是新兴的教派。在形式上，正一道虽然强调出家，但不强求，但是全真教则强调一定要出家住观。

全真道的核心概念是如何全性命之真。王重阳早年也是一个儒生，因为战乱，抱负无法实现，就开始修道，希望找到一种回报社会的有益途径，对个人来讲也是一种安身的方式。后来到山东收了七个弟子，就是马丹阳、谭处端、刘处玄、丘处机、王处一、郝大通、孙不二。他在山东烟台和威海交界的地方，创立了三教七宝会、金莲会、三光会、玉华会等，然后又开创了"全真堂"，以后才演变成"全真道"。

全真道的思想主要有：

第一，强调儒、释、道三教是共通的，所谓"儒门释户道相通，三教从来一祖风"，这是王重阳真人的话，他是讲"三教合一"的。

第二，倡导要回归大道，全性命之真，所以他说"夫全真者，是大道之清虚、无为、潇洒之门户，乃纯正之家风，是重阳之活计"。马丹阳说："大道以无心为体，忘言为用，柔弱为本，清静为基。"因为当时认为原来的道教已经偏离了老庄的思想，全真教要重返老庄之道。因为道教从张天师立教，经历了两晋南北朝、唐朝，到宋朝的时候又出现了很多的道派。重阳祖师视原来的道教是旧道教，他说旧道教已经偏离了老庄的思想，所以他要开创全真道来复兴太上老子的思想。所以有一个故事中讲，他要对原来的衣服进行拆洗，这个衣服旧了、有灰尘了，要脱下来拆洗才能更新，这是他很重要的思想。

全真有"五祖七真"，有南五祖和北五祖，我们现在讲钟离权、吕洞宾都是全真教的祖师。全真教有三大祖庭：第一是山西芮城的"永乐宫"，第二个是陕西户县（王重阳祖师的老家）的"重阳宫"，第三个就是北京白云观，是长春真人丘处机的道场。

二 体道之玄

道教从思想上来讲非常丰富，刚才已经涉及了一些，包括各家对道家的评说，有正、反两个方面，正、反两边相同的一点是比较肯定老子的思想。老子思想是道教的核心。正一道也好、全真道也好，都是以老子思想为核心的。

老子的思想包括很多方面，如果我们要看贯穿道教的核心思想，或者作为修道、学仙的根本指导思想，大概又有两个方面，用现在的话说就是道教的核心价值：即致虚守静与返璞归真。

（一）致虚守静

致虚守静是道教的核心修养功夫。道教所有的修炼都离不开这个根本。致虚守静实际上是贯穿道教徒学道、修道所有过程中的理论基础。"致虚守静"实际上又包括两个方面，一个是虚，一个是静。

在道教来讲，虚就是道的一种体现。《南华真经》里面讲"唯道集虚"，所以虚是人生修养的最高境界，因为只有虚才能容，才能豁达，才能无碍，才能逍遥，也就是虚才是得道。所以《道德经》里面说"致虚极"，虚不仅要致，还要达到这个极限，当然这个极限是没有极限的极限，虚本来就是没有极限。所以虚就是道教修养精神的最高境界。

因为虚才能流通，万物能生长就是因为天地之间有虚空，所以河上公在《道德经章句》里面说："天地之间空虚，和气流行，故万物自生。"我们说自然界万物能生长，其实跟天地之间有虚空，虚空中有和气在流通是密切相关的。如果把生命闷在一个屋子里面，空气不流通，就不可能生长。所以虚是万物生长的条件和基础，因为有这个虚才会有多样的世界，才会有多样的文化。

对中国人来讲，虚也是一种人生的境界。人们常用"虚怀若谷"来形容一个人心胸博大，所以虚对道教来讲更是人生的重要境界。虚和静是联系在一起的，《南华真经》里面讲："虚则静，静则动，动则无为而无不为。"所以学道既要追求"虚怀若谷"的境界，又要以静为基础。它们好像是不一致的，但是实际上又是相互关联的。因为静才是基础，才是根本，所以《道德经》里把虚与静合起来说："致虚极，守静笃。万物并作，吾以观其复。夫物芸芸，各复归其根。归根曰静，静曰复命，复命曰常。"就是说归根复命必须要静，不静不能归根复命，不静不能达到永恒。

其实万物的生长你看不出来，它是在静处慢慢孕育生长的，这是一个过程，它需要虚空，要有一个涵养的过程，生命才可能出现，没有涵养的过程，生命不可能存在。

中国人有个传统，叫作"日出而作，日落而息"。为什么要"日落而息"，这需要有一个静的过程，有动就得有静的过程，没有静，动就不会有活力。所以生命的恢复也是通过静养来恢复的。人要是身体不好了，我们就会说一定要静养一段时间，静养以后你的生命能力和活力才能得到恢复。

有一个故事，是南华真人庄子讲的。他说，黄帝曾经向广成子问道，广成子（前面说过，广成子也是老子的化身之一）是黄帝时代的一位得道真人。广成子很有名，黄帝就去拜见他，向他请教什么是"至道"。黄帝第一次去，广成子觉得他没有诚意，就没有理睬他。第二次黄帝诚心诚意地去求教广成子，广成子就告诉他什么是至道，他说："至道之精，窈窈冥冥；至道之极，昏昏默默。无视无听，抱神以静，形将自正。必静必清，无劳女形，无摇女精，乃可以长生。"

怎么样才能"抱神以静"？要"目无所见，耳无所闻，心无所知"，这样你的神才能守住形，才可以长生。其实广成子告诉黄帝的要点就是，不论是修身还是求"长生久视"，关键就在于要去妄见、妄听、妄知，要用专一的精神去归于清静，这样才可以得到长生。

怎么样归于清静？其实道教有很多的经典来阐明这个道理。比如

《清静经》就是一部很重要的经典。《清静经》说，"夫人神好清而心扰之，人心好静而欲牵之。常能遣其欲而心自静，澄其心而神自清"。你要清静下来就要放弃自己的欲望，也就是老子说的要"少私寡欲"，但是人心会自然不自然地受到外来的欲望、忧虑和牵扰，怎么样克服、怎么样摆正这个关系，回归到生命的最好状态，是非常重要的学问。从道教的角度来讲，道教的所有修炼过程，都贯穿着一个"静"字。

至于具体的习静方法，道教主张要"静坐"。而且前人对如何静坐，或者静坐的效果，也有很好的总结。包括很多人在做静功的时候会发现意想不到的效果。比如身体的修复，静坐就对身体功能的恢复非常有帮助。现在东西方都在总结这个经验。

所以说"静"才是恢复生命活力的过程，是一个重要的方法。关于"静"，重要的是要排除一些杂念，你的念头不能一个一个地起来，要排除外在事物对你的思想和心神的干扰。像水一样，只有回归到宁静的状态，它才是透明的、纯净的，水动起来就会浑浊。所以道书中常说"动则成昏，静则生慧"。所以静是一个非常重要的修身过程。

就现实生活而言，我们常用"非宁静无以致远"来提醒自己。这是诸葛亮的话，也是道家的思想。我们现在给人写书法作品的时候，"宁静致远"是用得最多的。但是你要真正理解"宁静致远"的含义，那是非常不容易的。其中的内涵非常博大，是做人做事的重要基础。有很多人通过习静得到了很好的收获。所以虚静贯穿着道教修养功夫的全过程。

（二）返璞归真

返璞归真是道教的核心价值，因为道门中人所做的全部功夫，最终都是要回归到人素朴的本性，这是最重要的。就修道而言，就是要回归到人的真纯的本性，因此"修道"也被叫作"修真"。用现在的话来讲，"做人要真"，真才有诚，不真就没有诚，所以要做真人。所以道教的很多神仙都称作真人，庄子叫"南华真人"，我的祖先张道陵叫作"正一真人"，丘处机叫作"长春真人"。因为道教的核心价值就是追求"真"，真就要归于朴，在道教看来人生下来本来就是纯朴的。

老子讲朴，曾用婴儿来比喻，婴儿才是纯朴的，婴儿生命力是最强的，也是最柔弱的。随着年龄的增长，人纯朴的本性在一点点地丢失，因为你想得太多了，欲望也多了，牵扰也多了，要应对的事情也就复杂多了，社会的大染缸把你变得已经不单纯了，道教就是要让你回归，回归到你的本性，回归到你的天性。所以长春真人（丘处机）有一个弟子叫尹志平。他有一段话说得非常好："人生下来以后，本来是很纯朴的，但是随着年龄的增长，看到的、听到的东西越来越多，所以他的欲望也慢慢地增加了。……加之现在已经长大的人总是要去教育小孩子，实际上你的教育是把他的本性改变了，因为你不是教他回归本性，更多的是教他其他的东西，事实上更多的就是一些增长欲望的东西，这样的话，人的纯朴本性就会越来越丢失，最终你的本性就完全没有了。"也就是说，人已经被外物改变了，被外部的东西改变了，已经不纯朴了。所以道家修道的核心就是教你修真，教你成仙。很多的修行方法，都是以这个为追求的，因为有这样的追求，才能保持人的真诚和元气充足，也就是要保性命之真。这是道教真正修行的核心，这个核心的理念就是道。

　　道教很多的经典都说上古的人心是纯朴的。三皇以后，人心的质朴就慢慢不如上古了。就现在社会来讲，人的纯朴的东西已经很少了，这是矛盾的，人生就是要在矛盾中怎样确立好。一方面我们说现在物质条件不断丰富，你完全排斥它，这是做不到的，因为你就在这个环境中。如何使我的本性、天性不完全被外部的东西改变，不为了追求享受而放弃本来的我，不为了追求奢华而放弃原有的东西，这就是道家讲的"见素抱朴，少私寡欲"。孙思邈真人教人要"十二少"，少思、少念、少笑、少言、少喜、少怒、少乐、少愁、少好、少恶、少事、少机，少就是要人们懂得放弃，懂得不以有限求无限，懂得节制和珍惜生命，这些非常值得今天的我们来认真思考。

　　返璞才能归真，返璞就要求人们能抱朴。近代梁启超曾说："天下之大患，在有智慧之人耽溺于私欲，日出其智慧以扩张其溪壑无厌的物质生活……道家欲救此病，故以'见素抱朴，少私寡欲'为教。"这样的智慧，对现代人处理好人与社会的关系，人的本性和物质的关系，等等，都非常有意义和价值。

三　道通古今

　　道通古今，主要谈谈道在当代社会的价值。

　　第一是它的核心思想价值。金岳霖先生在他的《论道》中有一段话很值得思考，他说："每一文化区都有它的中坚思想，每一中坚思想都有它最崇高的概念、最基本的原动力。中国思想中最崇高的概念似乎就是道。所谓行道、修道、得道，都是以道为最终目标。思想与情感两方面的基本的原动力似乎也是道。不道之道，各家所欲言而不能尽的道，国人对之油然而生景仰之心的道，万事万物之所以不得不由，不得不依，不得不归的道，才是中国思想中最崇高的概念、最基本的原动力。"

任何一个文明都有自己的文化，我们说我们是中国人，除了我们的皮肤、血统之外，更重要的因素就是文化，文化当中最核心的是思想，思想中最核心的东西就是它最崇高的概念。道教中"道"的概念对中国文化来讲是非常重要的。

全国政协主席贾庆林在给《国际〈道德经〉论坛》的贺信中说：《道德经》蕴涵着丰富的和谐理念，主张清静和顺、谦下不争、反战尚和等思想，体现了深厚的生命关怀、社会关怀、环境关怀等人文精神，对于我们今天构建和谐社会、共建和谐世界具有重要的启示意义。联合国秘书长潘基文在给《国际〈道德经〉论坛》的贺信中则说：道教关于和谐、善意、合作的哲学思想，集中体现了当前国际社会的基本理想，也是联合国努力促进不同文明间对话与合作的出发点。这样一些思想是非常有意义的。

第二是道家之真精神。陈寅恪提出的"道家之真精神"，概括起来就是：外来的文化要尽量地吸收、不排斥，但是我自己本来的面目不能改变。他认为这就是道教的真精神。用现在的话来说是既能坚持自我又能包容其他。文化并不是一个完全非此即彼的对立，是可相互吸取的，这就是中国文化。中国文化能传承五千年，可能就是跟这样的文化精神有密切的关系。我国元朝、清朝的统治算是外族的统治，但是他们也继承了中国的文化传统，接受了中华传统文明，体现了中华文化的包容性和主体性的鲜明特征，也就是既要求有包容性也要求有主体性。用现代的话来讲，我们既不能西化，也不能说就我们最好，这都是不完整的观点。这种文化精神到今天为止仍然是最有价值、最有意义的。

第三是生态的思想。因为道教崇尚自然，强调人与自然的和谐，即中华文化"天人合一"的思想。道教对自然的态度不是征服的态度，是相互有关系的态度，其认为自然和人是一个整体，是不可分割的。所以近代以来，西方对道教的研究最重要的一方面就是关于生态的。生态危机成为现代人最关心的话题,最关心的一件事情,所以许多的西方知识分子都对道教在生态方面的思想给予了充分的肯定。美国物理学家卡普拉(F. Capra)说:在伟大的诸传统中,据我看,道家提供了最深刻并且最完美的生态智慧,它强调在自然的循环过程中,个人和社会的一切现象和潜在两者的基本一致。要点在于促进自然的和谐。

道教思想的现代价值还有很多,如齐同慈爱的太平观。道教认为,财富是天底下人共有的,你创造并拥有了财富,但你不应是财富的主宰者,而是财富的管理者。管理者就要把财富管理好,然后要重新分配,而不是你占有,要以实现济世利人的大功德。

由于时间的关系,今天的讲座就讲到这里。不妥之处还请大家批评指教。

后面的时间,按照朱老师的安排,听听大家的意见,跟大家进行交流。

以下是提问环节:

提问者1:感谢张道长给我们提供一场非常精彩、非常难得的道家学术讲座,这是非常难得的机会,因为道家的传播还是很少听到的。

因为您说它已经成为一种生活方式,能不能以您的饮食起居来讲述一下道教生活方式的特点?

刚才您说到,道教是比较主张虚静的,孙思邈曾经提出"少思、少欲、少言"等。同时道教又是主张知天,就是"素朴纯一,足以知天"。如果都削减的话,都少的话,怎么知天,就是我们在不停地削减个人追求,怎么做到知天呢?

张继禹:道教其实就在我们的生活当中,尤其是就中国人来讲,不管你认可不认可、承认不承认,对你都有影响。刚才我说的"宁静致远"的思想,在我们大家的生活当中都会或多或少的有所影响。就我们来讲,将其贯彻到我们的生活当中去是非常有益的一件事情。

第一,现实世界就是如此,人们更多地考虑的是进取、成功、获得,也就是"多"的概念,是增加的概念,而很多人不去考虑相反的概念,如何能简单一点、少一点。这就是道家、道教非常重要的教导,这也是它存在的价值。

对中国来讲,最重要的是儒、道两家,儒家讲"立功、立德、立言",都是要进取,教育我们如何去成就功名,如何成为对社会有贡献的人，这是需要的。但是道家不强调这个，因此它们彼此之间起到一个相互制约的作用，或者协调的作用，不要只考虑一个面，要同时考虑两个面。现实之中我们考虑那个面太多，反过来考虑这个面的时间就会很少。所以道家说"少思寡欲"，不是做加法而是做减法，这是它跟儒家的区别，这样就会互补。反过来是对你的成就、进取起到一个更有益的作用，这是从现实层面来讲的。

第二，你在处理问题的时候，如果你有道家的思想，把"静"字放在处理事情的过程中，就是事情来了我先不烦躁，先想想这个事要怎么做，你就不容易发火、生气。生气会影响到你处理事情的水平，不生气会让你保持良好的心态，对你的健康有帮助。

清朝的时候，曾国藩因为年轻，毛病很多，他在日记里面说，他之所以能取得后来的成就就是他的老师告诉他一个字，最重要的修养功夫就是"静"。他谨记一个"静"字，坚持做到：一是，一天拿出一点时间来静坐。我可以少一些应酬，我留出一点时间来静坐，这是他一直坚持的；二是，不管遇到什么事，用一颗恬淡的、宁静的心去对待。他说这个对他的成功是最重要的，这个也是他的老师传授给他的秘诀，是他最受益的。

所以静字对我们的生活来讲是非常重要的，特别是在当代社会，我们认识的人多，接触的事多，烦心的事多，在这个过程当中我们牢记"静"字，能在事多的时候，我也不跟着去乱，我安定下来。若你有可能生气的时候，先不生气，静下心来，可以减少很多的麻烦，可以更好地处理人和人之间的关系，所以，"静"字对我们生活来讲非常重要。

比如吃饭，你要静下心来吃饭，不要着急，不要狼吞虎咽，这个营养的吸收就不一样。宗教吃饭为什么有那么多讲究，前面还有一个仪式？那不是为了仪式而仪式，仪式是一个让你心理随之转化的过程，让你知道现在是要吃饭了。其实这个事情是非常重要的，当然还有别的一些方法，有很多的方法都可以对我们的生活有帮助。

第二个问题，你说到要保持少思、少欲、返璞归真，如何知天？知天是什么意思？就是如何知自然之大道，天地自然不是你知识多、学了很多东西就一定能知道，而是你的心要沉下来才能知天。你的心沉不下来如何知天？你学了很多的关于天的知识的介绍，而不是你的心知道天，你的心没有跟天产生一种直接的关系，也就是说，你的人跟自然不是一个和谐的关系，而是你对自然各种知识的分析。能不能知天、知自然，感悟自然之大道，而是你的心沉静下来之后、安定下来之后，你才会有更多的感悟。

主持人：谢谢张道长，今天的时间已经大大超过我们预定的时间了。道是永恒的，追求是无止境的，每个人都能够成为真人是不是可能的？

张继禹：（笑声）你只要去追寻，是可以成为真人的。

主持人：真人的追寻过程是要延续的，像修行人一天只吃一顿饭，身体一样非常好，我们则做不到，我们还要去吃中午饭。张道长给我们讲了道教的概说，让我们从宗教的角度，而不是完全平常的角度来看道教的发展。应该说除老庄的这些概念之外，其实它有非常多的、非常丰富的、非常有效的内涵和内容。因为它毕竟是在我们这块土地上，在我们民族文化上面的宗教，所以它真的是有我们本身的求真、返璞归真的积淀和哲学思考，这些东西在我们的学生教育中都是非常有益的。

中国民俗文化

萧 放

主持人朱小健：各位老师，今天我们非常高兴地邀请到萧放老师给我们讲中国民俗文化。萧放老师是北京师范大学文学院的教授，也是教育部人文社会科学重点研究基地民俗典籍文字中心民俗研究室的主任，萧老师在民间文化、民俗、社会学领域有着非常多的学术成果，在国内外都有过很多的学术交流，这个夏天也没闲着，各地都在邀请他到不同的地方讲学，我们是近水楼台，我们自己的教授。萧放教授刚刚才从台湾地区回来，辅仁大学和我们北师大也是有渊源的学校，他这个学期在台湾辅仁大学有过很多民俗学的调查和讲学，今天萧老师为我们的讲座也做了非常精心的准备。时间非常紧，我们把时间交给萧老师！

萧放：首先，很荣幸，朱老师给我一个向大家学习的机会，我看到各位学员的名单，在座的也有民俗学的博士，都是大学的教授、副教授和讲师，都是精英人士，讲民俗学有点班门弄斧，我是以学习的态度与大家交流一些看法。

大家知道，中国民俗文化这个题目其实是非常大的，我们在讲上层文化的时候会讲哲学、文学、史学等各个门类，这从各位课程安排就可以看到，如古代经典有《周易》、传统医学有中医、思想史里专讲道家，甚至还有建筑、宫廷文化等。民俗是本次课程班中的一个小专题，但民俗内容广博，可以说是上下五千年，纵横五千公里，包括56个民族，就在这广博的范围里让我用两三个小时做一个概括其实我力所不能及，有点困难。在有限时间内怎么讲，需要动点心思。我讲民俗的几个点，可能中间有些地方不能展开，但有些民俗细节不展开就没有意思，所以我会在讲述中注意详略。

民俗到底是什么？有的老师了解，有的老师不从事这个行当可能不太了解。

美国职业民俗学家多尔逊说:"民俗就像人类一样古老,也像人类一样年轻。"这句话其实非常有哲理,也就是说,民俗是一个古老的现象,同时它也是一门年轻的学问。它在历史上起源非常早,但今天我们的生活还离不开它,它还在我们的生活里发挥作用。各位都会亲身感受到,最近立秋了,立秋一日,水冷三分,早晚温度明显有差异了,这是节气时令。节气时令里有很多相关的民俗事项,立秋要防止秋季腹泻、饮食保健和"贴秋膘",等等,这在今天还是有的。

20世纪30年代,钟敬文先生写过一篇《中国民俗学运动歌》,词是钟先生写的,由当时中央大学音乐系主任程懋筠教授谱曲,程教授是给国民党写党歌的著名音乐家。这首歌是30年代杭州民俗学界要唱的,它说:"这里是一座壮大的花园,里面有奇花,也有异草。"这是从民俗生态来讲的,既有奇花也有异草,也就是说民俗有着非常丰富多样的表现。

我们讲文化的时候通常会讲精英文化,诸子百家,唐诗、宋词、元曲、艺术、水墨山水等,但比较于中国十几亿人口来讲这些是金字塔的顶端部分,是少数人的一种文化,它当然非常精彩。但我们要看到,藏量非常丰富的、很巨大的,在冰山之下的基础文化部分才是我们社会真正文化的基础。所以,中国除了文字文化系统外还有非常巨大的非文字文化系统。

这种文化的特点是什么?在人们的口耳之中流传,在人们的行为中模仿,人们在潜移默化中学习,它与人们的生活水乳交融。这是我在台湾地区桃源机场等飞机的时候拍的一张泰雅人杵臼图片,我想用它说明什么呢?杵臼在新石器岩画里可以看到,考古遗物里也可以发现,当然它没有这么精致,是用陶器或粗糙的木杵来做,但在那时候,它和现在的计算机一样,都是很重要的工具。使用过程中它有一种文化,要边杵边唱歌,《礼记》就有记载,"邻有丧,舂不相",邻居有丧事的时候你就不要用这个,因为一用这个东西就要唱歌,它的歌和生活是密切相关的。在民俗社会很少有单纯的文化生产者,民俗文化与生活、生产紧密结合。这是它的一个重要特点。

民俗文化是非常基础的文化,但在中国社会最近一百多年的历史当中曾经受到过不公正的待遇。1911年辛亥革命以后,在建立现代国家的过程中,我们曾经把目标锁定为向西方学习。既然我们全盘学习西方,那么对传统就采取漠视或批判的态度。所以"五四"运动的时候，我们有非常偏激的行为。而这样的历史后果到今天为止还没有完全消退。我们看到的是近一百年持续地对自己传统进行否定的历史，世界上任何民族、任何国家都不曾发生过这样极端的情况。

尤其是"文化大革命"，这是非常激烈的反传统阶段。我们今天讲的传统就是"文化大革命"中所说的"四旧"。"四旧"指旧思想、旧文化、旧风俗、旧习惯。"四旧"在"文化大革命"中是要打碎的，是要完全抛弃的。

这个时期把民俗文化看成是封建文化，把民俗学看成资产阶级学问，这很奇怪，本来是老百姓的文化，却变成是封建的，这一文化的研究也变成资产阶级学问。为什么说是资产阶级学问？因为民俗学的西方学术来源是对殖民地文化的研究，所以说它是资产阶级学问，不让我们讲民俗学。我们今天这么讲是得幸于现在的好时代，那时候只能讲民间文学，但不能说民间文学，得说是"劳动人民的口头文学"。钟先生1949年就来到北京，在北师大、北大、辅仁上民间文学的课，在20世纪50年代初在北师大建立"劳动人民的口头文学"教研室。

1966年8月18日，毛主席在天安门广场接见百万红卫兵。8月19日，这些红卫兵就砸了天安门广场附近的全聚德店，把全聚德70年的老匾砸毁，改名叫"北京烤鸭店"。"全聚德"不能叫，是封建的东西，要砸掉。很奇妙，历史就这么过来了，今天全聚德是"中华老字号"。这是华丽的转身。

在今天全球化的时代，民俗文化由"封建的糟粕"华丽转身为"人类文化遗产"，这是一个重大的改变。以前重视精英文化主导的文化形态变为今天重视老百姓的大众文化。这个转变是时代使然，是我们对自己过去行为的反思，也是中央和政府对传统文化有了自省、自觉的意识过程，这个过程也是改革开放几十年之后出现的。例如国家重视传统节日，给予法定假日。在此之前，我们这些学者早就说这个东西，人们也没有太重视，后来终于认识到要重视传承文化遗产。

中国民俗文化之所以在全球化时代广为重视，不仅是国人文化自觉、文化自信与文化自强的精神需要，同时也是我们中华文化"走出去"的重要内容。因为我们看到，与国际交流的时候，与欧美文化对话的时候，不是拿着和他们一样的东西，我们有自己的文化，在世界多元文化格局中有着自己的文化特色。我们的文化特色是什么？不是高楼大厦与电子技术，而是自己民族非常有标志性的民俗文化。

2011年7月25日，我们这个班的倡导者许嘉璐老先生在《中国青年报》写到学习胡锦涛总书记"七一"讲话的体会。他的体会就是文化"自觉"、"自信"、"自强"，他对费孝通先生的观点"美人之美，美美与共"的思想进行了新的阐发。他还说了这样一段话，他说："胡锦涛同志还提到，'我们要提高民族素质和塑造高尚人格'，他还提到，'在弘扬中华优秀传统文化的基础上，创造出中华文化新的辉煌'，我认为这就是'自觉'、'自信'、'自强'的综合表述。"

胡锦涛总书记的"七一"讲话非常重要，而许老先生对他的讲话又有一个特别的强调，在优秀的传统文化基础之上创造新的辉煌，就是我们国家和党的领导人已经充分认识到传统文化的重要性，把它当作我们这个文化的立身之本。我倒觉得这样的评价具有历史性的进步，一百年来重要的转变，但是它还不太够，还是有些保留。

其实，从中国这十几年中央政策导向和整个社会发展看，中央政策是一贯的、明确的，而且是开放、进步的，但是，总会在社会中遇到各种各样的阻力，不能畅快地前行，包括宗教政策的理解与执行过程中会有许多阻力，传统惯性的狭隘思维还在影响着我们的社会。

最近我在台湾地区待了三个多月，整整一百天，在辅仁大学做客座教授。因为田野考察与学术交流的关系，我跑了一些地方，我看到台湾地区跟我们是完全不一样的状态，当然他们也经历了和我们类似的革命过程。在蒋介石时代，它叫"威权时代"，也强调很多对民间整理的问题，但没有像我们的"文化大革命"做得那么绝。每个人其实都有信仰，不管知识分子还是老百姓，但他们对我们也有误解，认为大陆的人都是无神论者，其实也不尽然。与中国大陆比较起来，台湾地区的传统信仰很盛。

我们领导人对民俗文化的地位已经有认识，但实际上还没有到应有的高度，没有把民间文化或民族基层文化当成国体、本体文化。其实我们在建立民族国家的过程中一定要把老百姓的文化当作国家的主体文化，这个文化才能成功，我们每个人才会得到尊重。尊重老百姓文化，我们国家才有前途，这是我们的一个发展方向。我们在友谊促进会开会讨论宗教的问题，以前谈宗教都是宗教管理部门、公安部门和其他部门的学者领导去对策研究，我们民俗学者去旁听，后来民俗学者可以发言，最后我们可以作大会发言，因为我们是从民俗文化、民间宗教文化理解的角度去讲述它，这是一个进步。中国现在就是这样的状态，我们不能太急，但可以引用美国人对民俗的看法来比较一下我们的认识是否到位，是否到达应有的高度。

　　1976年1月2日，30多年前，美国第九十四届国会通过了《民俗保护法案》（我们的《非物质文化遗产法》2011年6月才通过，非物质文化遗产包括了民俗内容。该法案说，"美国民俗所固有的多样性对丰富国家文化做出了巨大贡献，并培育了美国人民的个性和特性。美国的历史有力地证明了建设一个强国不需要牺牲文化间的差异"。美国是多元社会、多元文化，非常强调多样性，他们说他们国家强大不会牺牲文化的差异，就是对不同民族、不同族群和不同地区的文化要予以同等尊重。

　　我有亲身感受，2007年，中国民俗学会有个代表团到美国纽约访问。纽约市主管文化的部门跟我们谈什么呢？他们召集了一批类似我们居委会的工作人员，他们是社区文化的管理者和组织者，他们希望中国民俗学会给予支援，让中国民俗学会组织一些人与他们交流，辅导他们，让他们很好地开展华人社区的文化活动，不要老是剪纸之类的，除了剪纸之外其他各方面文化活动都行。当时来的还有墨西哥族裔的文化工作者，他们经常有文化活动，后来他们以为我在纽约，一直给我发邮件邀请参加。美国重视不同族群的文化，没有以主流文化去抑制、阻止这些少数族裔的文化，而是让它们和谐共存。这是文化生态问题。

　　该法案还有一段话尤其重要，"美国民俗对美国人民的思想、信仰、观念和性格的形成有着根本的影响，保存、支持、复兴并传播美国民俗和艺术是美国民众的全体利益之所在"。美国民俗的保存、支持和发展是全体美国人民的利益之所在，和我们国家对民俗的认识很不一样。到今天为止，我们还没有真正认识到民俗文化在民族文化认同方面的巨大价值，因此，在我们一般人的思想意识中，还没有达到重要的位置。在中华文化研讨班中民俗课程的比例应该显著提高，这个课程起码应该和其他课平分。当然，我们这个班开设民俗专题已经很不错了，未来朱老师应该多安排民俗方面的讲座，因为有很多内容可讲。

一 民俗的概念与主要类别

我们讲民俗的时候经常会讲到中国民俗学有两个传统，一个是本土的传统，一个是西学的传统，中国很早之前就非常重视民俗问题。大家都知道，《诗经·国风》就是朝廷派一批人去做调查，然后记录、反映上来，看地方歌谣腔调和内容以观察社会民情，这是很早的采风实践。

我们讲民俗概念的时候，书本里经常会有下面几个词。

风俗。我们经常说风俗习惯，风俗是整体性、全民性的，不分上下层的，历史时期风俗、现代社会风俗都包括在内。

世俗。指普通社会的风俗习惯，上层人士一般用来指称民情风俗。

礼俗。礼俗是最近比较热门的词语，因为礼俗强调上下文化的整合，特别是强调上层文化对下层文化的影响，把礼的精神引入习俗行为之中，或者将具有礼仪行为的习俗称为礼俗。

民俗。民俗就是我们今天讨论的题目。

今天看民俗是什么？钟敬文先生主编的《民俗学概论》中指出："民俗是指民间风俗，指一个国家和民族中广大民众所创造、享用和传承的生活文化。"这句话大家可能看过就轻轻放过去了，但这句话的内涵非常丰富。民俗不是个人的，不是个别精英人士的创意，而是广大民众的创造。这个文化创造出来不是为了个人欣赏，而是为广大民众所享用。它的文化也不是存在于书本或影视片里的，是在民众生活中传承。这样的文化是生活文化，与生活不能分离，生活内容广泛，精神生活、物质生活和社会生活都包括在内。

讲中国民俗词义时，也讲中国古代文献典籍是怎么记载传统民俗的。我们一说民俗就好像只是田野调查，并不全面。中国民俗有很久的文献传统，古代探讨民俗的人对典籍很熟悉，我们今天研究民俗的人也应该熟悉典籍。我们研究民俗必须要有两个功夫，一是文献功夫，二是田野功夫，两条腿同时走才能走好，中国的民俗传统研究要从文献典籍中找到依据，仅口头调查是不够的。

"民俗"这个词在中国最早出现在《礼记·缁衣》，缁衣是什么意思？黑色的衣服。黑色的衣服什么时候穿？祭祀、庄重的时候穿。有人可能认为《礼记》是汉代人编写的，《礼记》是在汉代成文的没有错，但其中有很多先秦时期的内容。近年出土的湖北郭店楚简里就有《缁衣》篇，楚简是在秦代之前。《缁衣》说："故君民者，章好以示民俗，慎恶以御民之淫，则民不惑矣。"什么意思？君民者，就是管理老百姓的人，要表彰好的东西，以做民众的榜样。这样，老百姓才会知道这是好的，那是不好的。就像我们在20世纪中后期一定要树一个像雷锋这样的榜样，没有雷锋就没有好榜样。一个社会如果没有榜样，就会好坏不分、是非不分，大家得过且过，过一天就算一天。我们今天不幸就是一个缺少有效榜样的时代，或者说大家不重视榜样的时代。因为过去树的榜样很多，大家很烦，很腻歪，有榜样也不爱学。其实不对，一个社会应该有良风美俗的榜样，现在正在建立过程中。江泽民时代提出"以德治国"，因为我们的法律虽然较周全，但抢劫杀人的还是那么多，到底是什么问题？怎么去治？是要对"文化大革命"后遗症或过分的利益追求后果进行精神疗伤，还是要强调道德和伦理的重建？这方面我们民俗有非常好的教化传统。

俗，在《礼记·缁衣》里有时写成"欲"，"俗"和"欲"是相通的，老百姓的思想、情感、欲望，都可以通过民俗来表现。《韩非子·解老》篇里说，"狱讼繁，则田荒"，打官司的人太多，大家都不生产，都去打官司，谁也不去劳动则田地荒芜了。"田荒则府仓虚，府仓虚则国贫，国贫则民俗淫侈。民俗淫侈，则衣食之业绝。"就是说大家都去打官司，不种田，国家仓库空虚，国家贫穷，民俗风气败坏，整个国家、社会就完了。所以，这里的民俗是指风气。国贫为什么民俗淫侈？一般淫侈是豪奢，国家穷了，还能铺张吗？所以，我到现在为止也没有完全弄明白为什么韩非子这么讲，有可能很贫穷的时候还要去摆排场、爱面子，还要去铺张，这有可能。当然，也可能就解释为国家贫穷，民俗风气败坏。

《史记》有三个地方明确用"民俗"，第一处是《周本纪》里面，有两个小国，一个是虞国，一个是芮国，是相交界的两个小国，两国经常扯皮，经常为边界闹纠纷。当时周王统治的地方也很小，不像后来周朝那么大，也是在陕西西部一个比较大的国，但周王很有君子之风，很讲道德。这两个扯皮的小国总要找一个权威人士给他们调解，听说周王处事公平，很有道德风范，所以找他裁决。虞国和芮国两个国家的小国君就到周地找周王，入界（到周地的地界）看到一个景象"耕者皆让畔，民俗皆让长"。普通老百姓种田，各人有自己的一块，田块之间有田埂，东家的田埂和西家的田埂相连，经常有人会占小便宜，削掉一点成为自己的。但周地的人不是，他们互相礼让，"民俗皆让长"是说老百姓对长辈都很尊重，很强调伦理上下、等级尊卑，非常有礼。这两个小国君一看，周地的老百姓都这么好，都这么做，我们两个国君还这么扯皮，太不够意思了，哪有脸面见周王，就算了，回去了，受教育了。这里面讲的民俗是一个地方的社会习惯。

第二处是在《史记·货殖列传》中讲的，司马迁在《史记》中专门给商人立传，很有经济眼光，很重视地方商人对经济的贡献。做生意要上知天文，下知地理，知道空调好不好卖要看天气预报，北京地铁口，一下大雨就有很多卖雨衣的小贩。了解风土人情的人才会做生意。司马迁写到中山（北京附近的河北地区），中山是民俗"僄急"，意思是中山这个地区的人性格很急躁，一急躁就打架。为什么中山人会是这种性格？因为它是游牧和农耕交界的地方，当时的生存环境决定他们的性格必须强悍，否则不可能生存。这里的"民俗"讲的是性格。

第三处是在《史记·循吏列传》中说到"民俗"。循吏是好官，司马迁给好官作传。楚国有个贤明的大臣名叫孙叔敖，司马迁怎么表现这个好官呢？他引用了一则故事，说"楚民俗好庳车"，当时楚国人喜欢坐矮车，不是今天坐一个大的越野轿车，他喜欢坐小矮车。楚王觉得大家坐小矮车不够意思，不体面，就想让他们坐高车。孙叔敖就说你不要简单下令让大家坐高车，让大家怎么服从你的命令呢？不要强制，强制是没有什么好效果的。我们古代社会里人是聚居的，像今天小区门口有一个大牌楼或门槛。从外面进社区的时候有一个门限，门限低，矮车好进，门限高，小车就不好进去。当官的士大夫坐车肯定不愿意在小区门口下车，然后把车推过去。他说你把门限提高，提高门限之后，这些坐车的人自动就会把他的车提高，这样因势利导使民俗发生改变。这是孙叔敖对楚王的建议，这个建议对我们今天当政来说是一个很好的思考范例。《汉书·董仲舒传》说"变民风，化民俗"，强调民俗教化。民俗教化在中国传统社会是非常受重视的，其实这也是中国的文化遗产之一，当政者要善于对民间社会进行管理和引导。上面几处是我们讲"民俗"的时候的传统用法，这些例子让大家直观地了解古代民俗的含义，它讲了性格、风气、习惯。

实际上今天民俗学用的是西方的学术传统。我们下面谈谈现代民俗的西方学术来源。

"现代民俗"这个词来源于英国，我们经常把民俗翻译成英文 Folklore，folk 是乡民，后来扩大到民众、民间，lore 是知识、学问，是后缀，民俗就是民间的知识或乡民的知识。今天用 Folklore 指代民俗的时候是指民众知识。民众知识跟刚才讲的那些东西有相关性，但不完全一致，而民间知识面更广，民间所有知识都包含在民俗范围之内，我们今天在研究民俗时用的也是现代西学的名词，它既指称民俗对象本身，也指研究民俗这个学问，所以叫 Folklore。Folklore 在美国会偏重民间文化，在德国不用 Folklore，而用"民族学"这个词，不一样。在中国，民俗（Folklore）主要是指民俗行为、心理民俗、语言民俗等。由于时间关系，不详细讲了。

我们看民俗的主要门类：

1. 生计民俗。它是生产和生活民俗，生产民俗，大家知道，中国社会主要是农耕社会，还有游牧、捕捞、狩猎等，里面有非常丰富的内容。与农业有关的二十四节气，就是重要的农事民俗。有国外学者说中国不仅有四大发明，还有第五大发明，那就是二十四节气，中国人很早就对太阳的运动轨道进行观测，我们的时间生活对应着这样的天文节点，刚刚过去的立秋就是这样的节气，我们为什么重视七月七？就是与立秋有关系。中国有些节日看起来是现代节日，实际上依靠的是自然节气点。

云南元阳的梯田，这是世界农业文化遗产，山上很多梯田，一直都会有水，大旱之年别的地方都没有水，这个地方还有水。为什么？它有一个特别涵养水源的民俗方式，它把水当成人的生命，水源处有头脑，有眼睛，有嘴巴，怎么去保护？它有一套民俗知识帮助协调地方生态环境。这是内蒙古草原，这是我拍的照片，傍晚的时候，那个小伙子带着一群马去饮水回来，我就对着那儿拍了一张照片，效果还特别好，这是游牧的生活方式。

生计民俗里一是生产，二是物质生活。就物质生活来讲，主要是衣、食、住。这是江南的印花布，现在是文化遗产，过去用于日常生活。这是黄河边上的一个村庄。

2. 社会民俗。我把很多东西放到社会民俗里介绍，比如生死仪礼民俗，人从出生到死亡，民俗一直关涉着他，人的整个生命过程中生与死两道仪礼程序最隆重。这两道程序，你本人可能不知道，但民俗会关心你，在你出生之前民俗会关心你，死了之后也有很多措施来帮助你。还有岁时节日，这是台北洲美的龙舟赛，洲美有座专门纪念屈原的祠堂，每年那里都举办龙舟赛，现在作为台北市的一个文化项目活动。这是台湾地区鹿港端午节的一个活动，每年端午节都要举办"鲁班公宴"，我们起初以为鲁班公宴是吃饭，其实不是，它类似宴会，宴就是铺排、排场，把民间艺人很精妙的手工产品摆在那个地方，让大家欣赏和参观，同时其实也有竞技性的意味，以此来纪念鲁班的生日，这就是鲁班公宴。传统行业组织有行会、行业都有祖师爷，端午节的时候在鹿港这个地方纪念祖师爷鲁班。

3. 精神民俗，主要是信仰，我把民间文学也放在里面，因为我觉得是很多老百姓精神活动的表现，情感需求在传说、故事里都有体现。这是台湾地区最兴盛的妈祖节活动场所，在台湾大甲的镇澜宫，大甲的妈祖巡游是九天八夜，真的要走路，走很远的线路，然后绕回来。我这天去调查的时候，是妈祖回銮。为了欢迎妈祖回宫，马路上人山人海，非常壮观，一直持续到半夜才完成回銮安座仪式。

4. 语言和艺术民俗，包括俗语、谚语、谜语、民间美术和民间歌舞。这是陕西凤翔的民间彩塑。剪纸里有很多题材，像老鼠嫁女、子孙娘娘等，这是两幅代表图片。

5. 游艺民俗。中国有很正统的伦理教育传统，也有游艺传统，很多玩的东西体现出伦理的东西，"游于艺"，也是传统教育的一种方式。游艺包括很多方面，比如民间游戏、竞技、杂艺（包含很广，包括斗蛐蛐、蚂蚁竞赛、老鼠踩车等）都属于杂艺，中国民俗里有很多这种东西。不要小看这个杂艺，美国人特喜欢。2006年，我们去美国西部开会的时候，威莱大学请人来表演木偶戏，表演的艺人是中国木偶戏剧团退休的一对老夫妻，现在这两个人在美国很火，曾经得过美国总统签发的文化遗产奖。美国文化遗产奖，每两年评一次，每次评十来个人。因为他们两个加入了美国国籍，有资格申请此奖。中国的木偶戏成为美国文化遗产，美国给予了5万美元奖金。可见美国人很重视吸收外来文化并作为自己的文化遗产。

这是斗草游戏。端午节的时候除了龙舟赛、吃粽子之外还有斗草游戏，斗草分文斗和武斗两种，文斗要说斗草名，如"罗汉松"对"美人蕉"，一人说一句，看谁对得巧妙。武斗是两根草套起来，看谁的草韧性大，这是清代一个斗草的游戏图，这些小孩玩得很好，很开心。刚才讲的是民俗主要类别和内容，讲得比较简单。

二　中国民俗起源与历史发展阶段

中国民俗起源是指民俗的发生，就是民俗是怎么发生的。它不像我们坐在家里想写一首诗，绞尽脑汁推敲出字来，它是根据自己现实生存的需要所创造出来的文化。生存最低的是基本的物质生存，要吃，要穿，要各种物质服务。

1. 物质生存。包括农耕生产，南方的农耕和北方的农耕不一样，南方用水牛，北方用黄牛，南方种水稻，北方旱作，当然东北也有水稻，不能一概而论。这样的生产方式决定了我们的饮食方式，南方人吃米饭觉得很舒服，吃馒头觉得胀，北方人吃米饭觉得吃不饱，这都是环境、生计方式影响的习惯。

很早以前，南方有个词叫"饭稻羹鱼"，《史记》里有记载，意思是他吃的是稻米，河姆渡文化里看到七千年稻谷的遗存，湖南城头山洞庭湖旁边的遗址里发现上万年的水稻，所以，中国种水稻的历史有一万年以上，还有江西万年仙人洞都有很早的种植遗存。水稻的历史比小麦的历史长，小麦是后期从西域传过来的。北方人主要吃小麦，小麦怎么吃其实有生活方式不同的原因，以前我们吃的是粒食，一粒粒地吃，所以，《礼记》里讲"有不粒食者"之民。上古吃麦饭是很正常的情况，后来我们把它改变了，我们吃面粉。面粉是怎么发明的？我们吃的面粉是从胡人学过来的，吃的饼叫胡饼。以前见一个人蹲在地上吃胡饼觉得很奇怪，当然它后来也成为我们的习惯。

居住方面，中国人有自己的方式，不是随便找一个房子就住了，在建村造房过程中都会强调风水，左青龙、右白虎，又安静又热乎，房屋坐落在青龙、白虎之间，相当于左右有扶手，加上后面的靠山，意味着后面有依靠，前面当然要开阔敞亮，这是在北半球生活的中国民众选择环境生存时特别强调的。它要讲来龙，讲有水，讲空气的流动，讲光照。如果这个村庄或某户人家建在山坳里，四面环山，在这样的小空间里，就很受局限，空气不流动，水也是死水，就是相当不好的生存环境。风水学中有许多讲究，如四合院中间栽一棵树，那就是"困"，不好，要采取处理措施。台湾人特别讲风水，买房子一定要请人算，算得特别细，你这个人的生辰八字，父母的生辰八字，房子的朝向等综合考虑，不是单一因素。

我们说风水学是中国传统的环境科学，它注意环境的通风、采光，防止地磁，这确实有关系。如果地下有一个矿，整天被辐射，会有好的结果吗？所以，他注重水的轻重，来看土地颜色，实际是没有经过今天的科学分析，但他们是用经验总结出来的，有一定道理，所以风水观念在民间很盛。

最近有一个很好的例子，觉得很有意思。黄侃是章黄学派的开创者，黄侃的老家在湖北蕲春，他的父亲当过清朝部级领导，相当于二品官员，黄家在当地很有影响，出了那么多名人，又是大官，又是大学者什么的。当地人就有意见了，说我们这个地方的风水都被你黄家占尽了，所以现在黄侃的故居没人保护，墙砖被人拆走，成了猪圈。故居在湖北当地是作为文物保护单位，但没人管理。这时候我有一个小老乡做黄冈地区的名人调查，他回来跟我讲这个故事，他拍了照片，拍故居的时候正好一头猪在那个地方伸出头来。黄侃父亲的墓也在荒草堆里，黄侃自己的墓也在那里不被重视。我们说章黄学派是中国重要的学术流派，至今在海内外学界都很有影响，而大师黄侃身后是这样的情况。这是风水观念影响不好的一面，当然也可能有其他方面的原因。

我在台湾专门拜谒了连战祖父连横的墓，就在新庄辅仁大学旁边，看到墓地旁边有好几棵很粗的相思树，树中间的皮被人环切，这种环切的方式肯定是人为的。台湾的选举文化很发达，又是很复杂的情况。所以有人会以破坏连家祖先风水的方式来整对手。

民俗居住环境，虽然是物质的东西，但其实里面有精神因素，在传统社会，精神和物质很难分开。

2. 种族繁衍。我们怎么促进人口的再生产？哪种婚姻模式是我们选择的？我们很早就选择男娶女嫁，少数民族有"不落夫家"，广东还有自梳女，终身不结婚。我们今天有丁克家庭，不要子女，结婚就是两性结合。传统社会不是这样，婚姻不重两性结合，觉得传宗接代才是最主要的，所以对繁衍子嗣非常重视，采取很多民俗措施增加生殖力，有许多祈求子嗣的习俗。首先到庙里"拴"一个娃娃，好不容易"拴"上了就开始保健，孕妇不能看戏，不能到丧葬人家或婚嫁人家去，采取种种措施保护孕妇，当然有很多禁忌，比如孕妇去看人家结婚，会对主人不利，也对自己不利，其实是告诉大家，不要到那么激动、好玩的地方，人挤人的地方去，万一把你碰到怎么办？戏也不能看，否则生的小孩是花脸，其实戏讲人生，人有悲欢离合，看的时候心情能不受影响吗？怀孕要有很平静的心态让胎儿正常发育。民俗不这么说，用禁忌告诉你哪些场合不能去。当然我们还看到很多家族文化，都在强调人口的繁衍，特别是传统的清明祠堂祭祖与扫墓活动，就是人丁是否兴旺的一次检阅。

3. 社会适应。每个人都不是独立的人，民俗社会特别强调整体关系，中国没有独立的人，我们不能随便说好或不好。中国的传统就是这样，在社会里才能体现我的价值，怎么适应社会有很多方式，怎么去跟社会结合、心理认同，确定自己在社会结构里的位置，有很多民俗措施，以及你怎么对待他人，怎么跟人交往，有许多交往礼俗。但今天很多人不知道跟人交往的方式和如何表达自己的情感。所以，我们经常说老师对同学特别好，对学生一片真情，但学生很少表达对你的感激。你对他的关心他不可能不知道，但是他就是不表达。当然有的同学会表达，我想这和家教、个人性格有关系，我想你对他好还是不好他心里是非常明白的，但是就是不知道人跟人之间是要"礼尚往来"的，这礼不一定是礼物，它就是说要有情感互动。

社会上的每个人都有自己的长项，但我们有些人恃才傲物，他不知道民谚中有这样一句话，"天下只有第七，没有第一"。话很简单，道理很深。你待人处事的时候对人恭敬，尊重别人，别人才能尊重你，你恃才傲物，谁也瞧不起，人家也瞧不起你。这是非常基本的礼节，包括我们等车、购物、做日常事情的时候，我们很多人是不知道的，不是他不想做好，他是不知道怎么去做，稍等一会儿就很急躁。台湾人不是这样，他们非常安静，非常有秩序，人情味也很浓。我们现在这个社会阶段很特殊，也可以理解。

4. 精神活动。这也是民俗起源的一个方式，大家有一个精神需求，就是你信不信神，有没有信仰，怎么表达你的精神和情感，这些都会逐渐形成特定的民俗方式。精神活动是对自然、社会、历史、人生的理解与表达，包括神话、传说、故事、歌谣、信仰与民间艺术。女娲神话、蛇郎故事、关公信仰里有非常丰富的内容。

比如蛇郎的故事，里面涉及道德与信仰的问题。一个蛇精要娶这家女儿，如果不答应它，父亲就会受到祸害，父亲怎么办？他很发愁，他不说出来，女儿就问父亲为什么发愁，父亲就告诉她们这个情况。大女儿不干，小女儿怜惜父亲，答应与蛇精结婚，结果蛇精是个很漂亮的小伙子蛇郎，他们过上了幸福的生活。大姐姐一看很妒忌，就要害她的妹妹，让她妹妹到井边照镜子，把妹妹推到井里淹死了，然后穿着妹妹的衣服回去，假装是蛇郎的妻子，当然最后遭到了报应。为什么会有人兽婚的故事？是曾经有过的历史还是用弗洛伊德观点分析的那种东西呢？实际上蛇之所以要娶女性，是因为我们民间有个信仰。民间说蛇是淫，蛇经常要和女性交通，这是一个传统的观念，怎么满足它？要用女性满足它，这是传统的观念，后来出了很多故事，当然这些说起来就非常多、非常长了。

再说关公信仰，2003年我去台湾开会，当时"台独"势力很强，我们与出租车司机聊天。我们问：台湾能独立吗？他说能让台湾人不信关公吗？关公庙到处都有，台北最大的关公庙是行天宫，关公讲忠义，关公信仰那么多，文化渊源那么深，能独立吗？当然，台北人比较偏重对内地文化的归属，但台南不一样。可见，精神信仰问题不仅是民俗内容，还是一个文化认同问题。

再看中国民俗发展的历史阶段。

要定中国民俗发展阶段是很难的，民俗不像社会史、经济史、政治史那些，改朝换代就是一个历史阶段。例如宋、元、明、清各朝的换代，历史时间段落很清楚。但要说什么时间开始烧香供神，什么时间开始吃辣椒？很难定。我们很难作细致的阶段划分，只好划一个大致的期限和阶段。可以划分为史前、古代和近代三个大阶段。

说民俗历史阶段之前，我们不妨以中国文化标志物龙信仰为例来看民俗的阶段。中国人对龙很崇拜，但是今天看的这个龙一开始不是这个样子，经历了一个发展阶段。史前时期，离现在六千年的历史阶段，今天考古发现了一条蚌龙，即用蚌壳摆的龙造型，它是在河南濮阳西水坡遗址发现的，属于仰韶文化期。还有一条龙也是距今五千年至六千年的辽西红山文化的猪龙。我们今天说龙是蛇形的龙，有人认为龙的原型是鳄鱼，猪怎么成了龙呢？猪和龙有什么关系？猪在中华民族民俗里有很重要的位置，过年之所以要杀年猪，猪肉美味，主要是要把猪头拿去供神。新石器时代墓葬里猪头的数量是地位高低的象征，所以猪很早就被崇拜。有人解释"家"是上面一个房子，下面一头猪，有人不同意这个解释，但一般也可以这么理解，可以去湖南、广西山区的苗族看他们怎么生存。上层住人下层养猪，现在还是这样的情况。

这是濮阳西水坡遗址蚌壳摆的龙，这是在首都博物馆拍的猪龙。濮阳龙很有意思，我看到网上有一个讨论，怀疑这条龙的真实性。依据之一是龙尾形状问题，这个龙的形状是尾巴分叉的，是比较晚的，以前龙的尾巴都是扁平的或单的，它有一定的道理，但也不见得是事实。现在我们可以确定地说，六千年前的龙是有各种各样的形象的。上古社会有四象观念，天空中分四大部分，这四部分别用四个物象表示，东面青龙，西面白虎，南面是朱雀，北面是玄武。四象是天空中的四个位置，人死归天，要回到这个空间里，所以在古代墓葬里也做了这个空间布置。

以龙为例，刚才说的是史前时代。现在看古代，夏商周三代至汉蛇龙的变化，以前在典籍里看到有飞龙，《周易》里有"飞龙在天"，"潜龙勿用"。龙是非常具象的东西，还有一段话说得非常神奇，"龙，鳞虫之长，能幽能明，能细能巨，能短能长。春分而登天，秋分而潜渊"，讲的是什么？有人讲的是天上苍龙七宿，我们讲四象，苍龙星座在东方地平线上规律性地出现。地平线上龙角先出现叫二月二龙抬头，然后到一定阶段，上升到南方天空，到秋分就沉潜下去了。人们根据苍龙七宿在天空中的位置变化来表示季节，依据它制定历法，称为"六龙历"，《周易》的乾卦就是这个历法的象征，卦爻辞就是古代历法的解释。

这是汉代画像石的龙，很生动，很流畅。唐宋以后，龙又发生变化了，因为唐代佛教开始大量进来，佛教里有龙，那个龙和我们的龙性质不一样，中国本土的龙与印度的龙交会之后会形成新的象征，把龙跟威权联系，认为帝王是龙的化身。我们今天中国人讲是龙的传人，其实在传统社会不能这样说，只有天子才是龙的传人，所以那时候龙是很威严的。宋人罗愿在《尔雅翼》中说"龙，角似鹿，头似驼，眼似兔，项似蛇，腹似蜃，鳞似鱼，爪似鹰，掌似虎，耳似牛"，是各种动物形象的聚合。闻一多先生就说这个龙是古代图腾物的融合，中华民族中很多族属图腾融合之后形成新的图腾——龙。这是宋代人心目中的龙形象。

台湾辅仁大学后面有个庙，庙前上方就是几条形态逼真的飞龙。台湾的寺庙比大陆的寺庙做得精美，工艺非常好，雕刻功夫非常细致，都是花大价钱做的，一座神庙就像一座宗教艺术博物馆。这里的龙是四个爪，皇帝的龙是五个爪，一般的龙不能随便用五个爪。除了帝王之外，老百姓也有一个龙，就是求雨的龙，各地常有龙王庙。

到了近代，我们要在民族国家建立过程中找一个信仰象征，就把龙作为我们的标志，强调龙的图腾意义，其实龙未必就是中国人以前的图腾，但现在作为民族文化政治性的图腾是存在的，我们强调龙的传人，那首歌的影响很大。

数千年的龙神信仰连绵不绝，其中经历了质朴的原始信仰、神兽信仰、政治信仰、民族信仰等若干阶段性的变化。要细致划分民俗传承变化阶段，可以看到不同时代民俗形态、性质的变化，以及民俗的历史性特点。

1. 史前时代。史前时代是没有文字的时代，在夏朝建立之前，这个时代是原始社会的民俗，原始社会的民俗是全民性的习俗，那时候没有一个社会分化，是整体的东西。有原始生产、生活习俗，原始信仰、巫术民俗、原始神话，内容非常多，包括怎么吃饭，怎么生产以及巫术，有很多民俗材料和考古材料证明。这是我们史前时期劳动的工具骨耜。

这是红山文化女神的图象，早期的信仰崇拜里对女神是特别看重的，这是女神的身体，都是生育特征很明显的，我们拜女神是为了让子孙繁衍昌盛。

这是贺兰山上的岩画，这是个巫师的形象，两只手、头、身体和脚，是原始社会的遗存。岩画被破坏成这样子，没有人保护，已经快完了。

2. 古代民俗，是指从夏王朝建立到鸦片战争之前的民俗。古代民俗大致可以划分为前、后两个时期，汉魏作为一个切分点，汉魏以前作为第一个阶段，汉魏以后作为第二个阶段。这个时期是中国古代民俗的发展和繁荣期。

（1）夏、商、周三代时期是中原地区为中心的华夏民族的形成期。夏代的文化我们很难有实物来证明，文献里有，比如历法有夏小正，我们说夏历是这么传的。孔子也说到夏朝的文化，因为文献不足，说不清楚，孔子的时代都说不清楚，我们就更难说清楚了。夏朝崇尚黑色，所以夏朝有黑色的祭器，还有一个漆器的碗，是祭祀用的，不是今天谁拿到皇帝大印谁就是皇帝。那个祭碗是祭祀权，象征正统。《韩非子》里对此有记载。夏朝的东西考古发现少，夏朝的历史民俗现在还是模糊状态。

商朝的东西我们有了大量的考古发现，已经能说清楚一些东西，比如甲骨文的发现可以知道商朝的一些信仰情况。甲骨文发现之前，有人甚至怀疑商朝的存在，甲骨文的发现证明这是事实，墓葬里还发现很多青铜器，商朝人特别喜欢喝酒、酗酒。商朝重视与鬼神的沟通，祭祀习俗丰富。

周朝有很多历史遗存，有更多的文献和实物，而且今天很多民俗传统都与周朝有关系，比如周代的饮食保健方面，我们今天中医讲的很多医药保健道理与做法在《周易》里都有记载。在婚姻方面，我们经常说"周公六礼"，今天婚姻很多礼俗大体还是遵循周公六礼的模式，所以周代的礼俗对后代的影响非常大。这是青铜器，它的耳朵那么长，为什么那么长？人们要依赖神器听天地的声音，与外界沟通。

这个意象到今天为止在民间工艺里都在用，这是鹿回头，中国人讲究吉祥，鹿是瑞兽，鹿回头是福禄向你招手的意思。鹿回头在青铜器里已经有了，在今天的民间美术工艺图案中常常见到。

（2）春秋战国至汉魏以前，是中国历史上规模最大的民族融合期，以华夏族团为主体，融合其他民族形成汉民族，从此中国有了主体民族。汉民族民俗体系形成的标志有这样几点：

①以儒家伦理统一整齐民俗。汉朝人特别重视对民俗的教化和整理，往各地派观风问俗使，就是派官人到地方检查，去整齐民俗，从秦朝开始，秦始皇就开始整理地方。用伦理教化的手段统一整齐民俗。

②形成了众多国人共享的通行习俗。汉魏时期已经形成了全国共享的一些习俗模式，比如岁时节日。我们今天过的节日除了中秋节没有出现之外，其他节日基本在汉魏时期出现了，这个模式一直存在。

③确立了后代遵循的民俗传统。周公六礼、岁时节日等民俗信仰节日都在这个时期形成，后代有变化，有增加，有丰富，但模式在这个时期已基本确立。这个时期是本土民俗传统确立的时期。（图）这是汉朝的灯，灯饰做得非常好。这是青铜镜，后面是十二生肖的图案。这是小便器，叫虎子，六朝的。这是家畜的圈笼。

（3）隋、唐、宋、元、明、清是传统民俗融合外来民俗，从而使民俗文化更加丰富与完善的时期。隋、唐、宋、元、明、清是汉民族民俗和外来民俗的一个融合期，我们吸收了非常多的来自异域的文化因素。有这样三大表现：

一是汉民族民俗体系因吸纳异域，异民族的民俗因素而不断扩大与完善。这是一个概括性的说法，具体来讲，今天吃的东西，如胡饼等面食的生活是由域外传来的，今天吃的玉米、红薯、辣椒、西红柿、芝麻、黄瓜、落花生等很多食物资源都是从域外传来的，有的从西域、有的从东南亚甚至从美洲传进来。中国人如果把这些外来食物资源都去掉，我们真没什么东西可吃了，只能吃蔓菁、萝卜。所以文化开放很重要。这是吃的东西。还有其他生活方式的引进。以前我们是坐在地上，孔子坐而论道，我们叫席地而坐，两只脚叉开叫箕踞不恭，许先生在古汉语常识中讲过，很有意思，以前穿的衣服和现在也不一样，衣服没有封裆，叉开腿就不太好，不太合适，于是后来有了改变。还有胡椅，我们坐的椅子是胡人坐的，以前我们坐地，不坐椅子，后来学坐胡人的椅子，我们的低案也就抬高变成桌子。这些生活方式在汉魏时期就已经发生重大的变化。

二是精神信仰的变化，佛教的传入，道家的兴起丰富与调节了民众的精神民俗生活。这很重要，我们以前有信仰，先秦时期也会说地府、神灵，但没有报应观念，报应观念是从佛教传过来的。报应观念是说人做了坏事会有报应，人们就不敢做坏事了。佛教有个无形的约束，"举头三尺有神灵"，不敢随便行为，天知、地知、你知、我知，就是"四知"了，现在很多年轻人不知道有这样的观念，这是无形的监察与约束，非常重要。还有道教的长生观念，修身养性，节日里吃什么东西，喝什么酒，对身体的保健。喝茶是现在的饮食方式，过去喝茶是修炼、养生的一种方式，六朝之后喝茶的风气才逐渐推广。祭祀活动，初一、十五都与宗教有关系。我们今天讲的很多民间故事类型和故事内容来自佛教，如果佛教没有传进来，我们的文化、艺术也是比较单调的，这是对中国影响非常大的文化因素。

三是都市民俗的兴起。这一时期城市发展了，它和乡村不一样，城里人和农村人不一样，生活方式不一样，有很多新的东西，有行会、社团组织，有类似今天俱乐部的组织。宋代的"勾栏"、"瓦肆"，表演相声的都有，这是城市生活中的娱乐因素，城市里的庙宇也很多。北京城以前有几千座庙，但是我们今天没有什么庙，都被毁掉了，只有雍和宫、广济寺这些大的被保护了下来。原来每个街巷有大庙小庙的，每个社区居民都有他的精神指向和定期活动空间，社会因此而和谐。但我们长期在摧毁这种精神空间。我曾经写过一篇文章《东岳庙——北京城市社会空间的构建》，我讲过一句话，城市庙宇的空间就像我们做避难的预留空间一样，应该把它有效地建立，让人们在精神上有困难、急难，不能解决的时候到那里解决。虽然我们是唯物主义者，但不能要求所有人都跟共产党员一样，他有他的需求。台湾社会的信仰传统保持比较好，社会的和谐程度较高。今天我们在重建失去的传统，打破东西很容易，打碎一个瓷器，一下就打碎了，要复原起来很难，传统的重建需要一个过程，也可能是一个曲折前行的过程。

这个时期的民俗生活有多种表现，非常丰富。很多外来的东西，如北京城的民俗生活就得益于多民族文化的交流，辽朝的契丹人、金朝的女真人、元朝的蒙古人以及清朝的统治者满族人先后聚集北京城，北京文化有多重民族因素成分，现在又是国际都市，有国际文化进来，所以，北京文化复杂多样，底蕴深厚，研究它不容易。

3. 近现代民俗。

近现代民俗经过一百年的冲击之后，文化发生改变，产生了很多新民俗，这有三种情况：

一是传统民俗的更新，比如婚礼，传统婚礼会有一个家族主持人，有拜高堂、拜庙等仪式，重视新人融入家族的过程。民国开始，引进西方婚礼模式，推行所谓"文明结婚"的程序，将写有程序的红纸贴在墙上。这时主持人一般由有地位与身份的人担任，而且还要在朋友中找一个证婚人。这时的婚礼表现为中西方礼俗的融合，传统礼俗正发生重大变化。

二是西俗东渐，我们有很多生活方式和生活习惯来自欧美文化，鸦片战争之后西方在对中国进行殖民侵略的同时也输进了欧美的生活方式。20世纪后期我们实行对外开放政策，随着经济与文化的交流，我们大量接受西方文化元素，比如西方的圣诞节、情人节，这些外来文化虽然还没有完全变成中国文化的一个有机部分，但已经成为中国社会现存的多种文化共存的样式。基督教文化的圣诞节能否变成中华文化的一部分这需要时间来检验，但从历史发展情况来看它是有这样可能的。我们本来没有浴佛节，但佛教中国化以后，纪念佛诞的浴佛节就成为我们传统节日的一部分。圣诞节能否如此，我不敢估计，但它现在已经成为多元文化标志之一，因为每年有很多中国人过圣诞节。现在是全球化的时代，有很多外企员工，很多青年人和信教的教徒，它也是一个文化的群体，他们也要有文化表达，可以理解。文化就是一个融通变化的过程。以前我们见人作揖打拱，现在见面握握手，这是一个西式的礼节，但我们用得十分自然。还有电影、西洋音乐等很多新的娱乐方式也是这样被大众接受。

三是新兴生活传统的形成。在现代新的社会条件下，不能全部照搬传统，我们的传统会发生变化，也有新的社会传统形成。8月8日，有一个台湾小朋友给我发了一条短信，"祝父亲节快乐"，后来我才知道8月8

日是台湾的"爸爸节"("88"谐音"爸爸"),这个很有创意,推广下去很有意思。中国人一向重视对父母的感恩,但没有特定的节日,因为我们强调家族祖先祭祀与家族团聚的伦理,过年、中秋有团圆,但很少对个人有特别的节日。今日社会小家庭情况之下,这种文化的补充很有必要,也是新传统的形成途径。另外,适应现代未婚年轻人需要的"光棍节"(每年的11月11日),也渐成风气,但能否成为未来社会生活传统,尚待时间检验。

三 中国民俗文化的主要特征

中国民俗文化的主要特征,很多学者有不同的归纳,我自己通过对民俗文化的理解做了如下归纳。

(一) 多样性和共享性

首先看多样性。

从整个中国民俗文化的分布来讲,我们讲纵横五千公里,56个民族的时候,它其实有几种情况:第一种是历史的,几千年历史过来,我们社会习俗新旧并陈。有古老的寒食节,也有新兴的情人节。第二种是空间的、地域的,比如黄河中游河套地区的民俗和广东中山地方的民俗肯定不一样,它们在空间上是并存的状态。第三种是民族的。除了地域之外还有民族的,中国有56个民族,还有若干称为某某人的族群。民族是近代的发明,开始只讲五大民族汉、满、蒙、回、藏,后来中华人民共和国成立后划分了56个民族。台湾地区就没有那么多民族,台湾的民族划分跟大陆的民族划分不一样。各民族有自己民族的历史与文化,因此民族平等政策特别重要。地域、历史、民族,还有环境,这几条是构成中国民俗的多样性的基础与表现。

中国有个民俗传统,特别讲风土。当代日本有一个学者和辻哲郎写了《风土》这本书,说中国人很早就建立了风土传统。晋人周处写了一本书叫《阳羡风土记》,开创了风土记的传统,后来历代都有《风土记》著作出现。中国有两大民俗著述传统,一个是岁时记传统,一个是风土记传统。风土是中国人解释各个地方民俗性格的一个依据,如果认为地方水土条件不一样,人们的声音、性格、脾气和爱好都会不一样。"一方水土养一方人","十里不同风，百里不同俗"。中国民俗风土性很强。比如东北人性格很豪爽，大家到东北去看看那里的自然环境，天高地阔的，能不粗犷吗？南方一个小村庄山环水复，性格能不曲折吗？这和地理环境有一定的关系。人的秉性还与饮食方式有关系。水边人聪明，因为"饭稻羹鱼"，因为他的食物蛋白质补充多；山边人就没有，山边人憨厚一些，与水流比起来，山老是安稳不动，它对人也没有什么刺激反应，因此，水乡人与山区人的性格禀赋不一样是有一定道理的。当然还有考虑到文化传统。这些对人文与环境的关系的理解我们从《礼记》就开始了，有很多，因为时间关系，我就不细讲了。

下面这段话也讲到了南方人和北方人的性格问题，孔颖达在《礼记·中庸》疏文里说，"南方谓荆扬之南，其地多阳，阳气疏散，人情宽缓和柔"；"北方沙漠之地，其地多阴，阴气坚急，故人生刚猛，恒好斗争"。他从阴阳二气的运行角度解释评述。其实是生活方式、生活环境使他们形成这种性格。在这种艰苦的环境下，太柔弱不可能生存下去，只有刚猛才能生存下来。

民俗多样性是以地方、历史、民族为主体的，其中地方性非常突出。独特的自然环境，经济生活会形成地方性习俗，即使是一些通行习俗到了地方也会发生变化。我们理解民俗的时候，概而化之，讲的时候说大家都这样，但实际上每个不同的地方都有不同的民俗表现。比如我们包三角粽，但粽子里是包鸭肉还是包咸蛋？是黄米还是糯米呢？都不一样。端午节的时候戴五彩丝是戴在手上，还是系在身上哪个地方？是戴上去几天丢掉，还是戴到七夕再丢呢？也不一样。每个地方都有它的地方性，通行习俗会有地方变异。如果我们做社会调查，一定要去了解地方的民俗、民情。"入境而问禁，入国而问俗，入门而问讳"，到一个国家要了解它的法律，到一个地方要了解它的民俗，到别人家里要了解他家的禁忌。我们以前特别讲规矩，自己父亲的名字不能随便说，别人不能随便提。六朝是世家大族为主体的社会，南朝齐梁时期有一个叫王僧孺的名宦，他熟悉各家家谱，"日对千人，不犯一人之讳"，他每天接见一千人，但对一千人的家世了解得清清楚楚，不会有一个字触犯人家的隐讳。这个"讳"非常重要。我小时候家教被告知，父亲的名字不能随便说，要说就说上面是一个什么字，下面是一个什么字，这是一个规矩。也是民俗的基本内容之一。

其次看共享性。

中华民族之所以成为共同体，其实是几千年的共同生活让他们互相之间有很多文化交流与共享，不仅是上层的文化，《论语》语录，李白、杜甫的诗歌是共享的东西，民俗生活里有很多传说故事、歌谣，与人生仪礼、岁时节日、神灵信仰都是很多民族共享的。比如春节，30多个民族过春节，端午节也有十几个民族过，梁祝故事在很多民族都有流传，但不可能都叫梁山伯与祝英台，会改成苗族小妹或苗族大哥之类的，故事基本是这样的。这是很多共享的东西。当然这种共享是在长期的共同生活中的互相模仿、交流、借鉴形成的传统，所以，民族的凝聚力主要在传统习俗文化的共享方面。我的博士论文是做"荆楚岁时记"研究，写的是六朝时期的南朝荆楚地方的民俗生活，其实这本书里记载的习俗是当时整个中国的习俗，南朝、北朝都共享这样的习俗模式。在中国分裂了四百年之后能走向统一，不仅仅是政治原因，很大程度上是文化认同的问题。趋同性和共享性是中国民俗的重要特征之一。这种共享性可以从两个角度理解：

一是超越地域、民族的民俗资源共享。二是跨越城市乡村各个不同社会阶层的共享。我们的共享除地域、民族外还有阶层。大官要放假过年，过去正月初一和十五之间官印要封起来的，西方社会不能理解，封印大家回去过年，社会就会处于静止状态。实际上没有静止，民间生活活跃起来，不要当官的政治管理，大家都在共享传统生活，不同阶层都在共享这个习俗文化。费孝通先生强调中华民族的多元一体，更重要的不是政治层面，而是在民族民俗文化层面，民俗文化的趋同与共享性是保证中华民族心理认同的胶合剂。

(二) 象征性和模式性

民俗文化和其他文化不一样的地方就在于它是行动的文化、口传的文化，在很多情况下是个感受的文化，民俗中文化有很多地方依靠符号和仪式、行动来显示，它不说话，很有影响，你看到这个东西自然会想到它指代的意义。

1. 象征性。

象征是用具体的事物表现某种特殊的意义，这是《现代汉语词典》(第5版)的定义。具体的事物表示什么东西，这是大家认同的一个结果，如果你说这个事物象征什么东西，别人不理解就失去了象征意义。民俗里有很多约定俗成的象征符号。民俗文化主要是非文字表达的行为与心态文化，重视用特定的物象与程序化的行为指代与表达某种意涵，这些经过民众选择传承的物象、行为作为特定符号与仪式具有很强的象征性。

首先我们看符号性象征，在民俗生活中，人们对于特定的物象，以大家约定俗成的方式解读，以此直观生动地反映与表达民众的情感、愿望与价值评判。其中特别多的象征符号是通过谐音的方式来表达，或者用事物的特殊性质作符号象征的依据。

民间歌谣中大量运用生活中习见的物象作为象征，以此生动地表达情感与意愿。比如《诗经》里讲婚姻不直接讲婚姻，会讲"桃之夭夭，灼灼其华"；两性交流的时候不说男人和女人怎么样，而是说"关关雎鸠"；讲生殖力强大的时候，会讲蝗虫怎么跳、怎么蹦，蝗虫之间怎么交流，实际上讲的是男性和女性之间的情况。

民间歌谣里特别重视用藤和树来象征男性和女性，比如说"世上只见藤缠树，没有看到树缠藤"，讲男女主从关系。"藤生树死缠到死，树生藤死死也缠"，是讲感情忠贞的问题，用树和藤的关系来表达女性对男性的依恋。还有一个歌谣是"天雨蜘蛛结夜网，想晴只在暗中丝"，用蜘蛛结网来表达女性对意中人的暗恋情感。民间用这样的象征符号表达一种真实、强烈的情感。

过去婚姻仪式里有非常多的象征符号，如婚姻关系的缔结强调姻缘，姻缘如何表现？那就用月老的红线。传说青年男女能走到一块的原因是在冥冥世界中月老用红线把两个人拴在一块儿了，要不然天南海北的人如何有机会相遇相亲？所以，台湾人很喜欢说前生，看自己前生是什么，我们不相信前生，但月老有很多人在说。台北有个城隍庙叫霞海城隍庙，霞海城隍庙里不是城隍有名，而是月老有名，说月老的红线是最灵的，所以很多人去求月老，在那儿求一根红线婚姻会得到美满。现在婚姻对知识分子、白领阶层来说是很困难的事情，台湾有不少优秀的女博士做得非常好，人也非常漂亮，就是找不到合适的结婚对象。所以，霞海城隍庙的月老香火才这么好。

其实仅仅有月老的信仰是不够的，人间社会婚姻关系的建立需要有中间牵线搭桥的人。周代就有媒官。媒人在过去地位很高，叫媒官，后来变成普通媒人时，成为一个很尴尬的社会角色，没有媒人婚姻不成，但媒人两头取巧的工作又两头不讨好，所以媒人又被人讨厌。元代的媒人会带两个工具，斧头和秤，一看就知道是媒人，斧头与秤是媒人的职业标志。因为《诗经》里讲，"伐柯如何？匪斧不克。取妻如何？匪媒不得。"也就是说，只有明媒正娶的婚姻才是正当的婚姻，所以必须要媒人，媒人少不了，就像砍树需要斧头一样。媒人拿个秤干什么呢？他要衡量、比较男女双方的条件，王子找仆人结婚，那是神话传说，事实上都是门当户对的。我们不能全然否定门当户对，门当户对是两个人大致生活成长环境之下有共同的爱好、趣味，婚姻比较牢固。王子配穷人，或者穷小子找公主那都是理想，不是现实。所以媒人很重视衡量，带着斧头和秤。这是霞海城隍庙的月老，这里有很多红线。霞海城隍庙对面是国际婚姻介绍所，有神性的东西和现实的东西相辅相成，所以这里婚配的成功率比较高。

婚礼过程中有很多礼物都是象征性的，东汉郑众对当时婚礼礼物有一个记录，有三十种，"其礼物凡三十种，各内有偈文"。这三十种礼物是："玄、纁、羊、雁、清酒、白酒、粳米、稷米、蒲、苇、卷柏、嘉禾、长命缕、胶、漆、五色丝、合欢铃、九子墨、金钱、禄得香草、凤凰、舍利兽、鸳鸯、受福兽、鱼、鹿、乌、九子妇、阳燧"等。这些物品之所以被选出作为礼物，不在于它的实用经济价值，而是一种文化符号，一种象征。"总言物之所象也"。

如"玄象天。纁法地。羊者，祥也，群而不党。雁则随阳。清酒降福。白酒，欢之由。粳米，养食。稷米，粢盛。蒲，众多性柔。苇，柔之久。卷柏，屈卷附生。嘉禾，须禄。长命缕，缝衣延寿。胶，能合异类。漆，内外光好。五色丝，章采屈伸不穷。合欢铃，音声和谐。九子墨，长生子孙。金钱，和明不止。禄得香草，为吉祥。凤凰，雌雄伉合。舍利兽，廉而谦。鸳鸯，飞止须匹，鸣则相和。受福兽，体恭心慈。鱼，处渊无射。鹿者，禄也。乌，知反哺，孝于父母。九子妇，有四德。阳燧，成明安身。又丹为五色之荣；青为色首，东方始"。

每一件礼物都有一段偈文：

例如，雁，雁候阴阳，待时乃举，冬南夏北，贵有其所。

卷柏，卷柏药草，附生山巅。屈卷成性，终无自伸。

金钱，金钱为质，所历长久。金取和明，钱用不止。

每个礼物背后都有它的寓意，有的象征子孙繁衍，有的强调婚姻关系缔结与两性关系维持的牢固，有的象征孝道和谐、生活安定富裕、生命长久幸福。这些礼物都有自己的象征意义。

婚礼是个终身大事，不像今天可以闪婚，过两天不合适就闪掉了。还有裸婚，裸婚也是不得已，这种没有保证的婚姻是不会长久的。过去婚姻有非常多复杂的程序，周公六礼从名字开始问起，最后新郎把新娘接回来。婚前六道程序，是六道保证，把夫妻牢固地捆绑在一块儿，这是非常重要的事项。

值得一说的是婚礼中的大雁，过去举办婚礼一定要带着雁，它具有巫术性意义。雁有两个特性，按时南北，按阴阳变化往南往北归，带着雁到你家说明你女儿该出嫁了，到时间了。雁特别重感情，雁如果失群，它会一直叫到死为止。雁代表信用，代表男女之间的信任和信用关系的牢固。雁不是都能得到的，逮个天鹅也不容易，所以就用鹅和鸡。结婚的时候，在山西民间抬新娘回家的时候要带一只鸡，叫"轿鸡"，有的叫长命鸡，女方带一只母鸡过来，南方新郎家一定要备只公鸡，把两只鸡绑在一块儿，这个鸡不能吃，只能让它老死。这里面都有很多意义。还有撒帐的象征意义，《撒帐歌》"一把栗子，一把枣，小的跟着大的跑"，意味着多子多福。还有新娘偷筷子、跨鞍、踩芝麻秆等很多，这些东西都是象征。民俗里符号象征特别丰富，大家过年的时候看看门上贴的，家里摆的，很多都是民俗象征符号。

还有蝙蝠，这是我们经常看到的图案，墙上的五蝠，五只蝙蝠代表五福临门。还有凤梨，台湾很有意思。我们知道凤梨这个名字，但不知道凤梨是什么东西，走在街上看来看去，看到说这不是菠萝吗？真的是菠萝，台湾叫凤梨。凤梨用闽南话讲叫"旺来"，凤梨有这个谐音，所以在仪式上都当作一个幸福的符号，摆起来。但在一个地方不能用，在坟地祭祀亡人时不能用，不能摆香蕉和凤梨，香蕉是"招呼"的意思，凤梨是"旺来"，会把死去亡人的好兄弟都叫过来，那就麻烦了。

神灵祭祀信仰中有许多符号象征。台北龙山寺文昌神前面要摆粽子、萝卜。粽子叫包粽，谐音"包中"（包你考中），萝卜称彩头，意味可讨好彩头。文昌是文神，很多学生考试时都把准考证放在这儿，以求考试如意。这是东岳庙门口的算盘，看到算盘就知道你做的好事坏事、大事小事都记录在案，叫"乘除分明，毫厘不爽"，告诫众人，不要胡作非为。以上是符号性象征。

还有仪式性的象征。民俗文化里很多文化不是靠文字来传承，是靠行动来记忆的，通过仪式来加强社会团结，传承文化。相对于上层社会来说，民俗社会的维系和生存需要更细的文化模式，不依赖学校教育和正规的文字书写。人们在家庭与民俗社会的环境中得到潜移默化的熏陶，从心理感知、语言传授和行为模仿中获得一些生活知识，所以，仪式在民间特别丰富。

仪式（Ritual）是具有特定目的的程序化行为，它往往与一定的精神观念相关，是人们思想观念的表达与实践，是民俗社会自我服务、自我肯定、自我调节的象征性手段。仪式有世俗仪式与神圣仪式两类。仪式行为通常是一个身份状态的转换过程，因此仪式主要表现在过渡仪式（Rites）方面，包括人生仪礼（Ritual of life cycle）、岁时仪式两类。法国民俗学家范·热内普（Arnold van Gennep）名著《过渡礼仪》（商务印书馆2010年版）这是民俗学的经典，主要研究岁时仪式和人生仪礼。民俗社会依赖仪式来调节生活过程，比如成年礼。我们从小到大，是一个自然过程，怎么知道你长大了，不仅是生理问题，还是文化问题，是否成人在民俗社会是由仪式来划分的，仪式提示你进入新的年龄阶段。如果没有仪式，很多小孩长不大，为什么说"80后"、"90后"长不大呢？没有一个文化划分阶段。我们传统社会有划分，20岁给你举行一个成年仪式，你就是大人了。传统社会有祭祀权、当兵权和社会工作权，今天我们讲你要有一个大人的样子，你虽然有可以抽烟、喝酒的自由，但不能做社会规定中不能做的事情。而且在家庭生活里，大人和父母之间的关系一定要严格划分，你到十七八岁了就不能跟父母太亲热，女儿不能跟父亲太亲热，儿子和母亲不能太亲热，因为你们是两个成人。过去在成人礼里有特别规定，现在许多人没有切断，总是依赖家庭，离不开家庭，二十几岁还没有成人的感觉。所以，有时候做一些违法乱纪的事情也没有这个意识。今天的社会实际需要成人仪式。

仪式有处理生活危机的功能，社会如果遭遇重大危机时靠什么去恢复它的正常秩序？靠仪式。比如汶川大地震，我们怎么去平复这个伤痛呢？我们会有佛门举行盛大的超度亡魂的仪式。还有温州动车组，当地如果有有效处理的话，也应该有这样的仪式，也可以由一个寺院或慈善机构做，但我没有看到报道，这其实是一个精神伤痛的平复，对大众的一个安抚，不仅是对家属的安抚，因为你伤害这些人实际就是伤害这个社会。为什么现在这么多人关注这个事情？因为说不定下个就是你。所以，我们要关心他人，关心他人就是关心自己，仪式是渡过危机的一个行为。比如家庭中一个人去世，使家庭恢复常态要经过一道道仪式，头七、二七、三七，通过这些让亡人逐渐走远，到另一个地方去，实际上也是让我们亲人有一个情感缓缓释放的过程。

仪式增进社会团结，在一定的群体与社区里我们会有一个仪式把大家团聚起来，比如龙舟赛。我们可以组成一个队，大家同心协力做一个活动，增进社会的凝聚力。

仪式还有传承历史记忆的功能，通过吟唱史诗、编修家谱、讲述故事等实现民俗传统的传承。还是一个进行自我教育的方式。在中国民俗社会，岁时节日与民间信仰中的民俗仪式十分活跃。我们今天的生活平淡无奇，因为缺乏仪式的关怀。我们曾经认为那套仪式是封建的或资产阶级的而加以抛弃，实际上他抛弃的是很多文化的东西。劳苦大众在很穷的时候没有仪式，因为仪式要金钱、资历、财力来做，所以，民俗不是最穷的人的文化，是有一定基础的人的文化。我们长时间把仪式当成资产阶级虚伪的东西来抛弃，其实仪式对我们今天的生活很有帮助。今天应该说我们深受仪式破坏之害，很多地方没有办法表达，仪式是个团结的方式，我们不知道怎么团结人。其实我们今天应该重建。所以，我在申请中国传统礼仪形态和当代社会规范课题时，填完表交上去，从台湾回来后就批下来了。一个国家课题，不是我写得多好，是因为现在国家觉得这个东西是值得研究的重要社会课题。我们做了很多传统节日的推动工作，传统节日放假了，我们的工作也差不多完成了。仪式应该是我们进一步推进的东西，不仅民间做，政府也应该有所作为，这样我们才可以把社会置于正常的秩序中，社会才能和谐。

我们看一则台湾人的仪礼，这是台湾新北市的市长朱立伦，他在慈祐宫做祭祀妈祖的仪式。慈祐宫在辅仁大学附近，我去做调查，正好赶上这个仪式。作为新北市市长，他是慈祐宫妈祖祭祀仪式的主祭官。市长做主祭官，三跪九叩，有好几道程序，很复杂。我离他很近地拍，他在这儿跪了很久，有一次就十多分钟，一道一道地做，这是一个市长，我们的官员会去做这种事情吗？他拜的是妈祖，实际上拜的是什么？是老百姓，因为老百姓信妈祖，为什么拜老百姓？选票，但也不能排除他对妈祖是恭敬的。他作为政治官员，要拜妈祖是拜老百姓的文化，这个文化是他立身的东西。

这是云林北港的妈祖巡游仪式，北港朝天宫是妈祖到台湾最早的一个寺庙，以前台湾所有的妈祖宫都到这个地方朝拜，现在有变化，大甲镇澜宫就不去了。以前是去的，在现代社会里，因为媒体等各方面原因，大甲镇澜宫自己形成了一个妈祖祭祀仪式传统。北港祭妈祖有一个特别的习俗叫"炸虎爷"，把成堆的鞭炮放在地上，这些人抬着轿子在鞭炮上炸。当时我带着辅仁大学研究生去调查，我站得很近，就拍了许多有价值的照片。当地一个人给了我一件衣服，让我去炸，我不敢，怕炸到裤子。这是个很特别的活动，炸得越多就越发，所以很多车的鞭炮就在那里炸，炸一个晚上，也没说污染，一年就炸一次，是个情感的释放。顺便说到中国年节鞭炮的问题，在前十多年的禁放的日子里过年是冷冷清清的，没有鞭炮，没有声音，像日本人过年一样很安静，但这不符合中国人的性格。现在放了几年鞭炮之后，又说要禁放，禁放是考虑到个别人的身体伤害，我们是否还要考虑大家情感的伤害问题，这是现代社会管理必须面对的。所以，民俗和社会管理是有关系的，民俗文化资源怎么利用非常值得研究。

这是大甲的妈祖回銮仪式，他们走了九天八夜，快走到终点了，在休息，准备进城，很辛苦，那天下雨了。这是妈祖轿子，很多人要排一列，让妈祖神轿从自己身上过，说是可得福气，所以，很多人排在这儿让轿子从自己身上过去。这是台北行天宫关公庙里做的收惊仪式，小孩受到惊吓生了病，他们义务给收惊，这些女性是义工和志愿者。台湾很多寺庙有收惊仪式，实际是一个义务的精神治疗。据说，很多小孩在家里哭几天几夜不好，去那里收一下就好了。

民俗社会中有大量的仪式行为：如祭祀典礼上的三跪九叩；诞生礼仪中的"洗三"与"抓周"；婚礼中的传袋、合卺仪式；丧葬仪式上的摔盆与压棺；岁时中的驱傩与祓禊、守岁与拜年、取午时水、乞巧、走桥、登高等；还有日常生活中收惊、叫魂等。仪式是民俗社会对生活状态与事件的象征性处理。

以上就符号的象征性与仪式行为的象征性来谈民俗的特点。

2. 模式性。

模式性是民俗文化的重要特征。民俗文化是普通大众的文化，它是民众在长期的共处过程中形成并传承下来，具有相对固定思维、言语与行为模式特点的文化。民俗文化的模式性适应了广大民众在文化认知、文化沟通与实践操作上的便捷需求，定型化的思维与约定俗成的行为模式，是传统社会赖以稳定的基础。精英讲文化的独创性，而基层的民俗文化特别强调类型和模式。今天社会上有很多谣言都有模式，通过民俗研究就能知道。"非典"时期有很多谣言，谣言是怎么形成的？我曾经做过历史谣言的比较，写过《"非典"时期的传言的研究》的论文。这种民俗模式性特点在民间文学中有着生动表现：如四大传说的结构，女性主动，相爱的人不能长相厮守。故事结构三段式、传错话，巧媳妇与呆女婿、歌谣中词句的反复等。在日常生活中，习惯性心理期待，报应观念、圆满的观念，大团圆结局；习惯性的行为模式，右手拿筷子，宴席的座次，礼尚往来，以及各种民间仪式的模式化等都构成民俗生活的模式性特点。

模式性与类型性近似，让民俗文化容易认知与实践，也为民俗的传播、传承提供了便利。

（三）伦理性与日用性

传统中国社会的主体是家族社会，服务家族社会的民俗生活有很强的伦理特性，民俗规范着家庭成员的言行，上下尊卑、远近亲疏的关系处理都需要遵循伦理原则，这些伦理原则的体现就是隐性与显性的民俗规条。

儒家伦理孝道的原则在民俗中如何贯彻？我们许多民间故事、行为方式和说话口气都体现出伦理原则。中国善于利用民俗文化传承孝道文化，只有这种结合才能使孝道文化传得很远。二十四孝里有很多故事，包括家谱、家训的伦理规定，这些都是我们日常生活里必须遵循的原则。我们生活中许多东西看起来普通但都有伦理的内涵，比如男左女右，为什么看手相男人看左，女人看右？它不是生理的问题，是个文化的问题，左就是上，男尊女卑，右就是一个次要的地位。左右差异在汉代以前不是这样的，汉代以前是右为上，汉代以后变了，男是左，女是右。很多东西具有相关性，寺庙、祠堂、家户都宣示道德，"积德乃昌"，对联里有"积善人家有余庆"等，民俗文化中随处都讲伦理。

这是清明节，我当时参加新竹一户人家的扫墓活动，每年清明节他们都要把坟上的杂草清理干净，摆祭品，做祭祀，把纸钱放在上面，纸钱不是烧的，这是客家人的传统。

除了家户乡族生活中对他人的伦理表现外，人们在民俗生活中还将这种伦理意识扩大到历史认识上，重视对历史上具有高尚品格为国为民做出巨大贡献的人物肯定、褒扬与景仰。如寒食节中的介子推、端午节中的屈原等。

民俗生活中的伦理特性，还表现在对自然生态环境的重视上，这属于自然伦理。人们不仅要依照时令季节开展生产活动，所谓"斧斤以时入山林"。不是什么时间都能砍树的，春天是绝对不能砍树的，春生夏长时期不能砍树，砍树只能在秋天，这符合自然伦理。捕捞有季节的规定，严格限制渔网网眼大小，"不灾其生，不害其长"。打猎也一样，不能打正在哺乳、怀孕的动物和小动物。同时也在岁时节日中以献祭的方式感谢自然界。民俗里有很多这样的内容，也体现了人与自然和谐相处的伦理。

日用性。民俗文化是民众的生活文化，它的日用性不说自明。这里强调它的日常的服务意义，民俗文化主要不是用来欣赏的文化，它有着实际的生活辅助功能，即使是歌谣与故事，它也有着特定的社会功能。如撒帐歌的祈子功能、狗耕田故事的教化功能。狗耕田的故事强调家庭关系处理，讲孝道以及兄弟之间如何相亲相爱。

（四）稳定性与变异性

稳定性。我们讲稳定性时，这是中国民俗的常态，民俗只有稳定才能显现它的特色，我们是中国人，能稳定传承它的文化形态。变异是稳定的表现，稳定是相对的，变异是常态的，所以有句话叫在传承中变异，在变异中传承，这是民俗学经常讲的。正如钟敬文先生所说："中国社会在数千年的发展中形成了自己的民俗文化特色。这种特色是通过我国民俗文化的稳定性体现出来的。比起世界上一些发达资本主义国家，我国的民俗文化的稳定性，主要是农业小生产制度的产物。"中国家族观念，节俗传统，人生仪礼习俗都有稳定的文化内涵与民俗模式。这种稳定性构成中华民族文化的底色与生活传统。

中国的很多民俗传统，从先秦开始到今天都还在传承。比如说年节，《诗经》里讲到，过年的时候会讲到"跻彼公堂、称彼兕觥、万寿无疆"，岁末的时候，大家在公堂上聚会，拿着酒对大家说万寿无疆，一块儿喝酒，庆贺新年。到今天为止，我们过年时还要拿着酒杯祈求家里老人健康长寿。这个传统一直到现在，年节必须饮酒的方式也没有变化。汉代的时候是椒柏酒，花椒和柏叶泡的酒，汉魏时期说这种酒可以保健身体。唐宋时期变成屠苏酒，"春风送暖入屠苏"，屠苏酒是药酒，因为当时瘟疫流行，所以要喝这个保健酒。到了明清时期我们叫春酒，春酒合欢，大家一块儿迎春，现在春节还得喝酒，但酒的内容、性质发生了历史性的变化。

"抓周"的习俗。六朝的时候，北朝人《颜氏家训》里记载，"江南风俗，儿生一期，为制新衣、盥浴装饰，男则用弓矢纸笔，女则用刀尺针缕，并加饮食之物及珍宝服玩，置之儿前，观其发意所取（看他自动的反应），以验贪廉愚智，名之为试儿"。就是说，把一些东西放在一岁小孩儿面前，看他拿什么东西，就可以看出他未来的性格。贾宝玉拿的是脂粉盒，就是那个样子。这是六朝的时候，贾宝玉是清朝的时候，今天还有人在做"抓周"，有人民币、算盘、印和书，拿着印当官，拿着笔写字，拿着算盘是会做生意。曾经有个学生说小时候"抓周"拿着书，家人就说这个小孩会读书，后来他一直读到硕士，我说这就是暗示，你以后会读书，可能真的就会读书，就一直读下去。这是民俗暗示和培养，试儿的方式从六朝开始，从最早的文献记载到今天还在传承。

变异性。变异性是中国民俗发展变化的特性。民俗在社会中活着，自然它就会变化。民俗的变异性从总的方面看，它与历史性、地方性相关联，同类民俗在不同的时代、不同地区都会有各自的特点。

民俗的变异性，一般来说有三种情况：

第一种是民俗形式的变化。比如拜年，拜年以前是真拜，跪在地下磕头，现在是口头说拜一拜，或电话或短信形式拜年。现在，河北衡水民间拜年还是真拜，如果拜年回家，膝盖没有沾土就等于没有拜，就是不懂礼，拜下去和不拜下去的情感是不一样的。第二种是民俗性质的变化。比如龙舟竞赛。以前是祭水神，后来说祭祀屈原，到今天是体育竞赛，这是性质的变化。第三种是旧俗的消亡。过去大的节日是社日、寒食，现在大部分地区都消亡了。民俗在不同时代有不同的存在形态，这是习俗传承变化的情况。

这是台湾鹿港的端午节龙舟赛（图），这是去年西安曲江公园里的一个竞赛，这是端午节的五彩丝，它后来作为旅游产品和旅游方式。

以后民俗文化靠这些小孩，让他们传承下去，这是河南西峡县拍的照片。

萧放：现在大家有什么问题我们可以交流，从我们学科角度来讲，我们认为有必要加以重视民俗文化认识，但你们也可以从自己的角度，从精英文化角度和其他方面讨论这个事情，但我总觉得认识问题因为学科背景的不同而会有不同的看法，对当代文化建设方面会有很好的建议。另外，你们是培养对外文化传播师资的，我想你们在对外传播过程中，除了给外国人讲中国的唐诗宋词之外，是不是对民族行为文化方面可以有更多的强调？我想他们对民族文化的兴趣可能会比较浓厚。但到底什么东西是我们该强调的？我们的价值观，文化形式还是什么？大家可能也有体会，你们比我的考虑会更多，可能会有更多的了解。有什么想法可以讨论。

提问者一：饮食文化方面有没有什么著作？

萧放：中国的饮食非常丰富，中国人特别重视吃，千里来做官，为了吃和穿，吃很重要。中国饮食文化有好几本书，王仁湘写了《中国饮食文化》，华中师范大学姚伟钧教授有一本《汉唐饮食文化》，北师大黎虎教授也写过《饮食文化》，传统饮食文化这方面非常发达，书非常多，还有一些小册子，万建中教授写过《饮食与中国文化》，大家可以到书店找，很多民俗丛书里都讲到民俗饮食，讲到饮食的材料、智慧、文化等很多东西。我有一个大的参考书目。

这是参考书目，大家想要了解民俗学理论和民俗学知识的话，可以看看这些书，当然主要是讲理论方面的，大家都是博士、教授、副教授，知识方面的我讲的少一些，但民俗细节性的东西特别有意思，跟外国人讲细节他们会很高兴，包括剪纸怎么剪，你们都会几手，到底剪什么图案，什么图案代表什么民俗意蕴，或者面塑里蛇盘兔，上面是个蛇，下面是个兔，蛇和兔子怎么合体？是什么意思？民俗文化里讲"蛇盘兔必定富"，会给家里带来富裕和好兆头，我的理解是阴阳协调的问题，没有人这么解释过，我是这么想的。还有很多类似的民俗题材，还有民俗语言，说得非常非常简洁，但很生动，能体现中国人的一种观念。

中国从事民俗学行业的老师不少，现在大概有几百个硕士点，博士点也不少，现在放在社会学下面，有1000多所高校开有民俗学的课程，包括很多工科大学，包括哈工大、海洋大学、礼仪民俗学校、工艺民俗学校、美术民俗学校，各个高校，各个点都有不同的强调。民俗是一个非常广泛的文化视象，上层学问分科很细，下层文化研究是整体研究。我们做民俗研究刚开始觉得很好玩，到田野采风，但调查往往是很痛苦的，太阳西下的时候找不到住的地方，在山沟里跟最基层的人打交道，你永远是小学生，永远是谦恭的。我们到北京前门做调查，那个门是不容易敲开的，不管是什么人，不管是教授还是什么，都不见得有人理你，天子脚下真的很厉害。

我们做过三个月的调查，前门东区变成很多新的四合院，原来是老区，这些人员要搬走，在搬走之前我们做了调查，每家每户做了调查，收集了三大本资料。我们发现搬迁过程中很多人很痛苦，痛不欲生，几辈子一直住在这个地方，现在让他走；也有很多人很高兴，几十家住在小四合院里，一家十几平方米，几代人，他们高兴搬迁。各种各样的情况都看得见，我们是要把这个地方的民俗记下来。这些人离开后这片地方的文化就没有了。所以老北京的文化在这里几乎找不到了，很少了，可能到周边的大兴、通县去找，因为人迁到这里来了，这是文化的迁移，城市改造过程也就是城市传统流失与改变的过程。妙峰山是北京西部很重要的祭祀地方，原来很多北京城里社区人会去庙会。现在拆迁之后人走了，怎么聚拢呢？就很不容易了。老的人还在坚持，未来就不见得了，都分散了，所以老北京文化也在不断变化，文化在不断更新和变化，如果是自然流动，当然是正常的。现在我们面临城市化、大移民和拆迁时代，很多文化是人为断裂，我们只能抢救和保护，后来我们强调精神传承。我们做民俗文化研究其实很不容易，需要多方面的知识。要研究民间文化现象，要从信仰、民间文艺、社会组织、群体生活等各个方面综合研究，所以做深不容易。一般采访一些故事，品尝小吃，观察一道仪式都很简单。入门容易，进去很难。作为文化传播者，我们对中华的民俗文化要有一个整体把握，对一些细节要有一个掌握，你们才有可能做有效的文化传播。传播过程中不可能原汁原味百分之百地传，每个人都有自己的理解，我认为是正常的。我们不能用几个符号代表中华文化，主要是把中国人的价值观、精神和内蕴传递给外国人，让他们了解中国，国际之间的交流就会比较畅通，就不会有那么多的误解。今天之所以社会上会产生那么多的误解，其实就是因为我们的上层和下层脱节，上层不太关心下层的东西，不太关心老百姓怎么想，处理的时候就想当然，经常被动地推着走。所以，中国是靠事件来推动，这是不正常的。

我们的关键是文化的转向问题，到底依靠什么文化作为国家的根本？

提问者二： 谢谢萧老师，非常幽默，也非常有趣。我想请教萧老师一个具体的问题，也是一个小问题，我们在座的都会遇到文化向外传播的问题，现在孔子学院等一些机构都是将灯笼、剪纸、太极拳作为主要传播项目，国外是把中国菜、中国功夫当作中国文化的象征。刚才您也提到价值观、中国人精神内蕴的传播，但价值观和精神内蕴的传播总是需要一定的载体。从您的视野来看，哪些最有价值的东西是迫切需要向外传播的项目?

萧放：讲到深层的东西，有时候不太好表现。要有载体，那个载体是可以看得见、摸得着的。中国最根本的价值观是家庭伦理观，对家庭伦理关系的强调是中国与其他文化不太一样的地方，怎么样把家庭伦理文化传递给他们呢？中国岁时节日里体现非常多，中国的节日是群体性的节日，但大部分是家庭性的节日，如春节、中秋节、元宵节、清明节等。马上就是七月十五中元节了，我们会有一种仪式表达对祖先、家庭、亲人的感情。表达过程中，我们有物象，中秋表示团圆要吃月饼，我们跟西方人讲月饼是个物的东西，为什么中国人要吃呢？这是团圆的象征，不是每个人吃一个大月饼，而是分一牙月饼，一起共享，这是情感团聚的表达。春节的时候一定要给家长拜年，一定要拜，一定要说吉利话，一定要送礼物。以前是给家长送新鞋、新袜子、新衣服，让老人穿着新鞋走更长的路，是个亲情的表达，也是一个象征。

端午节吃粽子。粽子怎么包？如果讲文化内涵是阴阳观念，粽子外面是阳，里面是阴，因为端午节靠近的节气是夏至，阳气高涨，但阴气开始发生，夏至一阴生，冬至一阳生。粽子就是阴阳的合体，要通过把阳的叶子剥开，把里面阴性的物质释放出来，就是用手来做巫术性的动作"辅替时节"，这是阴阳观念的问题。我们要对节日有真正认识需要关注节气变化。以前粽子内包的是阴性物质，周处的《风土记》里记载的是乌龟肉和鸭肉，乌龟和鸭都是阴性的东西。后来端午节主题发生变化，以前是对自然顺应的节日，后来逐渐人文化，我们强调历史的意义和历史的伦理，强调对屈原的祭祀。屈原是爱国诗人，不管他爱哪个国，但爱国就可以超越历史阶段。

中国人有一种特别强的历史观念，对这种人特别崇敬，所以，端午的时候把粽子和屈原的故事结合起来，里面的内涵不是阴性物质的问题，里面就包了一个红枣，糯米里包一个红枣是赤胆忠心的象征，粽子就成了一个文化纪念物。还有很多其他的仪式活动都可以体现这种伦理观念和中国人的历史伦理。当然还有自然伦理，什么季节能砍树，什么季节能种树，什么季节能打猎，什么季节不能打猎，打猎时要遵守什么规矩，都有中国人的观念。通过民俗细节的讲述告诉大家，中国人对亲人、家庭、自然、历史都有负责任的态度，所有这些文化把中国人塑成现在这个样子。这是中国人与其他外国人不一样的地方。当然，不是所有的中国人都有这样的良好传承，但大部分中国人具有这样的文化性格。

以前美国总统在春节给华人讲话的时候说，他特别尊重中国人的家庭伦理观，中国这方面很了不起。这是中国特殊价值观在民俗中的体现，通过这个讲述可以把中国人的故事告诉他。不仅是红色的灯笼、中国结、剪纸这些普通符号。因为人与人之间是心的交流，我把我的心告诉你，你的心我也了解，那就相通了。在对外汉语教学过程中，还有很多的中国老师和同学可能到了西方文化环境里就会受到它们的影响。我们应该有坚定的文化信念。

今天中国有许多人信奉天主教或基督教，这和我们以前长期对传统信仰的破坏有关系，你破坏他的传统信仰，但他的心理需要继续存在，只要有条件，就会重新发生信仰。就像汉魏六朝儒家信仰遭到破坏以后，佛教乘机流行一样。汉朝本来都信儒家，但汉朝末年动乱，说儒家救不了社会，什么救社会？佛教进来，安抚人心，因果报应、轮回，让你找到生活下去的勇气。今天我们面临全球化时代的西方文化冲击，我们为了弘扬民族文化，提倡文化"自觉"、"自信"、"自强"，你提的问题非常重要，怎么样把我们的精神和价值观传承下去，并向海外传达和传播，是我们每个中国人的责任。谢谢！

提问者三：非常感谢萧放老师，我再次听到萧放老师的讲座感到非常亲切。您刚才提到七夕节和立秋，民俗学里有很多，因为您是研究国内民俗方面的，请您给我们再谈谈节日和节气方面的，比如说立春和春节，寒食节和清明节，端午节和夏至节，稍微给我们再解释一下。

萧放：我主要是做传统节日的，做得比较早一点，写过几本节日方面的著作。我是这么认识的，中国有节日之前先有节气的观念，汉魏之前没有看到记载节日，在《礼记·月令》、《逸周书·时训解》、《吕氏春秋·十二纪》、《淮南子·时则训》等很多文献里都有节气的记载，二十四节气完整形态应该在春秋时期已经出现，到汉代《淮南子·时则训》有一个调整，就是雨水、惊蛰之间位置的调整，其他都是在春秋时期就完成了。

中国是农业社会，在距今6000年的仰韶文化时农业生产就开始了。农业是靠天时，种植作物靠季节，季节性要求非常强，所以，中国人很早就关心季节的流转和变化。二十四节气的产生与它的生产方式有关系，所以很早就确立了这个时间系统。在《礼记·月令》里看到，每个月、每个节气做什么事情,怎么进行农业生产,怎么祭神,怎么砍树,怎么打猎都有记载。后来随着社会的发展,社会生活越来越丰富,仅靠自然的时令已经不够了,所以,围绕自然时令的时间点逐渐形成一个系统的节日。刚开始可能没有系统,慢慢出现了一个节日系统,后来有阴阳的观念、历史观念和其他社会观念进来形成了一个人文的社会系统。以前只有天时,自然时间系统,后来加了人文时间系统,叫人时。这个节日系统是依照自然时间的流程和框架来形成的,所以说春节和立春有关系。

以前大年不在春节正月初一,会有几个点,一是与立冬的关系,就是秦朝,秦岁首是今天三个鬼节之一的十月初一,即寒衣节,我们有三个鬼节,清明节、寒衣节和中元节。十月初一今天叫寒衣节,是鬼节,在秦朝时是岁首,一直到汉武帝用《太初历》之前都是用十月初一过年,这个时间点是在立冬。我们其实还有一套历法,岁首是冬至,冬至以阴阳二气的变化,也就是地球围绕太阳公转的过程中,太阳光照从南往北移动的时间点,我们传统说是"冬至一阳生",日照时间冬至后越来越长,冬至是天文年的开始。对处在北半球的中国来讲,一年真正的开始是冬至,以前很长时间是以冬至为岁首。周朝以建子为首,建子是夏历十一月份。靠近冬至很多节俗后来都移到春节。广西壮族等地方还是坚持冬至大如年。冬至比年大,因为冬至就是以前的岁首,后来到了汉武帝时期,有了《太初历》之后他们恢复夏历。以前夏历里有正月,正月初一做岁首,正月初一做岁首有什么季节依靠呢?有个立春,立春是四季之首,我们过年时间都在立春前后,所以,我们的新年叫春节的历史非常短,在民国时期废掉旧历改公历之后,把旧历年叫春节,名字很短,但这个实质性的东西很早就有了。因为我们在大年初一(或正月初一)的时候很多习俗都是迎春的,头上戴个迎春花的装饰。过去人们特别强调物象,过年的时候要形容从新,就是身体打扮一新,穿新衣、戴新花,迎接新年,迎新意识非常强。这是立春与春节的关系。

寒食节和清明的关系是自然的,以前只有清明节气,没有寒食节,清明不叫节日,清明前两天叫寒食,寒食比清明的影响大,上墓、祭坟、踢球、荡秋千、吃冷的饮食,比如冷鸡蛋或冷粥等,都是寒食的东西,所以有一句话叫"懒妇思正月,馋妇思寒食",懒的妇人喜欢正月,正月不用做饭,都做好了不用动了,休息休息,其实对妇人有性别歧视。馋嘴的妇人喜欢寒食,寒食有很多好吃的,因为冷食的很多东西很好吃。寒食节在唐朝还很兴盛，宋朝逐渐把寒食的节俗移到清明，寒食节日逐渐和清明节气合并，大的节日只有清明节气兼并了节日，其他都没有。冬至有地方保存，不是民俗大节。端午与夏至有关系，夏至是阴气发生的时候。为什么端午要做这些事情？因为中国有一个民俗观念是顺气，不管阴气、阳气，伦理性质来讲是平等的，那种气是生气，就是正向的、肯定的，因为要符合季节流转的变化。在端午节时期，夏至时节，虽然阳气高涨，但阴气是发生的气，它开始上升，那时所有的民俗措施是帮助阴气顺利成长，就像立春要帮助阳气上升，抑制阴气一样。顺气是我们的一个伦理观念，顺气的时候才可以说事情是正常的，如果逆反阴阳二气的变化就会有很不好的结果。

传统文献上有一句话叫"反时为灾"，就是顺气、顺时会有好的收成和好的结果。如果夏天像秋天一样冷，那是什么结果？灾，该结的果实不结，稻谷该饱满的不饱满，温度不够，反时为灾。如果春天像夏天一样热就会发生瘟疫。一定要顺气，该冷的时候就冷，该热就热，"三九"寒天该冷就冷，冷就正常，伏天该热就热，不热就不正常。后来我们知道七夕、立秋以及后面一些节日，中秋和仲秋都依托着时间点和人文节日的系统，人文节日对自然只是依存的关系，但不是相同的东西。人文时间依托社会节奏，我们看节日分布，"一三五七九"这个数字与道教有关系，也跟我们的生活节律有关系，与我们的生产节奏有关系，不能在很忙的时候过节，只有在间歇阶段有个调整。人生有阶段，三朝，满月、百天、周岁、九岁、十二岁或十八岁、二十岁，都有一个阶段，阴阳也有一个阶段，这样把一年很顺利地走完。所以，节日是帮助大家很顺利地完成岁时的循环。

中国人岁时循环观念是很强的，周而复始，但中国人不认为每个循环是旧的循环，认为是新的循环，所以我总结为并非追随旧轨的更新的循环，虽然还是春夏秋冬走一遍，但我们的心理、思想都会有变化。老百姓总是在新年，期待来年一定会健康、幸福，一定有好的收成，一定会有好的收入，一定会家家平安，年年都这么想，年年都这么过。虽然中国几千年物资匮乏，物质不富足，甚至很贫困，有很多苦恼，有很多压抑我们的东西。但每年清理一次，每年都有更新，每年都有新的希望，我们的民族就这么传了下来。这是一个很重要的文化调节，如果没有这个东西，一年一年都过着漫长的苦日子，就真的没有希望。

这里还涉及灵魂更新的问题。中国有个观念，其实就是精神更新，但它不叫精神更新，叫灵魂，魂就是精气神，有换魂的仪式，人到一定时间魂不能老在你身上，需要更新。什么时候换魂？2月和3月之交有个上巳节，叫"三月三日天气新，长安水边多丽人"，这是首漂亮的诗歌，但早期不是多丽人，不是弄个好看的女士在水边多好看，而是在水边进行清洁的仪式，把旧魂洗掉，换新的魂回来，所以，魂是可以更新和延续的。很多仪式是帮助你更新，其实就是精神的更新。我们过年也是个精神更新的过程，传统民俗认为不守岁就会影响人新年的健康，所以，大家晚上一定不睡觉，等着新的时间过来。中国人的很多文化是让自己在危机或日常生活中过得很有乐趣，有很多愉悦和文化创造。

今天社会上不少人没有信仰，没有期盼，混一天算一天，管它以后怎么样，很多人是这么短视的思想。其实这是非常不健康、非常不正常的思想。这当然与社会畸变有关系，在这五千年未有之巨变的时代，我们不幸又有幸碰到这个点上，遭遇了这个东西。如果没有强大的神经和强大的文化自信和精神支撑，我们在这样的情况下会把握不住自己，随时会走向另外一个极端。大家说现在社会不缺话题、不缺事件，每个事件出来三天就会下去，前两天"郭美美"、"动车组"，还有"人肉丸"，有很多东西出来，为什么层出不穷？。社会有很多问题，急剧变化的时代有很多问题出现，所以我们需要有一个文化的自信、文化自觉，然后才能文化自强，这不是空的东西，精神东西说虚也虚，但说实也非常实，是一个关系个人与民族的前途命运的东西，须得慎重警醒。

主持人朱小健：萧放教授上午给我们讲的中国民俗，给我的感觉是，萧放老师要做文化交流，与外面做文化交往，包括前面的于丹老师，我们不太容易做到的是，外国人和中国人问他，他会告诉你为什么。今天要吃饺子，他会告诉你为什么，你问不住他，这就比较厉害。我们交流最重要的是后面要有广博的知识支撑，这个知识的支撑可能在各位后面要形成的教学大纲、说明和内容上。我们要想明白了，这事儿值得我们去琢磨，要从萧老师和其他老师那儿得到启发，形成我们框架性的东西，哪些东西是人家首先有可能问的。刚才姚老师问的，我们自己准备的，随时拿给人家的，这些东西我想今天萧放教授给我们讲的有非常大的启发。非常感谢萧老师！

中国书法

——认字、写字、研究字

解小青

主持人吴新秋：

首先，让我们鼓掌欢迎解小青老师讲课，另外，对解老师赠送我们每人一册《汉字艺术》表示感谢！

这本书原印在绢上，是我们国家作为国礼对外交往用的。该书主编是欧阳中石先生，解老师作为主编助理协助欧阳先生完成审改工作。在解老师的建议下，用绢本的版式还多印了一些纸本的，这样我们也能读到这本汉字与书法方面的专门读物。因不在市场上发行，数量很有限，所以我们要再次感谢解老师赠书。

下面介绍一下解老师，也许喜欢书法的老师对她已有了解。解小青老师是我国第一位书法女博士，现在是首都师范大学中国书法文化研究院教授、博士生导师，也是全国第一位书法女博导。首师大是我们的兄弟院校，都是师范大学。我上学的时候，往北师大和首师大这两所学校寄信，邮局经常送错，那个时候就能感到这两所院校兄弟般的感情。

解老师五六岁开始学习书法，九岁已经获得全国少年儿童大字比赛一等奖。我们小时候上学也有这个课，不叫书法课，也叫大字课。这个比赛规格相当高，由中央电视台、《中国少年报》报社主办，并请启功、萧劳、黄苗子、欧阳中石等诸位老先生做了作品点评，可见这个奖的含金量之高。

今天我们有幸请到解老师讲书法，并在课堂上为我们作出笔法演示。我不懂书法，但在接触书法家当中常会遇到这种情况，有的人写得不错，不一定能够讲出来；讲得挺好的，又不一定写得好。解老师不光有实践经验，还有理论心得，理论和实践并重。我们在下面的听课当中可以领略到解老师的风采和学识。

还有一点要提及,解老师也是首都师范大学汉字认知与表现研究中心主任,这一点和在座各位老师的专业更为密切,因为我们培训的学员将来要"走出去"对外传播中华文化,传播当中对于汉字如何认知,怎样写得美观,让外国人通过书法艺术这扇窗,更好地接受和理解中华传统文化,这也是我们将来着力要做的重要工作之一。

还有一点我感到比较亲切,解老师还是国家语委咨询委员会的委员。亲切在哪呢?许嘉璐先生曾任国家语委主任,我也有幸在国家语委工作了十年,所以一说解老师是咨委会委员,我就感到非常的亲切。

下面时间交由解老师给我们讲课,大家欢迎!

解小青:刚才吴老师的一番介绍,让我很是惶恐。今天能有这样一个机会和大家交流,共同探讨中国书法这个话题我也感到很荣幸。

"中国书法"的大标题之下,我加了一个副标题——认字、写字、研究字。

吴老师刚才介绍说,我五六岁的时候开始练字,父亲在家教我。开始只是为了教我认字,照着他的字样子写,后来发现我模仿得还不错,写得挺像,于是有了教我学书法的想法。为了更好地教我,父亲订杂志、剪字样、带我去参观博物馆、去听书法展览上专家的各种评论,他自己学习消化之后,再耐心教我。一开始我用铅笔练习,写不好的地方随时可以擦了改,后来换成了钢笔,不能擦了,只能一次写成,就需要对字的结构印象要深,要记准记牢。

大学时,我在山西大学读中文系汉语言文学专业,后来硕士读先秦两汉文学。读书期间,章太炎弟子姚奠中先生对我练习书法给了很多指导,而且为我逐篇讲解古代书论文章。姚老今年已经一百岁了,精神矍铄。我1995年硕士毕业,正赶上首师大书法专业在全国第一次招考博士生。我很幸运,考入欧阳中石先生的门下。毕业之后留校任教,一直到现在。自己从小学习写字到现在在书法院主讲"汉字与书法"这门课,可以说我的成长、兴趣、专业和工作,一直都没有和汉字分开过。

所以,今天我也想围绕汉字这个话题展开,因为要谈书法,一定离不开汉字。

记得小时候我最发愁写字,因为一提起笔来,父亲就比我还忙,嘴里忙不迭地指挥：高一点、低一点、这笔要长、下笔要慢、想好再写……因为结构记不牢，常常是好不容易练好一个字形，但再过几天就忘了，写得又不好了，父亲就手把手再纠正一次，一个字如是反复多次。后来想一想，为什么记不住？因为不理解。虽然从小就写，但是我真正对汉字有所理解则是读到博士以后，其间有两次经历对我触动颇深。

第一次是2000年，陪欧阳先生去泰山为碧霞元君祠题写楹联，登泰山途中路过经石峪，看到漫山遍野刻凿的《金刚经》。我们看《汉字艺术》这本书第42页，就是经石峪摩崖图片。半山成屏，字逾一尺，刻槽极深，还有的字只是勾出轮廓，未及刻好，可以想见这是一个未完的工程，但是已经足够壮观。从那次开始，我意识到，中国的书法其实不在字帖里，也不在课堂上，而是在祖国的大自然中，名山大川、亭台楼阁中都蕴涵了书法艺术之美。大家可能有这样的体会，去到一个地方，景色很一般，但是抬头一看上面的匾额题字，顿觉这个地方别有韵味，这就是汉字的教化功用和书法的文化寓意所在。以后大家要尽量多地去各地走走，有些书迹实物一定要亲眼去看，特别是将来我们在对外宣传中国文化的时候，请外国朋友来中国看看，中国的大自然就是天然的"书法博物馆"。汉字和书法就"活"在我们周围，在我们的日常生活中随处可见。

第二次触动，是我去日本广岛大学讲课。日本人也写汉字，我们称"书法"，他们称"书道"。同样是书写汉字，他们的作品面貌跟我们的却很不一样。日展展厅中很多作品只是一个字或两个字，"少字数派"这类作品非常醒目。选取的这些字，大多象形意味浓郁，或者书写出来像一幅故事画。大家试想，一两个字要表现出很丰富的意象，势必要在形式、用墨等方面格外讲究，所以，日本书法作品有很多是"墨象派"。而在中国书法展览中"少字数派"或"墨象派"作品并不是很多见。

中国和日本，为什么出现了这样差异的创作观念和作品风格？回来后我才意识到这个问题并开始思考，发现书法民族性的显现与中日两国不同的汉字渊源有着直接的关系。

中国是世界上唯一有文字创生神话的国家，如"伏羲一画开天"、"仓颉造字"时"天雨粟，鬼夜哭"等传说，都是中华民族赋予汉字的一种神性，表达了古代先民对汉字与生俱来的、特有的敬畏之情。汉字对于中国人而言，犹如婴儿之于母亲，那一份感情是融入骨髓、流进血脉里的，这种深刻的汉字情结直接成就了中国独特的书法艺术。中国书法和字体演变密不可分，而且随着字体演变，在书写过程中又出现了许多不同的书体，形成了不同的风格和流派。从历史上看，汉字经历了甲骨文、金文、小篆、隶书、草书等形态演变，最终以楷书作为最完备的规范字体。这其中每一次字体演变都对当时的社会产生了深远影响。

日本书道则不同，更重视的是表现汉字的形象，更多的是把汉字作为一种图案，通过黑白构成和笔墨运用等表现手法，传达一种抽象的、神秘的美。这和日本的文字历程有关。最早，日本是有语言、没文字的国家，像我国南部的一些少数民族一样，之后借汉字作表音字母来记录本国文献。在逐渐学会了汉字后就直接用汉字书写了，当时的达官贵人都以会写汉字为荣，并在一些汉字的草法基础上，创立了"假名"。

"假名"之义，即从汉字假借来的，因为那时在日本人心目中，汉字才是"真名"。假名是非正统的，汉字才是正统的。日本男性在正式场合还是使用汉字，假名则是女性在非正式场合使用，所以又名"女手"。日本著名书法家纪贯之曾假托女子，用刚刚产生的假名写了一篇《土佐日记》，开日本日记体文学之先河。纪贯之这样假托女子写日记的行为也正说明"假名"在当时还只是表述个人感情的非正式文字，正式的文字仍然是汉字。了解这段历史后，也就不难理解为什么中日两国相同的书法传统，却导致了差异越来越大的创作理念，为什么现代书法的形式最初发起于日本，却反过来影响了中国的现代书法。

日本近现代著名书家上田桑鸠曾写有一幅作品，写的像一个"品"字，但下面的标题是"爱"。为什么呢？他解释说这个是他小孙子刚学会走路爬出来的样子，表达的是爷孙之间的"爱"，可是在我们看来它就是一个"品"字，这对于中国人而言似乎不太好理解。因为我们看到一个汉字，自然会有形、音、义三位一体的认知思维，看到"爱"字，它就读"ai"，中间有心，是爱心情感的表达和流露，恐怕不会联想到这个"品"字。通过遣隋使、遣唐使，日本人才开始接受汉字，隋唐之前的汉字过程完全是空白的，所以，日本书道能够脱离汉字形体走上美术化的道路，可以摆脱汉字意味的束缚而在视觉可读性上大大延展。

以上是就自己的汉字经历来讲，从小时候到现在一步一步地成长，从认字到写字，其间经历的这些对汉字的认识触动，也使自己开始有意识地去研究汉字。把这些体验拿出来与大家分享，也是为了更好地进入今天的主题——汉字与书法。

今天大概分两块内容：一是汉字与书法；二是汉字怎么写，怎样写字才好看。

第一，汉字与书法。

古人对于汉字有"六书"之说，这是汉代人总结出来的六种造字法，实际上是"四体二用"。"四体"指象形、指事、会意、形声。"二用"指假借和转注，这两种只是用字法，不产生新字。

下面我们着重谈前四类。

1. 象形

我刚才看到有的学员拿着《说文解字》，这个习惯很好。《说文解字》是东汉许慎编撰的一本字典，其意义在于它是第一本按部首编排的字典，共分540部。对于"象形"，许慎的解释是："象形者，画成其物，随体诘诎。"举的典型字是"日"和"月"。月亮也有满月的时候，可是古人只将它画成月牙的形状，这样就和圆的"日"明显区分开来，所以，古人对事物、现象的描摹是有所取舍的，这里面蕴涵着抽象思维。

又如"牛"和"羊"，都是四条腿的动物，古人只抓住一个特征，即角，角的指向不同，牛角是冲上的，羊角是下弯的（见下图），至于身体等相同的部分，都只用一横一竖简约勾勒。只抓住角的不同朝向就把两种动物很轻易地区分开来，至于是黄牛、水牛，还是牦牛等都已经无所谓了。羊也一样。这里面依然有一个取舍的问题，保留哪些、去掉哪些，体现出了古人造字之初的抽象思维。

大家照着这个思路想想，马、鹿、虎，这三种动物又应该抓住哪些特征呢？自己能不能画出来？汉字不同于画画，有一点文字画的意思，但又不是写实的具象描绘。

看上图，和你们想象的字形一样吗？马的特征是马鬃、马尾、马头。鹿是鹿角、鹿头等。大家看这个"鹿"字很有意思，鹿角好像是正面，身子又像侧面，好像不合逻辑，可是把这些特征集中在一起，人们一看便识，并没有造成认识上的分歧。古人选取的这些特征只要能传达出"鹿"这个意象就可以，至于它是正面、反面、侧面，或者有无透视关系等都无妨。透过这些象形字例，可以体会古人造字用的是漫画家手法，抓住特征加以夸张、凸显，在取舍中蕴涵着抽象思维的科学性。

2. 指事

在象形字的基础上加标识，或者圆点或者小横线，让人一看即知所指部位或特征，这类字就是指事字。

典型的字例是"上"和"下"。大家看，这两条横线分别代表两个平面，一个在上面加一横，另一个在下面加一横，就是"上"、"下"两字，表示在其上，在其下。至于这个平面是指桌面、海平面，还是地平线……都无所谓，一个平面之上标一小横，特指的是它的"上"面。"下"面亦然。后来写着逐渐容易跟"二"混淆，于是又分别在上、下加了一竖，这样"上"和"下"的字形就固定了下来。

再如，"本"、"末"、"朱"这三个字。先画一棵树，即"木"，如果现在不是指整棵树，只是指"根"的这个部分，于是在最下端画一小横做标识，即"本"字；如果指枝梢，便在上面画一小横，即"末"字。还是这个"木"字，中间画一小横，即"朱"字，用树的中间指赤心木，那么"朱"字就是红色的意思。"本"、"末"、"朱"三字，同样都是由"木"衍化出来，在不同的地方加标识，指代不同的部位、现象或特征，即为"指事字"。

3. 会意

"会"是会合的意思，许慎讲"会意字"是"比类合谊，以见指㧑"。把几个意象组合到一起表达出一个新的意思，即会意字。会意字像活动电影一样，是先民非常了不起的发明。举几例说明：

止（趾）：步、涉、陟、降。

字形上面一个脚趾，下面一个脚趾，两脚前后迈开，就是一"步"

字。如果两脚中间有一道河，表示迈步跨河的动作，就变成了"涉"字，既形象又充满动感。

还是"步"的基础，如果左边加一个表示高山的部件，就是"陟"字，表示攀登的意思，"陟彼高冈"就是爬上高山的意思。这是往上爬，如果反过来，往下走呢？就是"降"。两脚趾朝上，是"陟"；两脚趾朝下，就是"降"。前两天我在日本看到马路上写了一个"降车处"，开始不明白，问过之后，其实就是出租下车的地点，用的仍然是"降"字古义。同样是两个脚趾，不同的部件和方向，就可以表示迈开、过河、上山、下山等诸多意思。

手（又）：友、受。

古人造字，"近取诸身，远取诸物"，看过"脚"后，我们再来看看"手"。这是正面的手，五指；这是侧面的手，后来多写成"又"字形。那么，上面一只手，下面一只手，上下并行，大家能猜得到是什么字吗？两手方向相同，表示志同道合，就是朋友的"友"字。

同样还是两只手，上面的一只手向下面的一只手传递一个什么东西，就变成了"受"。给的一方是"受"，接的一方也是"受"，后来加了提手旁，"受"和"授"便各有所指，"给予"和"接受"的不同意思也就更分明了。

再举几个会意字例：

若（诺）、逐、發、興。

有一个成语"唯唯诺诺"，意思是听从别人，一味附和，没有自己的主见。这种人的特点就是"顺"，不逆反。怎样表示"顺"这个含义呢？古代用一个跪着的人双手拢头发的字形，表示"使之顺"的意思，即"若"字，后通"诺"，很巧妙地表达出了"顺"的抽象含义。

再看"逐"字，上面是一头猪，下面是一只脚，脚追着猪跑，即为"逐"字。更妙的是有些甲骨文里的"逐"字，画的是两个动物奔跑，以示追逐之意，比如上面是狗，下面是兔子，狗追着兔跑也是"逐"，不一定非得是人追猪，上面还可以换成鹿、马等动物。可见古人造字思维不拘一格，字象也非常鲜活。

再看"發"字，右手持箭往弦上搭，箭在弦上不得不发。从甲骨文字形看，妙在哪里呢？妙在弦的处理是用虚线，而不是实线，表示拉满弓弦之后的颤动。看到这里，古人造字的巧妙思维和浪漫表达，让我们今天都叹为观止！

还有"興"字，先是四只手，上面两只、下面两只，中间抬着一个东西，下面有个"口"，字形写作🈳。大家可以想象，一起抬东西用力时，自然会喊一声"起！"或者是类似的口号约定。后来经过演变，左边的手写成𠂇，右边的手写成𠂊，把"口"写在中间抬的东西里，就成为同，下面的两手，读"拱"，连起来变成楷写的🈳，这些都组合起来就是繁体楷书"興"字。许慎《说文解字》对"興"字释曰："起也。""兴"即"起"也。"兴起"今天已经是一个固定词组了。

再看"闻"、"聽"、"聲"、"聖"等字。

这几个字的构件，在甲骨文里都是一只耳朵一张嘴，或者一只耳朵两张嘴，字形没有那么严格的规定，正反书、上下书、繁简书都可以，这也反映出汉字定型之前的灵活性和多样性。大家想，一只耳朵一张嘴，显然是"说"和"聽"的关系。我们老家有句俗话，教训人的时候说："要乍起耳朵来，好好听着！"一个"乑"字凸显了耳朵。大家看，对于耳朵来讲，"聽"即是"闻"，听到的是"聲"。为什么还通"聖"呢？什么样的人是"聖"人？即不管听到什么都能理解，理解了自然就是思想通达，这样的人称之为"聖"。所以同样是一只耳朵一张嘴组构而成，到底释为"闻"、"聽"、"聲"，还是"聖"？要根据上下文意来判断。

以上列举的这些都是会意字。会意字里面也有一个取舍的问题，要组合起来几个部件表达一个新的意思时，取哪些舍哪些，也包含着古代先民的抽象思维，很值得我们思考和研究。

4. 形声

前面讲的这三类字都特别有意思，但是它们在汉字总量里只占少数，最多的还是形声字。尤其是后起字，几乎都是形声字。

许慎对形声字作出的解释是："以事为名，取譬相成，江河是也。"意即由两部分组成，一部分表示的是"事"，即所属的物类；另外一部分表示的是"音"，即"取譬相成"，取接近的发音来表示。比如"江"、"河"两字，一看"氵"，可以推知和"水"有关，这是它所表示的"事类"，可是读音和"工"、"可"怎么能连在一起呢？今天普通话读"工 gong"和"江 jiang"，发音差别很大，这是因为古音到今天发生了变化。广东话中"江"仍读如"gong"，还保留着古音。有句话"秀才认字念半边"，似乎是讽刺很多人遇到不认识的字就读半边音，其实想想也不是没有道理。

形声字占到汉字总数的70%以上，形声字部首的分类，代表着古代先民对自然界万事万物认识的分类。以"木"字旁为例。所有"木"字旁的字，大概可以分成以下三类：

（1）树木的名称：杨、榆、槐、柳、松、柏、梧桐……

（2）树木的部件：根、本、末、梢、枝……

（3）木头打制的器物等：桌、椅、板、柜、杆、棰、梆、枪……

一个"木"字旁，把和树木有关的这一类字都统领了起来，这是"部首"的意义，也是古人对事物认知的分类。

顺着上述思维，再看"目"字旁，也可以分出以下三类：

（1）眼睛的部件：睑、睫、眸、眶、眦、瞳……

（2）眼睛的动作：盯、盼、看、眈、眨、眺、睁、瞄、瞰、瞥、眯、瞬、睏、瞠……

《诗经·卫风·硕人》里有句"巧笑倩兮，美目盼兮"。用目光流转的一个"盼"字，写出了美之动感情态，远胜过"领如蝤蛴，齿如瓠犀"等这些具体的描述，联想到小幼虫、葫芦籽这样的实物，很难让人真正领会到立体的美感，越具象的东西越有可能凝固我们的审美。而一个"盼"字，却可以让我们生发无限的联想。

（3）看到的结果：瞎、眚、瞑、眇……

有一句话"不以小眚掩大德"，"眚"本意是看不清楚，引申为过失、错误等，这句话的意思是不要因为一个人犯了小的错误就掩盖了他美好的德行。

通过上述列举，"目"字旁把和"眼睛"有关的一类字又都统领了出去。2009年国家语委发布的《汉字部首表》中主部首共201个。这200多个部首把自然事物划分成了不同的类别，形声字最多的原因也在于此。

在这儿给大家讲一个笑话：有一个人收藏了乾隆时候的一套凳子，别人想要借用一下，得跟他打个借条，可是那个人不会写"凳"字，心想凳子是木头做的，先写一个"木"旁，"凳"发"deng"的音，那就再加一个"登"字，结果乾隆的"凳子"到了他那里打回来的借条就变成了"橙子"。"木"字过来一个"登"可不就是"橙"字了嘛?!虽然他很无知，但是仔细想想他还是蛮懂形声造字规律的，看似笑话，里面却包含着跟汉字信息相关的道理。

总结来讲，汉字造字之初蕴涵着古代先民认识世界的抽象思维。汉字的部首是对事物认识的分类，一个部首统领一群字，统领一种类别。虽然汉字数量这么多，但是不相杂厕，因为它的科学性、系统性是最强的。

讲了这么多关于汉字的认知，其实今天的重点是书法。我们不是专门的文字学家，恐怕也没有条件从事古文字研究专业，那么，这些汉字知识和书法有什么关系呢？怎样把这些知识运用到书法的表现当中呢？

明末清初著名书法家傅山在《霜红龛集》中写道："楷书不知篆隶之变，任写到妙境，终是俗格。"这个"俗"，是好还是坏？雅俗共赏、通俗歌曲，这里的"俗"是大众化的意思，没有不好的含义，但是在书法术语中，"俗"则是很致命的批评。

举个例子，沈尹默先生（1883—1971）十七八岁的时候，写字已非常有名，乡里大大小小的场合都请他来写。有一次陈独秀在别人那里看到他的字，说诗文还不错，就是字太俗。沈尹默听后，当时还不服气，经过思考反省，他觉得陈独秀的一记棒喝确有道理，于是发愤写碑，救正笔力，终于成就了自己的面貌。

"俗"为什么是很重的批评？因为百病可医，唯俗不可医。什么病痛都可以医治，但"俗"却不易医治，"其俗在骨"之故也。若得医治，得刮骨治疗。大家想想，要经历多少疼痛才能够重新立起来面目？沈尹默先生勇于否定自己的学书精神也着实让人钦敬。回过头来，我们也能更好地理解傅山这句话：写楷书一定要溯源，追究其篆隶缘起，否则任凭用笔多么娴熟，字形多么优美，终究格调是俗的。研究汉字正是为了写得要超凡脱"俗"，要让自己的笔下有学问积淀。

了解汉字渊源，可以循知其本。辨析字形，了解字义，不写错字。同时，还能明白异体字的来源，丰富书法表现。

所谓的异体字，是指字形不同而音、义皆同的一类字。书法作品中常常会用到异体字。以下举例说明：

"思"与"恖"是异体字。后者上面写作"囟"，用囟门代指头脑，小孩的囟门没有长全的时候会动，所以篆书字形上面通常不封口，写作 ，楷化写作"恖"，即规范写法的"思"字。上面是"田"，实际上跟田地并没有关系，从异体字上看，思想跟脑子的关系一望可知。

再如，"秊"是"年"的异体字。甲骨文字形是上面从禾，禾苗下弯，谷物成熟，下面是一个侧面的人，后来加了装饰性的笔画变成

"千",上下合起来,写作"季",意思是人背着禾,表示收获了,谷物成熟就是一年,后来衍生出表示时间的概念。

"更",甲骨文作 ,意即一只手(下面),拿着小槌(中间)敲梆子(上面)。楷化之后,上面写成"丙",下面写成"攴",合起来即"更"的异体字。

由此可以看出,很多的异体字形并不是后来产生的,而是在最初的甲骨文字形中已经存在的。以下我们结合字帖实例,来探讨汉字和书法的关系。

图片取自"天下第一行书"——王羲之书《兰亭序》。

请看第五行"左右"两字,"左"和"右"的写法,上面都是横和撇两笔,但写法不同。左手作 ,所以书写顺序是先横,然后挑起接撇。右手作 ,逐渐变成 ,所以"右"的笔顺是先撇,然后翻起接横。草写"口"可以省略成两点,所以 是"右"的草书写法。可见,我们感觉很随意的一笔,其实里面蕴涵着很深的汉字含义和写法上的道理。笔性再好,但若不懂字,不去研究字,最终只是一个书写的匠人,成不了真正的书法家。

再举汉代隶书《史晨碑》的例子,从"麟"看"鹿"字。

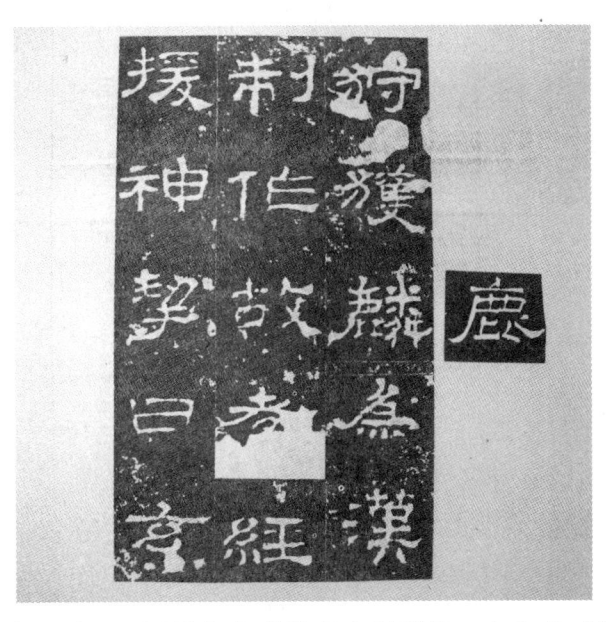

前面大家已看过，甲骨文字形的鹿头很明显，在隶书"麟"的字形中，鹿角、鹿头、鹿身、鹿蹄，大概都还能看得出。现在写"鹿"字，上面的"广"字实际是鹿角和鹿身变化出来的，跟"广"字完全没有关系。为什么我们写字还要研究字，道理就在这里。如果按楷书思维，将"鹿"的隶书写成"广"字头，尽管用笔波磔飞动、绞转灵活，都会缺了文化的含义，即如傅山所讲"终是俗格"。

这方刻石很粗糙，原因这只是东汉时期的一个刑徒砖，是洛阳刑徒墓砖铭拓片。对于一个刑徒的身后事，谁会细细去刻写？粗陋也在情理之中。但是，这并不妨碍汉字的表现。请看第一个字"右"，"右手"的表示非常明显，不是说"撇"可以写成这样，而是"手"的意象残留。第二行"鹿"字，大家也会看到和"广"字头毫不相关。第三行"初"字，显然左边是"衣"，"初"和衣服有什么关系？小学生写字常常"衤"和"礻"旁分不清，"初"也常会写错成"礻"字旁。许慎《说文解字》释曰："初，裁衣之始也。""初"字的结构是：左衣右刀。"衣"是象形字，领口、袖子、身子等都仿佛可见，后来写成楷体"衣"字，变作偏旁"衤"。"衤"字旁都和衣服有关，而"礻"则是和祭祀有关，表达祷告、许愿等祈盼，所以词义都是美好祝愿的内容，如祈、祷、福、禄、禧、祝等字。"祝"字很形象，甲骨文作，一个跪着的人面对祭台祷告。像这样溯源古义，从意义上区分的话，"衤"和"礻"就会分得很明白，绝不是"多一点"和"少一点"的区别，写法上也不会再混淆。

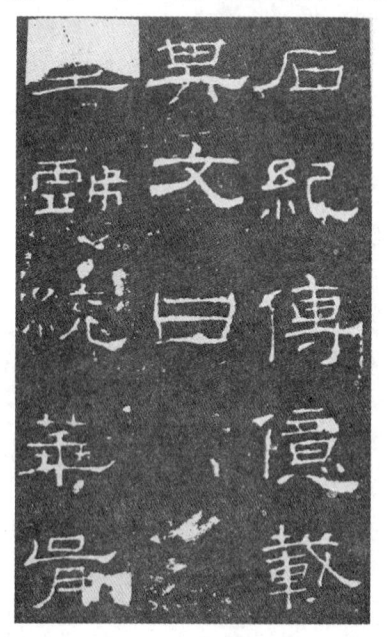

再看汉隶《礼器碑》中的"曰"字。"曰"本身是指事字，下面是"口"，上面画"一"作标识，特指从嘴里说出来的话。篆书写作，再往后隶书写作，篆书残留意象还看得很明显。后来横折直接起笔，但和第一笔竖之间还是开口的，今天写成了全封口的"曰"字。大家可以从《礼器碑》中看出隶书保留着的开口字形。像这些细微处，临摹字帖的时候要用心，若观察不细，写的时候堵得密实如焊口，那就没有文化了。

下面是汉隶《张迁碑》图片。第二行"有"字，和前面洛阳刑徒砖铭中的"有"字一样，字形脉络可寻。后来，楷书也常写如此形，折笔作撇和一撇直劈甩下不同。

再看第二行末字"友"，刚才讲过"友"的字形是上下两只手方向相同，表示志同道合。《礼记》曰："同门曰朋，同志曰友。朋友聚居，讲习道义。"帖上的"友"字这样写是因为碑石残泐，我们临摹的时候要有判断，到底是原始意象表现出的高古意趣还是碑残石花造成的错觉，要学会通过研究字义、字形来综合判断。临帖也要动脑子研究字。

再补充《张迁碑》中的一个字例——"高"字。上面一长横刻成好像断开的样子，很多人觉得这是刻工不精或者碑石残裂造成的，于是临摹时加以改正，把横画涂满写实，写成。实际上，"高"字上部早先时候写得像高顶建筑，由此可知，刻成似两笔断开是有道理的，也即是刚才讲的文人字和写字匠的区别所在。我们不光要写字，还要对字形、字义追根溯源，这对于我们不写错字、写出古朴的意趣都有实际的帮助和提升。大家知道，写字要从临摹字帖开始，可是，字帖显示不清楚的地方该怎么临？这就需要我们多动脑筋，利用《说文解字》等工具书去识别判断。时间久了，也能知道《说文解字》中有些字形的演进。举一例，"十"在甲骨文里释作"甲"，怎么来的呢？打仗时要穿铠甲，为的是保护前胸和后背（脊柱），所以用"十"来表示，后来加了放置铠甲的东西，写作"田"。战国时期秦国文字"甲"还写成，"十"字的意象非常明显。到了汉代，《说文解字》作，可见在传抄的过程中发生了讹变。尽管《说文解字》中的小篆字形已约定俗成立为标准，但是大家也要知道，汉代人在传抄的过程中也多有讹误，对于这些字形变化，我们可以通过更早的书迹资料去印证，了解并明白这种学习写字的研究思路。

此外，我们对外宣传中华传统文化，离不开古典诗词，了解汉字构形释义，对于解读古典诗文、提升文学修养也有直接的帮助。

比如，大家熟知的王勃诗《送杜少府之任蜀州》，其中"海内存知己，天涯若比邻"两句非常经典。这个"存"字怎么解释？

一般的解释当"有"讲，意指四海之内有一个知己，即使远在天涯，也觉得近在咫尺。《说文解字》释曰："存，恤问也。从子，才声。"（古云恤问，犹今言慰问耳）这是典型的形声字。为什么要从"子"呢？"子"是小孩子，泛指幼小的东西，看到幼小的东西容易让人心生怜爱，有怜爱就会产生一种牵挂，由牵挂引申出惦念、思念之意。所以，如果把"存"字理解成"思"，整首诗的意境可能会更加连贯。"海内"的知己，关键你思不思他，只有"思"才会觉得虽远犹近；思念他，才会觉得没有距离。《诗经·郑风·出其东门》："出其东门，有女如云。虽则如云，匪我思存。"这里"思"和"存"并用，更可证明。

第二，写字的问题。

下面的部分谈谈具体的写字问题。主要从三个方面看：

一是笔法，即用笔方法。

二是字法，即字的结构。

三是章法，即全篇布局。

1. 笔法

以"楷书四大家"——颜真卿、柳公权、欧阳询和赵孟頫为例。

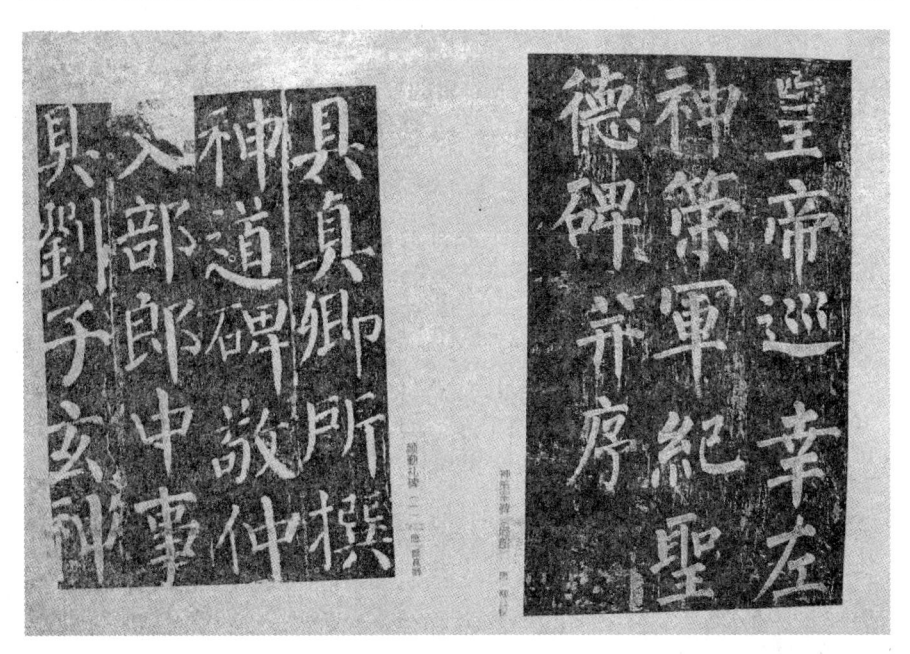

上图左边是颜真卿《颜勤礼碑》图片，右边是柳公权《神策军碑》图片。

下图左边是欧阳询《九成宫醴泉铭》图片，右边是赵孟頫《胆巴碑》选字。

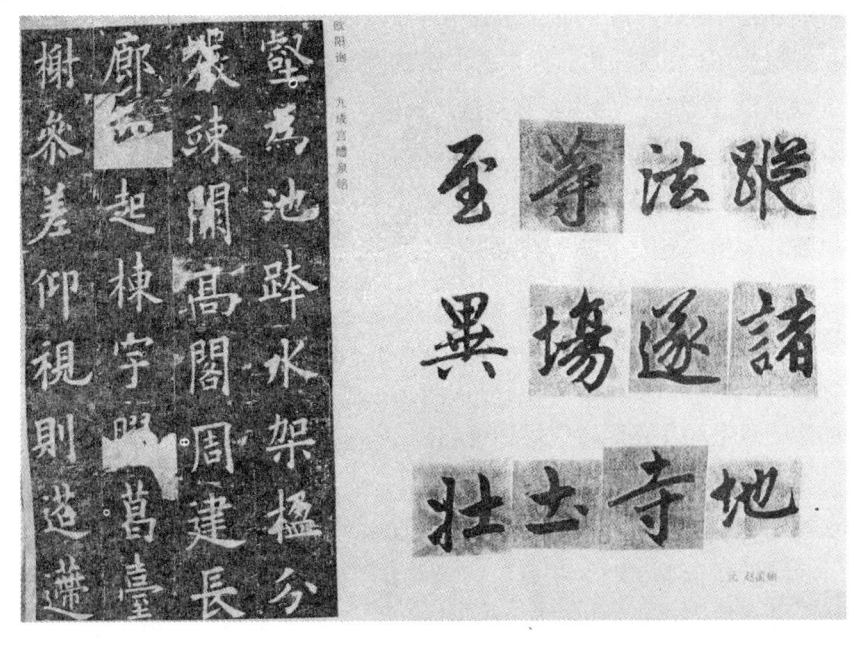

大家想过没有，历史上的楷书大家那么多，为什么就选出这四家？再

者，颜、柳、欧、赵的排序是怎样来的？颜是中唐时候的人，柳是晚唐，欧阳是初唐，欧阳询到唐朝时已经将近70岁了，所以他大部分的时间生活在唐朝之前。最后一个是赵孟頫，本是宋代赵匡胤的后代，南宋灭亡时他34岁，忽必烈派程矩夫搜访遗逸，赵孟頫遂被吸收到朝廷去做官。

显然，除了赵孟頫，前三家不是按时代顺序排的。其实这是按"馆阁教程"排出的顺序。首先，颜真卿的字比较饱满、怀抱取势，从颜入手，学的是占格。汉字是方块字，在方框里怎样安排？既不能占满四隅，又不能走风漏气，其中大有讲究。现在电脑打字，比如"大厦"两字，"大"字永远感觉比"厦"大，同样的字号，可是给人的大小感觉却不相同，占格的道理也是一样。所以学颜字首先学的是占格。颜字笔画肥厚，曾被人讥讽为"厚皮馒头"，学颜时间长了，容易落下臃肿的毛病，怎样减肥？继续学柳。所谓"颜筋柳骨"，以柳之骨力救正学颜之弊。但是柳字的结构并不是最好的，常常有捉襟见肘的地方，所以在这个基础上再学欧。欧阳询的结构最平正，但是容易写得死板，那么再学赵。赵孟頫的楷书带有行书笔意，用赵之灵活救正欧之板滞，这样最终形成"颜柳欧赵"的学书程序，是为"馆阁教程"，其实也是学习楷书过程中怎样互相补救的经验总结。以前参加科举考试要写卷子，要学规范的"馆阁体"，所以"馆阁教程"就这样应运而生。这一套下来太复杂了，有没有速成的呢？于是省略为"欧里赵面"，即取欧的结构和赵的用笔。

以下以"竖钩"为例，看看这几家楷书笔法的不同之处。

第一行是魏碑写法，第二行是颜体，第三行是欧体，第四行是赵体。魏碑中的竖钩几乎是平挑出来的，"孝"字的钩看得非常明显，挑钩处外方里圆。如何一笔写出？需要琢磨，这就是笔法。写毛笔字不能描，要一次成形，所以讲究笔锋的运用，要在笔锋转动上多下功夫。因为是平钩，大致可以想象笔锋是从右向左平推出来的，之后向上逐渐提笔拢起。第二行颜真卿的钩大不相同。尤其对比两个"孝"字，不同之处非常明朗。颜体钩的运笔动作是竖弯以后回锋内挑。

看到颜字的竖钩，想起小时候跟我一起写字的一个同学，我们两个同去参加比赛，那时候个子很矮，够不到桌子，脚下要垫一摞书踩在上面写。我写的是行书"竹月松风"，李邕的笔体，很快就写完了。那个男生写了一首古诗，最后写不下了，因为叠格计算错了。他学的就是颜体，每一个挑钩之前，都要来回摆动好几次才能趯出，当时我也不懂，就看他写

得真慢。现在想想小时候学习书法的各种误区很多，比如这种钩法，颜真卿并没有这样写，从墨迹看他笔下的钩是一种自然的出锋，可是后人误解了，把笔锋上下摆动当作一种固定的模式，甚至还有老师要求必须摆够多少下才能出笔挑钩。这些固然是理解错误，但也可以看出这种钩的形状确实是颜体特征。

再看欧体，和上面两种钩法又不一样，欧的竖钩在似挑非挑之间，并没有明显的出锋，而是把笔锋提起往上轻轻一顶，或者说一跪笔就算完成。

最后看赵孟頫的钩。出钩前右下角有一个小缺口，最末端有尖儿，如果把这个小尖儿去掉，挺拔、爽利感觉就没有了。由此也可以理解，写字用心其实都在细微的地方，所谓"神采"常常是从最细小的地方流露出来的，临摹字帖时一定要抓住这些细微特征。如果把欧字的钩挑锋尖锐，赵字的钩写成圆头秃脑，那它们的特点就消失了，也就不再姓"欧"和"赵"了。这些都是用笔法，各家各体都有区别。

尽管各家各体的用笔方法和笔画呈现各有不同，但就笔画本身来讲，我个人认为没有一个笔画是不好的，关键在于怎样搭配。好像画画一样，没有一种颜色不好，关键要讲究巧妙搭配。写字过程中，不可能每一个笔画都写得很完美,有缺陷瑕疵不怕,关键是下一笔怎么补救、怎么迎合。这也就是我们讲的第二个问题:字法,或者叫"结构"。

2. 字法

书论中有句古话:"笔法生字法"。刚才所讲笔法和字的结构密切相关。同样一个字,同样的写法和安排,如果笔画的粗细不同,营造出来的空间也不同,结构上的开合也会大不相同。大家可以从《兰亭序》中找出相同的重字对比体会。

下面以赵孟頫字为例说明结构的安排。第一行"破"字,左边的"石"右上倾,为的是给"皮"字留足空间,最后一笔反捺拽得很稳。单看"石"、"皮"都是歪的,但是合起来却颇得稳重,这是因为笔画之间的搭配各得其宜。"谨"字道理一样,"言"字右上倾,"堇"字末横巧妙穿插进来,托住左"口"。"妙"字也是同理,把左右结构变成了类似上下的结构。这一笔撇画,拉长宕开,也增加了书写的难度,要写得非常漂亮才能托住,否则像个尾巴一样横扫出去,用笔提不起来的话,整个字也就瘫在那里、神采全无。"如"字的"口"嵌在"女"字的横挑和反捺之间,格局大开。"勑"是"敕"的异体字,意指皇帝命令。右边的"力"字插入左边,把本来"齐头并脚"的左右两个部分,变成了左右的参差相倾,动感中更得沉稳。"徽"、"微"两字,反文旁镶嵌"山"下,

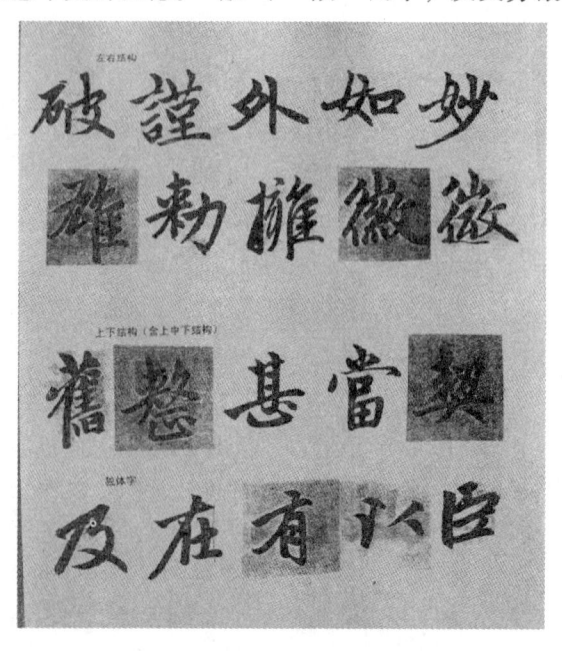

把本是左中右并排的结构契合得更加紧凑，里面复杂难写的部分通过这样的调整也会变得好写一些。这些字的结构都不是并列摆开的，里面的穿插避让关系非常明显。

　　对于书法的学习，从专业角度看，包括书法史知识、书法理论、文献、版本等，是一门综合的学问，不是写写字那么简单。所以说，书法不仅是艺术，更是文化。对它有兴趣，就要多留心，一定要做个有心人，多看多想多走动，一定要多看实物、真迹。就我自己而言，深感观看古代书法真迹的重要性。记得2007年我在上海博物馆"中日国宝展"上看到很多熟知的真迹，现藏日本的《丧乱帖》也展出了。我看到赵孟頫《三门记》墨迹时非常震惊。以前我对《三门记》很不以为然，觉得写得太板，不甚喜欢。当看到长卷实物时，才真正理解赵孟頫的功力确实绝不是一般人能达到的！每个字的运笔都没有一个分叉的地方，贼毫更不可能见到。回来后我写了一篇文章《赵孟頫与董其昌》，因为我忽然可以理解董其昌为什么对赵孟頫又褒又贬，一辈子也没有放过与赵孟頫抗衡的想法，但是，到了他老年的时候，还是发出了不得不服赵孟頫的慨叹。赵孟頫比董其昌早三百年，董其昌把赵孟頫当成前代艺术史的集大成者，所以一直试图超越他，我觉得这也是董其昌对艺术史的自觉认识，他选取赵孟頫作为超越对象，既有历史高度，又有可能性与现实性。

　　赵孟頫除诗文、书画成就外，著印史、述乐原、富收藏、精赏鉴，可谓全才。具体到书，则复活古体，六体皆能；画则山水、花竹、翎毛、木石、马牛之属，悉造穷微。相较之下，董其昌亦擅诗文，精鉴赏，于书偏工行草、小楷，画则独擅山水一科，印学、乐理等方面则付之阙如。这也与二人生活的时代不同、历史承传前代的具体情况不同有直接关系。董其昌在对赵孟頫深刻认识的基础上另辟蹊径也是发展的必然。就《三门记》真迹看，从功力来论，董其昌无论如何不是赵孟頫的对手。如果不看真迹，永远感受不到这种震撼，看印刷品，即使再精良逼真的印刷，也远远得不到这种冲击和教育。所以，我希望大家在北京学习的这段时间里，有机会一定要去故宫博物院等地看看。看过真迹，也会对书法史上的有些争论问题逐渐形成自己的见解。比如，我们接着讨论，赵孟頫和董其昌的书法差异在哪里？应该抓住什么关捩来思考这个问题？我认为赵孟頫讲求"法"，董其昌讲求"势"，由此引发出他们两人的种种不同：董其昌讲与古人之"离"，赵孟頫讲与古人之"合"；董其昌讲"生"，赵孟頫讲"熟"；董其昌讲脱略形骸之"淡"，赵孟頫讲纤毫毕肖之"浓"；董其昌讲用墨，赵孟頫讲用笔；董其昌讲用笔提起，无一实笔，赵孟頫讲笔沉力实，落到实处；董其昌书圆笔藏锋，赵孟頫书方笔斩截；董其昌写草多法唐，重缠绕；赵孟頫写草唯宗王，求简约；董字疏隽纵轶，赵字结密攒捉；董其昌突出个性，赵孟頫凝聚共性；董字一书一面，不主故常，赵字千书一面，规整划一；董字多率尔无意，赵字多庄谨用敬；董字好则极好，笔外之思，腕下有鬼，赵则纵横皆合，法度坚稳，腕下奇功；董专注禅宗顿悟，书风似奇反正，赵崇尚唯精唯一，书风中和平正……这样的不同还可以罗列很多。概括一句话，董字悟后可学，赵字则学后可悟。这些是我多次对比赵、董二人墨迹得出的一些思考，也连带出以二人为代表的元、明两代书风的思考。

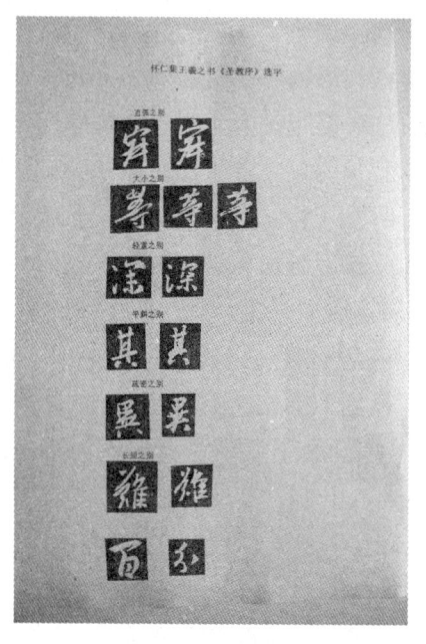

上面讲了结构的穿插避让，下面讲结构的调节组合。以唐代弘福寺沙门怀仁集王羲之书《圣教序》碑字为例。这是一通非常有名的行书碑，现在西安碑林。怀仁用了二十多年时间，尽集王字，甚至有金钱购字之说，成此巨制，开启集字碑刻新风。以后集王书者也不少，但如此精湛者无与伦比。凡是王羲之有的字，怀仁规模毕肖，务求纤毫，而王羲之没有写过的字，怀仁便假借偏旁，拼接剪辑，大者摹缩，欹者扶正，集字成文，所以这种集字具有创造性，包含着怀仁对王羲之书法的深刻理解和默契会心，这也是被后世誉为"小王书"的道理。怀仁集王羲之《圣教序》自刻成之后就为世人瞩目，唐代士人咸效其体。时至今日，仍是研究和学习王羲之行书的必备字帖。我们通过具体分析几组相同的字，看其结构如何调节：

第一行，两个都是"寂"字。左、右两个的写法区别在于宝盖的点，左边宝盖的点左斜，于是末竖向右撑住；右边的宝盖点朝右斜，于是末竖略向左回抱。这是两种不同的搭配，只要和谐，每个字写出来都是活的。

第二行，三个都是"等"字。下面"寸"中竖钩和点的处理各不相同，钩大则点小，钩小则点大，而且挑钩方向不同，点的斜度也不同，要随之调整。

第三行，两个"深"字。左边的一个，上钩重，所以末点也重，而且尽力带笔回钩，因为上面已经扩出去了，所以下面要往回拉，架势虽大，气则团聚。右边的字形正好相反。无论粗细，都要上下呼应。

第四行，两个"其"字。左边一个，竖长，所以末点靠后平出。右边的竖短，所以点大且重笔。由于"竖"的不同，留给"点"的空间也不同，俯仰、大小、轻重等都要随之调整。

第五行，两个"异"字。左右两个不同的是疏密关系。

第六行，两个"难"字。左边的写法：左放右缩；右边的写法：左收右放。

再看"百"字。第一横上去了，后面的部分要压下来，俯仰之间，气格骤增。"分"字，左边渐渐扩出去，右边的点要往回拽，使气聚拢，同时粗细对比，亦使字的处理熠熠生辉。从上面的分析可以看出，字的结构里面各部分都是有力量的，如何合力？需要调节，最终达到一种平衡。就跟跷跷板一样，两边总是在上下摆动中寻找一种平衡，左边压到多低的位置，右边就会腾起到多高的位置，字的平衡也是这个道理。字形虽是固定的，但是结构的处理却并无定式。颜真卿写得好，柳公权写得也好，谁写得都好，但他们又完全是互不相同的面貌。我们临摹字帖学习写字，要而新的平衡。逢山开路、遇水造桥，所以各家各体、触遇生变、常写常新。有意识地琢磨字的结构，理解了进退、揖让、承载、避就等结构规则，懂得"笔法生字法"的道理，粗细、俯仰、向背等笔画变化都与字的结构直接相关。可以说,每一个笔画、每一个字形都是"活"的,逢山开路、遇水造桥,各家各体,触遇生变、常写常新。这也是我们要体会古人用心的地方,而且随着自己体会的加深,从字帖里看到的东西会越来越细、越来越多,悟到的书法之理也很容易和中国哲学之理、生活中的做人之理打通思考,所谓"理到圆融无迹象"。

3. 章法

上面分析的都是每个单字,下面谈谈字与字之间的衔接、行与行之间的照应,我们称之为"章法"。

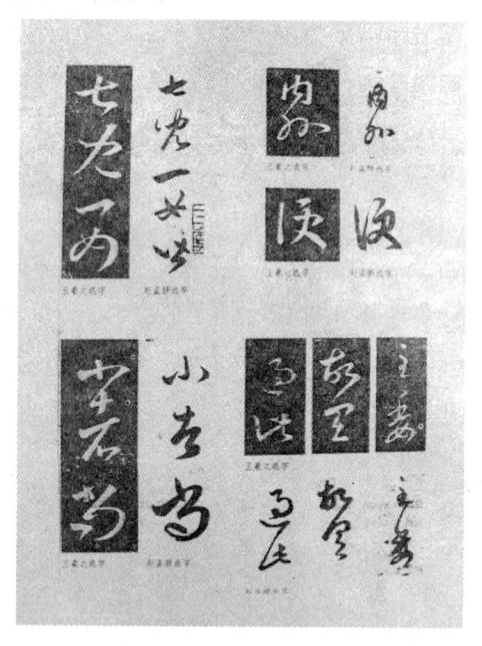

我们取赵孟頫临王羲之《十七帖》中的段落对比来谈。赵临本现藏故宫博物院。首先,分析取势之不同。左边黑底白字的是王羲之刻本,右边白底黑字的是赵孟頫临本。王羲之笔下"七儿一女"四字,俯仰相得,落落精神。"七"字横上扬,"儿"字折钩下压,特别长撇重劈,加强了"七儿"两字的穿插。"一"字收束上仰,但往下带笔出锋,使上扬趋势略有所抑,同时打破"一"字横亘中间的突兀。"女"字末笔圆弧加重,遂将"七儿一女"四字整个的"势"压了下来。相比而言,右边"七儿一女"四字取势显得单一,尤其中间重笔"一"字有隔断行气之嫌。再如图片左下"唯一小者,尚未婚耳"中的"小者尚"三字,赵孟頫所临结构没有夸张出去，磅礴不足，显得匀平。此外，王本"内外"两字潇洒翻落，赵则拘谨小心。

其次，分析气息之不同。气息是个抽象范畴，但离不开具体的依托。试看王本"便"字之捺，拙重如屈铁老藤。赵则"便得"连带，不可谓不佳，只是古质今妍，已相别矣。

3碑，我们呢，又有超越的如。这也与二人生活的时代不同，通过对比可以理解，赵孟頫在临摹过程中处处渗透着自己的理解，如"过此"、"至委"、"故具"等字的连带，另如"示"字末点，都是可圈可点的发挥。而且通过对比，我们可以发现王字内俏，其"活"在暗处；赵字外俏，其"活"在明处。赵孟頫对王羲之的改变，多了平正与圆活，把对东晋之"韵"的追求转入元代之"法"的树立上。可以说，通过临古，赵孟頫追求的是"法"与"美"，为的是在元代树立一种易于上手的书写规范。理解了这些，也就能够衍伸思考元代书风追踪魏晋却最终与晋人不同的原因，这和时代、社会等因素密切相关。

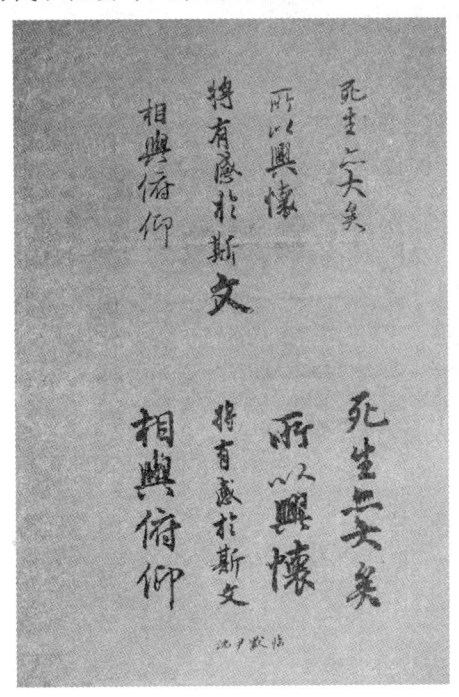

再举一例，沈尹默先生对《兰亭序》的临摹节选。上面是唐冯承素摹本《兰亭序》，下面是沈老临摹。选看一行："将有感於斯文"这六个字。冯摹本"将"字竖钩朝右,所以"有"字偏重左边,继而"感"字斜钩上翘托举,但让人觉得字形斜歪,于是"於"字左粗,再往下拽,"斯"字右竖细弱,和"於"字左边的粗竖相反相成,"文"字因为写时涂改过,字形粗大,但是正好似末尾有了一个强势的结束,把一行字全部收束归拢。

大家看,如果把上面这六个字每个都独立来看,好像都是歪歪斜斜的,反而不如沈尹默先生临的每个字都那么漂亮端正。《兰亭序》被奉为百代楷模,到底好在哪里?就是好在章法上,好在字与字、行与行的关系中。王羲之是欹中取正,而不是正上摞正,他笔下的每个字都在变化当中,因而没有重复性,相传王羲之再写也超不过这一篇了。

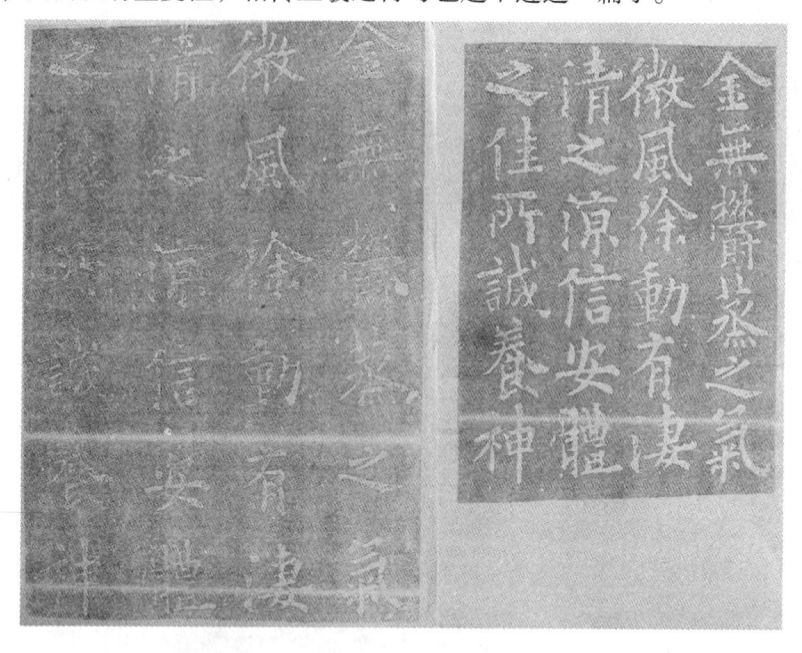

请大家再看两张图片。这是欧阳询楷书代表作《九成宫醴泉铭》字帖中的一页。大家觉得哪一个是欧碑原字呢?其实,这两张都是。两张的字形完全相同,只是右边的复印后剪贴密了而已。可是,我们已经感觉出来了,右边的这个好像不太像欧阳询呀!左边的疏朗,右边的密集,空间改变了,风格和气息就完全不同了。所以,章法和风格是联系在一起的。有时候临摹字帖觉得怎么写也不像,是不是谋篇布白、章法处理上出了问题呢?古人讲"计白当黑"很值得玩味。

除了上述笔法、字法、章法三个方面外,还有一样,即书法作品传达出来的气息、格调和境界。这和书写者的人生阅历、艺术领悟,以及先天禀赋都是联系在一起的,从书法之理可以得到对人生哲理的思考。所以说,写字是个使我们得到成长的过程。写字是一辈子的事情。

谢谢大家。

互动问答:

提问者1:老师今天讲的,让我们一下子开阔了眼界,写字里面有这么多的学问。我有一个问题,看字帖的时候需要注意什么呢?

解小青:这确实是临摹字帖时会遇到的一个实际问题。动笔之前,要"读帖"。读帖不是念字,更不是朗诵,而是要琢磨写法,默记在心。如果找不到入手点,别说看一百遍,就是写一百遍恐怕也没有成效。怎么去观察?如果不知道注意哪些地方,我教大家一个方法:先把字帖合上,自己把帖上的字写一遍,之后打开字帖,通过对比找出你写的和字帖不同的地方一一标明,这些差异就是你要观察、注意和学习的地方。练笔之前,先练眼力——眼睛的观察能力。

提问者2:刚才您讲到成长的过程中,提到父亲对您的教导非常严厉。现在我们都是父母了,我的孩子也在练书法,写不好的时候我也会打骂他,做家长的怎样用一个好的教学方法来指导他们?

解小青:我个人认为,要教会孩子,你自己先得会写。只有你写好了,有些问题才能理解,否则"指导"只能停在嘴上,不能落实、更谈不上深入。比如学校布置的写字作业,孩子回来写,你也跟着一起写,两人竞赛也是给孩子促进的动力。毕竟靠小孩自觉地学习书法是件很难的事情,我觉得最好的方法就是家长和孩子一起写,然后把你的理解灌输给他。否则每天送去学书法之前,都只是嘱咐说"去了要好好学啊",而实际上他写的好坏你也无从判断,更讲不出道理来,就谈不上对孩子的指导。

提问者3:我们的书法在除了汉字圈国家以外的地区,在其他欧美国家的影响怎样呢?

解小青:我觉得在欧美国家,更多的是汉字的影响,比如他们文身刺上"龙"、"虎"等字,是把汉字当成一种图腾来看,觉得有种神秘的力量。有些欧美人从中国带回去的字画会反着挂在墙上,他看不懂,但是对中国文化有一种崇拜。美国波士顿大学等地也有专门的华人教师教书法。

提问者4：对外国留学生，您是怎么来教的？因为很多留学生热衷于书法，但是他们参加了书法班以后会特别失望。我们面对他们应该教什么？用什么样的方法比较合适？

解小青：我原来在北京语言文化大学教过留学生书法课，那时北语没有专职的书法老师，所以我在那里教了六七年的时间。另外，在北京大学也教过短期留学生的书法课。我觉得留学生大概分两类：

一类，模仿力非常好，极聪明，你一写他就会，用笔能力特别强。这就是天赋，艺术需要天赋。像这种学生呢，不讲都行，相信他在照着写的过程中，已经把理解到的东西渗透其中了。可以鼓励他们多风格去尝试，多写作品，也为其他留学生作出榜样，带动班上良好的书法氛围。另外一类，就是不能或者达不到我们的思路，他写的跟范字或字帖完全就是两样，比照着教，他也写不出来。我觉得对于这样的留学生，大可不必强求，让他们在书写中自由发挥心性就好。欣赏书法有两种，"拙"有拙的美，"巧"有巧的好，有些人走不了"巧"的一路，那么让他更"拙"一点也是好的。对不同的学生，要因势利导，重在鼓励。对于留学生学书法，我认为更多的是兴趣的引导，用汉字的象形意识、思维去激发他们写字的兴趣，把书法生活化，多带他们出外采风，用生活中明白易懂的现象去分析书法道理，这样他们也容易接受，充满观察的热情和继续学习的兴趣。如果一定要求他们横、竖的固定写法，我觉得就失去了书法的意义，也狭隘了我们中国传统文化"走出去"的意义。

主持人：互动先到这里，下面请解老师具体给我们边讲边示范，这样大家看得更直观。

解小青：示范谈不上，吴老师客气了。但是，毛笔和硬笔毕竟不同，若不动笔，笔毫使转也不好说明。一般来讲，笔毛铺下去，写出来的笔道就粗，拢起来就细，道理很容易明白。"铺"和"拢"之间怎么连带转的动作去自然调换，需要多看多思多练，熟能生巧。

我写四个字"德艺兼修"，和大家共勉。

（解老师写字）

主持人：将来大家在我们研究院史展，或者再来到北师大时，还可以欣赏到解老师留给我们的墨宝。

解小青：我想再用一点时间，谈谈用笔速度和用墨的问题。

到底应该写得快还是慢？这是一个"度"的把握问题，而且笔速和墨法是连在一起的。比如，我写到这里，毛笔已经没墨了，如果按正常速度写，出现的都是飞白，而且这时笔锋也散扭得不成样了，但是，现在既不蘸墨，也不舔笔，开始写字。这时不放慢速度，写不出笔道；不聚拢笔锋，写不出字形，那么要慢慢地在纸上边写边调锋。大家看，写完以后，笔锋反而拢顺了一些。其实我想告诉大家的一点就是用笔是活的，关键是怎么调整；结构也是活的，关键是怎么搭配；速度也是活的，关键是怎么用墨……所有的都是"活"的。构思一个字如同构思一篇文章一样，怎样起承转合、阐述立意，都要全盘思考。希望大家闲时能够拿起毛笔来，积少成多，慢慢进步，气质也会得到改变。

主持人：刚才看解老师一边示范一边讲解，让我们确实有很直观的收获。解老师在今天讲课当中说最看重的就是真迹，也希望大家多走出去看看，我们今天是听了真经。解老师从笔法到章法，再到精、气、神，以至于怎样辅导外国学生、少年儿童学书法，作为一个系统整个都给我们讲了，以后有机会还可以再向解老师请教。让我们再次以热烈的掌声感谢解老师！

中国历史地理

韩茂莉

主持人：各位老师、同学，首先让我们以热烈的掌声欢迎韩茂莉老师给我们上课，平常我们是在老师缓缓走进教室的时候欢迎，但今天老师先于我们过来做准备了，我所说的欢迎除了通常意义上的欢迎，还有另一层意思，因为韩老师星期六刚刚从英国回来，所以，今天给我们上课应该说是不顾舟车鞍马之劳顿。

韩茂莉：我没事，昨天已经上了一次课了。

主持人：太让我感到钦佩了。韩老师给我们上课非常难得，我个人也非常想听这个课。韩老师是北京大学城市与环境学院历史地理研究中心教授，也是中国历史学会历史地理专业委员会委员。韩老师历史地理方面的造诣非常深，我在网上看到韩老师的著作颇丰，无论是专著还是论文都非常多，横跨自然科学与社会科学。韩老师主持的项目既有国家级也有省部级，既有国家自然科学基金方面也有国家哲学社会基金。所以，我个人特别想听韩老师讲课，相信通过这个课我们能够了解研究历史地理对于今天的经济建设、社会建设、政治建设、行政区划部分很有帮助。下面我们再次以热烈的掌声欢迎韩老师！

韩茂莉：各位老师好！我的专业是中国历史地理，我也知道各位老师所从事的工作是对外汉语教育，从历史地理专业来讲，它所能获得的范围非常广。正如刚才吴老师所表述的，它包括人文社会学科，也包括自然学科，在两个小时内将全部历史地理的内容介绍出来时间显然不够。在接到这个任务的时候，我仔细想了一下，针对各位老师所从事的对外汉语将对外国人介绍中国，介绍与中国有关的地理问题的情况，于是，我选择了几个问题。但是我相信这几个问题恐怕在两个小时之内也讲不完，只能尽可能多地讲。

这几个问题都是与历史地理有关的重要内容。其中我要讲到的第一个内容是有关中国疆域的变迁，这个问题不但是对外汉语教育需要给国外朋友进行介绍的问题，同时也是中国政治中最敏感的问题。中国的疆域，有过很多变化，不仅仅是目前现状，很多边疆问题涉及历史，并且是从历史继承下来的。对于这些问题，我们如何对外国朋友进行解读，可能是从事对外汉语教育中需要涉及的一个重要方面。

九州方圆，中国疆域历史变迁。大概可以包括几个方面，首先需要解读关于国家的理念。现代政治学在讨论"国家"这个理念时，实际包括三方面内容：

第一，领土。

第二，人民。

第三，主权。

在领土、人民、主权之下，现代政治学对领土的解释又是立体的，也就是说既包括大陆疆域又包括海域，同时也包括领空。可是，历史时期没有领空的概念。中国古人海域的理念也并不深刻。因此，讲到历史上的疆域变迁更多停留在领土的理念，而且这个领土主要讲的是大陆疆土。与今天政治学讲到的领土、领海、领空、十二海里领海权以及主权岛屿周围的二百海里经济专属区并不完全一致。

早在20世纪60年代，毛主席委托中国社会科学院，由复旦大学谭其骧先生牵头编撰《中国历史地图集》，在这部历史地图集编撰过程之中就涉及我们以什么样的基准、什么样的理念去衡量历史上的疆域。经过学者以及外交部的协商，历史时期的疆域，大概是以从17世纪晚期一直到1840年鸦片战争之前的这段时期清朝的版图为基准。

凡是历史时期在这个版图范围内出现的政权、民族都属于中国。我们今天讲中国历史时期的疆域变迁，也仍然按照20世纪60年代编撰历史地图集形成的这个理念。这是所要谈到的第一个问题。从汉语言词语来讲，疆域实际上由两个内容组成，也就是说疆本身所表示的是一个线状物，也就是地面上的一条界限，而作为域来讲是依托这样一个界限而形成的空间，两者之间的组合就是疆域。可是中国在进入近代史之前几乎没有正式划定过疆域。

这里给大家举一个来自《旧唐书·吐蕃传》之中划疆域的事例，讲的是李唐王朝和吐蕃政权之间在今天的甘肃以及青海一带划定了一条界线,这条界线有明确的走向,依照这样的走向分别规定了李唐王朝和吐蕃政权各自实施管辖的两个不同空间。类似这样的现象在北宋时期著名的澶渊之盟中也有一条这样的界限,它的界线划分是按照今天河北省的白沟一带作为宋朝政权和大辽政权之间的边界线。这和我们今天理解的国际上的划界表面上有相似之处,但实质完全不同,就是刚才我所强调的,经过专家和外交部最后形成的共识,17世纪晚期到1840年之前这个版图之内的政权和民族都属于中国,也就是说唐王朝和吐蕃政权之间会盟划定的界线,以及北宋王朝和辽王朝所划定的界线均在中国版图之内。因此,和后来我们讲到的国际之间界分彼此的疆界是不同的。

这样讲起来,也就是说在进入近代社会之前,严格来讲,中国历史上没有和中国政权之外的国家划界的习惯,于是在讲到中国边疆形成的过程依靠什么样的准则而形成的,是一个需要探讨的问题。

在谈到上述需要解读的问题之后,下面我们从几个方面对中国历史上疆域的变迁进行解读:

一 "中国"的含义及其空间变化

中国对于今天来讲,是作为主权国家的一个代表,包括拥有主权领土、领海、领土以及土地上的人民和全部主权的代表者,但在历史时期,"中国"这个词语出现之初并不是这样的,它有一系列的演变过程。说到这里,我们必须看这样一个文物。这个题板上所看到的青铜器名字叫何尊,是20世纪60年代初在陕西市宝鸡地属的贾村被考古学家采集到的。何尊对于后来认识中国具有至关重要的意义。

什么样的意义呢?可以说中国历史上最早以文字形式而书写出"中国"两个字就是在何尊上发现的。何尊的内部也就是何尊内壁之上有这样一段铭文,我们是从影印出来的图片中了解到铭文的内容,铭文录写之后就是这里所看到的内容。经过古文字学家对它进行解读和翻译,大致可以肯定这是在周成王时期出现的一段记载。

有关这段记载所讲述的内容,其中一部分谈到了周成王要率领他的皇族以及随从向东迁移,要迁移到中国。"中国"这个词语第一次出现在有文字的历史之上。很多古文字学家对青铜器上的这段铭文进行了解读,象形文字之中,中国原本的图像是这个图形,它所表现的意义是什么呢?古文字学家认为这个图形象征着一个旗杆，这个旗杆旗帜上随风飘扬的一些装饰物或旗帜上的穗，意思是手握旗杆站立在一个地方。"中"代表一个地方的中央，而"国"代表一个区域，两者结合在一起表述着一个中间地带。这个时候，这个词不代表政权，仅仅代表一个方位，这是"中国"最初的意义。

在以后有文字的历史文献之中，中国也出现在各类记载之中。我们再进一步分析，从何尊上所表示的中国，再看历史文献之中，中国又具有什么样的含义。这里可以看到《尚书》中谈到了中国，《诗经》中也谈到了中国，除此之外，《左传》中也说到了中国。所有这些中国，古文字学家和历史学家在对它们解读过程之中，认为中国所表现的理念仍然是区域的理念，这个区域所象征的仍然是中间之地的概念。

这种中间之地又具有什么样的特征呢？可以说它不仅具有中间的意思，还具有文化的象征。文化的象征就是孔颖达所说的华夏之地所具有的内涵。"华夏"两个字经常被说起，华夏本身具有的内涵是什么？孔颖达说得非常清楚，"夏"指的是大，"华"指的是服章之美，服章指的是服饰，它有华美的服饰，而且有宏大的值得推崇的礼仪和文化。两者结合起来就是华夏。

无论从哪个角度来讲，华夏所表述的内容都具有文化的含义，也就是说中间之地与这种华夏文化风貌两者之间结合起来就是中国所具有的地域特征，这个地域特征实际上就是被华夏文化所统辖或笼罩的地区。

对于这样地区之外的其他地域，人们的理解就完全不同了。我们下面看一段《左传》中的记载，它说吴国伐郯，然后下面又有一句话叫作"中国不振旅，蛮夷入伐"，郯国是在山东的一个古国，吴国伐郯，《左传》对这段历史的记载叫作"中国不振旅，蛮夷入伐"。吴国的先祖各位老师都是非常熟悉的，是来自中原地区的太伯和仲雍，也就是说和周文王、周武王是同宗同族的姬姓长辈，然后由中原地区迁入到江南，创立了吴国。按血统来讲绝非是蛮夷，但由于太伯和仲雍迁入到江南后入乡随俗，与中原地区或与中国所具有的华夏之风所在地形成了两种文化风貌，所以对于居于"中国"的人们来讲，它就属于蛮夷之地了。这时蛮夷和诸国之间的划分不是血统上的区别，而是文化上的归属。由"吴伐郯"这件事情表述得非常清楚。另外，我们再看一下四川。《通鉴》中有这样一段记载："蜀，叟也，春秋之时不与中国"，也就是说不列在中国之内，我们可以想象，它和吴国的情况是非常相似的，也不属于华夏文化所在之地。因此，可以说早期的中国有这样一个理念，在代表中央之地的同时，在文化这个理念笼罩之下，华夏文化所笼罩和盛行的区域应该就是中国之地。

对于"中国"的这番理解，可以说延续到以后的历史之中。我们这里列举了以后历史文献中与中国有关的问题。

首先，我们看《新唐书》的这段记载，这段记载是以姚州作为记述的核心，在谈到姚州的时候也谈到了"与中国通"这样的问题，"汉世未与中国通"。各位老师很想知道姚州是在什么地方，在今天的云南北端。《新唐书》中谈到这个地方，并且讲到它的时候是与中国相对应的，意思是说它不在中国的范围之内。但它确确实实从东汉年间就隶属于东汉王朝的直接管辖，并且在东汉年间就在这里设立了永昌郡进行统辖，以后的历史时期中同样隶属于中央王朝管辖。只不过因为远在西南地区，文化风貌与中原地区有所不同，因此，由于文化差异不被视作中国，这是文化上的区别。

其次，《宋史》中也谈到了"蛮夷"与"中国"之间的区别，《三朝北盟会编》以及宋朝人程大昌都说到了"中国"以及"蛮夷"的区别。这里先看一下宋朝人程大昌是怎么讲的。他谈到了黄河的发源地，"河自北狄入中国皆南行"，北狄是黄河的上游地带，黄河与中华历史有着直接的关系，可是对于上游地带来讲，它远离中央所在地区，也不被视作中国之地。

最后，《乾道临安志》，各位老师可能很熟悉，临安讲的是杭州的事情，《乾道临安志》讲到五代时期杭州的历史，这个时期杭州的经济已经十分发达，但在《乾道临安志》里仍然认为这里不是中国所在的地方。于是他说"钱塘自五代时知尊中国"，仍然按文化来划分中国与非中国。因此我们说，历史上代表华夏文化的中央之地被视作中国，在历史上延续很久。历史上，"中国"很长时间不是主权国家的代表，而是一个文化的象征。远离中央之地，远离华夏之区的地方，都不被视作中国。我们再用另外一种事实看一下"中国"的含义。中国历史上有很多非汉民族建立的政权，这些政权对于自己和"中国"是什么样的关系，有一种什么样的认同过程？下面我们举例来看。

在这个绿色的地图上，我们注意到辽政权，它是契丹人建立的政权。

契丹是一个骑马民族，契丹国位于今天内蒙古西拉木伦河流域巴伦左旗所在地。对于这样一个在塞外建立的大辽政权它是如何表述的？我们在这一段《辽史》中的记载看到，"今大辽始得中国，宜以中国人治之"。它说的是什么意思呢？契丹人的政权从塞外一直延伸到燕山以南地区，就是今天的北京一带，显然燕山一带被契丹人视作"中国"，所以谈到了这样的问题。但对契丹民族来讲，他们认为自己不是"中国人"，而认为自己是"国人"，这个国人是大辽国国人，大辽国国人和燕山以南地区的"中国人"是文化风貌不同的两个地域的人，于是谈到了中国与国人的区别。这一番区别原因在于大辽政权的核心是在塞外，在西拉木伦河流域，继大辽之后，中国历史上出现了女真人建立的大金政权，女真人的崛起导致了大辽王朝的覆灭。

我们从蓝色地图上可以看到女真人的版图，它从外兴安岭以北地区一直延伸到淮河流域，在女真政权的海陵王时期，也就是完颜亮统治时期，整个都城从塞外迁移到了北京。伴随着女真民族的整体南下，国都迁移到北京之后，他俨然就变成了中国人，也就是说女真人本身非汉民族，可是政治中心转移到中原和燕山以南之后受到了华夏文化的影响，将自己视作中国人，何以为证呢？这段《金史》中的记载就说到了这个问题。

位于淮河以北的大金王朝是骑马民族建立的政权，它的生活之中需要茶叶，于是和位于淮河以南的南宋人进行交换，最后女真人认为，在这种交换的过程中，"易中国丝绵锦绢有益之物，不可也。"他自己觉得不合算，于是女真人决定自己种茶。南方的老师可能知道，茶这种植物对于环境有严格的选择，北方大概也能种，但北方的气候条件绝对不是好茶能够出现的环境。茶需要高山云雾且较湿润的环境，女真人在北方种茶是失败的。

我们在有关茶的记载中就看到这样的问题，"易中国丝绵"之类的东西和南宋进行茶的交易，女真人觉得不合算。这个"中国"指的是谁？是指女真人本身，因为汉民族建立的南宋政权已经不在中原地区，不在历史上认为的中央之地，因此他认为那已经不是"中国"了，而自己则是"中国"的代表，自己是"中国人"。因此，我们可以发现，历史上是不是"中国"，不以民族来划分，是以所处的地域，所享受的文化，这两点是标志着"中国"的一个重要理念。正是这样一个理念，于是早期的"中国"不代表政权，不代表国家。这样一个代表地域和文化的理念，什么时候才变成一个主权国家的代表？很多人都指出了这样一个问题，1689年，《中俄尼布楚条约》签订，在这个条约中，"中国"这样一个词语可以说第一次抛弃了原有的中央之地，华夏文化之区的理念，作为一个主权国家的代表出现在历史上。为了说明这个问题，我们将《中俄尼布楚条约》的第一款全部录写下来。在这里我们清楚地看到，中国是作为大清帝国，作为主权国家和俄罗斯并列。于是，这时候中国和原有的理念完全不同了。很多老师会说，为什么1689年大清帝国首先用"中国"代表主权国家，而放弃了原有的大清王朝、大清帝国的传统用法？

其实其中所包含的内涵和中国历史上对于"中国"所包含的华夏文化有一致的内容，也就是说，当时大清帝国的使者在和俄罗斯签约过程中，以中国指自己，而和俄罗斯对应，暗指俄罗斯为华夏文化的化外之地，或者说含有"蛮夷"的意思。尽管言外之意具有这样的含义，可是"中国"这个词语第一次成为主权国家的代表，这对于"中国"这个词语的含义是一个重要的变化。对于这个变化，梁启超有无限的感慨，他的《少年中国说》之中有这样一段论述，中国历史上只有王朝，没有国家，只有到了这个时候，"中国"才变成一个主权国家的代表。虽然整个中国历史非常漫长，一直归属于各个王朝，梁启超用"少年中国"的提法，就是说这个词语作为国家使用的时间非常短，此前的"中国"不是主权国家的代表。这是"中国"词语的由来和演变。

二 有域无疆时代的疆域变化及其地理基础

历史地理上谈到的一个重要问题，就是中国疆域变化的地理基础。说到这样一个问题，我认为，中国历史上漫长的时期存在着一个有域而无疆的时代。为什么有域而无疆？今天我们所谈到的疆域正如刚才我所说的，实际上包含两重理念，也就是疆和域的理念。我们知道，在1689年之前，虽然有唐朝和吐蕃政权的清水会盟，有边境协约，有北宋和大辽王朝的澶渊之盟，但这些协约都在中国版图之内，因此，它和今天国际上标准的边界含义是不同的。

整个中国版图之内的政权和政权之外的其他国家，1689年之前，没有签订过边境协约，既没有在文字上形成边界的走向，也很少在地面上有过边界标识，清前期在中朝边界立过界碑。从这个角度来讲，中国历史上谈到疆域，可以说在1689年之前，是属于"有域而无疆"，有国家的统辖空间，而没有一个现代政治学所说的那条边境界限，也就是"疆"的问题。我们经常用一句大家听说过的话，叫"上下五千年"，实际上中国历史比上下五千年可能还会更远，史前时期的人类已经奠定了今天中国版图的基础。因此，追述这番历史，我们先从史前文化来解读。

20世纪80年代，考古学家苏秉琦提出这样一个理念，中国的考古文化存在由古文化发展到古城，又从古城发展为古国这样的过程，而中国就是在多个古文化、古城与古国的结合中，最后完成了从史前文化向历史时期的发展和过渡。他在对中国史前文化的分析和研究过程中，将中国划分成这样几个古文化区域。我们对这些古文化区域作一个简单的解读。

首先，黄颜色区域所标识的是以中原地区黄河流域为主的文化区域，蓝颜色所标识的是以山东地区为主的沿海东部地区的文化，红颜色所在的地区代表塞外地区的史前文化，绿颜色区域代表今天江苏、浙江一带的史前文化。而紫颜色区域代表湖北、湖南，包括四川一带的史前文化区，还有一个半灰色所标识的区域，从江西一直延续到广东、广西一带。这是苏秉琦认为的史前文化中国主要的几个文化区。

这些文化区是依托考古界挖掘出来的器物在文化上具有的共同标识而确定的。如果从考古学专业的理念反馈到我们能理解的角度去考虑考古文化区，可以视作凝聚在共同的社会力量之下、彼此之间具有联系的文化人群，共同社会力量的作用导致这一文化人群不仅处于同一时代，而且活动在共同的地区，在共同的时空背景之下人群内部相互联系、相互沟通，进而形成具有共同特征的经济生活方式与社会组织形式。审度考古文化区包含的内涵，一个不容忽视的问题摆在我们面前，这就是地理环境。能够将一个地域的人群凝聚在一起的力量，除这一文化人群从属的共同社会体系之外，相对完整且自然环境相似的地理单元十分重要。史前时期形成的社会组织或部落，它们在统一的区域内，受共同的社会组织影响。在这个区域内，由于文化人群之间互相联络、互相联合，所以制作出来的器物就有相通之处。作为考古学家无法去追寻这些社会组织，却能在考古器物间找到它们的共同性，于是把它们归为共同的考古类型。

我们这里所看到的共同性，比如说这一系列彩陶就来自黄河流域出土的彩陶文化，虽然分别位于中游和上游，但是各位老师不难看出它们的共性。这是山东出土的三足杯，虽然器物的颜色和器型略有差异，但还是有其共同特征。这块玉璧是在江苏、浙江一带出土的，也有其共同之处。我们现在简单陈述了这样一个内容，最终要说明什么？仍然是与国家，与中国有着直接关系。

大家都听说过一句话，"黄河流域是中华文明的摇篮"，80年代苏秉琦提出"古文化、古城、古国"的时候就否定了这种说法，但有一点是任何学者都不能否认的，考古文化在全国各地都有自己的渊源和独特的文化类型。但是最后完成一脉相承，源远流长的却是黄河流域。从刚才我们看到的几大考古文化区并列在全国各地，只有黄颜色区域也就是后世所说的中国中原地区，从史前时期的仰韶文化到红山文化，以及国家出现后一脉相承，一直延续到今天，始终没有中断过。

这里就有一个问题，什么原因导致它们一脉相承？虽然之前史前文化并列在各地，但其他文化在构成国家过程中均中断了，融合到了黄河文化中。对于这个问题，著名考古学家童恩正早在20世纪80年代的一篇文章中就提到了。他认为，黄河流域有将这个地方的部族和人口融合在一起的力量。这种力量是什么呢？就是黄河。黄河中下游地区在史前时期屡屡泛滥，"大禹治水"就是这样的传说。正是因为屡屡泛滥的洪水，使得生活在这里的部族有必要结合起来，然后联合起来治理洪水，在联合过程中，部落首领自然产生出来了，传说中的"三皇五帝"大概就是在这个过程中出现的，这是他认为的一个条件。

另外一个条件是在黄河流域的周边地带，有许多被中原地区称为戎狄的民族，为了抵御这些民族，中原地区的人口要联合作战，这两方面的条件使这个地区具有联合起来的地理基础。

可是我们还有一个问题，就是在它自身联合起来的条件之外，为什么其他几大文明诞生后，最后都与黄河流域建立了千丝万缕的联系？对于这一点，很多人都提出了自己的见解。

地理学家竺可桢说过，中国和世界上几大文明古国，比如古埃及和古巴比伦均具有一种相似的地理环境，这种地理环境指的就是文明诞生在干旱的大河流域，这种干旱的大河流域有什么特点？比如埃及尼罗河周边地带以及巴比伦文化两河流域即底格里斯河与幼发拉底河周边地带都是干旱的荒漠，这片荒漠不适宜人类居住，反而成了一种文明的保护物和屏障，使这些文明保存了下来，这是竺可桢的见解。

西方学者阿诺斯撰写的《全球通史》中也谈到了和竺可桢类似的理

念，环境为中国文明的延续提供了一种保护物。这个保护物是什么？就是黄河流域的周边条件。也许正是因为这样的原因，加上黄河流域洪水泛滥所形成的疏松冲积土，早期的农业得以在这里发展，于是其他地域的古文明逐渐衰落，最后在与中原地区和黄河流域建立千丝万缕的联系后融汇到这里，后来进入历史时期，国家也在这里诞生。国家诞生后，我们下面就要看到一个问题，和与"中国"有关的理念，在以后的历史时期仍然沿用。国家在中国人早期的理念中有不同的表述方式。在国家诞生后疆域的发展是以黄河流域的中原地区逐渐向周边扩展。首先完成了与长江流域之间的连通，然后再向四边扩展，在这种扩展中，历史文献就有了不同的表示方式。

这段文献来自《史记》。《史记》的记载中首先谈到了"天下"，这个"天下"是非常具体的天下，虽然所涉及的内容在《史记·五帝本纪》中，也就是说它所讲述的内容是中国历史的开端，但这里讲到的"天下"却有明确的界限，从东到西到南到北，记载得非常明确。按照历史地理的理念，这一明确界限所标识的地域应该和汉代的地域极为吻合。也就是说，司马迁作为西汉时期的人，他所谈到的天下应该不是五帝时期的天下，而是西汉时期的天下，是很具体的天下。但在历史文献中，也有关于天下和九州的记载，这里所看到的几段记载都来自《史记》，其中除了具体记载之外，也有没有具体区位的记述方式。比如这里谈到的天下有"日月所照，风雨所至"，这是一个虚的记载。两种记载表示的都是当时人们对于天下和疆域的一种认识。前面的认识是国家统辖范围内有具体的东西南北的标识，后面的"日月所照，风雨所至"是一个笼统的描绘。

从史前部落时期到国家诞生我们要从三代开始讲述。三代就是夏、商、周三个时期，夏、商、周三代究竟从什么地方萌生？人员又来自什么地方？可以说历史学家的认识是不同的。我们首先看一下夏王朝建立者的来源。历史学家的认识有两种，红颜色的箭头是童书业的观点，他认为夏人的祖先来自西方，来自黄土高原，而顾颉刚和史念海、杨向奎认为来自东方，在今天河北省和山东的交界处。虽然观点分别是东部和西部，但有一点却是共识的，无论是来自西部的还是东部的人们，最后汇集的地方是黄河中游地带，河南省嵩山一带，这里既是史前文明仰韶文化的诞生地，也是后来中国理念所在的中央之地，是夏王朝政治的核心地区。

商王朝的建立者又来自何方？对于商人的来源历史学家的观点是一致

的，商人的先祖来自北方，无论是历史文献的记述，还是考古学家通过实物给予的佐证都是如此。大概诞生在渤海湾一带，今天的天津、北京附近。从这里，这些商人的先祖沿着太行山东麓的道路一直南迁，最后落脚在河南的中部地区，在这里建立了商王朝。我们要重视的是，商人最后的落脚点也是我们所说的"中国"即中原地区。

下面我们看周人。周人的先祖来自西方黄土高原，周人的先祖有过数次迁移，对于周人先祖的迁移过程各位老师非常熟悉，最后通过周文王和周武王的灭商活动逐渐进入到中原地区，中原地区也是刚才我们所谈到的"中国"即华夏之地。这就是我们反复强调的"中国"即中心之地、中央之地所在的位置。以后，中国的国家版图开始逐渐拓展。

在拓展的过程中，很多老师都听说过，《尚书·禹贡》中记载，在当时实行了五服制度，许多学者指出来"五服制度"就是以天子所在的国都为中心，每隔五百里形成一个区域，分别叫作甸、侯、绥、要、荒这样的圈图结构。这个圈图结构很多学者认为商朝已经实行了，在周代的政治中也起到了作用。这种圈图结构是以天子所在都城为中心，随着它控制的区域越来越遥远，逐渐延伸到更远的地方，在这样的延伸过程中，通过分封制，从黄河流域逐渐延伸到长江流域，也就是说在国家初期形成阶段，三代时期，整个疆域已经向南方发展。

我们在谈到这个历史变化过程时，可以说黄河流域和长江流域构成了整个中国早期国家版图的基础，而这个版图基础得以立足的是农业生产。可是整个中国疆域变迁最敏感的地区，却不是农耕区的腹心地带，而是在周边地区，这也是我们要讲到的第三个问题。

三 以农耕区为核心的疆域扩展

在完成从黄河向长江流域，整个国家版图扩张的过程中，农业是基础。中国历史上发生过的边疆战争非常多，其实很少有人注意过这样一个问题，到目前为止，历史地理编撰过的教材和讲义，从大陆到台湾不下十几部，每一部教材都会谈到边疆的发生过程，但是我相信这些教材几乎没有注意过一个问题，中国边疆延伸过程中的地理基础是什么？这是公元前3世纪时的版图，秦始皇统一列国后，在他所统辖的帝国之内建立了36个郡一级行政区，又在这个基础上扩充到了48个郡。我们要注意的是什么？是红颜色所标识的界限。这是大秦帝国边疆的走向，红颜色的边疆走向从地理学角度去考察它，有什么样的意义呢？这就是地理学家所指出来的农牧交错带，也就是400毫米等降雨量线所在的地区，它和明长城走向是基本吻合的。这说明农耕区到此为止，再向北逾越非常困难，因为降雨量稀少。在此向北是畜牧业为主的地区，我们看到了大秦帝国北部边界是这样的设定。事实上，在以后的历史中，边界问题都是在这条界线上发生的。也就是说中原王朝和其他的周边民族在边境扩展的过程中基本上没有脱离过这条界线。为了说明这个问题，我们下面再看西汉时期的版图。这幅地图上是西汉时期设置的13个刺史州的界限，红颜色仍然是农牧分界线，以南和以东地区是西汉王朝中央地区主要地带，而以西以北地带变化很多，可以说除了河西走廊，自汉武帝设置河西四郡之后稳定地保持在中央政权所属之内，其他地方有的时候得到了，有的时候失去了。这是东汉时期的一幅地图，地图上的虚线仍然是农牧交错带，这是东汉时期西北部地区能够实质性控制的边界线。以后的历史时期，隋朝、唐朝，我们可以看到，西北部地区原有的匈奴人逐渐融合在其他民族中，取而代之的是突厥、回鹘等其他民族。因此可以这样说，历代中原政权国势强大时版图有所延伸，衰弱时有所退缩，但是农牧分界线是中原王朝疆域的最后底线。当然，在中国历史上，像大辽王朝、大金王朝这样一些非汉民族所建立的王朝，他们所统辖的区域，所坚持的疆域走向和位于中原地区核心地带是有所不同的。明朝修建了长城，长城的走向并不是明王朝的边境界线。这里所看到的明长城以北地区，是今天东三省所在的区域，仍然属于明王朝的管辖。因此，长城是一个军事防守界线，不是一个国家疆域所具有的界线，我们在讲述上述问题的时候要谈到。在中国疆域变迁过程中，历史上的争夺是非常多的，从秦皇汉武到唐宗宋祖，各个王朝进行争夺，涌现了不少英雄，也出现了很多历史事件。我们以这幅大清版图作为例子来讲，黄河长江流域这一农耕区始终是中国版图的核心地带。清以前各个农业民族建立的王朝，周边民族的族属虽然不同，但中原王朝与周边民族互有伸缩的疆域之争，始终没有离开农牧交错地带，农牧交错带既是新生疆土的增长点，也是疆域内缩的终止线。我们经常会形成一个理念，1840年以后，中国历史进入到近代史时期，签订了许多不平等条约，许多人会说大清王朝卖国，丧权辱国，其实我认为这种说法并不科学，也是不全面的。为什么呢？刚才我们讲到了，无论是从秦皇汉武到唐宗宋祖，所坚守的西北部边疆的底线是农牧交错带，但是大清王朝做了什么？将中国的版图和边疆首次实实在在地越过了农牧交错线，然后再向西延伸到中亚地区草原和荒漠的结合带，这个结合带逾越了农牧分界线，在地理上进入了又一个极限，这个极限就是竺可桢所说的"黄河流域周边地带的荒漠干旱地带"。

虽然在17世纪晚期《尼布楚条约》签订后，清王朝开始进入实实在在的有域又有疆的历史时期，但大清王朝从康熙时期开始对西北地区就进行了实实在在的经营。有的老师也会说，从农牧交界线到西北地区之间的这片版图，西汉时期设置西域都护府，大唐王朝在新疆设置北庭都护府、安西都护府，但这一时期只是在局部地区有实质性的控制。中国历史对边疆地区的经营有两种形式，一种是实实在在地设置行政区，派官进行管理，另一种为羁縻州的形式，也就是由当地民族的首领对地方进行管理。这些羁縻州对中央保持朝贡与归属关系，而不是由中央派官对地方进行行政管理，这和清朝对西北部边疆的经营是完全不同的。

从康熙王朝开始，经雍正到乾隆时期，对西北部的经营就进入了实质性的阶段，这个阶段我们必须从康熙王朝对准噶尔部的征讨开始讲起。清朝时期蒙古分为三大部，一部是今天所说的外蒙古，历史学家把它称为喀尔喀蒙古，另外一部是西部蒙古，也被称为卫拉特蒙古或卡尔梅特蒙古，蒙古准噶尔部就属于卫拉特蒙古之中，除此以外土尔扈特蒙古等也属于其中。此外，还有第三部即内蒙古部分。

对于西部蒙古，准噶尔部在清朝初期的时候就屡次反叛，于是从康熙王朝起就开始西征蒙古，此后又有历次的征讨活动，包括准噶尔蒙古人以及大小和卓等，经过征讨新疆西部地区得到了稳定。此后，清政权在这里设置了伊犁将军，伊犁将军的驻地就是今天的伊犁惠远城。

清朝后期，当时位于中亚地区的一个小国，浩罕汗国，它的一个军官阿古柏受到西方势力的影响，在新疆地区发动了叛乱。这时候左宗棠任陕甘总督，率领大军西出阳关。图上所看到的就是左宗棠西出阳关和嘉峪关西征的路线，经过西征阿古柏之后，在新疆设置了巡抚，从伊犁将军到新疆巡抚的设置，可以说最终完成了行政区划的设置和中央直接到这里派官管理的过程。这个过程使中国的版图实实在在地延续到了新疆。新疆的边缘地带就是干旱地区。

在这个过程中，整个清王朝对边疆的经营与此前的历朝历代是不同的，它从农牧分界线一直延续到中亚地区草原和荒漠的结合部，当然，清朝签订了许多不平等条约，1689年的中俄《尼布楚条约》，很多历史学家认为，这个条约是个平等的条约，原因是什么呢？是由于在此前中国的历史上没有划定疆界签订条约的习惯。对于这个问题，还有很多人说，中国历史上的帝王实际忽略了一个重要的问题，如果翻开西方历史我们会发现，许多欧洲的小国早在很多年之前甚至更早就有着与邻国签订边境条约的习惯，并且有厚厚的文书，为什么中国历史上的帝王没有这个习惯呢？说实在的，我们站在21世纪的角度埋怨古人是没有道理的。原因在于什么？历朝历代的帝王和臣子绝不是愚蠢的，为什么没有签订条约？一直到1689年才出现第一个边境条约，原因就在于不知道和谁去签约，因为周边地区没有能够和中国抗衡的国家和部族，那么隶属于中原王朝的这些人口居住在哪里，我们的军队驻扎在哪里，哪里就是我们的地盘，就是我们的疆域，也没有周邻的政权提出划界要求，也没有这样的必要。所以，到1689年时，随着俄罗斯开始向远东发展，我们才遇到了一个对手，才出现了第一个边境条约。

这时候俄罗斯在向远东地区发展的过程中，俄罗斯的君主提出一个地理上的要求，他希望在西方拥有顿河河口，也希望在东方拥有黑龙江的河口地带，这是远东地区。由于俄罗斯君主有了这番领土扩张到远东的愿望，于是和大清帝国就有了直接的领土接触。中国东北，从《尼布楚条约》之后，然后有了《瑷珲条约》以及《北京条约》，西北地区有了《西北界约》、《伊犁条约》等条约，从清王朝版图与中华人民共和国版图的对比，我们可以看到外蒙古的丧失是在20世纪初期，除此之外，东北和西北领土的丧失都与俄罗斯签订的几次条约直接相关。我们这里看到，在历史上，边界变迁有过这样一系列的过程，但是这样一系列的过程并不能够抹杀在中国地理上正是大清王朝从康熙年间到乾隆年间的几次军事征讨使我们稳定地获得了西北，稳定地拥有了西部的疆域，而且它逾越了传统的农牧交界带，进入中亚草原地区的边境地带。

很多年前，人们说过中国是大陆民族国家，历史上从来没有重视过海洋，确实如此，虽然明朝时有过郑和七次航海，但他和西方人早期对地中海沿岸的领土和资源获取以及16世纪以来对海外领土的争夺是完全不同的，没有真正的对海域重要性的认识。我们从第一次鸦片战争和第二次鸦片战争的路线图可以发现，两次鸦片战争所威胁的不仅仅是东部沿海地区广东、浙江一带，列强一直打到北京附近，也就是清王朝的政治核心。这个问题终于使中原王朝的帝王和臣子意识到了海疆问题。于是，在大清王朝的晚期就提出海防与塞防的问题，但是海防毕竟是一个新问题，而塞防是中国人一贯重视的问题。大清王朝内部的政治家就分成了两个派别，我们在这里用不同颜色显示李鸿章代表的海防一派，王文韶和左宗棠代表的塞防一派。海防和塞防两者的观点是怎样的？

李鸿章曾经任两江总督，两江总督驻扎在南京，因此，站在它本身所在地理位置重视海防。重视海防的观点中，就要谈到塞防的不重要。他说，对塞防来讲，晚清时期的重点在于新疆，新疆这个地方如果不收复的话，对一个国家来讲，只伤身体而不伤元气，而海防不防的话则直接有心腹之患。

反过来以左宗棠为代表的塞防这一派又说，如果新疆不稳固的话，那么蒙古就不安，反过来蒙古不安的话，整个陕甘地区就不平静，陕甘不平静，山西就不稳定，山西和京师紧密相连，必然造成心腹之患。也就是说他讲到了从西北一直到京师之间军事上、政治上的一系列利害关系，也陈述了塞防的重要性。在这两个封疆大吏彼此之间立场和观点不同的时候，决策者就是慈禧太后。其实作为后人来讲我很感叹，我们今天经常用一句话说慈禧太后，女人之见，妇人之见，并且也认为慈禧太后是卖国的首要人物，但在海防、塞防这个问题上，我真的很佩服她。新疆远在西北，我相信她对地图和对遥远的地理知识并不懂，但在这些封疆大吏陈述过程中，她竟然对两者都采取了支持态度。也就是说，支持左宗棠收复新疆，也支持李鸿章固守海防。正是在这个原则上，左宗棠率领大军出西北阳关、嘉峪关，然后收复新疆，奠定了中国今天六分之一版图的主权。

四　关于疆域问题的余论

接下来讲述有关边境的多元化思考的问题。我们现在经常谈到这样一个问题，以往谈到中国国家和民族喜欢用"炎黄子孙"，后来很多学者都提到了这样一个问题，"炎黄"两个字是汉民族的祖先，而作为中国来讲，56个民族每个民族都有自己的文化，都有自己的祖先，用炎黄概括56个民族是不妥的。于是，新的提法就出来了，叫作"中华民族多元一体化"。在这样多元一体化的过程中，就存在着国家认同，历史上的民族从匈奴人到突厥人等，许多历史上的民族曾经盛极一时，但是今天多同化在中国的其他民族之中，成为中华民族中的一员。

现在就这个问题，我们再看一下，有关疆域问题，如果在对外汉语教学过程中，我们还要强调哪些？

第一，疆域伸缩的多变性。

很多人对中国的历史喜欢谈汉唐盛世，喜欢谈蒙元帝国广大的疆域，但有一点需要肯定的，无论是汉唐还是其他王朝，其疆域版图的兴盛和辽远只是一时的，而不是贯穿王朝的始终。举个例子，西汉在新疆设置过西域都护府，整个西汉时期，汉高祖时期，惠帝时期，以及文帝、景帝时期都没有在这里设置过西域都护府，这是汉武帝时期才有的。

任何一个盛大王朝版图的伸缩都是有一定时间的，李唐王朝也是如此，唐前期盛大的版图不代表唐的中晚期，安史之乱结束之后，也就是公元763年的时候，藩镇割据使整个李唐王朝的版图逐渐向内地收缩，收缩到农牧分界线的以东和以南地区。

第二，疆域归属的时间性问题。

今天我们经常说到东汉时期的班超，"投笔从戎"，立功于边疆地带，在中国历史上是一段佳话。他在西域做都护的时候，包括他以及他的后任者，如果按年代统计，大概是三四十年，这对于整个东汉王朝来讲仅仅是东汉王朝的六分之一。那么六分之五的时代，西域都不在东汉的控制之列。因此，这是说疆域的伸缩是有时间性的。对于这种时间性的认识，我们不提倡随便讲"自古以来"这句话。

这里就要说到西藏问题了，很多不懂历史的官员针对西藏的历史归属就会说"自古以来"，一旦说这句话反而会成为话柄。西藏什么时期归属，这是一个很重要的问题。它是从蒙元帝国时期归属的。我们看到的影印文献是《元史·地理志》，这部分记载明确说到了，蒙元时期设置了宣政院，宣政院的管辖范围包括了西藏。在这里由中央设置官员，直接管辖西藏的政务、军事、财政，等等，从此这里就变成了中原政权管辖的地区。在此之前的吐蕃王朝和中原王朝，他们所发生的关系是国与国之间的国际关系。比如唐王朝文成公主、金城公主入藏，是两个政权，国与国之间的关系。我们在历史上讲明它的归属时间，并不影响西藏是今天中国的一部分。

对于台湾问题同样如此，很多人喜欢把台湾和中原政权之间的关系追溯得很早。比如有人说过，三国时期的文献记载里就谈到孙吴政权的海船曾经到过台湾，意味着台湾岛归属在孙吴政权之下。事实上，如果我们认真检读历史文献的话就会发现，那时的孙吴政权确实有船到了台湾，但到台湾做什么呢？只是到台湾抓了几个当地人过来，没有在这里实施主权管理，因此，可以说追溯这番历史是不妥当的。这怎么讲呢？元、明两朝时曾经设立过澎湖巡检司，澎湖今天属于台湾所辖外岛，可是元代设立的澎湖巡检司没有文献记载，它是否兼管台湾岛，因此，我们将它和台湾岛联系在一起似乎没有明确的证据。

但是清朝康熙年间，当时清朝水军登上了台湾岛，与郑成功的后人也就是郑军进行交战，收复了台湾，然后在台湾设置了巡抚，正式将台湾收回为大清政府管辖。对于疆域延伸的时间，我们要有一种科学的分析，只有这种科学的分析才能够以理服人。这是第二个问题。

第三个问题，中国的版图并不是由汉民族一方完成的。这一点，按照九州属于"中国"中央之地，那么中国的版图就是"九州＋夷狄＝'中国'"。实际上在20世纪初期，毛主席在《论十大关系》中提出了一个观点，有人说中国地大物博，人口众多。他说，实在地讲叫作"汉民族人口众多，少数民族地大物博"，暗含的一个意思是，中国的疆域，包括汉民族与少数民族彼此共同营造的空间，因此，谈到中国的疆域是两者共同创造的。

《周礼》中就有了这样的记载，在题板上看到了，《周礼》中的职方氏是主管天下的，他所掌管的天下包括国都、四夷、八蛮，等等，所有包括的空间我们可以发现，既包括"中国"的理念，也包括周围夷狄的理念，"中国＋夷狄"这个理念，也就是说汉民族与周边民族共同创造的疆域应该是中国疆域。

上面有关问题，我们从历史地理的角度解读了中国疆域变迁的一个主要问题。当然了，在中国周边的问题中，有东北问题、西南问题等各种各样的问题，我们择其主要，以西北作为一个主旋律讲到了这里最重要的问题。

我们现在开始第二个问题，我相信在对外汉语教学中也许会涉及历史地理的另一个重要基础，就是行政区划的边界。刚才我们讲到了中国国家的边界问题，第二个问题仍然是界限，这个界限是国家内部行政区的边界是如何划分的。每个人都有一个省级籍贯，但很少有人去想过，为什么我这个省和那个省的边界是这样形成的？我们这里就要讲到，中国行政区划边界的划分原则。行政区划再往前追述又涉及史前时期，史前时期地广人稀，每个氏族部落没有明确的边界界限，人们以自己的聚落为核心，形成了一个居住空间。

后来，在人口发展的基础上才逐渐形成了边界的理念。我们这里所看到的这幅图就是《禹贡》中所说的《五服图》，以国都为中心，形成甸、侯、绥、要、荒五个圈层，这五个圈层所显示的是什么？实际上古人有一个理念，当时有"国"与"野"的区别，国就是以国都为中心，人口集中的地带，而国都以外的空间，人口稀少，或是农田，或保持着一种原生态的理念，被称为"郊野"。虽然诸侯经过分封后是有疆域和界线的，但是由于地广人稀往往这一部分被忽略了。

举个例子，这个例子发生在图上的两个政权，这个圈位于关中地区，就是今天位于西安附近的秦国，这个绿色的圆圈是郑国。事件发生在春秋时期，秦国大军征讨郑国，两者相距几百里地，秦人已经到了郑国的国都附近竟然无人知晓，巧遇商人弦高赶着一群牛出去做生意，遇到秦国大军，他急中生智，号称国王知道大军光临，派我赶着牛来劳军了，这时候秦国军队听说郑人已经知道他们来了，一定有所准备，于是放弃了攻打。《左传》中记述这样的故事说明了什么？虽然疆域是有的，但由于地广人稀，就没有构成实质性的边界。到春秋后期，随着大国、强国之间以大并小，以强凌弱，在这样的战争背景下，于是增加人口、增加土地、增加粮食，然后就发展到人多、军队多、国家强，最后战无不胜。

在这样的要求下，原来以国都为中心的城邦国家逐渐转向领土国家，在转向领土国家的过程中，疆域的界限问题越来越重要，我们在回顾这一番历史过程中，下一步就要说了，这个时候的疆域越来越重要，界线是通过什么原则划分的？

随山川形便。

解读随山川形便不用过多的言语，看这个图就明白了，我所绘制的这片灰色区域代表一个政权的管辖空间，我们发现这个政权的边界是依照山地和河流的走向而确定的，这种依靠自然界中的山地和河流确定为边界就叫作"随山川形便"，"随山川形便"的原则有其便利之处。宋朝人说到这样一个问题，叫作"州郡有时而更，山川千古不易"，意思是说州郡这样的行政区是通过人为而划分的，它可以随着朝代更换，而自然界中的山川面对人类社会变化是很小的，有其稳定性，随山川形便划分行政区的原则在中国历史上有很多事例。

这个图是北宋时期一级行政区划的分布，在这个区划中，多数行政区的边界都是依照"随山川形便"，按照山河的走向而确立的。以此为主，我们还看到《尚书·禹贡》中谈到了九州，虽然中国历史上九州只是个理想的理念，从来没有实现过，但这个理想的理念却存在着随山川形便的原则。

"济河唯兖州。"兖州在什么地方呢？宋朝人画的《禹贡九州图》在这个位置，"济河唯兖州"，讲的是由济水和黄河所包围的区域，这是两条河流，于是这个区域叫作"随山川形便"。

"海岱唯青州"，青州这个地方由海洋和泰山所包围，也是随山川形便，整个《禹贡》九州均属于"随山川形便"而构成的理想区域，但理想区域毕竟是理想，实际在中国历史早期真正实施随山川形便原则的，我们可以追溯到《左传》中的记载。这段记载来自《左传》，这就是我们最近经常提及的赵氏孤儿的缘起。晋灵公是一个非常残暴的国君，赵穿把他杀了，而赵穿同族的赵盾是晋国的正卿，相当于今天的内阁首相，他听说这件事以后就逃走了。我们看这段记载，红颜色所画的两条线，赵盾逃走后不久又回来了。史官当时这样记载，"赵盾弑其君"，赵盾当然不承认这个事实，于是史官说："你为正卿，逃亡不越境，反回来又不讨贼，那么不是你又是什么呢？"我们看上面一句话，宣子就是赵盾，赵盾未出山而返，史官又说，"亡不越境"，两句话连在一起，可以说晋国当时的国境是以山为界的。这段记载证明，早期在春秋时期的诸侯国就有着随山川形便划分边界的习惯。

在中国历史上，随山川形便的划分原则被普遍使用，我们在探讨中，要看这种行政区划原则究竟有什么样的利弊。首先它的优势在于这一句"广谷大川异制，民生其间异俗"，来自《汉书·地理志》，它讲的就是说由山河形成的空间具有独立地理单元的特征，这个地理单元内有共同的环境基础、共同的方言、共同的经济生活方式，管理是很便利的，不同的区域则有不同的民风。因此，独立的地理单元有利于管理，这是它的有利之处。

不利之处则在于一个完整的随山川形便，无论大山还是河流都可以成为一个自然的屏障，如果一个割据者依托这种屏障，就会使这种屏障营造一种"形胜之区,四塞之国"。什么叫作"形胜之区,四塞之国"?中国古人认为,凡属于大山大河围绕的地区,在地理和冷兵器时代就具有易守难攻的局面,能够为割据者营造有利的空间。

看两个事例:一是四川,四川是典型的形胜之区,四塞之国。这幅地形图上可以发现,四川的南部是云贵高原,西部是青藏高原,东部是三峡一带的山地,北部地区是大巴山和秦岭,由所有山地围成的空间,四川具有典型的形胜之区,四塞之国。正因为如此,历史上形成了多个割据政权,从三国时期的蜀汉到十六国时期的成汉以及后来的前蜀、后蜀,元末农民战争明玉珍,明末农民战争张献忠。正因为如此,于是流行一句话,"天下未乱蜀先乱,天下已定蜀未定"。对于这一点,四川人很不以为然,说难道四川很好战吗?其实不是这样的,这是与山河形势相关,因为这个原因。成都武侯祠是诸葛亮的祠庙,武侯祠有一副著名的对联,是清朝人写的,后半句叫作"古来兵家非好战,后来治蜀要深思",说的是什么呢?当兵的不愿意打仗,治理四川一定要动脑子,原因在于随山川形便的地形。

山西的地形和四川完全不同,它不是平地,是高原。但是,黄河从西边绕过来,又从南边兜过去,它的东边是太行山,北面是燕北山地,同样由山河构成的"四塞之国,形胜之区"。历史上有前赵、后赵、北汉政权,这些政权中尤其要提到北汉。公元960年,北宋王朝建立后,它从北方一直打到南方,统一了全国,唯独近在咫尺的北汉王朝没有拿下。这时候赵匡胤十分头疼,说了一句名言:"卧榻之侧,岂容他人酣睡?"后来有人说,北汉政权之所以能够支撑下来,是因为有契丹人的支持,更重要的在于山西的随山川形便。一直到民国年间,大家都听说过,阎锡山名义上是中华民国山西省主席,实际上是当地的"土皇帝",这个土皇帝当的有原因,与这种"随山川形便"是有关系的。"随山川形便"在行政区划作为边界原则上有它的有利之处,也有它的弊端,于是行政区边界又出现了第二个原则,叫作"犬牙交错"。

这个空间灰颜色代表一个区域,这个区域不再以山地与河流作为边界,而是将山地与河流这种自然屏障包容在自己的行政区内部,这种情况就叫作犬牙交错。犬牙交错有什么好处呢?举例说明,这是隋代的江都郡所具有的空间,隋代的江都郡就是今天的扬州,位于长江北岸,在江都郡所统辖的区域,既包括长江以北又包括长江以南,而长江这道天险穿行而过，这种疆域和版图的划分就是犬牙交错的原则。为什么会出现这种原则呢？这就在于长江本身就是一道天险，如果将天险作为一个边界，就会变成割据政权，拥险自守的一个天然屏障，于是在扬州运河码头的关键地带，将长江融于江都郡内部，这是从军事地理上考虑的一个重要原则。

北宋时期的河东路，这里所演示的白颜色区域是黄河，蓝颜色和灰颜色是不同的行政区，但这个区域并没有完全以黄河作为边界。永兴军路的行政区蓝颜色伸入到黄河以东地带。为什么会形成这种原则呢？就在于这个交叉处位于黄河上的一个渡口，位于今天山西的永济，也就是蒲津关所在。这是黄河中游一个重要的渡口，将这样一个渡口和天险没有变成边界，而使位于陕西的行政区跨越黄河拥有这个天险，也是防止割据者拥险而自守。反过来位于山西境内的河东路，没有拥有蒲津关却使它跨过黄河拥有了另外一个渡口，这个渡口就是今天山西省保德县和陕西府谷县之间的一个渡口，整个黄河在山陕峡谷之间非常陡峭，是悬崖陡壁，唯有保德和府谷之间是平缓的。今天在这里修了大桥，当年可以走渡船。将这个渡口给了河东路，不再给陕西地区，也是为了防止割据者完全拥有这样一道天险渡口，可以拥险自守。

下面看明代的南直隶，南直隶直接受南京管辖，这道白色是长江，这道白色是淮河，它将长江天险和淮河这一个南北之间的区域界限容纳在一个行政区之内。对这个问题的形成，很多人认为明代形成这样区划与这个区域有关系。这个区域是明太祖朱元璋的老家凤阳府，很多人认为，明太祖朱元璋希望将自己的老家直接隶属南京行政区管辖才形成了这种犬牙交错。事实上，我认为明太祖作出这种划分并不是一个家乡的完全理念。他这样的划分有什么样的思考？除了将长江天险、淮河天险容纳在行政区内，消除了政治上、军事上的隐患外，另外还有军事上的思考。也就是说，江南地区从唐宋以来已经变成了整个国家的经济中心，而苏北地区比较穷，淮北地区就更穷了。由于黄河的影响，这是一个灾难深重的地区。

当苏北和淮北地区有灾，可以由富庶的江南地区带动苏北和淮北，这样就不需要中央的宏观调控了，这是经济上肥瘦搭配的原则导致的犬牙交错。因此，我们可以说，犬牙交错的理念容纳于多个方面。下面再讲一下西汉的事例。《汉书》中有这样一段记载，讲的是汉文帝时期曾经给位于岭南地区割据政权的南越国王写过一封信，信中谈到，你所谈到的犬牙交错问题我无法办到，我问问下面的官员，官员说这是祖宗已经形成下来的规则。后来很多历史学家说，看到这段记载，脑子里一团雾水，不知道怎么回事。到了20世纪70年代，长沙马王堆出土了一个驻军图，看了这个驻军图之后恍然大悟，但各位老师就会说，我怎么就看不明白这个图呢？原来这个地图不是今天所说的上北下南，而是上南下北。为了让大家清楚，我把地图的有关信息变成这幅地图。上面蓝颜色所显示的是位于岭南割据政权南越国的国家版图，而在这个版图南面，蓝色曲线为南岭。我们可以发现，白颜色所在的区域是中央王朝西汉政权的版图，西汉政权版图和南粤政权不是依照南岭所划分的，其中一部分西汉政权的版图深入到了南岭以南，这就是汉文帝所说的犬牙交错。

犬牙交错在历史上发挥过什么作用呢？实际上犬牙交错直接越过南岭这道山脉，使西汉王朝拥有了南岭以南的两块版图，这两块版图正是控制湖南通向广西、广东的两条交通要道。到汉武帝时期，国力强盛，于是几路大军南下，通过拥有的两块版图，这种犬牙交错的形势直至广州迅速打下南越国，犬牙交错在军事地理上、政治上、经济上都营造了一个有利的空间。

在解读了犬牙交错和随山川形便后，我们重点在于论述今天行政区划。海南和江西两省的界限都是依照随山川形便而划分的，海南省的设置是20世纪80年代形成的，在20世纪80年代，一级行政区的边界，大概有几种类型，即法律上认定的，习惯上认同的，还有一种是存有争议的。在所有省级区划的界限中，只有海南与广东之间的琼州海峡这条界限是法律上认定的，除此之外都属于习惯上认同与存有争议的。

海南省的"随山川形便"界限我认为是有待商榷的，原因就在于，从康熙年间打下台湾，到光绪年间设置巡府，正式变为省，这是中国历史上第一个独立的在海外岛屿形成的省。海南为第二个独立在海外的岛形成的省。全面考察中国历史，海南省的"随山川形便"是不妥当的。

我认为，如果考虑到海南岛的经济发展和独立自主，我们可以将雷州半岛与海南省划为一体，用大陆牵制海岛，这样既能保证海南的经济发展，又能保证这块领土的完整与统一，这是我对海南的分析。

看一下江西，江西是随山川形便，南侧是南岭，东侧是武夷山与福建分界，西侧是罗霄山与湖南分界，北侧是长江。这样的随山川形便，它的局面从秦始皇统一六国设置庐江郡开始一直延续到今天。很多老师听说过罗霄山脉的中段就是井冈山，中国革命的星星之火从这里燎原，在中国革命发展中有许多边区，除了湘鄂赣边区外，还有鄂豫皖、晋察冀、陕甘宁，等等。边区是中国革命的起点就在于随山川形便的原则，使山区往往构成了边境的界限，而这种既贫困又是"三不管"地带，于是在国民政府统辖时期，它成为中国革命星火燎原之地。

这是两个犬牙交错为主的省区，一是河北省，二是陕西省。河北省紫颜色所在的区域是华北平原，而棕色所在的地区在北部这个地区就是承德市，西部这个地区是张家口市，这两个地区在中国地形的二级阶梯上，地理环境与华北平原完全不同。同时被东西向延伸的燕山山脉以及南北走向的太行山所阻隔，形成了犬牙交错，对于这种犬牙交错的形成，可以说无论从军事上、政治上、经济上都有其合理之处。政治、军事在燕山山脉自东向西有三个关口，分别是山海关、喜峰口和古北口，是华北通向东北的必由之路。依托这个天险可以变成割据者的一个屏障，如今将它融于河北省中，消除了军事上的隐患。

西侧太行山脉的北端是居庸关，位于八达岭上，是通向蒙古高原的必由之路，也是冷兵器时代的一个关口，将它融于河北省内也消除了军事上的隐患。除了政治、军事上的考虑外，很多老师都听说过一句话，叫作环京津贫困带，指的是什么呢？在北京和天津附近有承德和张家口这样的贫困地区，都位于河北省，实际上河北的划分就是要用富庶的华北平原带动贫困的承德市与张家口市，这种情况是肥瘦搭配的原则。

陕西省也是如此，陕西由三个地理单元组成，其中秦岭穿过中部地区，这是中国的南北分界线，也是一道天险，包容在陕西省内部，这个局面从蒙元帝国时期既已形成，目的是要消除四川军阀依照秦岭而拥险自守。通过这样的犬牙交错，使陕西拥有位于亚热带的汉中盆地，中部地区的关中盆地，同时还有陕北地区。关中和汉中是两个富庶的地区，用富庶的地区带动贫困的陕北，又将秦岭天险融于其中，这是陕西犬牙交错原则具有的一个意义。在中国现行行政区划中，有许多这样的事例。

江苏。明朝时期到清朝的时候，东部变成了江苏省，西部变成了安徽省，仍然保持长江、淮河分居其中的原则，这就是经济上考虑到的肥瘦搭配，今天我们看到的，富庶的太湖平原同时拥有苏北和淮北地区。所以，江南人有的时候不满意，尤其苏南人看不起苏北，因为在历史上苏北很穷，为什么王朝时期一直到今天仍然维持这个局面？这是经济上犬牙交错和军事上犬牙交错的思考。

四川和重庆。这是四川的地形图，这是重庆的地形图。重庆在地形上属于川东平行云谷地区，以山区为主，当它作为一个独立的行政区后，我看了一下，重庆市所管辖的所有县中，70％是国家级贫困县，今天把它称为重点扶贫区。对于重庆市，今天有三峡库区的优惠政策，但重庆市带70％的贫困县是否以后有造血机能应该说值得商榷。

现行行政区划中有许多值得商榷的地方。但是区划的原则是统一在随山川形便与犬牙交错的两个原则中。

剩下的时间不多了，本来还希望讲一下中国地名命名法，在对外汉语教学过程之中兴许有作用，我看时间不多了，剩下的时间也许各位老师还有一些感兴趣的问题，如果我懂得的话，可以给各位老师解答，看各位老师还有什么问题。

老师们：讲一下吧。

韩茂莉：那么剩下的时间我就满堂灌了。

中国地名的命名法。

我有一种职业习惯，经常去野外考察，有时候去野外很多没有人烟、很荒凉的地区时，很多同行者在车上都睡觉了，但是职业给我一种观察的习惯，除了观察自然的山川地貌的变化外，另外还观察地名。地名包含着许多文化信息，这种信息可以说代表着很多当地的自然属性和历史属性。下面我们看一下地名的各种特征。中国古人在命名地名的时候，有很多习惯：

首先，与自然形式有着直接关系，其中有规律的就是古人所说的山之南，水之北为阳，反之叫山之北，水之南为阴，这是具有规律性的一种命名方式。既然有这样的命名方式，我们就谈到两个地名。一是洛阳，水之北为阳，这里可以看到，洛阳是位于洛水之北，反过来淮阴一定是位于淮河之南，这是韩信的老家。有人说，如果我的家乡在江阴，这个阴也一定是水之南，长江以南的地区。

还有的人说，我的家乡在华阴，那应该是在华山之北。这种山之南，水之北为阳，反之为阴是中国地名命名的一种方法。这只是一种自然方位，有一句中国古话，叫"三十年河东，三十年河西"，山河尤其是河流下游河道发生了变化，但是地名却保持了下来，于是变迁的环境却留下来的地名，我们可以考察到自然环境的变化。

另外一种也与环境有关，比如我们看到这里的地名，叫作渭源和泾源,代表这两个县所在的位置位于两条河的源头,类似这样的地名在中国地名中有很多。另外还有如湟中、洛川,天津和孟津这样的地名,也含有自然地理的信息。津在古汉语中代表渡口的意思,于是我们看到孟津和天津就会知道,这一定是与渡口相关的命名,这是与自然属性相关的地名。

下面与政治经济属性相关的地名就更多了。它有几类情况。

在边疆地区的地名有安边、定边、靖边、安塞,这些地名如果查阅起来,统统位于长城沿线,也就是明长城沿线,这种地名代表一种祈求,也就是希望边界能够有一种安定的环境。

除了长城沿线的安边、定边、安塞外,还有一种情况,比如说北京附近有怀柔、顺义,除此之外,还有抚顺、遵化等这样一些地名,这些地名代表什么呢?也代表一种政治上的愿望,也是希望这些不安定的地方能有一种稳定的环境,用地名来表示一种愿望。

(PPT)除了上面列举的地名,各位老师还可以观察,比如以前内蒙古、呼和浩特被称为绥远、归绥,这个"绥"代表什么意思?是安抚、抚定的意思。乌鲁木齐以往被称为迪化,迪化是什么意思呢?有教化的意思。这些地名均透露出一种政治上的信息。

当然,边境地区不是所有的地名都如此。比如大家听说过中越边界有一个地方叫作镇南关,后来我们觉得这个地名不算友好,改为友谊关。此外,内地有镇巴、镇陕,都位于陕西南部地区。这些地区的得名在于明代开始,山区流民开始增多,除了一些新出现的县外,这些流民在这里反复发动起义,于是以这些地名代表朝廷的意愿。

沿海地区有镇海、定海等,也是希望用这样的地名代表人的一些企图。地名上的政治含义,在历史时期有镇,也有怀柔、绥化、怀化等地名。除此之外,进入20世纪以来,民主思想开始进入中国。民国以来,一种新的含义开始出现,比如民权、民主、民勤等地名,这些地名都是在新的政治理念下出现在民国时期。

这里是吴堡、驻马店、蓝旗营,这些地名有一种新的含义,带有"堡"的地名在中国有很多,比如陕北有一个民歌叫《三十里堡》,北京东面有一个地名叫"十里堡","堡"是什么意思呢?元代开始,在中国各个地方主要交通要道上每隔十里地就设立一个急递铺,这个急递铺是传达军事号令和朝廷文件的,每隔十里的急递铺有马匹,也有一些军人住在这里,这些地方都以"堡"为命名,久而久之形成了永久性的地名。蓝旗营是清朝的地名，内城是满八旗的驻扎区，而外城所在的地区也驻扎着像满八旗、蒙古八旗甚至绿林军，蓝旗营这个地方是蓝旗驻地，我家就在这个地方，它所显示的是清朝以来军队驻扎地点的一个信息。

北京城内还有珠市口、菜市口等地名，它是北京城内从明清以来形成的专业市场，久而久之，这种专业市场就变成了固定的地名，各地的地名显示了丰富的文化。除了刚才我们所看到的这些地名，实际上各个地方的地名都有一种文化。我们现在看一下新疆的地名。

新疆这个地方我去了13次，有可能还会去得更多，每次到新疆都有感触，由于去的地方比较多，所以对周围的地方观察得也比较仔细。在向当地人咨询过程中忽然发现一个有趣的现象，今天看到以天山为界，新疆分为南疆和北疆，后来我才发现，北疆的大多数地名包括乌鲁木齐、吉木萨尔、玛纳斯等地名统统都是蒙古语的地名。反过来在南疆地区，天山以南地区的地名就很有意思了。这些地名是更早的一些地名，有的语言属于维吾尔语和蒙古语，但更多来自新疆历史早期的。这些现象说明了什么？

与整个新疆南北文化有着直接的关系，成吉思汗的大军沿着新疆的天山南北两路一直打向欧洲，蒙古大军从欧洲返回后，在中亚地区建立了四大汗国，其中察合台汗国和窝阔台汗国都影响了这个区域，尤其是察合台汗国长期驻扎在伊犁地区，从而影响到了北疆，也影响到了南疆。蒙古人在影响北疆地区的时候就将自己的文化和语言带到了这里，于是留下了很多的蒙古地名。而在南疆地区，则留下许多古地名。

地名本身象征着文化和历史过程，除了地名命名的习惯中，"文化大革命"中地名又经历了很大的变化，这一点尤其对北京的影响是非常深的。这幅图是"文化大革命"中，传统的老地名以革命的名义变成新地名。这次文化的改造影响到了什么？

原有的地名都发生了改变，看一下重点的地方。首先看一下王府井，协和医院驻扎在这个地方，协和医院是美国人办立的医院，于是王府井在"文化大革命"的时候一度改为"反帝路"。除此之外，北京的反帝路当时是非常多的。"文化大革命"期间所改的地名不但令当时的北京人感到莫名其妙，外地人也是不知所云，经过短暂的改造之后，如今遗留下来的只有一条大街，就是五四大街。五四大街是老北京大学所在的地方，老地名叫作沙滩大街，后来在"文化大革命"期间改为"五四大街"，所有这种具有革命意义的大街只有这一条留下来了。

地名改造中也存在一种雅化的过程，很多北京的地名最初的由来具有极大的随意性，后来居住在这个街道的人觉得这里的地名很不雅，于是进行了改造。在地名改造过程中，事实上从历史到今天都有一个基本的原则，原则是什么呢？第一，同样的地名要避免它的同名进行改造，另外是那种文字不雅的，进行雅化，但在雅化过程中一定不要将其读音改变，文字雅化，这样才能使陌生人知道到的这个地方是什么。

在文字雅化过程中很典型的几个地名，比如北京某个地名叫屎壳郎胡同，后来居住在这个地方的人很不满意，把它改为时刻亮胡同，名称、读音接近，但文字改变了。还有一个地方叫作粪场胡同，这是在北京南城晒大粪的地方，后来这个功能已经取消了，当地人觉得很不雅，于是改为奋章胡同。还有驴市胡同，这个胡同很有名，各位老师都知道叫刘罗锅的宰相刘墉，他家的故宅就在驴市胡同，听着极为不雅，后来改为礼士胡同。

上面我们简单介绍了地名不仅仅作为一个地方的代号，同时暗含着很多文化属性。在对外汉语教学过程中，也许老外对我们的命名和地名会有所感觉，所以我在这里简单地介绍了一下。

现在已经11点半了，如果各位老师仍然有问题，我并不介意时间到了，各位老师觉得该吃饭了就可以离去，有问题的可以提问。

问：韩老师，您能不能分析一下清代的直隶省变成河北，它中间的合理性在哪里？

韩茂莉：清代的直隶省和今天的河北省之间有着不同的区域，主要在于清代直隶北部划归今内蒙古。河北省其合理性在于北京首都的位置，也就是说它形成的犬牙交错不仅仅在河北，更重要的是要护卫北京，大概的意思就在于此，就是要把居庸关、山海关、喜峰口、古北口这几个重要的关口容纳在行政区范围内，不能变为边界。

问：韩老师，我想问一下海南岛的设省，您说是80年代才以琼州海峡为界，我去过海南岛，他们当地人把所有跨过琼州海峡的人叫大陆人，我当时听到非常惊讶。历史上，除了以海峡为划分外，还有没有您刚才说的犬牙交错阶段？

韩茂莉：海南岛成为独立省之前一直隶属于广东，从来没有成为独立的行政区，岛上的人喜欢把我们叫大陆人，台湾如此，海南也如此。

问：韩老师，我想请问一个和韩国有关的问题。韩国在明清时期一直是我国的藩属国，所以韩国学生认为我们历史上无数次侵略过他们，但他们又拿出历史上高句丽证明他们无数次拥有过我们的领土，我想请问高句丽跟他们到底有没有关系？在历史范围上应该怎么回答这个问题？

韩茂莉：高句丽是中国东北古代民族建立的王国，最后灭亡在7世纪，以吉林为中心，延伸到辽宁的少部分地区。任何一个政权都有强盛和衰退的过程，高句丽政权从强盛到衰退后，一部分高句丽人进入朝鲜半岛。历史上中国和朝鲜半岛的关系的确如韩国人所说的，从隋朝开始就开始征打高丽，李世民的时候也征打过高丽。但在明朝时，日本丰臣秀吉为首相派兵征打朝鲜半岛时，明王朝也派军队支援过他们。

问：我想请教一个问题，现在我们所看到的缅甸北部地区，在中国早期历史上那个地方明显属于中国，就是麦克马洪线中段的问题，那里也有华人，包括果敢地区用的都是中国电信，所有都是仿照中国的，为什么周恩来总理时期把它割让过去了？送过去了？

韩茂莉：缅甸的北部地区从明朝开始有一部分是属于中国的，这一点问题都没有。但舍弃的是中英双方"1941年线"以西地区，在其他地段获得了利益。我认为周恩来总理做得是对的，因为那时候的中国实在太孤立了，需要一个政治上的伙伴。此外"1941年线"的存在是外交上很难逾越的条约。

主持人：我很荣幸，今天韩老师提的那两个不雅的地名我恰恰都在那儿待过，奋章胡同我住过，现在都拆迁了，"文化大革命"时期那里确实有个大院，这个大院恐怕就是原来晒大粪的。还有礼士胡同，许先生当国家语委主任的时候，语委所在地与礼士胡同相距50米。

韩茂莉：我家在礼士胡同对面，所以很熟悉。

主持人：我们招待客人经常住在冶金部的招待所礼士宾馆，所以我也很荣幸。另外，我觉得韩老师今天的课非常精彩，应该是韩老师学问好，而且讲课讲得好，有时候学问好和讲课不是统一的，不一定能讲得出来。韩老师一开始就说恐怕讲不完，我觉得主要的内容都讲给我们了，不光讲清楚了，很多关键问题我们肯定会记住。

另外，韩老师做的课件，我看美术院校做的也不过如此。韩老师这个专业太重要了，通过这个课，我们可以知道中国历史地理和政治、军事、社会的稳定、经济方方面面都有很重要的关系。我们知道的这些谈判，看到的是政府官员在前面和人谈，恐怕背后就要有这样非常准确、丰富的历史知识，不掌握这些没法和人谈。所以，韩老师也是我们外交部经常咨询的专家。另外,韩老师讲课的针对性非常强,知道我们是教哪个专业的,所以在讲课当中特意为我们讲了这些东西,应该说韩老师给我们特别讲的这些是政策性非常强的东西。通过这个课我们知道,将来我们再谈到中国疆域历史变迁问题时,不是自古以来就是好的,不是你说自古以来就是好,也不是说追溯的越远越好,这个层面政策性非常强,应该怎么把握,我想韩老师已经给我们讲得非常清楚了。所以,我觉得这个课收获非常大,相信大家比我的收获可能更多。让我们再一次以热烈的掌声感谢韩老师!

老庄哲学

陈鼓应

主持人朱小健：各位老师，我们今天上午的课程马上开始，今天来给我们讲课的是非常著名的哲学家，是在台湾、大陆以及美国都有过很长从教经历的陈鼓应教授。陈老师的学术领域非常广阔，他最主要、最突出的成就应该是在老庄哲学。陈先生一直支持我们北京师范大学人文宗教高等研究院的工作，我们这个研究院的成立都有陈先生在后面推动、促进和提倡。陈老师是专门从台北飞到北京来的。下面的时间就交给陈老师。

陈鼓应：我一般是一边讲一边想，一边想一边讲。朱院长在长途电话里跟我说，因为时间非常短，就谈老庄哲学、道家哲学。

一 略论道家哲学的派别，老子其人其书的年代先后等问题

道家哲学派别太多了，有老子、杨朱、庄子、列子，还有黄老。在战国时代，东西的强国是秦国、楚国和齐国。一般认为楚文化以老庄为代表。道家的派别非常多。齐国有百家争鸣，孟子见齐宣王的那个时期是齐国思想史上的黄金时代，叫稷下学宫。这个稷下学宫有"稷下先生"（相当于今日的"大学教授"）76人，《史记》中有记载。稷下先生中姓名可考的只有6个人，6个人中有4个是属于道家的黄老这一派。《庄子》的外杂篇吸收了黄老思想。黄老对荀子的影响非常大，荀子的很多自然观、天道观基本上都受到了老学和黄老的影响。

稷下学宫的稷下先生有76人之多，而"学士"，则是像你们这样的，从不同地方来参加学术讨论。比如孟子到齐国来了两次，待了很长时期。荀子来做过祭酒。还有农家、法家等各家的思想都汇聚到这里。但从稷下

《管子》这本书可以看出，影响最大的还是《老子》，它里面"道"出现了360多次。比如《管子》四篇都是受了《老子》的影响。老子思想怎么进入齐国的？齐国要改革就把黄帝抬过来，所以"黄老"是以老子哲学为基础，依托黄帝之言进行改革的。四川的蒙文通（和冯友兰先生同属一个时代），学问非常好，在当代影响非常大。蒙先生说黄老是显学中的显学。百家争鸣，黄老独盛，黄老从战国中期一直到汉代《淮南子》都有很大影响，甚至影响了董仲舒。董仲舒是儒家，但他的哲学理论建构大概多源于黄老。

  道家最主要有三派（即老学、庄学和黄老之学），还有杨朱、子华子等那太多了。道家主要是老学，老子和孔子同一个时代，比孔子大约大20岁。不止司马迁有记载，先秦的典籍不同学派都有孔子和老子相会讨论学术的记载。比如说《庄子》有6处记载孔子和老子的对话——如果我记忆不错的话。《吕氏春秋》也记载了孔子学于老子，孔老进行对话。还有儒家的《礼记·曾子问》有4次记载孔子问礼于老子。所以这个在历史上是没有错的。20世纪30年代"古史辨"有一个辩论，有意地把老子拉后。只有胡适的哲学史把老子排在第一个，那是对的。后来冯友兰先生的影响大，冯先生有意把孔子拉高，把老子压低，说《老子》成书晚。钱穆先生、欧美的葛瑞汉（A. C. Graham）亦是这样。日本的学者也很奇怪地都把《老子》的成书的时间押后。《论语》这本书很明显要晚于《老子》，因为《宪问篇》有《老子》六十三章的文字。张岱年先生有好多次论证，《论语》晚于《老子》。现在一直出土《老子》，没有出土《论语》。《论语》的形成要晚于《老子》。

  那么，《老子》这部书是不是比《庄子》晚呢？这个观点是很错误的。因为你们学汉语，教中国文化，应该知道汉语发展有一个规律，就是常常由单字词发展为复合词。比如说"道"、"德"，然后说"道德"。在《论语》、《老子》以及《庄子》的内篇中，道和德都是单词。道德、精神、性命变成复合词比较晚，在《庄子》的外杂篇。再比如，"玄"和"冥"在《老子》中都是单词，但在《大宗师》中出现了"玄冥"这样的复合词。我只要找到这一条就可以论证《庄子》的内篇也晚于《老子》。20多年前，我有一次和英国伦敦大学一个教授在北京见面，他研究中国古代汉语。我说有这样一个规律，我把自己的观点讲了，他说"对"。

1973年出土了帛书《老子》，1993年郭店出土了竹简《老子》。竹简的《老子》甲本比较早，墓葬不晚于公元前320年，本子的传抄时间应该是在战国中期。通行本《老子》十九章中有一句话很重要——"绝仁弃义"，大家都认为老子要抛弃仁义，弃绝仁义。但通行本《老子》第八章讲"与善仁"，就是人和人之间的交往很重要的是讲仁。老子又讲"三宝"——"一曰慈"。所以"仁"、"慈"是老子很重视和肯定的。但在《老子》十九章变成否定了，怎么解释？通行本《老子》讲"绝仁弃义"、"绝巧弃利"、"绝圣弃智"。"圣"是老子肯定的，在《老子》一书中出现了12次之多，都是肯定的。所以，《老子》十九章实际上是被后人改过了。

郭店竹简《老子》的甲本，它所依据的那个本子不晚于战国中期，距离老子死不过一百来年。所以，《老子》这本书晚出的说法完全错误，因为有实物存在；欧美学者都不讲话，但有一些日本学者还是坚持把《老子》这本书拉后。这样没有什么意义。

老子为什么是第一个哲学家，我们以后会知道。主要是他提出的问题是哲学问题，这些问题从来没有人提到过，而且整个哲学史都是依照他这个问题作为中心思想，可以说作为主体思想来发展。我今天的介绍主要以老庄为主。

中国文化有一个很大的特点——人文思想特别发达，可以说比西方早了一两千年。我在《道家文化研究》第22辑上发表了"道家的人文精神"[①]，同一期王博也写了一篇"道家的人文精神"。差不多在同一个时期，刘笑敢也谈到了道家的人文精神。因为很多人都受魏晋影响，认为儒家讲的是人文，道家讲的是自然。认为只要谈自然的就是道家，谈仁义、谈人文的就是儒家，这是用魏晋时期的观念套先秦诸子。先秦诸子的源头就是殷周以来的人文的传统。

这个人文精神是中国的一个大支流。很多人认为我主张中国文化是以道家为主干、主体，我从来没有这样说过。不管去东京大学、海德堡大学，大家都说我是个很有争议的人，因为我主张道家文化是中华文化的主干。我从来没有这样说过。中国文化的主体、主流、主干是儒家，生活、

[①] 按：可参看陈鼓应《道家的人文精神》，《道家文化研究》（第22辑），生活·读书·新知三联书店2007年10月版，第75—123页。

政治、伦理都是儒家主导的。当然，文化的面很广，讲到茶文化、文学、艺术，恐怕道家的影响要更大。所以，在文化的层面很多地方儒道是互补的。哲学是形上学，是哲学理论的更新。今天我不讲哲学，因为你们学的主要是文化。

二 《老子》之"道"的多重意涵

殷周的天文非常发达，有日历、历算，所以自然观发展到了老子，宗法伦理发展到了老子，老子在天道和人道上提出了一个形上之"道"，从来没有人提过。

首先，关于"道"。我问各位，你们都在大学讲中国文化，如果只用一句话概括中国文化的特点，或者选一个字代表中华文化所蕴涵的意义，你要用什么？我问过不同的人，他们都有不同的说法。我想现在你们每一个人都会选择"道"。"道"是中国文化的象征，是哲学的最高范畴和最高概念。"道"都有共同点，孔子说"志于道，据于德"，讲道德。墨家要实施兼爱之道，非攻、兼爱，墨家等于是古代的社会主义者。儒家给尧舜穿上儒家的大礼服，但是墨家给他们穿上劳动人民的衣服。墨家的尧舜都是在田里耕田，在河边制造陶器。所以说，诸子是再造古代的尧舜禹。我年轻的时候曾经写过一篇文章，认为诸子对于尧舜的看法都不同。墨家认为他们能够实施法治。所以道代表着秩序，建立一个社会秩序、政治秩序，要求守法。所以法家也在讲道，墨家也讲道。阴阳四时运转，日月星辰运转，四时更替，自然界的法则也称为道，是天道。阴阳家很重视天道，而儒家重视人道。

现在我们讲《老子》第一章："道可道，非常道。名可名，非常名。无，名天地之始；有，名万物之母。故常无，欲以观其妙；常有，欲以观其徼。此两者，同出而异名，同谓之玄。玄之又玄，众妙之门。"

第一个"道"是现象界和经验世界，我们这个世界要建立一个永恒居住、交流、沟通的一些公约和规准。第一个"道"主要是人道，但是也包括天道。所谓天道，就是自然界有一个日月星辰的运行，四时的交替。自然界有它的法则，我们叫它天道。第一个"道"包含了天道和人道。

第二个"道"是对话，对话很重要。第二个"道"就是语言文字的沟通。现实世界的秩序、法则、和谐都是靠我们思想感情的沟通、语言文字的表达来建立的。

第三个"道"是老子之前从来没有人讲过的,就是万物之始,天地之母。我们一定要寻找一个根源,作为存在的基础。老子之所以成为中国哲学的开创者,就是他最早将文化意义的"道"提升为哲学的最高范畴——将"道"提升为宇宙的本原和万物的本根。

大家可能会问:"陈先生,您讲道讲了很多,请问道是什么意思?"我大概讲六个重要的意义,这是老子哲学意义的"道"。我请你们了解,道有多重意涵。

第一,"道"具有探讨世界本原的意义。

第二,本根的意义。讲哲学老是讲"道"是世界的本原,万物存在的根据。常常这样讲,把人蒙住了。其实简单地说——如我刚刚讲的,你从哪里来?从妈妈那里来,妈妈从哪里来?妈妈的妈妈,妈妈的妈妈……万事万物从哪里来?探讨本原、起源、发生,这是宇宙本原论,是老子探讨的第一个题目。《老子》第一章要从哲学角度探讨宇宙本原。老子还提到宇宙发生论或演化论或生成论,都是一个意思。发生论如《老子·四十二章》中讲的"道生一,一生二,二生三,三生万物。万物负阴而抱阳,冲气以为和"。宇宙本原论与宇宙发生论,一个是从复杂的现象里探讨它的起源,一个是从它的演化、发生讲宇宙生成的过程,老子之前从来没有人谈过。如果你们读西方哲学,会知道希腊第一个哲学家泰勒斯（Thales）说"水是万物的本原"。

有一次在布拉格,一个在北京认识的朋友一边开车,一边对我说:"我女儿一定要听我的,就得听妈妈的,你从妈妈来的,没有我就没有你,有你是因为有我。"她是从本原的角度来看。但另外一些人可能不这样想,不是说你是我的儿子,你是我的女儿就得听我的,或者儿子老是想,我是我妈生的就得听妈妈的。而是因为妈很重视教养,重视怎么样对待人,怎么样勤劳地工作,怎么样勤奋地学习,这是赖以存在的根据,这个"根"很重要。所以老子很重视本、根、宗。这是另外一个精神。生命太杂乱,你要掌握主轴。比如你要教汉学,要研究中国文化,要比较与世界文化的不同,你就要沿着这条路走。

你要把握生命的主轴,这是道家。其实儒家和道家、先秦诸子都重视人文精神。神是依人而行,人很重要,从殷周文化到先秦诸子都很重视人文世界，这和西方不同。西方哲学最后理论的保证总是要谈到神。我们的道文化不太一样，诸子都谈"道"。但老子有一点，讲本原、本根。讲"本根"，比如郑板桥的诗："咬住青山不放松，立根原在破岩中。千磨万击还坚劲，任尔东西南北风。"不管是东风刮过来，西风吹过去，风吹雨打，但是千磨万击还坚劲。所以，你们读了道家，要掌握生命的主轴，一定要坚持一个东西。所以，我觉得所有中国文化都有一个相通的东西。比如《老子》讲"九层之台，起于累土；千里之行，始于足下"。"根"很重要，《老子》十六章就是讲"根"——生命的根，文化的根。去探讨和吸收中国文化，就要了解本原和本根。

除此之外，老子和庄子的"道"还有这几个意义。

第一，创生的意义。《老子》说"道生之，德蓄之"。所以庄子称形上之道是"生生者"，是创生生命的那个生命。前面讲本根、本原的意义，那是哲学上的讲法。与现实世界有关的道是创生的功能和创生的力量。学儒家的"道"会产生一种道德的力量。道家的"道"，庄子认为"刻雕众形而不为巧"，世界就像一个艺术的宝库，这是庄子的一种美感情调。

第二，道是流动的，具有历程性。《老子》四十章讲"反者道之动"，道是一直在流动的。郭店本"反"作"返"，循环往复，就是二十五章讲的"周行而不殆"。道一直是这样的，不知道叫什么名字，勉强叫"道"，勉强叫"大"。"大曰逝"，道是广大无边的，广大无边的道是运行不息的，这个"逝"是运行的意思。运行无边的道是无远而复极的，它不是只到这里，而是一直运行。无远复极的道又会周而复始，再始更新，所以，这个逝就是运行、流动的意思。道在不停地运行。我们有一句话叫："大化流行"。道既有创生性，又有历程性。人生从呱呱坠地到病老而终，这是一个过程。个体生命在宇宙生命中出现又回到宇宙生命，生和死是大化发育流行。所以，"道"既有创生的意义又有流行之历程性的意义。用一句话说就是，"道"是发育流行的一个历程。当代哲学家金岳霖很重视道的流动性和历程性。

第三，道是整全。庄子讲"恢诡谲怪，道通为一"，这个通就是整全。每个人、每个事物都千差万别，但都是互为主体（inter subjectivity），在道的世界可以相互汇通。在中国的文化里，是可以相互交流沟通的。并不是说你的宗教和我的宗教是绝对一神，绝对的排他，就像我刚才引用罗素讲的话那样。儒释道是可以相互融通的。我们借助《庄子》可以把佛学引进来，道家"有容乃大"，这也是老子的精神，就是所谓"海纳百川"。

第四，道是一个精神境界。"为学日益，为道日损"，就是要提升你的精神境界。所以讲"道可道，非常道"。作为哲学意义的道就是"欲穷千里目，更上一层楼"，站在更高的地方，从更开阔、更宽广的思想视野去看待问题。那么，你的根要扎得深。我刚才引用郑板桥的话，"立根原在破岩中，千磨万击还坚劲"。

所以说，道具有创生的意义，具有流行的意义，具有历程性的意义，具有整全的意义，具有境界的意义。从不同的意义里，可以读到老庄的道大概有本原、本根、历程、整全、境界、创生这些意涵。

三 对反的思维方式："有无相生"、"动静相养"、"虚实相涵"

道家有四种思维方式：对反的思维方式、循环往复的思维方式、天道推衍人事的思维方式和天地人整体性的思维方式。儒家常常只重视人道，不太重视天道。道家思考问题总是整体性地来把握。

我讲讲"有无相生"、"动静相养"、"虚实相涵"这几个观念。本来想讲庄子，可是还要花十来分钟才能讲到庄子。刚才讲两两对反与对立面的转化以及对立面的统一，用古代的话讲是相反相成，这是老子的四个思维方式中第一个思维方式。对反思维方式是很重要的，蕴涵了老子的逆向思维。有的时候，人生需要从更深层的角度或对反的角度来思考问题。今天我主要讲对反的思维方式，里面有"有无相生"、"虚实相涵"、"动静相养"。有无的概念孔孟没有讲到，动静的观念、虚实的观念孔孟都没有讲到。

有无的观念在哲学上很重要。比如"天下万物生于有，有生于无"。有无的问题到了魏晋变成"有无"、"本末"，是那个时代的中心议题。到了宋代，朱熹和陆九渊因为周敦颐的"无极而太极"展开了"有无之辩"，又是关于有无的问题。朱熹思想很细密，理论体系很庞大，我很欣赏朱熹，他是中国的康德，甚至比康德还了不起，因为他的现实性更强。但是他搞道统，所以就排斥别的。我花了好多年，前几天才写好一篇关于周敦颐的文章，从他的三十几首诗入手写他的生活情趣，都是道家式的、庄子式的。哲学史讲周敦颐是理学的开山祖，而实际上他的思想是太极学，和理学刚好是对反的——理学是排斥气的，它（太极学）是气化宇宙论的。周敦颐和佛教人士往来，要组织青松社，晚年要组织逍遥社。他性好山水，他的诗明白地反对韩愈的道统说，讲排斥佛老是不对的，他的诗里有表达（指"原道深排佛老非"）。（周敦颐）怎么会变成一个醇儒呢？这个妙。周敦颐的好友蒲宗孟第一手的资料记载：周敦颐支持王安石变法，他晚年要组织逍遥社。这些材料朱熹全部给删掉了——我都找出来给恢复了。周敦颐是儒释道汇通的，但朱熹搞道统，排斥性很强，不过我觉得比西方不同宗教的排斥性还是要好一些，因为他暗地里还是用了很多道家和佛学的东西。所以，一定要承认对方的存在，这是一个双向思维、多边思维，不是单边主义。这是有无相生。

关于"虚实相涵"。《老子》第三章讲"虚其心，实其腹"，虚实是相涵的，但道家特别阐发这个虚。我刚刚为什么会提到朱熹和宋代的道统说？因为他们说虚是虚无，其实根本不是这个意思。虚是涵容性，这个杯子越大，装的东西越多，海纳百川。第三章讲"虚其心"，就是说心胸要开阔，这个虚是开阔的意思。虚才能够容纳东西；"实其腹"，肚子要吃饱；"弱其志"，心志要柔韧。都是正面的意思，很多人从负面讲，这是错的。"强其骨"，骨骼要强健。这里都是肯定的，positive meaning，但很多注解《老子》的人都从负面来注解。《老子》第四章："道冲，而用之或不盈"。道体是虚的，但是作用无穷，这里蕴涵了体用的问题。《老子》第五章第二句话讲天地之间就像一个风箱，"虚而不屈，动而愈出"。这里是讲虚、动，谷神也是虚。庄子的"心斋"也是要虚，就是你的心胸要开阔。《老子》第十六章讲：致虚、守静。老子倡导虚静、归根，"复命曰常，知常曰明"。

"有无相生"，"有"和"无"是老子第一个提出来的，历代一直在谈。

"虚"和"明"老庄也一直在谈。我有一篇文章，就是《庄子内篇的心学》，这里我就不多讲了。大家讲人性论只讲儒家，我写这篇写得比较快。我记得三四年前，《哲学研究》只发一万字的稿子，但是我有三万字。我写的时候要思考人性论——心、性、情。当我写"心"的时候，我把《庄子》重新理一遍，将内七篇提到"心"的地方都抽出来，没想到写了三万字。

然后我再写"性",写得很辛苦。我把中国人性论史都理了一遍,发觉儒家都讲善恶。其实孟子的性善主张,赞成的人很少,韩愈、二程也不是那么赞成,苏东坡更是要批评,所以哲学史要重估。所以我写"性",抓住"性真",这是道家很重要的人性哲学。但它有个形上学的理论根基。我思考这个问题,光是"前言"第一个部分就改了再改。

现在写"情",我发现国内外有五篇写情的,有英文的、中文的,都非常好,但我觉得都侧重于"无情",其实老子、庄子都肯定情,正面的要多于负面的。因为是是非非要提升到道情、天地之情,所以庄子讲任性命之情,安性命之情。我就从无情、任情和安情三个角度来写。

我接着讲"复命"。"各复其根",是说要回到根源的地方,根源就是生命创生的地方、生命喷发的地方——最有活力,最有创造力。用庄子的话来形容就是"初生之犊",就是那个小牛,最有活力,像新生的婴儿那样柔软。"复命"就是要回到生命的根源,生命喷发的地方,并不是回到原点,而是周而复始、再始更新的。所以,你们读《老子》尽量不要太消极地看待老子。比如《老子》五十九章讲"啬","治人事天莫若啬"。啬是什么意思?是爱惜、保养。"治人事天莫若啬,是谓早服",早服是早做准备。"早服是谓重积德",重在这里应该念 chong,重就是不停地累积。"重积德"怎么解释?不停地累积你的生命力。啬的意思是储蓄、保养,老子说你的拳头打出去后要"归根"、"啬"。所以老子的"退"很重要,"退"不是消极,有时候退一步留有无穷的天地。我们常常只知道进,尤其是现在。

"动静相养"。老子多数时候是在讲静,因为这个世界一直动荡不安,包括现在,静在这时候非常需要。春秋到战国不停地打仗,《史记》讲"干戈相向,战斗不休,百姓共苦",所以老子希望清静。"孰能浊以静之徐清,孰能安以动之徐生。"老子多数时候讲静。王弼也经常会讲"清静",王弼注《周易》、《论语》很重视静——因为那时处于三国时代。但老子认为道是动的,"反者道之动","周行而不殆",所以最重要的还是动静相养。"孰能浊以静之徐清",浑浊就是说动得很厉害,然后清静下来,清风袭来,慢慢保持心境的清灵,头脑的清晰。这个社会的节奏应该稍微慢一点。"孰能安以动之徐生",安得太久了,一潭死水,慢慢开始动,慢慢恢复生命力,展现生命力,发动生命力。海德格尔不懂中文,找一位懂中文的翻译了八章《老子》。他在书房里写了"孰能浊以静之徐清，孰能安以动之徐生"，这是动静相养。

老子讲"自然无为"。那个"自然"不是指自然界，而是自己如此。《老子》中"自然"出现五次。"无为"不是什么事都不要干，而是说你不要妄为，特别是理想的智者，你有权力，但不要特权、不要专权，不要集权，更不要滥权。"无为"用《鹖冠子》的话讲，"江海之大，非独仰一川之流也。是以明主之治世也，急于求人，弗独为也"。弗，就是勿，不要的意思。无为就是不要独为，要听听民意，广纳众意。"自然无为"是这个意思。《老子》说："人法地，地法天，天法道，道法自然。"道有个精神，就是发挥每一个人、每一个物的自性。所以，道的世界是一个自由自在、自施、自为、自主的世界。道有个特点——强调各物的自主性、自为性、自发性。但是一盘散沙不行，庄子齐物精神讲恢诡谲怪、各显神通。道的世界，互为主体（intersubjectivity）。

四 《庄子》的几个寓言：鲲鹏展翅、鲁侯养鸟、濠上观鱼

我们再看看《庄子》。

鲲鹏展翅，我讲两点。你打开《庄子》，第一篇文章就是《逍遥游》，它不只是中国思想史、文化史，也是世界人类史上最早阐发人的精神自由的一篇文章，所以我觉得它有特殊意义。鲲鹏展翅这个故事，首先写大。一个人心胸要开阔，精神世界要宽广。人一方面要有心胸、思想的开阔，另一方面要生息厚养，像鲲一样。

我们读书要注意它的关键词（key words），了解这个"大"很重要。其实，你进入了庄子世界，你会觉得好舒畅，因为他的思想世界和精神世界是无限的。老子讲"域中有四大"，庄子的这个"道"根本是无边无际的。老子讲"无"，庄子讲"无无"。"有有也者，有无也者，有未始有无也者，有未始有无未始有无也者"，庄子比老子更开阔。所以老子不讲"游"，庄子讲"游"，"游"不只是精神自由的展现，更是审美意境和艺术人格的流露。游心很能代表《庄子·逍遥游》的主旨，就是人的心胸、心境、精神世界、主体在这个世界里要能够自由。自由不是现代的概念，汉代就已出现自由的概念，"自"是自在这一点很重要。

"化"也很重要。鲲在海底生息厚养——后面有讲"积厚"——然后才能有气质的变化,这个"化"是生命气质的变化。《庄子》一直讲"化",讲观化、参化、顺化、安化。要主观努力,奋争努力,"怒"就是发挥主观能动性。"海运"就是要掌握时间——"海风六月动",要了解客观状态,发挥主观能动性,乘时而飞,时和势蕴涵了这样的意思。"去以六月息也",息是风的意思,不是休息。郭象注错了。

鲁侯养鸟。美国说伊拉克藏有化学武器,结果打了半天没有,怎么办?我给你推展自由民主。我在美国看到电视里一个女的在哭——美国很少报道,我偶尔看到的——她的丈夫和儿女都死于战火。飞机一直轰炸三十多个小时,还说我带给你自由民主。那个女的面对电视号啕大哭,后来对记者说,你给我自由,自由是我需要的,可是你带给我的不是自由,是恐惧和死亡。我带给你什么,这是"鲁侯养鸟"。像带小孩一样,"坐着——不然打"。混沌的故事也是这样,你好意给它雕雕戳戳,造成"七日而混沌死",七天混沌就死翘翘。所以不要以自我为中心,《庄子》这类的故事非常多。

最后我们讲"濠上观鱼"。谁能告诉我"濠上观鱼"这个故事有哪些意义、哪些精神、哪些内涵?现在我们使用对话的方式,然后你们再提问。

田老师:我谈谈我的感受。这个寓言故事是不是在说庄子和惠子对事物的不同看法,不同的思维方式?惠子从万物的本体出发看,一切循其本,而庄子是从艺术审美的眼光去体会——游于儵鱼之乐,是以审美、艺术的眼光看待万事万物。惠子执着于理,没有体会到这种快乐。这是两种不同的生活方式。

陈鼓应:很好,她刚才提到的几点是我们一会儿讨论的基础。第一,她谈到理和生活方式两个角度,其实放大一点看他们的人生观、世界观是不同的;第二,她讲到惠子和庄子,一个是理,一个是用审美的心态、审美的心境、审美的意识来看待事情,视角和心态都不同。她提到了这样一个观点:两个人在进行对话,但是两个人的立场、观点都不同。这个很重要。下面还有哪位?

马晓乐:非常敬仰您的学识,我是山大文史哲研究院毕业的。这个故事我想从两个角度解读,请先生指正。一是《庄子》里谈"相濡以沫,不如相忘于江湖",从他精神自由的角度来讲,庄子大概认为鱼有鱼的精神自由，人有人的自由，就是各有各的精神自由。所以，不要以自己的意见去解读，对待万事万物应该讲齐物、两忘。还有"师心"，《庄子》很多地方谈到"师心"，是说不要以自己的"师心"解读别人，不要以自己先入为主的精神解读别人，要尊重别人有自己的理解、心理、精神，等等。不知道这样理解对不对，一是从"相忘于江湖"，二是从"师心成见"的角度理解。谢谢陈先生，请您指正。

陈鼓应：谢谢你！刚刚马小姐的观点是从《庄子》来理解庄子。她谈到两点。我们一直讲多边思维，庄子不限于自己，常常从自己的想法投射到外物，他从自我而不是自限的（角度去看），他的自我是一个开放的心灵（open mind）。所以，他可以感悟到外物的存在和外物的活动，而且能够欣赏外物的活动，甚至能欣赏到自我也投进去，投射到外物，给外物一种所谓感性化、人性化，之后达到一种忘境。因为他体会到鱼悠悠哉哉，是一种乐。"忘"是《庄子》的最高境界。我们多数时间在讲老子，老子和庄子有什么不同？这里我讲了两点，一是游心，就是刚刚你们两位都讲到的一种美感情怀，一种艺术心态，这是我们在读他们作品时比较突出的最起码的不同点。"游心"这个概念是庄子很独特的概念。另外一个就是"忘"这个概念，诸子里没有，老子也没有，"安适之至谓之忘"，这是很重要的。关于"忘"，以后有时间再来发挥，下面哪位？

杨小艾（西北师范大学）：非常钦佩先生的学问，原来我也读过您注的《庄子今注今译》和《老子今注今译》，非常荣幸能获得请教您的机会。关于濠梁观鱼的故事，我是这样想的。我们常常说"以我观物"的问题，庄子观物的时候能够忘，观物的时候忘了我，把自己与鱼融合在一起，这体现了他的自然观，实际也是他的"齐物"。在观物的时候还有个"情"，庄子把自己的情投放到自然领域里，有一个本真的真情，这个情就是天地之情。所以，我觉得这个故事虽然小，但有悟不完的道理。请先生指教。

陈鼓应：谢谢你！我借她的话说几句我刚才没有说到的。第一，她讲到从我来观照万物，推照万物，甚至了解天地的景象。"自我"有不同的层次，不同的领域。有些"自我"只有自己。有些人有个"家庭的我"，很关心他的妻儿子女。有些是"社会的我"。庄子可能更多的是由个我推向"宇宙的我"，由社会的我、家庭的我推向宇宙的我。

我原来希望有机会讲《齐物论》，但是没有时间了。我借她的话来补充我刚刚漏掉的。齐物精神我只讲两点。"物固有所然，物固有所可。无物不然，无物不可。故为是举莛与楹，厉与西施，恢诡谲怪，道通为一。"我觉得这是齐物精神。这个"物"我把它缩小为人，每个人都有其然，"然"是事实存在，"可"是价值判断。所以，庄子讲"方生方死，方死方生，方可方不可，方不可方可"。生死是事实层面的陈述（Fact Statement），但"可"和"不可"是个价值的判断（Value Judgment）。庄子的意思是，每个人的存在都有他存在的独特性，有他存在的样态。"可与不可"是他发出的意义，他所做事情的价值都有值得肯定的。我们看世界各个不同民族，他们的历史文化、风土民情、生活方式都有值得肯定的。我曾经到过埃及和印度，我觉得印度很特别。我虽然不理解他们的宗教，也很同情贱民阶级，但他们的寺庙不得了，有几十个上百个。我去印度看了寺庙，就觉得日本和韩国无法和印度相比。所以，每个国家都有它独特的风土民情和历史沉积。不能像西方中心论，这很可怕，因为它的眼光很单一化。我们今天讲道家，第一个"道"就是地球村，我们要多交流，多沟通，多对话。再请一位。

某老师： 我认为庄子主要强调的是"循其本"这句话，他也重视本原的问题。他说："'汝安知鱼乐'云者，既已知吾知之而问我。我知之濠上也。"这句话很重要。

陈鼓应： 好！我想告诉大家，在读古代典籍的时候，一篇文章、一段话、一个章节，应该抓住一些关键词（Key words）。有时候像进去挖矿一样，也正如你交朋友，进去发掘他生命的内涵。那么，我们怎么理解这一段话的意思？一个道家——庄子，一个名家——惠子，游于濠梁之上。在濠上看鱼，庄子看到"游"，游是代表主体的心境，安然、诗意的心境——濠梁是如此美景。讲到情和景的关系，他用字很有意思。跑到一个地方，看到如此美景——"鯈鱼出游从容"，外面的鱼是这样的。

庄子说出游从容，所以他认为鱼很快乐。惠子说，你不是鱼怎么知道鱼快乐？庄子说，你不是我怎么知道我不知道鱼快乐？根据这样来推理的话，你也不是鱼，所以你也不知道鱼是不是快乐。这也是一个问题，我们常常说你怎么了解我，你是你，我是我。所以，如何进入到他的心灵空间是很重要的。这里提出一个非常重要的哲学问题，主体如何认识客体，主客关系的问题。这不只在中国哲学，在西方哲学也是一个重大的哲学课题。我很喜欢这个，它提出了一个很重要的哲学问题——主体如何认识客体。

惠子这么说，庄子说再回到"本"来说，刚才有人已经注意到"本"，这个概念很重要。你怎么知道鱼？因为你已经知道我是这样。下面庄子的话没有说清楚，我这个"现代的庄子"来说一说。这个"本"很重要，蕴涵了心、性、情。宋代的褚伯秀写了《南华真经义海纂微》，褚伯秀说这个"本"是指心性可以相通。人的心、性、情可以相通，要不然我们三十几个人坐在这个地方，你是你，我是我，没有办法交流沟通。所以，庄子的心是敞开的，他的情是可以沟通的。

因此，这个故事就其文义总结来说有几点：第一，"游"，就是诗意的心境，审美的心胸。濠梁之上，如此美景，就是以诗意的心境观赏山水之美，这是形构之美，化景物为情思。第二点，他看出鱼是快乐的，就是以心照物，以物寄情。以心照物就是美学讲的移情作用。移情是美的形象涌现出来的条件。所以庄子以心来观照外物，把外物人情化，把宇宙人性化。所以我们讲"本"，讲心性情。以物寄情，所以感物深情。古代的诗表现这方面最多，像杜牧的"多情却似总无情，唯觉樽前笑不成；蜡烛有心还惜别，替人垂泪到天明。"他看到个物就移情，感怀和内心的投射。辛弃疾讲"一松一竹真朋友，山鸟山花好弟兄"。所以，如果只是封闭自我，就完全不知道。物我关系很重要，站在庄子的角度，物我是可以相通的，主客是可以相参的。物我相通，所以他感受到外物的乐。所谓言情感物，这是个传统审美方式。所以说，我如何知鱼之乐？感物深情，言情托物，这是从美学的角度来说。

总的来说，这个寓言给了我们三点很重要的提示。

第一，对话的意义。我最近正在写一篇文章，叫《异质文化的对话》。孟子对异质，他总是批判他们，"无父无君，是禽兽也"（《孟子·滕文公》）。庄子很有意思，他不但与不同学派对话，甚至与动物对话。庄子的书里用植物、动物恐怕是全世界最多的，我曾经找同学统计，有148个动物。庄子认识很多动物，他借物来进行表达。所以，人应该对话。

庄子善于借对话来表达他的理念。庄子善于借重要的学说，借孔子来说，他不是对孔子进行大批判。比如讲孝，商太宰问庄子，什么是孝，最高的孝？他说"以敬孝易"——用敬来表示孝容易。因为学生有三次问孔子，孔子都回答怎么孝敬父母。犬马知道敬父母吗？不知道。庄子熟读

《论语》，他认为用敬来表示孝顺父母比较容易，但是用爱来对待父母更难，"以敬孝易，以爱孝难，以爱孝易，以忘亲难，以忘亲易，使亲忘我难"（《庄子·天运》）。这并不是把父母亲都忘记了，忘记给他吃东西，讲庄子高兴回去父母亲也忘了，也不认得。它是说用爱容易，但让父母亲觉得很舒适很难。《达生》里讲"安适之至谓之忘"，我吃饭从来没有想过牙齿，因为我牙齿很好，但牙齿痛我一吃饭马上想到。庄子说，让父母亲安适表达孝心最好，但让父母亲不要老牵挂你比较难。所以庄子是借儒家的议题一层层讲。

最后我要说，《人间世》"子之爱亲，命矣，不可解于心"。从孔子到老子到庄子，他们讲的命都有特殊的意义。我们尽人力去做，但是人力达不到的无可奈何的，也只有安然地接受。子之爱亲不可解于心，我读到这里就很感动。亲情、友情，有的时候人间可以相互温暖——没有办法说。庄子善于借助不同学派来讲。如孔子，他和孔子老是讲人心、讲生命。温伯雪子是一个道家人物，他说我不要跟儒家谈——"中国之君子，明乎礼义而陋于知人心"，等见面以后相互欣赏。所以，进行对话可以开阔你的思维。

第二，人和自然的亲和感，人对自然山川的审美感受很重要。罗素在20世纪五六十年代有一本书《变动世界的新希望》，讲我们对自然现在是以傲慢、高傲的态度代替顺从。金岳霖先生比罗素讲得更早，1948年的《中国哲学》中，金先生就讲西方总是要征服自然。人与自然的关系，在罗素和金岳霖看来都有问题，都是自我中心，而且扩大到人的自我中心，不知道鉴赏、欣赏自然，看到就老是要砍伐，对生态进行破坏。

第三，自然感性的同通和哲学理性的分析不同，但两者应该都要。

今天已经三个小时了，我每次讲课都超出时间，因为各位很难得来。我今天身体状况还不错，把课程讲完了。我们今天就到这儿好不好？有谁要提问题，我可以很简单地回答一下。

问：陈先生，非常感谢您！您刚才提到儒道互补，历史上孔子曾经问礼于老子。儒家说"儒，柔也"，老子强调上善若水，儒家和道家都强调柔，因为孔子曾经向老子请教过，是不是可以说儒家强调柔，在一定程度上是受到道家贵柔思想的影响？

陈鼓应：《吕氏春秋》里也讲老子"贵柔"，孔子"贵仁"。因此，我觉得"柔"应该是老子学说的一个特点。孔子主要是讲"仁"，当然你也可以从"柔"的角度和刚暴对立去理解，但它主要是阐发人与人的关系。老子是"柔"，这是他们不同的地方。

问：陈先生您好！我想请问中国古代文人对庄子的接受是不是有一个非常明显的变化？如果有变化的话，是呈现什么样的趋势？非常谢谢您！

陈鼓应：《吕氏春秋》引用先秦诸子中最多的你们猜是谁？是诸子里的哪个？不是孔子，孟子好像都没有引用——所以孟子对先秦的影响不大。是不是老子？也不是，《吕氏春秋》引用先秦诸子的话，引用思想观念，引用最多的是庄子。但是《庄子》外杂篇和现实有关，不是哲理。到了魏晋，庄子的影响很大。宗白华《美学散步》里面讲，魏晋从老学到庄学之后，那种思想、精神的放达形成魏晋在哲学、文学、美学、艺术各个领域的大创造。很少人从这个角度讲，所以说，《庄子》在魏晋的影响真的很大。宋代的哲学家排佛老，但是暗地里都不批评庄子，都引用庄子。比如张载，我认为宋代第一个理学家不是周敦颐而是张载。张载的基本理论是接着庄子讲的，庄子没有讲清楚的，他接着来发展。庄子在文学艺术上的影响远远超过其他领域。

很多人觉得《庄子》消极，或者觉得读不懂，其实读《庄子》慢慢地进去后，不同年龄会有不同领会。另外，中国的艺术、中国的诗歌、中国的美学有了庄子不觉得，但如果把庄子抽掉，中国的文化会形成什么光景？可见庄子的影响有多大。对不起，我没有办法很完整地回答你这个大问题，如果再有机会，朱院长请我再给各位讲庄子，我还是很愿意来。今天我们就到这儿。（掌声）

主持人朱小健：谢谢陈老师！陈先生给我们非常清楚地从《道德经》第一章的文本的内涵、理念，到《道德经》第二章的现代意义，讲到庄子的不同意象的精神本质。不是我这么觉得，是陈先生还没讲前就跟我说要这么讲，要讲这些点。我的意思是，陈老师做了非常充分的准备，以这样一个大家的身份做了这么充分的准备，来把思路理清楚了，针对我们的需求来设计他讲的内容，我想这是符合老子和庄子他们的精神的。我们再次感谢陈老师！谢谢陈老师，辛苦了！

中国画鉴赏

邹立颖

主持人朱小健：各位老师，今天给我们讲课的是邹立颖教授。邹老师是著名画家，中国长城书画院的执行副院长兼艺委会秘书长。他今天没有穿军装，但是你看到他的司机身着军装，邹老师是我们海军政治部海军文艺创作室的一级画家，也是吉林艺术学院、吉林师范大学双聘教授、研究生导师，在中国画方面的造诣是非常深的，要说俗一点的话，邹老师的作品拍卖价都在每平尺数万元以上，这是艺术本身一个方面的体现。邹老师来给我们讲他的一些理念，介绍中国传统文化当中绘画艺术的一些知识，他更会当场为我们展示中华传统文化的瑰宝以及它后面底层文化的要素和风采，有请邹老师！

邹立颖：利用一上午时间，讲中国画欣赏，我首先把中国画的一些基本概念，向大家介绍一下。什么是中国画？前段时间我们学习了儒释道，它们和中国画的联系相当紧密，原来我觉得联系道和佛不太好讲，大家学完了这些，要容易一点儿。我一会儿边讲边画，大家如果有问题在我讲的过程中可以提出来，下来之后也可以提一下。

这个题目"中国画的传统与现代"说得大了一点。现代中国画现在没有资料和书籍，争议也很大，比如什么是中国画？中国画的现代是指哪些东西说的？专家们的态度和意见也不尽一致，所以我重点讲中国画的传统。现在会议室挂的都是中国画，究竟中国画是什么？好的标准和评判的标准是什么？我们要清楚。

1. 中国画与中国美学体系。
2. 天人合一的表现艺术。
3. 意象造型的活的艺术。
4. 笔墨的艺术。

5. 综合性的艺术。

一 中国画与中国美学体系

中国画首先是材料。中国画的材料就是笔墨纸砚，西画的材料是油彩。中国画和西画的起源都来自岩洞，随后分支了。中国画的理论是儒释道，特别是儒家思想对它影响很深刻。西画就不是了，科学、宗教对它的影响比较多，所以有一段时间理论上讲中国画不科学。这样讲不一定严谨，历代画的皇帝的形象差不多，你也弄不清楚宋朝那些皇帝和明朝、清代的皇帝都长什么样，表现形式和表现方法基本一致，然而西画不是。西画里人的长相区别，一看就知道，比如在伦勃朗《夜巡》中，17个军官都长什么样，清清楚楚，有差异，所以一段时间人们说中国画不科学。西方说中国画的价值很低，一是大家觉得容易画，完成时间短，尤其是近些年有些书画家去走穴，拿着宣纸、笔墨就噼里啪啦画。外国人一看太简单了，画得很容易，白宣纸上画些黑的白的就可以卖很多钱，因此对中国画冲击很厉害。西方人画西画，一张作品画半年、一年甚至更长时间，画得很慢，感觉在时间上我们就输掉。另外，中国相对贫困、封闭，一般人认为穷人拿出的东西价值是不高的。联想到不仅是绘画，在其他领域也基本一样。

批判中国画要注意两点，讲个专业术语就是，一是气韵生动。戏剧、电影里也讲气韵生动，比如说张艺谋拍的电影《菊豆》，从片花中我们就知道，他故意选择染坊、布匹、染坊里外的架子，而且给它一定的特技光和风，飘忽得很厉害。中国画恰恰就是和这个理念一致的，所以我们评判中国画第一个问题是气韵生动。看一下这张画，山石、雾气很强，但是不好。为什么不好？中国画的气韵生动要注意一点，最精彩的部分都是虚的部分，包括西画，看明白的，最清楚的那部分是最容易画的，最不好表现的、最难画的东西都是最虚的东西。所以，吴作人先生说画什么东西容易，表现什么东西最容易，不画什么东西是难的，福分恰恰是艺术中比较难的部分。比如说，张艺谋另外一部作品《大红灯笼高高挂》，里面的男一号从开始到结束就没有露过脸。马精武，我为什么老看他的电影，研究他呢？因为他的艺术理念和中国画是相通的，演员马精武一直没有露脸。他把三太太处理成是唱戏的，很出格，里面大太太是老古董，二太太是很尖刻的女人，心里很阴暗，四太太是由巩俐来出演。选唱戏的角色插入，可以有戏曲加入到片中来。所以，电影里就把歌曲和戏曲协同处理，丰富多了。其他方面的处理上，在三太太被处死的时候选在大雪天，没有选择春风、太阳，选择一个很残酷，气候很冷峻的时间，那也是烘托气氛。这一切和中国画的联系是很紧密的。所以我单纯讲画画，讲笔墨没什么好讲的，因为我看到在座没有一位老师专业是搞美术的，这么干巴巴地讲笔墨好像有点乏味，就想随便和电影创作结合起来说，供参考。

二　天人合一的表现艺术

戏剧里的东西和中国画都是相通的。中国画的宗旨是"天人合一"，儒释道讲过这个问题，这和中国画联系起来也不大好说，比较难。所有中国画在评判标准不是像不像，说这个人画得很像，那个人画得不太像，这个标准是最低档的"能品"。中国画有两个困难解决不了，一是线的困难，二是材料限制，用毛笔、宣纸不可能描绘得和真的东西、具象的东西完全统一。

这张作品是用纯水墨表现的，生活中谁的脸上有黑的？完全和生活实

《晴天带伞》

物一致，不可能，因为材料限制了。评判它的时候有一首诗大家最熟悉，叫"大漠孤烟直，长河落日圆"，诗歌和中国画的联系非常紧密。第一个是线的问题通过书法可以把它解决了，比如画的线不是单纯按照人的形状，以状物的形式把它描绘出来，中国画的线是通过人为的主观加工之后写画出来的。第二个问题是点线面的问题，一张作品的好坏还要看点线面的处理，大漠就是一个面，长河是线，落日就是点。另外中国画必须涉及黑白灰。画面中黑白灰的比例如何设计？黑占的比例大，白占的比例大还是灰占的比例大？它们三个比不是各占三分之一，因为每张画的重墨占多少比例，灰、白、黑的形状乃至比例是根据画面需要来反复推敲设置比较来完成的。

（根据画讲解）（图，《晴天带伞》）这是我2007年画的《晴天带伞》，没有上颜色，整体就是黑白灰，这些位置都是白的，灰调的都在裙子上、帽子上，黑的就不用说了，另外是点线面，散的都是线，有一些线是竖线，有的是横线，白的全是面，内容就是晴天带伞，这些位置都是虚的处理。看下一张更明显，这些位置都是虚的处理，画得很虚，不是没画清楚，这里有意识地把它处理成虚的。你想，这里也是实的，很多地方都是实的，就冲淡了，所以，集中力量把眼神处理得实一点，衣服个别地方画得有虚实变化。

下一张画，这个是彝族，从凉山回来以后画的。大家看这些地方的处理，我们在读画的时候，大家要着眼于这些边缘线一定不能重复。我们再看看他这张画（指墙面上作品），这个树的边缘，都是一致手段处理，画面出现的问题就是割裂了，好像远处那块和近处那块没有关系。第二点最大的问题，感觉画面太满，你感觉好像很堵塞，装笼子里面了，凡是能画的地方都画着，空的地方不能闲着，都给填上了，颜色也是东一块西一块的，字写得很糟。中国画是个全方位的东西，诗书画印。

这是我 2009 年画的《毛主席》，参加一个全国的提名展。具体分析一下虚实的问题。大家看这个边界线，这是虚的处理，本来这是很实，我有意用淡墨把它虚下去，这里是虚的，这里是实的，虚实结合。这幅画我没上颜色。我有意识地把裤子画肥了，脚穿的是乡村的大布鞋。他是伟人，然而他也是普通人，就是人性化，回到生活中来，就是追求这种效果。印章、题款在画面占的分量是很重的，这是中国文化。中国画包含了诗书画印，中国戏曲和中国电影都和中国画联系得很紧密，是深层次的东西。我举例说，我们都看过戏剧，不管是京评话、京剧和中国画都是文脉相通的，如生、旦、净、末、丑，任何一张脸上都离不开黑色和白色。青衣中少妇这边肯定头发的一圈是黑的，水袖是白颜色的。小丑为了调颜色，鼻子上

《毛主席》

加块白的，通常凡是鼻子上加块白的都是坏人。程式化和中国画是相通的。

《春天的故事》

　　创作《春天的故事》时，先勾这些线，然后皴擦。（画，教室内的画）这个山水里面最明显，先勾完线，然后里面再加上内容，然后皴擦，然后再染上颜色，再点些点子在上面，这就是勾皴染点。是永远不能变的，他画中国画，我画中国画，搞这套，你怎么走、怎么画，是现代的还是传统的都离不开这个程序，这个系统确实很庞杂。

　　中国画分科顺序是山水、人物、花鸟，人物画在前，中国画的人物没法像西画用颜色的冷暖作画，而是把画画成平面的。欣赏中国画的时候不要有，把这种感觉消除，但不要认为这个远了就小了，近处的就是实的。你要想象生活中的东西都是平面的，我怎么把视觉理解成是平面。这个观念我们对外包括对学生讲的时候一定建立起来，二维的，不是三维的，就是我们平常说的话，把物体压扁后，卷起来后再打开来看的。用这种观念看中国画感觉就不一样了，这只是形象的比喻说法。

　　谈中国画的构成常识，通常画面四个角不能一样。西画四个角是看颜色的冷暖。

　　《我的法兰西岁月》完成得比较早，画面在设计时是打破的，时空的概念，右侧是大海，这个位置我处理成一扇窗户，罗马式建筑的窗户，画

面有绳子等道具，这几样东西在一起是不太可能，但在中国画中，可以把梅花、松树、竹子画在一块儿，把芭蕉叶画在大雪里怎么可能，这是西画达不到的，中国画却可以，这就和诗结合在一块儿了。诗里写"黄河之

《我的法兰西岁月》

水天上来",大家觉得这怎么可能,但想一下觉得画上可以。油画这么处理还可能吗?中国画可以。

这幅作品《肖劲光》,为参加全国美展而创作。这张画拿到银奖。一般来说,表现的多是勋章、肩牌、大檐帽等,我想都这么画的话,十个人都放在一起就跟帝王一样。所以我把他用大衣披上,就有动作了,手叉腰。这边手拿着大衣,这里手上下的功夫比较大。因为我们绘画中,手是人的第二张脸,很难画的。往往看你是不是有过严格训练,基本功怎么样,看画里的手就可以了。生活中人们伸出手来,是干什么应该表现得清清楚楚的,行当、职业、年龄都在手上,不用看脸。这个人70岁,他在前面走,你在后面走也不用看他的脸,他和十七八岁的人形态上肯定不一样。所以一个画里的一个形象,任何一件东西都能反映作品内涵。这里有字"中国人民解放军",都写上的话,一排字会夺脸,观众能感觉到就可以了。所以,我们观察中国画的时候,聪明的画家要会处理,当年伦勃朗接到任务,画17个军官《夜巡》,不可能17个人都像桩子一样排在那儿,须有前有后挡着,有在骑马的,有在阴影中的,有拿盾牌的,有后面露半张脸的……后来那露半张脸的人就找来了,在阴暗角落里、在背影里的人也不干,就找他,为什么把我画到黑暗里去,为什么把他排到最后一

《肖劲光》

位。伦勃朗坚持说,从艺术的角度他不修改,但当时这 17 个军官,你想想在当时那种社会体制下,谁也受不了,因此伦勃朗最后,任何活儿都没有,他的画最多的是自画像,自己照镜子自己画,模特雇不起,题材也不给他,商家、银行家、企业家都远离他,最后死得也很惨。(回到《肖劲光大将》)这个题款我用的是长款,整个人是竖的形象,所以,款我就选了"一炷香",肖劲光大将,另外,国画家的字是很重要的,没法回避,要是穷款,比如就这两个字"立颖"这可以躲,这么多字,规定好了必须得写上,我也不能求人写,所以就得练好字。

《肖劲光大将》

这幅《肖劲光大将》是我新创作的,是中国美协给我的任务,在上海展览的,2011 年创作,245cm×112cm。肖劲光当时 75 岁,寿斑什么的都有了,我认为在以上作品中,这张是比较好的,因为水墨算是感觉很厚重,人物脸上画的也有血肉感,中国画用笔墨画出血肉关系不容易。生活是很重要的,优秀的作品都是生活的馈赠。

看下面一张。这是 2007 年创作的《靖宇不死》,虚实处理,大面积虚,重点是脸,而且这张画基本是掐头去尾,因为什么呢?主要考虑画杨靖宇的人很多,电影也有、戏剧也有,要避开这些画。杨靖宇是河南人,河南人的特质得有,颧骨、眉弓,另外匪气也得有,虽然是抗联的司令,长期在长白山里面打游击，而且一个月没吃没喝，这儿画的脸上血肉带红光就不太可能的，所以画的是饥饿感，同时枪给画掉了，本来这个位置想画一支枪。这些地方都给处理了，都给弱化了，重点突出这张脸。然后要证明他是抗联的，他有枪，是武装分子，那怎么办？有皮带就可以了。

《靖宇不死》

这里我要讲一下题目的问题。我在沈阳上学的时候，在鲁美，田金铎雕塑，一个女孩子在竞走的动作，当时做的时候我们学生、老师围着看，真的是很平常，结果他在往北京送命题的时候，在下面的一个铜牌刻上"走向世界"，这是一个典型的例子，题目选得很巧。所以，在展览时拿到奖。当然雕得也很好。

另外，西安一个画家画了一个藏族女人，领个小孩，背一个筐，里面装着牛粪——烧的东西，取暖用的，人物朴朴实实的，草原，其他什么也没有，这张画在全国也拿到奖了，就是题目选准了，她就这么回头看，《望北京》，如果写其他题目，回头看家园，那还有什么意思呢。所以，题目在画里的作用多么大。还有罗中立的《父亲》，这里的父亲不光是他父亲、你父亲、我父亲，是全国劳动人民的父亲。

我们往下讲。这是一幅写生的作品《突击队员》，是在广州部队画的，对着战士写生，这个战士坐得很稳，画一上午，脸上有许多主观处理，按说这帽子也不是这个形状，枪也没这么长。

下面讲第三个问题。

三 意象造型的活的艺术

这个问题对中国画来讲，和西画的区别是比较大的。中国画它不求状物，求的是写心，不是我把那个物体搬来，怎么把它画像，而是把精神写出来。

具象表现应该说在中国画中是低档的，但是你故意把它画丑，故意画得不像那也不行。中国人在意象表现方面远远超过西方人。

有些家长带着孩子，让我看看孩子能不能画画？我首先第一条问他，他的文化课怎么样？学习怎么样？艺术创作跟这些的关联是很紧密的，特别是中文和文学。文学功底好的人画的画，他在学习的速率上，还有在画的品位上自然就高，文学是艺术之母。画的背后是什么？是哲学。中国画家的背后是什么呢？支撑你的是什么呢？同样是哲学，这个哲学和西方哲学是两个概念，是中国的哲学，就是儒释道，儒家思想渗透到中国画里之后，讲究的是什么呢？是道德品质，"成教化，助人伦"就渗透进来了，中国画还有这个功能。为什么戏曲演员，唱戏的人作恶的、吸毒的、同性恋相对少？唱流行歌曲的人为什么坏事干得较多，为什么？因为戏曲这些人和画中国画的人，每天所受到的是正面教育，所从事的事业都是教人怎么学好，任何一个戏曲不是看完之后教你怎么去偷东西，怎么杀人放火来得快，什么公安局破案找不着我，没有那样的事儿，都是教你学好，不管是《丁香孝母》、《铡美案》等，都是最后做坏事的人被处理了，凡是人没处理的天处理了。实在不好办，弄个鬼神，从而把坏人处理了，反正就想办法肯定把作恶的人收拾掉，钟馗也是神话的东西，没有办法，就是用唯物的东西解决不了，那就从阴曹地府中拿个东西出来收拾你。咱们看到有出戏叫《探阴山》，可能大家对戏曲了解不是太多，《探阴山》就实在不好办了，包公到阎君那儿去，查档案去，做档案的小鬼搞了假，应该 A 死，结果他把 B 的名写上了，就这意思吧，最后还是把那个作恶的人，包括把小鬼处理了，当然处理上的轻重也不是一样的。

中国画也是一样，中国画家讲究修养，讲究德行，这一点和西方画不一样。这一点中西方的文化差异是很大的，中国人讲德。比如说一看你的画觉得这个画可以，但是人不行，连带着画也就完了。所以，中国画家做人的修养，就是把儒家思想渗透进来，老庄是和中国画有着直接学理关系，比如黑白。黑、白是相对的，另外中国画既黑当白，既白当黑。

佛家有一句话叫"宿慧"，就是天分，就是说人天资聪颖，天分怎么样。学画的人是这样，古人讲七分人事三分天，人事是什么呢？用功，就是人能做到的事儿，人事儿，七分人事三分天。我认为应该反过来说，七分天赋。

中国画，包括西画，包括书法，有的人写一辈子书法，画一辈子画，当看到作品时心里感到很酸楚，一生苦苦地追求，每天都在研究，每天精力全用在这个画上，然而出不来，因为什么？是不是天分不太够。黄胄30岁左右成为名家，靠的是什么？他天分很高，同时画家的年龄很重要，我们属于漫谈式的，画家谁活的时间长，活到老，如果齐白石70岁以前死了啥事儿也没有，包括还有很多人。因为时间长了，他的名气反而小了，黄胄就是其中之一，他是70多岁去世的，成名时才30多岁。我小时候学画的时候就学黄胄画的鱼，临摹黄胄画的马，但是由于他出名早，后来他心就不在这地方了，什么构思筹集资金呀、建画院呀。后面那段时间越长他的名气反而越小了，为什么呢？重复，你最高峰的时候已经过了，所以画家最高峰的时候不是说你越老越好，有的人是，有的事儿是，中国画家有这问题，中医有这问题。这和西方西画有天壤之别。西医要80岁拿手术刀你敢让他碰吗？缝不上怎么办？中医可以，那就凭什么呢？经验、感觉，笔墨到最后就是凭感觉了，不是沾多少水，用多少墨的问题了，而是凭感觉去写了。

四　笔墨的艺术

中国画这个笔墨不是指材料说的，不应该是材料的概念，而是中国画水平评判的重要标准之一，说你画好、坏，笔墨怎么样。笔是什么呢？就是线条，墨简单说就是面。为什么说书画同源？线条是什么？线条质量如何，就看你书法质量怎么样呗。墨分五色，焦、浓、重、轻、淡；分六彩，浓、淡、干、湿、虚、实，精髓、评判标准就在这儿了，所以笔墨是中国画里的核心东西。吴冠中先生说笔墨等于零，遭来大家的非议。没有笔墨就没有中国画。这个笔墨的概念，我们将来，乃至于每个人的掌握的程度，你的眼睛高低就在这儿了。造型如何先不说它，可是笔墨好，同样是艺术。齐白石画的虾和真虾一样吗？根本就不一样，虾钳他都加大了，眼睛往外画，真正虾眼睛出来那么长吗？一碰就掉了，不可能。但是后面的人画虾是否超过不了他？我刚才说了，黄胄也画马，徐悲鸿也画马，我们现在很多画家也画马，什么《八骏图》、《九骏图》，还有成群画马的。徐悲鸿这个马它好在哪里？平常一些人也画马，你要单从结构上、形体上、笔墨上有超过他的。徐悲鸿的马有一种古君子之风的感觉，这个比不了，有的画家的马只是个动物，干活的、拉车的，有些人画的马你只能叫马，叫不出别的，什么都没有，关键是没有文化含量，区别就在这里。

那么笔墨把它神秘化，这就是一个概念，我们将来再看的时候，应该着眼看他这个用笔、线条有没有金石味道，金石是什么呢？就是引入了篆刻因素。墨呢，要沉稳，不能脏。我们学中国画的，一生所奋斗的，所遵循的，苦苦地去磨炼的就是笔墨。另外，一个画家到老年之后，年轻的时候他有严格造型的概念，眼力、腕力尚可以，可以把握住造型，到老年之后形的概念就把握不了了，那就靠笔墨，笔墨好照样艺术长青。所以，画家如果没有基本功，如果笔墨没有上来，老年之后也就难以前行。所以，为什么强调笔墨？因为，我认为中国画的精髓就是笔墨的精髓，这个墨很好看，它没有什么形，一看就很好，反之形画得很准确，线跟钢笔画，铅笔画的线一样也没用。中国画到一定程度之后是没法教的，你有多高修养，有多深的学识就走到哪儿。创作也没法教，如果你的学生创作都是你教出来的，拿出来跟你一样，跟你一样那还有什么意思？艺术怕什么呢？重复，如果都一样，丰碑就有一个，下面都是基石，无数个基石托起一个人来，你永远是没有出息。

　　艺术家如何提高全方位发展呢？戏剧、舞蹈、诗歌、武术、气功，从这里边寻找，从西画里边寻找。从西画寻找不是说把西方的画搬过来。画的评判还有一个标准，"性相近，习相远"，都是画、艺术，然而它们在表现形式上，在艺术语言上差距很大，应该这样，如果都像中国画、都像西画，全世界都画一种画那也是麻烦事儿。不能用中国画的材料追求西画形式，它表现光你也表现光，它表现颜色你也表现颜色，那怎么画？一会儿有两张画我们看看这里面的道理。

《牧云的男人》

　　（《牧云的男人》）颜色应该是很亮的，后面都是一些绿色。这张画是表现当代军人的，《牧云的男人》，这题目是这样考虑的，借喻手法。我认为挺好的，我画这张画之后有人写一本书，跟这个题目一样。

　　颜色说不出来，看这儿也行，这张脸我就有意识地遵循点西画，素描有意识地加入进来，但是我还不是完全表现什么光影。帽子处理上，这些

《牧云的男人》

白的来突出这个脸,这块是白的,这是红线,海军衫,这是抽烟,其实都不应该这么画,飞行员不让抽烟的。这张脸,形象上他俩差距很大。

过去由于中国对外交流很少,封闭了,所以中国画都是自我完善。后来西方的炮舰进入中国,刺激了中国画向前走。徐悲鸿是往外走的,出去之后带回了西方绘画理念,把素描和造型完全引入中国画里,所以说功不可没,在近代里功劳最大的就是他。他是教育家,为中国画发展引路。我们后来中国人画人物,包括现在所有的人,画人物的都是他这个道路,就是徐蒋,中央美术学院也是中国美术学院等,所有的体系都是徐蒋的体系,包括我们现在考学的时候素描、素写、颜色都是他们那条道路,现在也没有改变。尽管有些不完善,但还没有谁拿出新套路、新方法来教学生。我们上学第一课学习的是辩证法,就是辩证地黑,辩证地白,讲辩证法大家都懂,然后是讲徐悲鸿这些东西,完全是他的套路。一会儿我们再细致地介绍这些人。

这张作品中国美术馆收藏了三年,我今年又借出来展览,我去新疆若干次,对新疆很熟悉,画面很简单,《闲聊时刻》,理发室是窗口,所以人们说理发的人你不要惹他,得罪他很麻烦,他谁的脑袋都敢摸,谁的头都敢动,逮谁埋汰谁,那不好办了。一天来50个人,就对付你一个人那

《闲聊时刻》

你不就坏了吗？所以这个窗口很厉害。我在那儿观察，就在那儿听，这个人说维语我听不太懂，肯定说的是对别人不太有利的话，挑拨的话好像是，这个老太太就有点不太爱听，就躲了，在后面，你看眼睛。这边有个小美女在这儿笑，他们俩在讲。这个人边吃东西，吃什么我不知道，一块一块往嘴里扔，边吃东西他俩边讲。这个人给他理发边理发边乐，这边一排全是，理发的，修鞋的，起码有几十个，就这么个场面，《闲聊时刻》，事实上我要的是窗口的感觉，就是生活中"三个女人一台戏"，创造这个效果。这个人肯定是没有参与的，这两个是主要的，进攻手是她，谣言，这个人，胖乎乎的。这张画拿过奖，反响也比较大，画不是太大。

下面是这张脸，这里还有个媒婆痣。

这手，手也不好画，刮脸的，然后眼睛、眼神，肯定害怕把脸刮破了，眼神往这边看，这边可能还有东西，这个画面的外延就大了。如果他闭眼睛，那很好画，一条线，我有意识地给他眼神往这面画。说明画面外面东西很多，很多很多东西，这个头，新疆人的特点，鼻子、前额，手也要画得很巧，有些地方我处理得很简单，实的、虚的感觉，其实它前面都有图案的，但是没法画。因为中国画是减笔。

《当震撼撕裂大地的时候》，此作品在构图上，我下了一些功夫，因

为反映抗震的画很多，多数是抱个小孩或者救个什么人这些事儿，我有意识地给它处理成雕塑感，像一座丰碑一样。最开始的题目叫什么呢？叫《迷彩服出现在群众最需要的时候》，后来我想没这个好《当震撼撕裂大地的时候》。大家看这条线，这个人头的条线走向是"之"字形往上上去，用"之"字线往上上，然后竖条是这样一条线，这个胳膊举一个输液的瓶子，其实瓶子没那么大，原来在这儿，我后来给它加了一块儿，感觉小，像炮弹似的，给它加大一下，这样的话，他抬一个人，这个是头，正在输液，用这条线、这条线和这条线，完了这里面竖线上来，轮廓线这么下来的，是很稳定的三角形。这些地方是透气的地方，都堵黑就不像样子了。这是小孩的脸，抱两个孩子，这个人的军衔在这儿。这个地方处理得很亮，老太太画得很重。艺术都是相通的，就是生活中的东西，对你画面有用处的都可以拿来。

  局部这张脸，这还是在挣扎中，求生欲望很浓，这头发处理的既是白发又是从灰土里扒出来的感觉，你还不能一根根地画，梳得干干净净的就不是受难之后了。所以，这种蓬松感要有，再说眼神，她毕竟有自己的年龄段，眼睛需要处理，嘴里肯定没牙，下巴都缩上来了。这个人这张脸我没有画线，都用面，都这么画的，就用螺旋的画法，这张画也拿了奖。

  这个都有原型的小孩，这个腿都砸坏了，这全是小鞋，绣的花，这感觉，这脸。所以，中国画就是，它要笔墨效果。这也是抬人的。

  这张画我说一下构图问题，这是我们到新疆画的。实际上我的设计是个门，这个小孩上不了学了，辍学了，光脚，她在门槛儿这儿蹲着，卖的是瓷器，陶罐，就是她们家烧的陶，门也是破损的门。因为上不起学，她

渴望得到什么？我主要想说这个问题，就是侧面反映了失学这些孩子，贫困地方上不起学的情况，还不能把它说得太白。你看这张脸，一种少数民族的感觉，头上系着是花头巾。

《路旁》

《路旁》

　　这个孩子的眼神,你看我这边处理得很亮,这边弱处理了一下,如果都很亮,虚实就没有了。所以,中国画的虚实是相当重要的,一定要有虚有实，包括线的感觉。

五　综合性的艺术

　　为什么中国画是综合性的艺术呢？前面已经提到了，综合性的艺术就不单单是画，还有什么呢？诗书画印全在里边了，这在以前是没有的，任何一个艺术门类里都是没有的，只有中国画有。大家想一想，既然诗书画印都全了，哪样弱也不行。说抄别人诗往上写，那跟你没有关系。你要会写诗，书法也要会，画就更不用说了。然后是印，制印可是学问很深的。齐白石就说他的画是排在第四位，印章是第一位，诗是第二位，书法是第三位，画是第四位。你想想，他多么重视其他修养。

　　今天，我们讲如何欣赏中国画？我想强调一下：

　　1. 笔墨关系，反复强调说明它在中国画美学方面是多么重要。

　　2. 看作品的诗书画印是不是都过关了。有的时候这张画不可能全部都呈现出来，比如有画、有字，不是每张画都要题诗的。你看画面暴露出的因素是不是到了位了、到不到火候即可评判了。

　　3. 章法、构图。构图不是太合理，或者看这个构图，感觉很不舒服。说明它一定存在着构图不合理的方面，或者说章法是否太陈旧、丝毫没有新意，即老套路。

　　4. 作品展现出来的文脉如何？为了说明这方面的知识，我们可以简单介绍一下几位大家应该熟悉的艺术家，吴昌硕、齐白石、徐悲鸿、李可染、张大千、吴冠中等。如果全面介绍时间不够用，大家想知道哪位，想知道他什么？比如我给他在中国美术史上如何定位，根据是什么？为什么他的画是天价？为什么后来人遵循他的艺术道路，影响着一百年，跨世纪，因为什么？自然是有原因的。比如说齐白石，我还说他，就那么几条线，大家就学不完，后学怎么都撵不上他，他生来就是画画的，一会儿我细讲他一些情况。简单来说，红花、绿叶，齐白石先生创造红花用墨画叶，黑色的，别人敢试验吗？古人没有，他能把绿叶画成黑颜色的，后来人们什么颜色的叶都敢画了，但源头不是后来者，原创是齐白石，你能说这个人在美术史上不重要吗？

　　徐悲鸿。在徐悲鸿没有留法回来之前，可以讲中国画在人物造型上不科学，什么比例、骨骼，各种关系都没有。慈禧太后让郎世宁给她画张像，她就很气愤，说为什么给我画一个阴阳脸，一半黑一半白，我们说，受光肯定是亮的，背光肯定是黑颜色或者是重颜色呗，他为什么画成阴阳脸？我这个脸本来都是什么什么样，那没法画，如果画都一个颜色，白纸是平的，立体那就得靠阴阳，这就是不懂。徐悲鸿在百年前把这个西方的造型元素植入中国画，这贡献很大，后来一脉相承，中国画人物创作基本都走这条路。

还要介绍一些人，我们这样看行不行，归纳出来。再重提一下题目的问题。中国画的意象，可不是胡编乱造的，说心花怒放，浪漫的东西，我想怎么画就怎么画，那不是，它还是生活中来的，这点与其他艺术门类，如戏剧、电影是相一致的。传统戏《白蛇传》内容肯定是编造出来的，《白蛇传》里边所有的情节和表演的情况，程式和中国画也是很有可比性，白蛇是白，为什么他选择全白？小青是那种颜色，许仙是这样的颜色，这三种颜色。其实你细看就是灰、白、黑。还有脸谱，髯口是黑的、白的、花的，它都是呼应着一些东西，鞋底儿，厚底靴子下面是白的，上面有一条是黑的，我们一说这个大家都能想象得到，看戏的时候，注意到靴底很厚，厚底靴那一圈黑就呼应着你这个脸那块黑。我们中国人简单说阴阳。为什么皮鞋黑的多，当然现在什么颜色都有了，头发不是白的染成白的，不是红的染成红的，所以鞋颜色也变了。原来中国人黑发多，黑头发的人，黑眼睛的人，黑皮鞋，呼应一下，对不对？所以说西方人就用红皮鞋和白皮鞋，道理很简单。这样大家就知道了，服装、文化还有传统它们之间联系多么紧密。再比如大桥、建筑设计等。

有一次我到沈阳去，一下了火车，我发现怎么这么多人来欢迎我呢？扭秧歌的、打鼓的、敲锣的，我说不至于吧，干嘛这是？欢迎队伍排成排站着，后来我走到桥下一看，不是那么回事儿，都是晨练的，没人来接我，谁也不看我，因为和我没关系。我就在那等车，驻足看一会儿。我发现一个问题，这些人看上去是欢声笑语的，还有一些小丑在后面耍着，多是年老的。但是其实不是，里面也有一些青壮年，腰粗腿膀的人也有，甚至有些小伙子也参与到队伍中。那已经是上午九、十点钟，不是早晨的时间了，为什么还在这扭动不回家或上班去呢？从他们的眼神中，从他们的心里可以看出，虽然锣鼓喧天，但他们并不快乐，为什么呢？改革开放之后，老工业城市下岗人很多。老头老太太没工作，赶回家去了，青壮年怎么回事？下岗了基本就是废人，所以说他怎么能欢乐得起来？回到北京我就画一张画，就是扭大秧歌的，里面有老有少，然而我把这些深邃的内涵也都给加进来，就是有一个中心任务，有几个青年人扭秧歌，然而从他的脸、心绪上看，一是沉沦，二是失落，都画出来。当年我画过一张漫画，就是那段时间到处都是副处，我到办公室报到，说这是我们副处级演员，我看怎么全是官儿啊。我疑问副处怎么这么多呢？后来我想用漫画形式表现出来，画一个人在前面背着手走路，肚子很大，在那儿腆着肚子走路，戴个帽子，前面头发也不太多，画这么个人，后面有个人举着牌子，就跟大运会举牌子感觉一样，牌子上写着"相当于副处"，许多报刊都发表了。

我为什么说这些问题呢？就是你的创作题材是很重要的，必须从生活中来，我刚才有个问题没说清楚，要解释一下，不是说中国画画得像不像都没有关系了，意象嘛，我想怎么画怎么画，那就错了，它也是生活的馈赠，必须有生活的积累。咱们有一幅千古画作《韩熙载夜宴图》，可以说是在中国有记载的第一幅写实的带有记录性的作品，韩熙载夜生活的几个环节，每个细节都被画下来，宫中画的，完了之后给朝廷去看，当权者发现韩熙载确实和政治远离了，不要管他了，就是要这个效果，就说这个事儿，简单说吧，那都是现实的生活反映。

大家去过山西永乐宫吧。永乐宫里面的画相传是马小七画的，我去过很多次，从运城下来走一段时间，原来可以用灯光照，现在都不让了。我们去都不能说是鲁美的学生，说是鲁美的学生根本不让进，因为当时学生去临摹的时候就把纸张摁在画上，摁不住，就拿钉子往上钉，把那墙扎得都是窟窿，有的扎在眼睛上，有的扎在头上，反正到处都是，所以把当地人气坏了。

中国画，山水、花鸟、人物。分写意、工笔。写意画的内涵是什么呢？精神，靠你的精神去画，工笔画是什么呢？技术当然也离不开精神。为什么外国人买中国的写意画便宜，一看太简单了。工笔画这么费时间，这个得多长时间啊！一根头发一根头发画，但是我们回过头来讲，中国画真正的精髓是写意性的，是意象，最难的也是写意。这两年全国美展写意画越来越少，为什么？它比较难，要有扎实的笔墨功夫，几笔就能画出一个效果，同时它要你的学养、心智都很高，那些谨小慎微的人，走路不敢往前迈步的人，左顾右盼的人都不可能画出豪放的东西。这个和人生观、价值取向是紧密联系在一起的。

提问者：老师您好！想请教一下您刚才说徐悲鸿引进西画的理念，他对中国美术即中国人物画发展起到什么样的影响？谢谢！

邹立颖：徐悲鸿的影响在一定程度上超过齐白石，如果论全部绘画界（包括油画、素描等）以及艺术教育，徐悲鸿的影响肯定超过齐白石。日本学者则称徐悲鸿是"现代绘画之父"、"现代中国绘画之祖"、"中国现代美术的曙光"。老实说，把徐悲鸿放在现代绘画的第一人，没有问题。但考虑到齐白石的中国画成就更高一些，而且没有反对者，也没有产生负面影响，还是把齐白石放在第一。但齐白石比起徐悲鸿，不会画油画，不会画素描，这就少了半壁江山。徐悲鸿又是中国美术家的组织者和领袖人物。齐白石虽也任过全国美协主席，只是挂名而已。徐悲鸿在美术教育上影响全国，齐白石又少了半壁江山。

画家能家喻户晓的，现代只有数人而已，其一是徐悲鸿，其二是齐白石。徐悲鸿画马，齐白石画虾，几乎是无人不晓。最近在广州市民中调查，知名度最高的画家仍是这两位，徐、齐之外，知名度最高的方能数到张大千，但张大千的知名度还仅限于文化界，在文化界外知名度仍很小，远远不及徐、齐。调查一下大学生、博士、硕士、作家、学者和其他文化人，大家都不知道黄宾虹等人，而大多数知道齐白石，其次是张大千。当然，知名度不是我们讨论的最关键问题。

学画画的人从素描开始，从速写开始，学校招生仍考素描、速写、色彩，都是受徐的影响，而不是齐白石、黄宾虹的影响，仅这一条就不得了，可以说50年代之后学画的人，受徐悲鸿影响者非常多，至少在学画阶段如此。再说50年代至70年代，人物画为主的时代，画家或多或少都曾受到徐悲鸿的影响，这是无法否认的事实。徐的影响，大家承认了。他的艺术成就，恐怕就很少有人承认了。但是，徐悲鸿的艺术成就也是十分杰出的。

若仅就笔墨韵味而论，齐白石、黄宾虹更高一些。但徐悲鸿画马、画狮、画猫等动物，开创大写意一派。古人画马都是用细细线条勾勒，然后一层一层染色墨。徐悲鸿创大写意画马别具一格，前无古人，之后大写意画马者，也鲜有不受他的影响的。

他提出"素描是一切造型艺术的基础"，在艺术上产生很大的影响。中国画史上，人物画出现最新最不同于传统的人物是从徐悲鸿的"素描论"开始的。我始终酷爱传统，更欣赏画中意趣，但也不能不承认，徐悲鸿创造的风格在画史上非常突出。之后，他的人物画曾一度风行全国，人物画家多受他的影响，蒋兆和的成功也是得到他的支持。70年代，人物画基本都是徐蒋素描式。李可染的山水乃当代山水画高峰，其实也是用笔墨画素描，也是受徐悲鸿"素描论"的影响。

再说书法，有人说徐悲鸿的书法高于他的绘画。当然，两者不可并论。说起来奇怪，徐画处处讲新意，徐书处处有古意。他的书法早年在康有为的指导下，习魏碑，后习汉隶及大小篆，及至甲骨文、六朝碑刻，无所不习，最后形成了他个人风格。其魄力之雄强、气象之浑穆、笔法之超逸、气势之磅礴、结构之自然、精神之飞动，无人能过。时下全国的著名书法家，能与他比肩的绝无。就在当时来讲，黄宾虹的功力更深，内涵更多，但魄力、气势不及；齐白石的自然、精神更足，但雄强、浑穆不及。我不是说徐书法超过黄、齐，而是说黄、齐、徐三家各有特色，并为第一流。即使把专门的书法家都搬出来，除了于右任，又有谁能超过徐悲鸿呢？徐悲鸿是大书法家，这问题常被忽视。但除开不懂书法的人之外，对徐悲鸿的书法成就没有不承认的。

诗文。画家能写点诗的很多，黄宾虹能写诗，但不能算诗人。他几乎没有好诗流传，甚至没有好诗可读。傅抱石、李可染都不能诗。大画家而能称诗人者，齐白石、徐悲鸿等数人而已。徐悲鸿的诗，试举《题墨猪》："少小也曾锥刺股，不徒白手走江湖。乞灵无着张皇甚，沐浴熏香画墨猪。"徐悲鸿心有所感，能出口成章。他见到画家，可以当场写诗相赠，如《赠谢稚柳·玉岑》："玉岑稚柳难兄弟，书画一门未易才。最是伤心回不寿，大郎竟折玉兰摧。"《赠赵少昂》："画派天南有继人，少昂花鸟实通神。秋风塞上老骑客，灿烂春光艳羡深。"《赠齐白石》（四首录一）："烽烟满地动干戈，飘渺湘灵意若何。最是系情回首望，秋风裊裊洞庭波。"虽是应酬之作，但诗味颇浓。当时画家能如此者，十分鲜见。但徐悲鸿在贯彻他的"写实论"、"素描论"时，也确实忽视了另一面，否则，他的影响就应列为第一了。

提问者：请您讲一讲齐白石先生吧。

邹立颖：把齐白石列为20世纪在中国画方面最有影响的画家之首，除了无知的人之外，恐怕都会承认的。在20世纪，没有任何画家的影响能超过齐白石。而且，自明末清初的石涛、八大山人等画家之后，在传统基础上变化，成就最高、面貌最新、影响最大的画家也当首推齐白石，至今无人能和他相比。

那么，吴昌硕能不能和齐白石相比呢？记得我学生时代听说过当时有人传言："吴老缶一日不死，齐木匠不敢南下而卖画。"当然，吴昌硕活着时，齐白石的成就确实赶不上他，而且齐白石也受过吴昌硕的影响，但齐白石的成就最终超过了吴昌硕。齐白石的影响更大大超过了吴昌硕。齐白石可谓家喻户晓，鲜有不知者，而吴昌硕的知名度，只限在美术界的圈子内。吴昌硕的画，大气磅礴、雄健浑厚，但浊气太重；在清新、淡雅、宁静、致远等方面都不如齐白石。吴画中不仅火气尚存，而且俗气也没有完全泯灭，至于齐白石画中所表现的天真和童趣，他更是没有的。如果承认绘画有供人玩赏的一面，齐白石的画才"好玩"。

吴昌硕写诗的基本功也许超过齐白石，但诗的成就并没有超过齐白石。吴诗中浊气也太重，形象模糊，且有老气和旧气，不如齐诗清新天真，形象真切，且有新鲜感。吴昌硕《桃花图诗》："秾艳灼灼云锦鲜，红霞裹住玻黎天。不须更乞胡麻饭，饱食桃花便得仙。"题《顽石图》："石头顽如此，闻道谪疏星。落落丈人行，离离秋海萍。"题《牡丹水仙图》："红时栏外春风拂，香处毫端水佩横。富贵神仙浑不羡，自高唯有石先生。"题《双桃》："琼玉山桃大如斗，仙人摘之以酿酒。一食可得千万寿，朱颜长如十八九。"

1985 年以后，理论界提出"新文人画"的概念。齐白石时期还没有"新文人画"的说法。如果说有新文人画的话，齐白石的画才是真正的新文人画。

下面我们正式地谈谈齐白石的新文人画问题。现在我们常提到的所谓新文人画，其中大部分只能称为小情调画、小趣味画，和文学界的梁实秋、周作人等小男人风格的文章相类，当然其中一部分人也具有"女郎才"，然皆乏于丈夫气。如果有新文人画的话，首先要画家是新文人，现在，我们见到的还不多。

齐白石确是新文人，当时的文人很多，大概可以分为三种：一种是传统文人，读传统诗书，具有旧式士大夫的情结；一种是具有时代先进思想的文人。尤其是出洋和学习洋思想的文人，他们以天下为己任，要移风易俗，改造中国。反动文人、汉奸文人则是他们的对立面。齐白石显然不属于以上两种文人，他出身贫苦，少年辍学，放过牛，当过木匠，是地道的农民。但他却有文人的灵性，他二十七岁时拜当地的旧文人（传统文人）

为师，学习诗文，学习绘画、书法。他的诗云："村书无角宿缘迟，廿七年华始有师。灯盏无油何害事，自烧松火读唐诗。"由于他的刻苦，更由于他的颖悟，他自己也变成文人，但他却没有旧式士大夫的情结，他一直保持着农民的本色、农民的情愫。旧式士大夫是看不起农民和百工之人的，更不愿与之为伍，而齐白石始终称自己是木工、木人，直到晚年，他还说："余少贫苦……朝为木工，夜则以松火读书。"他的印章有："木匠之门"、"鲁班门下"、"木人"。他画的题材也和旧文人画大不相同，劳动者所用的钉耙、镢头、竹筐、柴笆、瓦罐，等等，都屡屡在他的笔下出现。齐白石之前，还很少见到这样的文人，老农民的本色，大文人的学识，所以我称他为新文人。他的画从题材、画法到思想情趣也都和旧文人不同，所以，齐白石的画才是新文人画。

很多人都说："齐白石的画是吸收民间画而成功的。"这完全是不负责任的乱说。大画家吸收民间画是常事，文人画家也吸收民间画，民间画的特点是质朴、生拙，齐白石的画中不能说没有民间画的成分，但吸收民间画恰恰不是他的主要方面。他的画是从徐渭、八大山人、石涛、扬州八怪、吴昌硕这一路来的，不但从他的画中可以看出来，而且他的"夫子自道"也证明了这一点。他的《题画诗》云："青藤雪个远凡胎，缶老衰年别有才。我欲九原为走狗，三家门下转轮来。"至于他学金冬心、郑板桥更是众所周知。他也学过民间画，如画肖像等。在他的后期作品中不但很少吸收，而且是尽可能地舍弃排斥。他只从民间取得题材，但不是民间画。民间画不论是题材抑或是笔墨，皆和齐画不同。齐白石画中表现出的是天真、童心、自然、真切。而他的人越老越天真，越老越有童心，天真和童心足以去除浊气和俗气，乃是他绘画不同凡俗的主要因素。学他画的人虽能学其形式，但因无其天真和童心，就很难画出其精神。当然，齐白石的天才颖悟，更是人所不能及。他年轻时，其师陈少藩就说他："你的天分，真了不起。"王仲言在《白石诗草·跋》中也说："天才颖悟，不学而能。"

当时和齐白石齐名的黄宾虹，乃是山水画中的最大宗师。黄能诗，但诗才远不及齐，黄题画严肃有余，天真清雅不及。黄书法功力深厚，正宗严整，超过齐，但齐书法更精神抖擞，显见别才和天才。黄年少时即得到很好的教育，读书多，临古画多，功力皆很深厚。齐少时当木工，然齐后来有如此高的成就，益见其天才颖悟，常人难及。毕加索学习中国画，唯把齐白石的画临摹了二十册，岂偶然哉。

提问者：我们想您请介绍一下张大千。

邹立颖：讨论画家的"天赋"和后天个人"用功"问题，到底是天赋重要，还是用功重要。因为张大千不但画图画儿，还写了一篇《画说》，在《画说》的开始，张大千便说："有人以为画画是很艰难的，又说要生来有绘画的天才我觉得不以为然。我以为只要自己有兴趣，找到一条正路，又肯用功，自然而然就会成功的。从前的人说，三分人事七分天，这句话我却极端反对。我以为应该反过来说，七分人事三分天才对，就是说任你天分如何好，不用功是不行的。"张大千认为用功（即"人事"）是最重要的，天赋是居其次的。到底是天赋重要，还是用功重要，这是要必须弄清楚的大问题。在研究这一问题之前，我们还要对张大千和他的画作一评价，因为这能说明天赋和用功的问题。

对张大千还是要肯定，至少要肯定他一部分。这原因之一是，评论大家和名家，要采取宽大政策，要多肯定，少否定，以显示自己厚道和能容人，这将关系到自己以后的选择。不然老是被人告到法院，日子也不好过；之二，张大千创造了泼彩画，对中国画的发展有一定贡献；之三，张大千早期的画有优有劣，其中精品画亦有可观之处。不过，以前对张大千否定多于肯定，这是大家都知道的。其实，对张大千的评价有几次变化。在他去世之前到去世之后一小段时间，对他并无否定，也无肯定。知道他是一位画界名人而已。

我们能看到张大千的很多并非精品的画，又听到那么多张大千不光彩的一面，所以，我对张大千就没什么好感。尤其是知道张大千破坏敦煌文物，更是气愤。一个热爱自己祖国的人，岂能不热爱祖国的遗产？有人说，张大千并非破坏敦煌文物。但是这些人连敦煌都没去过，凭感情在说话，而不是根据事实说话。敦煌很多地方的壁画被张大千剥离砸坏，著名的藏经洞即第十七窟画有《侍女图》（有的称《树下美人图》），其上张大千题了很多字，最末还题了张大千的姓名。让人们看后十分震惊。他的字无法刮去，一刮就把画面刮坏了。40年代著名学者向达在敦煌莫高窟考察，见到张大千破坏了壁画，也如实记录在他的《西征小记》一文中说：这都是事实。一个有正义感的人，一个对民族文化遗产有责任感的人，面对这些事实，能无所感吗？

人们最恨汉奸，其次恨那些破坏自己祖国文化遗产者。不过，张大千并不是汉奸，当年他落到日本人手中时，非但没有媚俗，还冒着生命危险逃了出来。

张大千的画，我后来陆续看到一些他的精品，也改变了一些看法。他的画看起来没有什么了不起，而且除了造假画外，所谓"创作"，也大多数是临摹松树、山石、人物，等等，东拼西凑，有的明显看出山头出自何处、树石出自何处，不明显的地方实际也是出自临摹。但张大千笔底有一股清气、秀气、静气，百无一人，万无一人。有一点清气，再加秀气和静气就可观。无之，便不可观。这股"气"是练出来的吗？不是，因为很多人练一辈子，画中都没有这股清气。是生来就有的吗？似乎也不是，因为他一开始画画时，这股清气并不十分明显。

主持人吴新秋：我得说一下，朱老师有事先走了，后半截留给了我。我做今天的小结会很困难，画，我们每个人都接触过，美术作品谁家都有，非常熟悉。但我想少数人跟我差不多，平常接触比较多，甚至家里还挂了不少，但这个画真正好在哪儿未必能懂。如果借用前几天常用的词来讲，邹老师在中国画的问题上给了我们很多启示，告诉我们怎样真正地去看中国画，如何欣赏中国画，中国画的特点是什么，怎样才是一幅好画。今天这个课一是邹老师给我们讲，再有我们也非常有幸目睹了一位大画家从开始到完成一幅书画作品的全过程。我非常有幸，等了60年，终于看到了。

我的孩子小的时候，中国刚刚有美术班，我就带他报了一个美术班，他一边画我就在那儿一边跟着学，不管怎么说，看了人家的画，学，但真正的一幅画是怎么创作的，这些笔墨、画法都是怎么回事，没人跟我讲，也不懂，就照猫画虎这么画下来了。那时候也无缘结识大画家，所以我说等了60年，今天终于看到大画家的真容，而且看到了作画的全过程，边画边讲，一幅画是怎么回事。几十年的问题我在今天豁然开朗，相信今天在座的各位老师和我一样。所以，我们再次以热烈的掌声感谢邹老师！

将来我们作为这个专业的老师教我们的学生，学生通过教书将来走出国门到世界各地的时候，就能利用我们这次得到的真传，告诉人家中国画到底是怎么回事，至少我们能说出几点来。再次谢谢邹老师！

中国古代科技（天文）[1]

杜升云

主持人朱小健：今天是我们班的压轴课，非常荣幸地请到了北京师范大学天文系的杜升云教授。杜老师在中国古天文方面的造诣非常深，在许多的学校，包括大家非常熟悉的百家讲坛的讲授非常地受欢迎。除了学术的作品之外，在师大的授课也非常有吸引力，学生非常喜欢。这也和我们中华文化传播有相关的因素。我们感谢杜老师今天能来为我们做讲座。下面的时间就交给杜先生。

杜升云：受朱先生的邀请，来跟大家研修研修天文。一开始，我有一点不安，主要是退休之后已经很少上讲台，多年不讲了，怕耽误大家，不过既然已经答应了就来讲一下。今天研修的内容是天文，我们先从现代天文学是怎么回事开始。先简单地说一下这一点，然后再回到中国古代天文这一块儿。

现代天文学主要是研究宇宙，研究宇宙的结构和演化，从什么地方来，将来会怎么样，这也是天文学研究的内容。然后我们要研究宇宙中各种天体，小到粒子，大到各种各样的天体，这都是我们研究的对象。要研究天体的化学组成，表面的物理状态，它的运动，它的演化，这就是现代天文学所研究的主要内容。

天文学讲的是关于宇宙的科学，它的研究方法就有它的特点。主要的特点就是天文学是一门观测的科学，如果离开观测我们就没有办法研究，如果一种理论经不住观测的考验，那么这种理论就会被淘汰，或者暂时被人搁置一旁，所以天文学从开始都是要靠观测，你说的理论都要受到观测的检验，而所有形成理论的东西都是在观测的基础上得到的，所以，天文

---

[1] 原载《中华文化精华文库——天文历数》。

学跟其他学科有一点不一样就是它是观测的学科。数、理、化、生、天、地六大基础性学科，天文算一个，还是很重要的学科。

简单说一下现在的天文学取得了哪些我们知道的成果呢？当然这样讲起来的话就太多了，一个上午讲不完。我不是来讲现代天文的，但是我们拣其要点来说两个。

第一关于宇宙的认识。人类最初对太阳系的认识，或者说我们首先认识地月系。地球、月亮是一个天体系统，月亮绕着地球来转动，围绕着哪一点来转动？地球和月亮都是围绕着地球和月亮公共的质量中心，围绕着那一点动，就是在转动，并不是说地球不动，月亮围着地球转。以后又发现水星、火星、土星、木星、金星，包括天王星、海王星也都是围绕太阳旋转的行星，再加上在太阳系里面有很多像矮行星、小行星、流星体、彗星以及行星际空间的物质，这些构成了一个庞大的天体系统——太阳系。我们说庞大是就我们地球而言，因为太阳的光射到地球上需要8分钟的时间，大家知道光每秒30万公里，8分钟算出来就知道地球离太阳相当遥远，但是地球毕竟还是靠近太阳比较近的星球，要是再往外走，像木星、土星、天王星、海王星就更远了，所以太阳系还是很庞大的。

如果把太阳和地球之间的距离叫作一个天文单位，在几十个天文单位这个距离上还有一些成群的彗星在那个地方，有时候受到某种摄动，彗星会飞离它所在的群体而飞到地球附近来，这个时候我们就会看到彗星。后来我们又认识到，其实比太阳系更大的集团叫作银河系，太阳只是银河系一千多亿颗恒星中间的一个最普通最普通的恒星，个儿也不算大，质量也不算大，年纪也不算大，算是中年的。

我们怎么认识银河系，过去在秋天可以很清楚地在天空看到银河，现在由于城市夜晚的灯光太强了，夜里污染太重，我们已经很难欣赏到那条美丽的银河了。

我随便给大家画一下示意图，银河相当于"铁饼"的形状，太阳既不靠近银河系的中心，也不在银河系的边缘，但在靠近银道的地方（相当于铁饼中间横切内），所以就有一个结果，当我们从地球向银道面外看的时候，上下两个方向星比较少，所以我们可以看到其他的恒星和星系。如果朝银道面方向看，受密集恒星遮挡就很难看到银河系以外的天体了。我们之所以能看到白色的银带，就是因为在这个地方看恒星非常密集，这个就是我们所看到的银河，正是因为这样的视觉效果，后来我们发现这个天体的系统更加庞大，太阳在其中只是一颗非常普通的恒星。后来发现，我们的银河系也不算特别大，只是算一个大一点的，但是不算特别大的，这样的星系还有千千万万，只不过沿着银道的这个方向看，它们因被遮挡而看不到，只能看到上下两个方向，我们可以看到在这个宇宙中还存在很多的星系。

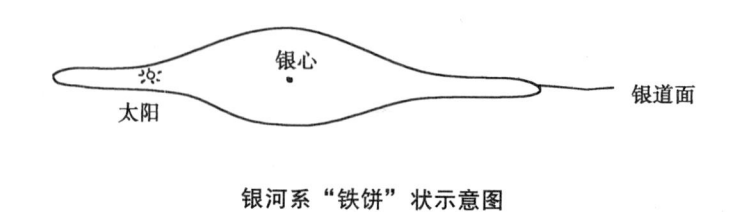

银河系"铁饼"状示意图

　　现在天文学取得的一项非常重要的成果是什么？在20世纪三四十年代，美国天文学家哈勃发现所有距离我们遥远的星系都在运动，而且运动的速度非常快。你怎么知道它的运动？打一个比方，我们坐在火车上，当两列火车相互错位的时候，我们听到声音开始变得尖锐，然后振动越来越大，呜一声就过去了。这个声波随着物体的运动，它的波长会改变，同样道理，所有其他运动中的天体，它的光波的波长也会改变，所以天体的运动我们只要测量天体的光谱的波长，比如这个波长应该是450纳米，但是由于这个天体远离我们，那么它的波长就变长了，就可以到达470纳米，跟我们火车相互错位行驶的道理是一样的，这个就叫作红移，就是向光谱红端的方向走，因为波长越长的话，我们看到的颜色就越加的红，譬如我们看到的日光灯它的波长就比较短一些，像白炽灯这样的一些灯光颜色就比较偏黄一点，说明它的波长要长一些，所以我们从这个光波的变化上发现宇宙在膨胀。

　　最新的研究，要是按照已知的膨胀速度倒退回去的话，大概在137亿年前，它们应该回缩在一个点上，于是就出现了新的关于宇宙的观点，宇宙原来最初是一个奇点，所谓的奇点就是没有时间和空间，就是这么一个点，但是在某一个时间突然爆炸了，叫作大爆炸的理论，以后所有的事包括时间和空间都是在大爆炸以后的事情。如果是这样，大家想一想，我们就要重新认识时间和空间概念，古代哲学认为，"宇之表无极，宙之端无穷"，"宇"就是上下四方，"宙"就是古往今来。也就是说从时间和空间上都是无限的，没有边界。但是现代宇宙学告诉我们，在奇点处时间是零，空间也没有。137亿年以前的爆发，形成了现在的宇宙。大家觉得这个有点悬，但是观测的事实告诉我们确实如此。在宇宙初期，它的温度极高，它爆炸以后，还应该有剩余的温度在里面，这个温度也被测量出来了，就是2.7℃，这些事实证明，确实宇宙现在是这么一个状态，宇宙学研究有这么一个成果。

再看其他的研究成果，举一个例子。我们知道在银河系里面有一千多亿颗恒星，太阳只是其中很普通的一个，是不是在银河系其他恒星周围也有像太阳这样有行星的恒星呢？如果有的话，那就会有很多的类似地球的天体，在上面就可能有高级生命的存在，这样的话它的文明可能比我们地球人还要早。这么想是有依据的，现在我们从观测里面发现很多离我们也不太遥远的恒星周围确实有行星系统存在。这个发现，大家可能这么想，这个望远镜太厉害了，居然能看见这么遥远的行星，它们不发光而且还是很小的星。其实看不到，是这样的：如果一个恒星周围要是有一个行星围着它转的时候，这样就变成一个天体系统，这颗行星我们看不到，刚才讲了它是围绕它自己和中心恒星的公共质量中心在旋转，于是中间这颗恒星就出现来回的摆动，我们就是靠这样的手段来发现其他恒星周围也存在行星系统的，所以这就鼓励我们去寻找在空间存在的高级智慧生命。美国已经进行了很多年的凤凰计划、SETI计划也好，都是向外发射我们地球的无线电波，希望别人能够接收到这种有规律的无线电信号，另外尽量地搜寻从宇宙来的各种无线电波，希望能够找到有高级智慧生命发出的无线电信号。它们的无线电信号应该是经过调试的，应该是有规律的，我们一直在进行这个工作，但是到目前为止还没有找到，就是没有听到回话。

我们讲现代天文学的一些东西，我举了两个例子，现代天文学的成果，它跟文化有什么关系？

像美国，它做的一些大片，《星球大战》、《阿凡达》也好，他们创作的片子很多，像这些东西，就是建立在现代对空间的研究认识基础上，再发挥想象做出来的东西。在这些方面，我们因为研究的比较晚一点，在这些方面比较落后一些，所以我们在文艺的创作涉及这方面的原创东西不是很多，这方面跟我们自己对科学认识的程度有关系，也和它的普及程度有关系。

再举一个例子，1938年5月，我那会儿也就六七个月大，那个时候美国曾经广播过一个广播剧，当时你要用收音机来收听，相当于现在大家回家把电视机打开一般，那是个享受。开始打开收音机的人知道，他说我们下面将有一个广播剧要广播，但是后来打开收音机的并不知道是广播剧，也就不知道是真是假。这个广播剧做得非常逼真，剧情是这样的：很多听众听到了天空在火星方向有一团火焰飞过来的消息，然后就给报社和电台打电话，说怎么回事？于是记者赶快去天文台了解，我们知道美国的大望远镜是挺多的。

望远镜发明于1604年，1609年伽利略就已经把望远镜指向了天体，所以，那个时候他已经发现了木星和其卫星，也看到了月球的环形山等，但是我们中国人自己制造比较大的望远镜的年代在1934年，是在紫金山天文台，那个是我们凭借自己的力量建起来的望远镜。我们一看这个年代，比人家晚了300多年，你就可想而知，我们在天文的探测方面比人家落后多少。因为我刚才讲，天文学是观测的科学，你没有这种利器的话，你对天文的了解就会出现所知甚少的情况。这是我国国情造成的情况。

当时的美国有很好的望远镜，那个时候的记者就说自己已经到了哪个天文台了，就找天文台的专家，来询问一下：你们在望远镜里面看到了什么？这个编剧编得非常紧凑，非常逼真。找到天文学家，就在望远镜旁边，大家可以想一下，当你听到这种广播的时候，那种"忽悠劲儿"有多厉害。那个天文学家也说我们从望远镜发现从火星上有一个飞船飞过来了，而且过了不久，就说飞船已经离我们非常近了，再等一会儿，这个飞船就要降落在美国了，而且从飞船上下来的是火星人，火星人是灰颜色的，穿着钢铁的盔甲。这可怎么办？记者看到部队已经列阵，说要保卫美国。结果一打不得了，这个火星人太厉害了，它嘴里可以喷毒气，而且他们背的东西一打就一片火，就像咱们说的火焰喷射器一样，而且威力特别大。当时美国的部队都没有办法，根本敌不过，于是就感觉到末日来临了。我刚才讲了，有很多人开收音机时间比较晚，不知道是广播剧，以为是真的，所以就开汽车跑出去了，有一些人就死在路上，就因为太恐怖了。可见在天文学发展到一定阶段，就会出现一些文艺创作，广播剧或者影视作品。我们讲现代的天文和文化确实还是有非常密切联系的。

我看过一本书，10年以前美国的作家弗里德·希伦写的，可能有一些人知道这本书，书名叫《挑战上帝》。这本书非常有意思的就是它把现代天文学的发现写得非常具体，什么人发现的，发现了什么写得都很具体。按我们刚才讲的，我们已经发现了一些恒星周围也有一些行星的系统,他写得很具体,在哪发现的,哪一个星座,哪一颗星,这个相当于地球的卫星质量有多大,它都有数据,而且这个数据都是真的,就是现代科学研究的结果。这本书也讲到了刚才我讲到的宇宙生成的那一次大爆炸,但是问题是这本书的结论是什么?结论就是这些东西都是上帝创造的,所以在那里是找不到人的,因为上帝把人造出来,它是来享受宇宙的,那些东西都是为上帝服务的,所以你在这些恒星周围不会找到真正的人类。他也举了一些凤凰计划、SETI计划,说你们为什么这么多年没有收到信号,是因为不可能收到。然后讲宇宙,讲了宇宙怎么研究的,靠什么手段知道的。你要看的话他全部都是在讲现代天文,他的资料是相符的,确实是这样的,但是结论是怎样的?谁让那个原始的奇点爆炸的,那是上帝的手让它爆炸的。现代西方的宗教其实很关注天文学的研究进展,它要把天文学研究的新成果纳入宗教里面,它也与时俱进,原来的上帝没有这个功能,现在上帝的功能更大了,可以让原始火球点燃,让它爆炸,然后形成这样的宇宙了。现代天文学的研究已经把上帝所栖息的地方都给排除掉了,我们从太阳系、银河系,在银河系以外,我们已经探测到了,它们上面是什么物理状态,上面都有一些什么东西,这些我们都清楚了,就没有上帝存在的地方,但是他还是要去表达自己对宗教信仰的观点,非常有意思。

当然佛教也是一样的,有一本叫《阿弥陀经》的,《阿弥陀经》里面讲的佛所在的国度是什么情况呢?就是向西边走,走十万万里就到达一个极乐世界,这个极乐世界全是金银、宝石镶嵌的宫殿,非常非常好的地方。但是现代天文学告诉我们,如果你一直向西走的话,这个地球是球状结构的,你从这儿出发,一直走就回到这里了,其实极乐世界也没有它存在的地方。中国的佛教界并没有人利用现代天文学的进展与时俱进地去描述佛国的情况,或者对创世有什么新的想法。当然我想天文学与文化确实是关系非常密切的。

美国发射的很多空间探测器,它载人去月亮,它叫阿波罗系列,那中国人就叫嫦娥,这就是文化。如果你没有这个文化背景,你给自己的火箭、自己的空间探测器起什么名字,这名字里面就反映了文化。我们要做空间站,叫天宫,就是发射这个系列叫天宫,这里面也是中国的文化。美国一个多礼拜以前又发射了一个木星探测器,叫朱诺号,这也是希腊的一个主神,他们的文化就是把希腊的主神用到这里来,各个民族都考虑自己的文化。

大家搞中国文化传播的时候，也要关注天文学的发展，因为王力先生，在北京大学，也是语言学界的泰斗，他在《中国语言学史》中，主张搞中国语言的人学点天文，然后在他的《古代汉语》里面也讲到很多跟天文有关的东西。我觉得看他的书确实受益匪浅。

举个例子，我们原来看《史记》，比如司马迁说"幽厉之后，周室衰微"，就是周幽王、周厉王死后，这个周室就衰败了，这个时候"诸侯专政"，就是诸侯起来了。最后他有一句话叫"史不记时，君不告朔"，"史不记时"还是比较好理解的，就是那个时候的史官你在记录什么事情的时候，没有什么正确的历日，就是没有历日表，你就不知道这个事件发生在什么时候，如果没有历法这件事情就搞不清楚了。对"君不告朔"，我们搞天文的，就可能把这个理解成在朔日的时候，国君需要举行告朔仪式，但王力先生说：这个"告朔"的意思是当国君的应该颁布历法，就是说你一定要有一个历法。但是到东周初期都没有这样的历法，比较混乱，根据司马迁的《史记》记载，当时许多天文学家分散到了全国各地，到诸侯国去为诸侯编造历法。如果你完全按照字面去理解中国古代的语言是要出错的，我就犯这样的错，王力先生那个时候就做了很多考据，说明"告朔"它是跟历法相关的事情。

我们简单地讲一下现代天文学，大家初步知道了现代天文学研究的对象、研究的方法，知道了天文学是一门观测的科学，所以现代天文学的发展离不开强大的望远镜。虽然我们曾经比较落后一点，但是我们现代的望远镜也做得相当好。比如现在国家天文台在河北兴隆有个望远镜，同时可以拍到四千多颗星的光谱，这个在国际上也还是没有的，是首创。这个望远镜开始大家起名叫拉玛斯特，后来说还是要中国文化，就把它起名为郭守敬，用我们元代的一个伟大天文学家来命名这台望远镜。

我们讲这个事情就是说，其实现代天文学也还是跟文化密切相关，搞天文学的人应该懂得中国的文化，研究中国文化的人也应该关心一下现代天文学的进展。这就是前面一个开场白。大家都是从事中国文化传播教育教学工作的，所以我们还是从中国文化讲起，讲讲中国古代的天文。发给大家手头的这个书可供参考，是我20年前写的一本书，叫《天文历数》这本书当时印的很少，就2000本，现在也找不到。我当时的思想也是想用比较普及的语言来介绍中国古代的天文学，能不能达到目的我也不敢说，因为这个事情太久了。我们下面开始讲中国古代天文学，也从一些具体的例子入手。

第一,"天之历数在尔躬"。

这句话出自《尚书》,司马迁在《史记》里又引用了这句话,讲的是怎样的故事?司马迁在《历书》中说:神农氏以前的事情太久远了,我们现在已经说不清楚了,但是从黄帝开始就制定了星历,按照星的运行制定历法,建立五行。五行在《辞海》里面的解释是中国古代的哲学观念,金、木、水、火、土相生相克。但是在天文学里面,我们从古代的一些记录来看,五行它表述的是不同节气的变化,再加上阴阳就变成十个月了,就是五行加上阴阳就变成有十个月的历法了。所以在天文学里,有些研究者认为五行其实最早的含义应该是跟节气有关系,所以司马迁说从建立五行起,这个历法就比较完善。但是到了少昊氏以后,九黎作乱,当时社会混乱了,于是就没有统一的历法了,历日很乱,所以他讲"神不能够按照时间来享受祭祀,人民也不能按照适合的时间来安排生活与耕作",这是一个很严重的事情。于是到了颛顼的时候,设置了两个天文官,一个叫南正重,一个叫北正黎。南正重司天,就是他管对神的祭祀在什么时间,然后安排祭祀。北正黎司地,就是他主管这个历法要管生产,什么时间该做怎样的农作了,要安排这样的一些事情。所以有了重、黎这两个天文学家主管历法以后,这个历日又有序了,社会又恢复到平静了,生产又得到发展了。

后来又出现了三苗作乱,又出现了九黎作乱之后历日混乱的情况,于是帝尧又立了羲和之官来主管天文历法。关于尧的历法,在《尚书》中有一篇《尧典》,上面说得比较清楚,"历象日月星辰,敬授民时",在东方嵎夷地方,要迎接日出,就是在日出的时候要去举行祭祀的典礼,在西方昧谷的地方要祭祀日落。然后又有四句话非常有意思,参考书上是有的,就是"日中星鸟,以殷仲春;日永星火,以正仲夏;宵中星虚,以殷仲秋;日短星昴,以正仲冬。"这一段,我来讲一下,《尧典》里面这句话是什么意思?就是太阳落山以后,你在正南方天空,看到鸟星恰好中天,即在正南方的时候,这个时候就是白天黑夜相等的春分时节,现在讲是3月21日那天白天晚上是等长的,这时候在南方的天空天黑就已经可以看到鸟星了。夏天就好懂了,如果你在天黑以后,在正南方向看到了"大火"星,这个就是白昼最长的时候,"大火"星即今日之天蝎座,这就是仲夏,夏至。"宵中星虚",又是指白天晚上等长的时候,我们在天黑以后，在南方中天可看到虚星，这个时候就是仲秋，就是现在的秋分季节，白天黑夜又相等了，一般在公历9月23日。"日短星昴，以正仲冬"，白天最短，夜晚最长，冬至到了，这个时候我们在南方的天空看到了昴星。昴星好认，冬天的时候，在南方天空很容易看到一团星，七颗星，眼睛稍微差一点至少也可以看见六颗，叫昴星团。

这几句话非常的重要，重要在什么地方？就是说在尧的时候，已经不是依照司马迁说的什么冰融河开，冬天伏在地下的蛰虫活跃起来了，草生长起来开始长出树叶了，或者说布谷鸟都叫了，这样一些我们叫物候的表述，物候历是看到周围事物的变化来决定时间。物候历是不准确的，因为随着微观的一些气候情况，以及南北的差异，某种物候现象出现的时间上都会有差异。但是现在决定仲春、仲夏、仲秋、仲冬，就是春分、夏至、秋分、冬至，靠的是观测到的天象，所以叫"历象日月星辰"，由于它观测的是天象，而这个天象是非常稳定的，如果你今年这个时候看到"大火"星这颗星正在中天，到明年这个时候再看到它还是在中天，这个时间间隔一定是经过一整年，这样就可以定年长了，这标志着尧的时代已从物候历过渡到了天文历，而天文历是非常准确和稳定的。所以，从大约4500年前起，我们中国实际上已经进入了天文历法的年代。

司马迁这段"天之历数在尔躬"意思是什么呢？尧发现掌握天文历法非常重要，因为人民就可以按时去农作，收成也就有保证了，民以食为天，如果食物不能保证的话，国家就不可能稳定，历法关系统治的稳定，所以在这种情况下，尧在禅位给舜的时候就告诉他，说上天给我们的历法非常重要，你要好好地掌握，而且一定要亲自去掌握。这就是"天之历数在尔躬"的意思，后来舜禅位给大禹的时候，也用同样的话告诉他，你一定要重视上天给予的天文历法，因为这一点对巩固统治来讲太重要了。所以他还有一句话叫历法为"王者所重也"，就是作为一个执政者的话，你不掌握好天文历法是不行的，这个非常重要，这个传统就被继承下来了。我们经过这么多朝代，中国有130多种历法问世，也就是历代皇帝都非常重视这件事情，只要是新皇帝上台，不是改元就是要颁布新的历法，这个是皇权的一种象征，这是中国天文学的特点。

从这件事情上也可以看到，我们这个国家是一个农耕的国度，历法对于生存在这块土地上的人们来讲实在太重要了，我们一代一代的繁衍，如果没有粮食的保证就很困难了，所以天文历法这件事情很重要。我用了

"天之历数在尔躬"这句话来讲中国的历法在中国古代的政治、经济和文化当中的重要地位。

我们有的老师对古文献可能了解得比较多，《尚书》里面的《尧典》这一篇文章很多人研究说它就是一个伪书，伪书就是汉代以后的人假借古人的名义做的书，拿伪书来解释中国古代文化的发展，似乎有点不靠谱，我的想法是我不管是不是伪书，我只看它有没有考古的依据，我们现在发现确实是有考古依据。

我们知道山东大汶口文化，大家都知道大汶口文化，在山东莒县出土了一个东西，一个陶尊，这个陶尊就是一个尖底罐，其实立不起来的，必须有一个座才能立住。这上面有一个文字，很多人是知道这件事情的，知道这个陶文，它的年代就是在大约4500年前。我去过莒县，见到了莒县博物馆的主任，我找到原来出土这个陶尊的地点，我就带着一台经纬仪，就是望远镜，我在那里做了测量。测量以后证明这个图形绝不是偶然的，在这一点向东，有一个山叫"寺崮山"，仲春之时，太阳就是出在这个山顶上，非常的有意思，于是我就写了一篇文章，《尧典》说在东夷"寅宾出日"，在日出的时候要举行宾祭，这个陶尊就是宾祭的一种礼器，它要祭什么？太阳，是说从这个时候开始，就是春分开始了。

我写了文章以后，几个德国和瑞士的考古学家给我写信，说他们也要看看这个地方，大家知道这个考古天文学西方学者比较感兴趣，他们带了一个大的经纬仪来，我陪他们去的，博物馆的几个人问我，咱们以前的测量会不会有什么问题？我说你放心，虽然我使用的仪器非常小，但是刻度是没有问题的。测完了一样，结果是相同的，确实是在这个地方，在尧那个时代我们掌握了利用观测日出的方向来决定季节的天文观测手段，这还不算一个孤例。

在2002年以后，我们又有了新的发现，这个新的发现更有意思了，我们大家知道唐尧，尧的首都在山西临汾附近，在临汾附近的陶寺，考古人员发掘出一个城角，这个城角的外面发掘出来一个4500年前尧都的天文台。这个天文台的地方离城墙有一段距离，有一个观测点，而且这个观测点中间还有一个洞，外面有很多的缝隙。我在黑板上画的图是个示意，从这个中心点，透过这些缝隙观测日出，就会在不同季节有不同的方向，从而可以测定季节时间。遗址断代时间是属于4500年以前的，而且这个地方就是尧的首都。发现以后又做了实际的观测实验，就是一次仿古观测，证明那个时候，通过这种手段观测日出，可以定冬至、夏至，可以定春分、秋分，而且还可以定其他的节气。

说明什么问题？虽然说《尚书》的《尧典》是一本伪书，但是它所记载的事情，我们现在可以找到考古的证据，证明我们那个时候确确实实就掌握了天文测量的细节与方法。如果说今年太阳从这个缝隙经过你看到了，以后就逐渐在这个缝隙里面看不到太阳了，等到第二年再从这个缝隙看到太阳的时候，大家可以想到，这个时间是什么意思？就是正好经过一个回归年。所谓回归年就是从春再回到春，或者从夏再回到夏，指的是季节的回归。我们在那么早的时候就可以测量回归年，在那个时候就把一年定成365天或者366天这么一个时间段，是了不起的成就。到了战国时期我们中国有了四分历，就是我们一年有三百六十五又四分之一日。大家知道我们现在的天文测量确定，一个回归年是365.2422日。我们在战国时期已经定到了365.25，相差并不多。到元代的时候，郭守敬的时代，他定的回归年长跟我们现在使用的阳历是完全相同的。

"天之历数在尔躬"，第一，说明古代帝王重视天文历法，第二，说明天文历法有充分的天文观测依据，从而实现历法的准确。下面再进一步说一下，尧之时能置闰，置闰是什么意思？就是我们计月的时候用的是月亮的圆缺，但是我们一年是分24个节气，24个节气在汉代的《淮南子》里面已经有全部的名称了，在它之前节气也已经有一些被命名了。我们刚才已经说了，二分二至早就有了。这个24个节气从春分再回到春分，或者从夏至再回到夏至，依据的是太阳，所以这是一个阳历，完全依照太阳运行定的历法，我们叫阳历。但是它还有计月，我们用月亮的圆缺计月，月亮平均29天半一个周期，这样12个月354天，那和365天还差着11天呢，所以差不多3年就得置一个闰月。所以置闰这个事情非常重要，反映出我们中国古代是阴阳合历，即纪年用阳历，纪月用阴历，意思是纪年看季节回归，纪月看月亮圆缺。我们现在管这种历法叫夏历，在月份上从初一、初二、初三，一直到十五，到三十，或者到二十九，这是计月的方法，属阴历。我们计节气是太阳历，所以这是一种阴阳合历，阴阳合历非常科学，而且非常有用。

第二，"羲和缅淫"，是司马迁在《史记》中说的。

其实羲和的事情在《尚书》里面就记载过了，记载的就是夏代的仲康时期，夏代经过了夏禹、夏启，到太康，然后就到了仲康。这个太康是不好的皇帝，比较荒淫。但是到了仲康时期，又比较重视天文了，于是也立了天文官，就是羲和。但是突然有一天发生了日全食，根据《尚书》的记载，日食发生时有些混乱，没有准备的情况下负责财政啬夫的官员，赶快把钱币拿出来要救日礼天，也有的人用奏鼓来救日，帝仲康就问羲和那个官哪去了。这个羲和是一个酒鬼，在那里喝得酩酊大醉，不省人事。仲康就非常生气，当时负责治安的，军队的领导叫胤侯，把羲和杀了，这一任天文官羲和因未预报日食被斩首了。

这件事情应该说给我们非常深刻的印象，因为你想在4200多年以前，就要求天文学家要预告准日食，不然的话脑袋就保不住了，这件事情很严重啊，这个对天文学家来讲是一个非常严重的问题。但是，我有一个个人的观点，我不认为皇帝就要求必须提前很多天准确地报告日食时间，因为那个时候的天文学还达不到这个水平。虽然达不到，但是有一点你是可以知道的，在看不见月亮的那些日子里面，那是有可能发生日食的，因为日食一定发生在朔的时候，所以看不见月亮的时候，你天文官不能玩忽职守，你得盯着点，如果你发现了日食，赶快向皇帝报告，举行救日典礼，那脑袋是不会丢的，不见得让天文学家几天前就能准确预告日食。但这个故事还是说明中国天文学的另一个分支星占学与历学是同时发展的。

处死不能预报日食的羲和，这件事对中国古代天文学家还是有很大触动作用的，如果你要是想预报日食，你不但要关心太阳在天空的运行，而且还要关心月亮运行，不只要关心月亮的运行，还要关心月亮和太阳同时的运行，以便知道什么时候会发生日食这样严重的事情。因为在中国的古代，太阳就是皇帝的象征，《尧典》里面说尧是"光被四表"，就是说他像太阳一样光芒四射，就是以太阳来象征国君的。所以如果发生日食的话，对国君影响非常大，是不是国君有什么失德、失政的问题，他需要检讨。他要做祭祀典礼，来告诉大家说我还是天子，我还是天意的代表，所以这一点对皇帝来讲是非常重要的事情，因此就使得历代的天文学家都非常重视观测太阳和月亮。这种观测需要有一个坐标，坐标大家知道，学数学的时候都学过。比如一个直角坐标，哪一个点在什么位置我们可以靠坐标系定出来。现在我们要想观测太阳和月亮的位置，我们也需要有一个坐标系，这个在中国是独创的，就是将星空划分成二十八宿。月亮在运行的过程中，每一天进驻一宿，好像天上的驿馆，有二十八个驿站可以居住。实际上就是月亮每天都会在星空中不同的位置。

这二十八宿非常有意思。大家看一下书上的图就知道了，参考书上有，就是东方七宿，"角、亢、氐、房、心、尾、箕"，南方有"井、鬼、柳、星、张、翼、轸"，西方有"奎、娄、胃、昴、毕、觜、参"，北方有"斗、牛、女、虚、危、室、壁"。这就是二十八宿。这二十八宿围天空一圈，在天上建立二十八宿，相当于说把天空分成了二十八份。日月五星就叫作纬星，就是它沿着纬度旋转的，那么这二十八宿就相当于经，垂直于日月五星所运行方向。所以你要是有了这二十八宿为参照的话，任何一个行星，或者太阳月亮运动到什么地方，它就有了一个参考，有了一个标度。所以，二十八宿实际上就是中国古代的恒星的坐标系。我们用这个坐标就可以知道哪些个天体在什么地方运行。

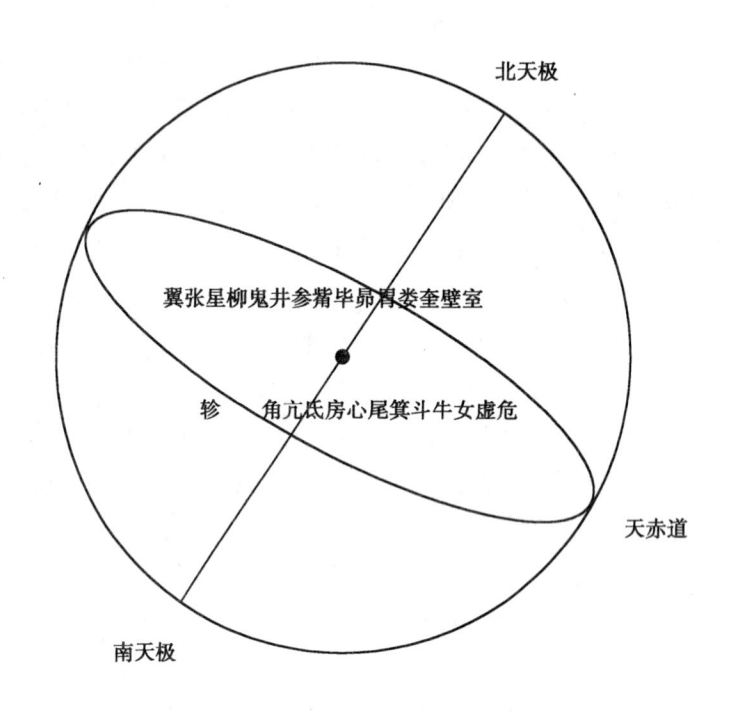

二十八宿在天空中分布示意图

人在球中心向外看天空好像一个透明球，二十八宿并不与赤道重合，围天空黄道附近一分布

二十八宿在《淮南子》里面已经有全部记载了，但是还有更早的。大家知道在 20 世纪 70 年代的时候，在湖北的擂鼓墩挖掘了曾侯乙墓，出土了一个漆箱子，箱子四面都有天象，但是漆箱的盖子上就有二十八宿，

二十八个字全部都齐了，中间是一个斗字。这是公元前430年的事了，曾侯乙的年代，那个时候二十八宿体系已经非常完整，古人可以用它的参照去研究日月五星的运动。不仅如此，那时中国天文学家还将二十八宿用于星占。

中国古代天文学除了历法以外，它的另外一个分支就是星占，所以在《周礼》里面，它就讲，有冯相氏他主管的是十二月，就是天干地支，然后用二十八宿来看天体的运动规律，来制定历法，就是主管历法。还有一派是保章氏，保章氏也研究二十八宿，但是他是要用二十八宿来看五颗行星在二十八宿里面的运行预告吉凶的，是主管星占的。

我刚才讲，因为想要研究日食的规律，所以建立了二十八宿，才能知道日月的运行，而且还可以知道行星的运行。在《天文历数》这本书里面有一个图表示的"五星候占仪"，这个名字是我给起的，人家考古学界叫式盘，就是说它是做星占的，但是怎么星占他们来说明。我是说它周围有365个坑，表示一个圆周就是365度，而且这个坑外面有二十八宿标记，大家看图可以看出来。这样的话，如果你用不同颜色表示日月五星的话，你摆这个坑里，今天太阳在哪里、月亮在哪里、金星在哪里、水星在哪里，日月五星在二十八宿中的位置就可以在式盘上看得很清楚。

为什么要用这种式盘来星占呢？其实中国古代的星占，还是围绕着皇权服务的。就是说如果发生了一种天象，星占家就要说出这个天象是不是会对现今的皇上不利。所以星占家，也叫天文家，在历代你别看官职不太高，但都非常重要。司马迁也是一个星占官，也是一个史官，所以二十八宿这件事情对星占家非常重要。

中国古代的星占有许多派别，各家不一样。司马迁《史记·天官书》里面，大概有130多条都是涉及星占内容的，就是用什么天象来占什么。司马迁总结历史上的一些星占综合成为司马氏星占派。在他之前在战国时期有甘德一派、石申一派，还有巫咸一派。巫咸其人从司马迁的记载看，应该是殷商时代的天文学家。不过巫咸星占派是在战国时期借用古人名的一个派别。这些星占家都有各种不同的占法，其中一个关键点是什么？一个关键点就是要看行星运行到二十八宿的什么地方去了。

举例来说，二十八宿中有斗、牛、女等宿，这里的斗宿不是指北斗，而是南方的南斗，如果说火星运行到南斗，这个就非常严重了，是要出事的。所以司马迁就说了，看来越国要出问题了，它的皇帝可能要出问题了，果然后来越国灭亡了，被一个大臣篡位了，但是那个大臣后来也被逐杀了，这一占是说他看到了火星入了南斗，对应的分野国是越国。这个影响非常大的。

比如西夏记事，这已经是少数民族了，西夏记事里面也有一句话叫作"火星入南斗，天子堂下走"，就是说火星进了南斗，这个皇帝的位子就有问题了，这个天象是对皇帝很不利的一种天象，所以星占家要始终关心的天体，就是五颗行星，肉眼可见的五颗行星，在二十八宿中间的运行情况，非常关注。

这里面涉及一个什么问题，在做星占的时候有一个理论，叫作"分野理论"。实际上就是把二十八宿跟地理上的一些地区对照起来，所以你就可以知道哪个宿出现了什么问题，那个宿所对应的地区就会出问题了。我给大家的这本参考书里面，举了《史记·天官书》里面分野的记载，也列了《汉书·天文志》里面的具体的分野办法。比如斗宿，斗宿它的分野区域就是吴越地区，就是现在的江浙一带。所以，火星入南斗，他就说越国要出事，这就是倚仗分野理论来说的。

研究古代中国的文化，必然要涉及为什么会有这种分野的说法，分野取的一些名字都是在一些时期存在过的一些国家，这就是分地区了。比如现在的陕西这部分属秦，河北这边叫燕，山西那边叫晋，山东这一块地区叫兖州，河南那块地方叫豫州，这样的话，就把全国各个诸侯国所在的位置标清楚了。要预测什么事情你就可以看天象，就可以来预测，比较有名的就是战国时期，郑国发生火灾，就有星占家提前说了郑国要发生火灾，那个占法很复杂，当时有彗星出现，出现在带有火字的星座旁边，那个星座的分野在郑，它就是根据这些天象做的预测。

我要跟大家解释一下五颗行星，火星跟我们刚才提到的"大火"不是一回事，我们所提到的"大火"是一个恒星，夏天大家可以看到。现在天空太亮了，如果你不是生活在北京，不是在大城市的话，还是有可能看到的。现在关心天文的人少了，也因为你看不到让你浮想联翩的星空，因为我们在星空底下会有不同的感受，会有非常多的联想，但是现在看不到了就不好说了。"火"实际上是一颗恒星，就是心宿二，也就是在司马迁《天官书》讲心宿三星，这三星不在一条线上，它有点拐弯，司马迁写它们"不欲直"，这个话写得极其生动拟人化，你看它们根本就不想直起来，心宿三星确实稍微有一点拐弯，非常有意思，这个是我们说的

"大火"。

"大火"为什么能跟季节有关系？这个"大火"其实在中国古代就是龙虎四象中的那条龙的龙心，中国古代对形成龙虎的认识，可以追溯到6000多年以前。我们知道河南濮阳有一个古墓，发掘了这个墓，看来是一个部族的首领，中间是人的骨头，有脑袋、双臂和双腿骨，人旁边就用贝壳摆成一条龙，另一边摆成一条虎。就是左青龙，右白虎。这个墓的时间是在6000多年以前，也就是在那个时代中国人已经认识到夏天南方的星象像一条龙，冬天星象像一只虎。为什么这位死者有龙虎相伴呢？既然龙虎是天象，它的意思就是说即使他死了以后，也还要生活在那个星空底下。这种现象不管在我们看到的汉代、唐代，还是其他朝代的墓都能看到，墓室里穹顶上是星图。比如到西安去看章怀太子墓，或者永泰公主墓，这些墓里面穹顶是圆的，上面就布满了星空，中间有一道银河，有太阳、月亮，太阳里面是一个三足乌，月亮里面是一个大蟾蜍。有银河、有日月，然后就点了很多的星象。它的意思其实可以追溯到6000多年以前，就是让死者跟人一样还是生活在星空底下，所以墓中有天象的时间很早。

在《易经》中我们可以看到，比如乾卦䷀，最下面的初爻是什么？"潜龙勿用"，第二阳爻叫"见龙在田"，是这个"田"，再往上面，第四阳爻叫"或跃在渊"，就是说它还正在运动之中，第五阳爻就"飞龙在天"了。最上面上阳爻叫"亢龙有悔"，这是中国古代文化非常典型的东西，我认为是跟天象有关的。什么意思？冬天的时候那条龙你是看不见的，潜龙，是潜入地下的，就是那个心宿二或"大火"，拿现在的星座来讲，就是天蝎座的星，心宿二是天蝎座最亮的一颗星。颜色火红火红的，所以中国古代叫"大火"，它就是《易经》中的那条龙。冬天我们看不见，到春天的时候，我们可以在东南方向看到这条龙，所以叫"见龙在田"，就是我们可以看到它出来了。然后它经过运行到达南方的时候，叫作"飞龙在天"，就是已经达到最高点了，这个时候就是夏至了。过了夏至这条龙逐渐地往地平线下走，叫"亢龙有悔"，就是它已经在走下坡路了，以后逐渐再转成潜龙。

所以在做占卜的时候，潜龙勿用指不是太吉利，不能干什么事情。到了飞龙在天，见龙在田，这个时候它是对人有益的。"亢龙有悔"就是什么事情不能做得太极端，太极端了就要走向反面了，就要从阳转到阴了，从阴阳来讲，潜龙是阴气最重的时候，飞龙是阳气最重的时候，达到极点就是转换的时候，要由阴转阳或由阳转阴了。

这个龙是天象，在中国文化里面太重要了，影响了政治、哲学、文化各个方面。我们知道，古代有火正，火正是一个天文官，他的主要职责就是依靠大火星的运动来预报季节。在河南的商丘有一个阏伯台，相传帝喾有两个儿子，阏伯与其弟实沈不和，这两个人不是打架，就是祸害人民，于是将阏伯封于商丘为"火正"，实沈到大夏，使兄弟终不得见。阏伯死后被称为商星，（即"大火"），实沈死后被称为参星（就是现在讲的猎户座）。在商星（心宿二）落下的时候，另一个参星才升起。兄弟俩分到这两边以后，他们主管的星也不一样了，那么出现什么情况呢？大家看星图，参宿在这个地方，商星在差不多相差是180度的这个地方，就是你看到商星的时候，你看不见参星，你看见参星的时候你就看不到商星。所以这两个星永远不会同时出现在地平面上。杜甫在《赠卫八处士》诗中写道："人生不相见，动如参和商"，商星就是这个星宿，就是和这个老朋友见面太难了，因为距离遥远，就如同商宿和参宿这两个星它们在天空永远不会同时出现在地平线以上一样，所以我们看在古诗里面，用这个天象比喻，它就非常的形象，非常的感人。像商宿和参宿这样不能相见。当把阏伯和实沈分开以后，他们就没有办法斗了，因为互不能见了。阏伯、实沈的故事，有古代不同民族有不同星座崇拜的文化背景。

我去过阏伯台，当地的文物部门，觉得那个台是阏伯当火正的时候的天文观测地点，我说这个没有谱。第一，因为阏伯台建造的年代很晚；第二，其实在商丘那个地方，最值得开发的地方我认为是宋国的灵台，就是说春秋时候那个地方就已经有灵台所建了，那是有历史记载的古迹，至于阏伯具体的观测地点，应该说大致在商丘及其附近地区。

闲话少说，我们从二十八宿讲到了分野，于是中国古代天文学就出现了这么一个特征，就是天文、历算和星占是同生共荣，大家各有自己的道理，各有自己所负的责任。历算家就管制定好历法，天文家就管星占，星占重要的原则就是看一些特别的天象和该天象发生在什么地方。比如日食、彗星、流星、超新星等。

宋代至和元年，有一条记载，说至和元年天关出现客星，不但晚上非常亮，而且白天都可以看到这颗星，而且亮的时间也比较长，到第二年这颗星才看不见，这条记载是星占家记下来的，但是他的记载非常重要，对现代天文学也是非常重要的记录，为什么？因为那个地方当时爆发的那颗客星，现在我们在那个地方发现了蟹状星云。参考书的最后附图有这个蟹状星云图。是那次超新星爆发留下的遗迹，就是现在星空中那个长得像螃蟹的天体。而且在这个蟹状星云里面，我们还发现了中子星，中子星全是由中子构成的，体积非常小，质量非常大，能量非常高。所以，日食及突然发生的天象，都是古代星占家非常注意的现象。我们讲天文历算和星占共生共荣，它们是中国古代天文学的两个分支。

第三，简单地讲一下璇玑玉衡。

司马迁讲，"在璇玑玉衡，以齐七政"。他说的璇玑玉衡是北斗七星，这个北斗非常有意思，它的大概形状像一个带把的斗，如果你把斗口的两颗星连线并朝斗口的方向延长五倍远，可以找到现在的北极星。七颗星中倒数第二颗星叫开阳，是一个目视双星。

据说俄皇彼得大帝在选士兵的时候，考官要考验士兵的眼睛，问士兵在那个地方能看见什么，如果你能看见两颗星，说明你的眼睛够好，如果你看不见，说明你眼睛不行。就是说开阳旁边还有一颗暗星，是颗双星。这个司马迁在《天官书》里面还写道："杓携龙角，衡殷南斗，魁枕参首"，这几句话就是认识全天星的一把钥匙，方便你去找星。所谓的"杓携龙角"，就是在最后两颗星延长线上，我们可以找到大角星，也是很亮的，司马迁的笔下，大角是天王帝廷，是天帝行政的场所。"魁枕参首"是指斗魁四星向南延长下去，可以找参宿，就是参宿三星，即冬天我们看到的猎户座。这个猎户座非常有意思，比较好辨认，中间有三颗星，三颗星侧下方还像挎着一把小刀，也是三颗星，西方叫作猎户座，我们中国叫参宿三星。你沿着斗魁向南的这个方向就可以找到猎户座，沿着斗把这个方向就可以找到大角，沿着北斗中间星连线的这个方向就可以找到南斗。刚才讲到："荧惑入南斗，天子下殿走"，就是那个南斗。

司马迁确实是一个天文观测的大家，他用几句话就能给你一把钥匙，你就可以在天空去找这些星。璇玑玉衡除指北斗这七颗星外，还有其他解释。中国古代，璇玑玉衡还指天文仪器，把天文观测的仪器叫璇玑玉衡。参考书里面最后有几个图，其中有浑仪，它就是中国最早的天文仪器之一。

为什么要讲这个？天文仪器是一个国家国力的标志，我们现在的空间发射及航母下水等，也都是国力的标志，但是从天文的角度来讲，天文仪器也是国力的标志。现在世界上发达的国家都有最好的望远镜，就是比较大，比较精，很先进，这个是跟它的国力相吻合的，因为它要求科学技术、财力、物力和人才等综合实力。

在中国古代天文仪器非常重要，它是皇家王权的象征，是国家的礼器。我在这里讲几个故事，例如金灭北宋，打破了京城汴梁，不但把钦、徽二帝及皇族掠夺到北方去了，同时把国家天文台也洗劫了，他们把北宋的天文仪器搬到金国的中都，就是现在的北京。怎么证明？我引用了吴师道的一首诗——《九月二十三日城外纪游》。他是元代一个诗人，作这首诗，是讲他在去北京城南旅游的时候，看到了一些高土、绿荷（就是荷花），最后他看到了一个金光灿灿的，像宫殿似的建筑，他进去一看，是金代的国家天文台，其中有一个浑仪，上面刻的是宋代皇祐年间铸造的仪器。说明少数民族虽然自己做不出来，但是他抢也抢你一个，他也要建立一个自己的国家天文台，说明天文仪器这个东西太重要了

南北朝时期也有类似的现象出现，北朝掠走了南朝的皇家天文仪器。就是历代的皇室都非常重视国家天文台的建设和天文仪器铸造。我们不但要注意他们对天文仪器的重视，还要注意中国天文仪器的结构很先进，它们是一个赤道式的结构，这跟西方天文仪器有相当大的不同，咱们的这个浑仪旋转轴是指向南北极的。大家看到天体的东升西落是地球自转的结果，地球自转的轴指向天空的点就是天极，就是天北极，我们看极不动，在《天官书》里面叫太一，它在天空不动，就是天帝所在的地方。正因为如此，所以司马迁也把天上星座描述成人间社会一样，有大臣、三公、后妃、太子，也有各种官吏，还有仓库，甚至动物园。将天上星座构建成天上的社会，好似地上社会中存在的一些东西，把它搬到天上去了。

为什么极星居中不动呢？因为地球的自转轴正指向天空中的那一点，而地球自转的时候轴是不动的，所以我们看到极星也不动，这是地球自转的结果。地球的南北两极连起来叫地轴，垂直地轴从中间把地球剖开以后就形成了地球赤道面，赤道面与地球相交的大圆叫地球赤道，如果想象把地球的赤道向天空扩展，扩展到天上，就有了天赤道。

所有的恒星东升西落，这个运行的过程就是沿着这个极轴来旋转的，如果天文仪器做的就是按照地球自转轴的方向做的，这叫赤道体系，那我们计算起时间来就是比较均匀的，因为地球自转是非常均匀的。这样的天文仪器赤道刻度就是均匀的，可以等分刻度。这是中国古代天文学的一大特征，而且这一特征表明了中国古代天文学是先进的。

在西方直到第谷时代还是使用黄道体系，所谓黄道体系就是天文仪器的结构是黄道结构，它的计量面相当于地球公转轨道面，对应的极叫黄极，这个黄极是围着天北极旋转的，所以用黄道式的仪器观测完以后，换算非常麻烦，但中国古天文的仪器没有这个麻烦，比较先进。

前面我们讲了西方现代天文学，也讲了中国古代天文学，我们对比一下就可以发现，这种比较有点类似西医和中医的对比。西医把人研究到了细胞，研究到了基因，而中医着眼于整体的人。现代天文学不但研究大的天体系统，也研究到了正电子、负电子、基本粒子，研究到了细微的地方，研究哪一个天体都要同微观研究相联系。中医不但把人看成是一个整体，还把人和环境看成一个整体，人的五脏之间是有关系的，人和自然界是有关系的，所以《黄帝内经》里面有天文学的内容，四季得病的治疗手段是不一样的，治疗依据就是说人和自然是不可分割的。比如你感冒了，冬天感冒了吃银翘解毒丸，夏天吃藿香正气丸，它是要跟季节及热症、寒症相对应的，这就是中国的理论，中医就是把人看成一个整体，人跟自然也看成一个有联系的有机结构。中国古代天文学，看它跟西方的天文学不一样，它是天人合一的，是天人感应的，认为天上发生的事情关乎人的事情。

中国古代的这些天文家、星占家，他们的职位从官品上来看不是很高，一般是四品官，但是非常重要。因为传统观念认为：如果皇帝无道，上天就要惩罚，所以在《尚书》里面就记载，夏桀无道，所以商朝要讨伐他，就是代天行事。然后到了西周灭纣王的时候，同样也是这样，《尚书》里面也有，就是讲周武王起兵是依靠上天的旨意来讨伐纣的，因为纣无道。由此，我们可以知道中国古代的皇帝为什么那么重视星占？如果有人借说某个天象表示上天说了这个皇帝无道，那就有造反的借口，造反就有依据了，所以皇帝才要自己掌握天文家，不但特别重视他们做占卜，还不许民间掌握星占，因为这也关乎王位统治的巩固性。

在《二十四史》里面有十七部历史，有天文律历志，就是历代都非常重视并把这些东西记载下来，这些事情能够说明很多问题。中国的古代天文学的发展类似于中医，它是把自然和人联系起来，所以在中国古代"天"具有人格神和自然神的双重身份，它不是现在说的天空是什么物质，而是说它是神。

有人说中国古代没有天文学，只有天学，这个说法是不全面的，正像有人说西医是科学,中医不是科学,如果中医不是科学的话,那我们中华民族怎么能繁衍这么多代? 总得有人来治疗这些疾病。如果我们不是用科学的观测仪器通过实际观测来制定这些历法的话,我们怎么能够按照时序来安排我们的生活和农耕,以及其他的事情? 其实,这些都是一个道理,这个东西有中国特色,用现代的词来讲是具有中国特色的天文学体系,它有别于西方的天文学体系,是历算与星占同时存在和发展的天文学体系。

第四,中国古代天文与文化,我们在讨论中国文化的时候,注意到了中国古代天文学的特点,你就能够联想起来很多的事情。我们再用一点时间来讲一讲天文和文化。

关于中国的天文学和中国文化关系真是太密切了。从史学角度来讲,《二十四史》中有,就是我们刚才讲的,十七部史书里面,都有天文志和律历志,而且中国古代的天文记事,不光存在于《二十四史》的律历志、天文志之中,也存在于本纪和其他的一些传记中,里面都有涉及天文的内容,不但如此,许多野史、杂记和地方志中也都有天文记事。

史官同时也是天文学家,司马迁是一个代表,其他的也还有,张衡也是一个典型的代表,当然张衡不是史官,但是他既是官僚,也做天文研究,也做天文仪器。

医学和天文学关系密切不仅表现在《黄帝内经》中,还可以看到,西藏的天文是在藏医院里面,在西藏,天文和医学是搁在一起的,天文资料都在藏医院。再比如说建筑,以天坛与地坛为例,天坛是圆的,地坛是方的,这和古代的一种宇宙认识有关系,即天圆地方,所以建筑里面也体现了中国古代对宇宙的认识,与中国古代天文学有关,是非常典型的例证。

像墓室星图也是非常的典型,说起来有宣化的辽墓,西安的汉墓,唐代的墓,吴越王的墓等。地区跨度也很大,如新疆阿斯塔纳的墓室里面画着齐全的二十八宿,而且是用艺术画的手法画出来的,非常形象。星图在墓室里面出现,反映了一种文化。吴越国的墓室星图比其他的更有意思,像章怀太子墓、永泰公主墓里面的星是乱点上去的。但是吴越国钱元瓘墓室里面的星却是科学性的,那个星图上面二十八宿的位置是准确的,这个非常有意思。从建筑上来讲是这样的联系。

诗词歌赋就更不用说了,比如我们刚才讲的,王勃的《滕王阁序》,"星分翼轸,地接衡庐",天上讲星宿,地下讲地域,衡庐地域在天上的分野就是翼轸两宿。看来王勃的知识很宽泛，他熟悉什么地域对应的是哪些星宿，中国古代有一些国学造诣很深的人，对于不太懂天文就感觉非常的遗憾。像曾国藩，曾国藩给他儿子的书信里面讲到，自己平生有三耻，其中有一耻就是不认识星象，不懂天文。王勃人家写诗随口就来，还能自如地把天象结合进来。"物华天宝，龙光射牛斗之墟"，斗牛两宿为什么和物华天宝对应，就是晋代张华，看到斗牛之间有宝气，结果后来在对应地域丰城发现宝剑，这个传说自然地引入王勃自己的诗中，说明他对星象的了解。

我们刚才举的"人生不相见，动如参与商"，虽然也是很典型的例子，但《诗经》更为典型。《诗经》里面很多诗都涉及星象，西周时代留下的天文记录不太多，《诗经》里面的许多诗却很好地表现了西周时代的天文学的水平。比如《十月之交》，"十月之交，朔日辛卯，日有食之"，他明确地告诉你，这个日食发生在朔日。也就是在西周时代的历法是有朔的，而且知道日食会发生在朔日，这是非常重要的。"彼月而食，则维其常；此日而食，于何不臧"，就是说那个月食发生是平常的事情，但是日食发生对我们来讲太不平常了，可能有灾祸要发生。所以，明代的顾炎武说"三代之上，人人都知天文"。他举的例子就是《诗经》里面所说到的各种人物对天象的认识。

又比如，《诗经·定之方中》，"定之方中，作于楚宫。揆之以日，作于楚室"。什么意思呢？这个"定"指的是四颗星，就是现代的飞马座中四个亮星组成的四边形，在阳历十一月底，我们在正上方天空可以看到它，此诗的意思是这个"定"星在傍晚的时候，到了中天，即到了南北方向的时候，就是修建宫室的好时期，也就是说农事做完了，可以出劳力去盖宫殿和房屋了。"揆之以日，作于楚室"，意指你要盖宫殿和房屋就要测量太阳，测量太阳就可以定出南北方向，所以，我们现在看到古代的宫殿建筑遗存，它的南北方向掌握得特别好。

像"三星在隅"、"三星在户"等这样一些诗描写了家庭妇女都认识星，三星就是刚才我们讲的猎户座，可见西周时期，工匠士卒，妇女儿童都能认识星象，用来指导农作和生活，难怪清代曾国藩因不认识星，感觉非常遗憾。有了天象和天文学的基础，反映到诗中的时候，确实会为诗歌增色不少。比如很有气魄的诗句"飞流直下三千尺，疑是银河落九天"，作者把银河想象成瀑布这样，印象就极其深刻。

绘画也是一样，我们知道中国古代有很多画像石出土，这些画像石不但反映了对天象的认识，还反映出当时的人文情况。我对中国文化的修养不高，仅举我知道的这些例子给大家说一下。

下面的时间我们休息一下，休息完了以后，咱们再研讨研讨。

以下是提问环节：

杜升云：我退休以后就没有上讲台上过课了，已经14年没有上讲台了，大家给提供一个机会又重温一下，很感谢！有什么问题，或者刚才我讲不清楚的地方请大家随便提问。

提问者1：屈原的《离骚》里讲"摄提贞于孟陬兮，惟庚寅吾以降"一般我们考证屈原的时候都以这句话为依据，实际上这个到今天也没有一个结果，始终是一个问号，这个"摄提"到底指的是哪一颗星也不是太确定，我想请问杜先生，您认为能不能通过这句话，把屈原生辰的年月考释出来，这是一个问题。

另外，还有一个问题，学界说有夏历、周历、殷历等，请问殷历和周历，这些历法存不存在，是不是一种历法？

杜升云：大家拿到的参考书只复印了部分，原书没有全印，原书在后面讲到了屈原的事，在北斗七星的尾巴下面就是"摄提"，为什么摄提比较重要？因为司马迁讲"斗为帝车，运于中央，临制四乡"，既可以判断季节又可以判断方向，就是因为摄提就是斗勺把子方向，就是延长线。第一可以指方向，就是东南西北的方向，用斗的方向就可以表示；第二可用于历法，如历法中的斗建，就是以斗把子的方向定建寅，或者建丑，就是一部历法正月设置的时间，看这个斗把指向子丑寅卯中十二支哪一个方向，所谓建亥就是十月为岁首，建寅就像现在的正月为岁首，斗建反映不同的历法。关于摄提是有歧义的，所以用这个来定屈原的生年只可以作为参考手段来做，但是不会得到确切的结论。

你刚才讲到黄帝、夏、殷、周、鲁、颛顼等古历法，这是战国时期形成的六种历法，它是借古名而立，这些历法并不代表是夏代的，也不代表是殷商时代的，也不代表是西周时代的，都是在战国时期不同地方用的历法。西周时代的历法信息，你只能从出土的青铜器的铭文里面去找。

我刚才讲了，"天之历数在尔躬"之后，各个诸侯强大起来了，出现了很多地方政权，他们自己要有自己的历法，因为历法是王权的象征，所以他们要做历法。刚才讲的颛顼历，秦朝立国以后继续使用颛顼历。颛顼历的岁首用的是十月份为正月，而夏历的正月就是现代我们使用的正月，这其中的区别就是年首不一样，不一样就是表现自己做的这种历法很有特点，诸侯有独立的历法意味着他可以称王、称霸。

这六种历法，所有的都是四分历，就是一年的年长都是三百六十五又四分之一天。刚才我们讲能把回归年定的这么准，有一个观测的依据，像古六历的依据，《左传》里面讲有两个夏至的记载，间隔了多少年的夏至之间一共经过了多少天，就可以推算出一年的年长了，后来经过人推算就是三百六十五又四分之一天，所有战国时期使用的历法都是四分历。

提问者2：杜老师，多谢您的精彩讲课，我准备了好几个问题，拣重要的问几个。

第一，四仲中星问题，不知道它到底是什么时间？学界研究到什么层面了？

第二，仲康日食，夏商周断代工程，把这个作为一个定点，把它看得很重要，但是我看它报告上写得也不清楚，想听一下您的看法。

第三，另外，"大火"和"荧惑"区别？不知道"鹑火"指的是哪个？

第四，在《国语》里面，说到"岁在鹑火，月在天驷，……星与日辰之位，皆在北维，颛顼之所建也"，后面又说到"辰马，农祥也，我太祖后稷之所经纬也"，这个辰马农祥到底指的是哪一个星？说的是龙还是其他，这个搞不清楚，所以很困惑。不知道杜老师能不能留个平时的联系方式，可以随时向您请教。

杜升云：我先按次序来解决。

第一，关于四仲中星，刚才我讲了《尧典》这部书有研究认为是伪书，也就是后人写的，这样有可能有一些战国后期秦汉时代的一些天象。比如汉代有一本书叫《鹖冠子》，这里面就有"斗柄东指，天下皆春；斗柄南指，天下皆夏；斗柄西指，天下皆秋；斗柄北指，天下皆冬"，也就是用北斗的尾巴指向来定季节，这其实是汉代的著作。但是它这个天象也不尽然是汉代的，有可能更靠前一些。现在大体来看，用斗柄来看季象，还是有谱的。比如到冬天的时候，斗的尾巴就落到地平以下去了，你只能看到斗的头，看不到斗的尾巴，那就是冬天了，所以这个是一个宽泛的说法，不是特别确切。所以四仲中星，我刚才讲为什么举出那个考古的例证而确定尧时代确实存在好的历法，而不是通过四仲中星来解释，原因就是四仲中星可以涵盖的年代比较宽泛，分别用四仲中星可以得到不同的年代，所以不能确定准确年代。

中天这个概念，拿现代天文学来看，要将子午线定得非常准，将一台望远镜指向子午线，这种仪器叫子午仪，那颗星在几点钟时，中天了，我们可以准确定季节。但是你知道古代这个很难做到，第一正南正北定得不是很准确，第二我们知道四季天黑的时间相差很多，冬天的时候很早天就黑了，这个时候你不能完全按照星图上的星来计算，在记录里面会有一些误差，刚才我没有在四仲中星上下功夫，就是我没有根据四仲中星定确切年代，只是说在那个时代，可以用星象来大致决定季节。

关于印证夏代的仲康日食这件事情，夏商周断代的年限推断，有几个主要的点，但不是仲康日食。它主要的点有几个，一个是武王伐纣的时间，另外一个就是周"懿王元年天再旦"，就是说在日出以前发生日食了，本来天亮了，出现日食了，天又黑了，然后过了一会儿天又亮了，太阳升起来了，所以这种现象叫"天再旦"。周懿王元年出现天再旦，就确定了周懿王元年的确切年代。因为这个日食现在可以推算出来，推算结果是公元前899年。这样的话，有了一个周"懿王元年天再旦"在公元前889年这样一个确切的年代。

然后就是利用武王伐纣记载来作推断，这样的推断结果就推到公元前1046年，当然也有一些分歧，比如江晓原推算出来差了一年，这个问题不大，基本上把这个范畴给定下来了。武王伐纣的时间定下来了，周懿王元年定下来了，再往前有一些点就可以比较确切地断代了。所以，夏、商、周断代在天文上面主要的那个点就是这两个，其他的只是参考，需要根据一些青铜器，关于朔日等这些记载再来推。仲康日食不是主要依据，我们只能把商代初期到周代这个时间定的准一点儿，再往前推都是一个范围，不可能定到一定是仲康哪年的事情。

关于那几个天象，是天驷现在就是刚才讲的天蝎座的这个地方，那个驷就是马字旁的驷。过去的驷讲的相当于天上的马圈，当然这个马圈不光是一个。如司马迁《史记》里面讲的"王良策马，车骑满野"，我那个书里面举了一个张衡的思玄，写了他在天空遨游，那里面涉及很多的星象，写得非常好。我用现代的汉语作了一个解释，当然你刚才提的《国语》里的星象，我没有深入研究，我不能确切地回答你它究竟是什么。至于鹑火，它不是"大火"，是看不见"心宿二"时，在相距差不多120度的地方的星，在星宿。而"大火"即心宿二，荧惑是行星火星，不是一颗恒星。

当然你要是说你想去参考一些书的话，关于中国古代的恒星，比较系统的一本书叫《中国恒星观测史》，是潘鼐先生做的，如果你能找到这本书，他有古代的星名和现代星名的对照，可以查一下。我在美洲星图研究里面，也做了一个古代星名和现代星名的对照，只做了两百多颗星没有涉及你提到的这颗星。当然也做过一些，这个做的办法挺辛苦的，要把苏州星做一个坐标的网格，把这个星倒到网格里面，因为这个星是南宋时期的星图，它的观测年代定在1080年，然后再根据岁差算到现在再作对比，看古对照，这个工作量很大，所以做这个工作挺辛苦的。

提问者2：杜老师能不能留一个联系方式？

杜升云：可以找朱老师。

提问者3：二十八星宿有一个经纬的概念，您能不能结合第62页的月令里面的行文，您给我们介绍一下就某一颗星，用这段文字给我们说一说它从哪里到哪里，因为我们以前挺缺乏这一块的知识。谢谢您。

杜升云：这个书里面引用的月令，指的是每个月傍晚和早上，就是天快黑或者早上天快要亮的时候，中天的恒星是什么星。就是把每个月黄昏和早上天亮以前在中天这个恒星列出，然后又告诉你这个时候太阳在二十八中哪一宿。

第一，它告诉你不同的月份我们所看到的星象是不一样的。第二，告诉你哪个月太阳在什么位置。你说我看这个东西有一点费劲，觉得稀里糊涂有点不太懂，我给你画一张图，你就明白了。

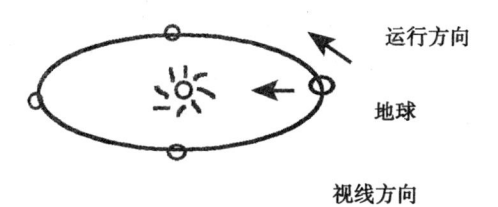

比如这是太阳，我们地球围着太阳旋转，为什么每个月我们所看到的星空不一样呢？我举四个位置。这是地球，向这个方向运行，从春到夏、到冬，当地球运行到这个位置的时候，我们向这个方向看，我们能看见星吗？看不见。为什么？太阳挡住视线我们看不见，我们只能看到反方向的星空。随着地球的运行，比如地球运行到这了，在这个方向的星又看不见了，只能看到这个地方的星。运行到180度的地方，原来在这能看见的星，移到这正好看不见了，你正好看见在这边看不见的星。所以，我们说四季星空的变化，实际上反映的是地球的一个公转，当然在公转到一定位置的时候，向着太阳的方向你看不到星，你只能看到背向的星，所以就出现了一个情况，就是一年四季月月看到的星空不一样。

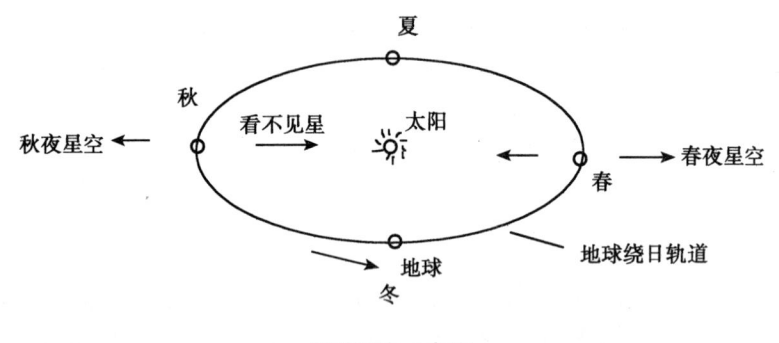

四季星空示意图

举个例子要说大火星，大火星是什么呢？是心宿二，是天蝎座这边，天蝎座就是正好夏天的时候能够看到的星，等到了秋天的时候，这个大火星就落到西南方向了，这就是《诗经》里面讲的"七月流火"，就是那个大火星快要落到地平线了，那么"七月流火，九月授衣"，就是说你这个大火星落下去的时候，天就快凉了，那家庭主妇是应该准备冬衣的时候了。这个反映了地球在围绕太阳运行的时候，一年在不同的位置反映不同的季节，正好在不同的位置看到不同的星空，所以四季的星空是不一样的。

到了冬天的时候，你就看到参宿了，就是猎户座，就是我们所说的白虎，"左青龙，右白虎"。这个时候那个心宿二落下去了，在天空的就是参宿，就是我们所说的猎户座。所以，四季星空的变化从规律上来讲反映了地球的运动。

我们中国古代不讲地球的运动，没有关系，我们是以地球为中心的，你就会看到太阳围绕地球一年四季在动，但并不妨碍你认识四季星空的变化。

举例来说，太阳在天空是逆时针方向运行的，也就是我们向正南方看，今天太阳在这个方向，明天太阳要向东边走一点，走一年365天，太阳在天空转一圈，我们所看到的太阳一年四季的变化轨迹叫黄道，黄道就是太阳运行的轨道。这个不难理解，你把地球公转的轨道面扩展到天空上，我们看到的天空好像是一个球，你把地球的公转轨道面扩展到天空，和大球交的大圆就是一个黄道，所以黄道反映的就是地球公转的轨迹，因为地球在不同的位置影响到你看到的星空，就是一年一变化，所以我们才能用四季不同的星来判断季节。

这也是刚才所说的"四仲中星"是怎么回事，就是因为在不同的季节，在同一个时间看到的星象不一样，所以才有了季节，这样把这两个问题统一起来比较容易理解。

你要是这么理解的话也挺有意思。太阳在这个天空，一天向逆时针的方向走一点，也可以这样想，随着太阳自西向东运行，太阳的光芒会掩盖原来能够看见的星空，而在后面显出来原来看不见的星空，这样也可以理解四季星空的变化也正好反映了太阳的运行。

提问者4：谢谢您的讲解，我们对天文仪器了解真的比较少，所以也听的比较吃力，请讲一讲古天文仪器的情况以及张衡的地动仪。

杜升云：我们古代的天文学家利用自己的聪明才智发明了很多的仪器，你也知道帝王也很在乎这些仪器，我在给学生讲课的时候，学生们也对这些天文仪器比较感兴趣，这也是我们引以为豪的仪器，比如浑仪、简仪，但是张衡的地动仪，我们还不确切知道张衡的地动仪内部是什么样的，现在课本里画的是王振铎先生的复原设想。

我们在古观象台可以看到许多古代天文仪器，有些是我们清代留传下来的天文仪器，有些是根据明代的仪器复制的，有一些是根据古代记载，按制作者的理解复原出来的。

天文仪器的事情，关于古代的仪器，在《天文志》里面是有记载的，比如这个仪器直径多大，有几个圆环结构，都有哪些圆环，这些在史书里面是都有记载的。但是真实古代仪器留下来的实物，我们最早能够看到的是明代留下的。

明代留下的实物现在摆在南京紫金山天文台上，你在北京看到的一些仪器是复制品，原件在南京紫金山天文台上，有浑仪、简仪，还有高表，还有浑象。所谓浑象就是一个铜铸的大球，球上面有很多星点，这个星点就是照着天空星的实际位置铸在球上的，这个叫浑象。

如果这个球体的几个圆环是空的，那么这个仪器叫浑仪，浑象是一个实体球，浑仪是空心的，它们确确实实有实物留存。这个实物的留存，根据记载，因为时间的关系我没有给大家讲。其实明朝的天文学是很落后的，因为朱元璋夺取政权以后，不久就下了一个严令，就是"造历者死，学历者遣戍"，意思就是谁要是私自造天文历法，是要杀头的。如果不是造，不是编，我只是学习一下这个东西，就会被发配。这个命令非常严苛，以至于明朝过了几百年想找一个懂天文历法的人都难，所以明代的天文是比较落后的，现在明代留下的仪器完全是仿照元代郭守敬的仪器造的，虽然我们看到的是明代制造，但是它的原形是元代郭守敬甚至是宋代制造的，郭守敬在1276年制作了许多仪器，是我们能够看到的最早的天文仪器，特别是郭守敬发明的简仪。可见，我们现在看到的天文仪器，至少可以追溯到元代，至少是这样的。因为它能够象征中国古代的国粹，所以现在在机场、科技馆都有复制品陈列，让大家能够领略一下。郭守敬的简仪在书的最后面有图。那个简仪非常有意思，这底座前后有北高南低两支架，仪器的转动轴放在支架上，这个轴就是沿着地球自转轴的方向，在这个方向有观测的圆环，它比浑仪好的地方就是没有遮挡的地方，而且这个仪轴一高一矮的结构，在现代望远镜里面用得比较多，叫英国式赤道装置，其实早在他们好几百年前郭守敬就已经用了这个结构。

至于张衡的地动仪，不能说谁家仿制的就是张衡的原样，因为那个确实已经失传了，只能说根据记载去模仿，但是不能说就是张衡的仪器，天文仪器不一样，这是实物留存，是真真正正留在那里的。

我去年在《大学物理》和《中国科学史杂志》上面连续发表过文章，科技馆摆了一台现代复制的仪器，非要说那件仪器是郭守敬的玲珑仪。大家现在如果到中国科技馆就会看到有一个展品在那儿陈列着，但是我认为那是有问题的。玲珑仪不是那样的东西，但是他们复制成那样，我个人认为如果没有研究透就急急忙忙摆出去，还用郭守敬的名义，这不太合适。因为我们在天文台工作很多年了，在天文台上的仪器都是观测的仪器。他们复制的玲珑仪器是什么东西？就相当于现在的天象仪，也叫假天仪，就是人坐在里面，上面刻了很多的窟窿，你进球里面看上去好像是在星空下，叫作假天。你想郭守敬那么大的一个天文学家，他的任务那么重，他是要测量数据的，那个玩意能作测量吗？那个东西就是哄孩子玩的，还愣把它叫作玲珑仪，真的很不妥，我实在是忍不住了，写了两篇文章来说明这个玲珑仪应该是什么样的，为什么不是那个东西。

但是，研究中国的仪器，涉及中国文化的另外一个层面，中国古代有关的天文记载，不光是刚才我们讲的《二十四史》，也不仅存在地方志里面，还有很多其他的著作里面都有重要的天文资料。这个玲珑仪真正的相关文献是元朝太史院里面的校书郎，名叫杨桓，他写了一篇铭文，那个里面仔仔细细把这玲珑仪是个什么东西描写出来了，所以研究中国古代天文，你光看《二十四史》还不够，还有很多记载在其他的杂书里面。

像朱元璋对学历法有严厉的禁令，这个在明史里面找不到，是有一本叫《野获篇》的书中记载这个事情，要多方面地看古代的典籍，你才会发现到底是怎么回事，不是那么简单的。复制那么一个东西，还要搁在郭守敬名下，我觉得实在不太妥当。

提问者 5：向您请教一个小知识点，我在天文学方面的知识很缺乏，在冬天的时候，在太阳刚落山的时候，在太阳附近有一个很亮的星星，在天快亮的时候又有一个特别亮的星星，我想知道这两个是不是一颗星？

杜升云：在《诗经》里面有一首诗，就是讲"跂彼织女，终日七襄。虽则七襄，不成报章"。这是《诗经》里面的《大东》，下面就有"东有启明，西有长庚。惟南有箕，惟北有斗。"这首诗里面就是这个问题，你说的这个就是"东有启明，西有长庚"，就是指的现在的金星，我们古代叫太白。因为太白在地球围绕太阳的轨道里面，所以这个星就会出现，有时天黑以后你能看到，有时候就是天亮以前你会看到，因为它是全天最亮的星，没有比它更亮了，如果天非常暗的话，金星可以把人的影子照下来。我们在西周的时候已经给它命名了，它出现在天亮以前叫启明，出现在太阳落了以后我们叫作长庚，其实就是一颗星，就是金星。

《大东》这首诗实际上是一首哀怨的诗，那个时候盘剥得太厉害了，以至于老百姓的手里要什么没有什么，因此用了一个比喻的手法，你看在天上的织女，终日七襄，从东北方向升起，到西方下落，七个时辰，相当于现在的 14 个小时。在天宫这么长时间，"不成报章"，意思是没有织成一匹带花纹的锦缎。实际上什么意思呢？你盘剥的老百姓实在太厉害了，以至于她根本没有原料去织这些东西，说是织女，实际上反映的是当时老百姓非常的苦。"睆彼牵牛，不以服箱"，就是没有东西了，他的箱子也空空的，没有东西可拿了，这个时候就是借天象来诉说当时生活的困难，我觉得非常有意思。当然这首诗提到了"东有启明，西有长庚"，也说到了二十八宿的箕宿和斗宿。

提问者5：您能不能画一个图，说明为什么金星跟别的行星不一样。

杜升云：图中1是地球，2和3就是太白（金星），4为太阳。当金星在2和3这个地方的时候我们在1看不到它，无论是它在太阳的前面或后面我们都看不见金星。所以，我们看到金星一般都是要在离开2（下合）、3（上合）位置的时候才能够看到。

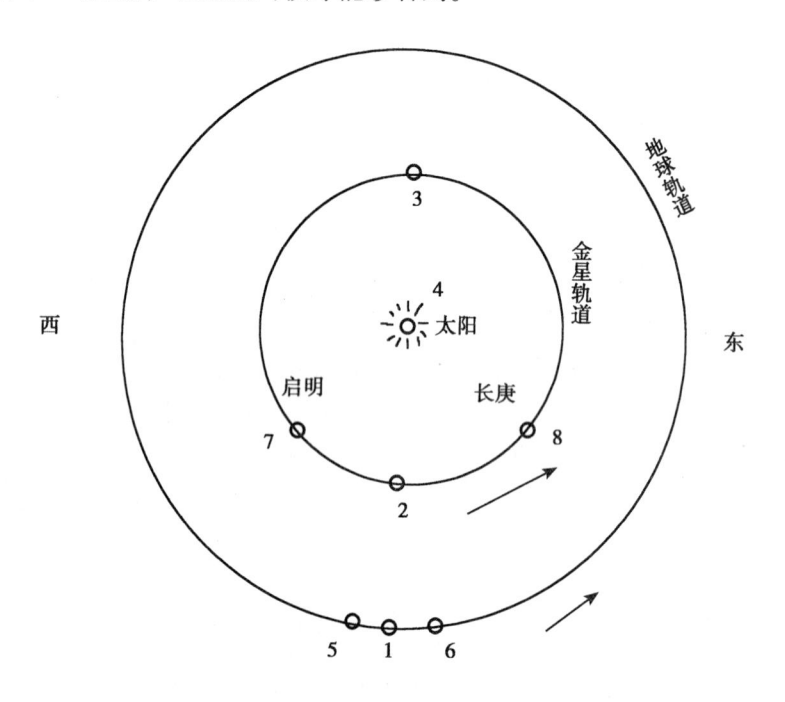

启明、长庚示意图

地球在1，金星在2，叫下合，看不见金星；地球在1，金星在3，叫上合，看不见金星。地球在5，金星在7，金星天亮前出叫启明；地球在6，金星在8，金星天黑后出叫长庚。

金星运行速度快，它在位置7，地球速度慢，在位置5，从地球上看，金星在太阳的西边，也就是在太阳的左边，早上太阳还没有出来的时候它就先出来了，你看到的时候就是在天亮以前；如果当金星在位置8，地球则在位置6，金星就落到了太阳的东边了，所以当我们从地球上看到它的时候，太阳落下西边的时候，它在太阳的右边。就是当太阳落山以后它才露出来。就是因为金星处在地球和太阳的中间，看不见金星的时候其实它是藏到阳光里面去了。但是由于它运行的方向有时候在太阳的左边，有时候在右边，于是就有在天亮前出现的情况，也有在落日后出现的情况，从这个画出来的图上比较好理解。

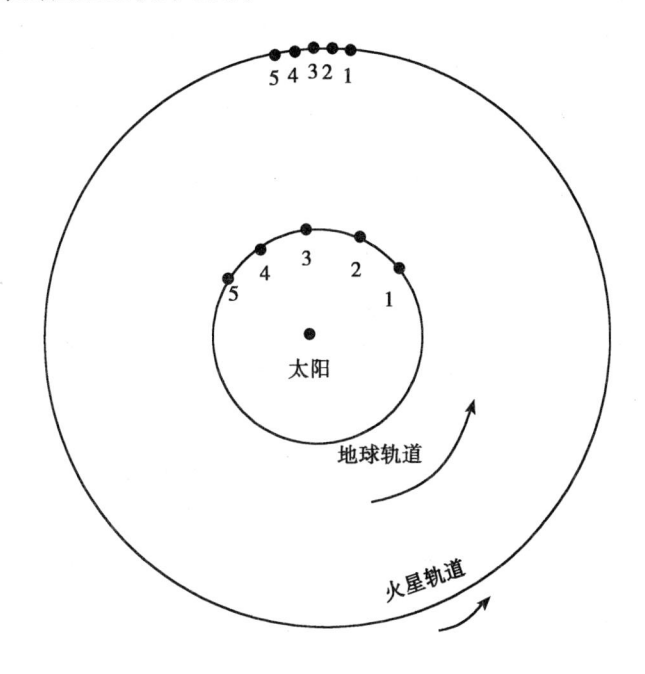

火星顺行、逆行和留

地球运行快，火星运行慢。地球在1、2、3、4、5五个位置看火星在1、2、3、4、5五个位置投射到天空就形成曲折的1、2、3、4观测轨迹。从1→2叫顺行，从2→4叫逆行，2点和4点叫留。

提问者6：非常感谢杜先生讲解，问一个小问题，荧惑星出现的时候，为什么会有灾难，或者政治混乱，为什么会有这样的现象？

杜升云：荧惑，中国古代对五大行星都有命名，荧惑指的就是火星，火星在西方叫作战神。在中国古代，这个荧惑是什么呢？你感觉到它的亮度在变化，运行方式有变化，有点迷惑人，它的亮度随距离变化而有时亮有时不那么亮，不是特别稳定。

荧惑在中国古代的星占里面看作是一个非常危险的星。实际《天官书》里面，涉及火星占战乱也是比较多的。我刚才举的例子说"火星入南斗"，星占家就说越国要灭亡。为什么过去用这个火星做占？这个火星是这样的，火星轨道在地球轨道外面，地球轨道在火星轨道内，离太阳近的地球运行速度快，离太阳远的火星运行慢，于是，从地球上看火星，有时自西向东走，有时自东向西走，有时看上去似乎停留下来。

因此，火星在天空运行，就有顺行、逆行和留，因为变化不定，成为用火星做占的理由。第一是看它落在什么地方，第二是看它在二十八星宿的那一宿到底停留了多少时间，所以司马迁说停留的越久就越危险。他所举的例子就是火星在斗宿留的时间太长了，所以一定要出事了。但是为什么火星会有一个时间停留得长呢？原来是火星从顺行当转逆行的时候似乎不动，天文学上把这一现象叫"留"，好像这个时候行星不动窝了，所以火星在那一宿就时间长，时间长了以后在星占看来就太危险了。所以荧惑指的火星变化不定的活性。大概就这些了。

主持人朱小健：谢谢杜先生。杜先生是我们国家古天文学的教授，我们有天文系的高校并不太多，只有几个院校，在北师大做古代天文的杜先生是独一个，有古天文上面的疑问和问题，就会找到杜老师这儿。"惑"就是不确定，我们认识天象，认识客观的事物无穷无尽，可能"惑"是一个常态，我们客观认识它的同时，要主观地做一个表述，这是我们文化传播学科里面特别要关注的事，这个杜先生是一个表率。

其实咱们毕竟都是老师，杜先生平常讲课人家会问他天蝎座的命运今年会怎样，今天没有人问这些，问了他会给你一个明确的解释。我们谢谢杜老师！

中国古琴艺术

李祥霆

主持人朱小健：各位老师，今天上午整个研修班的最后一讲现在就要开始了，这一讲我们非常有幸请来的是当今中国古琴第一人，中央音乐学院的李祥霆教授。李老师今天给大家讲中国古琴这样一个主要的内容。实际上，李先生不仅在古琴，在中华文化从古代传承下来的琴棋书画四方面都是非常有代表性的人物。李先生的山水画、书法，不仅仅是古琴，都很有建树。在音乐方面还有吹箫，诗词创作，以及对音乐的理解和表现等方面也很有心得。同时李老师又把他的主要精力放在古琴艺术的普及、传播以及推广上，应该说古琴在我们国家传承到今天，并且在后面的发展过程中，李先生有着非常重大的贡献。李老师说，只要你喜欢就能学会。怎么学，其实不是我们这个班今天就要完成的，但我们从李老师的讲授课里可以领略到这里的奥妙。其实这样一节课，我还是可以预期有很多享受的成分的。有请李老师！

李祥霆：刚才朱老师过奖了，多谢！我只能琴、箫、诗、书、画，而不会下棋。

非常高兴今天有机会向大家用我的习惯语叫"传播古琴艺术，传播古琴音乐，传播古琴文化"，感谢许嘉璐委员长和他的得意弟子们创办的这个研修班，这个研修班的意义和它的影响力我已经有所理解和想象，所以我能在这儿讲，是一个很重要的机会。各位都是所在单位的青年才俊和骨干，如果我在这里讲古琴，你们能理解和接受我的观点，再把它传播开去，那是非常有意义、非常重要、同时也是非常有效率的。在座各位有没有从来没听过古琴的，包括通过音响、电台等方式？没有，这是很大的进步。五六年前如果有一般的讲座式的或者演出式的，临时聚会式的多数人是没听过的，有没有哪位朋友直接听别人弹过古琴？这就比较少了，只有几个。你是在哪儿听的？

老师1：我是在天津听的，演奏者是河北唐山的一位老师。

李祥霆：大场合小场合？

老师1：大场合。

李祥霆：小场合没有加扩音器可以听到琴本来的状态，加了扩音器以后，琴声音本来没那么大但也放大了，音色有所调整，不好听的琴也变成好琴了。另外一位老师在哪里听过？

老师2：乌鲁木齐。

李祥霆：那里也有弹古琴的人？

老师2：文庙旁边有一家，一个办班的，我进去听了一下。

李祥霆：对我来说，这是关于古琴的一个重要信息。是一个小房间？

老师2：是的。

李祥霆：还有哪位直接听过的？

老师3：北师大有一个松风琴社。

李祥霆：北京的机会更多了。这说明真正听古琴的机会不是很普遍，大家都是在电视里、广播里、唱片里听的，肯定是放大的声音，至少录音师会按他的理解把它美化一下，直接的琴声要和那个有所不同。大家在文字上读过一些古琴的文章，但对古琴怎么说、怎么看，近几十年众说纷纭，差别很大，分歧严重，甚至呈现出矛盾、冲突、对立的说法，带有仇恨的态度，这可能你们都没有想到，会感到很惊讶。仇恨就意味着在网上进行人身攻击，这都是有的，我不是危言耸听，这和古琴的特殊状态有关系。因为它在古代非常重要，可是从清朝末年开始却成为最重要艺术中的最冷门，一直到"文化大革命"前期开始恢复生机，"文化大革命"中间就处于灭而未绝的状态，彻底被否定的状态，"文化大革命"后期又开始恢复，现在又开始发展。突然之间春风化雨，百草复苏，同时也杂草丛生，这是很正常的，不是说它是好的状态，是难免的。

辛亥革命一成功，清帝国覆灭以后，各地起来很多将军、元帅，还有很多民团，他们小的说是保境安民，大的说是为民生奉献或为国家奋斗，所以有大军阀和小军阀武装。我看了历史，个人认为只有冯玉祥是一颗真心为国家，为民众。还有很多其他的军阀。后来蒋介石统一了手下的各个地盘，但还是不行，乱七八糟的，最后退到台湾去了。

古琴发展和传承中出现的混乱期就有点像那个军阀割据状态，是历史过渡里不可避免的时期，会逐渐变得有序的，但再怎么样也会有相反的观点出现，在古代也是如此。比如白居易，大家看过很多他的诗，（认为）白居易对古琴理解最有修养，最重要，最有影响力，其实不然，他造成的是一种相反的作用。本来刘长卿有一首诗，"泠泠七弦上，静听松风寒。古调虽自爱，今人多不弹。"那首诗，大家觉得古琴早就不再演奏了，但其实他说的是"古调"，是风入松的曲子，这个他自己喜欢，但人们多半都不弹了。

白居易说"近来渐喜无人听，琴格高低心自知"，没人爱听，没人想听，他说是我琴格高，没人听，好像琴格最高的时候大家都不要听了，他自弹自罢也不要人听，还有"调慢弹且缓，夜深十数声"，一个慢曲子还要往慢了弹，曲子就十几声，一会儿让你们试试这种感觉。白居易是怎么回事儿呢？他诗写得多，名气大，影响大，诗写得特别好。因此他写古琴，大家认为古琴就是这样。其实不是这样。韩愈有一首诗《听颖师弹琴》，说"昵昵儿女语，恩怨相尔汝。划然变轩昂，勇士赴敌场"。表现青年男女之间一种亲切的谈话，是亲情，也可能有爱情，他没有具体说，亲切、小声的说话，忽然变成"划然变轩昂，勇士赴敌场"的气势和精神。

我今天的题目是"古琴艺术概述"，不是按照固定的模式，先讲琴的历史等，因为大家听过，我就不那么讲了。这里有一篇唐人薛易简的《琴诀》，薛易简是唐朝琴侍诏，特别重要的琴家才会被皇家征去，而且在宋朝朱长文写的《琴史》里薛易简占有很长的篇幅，他的文字虽然有点浅，但"义有可采"，他的观点，他的理论，提出来的对古琴的判断和主张是可以接受的。他说"可以观风教"，也就是说弹得好的，音乐本身可以看到当时社会的风尚、主流思想，"可以摄心魄"，把人的灵魂都感动了，"可以辨喜怒"，琴能表示出音乐，可以被人们感受出来，而不是简单、单调和平淡，"可以悦情思"，"可以静神虑"，可以安静下来，"可以壮胆勇"，可以让人鼓足勇气和胆识，"可以绝尘俗"，让人高尚起来，"可以格鬼神"，可以感动鬼神，和鬼神沟通，这是古琴比较全面的功能。唐朝是中国文化的最高峰，也是古琴的最高峰，以上的功能是一个弹琴大家所提出的，完全重视古琴的存在和反映，这才是对古琴的真正的认识，白居易的只是他个人的观念和个人的喜好而已。

大家认为白居易特别懂音乐，像音乐家似的，证明就是他的《琵琶行》，在座的各位肯定都读过《琵琶行》，中学课本里就有，很多音乐家说这个《琵琶行》证明他是懂音乐的，但是1992年、1993年我写了一篇文章在香港《明报·月刊》上发表，标题是说"白居易不懂音乐，证据就是《琵琶行》"，我写了之后得罪了一些人，当时没有意识到，后来才意识到，一些弹琵琶的不高兴了，因为他们认为琵琶之美就用这首诗来证明，而搞文学的就批判，说白居易懂音乐，他们说我不懂音乐，我说白居易不懂音乐，这就把白居易给否定了，至少我这个文章太直接了，应该写得更加委婉、曲折、缓和，用商量的口气，我的标题就叫人不能接受。但没办法，我要是接受那个观点，我这个古琴该怎么办？古琴就是"静夜十数声"了，就没人听得琴的最高境界。现在有人这么说，就是很清（清澈）、微（声音小）、淡（没有表情）、远（很遥远、很悠远），这是最高境界，古代有这种曲子和音乐审美观念和原则，但不能说是最高境界，要不然伯牙弹琴"洋洋乎志在流水，巍巍乎志在高山"就不行，那就不是最高境界，伯牙、子期，中国人把他们看得那么高，最后不是了，那就麻烦了。"清微淡远"也是清朝后期一个不怎么有影响的琴家提出来的，有些人把它奉为最高境界，用白居易的诗来证明，我们这些弹琴的都是不合格的，不判刑也被打入冷宫了，这不符合实际，因为大家听的不是那样的。

怎么证明他不懂音乐呢？《琵琶行》写的全是声音，没有表现出情绪，"大弦嘈嘈如急雨，小弦切切如私语。嘈嘈切切错杂弹，大珠小珠落玉盘（叮叮当当的声音），铁骑突出刀枪鸣（像刀枪一样噼里啪啦响，都是音响），幽咽泉流冰下难（哭泣的声音）"，这且不说，他写的全是声音，没有感情，证明他不懂音乐的地方是"初为《霓裳》后《六幺》"，《霓裳》和《六幺》是唐代著名的舞曲、舞蹈音乐，《霓裳》肯定是说美女，不是男的，《六幺》肯定也是女的跳，唐代男的跳的是《兰陵王破阵》，这里说的是美女，要是男的也是翩翩公子，怎么会是"铁骑突出刀枪鸣"。还有"大弦嘈嘈如急雨，小弦切切如私语"，我们知道，大弦的音乐也不光是嘈杂的，也有低沉的、深厚的、安静的。《十面埋伏》高音区那么厉害，这和《霓裳》和《六幺》也没有关系。而且诗里明明说弹了两个曲子，和那个是相矛盾的。最有意思的是，他说听了以后感觉女子"似诉平生不得志"，这个女子那么多不幸遭遇和这两个舞曲也没有关系，他完全弄拧了，他从声音上想象只有那么多。从音像上来说他描写得非常美，作为诗句、音像描写是了不起的文学之作，但绝对和这个音乐内容、和乐器是没有关系的，而且是相反的。最有意思的是"转轴拨弦三两声，未成曲调先有情"，那又错了。那是调弦的，这就有表情了？音乐没开始，跟音乐没关系，她的遭遇还没表现出来，好像听完了琵琶才问她怎么回事，才知道的，那就有情了，那么她这情也是装出来的。"未成曲调先有情"，这是不懂音乐的人才说的，所以这篇文章证明了他不懂音乐，反过来他写的那些古琴诗是他个人的感受，也不能证明古琴就是那样。因为我是弹琴的人，他这么说是可以理解，可以原谅的。那位朋友撤走了，他可能太反感了，我说白居易不对他不能接受。但这也说明我的判断还是对的。

真正的琴，是古代文人贵族的艺术，现在文人贵族的艺术是我们生命的权利，我们生存健康以后，需要物质、文化两方面的文明滋养，精神文明里有音乐，音乐里重要的是古琴，不像有的说古琴不是什么人都可以弹，多数人弹就不对了，反对多数人弹，认为只有少数有文化、有修养、有地位的人才能弹来听，这是"霸道式的垄断"。现在故宫谁都可以买票进去，故宫是自古皇上生活和理政的地方，过去谁要从门口走都不行，你进不去，自己进去就杀头了。南书房行走是不得了的待遇，不可能到寝宫去看看，现在都可以了。皇上是至高无上的领导者，生活的地方都可以随便去，古琴却不能让一般人去听、一般人去弹，这完全不符合现代历史规律，也不符合古代历史规律，其实古代没有文化的人也有弹古琴的，文化不高的人也有弹的。但是越来越少，因为它后来形成一种独特性，文人贵族的。没有文化不可能接受，不能理解，就好像唐诗宋词，白居易的诗后来老妪都可以听得懂，但老妪会作吗？不会作。打油诗，张打油可以，为什么李打油不会呢？打油诗说明他还认点字，不认字是多数人，他们就不会，那就没办法了。现在文盲越来越少，将来没有文盲的情况下，唐诗宋词谁都可以读，但能写的是少数。古代文人也不都是会作诗的，作的诗不是诗的也很多。

在科举制度的时候，唐朝以诗取士，都得会作，而且要作得好。明清时期是八股文为主，但最后得有一首诗，那首诗格律要非常非常严谨，用词要非常高贵、典雅甚至神圣，因为要表示你是一个有治国才能的人，但多数都没有诗的意境和韵味，没有文学价值，那时候有一定文学训练的人都能作。所以古琴会弹的人很多，能弹出艺术的人是少数。现在所有人都可以欣赏它，它是整个人类的文化艺术，2003年它被联合国教科文组织确定为人类口头与非物质文化遗产代表作，就是这个道理，它在古代是文人贵族的艺术，但是现在它是我们所有人文化权利的一个组成部分。

古琴因为是文人贵族的艺术，是在古代所形成的，就跟唐诗宋词一样，唐诗的格律很严谨，杜甫的诗格律是最严谨的，古琴，可以说它是高雅的、高尚的、高贵的，但是高而可攀，不是高不可攀；它深厚、深刻、深远，但深而可测，可以理解，可以感受；神圣的、神奇的、神妙的，但神而可解。但现在有些人，包括古代有些文人就把它说成高不可攀，深不可测，神秘不可知的，而且他会了以后，就希望你觉得它高不可攀，深不可测，神秘不可解。这是一种社会存在，我不赞成，我可以反对这个观念，但没有反对人家这么做，我没有这个权利，我要宣传我的主张，所以，我把我的观念跟学生说，我们要正确传播古琴艺术，即古琴本身是什么就是什么。这是我对古琴的基本概括。

概括用几句话来说，古琴是现存世界上最古老的、活的、成熟的音乐艺术，它有文学性，有历史性，有哲理性，但它是一个极为有社会影响力的音乐艺术。为什么说它是现存世界上最古老的呢？因为它3000多年前就有了，直接证据是甲骨文里有"樂"，丝和木的结合作为乐，当时没有琴和瑟的名称，所以琴瑟在甲骨文时期有了，但名字有没有形成，没有进一步证据去明确判断，但来源是那个时期。到《尚书》里说，"搏拊、琴瑟，以詠，祖考來格"，就是说《尚书》讲的是商周时期的社会存在，那时候用它作为祭祀祖先、祭祀神明的一个重要方式，不仅仅是琴，还有钟、磬等，所以，是这样一种神圣的活动时采用的，所以一定是成熟的，在当时有重要地位的乐器。

后来就更多了，《周礼》里面说，"士无故不彻琴瑟"，到士这个阶层，那以上可能就更是了，"无故"就是没有特别大的变故，死了亲人或重大的事情，或自己动不了之类的，一定要天天弹、听。那么重要，那么普遍，这是一种身份修养的需要和政治交往的必要，所以是很普遍，也是很重要的。再往后，"琴瑟友之"，证明它在人们的感情生活中普遍采用，在《国风》里有，而且很多首诗里讲到了琴，"士无故不彻琴瑟"和"琴瑟友之"是同时的，说明它在整个社会状态中间存在，有广泛的影响。

后来又不一样了，《吕氏春秋》记载，为什么伯牙弹琴，子期死了，他要绝弦，再也不弹呢？他说没有人再能理解他了。他弹的是高山和流水，这是最早即兴演奏的记录，他说伯牙"方鼓琴志在泰山"，想到高山而弹，不是钟子期听过高山这个曲子，而是伯牙心里想着就弹，那是即兴演奏，而且钟子期听他演奏，"洋洋乎若流水"，这个"洋洋"有写作"汤汤"（shang1）的，意思应该是一种宽广奔腾的气势和意境，甚至于它有一种形象的感受，联想到水的形象，而且这是纯粹抽象的。音乐表现客观存在人类心中的感觉，这种表现不是一般人能感受得到的。说明古琴已经发展到这个程度，纯器乐而且是即兴的。纯乐器乐曲在西方16世纪以后才有，16世纪以前西方有乐器，是演奏歌曲和舞曲的，唱歌演奏的曲、跳舞的曲不是歌曲，也不是舞曲的纯器乐来表现感情的曲子，当时还没有，而《吕氏春秋》是公元前3世纪的，在这里不是夸耀和吹牛，是说那时候古琴是这样的。因为伯牙碰不到知音，觉得难遇，而且钟子期可能有跟他更多在琴上的沟通和理解，不仅仅是那两个曲子，所以钟子期死了他就不弹了。这是古人最高的一种信念，特殊人物的一种最高理念式的极致产物。有的人痛苦，就继续去弹，去怀念朋友那也是正常的。这里是一个很特殊的例子。

所谓古琴是现存世界最古老的、活的艺术，是因它一直流传、发展、有序，没有断。有什么是断了的呢？中国其他种类的，汉民族乐器都断了，古代有竽后来有笙，没有当时的乐曲，演奏法单纯，现在演奏法和古代肯定会有差别，没有曲子，也就不太一样了。战国的出土乐器有瑟，但曲子、记谱法没有了，独特的演奏方法没有了，但筝是它的延续。很多乐器都是这样，很多艺术都是中间断了。但有些又是后起的，比如最早的诗经，之后是楚辞、乐府、杂诗、古风、唐的律诗、宋词，每个艺术的存在都是一个历史时期和一个历史时期……而且现在写楚辞的人，有，也是个别的，不是文学的常用体裁，不叫失传，但也算是没有了。乐器里只有古琴是不同的情形。

绘画从隋朝开始逐渐成熟，唐宋成熟，明清更成熟；书法，"书圣"王羲之，楷、正、草从那时候开始，形成，发展，成熟。在那之前是甲骨、篆书、隶书，所以古琴既古老又没有失传。说它成熟，我发表的文字里有一篇《琴乐之境百字诀》，是我总结的。最后两句是"乃含天地之所有，禀今古之所怀"，是说它表现人的思想感情，对社会、对人生感悟，是全方位的，在古代留下来的乐曲和一些文献记录的乐曲的曲名中都可以看得出来。比如箫不能叫它不成熟，但它是特性乐器。箫主要是表现安静的、抒情的、忧伤的乐器，表现"壮胆勇"它就不行。它也能喜，但不能怒，要喜也不是开怀大笑地喜。相比较，琴在古代是成熟的艺术，这在世界上占有独一无二的地位。

从古代弹琴人物的身份可以看出，比如伯牙、子期，后来小说说伯牙是个大夫，上层文人贵族阶层。孔子肯定是弹琴的，虽然没有明确那么说，那时候凡是有一定身份的人都弹琴。汉朝的司马相如，大文人，也当过官，那个官虽然不是行政官员，也是有崇高地位的。蔡邕也是大家能想到的人物，还有宋徽宗。乾隆皇帝没有直接记载他弹琴的事儿，但他收藏了很多琴，我在台北看到一张琴叫万壑松涛，它上面有题字，"逍遥太极，乾隆御府清玩"。刚才白居易说了半天，可惜不是拿他作为正面例子说。李白、杜甫会弹琴，过去我讲的时候就说"有可能"，后来就说能了，因为找到两首诗证明他能弹琴，一首是李白登泰山的时候，"独抱绿绮琴，夜行青山间"。李白不可能给别人拿琴，要是别人的，由琴童拿琴，不会自己抱着上山。如果由琴童拿琴，有可能自己是装样子。但李白不需要装样子，他自己抱着琴。还有首诗说"我醉欲眠君且去，明朝有意抱琴来"，可能是他请朋友弹，他听，但这首诗我断定抱的是他自己弹的琴。

杜甫有一首诗说，"客至罢琴书"，有客人来了，也不弹琴也不读书了。杜甫写诗不会无中生有，不会弹琴也把琴写上罢琴，他是诗圣，不会说假话，不会吹牛。不像有人不会弹琴也把琴说到自己身边，有人说"琴剑飘零若许年"，其实他不会弹琴也不会舞剑，但为了找那个意境。反正我不会就学，我不至于不会开车还写开车。刚才主持人老师说（我）琴棋书画都行，可惜我是不会下棋的，所以人家说你琴棋书画，我说我不会下棋，不可能写"敲棋十指冷"，如果我不会弹琴就不会那么写。人家问我会什么，我就说琴箫诗书画，加一个即兴演奏和即兴书画。

古人说古琴是众乐之首，《广陵散》是琴曲之王，琴是古代圣贤留给我们的，所以古代对琴极为尊崇，有的人要沐浴焚香才弹琴。当然古代并不是都这样，但洗手焚香也是一种尊重。如果手不干净，有汗有油不好，我觉得手不干净弹琴是对琴的不尊重，比不洗手就吃饭，要重得多。你不洗手就与亲人握手，去抚摸你所喜爱的孩子，去给你的长辈揉胳膊，这不可能，一定要洗手。沐浴焚香，当你要给自己的亲人拜寿的时候，一身汗，也不换衣服就去也不可能。从这点上讲是合乎情理的，所以古代把它看得很神圣，也就产生了很多神话。

　　神圣到什么程度呢？古琴的乐器结构，古人把他的很多理想、理念跟它联系起来。比如琴面是圆的，像天一样，虽然天是球形，它不是，而琴面的圆弧就象征天的圆。琴底是平的，相当于地的方。（但有的琴底略有弧线），他就想这个平像地一样平展，天圆地方。琴身前面宽，后面窄，像尊卑。古代对尊卑看得很重。孔子也讲，古人讲了很多尊卑观念，严格划分。上面有13个徽，这个大家肯定都看过，13个徽是表示泛音的，比如弦乐器，如果中间二分之一的地方碰一下，它就整体振动之后还要分节振动，这二分之一处就是它的高八度音。四分之一，八分之一，等等，每个点都有个泛音，一共是十三个点，就是十二个月加一个闰月，就是第十三个月。琴的背面两个出音口是龙池凤沼，池、沼，两个水池子，都不是简单的出音孔了。琴弦七条是"宫、商、角、徵、羽、文、武"，是古代七个音阶名，"黄钟大吕"等是律名，律名是音高的名字，"宫、商、角、徵、羽"不是唱名，是音名，可以根据律的高低来变动的。文武，就是说文王增加了一条弦，武王增加了一条弦，历史上有这种可能，但没有直接证明。"宫、商、角、徵、羽"然后是"文、武"，然后又把它与"君、臣、民、事、物"联系到一起。还把"金、木、水、火、土"与它联系在一起。有时候可能有一些附会，但是说明古人把它看得很神圣，不是简单的一张琴，而是和周围的哲学、一切最高的理念都沟通起来、联系起来。把琴弄得像个人形而且好像是个神仙：仙人背。我想明白了，仙人背就是拱背、驼背，是圆的。为什么叫仙人背？因为古人所画的古人像是这样的，最典型的就是任伯年画的人，都脸比较长，背是拱的，反正看着样子有古貌。这个人有古貌，在古人的内心就会产生敬重或敬畏之感。要是平时长成这个样子，就夸他有古风，有古像，状若仙人。所以，古人画的文人多是这样的，没脖子，其实他是有脖子的，这是仙人背，这是一种尊敬的产物。然后，玉女腰，腰是细的，我现在带来的这张琴是仲尼式的，这个不像金童头。有一些琴头是圆的，像是人的头一样。这是头、背、腰、颈、肩，像个人形。还有唇舌，还有嘴，有时候美化叫"龙唇凤舌"。其实凤的舌头长到龙嘴巴里是不可能的，这是一种理想，这个嘴不是普通嘴，是龙嘴，这个舌头不是普通的舌头，是凤舌，龙和凤像两个保护神。这是承露，承接天上的露水。这是岳山，是一座伟大的高山。这边是焦尾，琴的木头用能充分振动的、质地比较软的木头，比如梧桐木或竹木，琴尾用硬木头把它保护起来，也叫冠角。这是尾托，这叫雁足，不是普通的柱子，像雁的脚一样，也叫凫掌。这是上弦的轴，这是绒扣，这些东西都不是简单作为乐器来看的，是看作圣贤所留给我们的。所以有弹琴如对师长、对先贤的感觉，这是对琴的一种尊重。

  再说古琴的社会作用，古琴的社会功用和文化意义，在古代叫宣情理性。宣情是表达自己的感情，理性是对人性的修养。人性分为自然性和社会性，自然性就是健康，社会性就是知识、感情、修养和智慧。古代没有我们现在的观点：什么自然状态、社会状态等，但他也知道健康，养生早就有了，也知道人的修养，比如"壮胆勇"、"绝尘俗"、静神虑等，这是理性。宣情，就是"辨喜怒"，把喜怒表达出来。"观风教"，可以看到社会上的思想、教化，等等。还可以影响社会，因为古代有这种可能，古代有很多很神奇的记载，如子贱治单父，弹琴三年不下堂，那个县就太平了，有这个记载，是不是真这样我们先不说，至少这个记载就是人们感觉到它有这个力量。

  古代的琴是文人的书斋艺术，在我想象和看到的苏州园林和南方园林，大贵族的大客厅也就有我们这个教室一半大，书斋也就这个角这么大，所以琴的声音不需要很响亮，琴以音色为主。音量也有需要的说法，因为清朝末年、民国初年杨时百，他说古代人是追求大声琴的。宋朝以来，甚至唐。他说古人尚大声，不大声不得入内府，古代有一张琴叫"春雷"，就是希望它有这种力量，还有琴叫"惊雷"的。但是，古琴声音都比较小，尤其做得不好的琴，声音就更小了。你们直接听过古琴的声音，是不是觉得古琴的声音是比较小的？我过去上学的时候，我老师的琴比较正常，又在客厅里，没有觉得琴声小，而别人一听觉得琴的声音怎么那么小，那是因为他从来没有听过古琴。1963年我第一次出国去日本，我们艺术团里的王玉珍（唱《洪湖水浪打浪》的那位）她到房间，我在练琴，她说：呀！这是古琴。呀！声音这么小。我的琴在明朝时候的声音是大的，我感觉不小，她就感觉声音小。古人讲追求大声，我们也试过改革古琴，但声音大了音色就不对了，音色一好声音就小了。所以有人说声音越小越是沉，那不是沉，那是死。有人说琴声音要不大不小，琴不可声音大。说声音大不好就等于端了一盆饭他全吃了，撑死了，你怪人给你多了，你吃一碗就行了嘛。作为乐器表现，音量幅度，大小差别越大表现力越强，像墨分五彩，画了半天没有焦墨，浓墨也没有，只许用淡墨，那这个表现力就差了。

我现在这张琴是四川曾成伟先生做的，远远超过了所有我见过的古代的琴的音量，音色又特别好。所以我说老天爷照顾我们弹琴的人，生出了一个曾成伟。唐代的雷威他们家族做琴特别好，声音也非常好，没说声音小，我弹过他们的雷氏琴，大家认为声音也很大。今天这张琴的声音大家不会觉得小，我弹几声给你们听听。（现场演奏一段）后面的朋友也听到了吧？我没有用力。（演示）如果要响亮就要用力，不用力就声音小（演示），后面听不见了，就对了。曾成伟的琴的声音不像电子琴，如同程序不够只有强没有弱，而（古琴）这个乐器在于你手，你可以控制它的强弱，就好比你说话大嗓门不能怪人家房子太拢音。有人说话就大嗓门，他不会小声。我们常人是可以小声的，轻点儿是可以做到的，所以在于人。刚才说了半天大家也都听过琴了，我用这张琴来弹《流水》。

关于《流水》的理解。它是中国古代第一名曲，和伯牙子期最高境界"知音"联系起来。它表现点点山泉，汇成小溪到江海水的种种形象，我不是说各种，种种就是很多种，你可以联想，可以想象，可以去感受。它又表现出孔子说的"仁者乐山，智者乐水"。在座的朋友们，我要说，"仁者乐山"应该怎么念可能都知道了，但我有点心虚。因为我是东北人，东北把"乐"念作"yào"，但是字典说这里就得念"yào"，如果念"lè"就念白了，念错了。我觉得将来可以约定俗成念"lè"。比如"说"（shuō）和"说"（shuì）就是个问题。比如"说（shuì）客"、"说（shuō）服"，"说（shuì）客"是名词，"说（shuō）服"是动词，把他"说（shuì）服"是台湾人这么说。现在广播员还叫"说（shuō）服"，有的开始说"说（shuō）服"，我听声音老颤，一般人听"说（shuì）服"会听不懂。而且我认为作为动词还是应该念"说（shuō）服"，读"说（shuì）客"感觉还是别扭，感觉说"说（shuō）客"不就完了吗？"仁者乐（yaò）山，智者乐水"，反正这个意思是孔子把意境和古琴所表现出的智慧者的智，智慧者的心灵，都充分表现在这个曲子里了。有的段落很潇洒，好像阳光下面对着大海，面对着蓝天白云的智慧者的豪迈之气。

我用的谱子是管平湖先生的谱本，就是他的乐谱、旋律（节奏和音高）。但是我演奏的《流水》精神来自吴景略先生。我有两位恩师，第一位是查阜西先生，第二位是吴景略先生，他们是很有热情的。管先生的

《流水》听起来就稳重、古朴、沉静。我1957年听管先生的《流水》，就感觉已经很汹涌澎湃了。现在用了吴先生的精神，比管先生那个，声音又激动一些。大家可以试作比较，听听那个录音，再听听这个，比较一下。

（现场演奏《流水》）

李祥霆：后面的朋友听得清楚吗？（回答：听得清楚），有没有觉得声音太小？（回答：没有）说明这张琴还是好琴，不但不是一般的好，还有神奇之处，你们都是现代成功的青年，肯定都懂音乐。音乐不管是唱歌还是乐器，到了高音，声音会窄一些、亮一些。唱歌也是这样，因为物理学和声学原理都是这样。而这张琴高音比低音还厚、还宽，打破了声学和乐器学原理，（演示一段乐曲），这种现象是四年前才开始出现的，我还经常借一个香港企业家何作如先生的唐朝古琴，那个琴非常非常好。全世界唐琴不到二十张，我弹过其中十一张，有四张声音不好，我们中央音乐学院的那张琴声音不好，国家博物馆那张唐朝琴声音一般。而他那张琴声音非常好。我2004年开始，重要演出就用它，后来等到2007年开始有几个地方高音比低音厚了。等到2008年的时候，整张琴的状态在唐琴中都是领先状态。后来我这张曾成伟先生制作的新琴有几根弦有这样的效果，现在就有这样的感觉，大家可以听听。（演示一段乐曲）绝对是乐器本身和声学不能解释的，我感觉这张曾先生做的琴是新琴天下第一了，谁要不相信，拿琴可以来比。怎么比？就在这一个环境下，不能用扩音器。

刚才弹了《流水》，下面我再弹其他琴曲来表现古琴艺术的不同侧面。刚才讲到古琴的历史悠久及其重要性。有一个曲子是《幽兰》，我把它称为现存世界上最古老的乐谱。因为乐谱是唐朝人所抄的文字谱，我们有一页文字谱，用文字的叙述方式记录了古琴的演奏过程。"中指斜卧宫商"那个意思是，中指一按在"宫、商"两条弦上，古代人把五条弦叫作"宫、商、角、徵、羽"，相当于第"1、2、3、4、5"五条弦，大家可以自己看这篇文字，我就不细解释了。这个曲子风格很特别，意义在于，可以看出那时候已经是一个非常成熟的器乐曲。这一曲表明了孔子周游列国，不被人接受政治理念的情况下的忧伤心理。像兰花很有高贵的、庄严的悠远之气，这样一种美好的花，但被人忽视在杂草中，表现的是这么一种境况。这个曲子要弹12分钟左右，我就弹其中一段，大家可以听到它的风格和韵味与众不同。一开始听不出来它的感觉，经常听过以后会觉得确实是我们汉民族的东西。它有几个地方像西方音乐，sol→la→ti 这么进行，然后用了升 fa、升 do，用了一些变化音。古琴有四个八度，到这儿，四个八度全用了，还用了其中一个大三度，比四个八度还多一个大三度，能到这个 mi。

（现场演奏《幽兰》片段）

今天这间课室还是比古代文人书斋客厅要大太多了，本来我有一个小扩音器想带来，后来一想还是想让大家听直接的声音，如果觉得听不清楚或者看不见，我弹琴的时候，大家可以到前面来，离近点也没有关系，反正我不怕。

再弹一个反差比较大的曲子《酒狂》，我把它断定为唐朝的曲子，因为从记谱法和各方面的考察，它和古代其他的古老曲子是在一个状态下。《神奇秘谱》有三册，它在第一册里，应该可以看成是唐代的，是一个古代经典小品，它表现的并不是像有人解释的，是阮籍不满当时现实、对统治阶层的不满和蔑视。其实这个小品表现不了那么厚重、深远的内容，应该是一个表现古代文人微微喝醉酒愉快和潇洒的心情，比一般人的愉快要热情，更放开一些，这样解释比较符合这个作品的实际。有人把它弹得很慢，很徐缓，好像摇摇摆摆的。而这个曲子的句子是跳跃性的旋律，而且所用的是简洁的指法，所以肯定不是那么慢的弹奏方法，那种慢与"狂"字就不一致了。有人用各种节奏去实验它。《西方玉》是 60 年代上海姚丙贵先生的打谱，这个打谱，到了北京，我两位老师演奏过程中有所调整，把乐句章的第二小节的最后一个音由三拍变为两拍，就不像西方音乐了，要不然就有西方音乐圆舞曲的感觉了，所以第一小节六拍，第二小节两拍就比较合适，我认为表现的是这种心情。《酒狂》的最后一段我不弹，最后一段标题是"仙人吐酒声"，神仙喝醉了呕吐也是肮脏的。我们没有必要去表现那个，你说它不肮脏，那是个别的偏爱，那我不管。有一个故事，人家不怕脏，卖油郎与花魁，花魁吐了，弄到卖油郎衣服里，他觉得很可爱，那是有特殊的感情，但在这里不是。

（现场演奏《酒狂》）

再弹一个与这个乐曲有明显反差的曲子，叫《阳关三叠》。《阳关三叠》可以说是古琴的经典琴曲，本来是带着唱词的，但是琴人可以只弹不唱，这个曲子来源在明代，反映的是古代文人男子送别朋友，忧伤，不能弹出儿女情长的味道。和柳永送别、告别的词和婉约派是不一样的。有的人弹得很浓，就不符合这个曲子的本意和风格。对这个曲子我要谈的和另外一方面有关系：因为古琴是古代文人贵族艺术的一种智慧结晶，这个曲子是经典名曲，但技术并不难，它有意境和艺术性，但技术不难。

它是我教学生的第二个曲子。第一个曲子的前面有基本练习，古代没有这种基本练习的过程。现在有汉语拼音和语法，帮助人们来接受和学习文化知识。基于此有了基本指法练习。这之后第一个小曲子是《秋风》，如果前面都消化了，《秋风》再消化了，学《阳关三叠》，慢的三次也就会了，快的一次就会，尤其如果这个人平时就喜欢音乐，听过很多音乐的。所以我说它是高而可攀的。另外这个曲子它的意境也是古人文人的那种心情。古代的风貌我们可以从中体会到。艺术性上又有一种非常美好的和深刻的（韵味）在里面，但技术不是那样难的。这就是我上面说的许多经典琴曲意境内涵高深，可技术却不难，是所有音乐艺术中最独特的。

我曾经有三句话，古琴"高而可攀，深而可测，神圣而可解"，而且还有另外三句话："喜欢就能学会"、"入迷就能学好"，"发疯就能学精"。那些要你入迷就能弹好的包括《忆故》，《幽兰》也是。《幽兰》技术不难，只要进入音乐，方法对就可以了。技术难易和艺术的高深可以是相反的，在古琴是两个不同的范围标准和要求。比如说其他乐器，像钢琴、小提琴，有人弹钢琴曲弹了好几年还弹儿童曲，稍微深点的就做不到了。只有古琴没有这种问题。其他乐器，凡是高级的、高深的曲目，成熟曲目都是技术上难的，凡是技术、技巧简单的一点都是浅的。而古琴特性在这一点恰恰相反，《阳关三叠》就是一个很明显的证明。现在就弹这曲《阳关三叠》，现在要变下弦，把第五弦变成 mi。

（现场演奏《阳关三叠》）

现在连着再弹一个曲子，是现存世界上最古老的艺术歌曲，宋人姜夔作词作曲的《古怨》。西方早期是以宗教歌曲为主，还有民歌。"艺术歌曲"我们是借用它的名字，它是比较晚期出现的。《古怨》的产生是 800 年前左右，那时候别的国家还没有成熟的记谱法。现在先说记谱法。为什么我们可以确信《古怨》是那个时候？因为那时候古琴记谱法已经成熟了。现存最早的琴谱是"文字谱"，记录《幽兰》的文字谱是唐朝人所抄的，传到日本，清末发现以后又传回来了，它最初是南北朝的邱明传出来的，经唐朝人手抄，所以，这个音乐肯定是 1000 多年前的东西，是可靠的。唐代中后期，文字谱演变成了减字谱，古谱逐渐得到了完善。姜夔自己写的词和自己写的古琴谱，是自己写的，在正式出版的刻本里印行的。

《古怨》的词是借用暮年女子的口气，对人生、社会的感叹，好像绿珠那样的美女也终将逝去。好像陈子昂所说，看古人看不到，想象后人也见不到的感觉，是很哀伤的。看起来好像个人的一种体会，其实是作者对时代的一种感受。旋律很有特点，我现在来自弹自唱。这是可靠的800多年前的音乐，词、曲、指法都是他写定的。

（现场演奏《古怨》）

这是"真古董"，现在涉及为什么古琴能把那么多古代的曲子传下来，就是凭借这种特殊的记谱法，这个特殊记谱法只在古琴上产生和使用，别的乐器都不可能产生也不能用，古琴是五声音阶定弦，而且又有13个标识泛音的徽，又是等弦长的乐器，你知道第几弦和谱的位置，音就明确了。还告诉你左手哪个指头按，右手哪个指头怎么弹，弹完以后左手怎么做。这些动作就把古琴旋律的艺术性也表现出来了。如果刚才的旋律不用古琴弹，包括《流水》、《酒狂》，用别的琴弹就没有古琴的特点了，就极大地降低它的艺术意义了。好像用钢笔写印刷体的汉字，那就没有艺术性了，完全不像用毛笔用行楷写汉字那样有艺术性了。如果像广播员那样，说我们新发现了李白一首诗，"床前明月光，疑是地上霜"，这不是艺术。要诗朗诵，"床前明月光，疑是地上霜。举头望明月，低头思故乡"，这是用四声的汉语，用舒张的高调朗诵我们的诗词，才与古琴本谱丰富的指法表现出的高雅深刻的感情、思想、精神类似。

我为什么不比喻成隶书、篆书和草书？因为那些书法线条变化不大，尤其是篆书、甲骨文。虽然造型美，但没有笔的变化，隶书线条变化比较简单，草书变化也不多。就行楷和楷书而言，行楷有线条变化多，楷书就少得多，行草也比草书线条变化多。古琴就是这样，（演示一段乐曲）各种音色变化交错、语意变化、起伏收放等都在指法里体现出来。还有发给各位的古琴指法谱那一页，像药方似的那张。《红楼梦》里宝玉说，"妹妹大长进，看起天书来了"，林黛玉听了笑话他。"天书"就是指这个古琴减字谱。前一行半，所举的古琴指法，唐朝后期才有，唐朝早期、中期应该是用文字谱。古琴谱子什么时候开始有，没有直接的文献记录。古代书上说，雍门周做古琴谱。这个说法太远了，现在我们还不能证明它，但也不能说它没有可能性。文字谱的记谱法，一旦有了成熟的汉字和成熟的演奏过程就可以形成一套指法。比如这叫挑，这叫钩。一说钩就知道是中指向内。比如只说中指牵宫、商，而不说食指，就是说中指只接连弹奏宫弦和商弦，发出前后两个音宫、商。挑就是食指向外弹弦，只要有专有名称，就可以形成文字谱，很早就应该有这个条件，只要需要，就能像文章一样把琴曲整体地记录下来。

减字谱是唐朝曹柔做的，这比较可信，唐中后期到现在都用这个。比如这个草字头就是"散音"，散音就是"空弦"，空弦就是弦本身的声音。二胡按下去是实音，要是空弦就是放开了琴弦本身的声音，在古琴就是散音。大，就是左手大指，九是九"徽"，就是第九个点，一横一竖一小行就是，绰是左手往右移动。挑七就是食指往外挑第七弦。"省"，"少息"，意思是要音长一点，稍微停息一下。"上"是再往高音移，到"七徽六分"，就是七徽下十分之六的地方。又上七，再下七徽六分，大指七徽，抹挑，"木"就是抹，食指往里面抹，挑就是挑字最后一笔。分开就是抹完了以后左手向右移上来，再回到原位去挑，把抹和挑分开了。名指，"夕"是名指，七徽六分，七徽下的十分之六，掐起，就是名指按着七徽六分，大指掐起。名指七徽九分注挑六，往下滑是注。"巾已"是带起，就按弦的指头是抬起来，先按弦再抬，出现个"散"音，然后泛起。古琴中有上千种指法，有单纯的指法，还有各种组合。比如说"锁"，就是"嘀嘀嘀，嘀嘀嘀"之声。长"锁"就是七声或九声。这有"打圆"等，这是组合指法。古琴指法有很多很多种，但是一看全是汉字的记减。减字谱就是演奏的术语、指法名称的汉字精简策划的组合。

有人故意把古琴往神秘里说，说想学琴，指法你就看不懂，这就是一个难关，把别人吓坏了。我说指法是高度智慧的产物，就是让人学习方便。比如说学中国字还得学拉丁字母？汉语拼音是为了方便。难道不会汉语拼音就不能学中国话，不能学中国字？也能，但是不方便。减字谱是给人方便，而不是创造困难。还有人故弄玄虚，故意把琴弄得很高，说想学琴先学打坐，这和打坐没关系，他自己都不会打坐还让别人打坐，不知道把别人弄成什么样子。还有人说先学写字，他自己的字还不行呢。这些都有例子。

我现在想到了一个例子很有趣。有个业余爱好者，一个白领、大学毕业生，学琴第三年跟我闲聊的时候说，李老师，没想到平时您说话很随和，没有架子，我第一次看到您有点失望。我说为什么？他说我想您一定是仙风道骨的，结果见面您和普通人一样。我说我是不是应该瘦瘦的长脸？他说对对对。我说那应该穿长衫，他说对了。我说是不是要留胡子，他说更好。我不是那样，但有人就会这样，比如说要讲座就用一种高深神秘的语气说，"各位朋友，古琴文化是人类文化中最高的一种……"，他们希望我这样讲，你们可能不需要，因为你们是正常的老师。但有人需要那个。古琴，第一它是艺术。如果各位是音乐爱好者，卡拉OK唱得很好，哪怕简谱都不用会，各种音乐一听就觉得很好，都会被感动，您就是一位懂音乐的人。如果说有人给你弹一首古琴，经典名曲，比如《柳树》、《梅花三弄》、《平沙落雁》、《阳关三叠》、《酒狂》、《关山月》，等等，弹完了以后，你感觉"哎哟，太高深了，听不懂"，那是他弹得不对，弹得不好。经典名曲弹对、弹好人家听了会说"这个曲子太好了"。如果你弹完以后，音乐爱好者听完说"这个古琴真是太高雅，太高深了，你弹得真好"。这是你弹错了，弹坏了。要是弹好，会问"哎呀，是什么曲子"，这是你弹得好。他注重的是曲子，你曲子感动他，他会问"什么曲子"、"哪儿有唱片"、"哪儿有谱子"，这是你弹对了。如果他只夸了你这个人半天，说明你弹得不好。如果他是一个爱听音乐的人，人听完以后对这个曲子没感觉，只是老觉得这个人很神圣、很典雅，如果是这种感觉，对他弹琴没感觉，他那是瞎弹。

《古琴艺术特质辨》是我前几年发表在中国艺术研究院《艺术评论》上的。我这个文章里引用了很多古代文献，这篇文章是说把古琴神秘化是不对的。古琴现状有三类，一类是我们把古琴作为音乐艺术来说、来看、来做的。还有一类，我把它叫玄虚类，就是宣称古琴最高境界是"清微淡远"，会的人越少越好，说古琴是"弹给自己听"的，不能用简谱，不能用五线谱教学的，甚至他们连减字谱都不要，只要对弹，老师一句，学生一句。等于不要你认识字，就让你背唐诗，他怎么讲你怎么听，你记住多少算多少，似乎你记住越少证明越难他越高。这是玄虚类。我弹一下清微淡远，你们看看是什么样子。他们把不是清微淡远的曲子，充满了豪情、热情、优美、艺术表现力的《梅花》、《渔樵》都要弹得平淡，没感觉，那都不是清微淡远。因为现存古琴曲没有一首是"清微淡远"的。一首真正的清微淡远应该是没有符点，没有半拍的，只能有一个音，不许有切分音，不许有吟、猱、绰、注等的表情，就等于是这样的，（念词演示）不能大声念，大声念就听见了，真正的清微淡远就应该是这样的，请各位老师到前面来听听，你们在后面听不见就等于我没做了。就是白居易的"调慢弹且缓，夜深十数声"的意思。

我有一张唱片，香港给我出的，叫《李祥霆》，我就想表现清微淡远，弹完一听，说还不够，弹了三遍还觉得不行。可是我想再弹，我没曲子，空充唱片。后来这三个他都给放上去了，而且居然有人特别喜欢这个。你们有机会听听，网上可能有，叫《李祥霆》的专辑，在我们学校中央音乐学院门口唱片店里可能也有。

（现场即兴演奏一段"清微淡远"应该是什么样子的举例）

这比白居易的诗词中讲的还是多了，他就十数声。待会儿我可以弹一些即兴的，真正即兴的是这样，（演示）如果真正的安静的、悠远的意境也可以，"最高境界"，不能那么说，而且不能叫你听不见，也不能叫你没表情，如果清微淡远没有表情就不行了，所以，古琴的艺术在左手有那么多变化，像我们有四声的语言的朗诵。木然的没有感情的表达怎么是最高境界？

我来正常弹一个曲子。

有一个曲子一下就能传遍全国，人人都弹的是《关山月》，是清朝晚期的曲子，在民国时期传播开。它所表现的内容可以和李白的《关山月》联系起来，唐代边疆将士们思念家乡，又要为国效力，不仅有忧伤，又有豪迈之气，虽然是小品，但很有分量。现在很多弹琴的人都会弹，《酒狂》也是所有弹琴的人都会弹。那些认为古琴最高境界是"清微淡远"的人好像也会弹，但是弹成这样，（演示一下），这哪是《酒狂》呢？这是睡着了。要知道这是《关山月》啊。

（现场演奏《关山月》）

这个曲子可以说有"壮胆勇"的力量。古琴和国画相比有很多点线之美，我作过专题讲演，这里就不说了，音质、音色也不说了。

下面说说古琴的经典文献。古琴的经典文献最早的是《琴操》，我有一篇文章，经我分析了之后，认为是蔡邕所撰。它有数十乐曲的内容记录，最早关于《广陵散》的文字记载是在《琴操》中，这是从专辑做书的角度来说。从谱子来说一个是《幽兰》，一个是《古怨》。《幽兰》是唐人手抄的古琴文字谱，《古怨》是南宋姜夔作词作曲的艺术歌曲。从琴曲集来说有明朝的《神奇秘谱》，就是朱元璋第14子朱权撰写的。还有《琴书大全》，这里收录了很多古琴的重要曲子和古代的诗文，这些诗文有很多古琴的文献，有非常重要的意义。比他再晚一点，影响很大的是清朝的《五知斋琴谱》，这是清朝的古琴谱。在清朝末年、民国初年有一本重要文献的内容和意义及影响力不亚于《琴书大全》，这就是杨时百的《琴学丛书》。湖南教育出版社把它缩小影印再版了，我给他们写了前言，是80多元的单行本，线装书作为收藏是很好的，但对一般人来说是挺贵的。我的老师查阜西先生在20世纪30年代编了一本《今虞琴刊》，他们收集了当时弹琴的人很多资料，是一个刊物式的。现在《琴曲集成》30册出版了，就是把所有古代的琴谱都已经缩小影印出版了。这从文献上来说有巨大的历史意义。

以琴来说，现存最早的琴是唐代的古琴。我有这样的判断，唐朝以前的琴做得不是很成熟，一旦有成熟的琴，大家用了之后，不成熟的琴就没有在意的保留，也就没有流传到现在。宋朝以后的琴在声音、造型和工艺方面，都没有达到唐琴那么高的水平。当然唐琴也有造型和工艺失败的，有本书叫《古琴珍粹》，是故宫博物院紫禁城出版社、中国艺术研究院联合出版的，收藏了各个时代的经典名琴。有些唐朝琴也有制作上和工艺上的缺点，就像款式方面。声音，我弹过的十一张琴里有四张声音算不好的。我没弹过的，也有别人说声音一般的。所以，现在存世的唐朝琴也不是每张都那么好，但是它是最高、最成熟的，历代都还没有达到的。宋琴也好，但达不到唐琴那么好的效果。

我有两张宋朝琴。但1995年我见到曾成伟的琴，我一用，两张宋朝的琴我就不用了。我这张唱片是1990年在法国录的，用的是我那张宋朝琴，等到1995年以后，《唐人诗意》、《宋人词意》等，近些年的专辑都是用它录的。现在唐琴最有名的是故宫博物院的"九霄环佩"，但是也有缺点，里面的年款有点疑问，后面的题款很多不是真的，但做工、造型最高，声音比较好。我们学校那张"太古遗音"声音不好，声音最好的是何作如的那张"九霄环佩"，是唐朝琴，可以说是古琴天下第一了。

关于琴曲，《广陵散》是现存世界最古老的乐曲。《古怨》是最古老的艺术歌曲，还有很多很多有影响的名曲。

关于人物刚才说了很多，刚才说到那些历史大家，从文献里可以查到，近现代重要琴家，我的前辈琴家，我一般讲到五个人：第一位是查阜西先生，1950年他曾经是民航总局的顾问，再早曾经是中国两个航空公司的副总经理，早期是共产党，后来做到湖南省国民党党部宣传部的代理部长，"4·12"政变之后被关起来的，又押到武汉，当时武汉是左派国民党控制，他得以脱身。后来，他离开到上海搞民用航空，成为两个大航空公司的副总经理。他有这个条件，创立了"今虞琴社"，出钱组织活动，筹备出刊物。抗战时期到了云南，抗战以后回到上海，国共两党最后决战的时候，周恩来总理找他谈话，策动了两个航空公司起义，所以，后来他当了中国民航总局顾问以后，就把全部的时间精力投入到古琴活动，成为中央音乐学院民族音乐系主任、中国音乐家协会副主席、民族音乐研究所通讯研究员。在30年代在上海发表文章的时候，吕骥先生就看到了，就是我们艺协主席，说古琴以后有条件的时候，我们一定要对它加以注意，一定要关心它。解放后，就找古琴家们并大力支持，在50年代拨了一万多元给古琴研究会买了三合院，因为四合院里有一户没有走。这是很不容易的事情。

第二位恩师是我上中央音乐学院的恩师吴景略先生。30年代和查老他们是朋友，吴先生参加到查老创办的今虞琴社，吴先生后来又是北京古琴研究会的会长，中央音乐学院教授，吴先生是我的第二位恩师。我的古琴艺术基础是查阜西先生，主体是吴景略先生。

第三位是管平湖先生，他是中国艺术研究院研究员身份的演奏家，《广陵散》是他最先打出来的，他的《流水》版本流传最广，他的代表性曲目还有《离骚》、《欸乃》、《获麟操》，都是我重要的学习内容，等于我把他认定为我第三个老师。所以学生说，老师咱们什么派，我说我就是这三个人教的，一个基础，一个主体，一个重要影响。再要说什么派，我就说三和派。

第四位是我另外一位没跟他学过的，但我觉得很了不起的老师，就是张子谦先生。他和查老是好朋友，那是创办今虞琴社之前的时候，后来的今虞琴社社长。他是专职的演出团体第一个人，上海民族音乐团请他作为专职演奏员演出。张老为人特别谦和，文字也很好，他有一本书叫《操缦琐记》，就是记录他很多琴坛的亲身的体验，琴社的活动，很厚，是很重要的文献。他散版的《梅花三弄》和《龙翔操》很有特点。

第五位是溥雪斋先生，是溥仪的堂兄，文人都讲琴棋书画，其实真正的琴棋书画的来源是明朝小说，里面说这个公子多么有才，琴棋书画样样皆通、或者样样皆能、或样样皆精，是理想中的才子。但从古到现在只有我的老师溥雪斋先生是这样的。我的古琴跟他学《平沙落雁》，他忙没能教我，他的学生教我的，那也算我古琴的老师。主要是书画，我的直接老师最主要的两位，一位是溥老，另一位是潘素老师。潘素是大收藏家张伯驹先生的夫人，也是张大千他们的朋友。我是每个星期都去上课的。查老管他叫溥雪老，我是不定期拿画请他看，他给我讲，也是我的文化老师。他是古琴第一流名家。棋，皇亲人家没事下围棋，不下象棋，而且老文人们聚会，也是下棋的。张伯驹先生在世时也是下围棋的，但张伯驹不弹琴，画他文人的画。溥老又是书法大家，比他画的名气还大。他才是琴棋书画真正的唯一的一位。这是我的前辈大家，对我有影响的，我要列举的名家还有不少，最重要的是这五位，大家可以从文献和网上找到他们。

关于古琴即兴演奏，我这本文选里有。即兴演奏在中国早就有了，第一个记录就是伯牙弹琴子期知音，那么即兴演奏是什么？就是在演奏过程中同时就作曲了，是思想的流动，灵感的连接，命题型演奏古代没有，从我开始才有的。文人我一弹他就懂了，他感受了，我现在意会下，就是一个纸箱子，观众把标题投进去，到时候观众来抽。我现在聪明了，原来抽一个就弹，现在是抽五个题目由大家选一个。即兴吟唱古代也没有，现在也是抽三首诗大家举手选一首我来自弹自唱。这是即兴作曲的能力加上熟练的演奏结合在一起。但做出来还要感动人，准确表现出内容还要有美感，还要感动人。很多作曲家写了一辈子，结果一个曲子都没有被别人演奏，或者谁都会演奏，都演奏没反响，那也不算成功。真正即兴演奏在中国有传统，但大约南北朝以后就没相关记录了。

即兴演奏可以说是古琴早期常有的一种表现方式，但我们的即兴演奏和西方不一样。西方的即兴演奏是给你一个音乐片段或短的音乐旋律，它有独立性，明确的形象或意境，但个性不能太强，不能没法改变。它在这个基础上用变奏、移调、压缩、扩充、移位、转调等种种作曲手法，并加上其他材料，进行作曲。它得先有一个音乐材料。我们中国的即兴演奏，想高山就要弹出高山的感觉，想流水就要弹出流水的感觉。这是中国的即兴演奏和西方的即兴演奏在本质上的差别。琴歌，在古代很多琴人在弹琴的时候是不唱的，但商周时期应该是都唱，过去《诗经》里的许多诗都能唱的，词也是能唱的，琴歌也早就有，但作为歌的记录最早的就是姜白石的《古怨》，明朝又有很多情歌出现，有一派，查老把他们叫作江派。这一派的琴歌是每弹必唱的，琴歌的唱法我们今天叫"吟唱"，因为古代唱琴歌是对着朋友或者自我吟哦，不是大声唱。比如说（大声唱了几句），这是唱歌。琴歌要有吟诵的成分，有语言的成分。什么是语言成分？我在琴歌论述里面说过，如读字，要有起，还有收，不能说"我们今天做古琴讲座"（模仿说话吃力状），那是南方人说普通话不熟练。"你干什么去呀？""古琴讲座"，有起有收，"好还是不好呢？"要有语言成分，（如是地唱了一句）要比喻的话，就是像邓丽君的歌吐案，就有吟的成分，当然比她吟的成分还要多一点，所以把它叫吟唱。而且声音不要放得很大，不要灌得很满，听不见怎么办呢？大场合用扩音器，小场合用吟唱。这是特有的。我的前一代会吟唱的只有查阜西先生一个，我到40岁的时候才会吟唱，在那之前能勉强。一弹就不会唱，一唱就不会弹。吟唱是一种能力，也是可以培养的。有些人喜欢唱，也有些人不喜欢既弹又唱。

古琴的兴衰。

古琴在唐代，是它艺术的高峰，但弹琴的人也少了。后来有人感慨说会弹琴的人少了，而且被胡乐影响了。为什么呢？胡乐是一种休闲娱乐，庆典是雅乐、燕乐，然后才是娱乐性的，那是一种正常的文化扩展。文人的爱好修养也多元了，比如白居易好弹琴还养着家童和歌女。宋朝人朱长文的《琴史》中说他没事还老听那个，当时听胡乐就像现在有人听流行音乐，我也听流行音乐，但古琴是我的事业、爱好和精神依托，这和白居易还不一样。

其实这种情况下，古琴还是发展了。技术、艺术程度高了以后，专业水平的人就少了，许多人就觉得学古琴的人少了，一般说爱好者虽然有，但有重大影响的，比如薛易简，是读书人，后来弹琴的就少了。明清时期也是这样，杨时百有人说是贡生，其实不是。他是当时的管大学堂的大臣张百熙的助手，他肯定是个文人，他的诗词都很好，他来弹琴，但是专业水平很高。像有他这种专业能力的人更少。明清时期，1840年以后，随着中国整个社会败落，列强入侵，经济破坏了，政府也腐败了，文化也不行了，生活也不行了。生存都有问题了，所以弹琴的人就更少了。30年代查老在全国以问卷方式联络琴人的时候能弹琴的不到200人。1956年，查老在文化部和中国音协的安排下做一个全国采访（他不叫调查，以表客气和尊重），全国会弹琴的人不到100人。

到"文化大革命"时期，"文化大革命"刚开始，我们学校有个学生贴出大字报，说古琴是"地主阶级文化"，不应该再弹了，吓得全国弹琴的人不敢再弹了。但是别的乐器可以，古筝可以还叫古筝，因为是可以表现资本主义，可以表现封建主义，也可以表现社会主义的工具，就能继续弹。但我们用古琴弹《社会主义好》也不像，还像古曲，我也弹了很多新创作的歌曲，一听还是古代味，那还是实验阶段，所以我们都不敢弹了。1973年，因为有人说古代音乐史上不能没有古琴，又敢弹了。"文化大革命"以后古琴是第一个被尊重的。我们中央音乐学院已经是第一个与世界并列的音乐学院，是中国最有影响的音乐学院。我上学的时候，西方音乐占主导地位。民乐呢，音协主席吕骥先生，以及那些老一辈领导，包括我们赵院长很重视民乐，就建立了民族音乐系，建立古琴专业。那也没用，大家还是觉得那是民间的，二胡好像都是民间艺人，是要饭拉的。古琴是老古董，没有意思，太难听，淘汰算了，有这样的观点。所以，我是在弹古琴，但是我们系里同学和老师只有少数人关心和有兴趣、喜欢，多数人不喜欢。所以当时许多学民族乐器的人，拿着二胡、琵琶在院子走都觉得不好意思，我倒没有不好意思，但别人说我就是遗老遗少了。还说你老跟那些遗老遗少在一起也成了遗少了，我们同学还说我画的画有点像原子弹爆炸以后的感觉。但"文化大革命"以后，否定之否定，对传统文化经过大否定、大破坏之后，觉得传统文化更重要了，古琴变成第一个被敬重的了。所以我的女儿在我们院上学时，拿着古琴，琴囊都不用，带着琴很自在地在院子里走。甚至不管你弹得好不好，说弹古琴就不得了。现在一般人也说自己会弹古琴，好像不管好坏，都是一种身份地位的荣耀。

　　前几年我说现在弹古琴的顶多一万人、两万人，好像有点吹牛，不好意思，有时候说五万人还得往回撤。现在有把握地可以说有三十万以上，为什么呢？因为我的《古琴实用教程》印了十次，印了三万三千册。这三万三千册是不是都卖完了不知道，两万八千册第九次印完了又印了这个，这两万八千册肯定都卖完了，用我教材的人不会超过十分之一，因为我的学生用我的教材教别人，我的学生和他们教的学生顶多有十分之一，我这么说可能都多了。一般人不会用我的教材，好不好也自己编，因为用我的教材似乎比我矮一头了，尤其他是别的老师的学生，用我的教材等于否定他的老师了。现在很多人出教材和唱片，所以用我教材的顶多十分之一，这都有点吹牛，也许就五分之一。十分之十就是三十万，这不得了。现在外国也有琴社了，伦敦有"幽兰琴社"，硅谷有"北美琴社"，日本人办了一个"东京琴社"，外国人学古琴的人也挺多的，有的就是外国人在那里教。

现在是这种状况,而且新作品有了。现在出版物也有很多,电视台电台也多,电影配乐也多,什么都多了。我经常想到我的两位老师,他们没想到今天会是这样。我以前有一首诗,写到伯牙现在不用摔琴了,现在更是不用了。我一问,知道你们都在广播、电视上听过古琴,直接听过的也有很多,这是中国历史上的极大变化。有人说中国人现在的生活是过去想象不到的,古琴的状态他们更想不到。所以,这是天时地利人和咱们中国都有了。我有一句诗说:"当世琴人我最幸。"我比别人还幸运在哪儿?唐朝琴,你们可能网上都看到了,唐玄宗的第三个儿子唐肃宗即位时的皇家庆典制品,造型、做工最好,声音最好,还有神奇之处。而且用它来表现古代经典曲目,证明唐朝琴真是越弹越好,能证明古琴真好,还能说明我弹得好。这张琴别人弹,琴主人都不借。为什么能借给我?2003年拍卖的时候,何先生竞拍到的。他是一个企业家,他很有实力,有很多爱好,收藏印章、书画、木家具、老普洱茶,等等,古琴他不懂,但喜欢音乐,卡拉OK也唱得好,他很会听音乐,他也知道古琴有多重要。2003年拍卖时,他知道这个琴多重要,他也认识这个琴原来的主人,然后他就去竞拍,买下来了,315万元加上佣金,一共345万元。买的时候记者问你什么感觉?他说"太便宜了"。别人说这人太狂了,345万元头一张琴。2004年春天拿到上海、苏州、扬州、南京请各地名家去弹琴,包括来往机票和招待费,也请我,因为我当时有英国和南京的音乐会,没法去,就没去。过了好多天我的学生给我打电话,问我去没去?我说我没能去,问他别人怎么说?他说别人说这张琴"声音一般"、"徒有其名"、"令人失望"。因为拍卖之前预展的时候我看了,我有一个学生是瑞士大使,嘉德公司北京负责人认识我的那个学生,请我这个学生去看,我的这个学生说请李老师一块儿来听听这个琴。他说他肯定弹不出来好声吧。去了后,我说能弹吗?他说来贵宾了,当然可以,就拿出来让我弹,虽然可能贵宾不是我,是大使,还是就弹了。哎呀,确实好,跟我以前弹过的其他好琴都一样,从低音往上走,没觉得到了高音区,就是高音和低音极度统一,松透圆润,所有音都演到了,声音也不小,我说太好了。说了很多赞美的话,当时旁边有《北京晚报》的文体部的主任在,姓王,第二天就报道了,但我也没看到。过了一年,我的美国朋友给我打电话、写信,说在报纸上看到你说这张琴如何如何好,我才知道报道了。可能那些朋友已经看到了,跟别人说,他们弹时觉得声音一般,就是"徒有其名",因报纸说好，但却"令人失望"。何先生也很郁闷，他说我买琴不是为了买古董，是想证明唐琴有多好。结果李先生当时在晚报上说好，这么多人又说不好，他很失望。后来9月份，拿到北京来，我一个学生跟他是朋友，过来，他说李老师，这个琴到了北京了，你要不要弹？预展当时我看这张琴，我说，这辈子就这一次了，因为我上大学的时候，吴先生说，上海吴金祥先生的"九霄环佩"是真的琴，没说其他的。他也没说他弹过，也没说好不好。我说这次谁买到，是不会再拿出来的，于是还赶快找个学生给我照相。又出现了，我说当然要弹了。琴拿来了，我一弹1、2、3弦还是很好，越弹越好，等弹了两三个小时，4、5、6、7也都很好了，我说是不是我错觉？弹习惯了？那个学生说确实很好，我说那太好了。他说放在这儿弹一个晚上，明天何先生请你吃饭再还给他，我说不行，这么重要的琴我不敢保管，你还是拿走吧，明天再说。第二天吃完饭，在一个茶叶馆的小包间里，四壁都是硬材料的，不吸音，一弹，哎呀，越弹越好，尤其当时很安静，比今天这个环境安静多了。主人高兴得要命，拿出80年、100年的普洱茶请我们喝，手舞足蹈，兴奋异常。后来过了不久，说请你到广州来，我们有"千年古琴百年普洱欣赏会"，请你来弹。一弹果然很好，来的人都没听过琴的都说这个曲子太有震撼力了，首先说曲子好，然后说琴好，然后再说弹得好，就说明这个琴真好，人家喜欢音乐才有这个作用。后来凡是我有很重要的演出，一打电话，他就把琴亲自送来了，包括普洱茶也一块儿带来。然后他有什么重要相关的活动也给我打电话。

最重要的两个活动，一个是2008年温总理访问日本，融冰之旅，我带这张琴去出席"中日文化体育友好交流年"开幕式演出，安倍晋三首相和总理坐在大剧院中，他们上台讲完话，我就用这张宝琴弹《流水》；第二个是2008年胡主席8月份访问塔吉克斯坦，上海合作组织的六国高峰会议，每个国家出一个节目，加上四个观察员国家的元首十个国家元首和观察员在那儿，中国出的节目还是我用这张宝琴弹《流水》。这张琴还在抗战胜利60周年的时候，故宫建立80周年的晚会，在故宫太和殿前，我弹《流水》，现有唐琴只有三张在故宫里，这张琴进了故宫。还有一次在故宫里高级会所那个内部活动中弹了，所以两次进故宫，意义也非同凡响。其他那些唐琴都没有参加过这些活动，所以这张琴的意义确实不同凡响了。白先勇的《玉簪记》每次演出，何先生就跟我一起带着琴，在《玉簪记》里演奏。白先勇先生的影响大，《玉簪记》影响也很大，白先勇先生还特别说，这个演奏中唐琴如何如何，弹得如何如何，还邀我抱着琴上台参加谢幕，这张琴的影响就更大了，只有我才有这个运气。所以才有那首诗叫"今世琴人我最幸"。

现在我们休息，休息之后各位有什么问题我再来回答。

（休息）

提问者1：老师，我听说您擅长即兴的演奏，如果我们要是有耳福的话，请您即兴地给我们演奏一曲，比如就您之前说过的李白的诗"床前明月光"，您认为哪些适合配合唐诗的意境即兴给我们演奏一曲。谢谢！

李祥霆：前面讲的那些，目的是让大家对古琴有所了解，告诉大家怎么去看待古琴。我讲了很多有分歧的意见，我还有一句话要补充。我有篇文章，是篇约稿，里面说"古琴艺术应该成为每个中国人的基础知识之一"，就像唐诗宋词这样。使每个中国人对秦兵马俑和长城、故宫的这种需要，对古琴也同样具有。所以，你可以不喜欢，但不能不知道。基本精神是这样，所以哪些跟大家的需要一致不一致，我都没有再进一步去说。但是基础知识这一点，如果大家同意我的观点，在你们的教学过程中或日常传播文化时要把它加进去，加进去不要把古琴变成神秘的玄虚的，这是我的愿望。现在即兴演奏，是大家需要我举个例子。这样，请你们出三个题目，大家可以选一个。要不比方说"床前明月光"，但是显得太浅了，好像太没有意思了。你可以命题，你们出标题我即兴演奏。

老师1：比如春雨、秋风……

李祥霆：都可以，别太普通了，有人以为我是把很多曲子的片段拿过来串联到一起，其实只有说相声的能做到，比如第一句国歌，第二句我的祖国，第三句爱上祖国，而且很可能他们也是事先编排的，临时去弄也是接不起来的。

老师2：丰收。

李祥霆：好，丰收算一个。

老师2：郁达夫先生有一篇《故都的秋》，故都是指北京，现在正好已经立秋了。

李祥霆：还有吗？连出题都不好意思？再出，三个选一个。

老师3：《逍遥游》。

老师4：我来一个俗的题目，《龙凤呈祥》。

李祥霆：这不算俗，吃面条算俗的，那就没意思了，但是也可以演奏。有一次有个记者以为我真的演奏过，我说没有，如果出了这个题目我说那也不能不弹。比如吃面条，饿了十天吃面条是什么感觉，那您吃面条的感觉，就有意思了，光吃面条稀里呼噜，那就没意思了，把它变成一个有意思的事儿我也可以做，这就是我的能力问题了。现在有丰收、《故都之秋》和《逍遥游》，请举手选择。喜欢听《逍遥游》，这是庄子，庄子把这个话说得很大。

（现场即兴演奏《逍遥游》）

提问者2：谢谢李老师给我们讲解古琴知识，而且让我们大饱耳福，刚才您也提到，在"文化大革命"时期要让您用古琴谈社会主义好之类的，这个古琴可能无能为力。

李祥霆：能弹，但不像社会主义。

提问者2：我的问题是，如果古琴想表达现代人在现代生活中的一些感触，您觉得在哪些方面确实是有局限的，哪些方面是有优势的？比如古筝有《战台风》这类的曲子。

李祥霆：琵琶有很多表现现代的。还有《剑器》，还有写《琵琶行》的。要找古代题材的，现在弹不是问题。现在我回答这个问题，在整个音乐进行中，要避免左手进退太多的抒情性的，要采用点新的指法，表现一种新的情绪。比如1974年、1975年我作了一首曲子叫《三峡船歌》，因为三峡当时可以通航而且可以夜航了。就采用了四川的音调，用新的一些手法，比如琵琶的扫弦，琵琶的折分（音），左手旋律融入现代的一种旋律风格，避免滑音太多，作出以后，又到四川采访船员们，加上船上紧张劳动的情绪，作成以后，他们都很接受，电台也广播了。现在网上可能也能听到我那个（曲子），一听就是现代的，但有些地方一听还是古琴风格，但有很多新的指法。人们听了以后还没说它是琵琶和扬琴或古筝。

还有《风雪筑路》，成昆铁路通了，是（一九）七几年的时候，（一九）七七年、（一九）七八年写了以后也还是比较能表现所要表现的内容的。还有在上海写的《梅园吟》，歌颂周恩来和国民党斗争的，里面有怪音调，好像是表现国民党特务的形象，他们也演出了。还有了《吐鲁番的葡萄熟了》半歌唱性的，比较容易。现在我的有些即兴演奏，有些有强烈的时代特征，比如我的专辑《唐人诗意》、《宋人词意》，我在美国演出时，他们出了一个题目叫《旧金山飞机场》，弹了以后他们也没有说有古代的感觉，而是有民族风格的，时代的精神的，时代的感受在，《旧金山飞机场》里我不是去表现飞机起飞和降落,因为飞机场现在听不到飞机的声音了,过去很响的声音没有了。飞机场表现的是紧张有序、安静祥和,因为是一种太平景象,人在社会活动中会紧张而有序,是一种充满轻松喜悦祥和的心情,表现这个精神,但又在旧金山环境下,这就没问题了。

还有一次我即兴演奏,出的一个题目是拜伦的一首诗《我见过你哭》,我也不弹西方风格的旋律,那不像古琴,但在演奏的时候用了七声音阶和变化音。还有英国,BBC给我录了五组专题节目,第五组要一首即兴的现代风格的,无调性的乐曲,我用了很怪的音,但是一听还是古琴,而且还是现代的,把这几个方面结合到一块儿了。所以这是可以做到的,但不是简单就能做到的。

这些问题都很有意思。大家可能还不了解,可能认为简单了。其实这也是很多人需要问的,因为很多人还是对古琴不了解。

提问者2:李先生,我再问您一个问题吧。我刚才看到您的琴弦好像是金属的,您刚才说到香港的那位先生给您弹的那个唐琴,您拿到之后是不是换了弦的呢?我想不会是过去的那种丝弦,换了现代的金属弦跟古代的丝弦比,在音色还有在古琴风格特色方面还有什么样的不同?谢谢!

李祥霆:其实这个弦不是金属弦,你可能看见过钢丝尼龙弦,那是里面是钢丝,外面缠的是尼龙,还有顺丝,也不是纯金属弦。为什么很多人把它叫钢弦呢?那是贬低、攻击和否定的提法。1966年吴景略先生发明的时候,找各种材料,最后证明钢丝芯有弹性,不容易断,而且音量、音长比较理想,因为做丝弦做音长不太容易,加上尼龙是顺丝和横丝都可能,很光滑,可以去掉磨弦杂音。你听有的老先生的录音,有的噪声不很明显,有的录音方法不佳或琴弦太新,所以磨弦噪声很大很多人都受不了。我小时候听广播里的古琴曲,我父母说这是挠什么东西呢?受不了,不能接受,所以吴先生发明这种弦,这已经很理想了,就是钢丝的感觉不明显了,很光滑,音也很长,但音太长了,容易混浊,我的方法是,在弦尾下面加一条丝绳,音就抑住了,空弦弯短摁下去音就长了,这一次,厦门他们发明一种是合成纤维做的,里面也是合成纤维丝,就是人造丝,外面用尼龙外皮也做得很光滑,完全是丝弦音色,你现在听像钢弦的声音,其实不是钢弦,是因为已经做得很亮了,这是一种成功。(现场演示一段乐曲)好的丝弦就是这样,新的丝弦,就亮了。丝弦用旧了就不会这样,用旧了怎么办呢？用胶水把它稀释以后捻一下，老的丝弦胶紧了才行，要不然像普通的绳子不振动了，时间长了它会脱胶，所以还要捻，捻完以后丝弦是亮的，所以有金石之声，金就是编钟，石是磬，那么尽是好的声音。钢丝尼龙弦空弦音太长不清晰，另外高音区容易单薄。上海音乐学院的弦很好，但七弦高音有这个问题。另外乐圣的弦高音就比较好了，还有用了扩音器以后，钢丝尼龙弦这些余音也不明显了，这么中和，音色很美，所以现在我再和厦门朋友提出来，他们有财力，有个大老板喜欢古琴，能投百万几千万元都可以，我说你用几十万元的经费把丝弦解决了完全有可能，他们有人愿意做这件事情。

如果钢丝尼龙弦对传统曲子没有什么不好的作用，顶多是变了一种风格，就好像钢琴、小提琴。小提琴过去是用羊肠弦，现在，200年以来不用这种弦了。虽然现在欧洲还有一些人用古法做小提琴，用羊肠弦演奏，但这种人很少。我女儿在德国，她丈夫是李斯特音乐学院钢琴教授，系主任，我女儿在那儿待了十多年，她接受很多西方音乐，她说那种人还有，人数很少，有人去听，有人在做，但影响不大。我就曾经跟很多人说，你用了那种弦演奏是莫扎特，现在没有人用那种乐器，用现代的小提琴、钢琴演奏还是莫扎特，没有影响的。钢丝尼龙弦弹《广陵散》、《梅花三弄》没人说听着是琵琶。但有些人拘泥到严重的情况下变成一种偏见了。我在香港一个研讨会上跟他们有正面冲突。刚才我说有时候甚至带有敌对和仇恨呢！他们就跟我敌对的。他们说"我们的老师让我们用丝弦"，"你们这是不传统"，"我们跟李先生不一样，他们是面对消费者"。好像我是卖面条的。我说"消费者"是贬义词，我们的古琴面对的是中国传统文化的欣赏者，而不是卖酱油醋的，不是卖东西。我说你们老师好像较传统，让你们用丝弦。现在丝弦都是不合格的，你们用的都是不合格产品。比我们60年代用丝弦杂音还要大，而且拉手，几下就出沟了，把有些学生手都磨破了，还夸这些学生。这些学生还说我多用功，把手都磨破了。这是愚蠢。那时候50年代就是丝弦，我也没磨破，老师也没让我磨破。这是不正确的方法才造成的。

他们说"你们用的是钢弦"，我说"是钢丝尼龙弦"。我说"你们的老师的老师是我老师的朋友"，意思是说你们的老师跟我是同辈，你不必用他来压我，没用。我的老师吴景略先生发明了钢丝尼龙弦，查阜西先生是赞成钢丝尼龙弦的，因为那解决了老的问题，没有新的东西代替钢丝尼龙弦的时候，还得用那个做，因为那些咝咝的杂音，很多人一听就受不了了，会让古琴的传播受到影响。还有更可笑的，我碰到一个青年，那是"文化大革命"刚结束，他说古琴真悲，听着特别……我说怎么？他说里面有哭声，咝咝咝咝咝咝，他以为是抽泣的声音呢，弄得我啼笑皆非，脸红得要命还不能解释。后来我说那不是哭，那是磨弦。他说听着像哭，你说这种事儿。我们实事求是，为了表现音乐艺术，换成钢丝尼龙弦，现在钢丝尼龙弦已经没有造成那种破坏性和否定古琴传统的影响，今天这个弦更是像丝弦了，但还不满意，因为它和丝弦比，丝弦有些特殊的音色它还没有做到，就像人造纤维还不如棉和纯毛，纯毛比人造纤维要高一些。

这个问题很好，因为你们要提出一些不了解古琴的人会产生的一些问题，恰恰是我需要说明的，因为对多数人来说，现在古琴还是冷门，很多人一看到古琴还是说古筝、古筝，80%、90%的人还是不了解古琴，所以任何问题都可以提。

提问者3：英文翻译怎么说？

李祥霆：英文就是用"gu qin"这两个字，guitar on the wall，墙上的吉他，那个也不行，也不能清楚准确简要表达，古琴就翻译成"gu qin"，二胡就翻译成"er hu"，简单了，人再解释嘛。

提问者4：如果有30万人学琴的话，现在比较有代表性的流派和代表人物有哪些？普通人的话，买什么样的琴比较好？

李祥霆：现在的古琴代表性人物，人们一般经常提到我、龚一、吴文光这三个，再往下数，网上就很多了。买琴，我就不给他们做广告了，我用的琴就是曾成伟的琴，我认为他的琴最能表现所有的传统琴曲，也能表现新的琴曲，而且也不贵，现在买琴最贵的几十万元，最便宜的两三千元，有的琴还不能用，但是也有的人买两三千元的琴也很好。我这张琴3.5万元，我认为琴的声音是最好的，造型不错，做工像粗布衣服，但现在有人就喜欢粗布衣服，家里有好几亿元，却穿粗布衣服，邋邋遢遢的，不知道想表现高雅还是高贵。古代说"布衣"不是穿布衣服，是指不当官的身份，还是要绸缎的。我那个琴囊是锦缎的，有人就拿那个印蓝花布做，其实那并不雅。有的小的琴行，做得普通，没名的，三四千元的琴可以。我有一篇文章，在《琴学文选》中《论新制古琴的选择》里写到，一是琴弦不要太高，太高就抗指，摁不下去。标准是七徽七弦那里离琴面不要超过五毫米。不要有沙音，多是琴面不平或者有临时的坑洼，有时候是弦有问题它也有沙音。没有沙音，不抗指就能用。古琴有个特点，一块长木头，你拉一根弦，一弹就是琴的声音，它再不好也是琴的声音。就像中式衣服，一个是对襟，一个是扣子，再难看它也是中式衣服，有点类似这样的道理。作为初学练习，不抗指、不沙音就能用。音色好不好怎么判断？弹不好琴就选不好。有人说那琴不怎么样，其实那是他弹得特别差，因为他没学会就自己选琴，他弹不出来好声，好不好也听不出来，好不好他判断不出来。所以，初学的不要自己选琴，要找会弹琴的人，弹得很差，好琴他也说不好，就像何先生那琴最初拿到上海、南京，弹的人都说琴不好，那是弹得不行。琴的声音决定于什么呢？首先是乐器本身，还有方法，还有弹功夫，还有个人的修养，缺一条都不出好声音，初学选琴，就是不抗指，不沙音就行了。做工你也看不出来，故宫出的那个琴的画册里有不少都是外行的琴。就像这个衣服，外行人看不出来是农村裁缝做的。西装你一般看不出来，西装名牌和不是名牌的领子只差一点，袖子只差一点就不行了。就是那个兜盖，我在国内买的西装那个兜盖就宽，在法国那个名牌就稍窄一点。宽点就显得笨，要不对比看不出来，一对比，原来这样。所以初学的人这么选就行了。

在琉璃厂有一家，是两千元左右的琴就不错，那个店是我偶然发现的，我帮你们找一找他的电话。

提问者5：李先生，您能把刚才制琴的曾先生的名字写一下吗？

李祥霆：曾成伟，四川音乐学院古琴副教授，是四川现在最有名的。

提问者6：非常感谢李先生作讲解，文献上说古琴很多是用梧桐做的，说梧桐能招来凤凰，有一种凤凰的音，凤凰的鸣叫非常清远，后来民间出现了用泡桐做，材质的变化，请先生给我们解释一下。

李祥霆：古代说凤凰落在梧桐上，那个梧桐做琴最好，这是古代文人的一种理想，一种传说，一种希望，一种幻想。如果真是那样，没几只凤凰落在梧桐上，大家的琴就没有了，还是得弹。现在有的做琴师傅说，梧桐就是泡桐，泡桐做古筝、扬琴的面板，古琴也就用这个，关键是做琴人的手艺，最好的面给你烙饼你不见得能烙出好的饼，特别粗的粮食，高手也能做出好的食品来。但好的木头，最适合做琴的是梧桐木，各地产的不一样，福建梧桐就硬，河南的泡桐就软，软的时候你选恰当的，音色好，软硬合度就可以。曾成伟先生现在都用新梧桐木，照样出好琴。老的梧桐木和老的杉木直接对琴有利，但不一定有那么多人有那些条件。所以，木头对琴很重要,但有好木头不一定能做出好琴来,而常规的木头,如果处理好了也能出好琴。

提问者7: 中国现在有很多青少年宫,小朋友学乐器一般都学古筝,很少有学古琴,说古筝是秦国的民间乐器,比较雅的,现在好像古琴有点和古筝相竞争一样,怎么样让古琴成为更多小朋友学习的内容?现在很多青少年宫都是古筝培训班,很少有古琴的。您怎么看这个事情?

李祥霆: 这是比较复杂的问题,一个是会弹古琴的老师就少,如果弹得很差,小孩一听,不爱听。所以学琴第一条是爱好,第二是时间,如果没有爱好强硬学就不行,不少父母强迫小孩学钢琴、学古筝,都有,孩子特别痛苦,最后学不成。他要自己喜欢,想学琴再学琴。北京有的小孩五六岁、六七岁学得很好。我们学校招附中、附小的,都有来考的,有的就很好,这是少数天才型的。作为爱好、修养,必须先让小孩听,有些小孩一听就喜欢,有的听一辈子也不喜欢都正常。但作为基础知识之一,他可以不喜欢演奏,但必须听过。社会竞争肯定竞争不过其他乐器,就好像唐诗宋词,课外让小孩背四书五经的很少,背完了也忘,所以作为爱好和修养,可以喜欢,也可不喜欢,作为知识是所有人文化权利的组成部分。现在做不到,我们努力,人们能听、爱听就行了。听了还想动手永远是少数人,我们不能跟别的乐器相比,好像读唐诗宋词,除了课内,课外的还主动去谈、去学的很少,读《红楼梦》、《水浒传》的人现在都不多,所以,我们应该接受这个现状,有意识地去传播就行了。能做到多数人都听了,多数人知道了,很多人喜欢了就行了,多数人喜欢不太容易。

提问者8: 几岁可以开始学?

李祥霆: 我过去教,觉得十岁开始学比较合适。现在有五六岁开始学的,小孩自己真喜欢也可以。但我主张用小一点儿的琴,现在都用大琴,用大人的琴去代用不行。现在做小琴的人不多,因为小琴跟大琴只省点料,工不怎么省,价格就下不去。所以,我就给他们想了些办法。我说儿童用琴小一点,琴面有弦的地方做工要正规、灰胎不能减少,其他地方,一层漆就行了,就省工了,上漆和磨工比较费事,所以用这个方法就能降低成本。小孩弹几年就要换大琴了,所以小琴有声音,不是很美也没有关系。但结构对了以后,声音还是可以的。

提问者9: 古琴丝弦到底是什么材质?古文献里说古人弹琴有琴弦断的情况,能够预示到什么事情要发生,或者心情不好,或者弹琴过程中客人来访，他能从琴音里辨出来。这怎么解释？

李祥霆：第一个问题，古代就是用纯丝，中国古代早就有丝，有胶，弦捻成股，用胶黏才行，不黏合就是绳子，拉着弹就嘣嘣嘣的，沉闷的，不可能发出音乐的声音，所以有很多做弦的特殊技术要求，做出来的音色，就像我这张琴这么明亮，这么深远、优美的都有，不好的琴弦又拉手又不出好声音。

第二个问题，丝弦，如果丝不好，做工不好就容易断，尤其是七弦容易断，因为七弦拉的音张力是高的，不能做太细，做太细，手摁上去没感觉，粗了又太紧，用点力去弹弦就易断。所以过去传统卖弦，七弦给你两根，断没了，再零买一根两根的。但丝弦多是从琴头这边岳山这断，断了再打个结到这儿就够了，所以每根弦都很长，丝弦的七弦最容易断，外四条弦上弦要从外边先上一弦，一弦不容易断，四弦断了之后不用解1、2、3弦。里边5、6、7弦，先上5弦，5弦比4弦不容易断，所以在里边。上6弦得先把7弦解开才能上6弦。这好像是笨，但按这个方法会上的话就很快。钢丝尼龙弦不容易断，现在这种合成丝的弦就更不容易断了。这用的是航天降落伞用的那些材料，再加上胶做，所以它有一个特点，不怕水，不容易断。而钢丝尼龙弦用旧的时候再上弦，钢丝有的时候会扎手。现在这种弦不扎手，所以我现在给它一个评语是"理想"。但不叫"最理想"，最理想是把丝弦做到又不断又光滑，那是最理想。

提问者10：我们看到现在北京也有一些学琴的机构，他们也在探索古琴文化，在这些方面有一些努力，我看到他们的演出都是特意要营造一种古色古香的氛围，特别是小孩还要着汉服，梳发髻和戴着特别的帽子等，同时，我觉得他们是希望能与时俱进，向西洋乐器看齐，还弄出一个四手连弹，您是怎么看的呢？古琴文化要发扬光大的话，应该坚守它作为中国传统文化的定位还是要想方设法与时俱进，向西洋乐器借鉴等。

李祥霆：任何事情都不能过，过犹不及，大家都知道这个传统，这句话太是真理了，1+1=2，如果1+1=2.000001，是0分，1+1=1.99999，也是0分。你说的穿汉服这些，偶一为之或特定需要，比如祭孔典礼或者演戏，如果我在台上是嵇康了，我穿这个古代衣服。我是李祥霆就不能穿这个古代衣服。他们这样也能吸引某些人，说，"哎呀古琴真古典，我要来"。甚至在家里穿汉服也可以，照着镜子录个像也可以。但我不会，也不喜欢。到正常人穿正常衣服能弹琴，我就觉得正合适。少数人愿意那样，他说，我们这样做目的是为了看古代的形象、面貌。其实你平时不穿成这样也能弹。没有说弹钢琴非得像莫扎特，穿燕尾服，在家里还得换身燕尾服再弹，也不是。还有人还要粘个胡子，那等于演戏一样，既然是古琴的传统，那个古曲标题是什么，内容是什么，音乐是什么，应该准确表现，这才是它应该坚持的原则。

古琴在变化，为什么有人标榜自己多传统，那为什么你不弹五弦琴？否定我们是传统，为什么你不弹五弦？古琴最早是五弦，怎么你不弹？《潇湘水云》、《神奇秘谱》里那个是十段，比现在要简短得多，你为什么弹后来这个，不弹那个，他们就没话说了。想把古琴弄得很神秘，高不可攀，好像传统是一般人不可及的，那也不行。古琴的原则是精神、艺术的基本面貌不知不觉地变，是一种发展。古琴艺术的很多曲子和前面的版本不一样。现在《广陵散》已经不用变了，因为那已经成熟了。《梅花三弄》，现在大家听到的，再变就不需要了，再变肯定就变错了，变坏了，没有人能超过它，是经典的东西。刚才我弹的那些都是想变也变不出来，我是不想变的。有点不同的是，《广陵散》、《流水》是两个老师合起来，就是管先生的版本，吴先生的神韵。那四手连弹，是可以做的，反正不犯法，不能禁止，但我认为不恰当。钢琴的四手连弹是键盘乐器可以，我这边一人弹上面的声部，另一个人弹下面的声部。二胡也这么来的，有，但那是杂耍式的，那不是我们音乐所需要的，而且弄也弄不好。因为这个比那个难多了。因为二胡这个手就是两根弦的，古琴七根弦，一会儿这样一会儿那样，何况古琴还有很多细微变化，这是不可能做好的。还有两个人挤到一块儿，左边那个按弦的，到高处就伸到右边那人右边了，真没有必要。

要与时俱进，比如我即兴演奏的《唐人诗意》，唱片，大家也能听到，网上这些其实也都有。新作品我已说了。还有"与国际接轨"的我也有，和我合作的美国一些音乐家是搞即兴演奏的，但他以前没听过古琴。他们一听觉得特别好。他们喜欢东方音乐，却没听过。于是我们就即兴重奏了，我用古琴，他们用长笛，还有钢琴等都有，即兴演奏以后，是东方的风格。为什么？因为他们是用五本音阶来跟我合的，一听就是中国风格，长笛演奏家听了我的箫以后，他的演奏就有箫的感觉了。中提琴的演奏都弄得有点像马头琴了，他往我们东方靠。我也可以有西方味道的。大约1985年我有一盘自己录的《无调性的即兴演奏》，那就是带有西方味的，这是与时俱进吧。但我用古琴原本的艺术把它们融合在一起了，如果我真正只弹西方曲调就没有意义，古琴特点没有了不行，还得有古琴特点。也可以与时俱进，也可以与国际接轨，但古琴要有自己的艺术特点，它的艺术表现的特质要保持住。十足西方偶一为之也可以，但那是偶一为之。穿汉服也可以，把人家吓得不敢接近了也不好。这个问题很有意思，这种问题都是非常值得一说的。

提问者11：因为我对语音比较感兴趣，对声音稍微有一点研究。刚才您说邓丽君吟唱，我看过侯德健一篇文章，他说在流行歌曲时代一个歌手怎么唱已经不重要了，最关键的是话筒。因为现在多数人很少有机会现场来听古琴，从您的经验来说，您觉得我们现在很多声音传播的媒介，通过它们传递出来的古琴的声音有什么样的一些损耗，或者特别是我们向外国人解释说这是古琴的演奏，它通过声音媒介传播会有什么不一样，与现场传播会有什么不同？

李祥霆：歌星主要是话筒，这个说法是对的，但卡拉OK也有人唱的鬼哭狼嚎的，那就说明话筒还不是根本，根本还是他唱的。古琴在大的场合演出，需要扩音的时候，有的时候是丑化了，比如普通的话筒对高频很敏感，把高音放大了，高音噪了。有的把低音放大了浑浊了，这都是丑化了。但很多情况是美化的，比如好话筒把高频不要加，低频不要加，包括胸用麦，每次都是美化的。有一次古琴活动大家轮流上台，我说今天的琴都这么好！可是拿来一弹，都是普通的，现在扩音设备普遍了，技术提高了，多数是美化了。美化对古琴传播有好处，对演奏者也是一种美化，就像化妆嘛。有些人化了妆照完相别人不认识了，朋友到你家做客，一问"这是谁？""这是我。"这种情况常有，但作为古琴来说，只要它的音质音色像古琴的原本面貌就对传播有好处。

主持人朱小健：非常感谢李老师今天上午给我们讲了这么多，还演奏了这么多。其实我们这个班李老师是最后一个来讲课的，但不是老师当中最后一个来跟大家见面的，因为我们后天有一个结业式，在这个班讲过课的许嘉璐、陈鼓应老师都会再来跟大家见面。特别是陈鼓应老师专门跟我说，他自己花钱买书送给大家，当然他是作者，书的价钱会便宜一点，但毕竟是花了钱，因为他看到大家学习，特别是大家对他提问，和他互动，用他的原话讲，他很感动，一个研究老子、庄子的人当他说到感动的时候，和我们的境界还是有很大的区别，我们真的要向这些老先生们学习。

他是后天傍晚的飞机去台北,后天上午专门要来参加我们的结业式,来见见大家,要跟大家再谈几句。

我说这个意思,要回到李先生这儿来,是因为我们这个班快结束了,刚才李先生回答问题,大家在后面可能没有特别听到李老师几次提到,其实李老师有一个非常独到的地方,刚才不是有人提当今古琴的影响的问题吗?李先生当然是第一位的,他有一个非常特别的,能够引起我们仰慕的是他刚才几次提到的即兴演奏。

李祥霆:刚才弹了一次了,他们出的题目是《逍遥游》。

主持人朱小健:本来以为您没弹还想请您弹一弹,弹一曲离别的,因为咱们快要回家了嘛,比如桃花潭水深千尺的。(**李祥霆**插话:不及陈鼓应先生送你们的情。)这个我们要听一听李老师的演奏,看看是不是可以。

李祥霆:这样,弹一个"陈老话别",陈老陈鼓应先生送你们(的曲子)。

(即兴演奏"陈老话别")

主持人朱小健:谢谢!谢谢李先生!相信大家已经听到了前辈学者对我们这样的一个大爱,这样的一种深情。我想其实这里面有一个缘分,听到某一曲和没有听到,接触过一位老师和没有接触过一位老师,多见到一次老师和少跟老师进行一次接触,其实,在我们很短暂的人生当中都是一种缘分。不同的哲学理念,不同的文化都有不同的认识,在我看来,可能我的领会不见得对,其实说古琴,只有李先生这个琴才能真正叫古琴,它就是琴,中国这样的一个乐器它就叫作琴,今天这个琴应该把它叫作古琴。

李祥霆:不是,这个是新的,这个是新琴。

主持人朱小健:李老师有古琴。应该说只有这样的在我们的各种民乐里面,能够真正地体现人的修养,或者说它是不断地在陶冶人和修养人的,注意修养是一个动词的用法,这样的一个乐器,琴是最有代表性的,或者甚至是唯一的,我们今天受益非常多,我们再次谢谢李老师!

闭幕式讲话

用文化凝聚民族

王炳林

王炳林副书记讲话

在许先生的关照、指导下,在许主任的亲切关怀下,"中华文化与传播"课程研修班今天顺利结业了,我代表北京师范大学对大家的顺利结业表示热烈的祝贺!

当前,我们的文化交流、交融、交锋越来越激烈,随着我们经济的发展,能不能相应地提升我们国家的文化软实力,这实际上是一个非常艰巨的任务。毋庸讳言,西方在经济、科技发展的同时也主导着世界的话语权,他们的一些观念、概念影响着我们,尽管其中包含很多需要我们学习、交流的东西,但不可否认也有西化甚至分化我们的内容,认识到这一点对我们国家安全、民族发展非常重要。反思一下,现在拿什么来凝聚我们这个民族,拿什么来自立于世界民族之林,当然要搞科技和经济,但最根本、最长远的恐怕还是文化。

对内来讲,我们现在说中国人究竟信什么,这是不得不面对且非常难回答的问题。中央提出来要建立社会主义核心价值体系。大家也知道,核心价值体系内容非常全面，包括马克思主义指导地位、中国特色社会主义共同理想、以爱国主义为核心的民族精神以及改革开放为核心的时代精神，以及"八荣八耻"的社会主义荣辱观，很全面，很系统。但有一个问题，就是字数太多，不好记。我们怎么样使老百姓能够记住这些核心价值的具体内容？大家认为封建社会几千年就几个字"仁、义、礼、智、信"，也许还有别的提法，但都很容易记。资产阶级的核心价值体系翻译成中文，流传最早的是"自由、平等、博爱"，也很容易记。我们社会主义核心价值的内容发展了，一下好几十个字，老百姓一般记不住，怎么样传播，怎么样践行？现在有关部门也很关注这一问题，准备凝练成几个字，但具体的资源还得要回到中华文化当中去，到我们的民族传统当中去找。

现在有一种提法说我们可以把初级社会主义的发展目标，把"富强、民主、和谐、文明"八个字作为核心价值体系。后来我参加讨论的时候觉得不太好，民主、和谐还可以，但富强作为核心价值体系很难。国家可以强盛，但富强作为人文教育来讲，从小教育孩子，"孩子，你从小要富啊"，这个不好。而"强"呢，小孩子的理解就是和别的小孩子打架赢了就觉得我强。这会产生负面影响。所以有的中学老师很为难，这孩子老打架，后来写评语。怎么写啊？就写个"动手能力较强"。所以，核心价值体系要考虑到育人的功能。而孔子说"己所不欲，勿施于人"，这样简练的话在世界范围内流传都很广。因此，研修中华文化，应当从源远流长的五千年文明当中寻找我们的根，从我们的民族之根中挖掘，我觉得这是发展、丰富我们社会主义核心价值体系的当务之急。这是对内的方面。

另外，我们的文化怎么样走出去是一个大问题。现在的话语体系的主导权是西方，我们创新的理论也很多，但坦率地讲很多都走不出去。理论发展得很快、有创新，但不能够与世界交融，不能够沟通，那么就会很被动，甚至被妖魔化。因此，我们身上肩负着非常繁重的任务，既要在对外交往过程中更好地沟通、交流与传播我们的文化，又要提倡我们的话语体系。从这个意义上来讲，国家汉办、孔子学院总部所做的这样一个民族精神的传承推广工作应该说是功德无量的，办这个班也是一个非常好的起步。

衷心希望以这个班为契机来扩大我们与各个兄弟院校的联系，让我们携起手来共同推动中华民族的文化走向世界！

东学西渐：神圣的使命

——传播中华文化需要振奋中国精神

许　琳

许琳主任讲话

刚才陈鼓应先生说，他在夫人重病之中，一个月两次由台湾跑到大陆讲学，对中华文化的殷切之情溢于言表，我听了非常感动。我还要感谢这次研修班的负责人朱小健教授，他是个苦行僧。传播中华文化是需要苦行僧精神的，我们都应向他学习。

短短几年时间，孔子学院蓬勃发展，遍地开花，目前已在104个国家设立了357所孔子学院和470多个中小学孔子课堂，覆盖了除中国以外全世界86%的人口。歌德学院院长、英国文化委员会主席、法语联盟秘书长都说：中国人了不起，经济上仅用30年时间，就走完了西方资本主义国家300年走过的路，使中国GDP位居世界第二位；孔子学院仅用六年多的时间，就走完了歌德学院用60年时间走的路。但是，孔子学院的目标还远没有达到，目前我们基本上还在跑马圈地，如何有效增强中华文化的影响力和竞争力，需要付出更大的艰辛和努力。当然，跑马圈地非常重要，因为文化传播总得先有个平台或讲台，然后才能开讲。作为孔子学院的操盘手，或说中华文化"走出去"一个方面军的操盘手，我属于打土夯、建平台的人，如何夯实这个平台，还需要在座的各位老师们齐心协力去奋斗。

下面，我讲三点。

第一，我非常高兴参加本次研修班结业仪式。我们的这个研修班具有重大的现实意义和深远的历史意义，在中华文化进军世界方面不亚于当年的"黄埔一期"。许嘉璐先生是北师大不可多得的瑰宝，也是汉办非常荣幸能紧咬不放的国家领导人。我们称先生为"两栖明星"，因为他在学术界是大家，在政界也是大家。由于他在学术界的影响，所以政界对他敬畏；由于他在政界的影响，所以在学术界也是常青树。许先生还是中华文化传播事业的榜样，他总是才思泉涌，总是及时给我们出主意、想办法，以至于汉办策马狂奔，几年来几乎没有歇过节假日。汉办的任务非常繁重，工作非常烦琐，往往是老任务还没有完成，新任务就接踵而至。6年多来，全办人员夜以继日加班加点地工作，加班总时数超过62万小时，相当于全员又干了6年的工作时数。但是，汉办全体员工都很快乐，都很幸福，因为我们每个人都把自己的生命融入到中华文化"走出去"这项伟大的事业中了。今天就是一个激动人心的时刻，因为这个研修班是孔子学院和汉语国际推广工作上台阶的一个举措，要向高端办学进军。有了你们这批真正理解并热心从事中华文化传播工作的教授和专家参与，我相信中华文化走向世界的步伐必将大大加快。

第二，我觉得改革很难。到目前为止，我自己已换了18个工作岗位，目前这个岗位的工作是最难的，我奋斗了6年多时间，感觉还是没有撬动这块大石头，对我来说这是从没有过的事情。抛开有人批评我们搞"洋扶贫"和"大跃进"不说，仅就汉语国际教育专业来看，工作难度就很大。根据我们一线工作的经验，这个专业的本科、硕士教学大纲、教学体系以及教学内容等，需要改革的地方非常多，基本上应全部掏空，重新装填内容，按照全球化背景下跨文化交流的实际需要，加大文化课和实践课的比重，以教会外国人学说汉语为最大目标，而不是教会外国人学习语法和词法。但是，改革何其困难！反对的声音很大，因为很多人已习惯了过去的老路子。去年，全国汉语国际教育硕士专业学位教育指导委员会提出了一个课程改革方案，汉办一遍遍发通知、打电话，就是没有人理睬。我们尝试过给一些高校亮黄牌，但效果还是不明显。这次许先生发起这个研修班，从深层意义上来说，也是希望从同志们开始实施"定点爆破"，就是希望通过你们给所在学校施加影响，推动对外汉语教育改革。现在最大的问题是凝聚共识，让更多的人接受我们一线工作者的理念，让更多的人参与进来，齐心协力，共同推动这项事业健康快速发展。中国发展的一个特点和优势，就是人海战术，人多力量大、好办事，这条绝对好使。

第三，文化传播需要一股子精神。陈鼓应先生现在最大的愿望，是把他的学术成果传播出去。许先生多次说：现在的孔子学院无孔子。这个话是很重的，对我们是批评警醒。汉办的责任和使命，就是为像许先生、陈先生这样的文化大家鸣锣开道，把他们的思想和成果传承下来、传播出去，发扬和传承中华文化的精神。作为中华文化"走出去"的"先遣队"，汉办的任务非常艰巨。

前段时间，我去了当年红军四渡赤水的地方，从赤水走到遵义，受到很大启发。红军气壮山河的长征大家都知道，但很少有人知道的是，距遵义会议会址不远处有个天主教教堂。这个教堂建于1867年，没有维修过，至今保存完好，我感到非常震撼。人称贵州"天无三日晴，地无三尺平"，十多年前我在教育部财务司搞扶贫时，从贵阳到遵义都走了10多小时，别说140多年前，这位传教士远涉重洋，从外国走到北京，再从北京走到贵阳，又从贵阳走到遵义。但是，这个传教士不但到那儿传播了西方的宗教文化，还留下了永久的东西——一座宏大、漂亮的天主教教堂。很难想象它的彩色玻璃是怎么运来的，那个时候中国肯定不生产这种玻璃。可想而知，这个传教士得需要多大的决心和勇气，付出多少的艰辛努力啊！

还有一个例子。贵州财经学院的书记是苗族人，他告诉我：他的家乡是黔东南的一个小村子，他出来后就很少回去，因为路太难走了。现在虽然修了一条公路，但弯弯曲曲的，不太好走。但是，这个村子的70岁以上的老人都会说几句英语，因为当年的英国传教士曾教过他们。这位书记非常诚恳地对我说，请汉办批准贵州财经学院承办一个孔子学院，哪怕是在非洲和阿富汗等最艰苦的地方，我们都要去。理由是，100多年前，英国传教士能来到这么偏远的苗寨传教，贵州财经学院也完全能到任何艰苦的地方去传播中华文化！

我经常给我的同事讲这两个故事。中华文化的传播，如果没有西方传教士这种非凡的决心和勇气，没有一点坚韧不拔的精神作为支撑，是不可能成功的。现在，有"阿拉伯之春"，有"印度之夏"，英国、美国也都很乱，乱就乱在没有文化，没有新文化，没有更新文化，没有解决世界问题的文化。我们常说中华文化历史悠久、博大精深，但我们自己大多数人对孔孟、老庄以及佛学精华，还很不熟悉，更不用说传播给世界了。中华文化传播需要什么样的精神呢？我认为毛主席的"老三篇"早就解决了这个问题：一是《为人民服务》。为人民利益而死，比泰山还重。为传播中华文化而奋斗，同样无上光荣。二是《纪念白求恩》。只有具备了无私奉献的精神，才能一辈子投身到中华文化传播事业中来，成为一个高尚的人，一个纯粹的人，一个有道德的人，一个脱离了低级趣味的人，一个有益于人民的人。三是《愚公移山》。中国的事情没有"愚公"精神，就办不成，更不会实现中华文化的大发展、大传播。

前不久，一家大报刊发了一篇文章，主张用世界眼光研究世界史，我看了半天没有看明白到底说明了什么。我个人认为，用世界眼光研究世界史，首先要用中国的眼光研究世界史，用中国的眼光看世界！我们现在缺的不是世界眼光，而是中国眼光！人们老是说"西学东渐"多好多好，实际上"东学西渐"也很好，非常好。如果没有中华文化的传播，没有占世界五分之一人口的国家发出来的声音，那还叫世界吗？"东学西渐"就是孔子学院的神圣使命，也是包括在座各位教授和专家在内的所有中国人的一个历史责任。

我是理工科出身，对传统文化的了解甚少，所以我的任务是为大家开路。我由衷地希望，大家振奋精神，让世界史在我们手中改写，这才是一种中国眼光、中国气派、中国精神。我坚定地相信，中华文化传播的前景是光明的，但道路是曲折的。路漫漫其修远兮，吾将上下而求索！

中华文化的主体性：
理性认清与自觉重塑

许嘉璐

许嘉璐院长讲话

刚才几位老师都作了很精辟，同时细细体会可以说是振聋发聩的发言，我接着讲一点临别的赠言。感谢之词我想就不多说了，我要特别感谢来自36所院校的老师，因为你们的到来，这个班才办成。大家除了听课，还要参访和研讨，是你们在酷暑中的勤奋给今后汉办和北师大人文宗教高等研究院继续办这个班提供了经验。这就是"人皆我师"的体现之一。

今年北京特别热，由于热，让我想到一点另外的话：大家就要启程回学校了，要做好在学校里文化"冷"的准备。中华大地上有不少志士仁人很为祖国的前途担心，具体地说就是对文化的担心。当然，更多的人关心的是股市怎么样，房价怎么样，银行利率怎么样，肉又涨价了。这当然是应该注意的——芸芸众生当然应该首先关心切身的衣食住行。但是社会精英所思考的内容则超越了个人，超越了家庭，超越了社区和群体，他们考虑的是社会问题、国家问题、世界问题、宇宙问题。这也是儒释道共通的精神。从这一意义上讲,这样想的还不太多,所以我说中国的文化至今仍然是冷的。

不久前,我在《光明日报》国学版创刊五周年的座谈会上,又一次地给国学界泼了冷水,我说大家都说"国学热",我认为没热。"热"只出现在中国少部分人群中,甚至可以说即使在研究中外文史哲领域中也是在少数人里热,而弥漫在全中国的是赚钱,是待遇,是谋职,不是国学。在过去的一百年里,中华民族的肌体吞下的西方激素太多了,于是浮肿,于是浮夸,于是浮躁,于是追求经济成为我们唯一的目标。

什么时候国学或者文化就热了呢?我定了这么几个标准:

第一,研究中国的学问,不管是关于传统的还是当今的,在世界的学术领域里成为显学的时候,才能说它热了。且不说天天饿死人的非洲,即使在所谓世界中心的欧美,目前研究中国、研究中国的文化的人也还是凤毛麟角。何况由于他们受的是欧洲中心论的熏陶,受的是西方哲学、人文社会科学的训练,因此思维是西方的,他们可能热爱中国,但是戴着西方的眼镜,他们看到的中国是扭曲了的中国。所以在西方,真正了解中国,真正由衷地感到中国文化之可贵的学者,是凤毛麟角里的凤毛麟角。

第二,我们传统文化真正与时代精神结合,并且实现生活化了,才是真正的热。何谓生活化?就是在日常家庭生活中,在邻里关系中,在到商店买东西、吃小吃、看电影的时候,乃至在熙熙攘攘的大街上,甚至走在穷乡僻壤,面对不认识的人时,能处处感到"仁、义、礼、智",感受到社会主义文明的大度、谦和、包容,那时候国学才叫热了。如果仅仅在几个刊物上不断发表文章,发行一本一本几十万字的书,摆在书摊上,这不叫热,这叫学术界一小部分人的自娱自乐。

因此,大家在这种世界的和国内的环境下,要做好回去就冷的准备。怎么办?如果认识到文化的重要,那就坚持下去。

大家在离开北京后,将会再次掉进处处浮躁的环境中,浮躁的结果就是浮肿,在社会上就是浮夸。刚才许琳主任说,开遵义会议的会址附近的教堂是1867年建的,到现在150多年依然完好。建设部的副部长、著名的建筑学家仇保兴同志说,现在中国建筑的平均寿命只有20年到30年。浪费了多少钢筋水泥和人力物力!这只是固化的东西显示出的浮躁。像这样的例子接二连三有很多:正建的桥垮塌,刚验收合格的优良工程的桥也垮塌,高铁出事,等等。各国都会有问题,但问题这样的密集,在全世界也绝无仅有，而这在这个时间出现在中国是必然的。因为30年的快速发展，没想到出现一个副作用——浮躁。如同中国当前浮躁的建筑，我们"学术的大厦"也在快速地搭起，有的书恕我不客气地说，寿命比大楼短得多，在它出版之日就是垃圾，就应该送回造纸厂。

我想大家在各自的学校恐怕都会面临这样的情况，身在其中，不由自主。例如要专攻儒学、道学或佛学，没有十年寒窗的苦读不可能有所成就，可是环境允许吗？不是每年要填表吗？如果三年不出成果就亮红牌，影响你的津贴、升职。人还是需要钱生活的，升不了职，房子都不能改善，自己或许可以献身，可是家人呢？父母呢？亲戚呢？

和在座的陈鼓应先生一样，我也是幸运儿，74岁了仍然没离开讲台，仍然在给母校和其他院校做义工。在这些学校的人名册上没有我，不在编制内，尽管如此，我深知当前年轻人的困惑与困难。在这样的时代，西方的激素打多了，股骨头要坏死的——骨质疏松啊。在这样的环境里，怎么样真正地静下心来读书？这涉及信仰的问题。

汉办和北师大人文宗教高等研究院把大家请来，就是想把历史的责任放在大家的肩上，希望大家肩负起重新振兴中华文化的重任。在一片冷的环境中成为星星之火。

当前，中华文化实际上遇到了两个大的困难。可能有的老师们认为，当前的困境是真正有高度地观察中华文化沿革与创新的人太少了。我的看法是，这是现象，我要说的是两个骨子里的问题。

第一个困难，我们目前遇到了一连串的理论（不是一个）的死结没有打开。举几个例子。中华传统文化与今天所说的现代化是什么关系？从历史上看，如果沿着中华传统文化的路径走，我们能不能自己走进现代世界？能不能实现现代化？西方的学者早在十几年前就说，中国的国学永远生成不了现代化，现代化就需要我们欧美人给你们送去，而送去的方式曾经想用传教这种和平的方式，结果不行，最后只好用舰炮打开你们的国门，怎么样？成功了吧？事情的真相是不是如此？这个问题不解决，传统文化永远热不起来。

事实上，西方的学者有意或无意地忽略或掩盖了一个历史事实。在400年前，中华文化的经典，诸如《论语》、《老子》等被翻译成拉丁文以后，刺激了西方中世纪以后思想界的巨人们，比如笛卡儿，比如后来的莱布尼茨和康德，这是有史料可以证明的。受此启发，希伯来和希腊罗马的文化中被注入了人文的思想——人文主要是从中国出去的。这个历史，中国人很少知道，外国人也不说。同时，在明朝中叶以后，从经济上看，手工业作坊大量发展；从市场上看，今天的商品经济那时候已经有相当的繁荣；从思想界看，明清的思想家继承了宋代永嘉学派"义利兼收"的思想，已经在探讨如何改变封建的生产关系。但是西方的快速发展和中国的保守势力，以及西方带来的鸦片战争打乱了中国的步伐，表面看起来西学需要用军舰送来，实际上未必如此。这些问题目前还未引起学术界的充分注意。

又如，中国的传统文化与马克思主义是什么关系？这是我们今天不得不面对的问题。有人说提倡国学、弘扬优秀传统文化，就是要代替马克思主义；有人说马克思主义过时了，振兴中华就是要靠儒学，靠传统文化。这是两个极端，我看都站不住脚。但是，要我现在给出理论阐述，证明中国传统文化和马克思主义，中国的当前与未来和过去的中国在文化上还是继承与发展的关系，二者并不是相互排斥的，我还拿不出，至少拿不出充足的论证。

再如，优秀的传统文化如何让它生活化？我在开始谈传统文化热或国学热如何才算真正热的时候，提了两个标准，除此还有第三个标准。

这第三个标准就是，在我们的教育体制中，自觉地把优秀传统文化从细节方面融进课堂，贯穿到从小学到博士的全过程。如果传统文化不进入教育系统，永远是书斋里的玩物，甚至于成为一些学者追名逐利的工具和阶梯，那将是中国的大灾难。

第二个困难，中华文化的主体性问题。刚才许琳主任谈到以世界的眼光看世界和用中国的眼光看世界。我补充一点：对人家怎么看中国我们也要了解。一个人，一个民族，都要随时了解自己，自知之谓明嘛，我们怎么自知呢？比如刚才在录像里出现我的镜头，我才发现，哦，原来我长的是这个样子。老师们，我们如果十天不照镜子，的确会不知道自己是什么样子。古人说"以史为鉴"，鉴就是照镜子，但从镜子中看到的是平面，如果耳朵后面有一个小包，那是看不见的，只能摸到。怎么办？后面再来个镜子。还是看不到呢？旁边又一个镜子，于是出现映象、折射、再映象，就看到了。同样，中国人也需要多面镜子，需要站在一个四面是镜子的环境当中，才能知道背后是什么样子，侧面是什么样子，这个多面镜就是世界的眼光。但是要有主体性，也就是我要对自已有个明晰的、坚定的、基本准确的认识。至今中华文化的主体性还没有建立起来。我是学训诂学的，文史哲都是我的业余爱好，我不过只知道"文"当中的一小块——文字音韵训诂。容我说点可能偏激的话，我所看到的中国哲学史都是吃了西方激素的中国哲学史，这样，我们的主体性就建立不起来。我已经冉冉老矣，又是圈外人，我非常期望两岸四地的哲学家什么时候能够编一部体现中国哲学主体性的《中国哲学史》。我在北京中医药大学校庆典礼等几个会议上讲过，我主张大学一年级要开《老子》课和《周易》的课。为什么？先给中国年轻的学子立下中国哲学的根基，然后再看《黄帝内经》，再看《伤寒论》——就是各种案例，再看《本草纲目》，等等。否则我们遇到的中医都是"请坐"，"哪儿不舒服？""吐吐舌头看"，"验血去"，"照X片去"，"做CT去"，"做核磁共振去"；"下一位！"过一会儿化验单回来了，根据这个开药，而不是望闻问切，不是虚实、表里、寒热、阴阳。名为中医，只不过就用中药而已，诊测的手段和对病的判断全靠西医的仪器。为什么会是这样？孩子们没有哲学，不懂得辨证施治，辨证哪里来？在《周易》、《老子》、《庄子》里，在宋明理学中。

中华文化的主体性要建立，同时我们又要与世界各地的文明交汇、交流和汇通，这个关系怎么处理？广收兼蓄的理念如何处理？这些都是大的理论问题，我不想再一一列举。说老实话，在我脑子里有个问题库。我的功底不行，也没有时间和精力坐下来深入某一个领域里去。这些问题我不是寄希望全部由各位去解决，我是说中华文化未来的路很长，很崎岖，何况现在并不理想。

当今世界同样遇到了很多理论的问题，例如很多西方学者认识到，西方的哲学已经解决不了人心的问题、人和客观的关系问题。在历史上他们曾寄希望于彼岸，那就是现实和未来的关系；但是随着科学的发展，人们对于彼岸已经质疑了，对那个超验的、绝对的存在，对世界第一因或者造物主，真正相信的人已经不多了。于是，西方的神学家们——包括神甫和主教，很多人都说我心目中的 God 不是一个人和神，而是一种外在的力量，是我心中的一种追求，他们已经让上帝非人格化了。

我们现在缺的是什么？在历史上，对于上帝的信仰在经过希伯来文化和希腊罗马文化的结合而哲学化之后，成为西方世界的压倒一切的信仰，这种信仰使得西方的社会能够遇到挫折再修复，延绵到今。今天他们也遇到问题了，但是完全按照中国"一生二，二生三，三生万物"的"一"的思想，万物可以分为阴阳，阴阳又有和合，那该怎么解决物质世界中的中子的问题、反物质的问题？换句话说，精神世界和物质世界现在用的是两种方法去研究，走的是两个路径。如果是这样的话又违背了中国的哲学，这两个路径之间一定有某种共同点和联系。这个共同点和联系在哪里？西方也在为这个问题苦恼。

这些问题落到人间就是一个精神与物质的关系问题。刚才许琳主任提到了阿拉伯之春、伦敦的骚乱，其实还有以色列持续一个星期的30万到70万人规模的示威、智利大学生的抗议以及印度的反腐败运动。它们反映出的都是一个物质和精神的关系问题，现在西方在受着它极度的折磨。中国也开始受这个折磨了，怎么办？这就需要一批——借用一个不太好听的词——"传教士"。

许琳主任也谈到了贵州过去的一个传教士。这引起了我的一点回忆。几年前，我到云南的怒江地区视察，当地干部说，我们傈僳族自有一种天籁，随后让村子里一批四五十岁的老婆婆（这个年龄在当地就算老婆婆了）给我唱歌，十几个人四部合声，一个老太太一起头，唱起来，非常美。听完以后我说，这不是天籁，这是当年传教士在这里教唱圣诗，然后代代相传的。怒江一带地无三尺平，每年都有耕地的牛和人从山坡上滚到江里。怒江的水是什么水呢？一个吉普车下去打个滚就再也找不到了。一下雨必有泥石流，道路必断，最远的是独龙族的县——独龙族只有5000人，在替国家守着边防，那里每年都有几个月道路不通——闭塞到什么程度？独龙族的寨子里，所养的猪都很小。为什么？近亲繁殖。就在这样一个地方，传教士翻山越岭，从缅甸过来，一家一户地传教，最后死在那里，埋在那里。我还去过南太平洋的瓦努阿图，他们机场贵宾室的墙上挂的是什么文物呢？是盘子、勺子、木棒子之类，起初我不知道是做什么用的。后来到当地部落里参观，才知道棒子是打人头的，勺子是挖脑子的，盘子是盛脑子的。他们博物馆里有一只靴子。一百多年前，有一个传教士来传教，结果被部落吃掉了，只留下这只靴子。前些年，这个传教士的重孙还到那里去看他曾祖传教的地方。传教士虽然有一个价值观输出的问题，有一些人甚至为非作歹，但更多的是进行文化的传教与交流。传教士都有一种坚定的信仰，信仰使他不畏艰难，不计名利，做自己能做、该做的事。弘扬中华传统文化，就需要这样的"传教士"！

许琳主任和她领导下的汉办，不到100人，管理着800多个孔子学院和孔子课堂，涉及104个国家，每年要送出8000多名志愿者和老师（明年可能要达到一万人），天天要和国外国内打交道，要抓教材建设，要处理意外事件，一年要干两年多的工作。所以有的时候许琳主任会有一种悲壮的情怀。我坦率地跟大家说，她在我面前就不知道哭了多少次了。她为什么要到赤水去？在这之前还带着全体汉办人员到了狼牙山。为什么？只有我知道，她需要用狼牙山五壮士的精神做汉推工作，要像四渡赤水那样，不怕反复，过去回来，回来过去，最后达到目的。她在赤水给我发来短信，说"先生，我现在在红军四渡赤水的地方"，我给她回复的大意是"才到狼牙山，又到赤水边，现在和过去不同了"。因为你面对的是自己人，是你的上级。过去的跳崖还在历史上写上一笔，今天你跳崖，只能算作你是背叛。只能往前走，不能停顿，更不能回头。

陈鼓应先生，我尊敬的兄长，他的夫人两次手术，现在还在国外做着化疗，但是却极力支持陈先生来给我们讲课，为什么？我今年74岁，说老实话，我70岁从副委员长位置上退下来，可以颐养天年，为什么到现在我仍然夜里一点半睡觉？我觉得我们都有一个共同的信仰，这就是中华民族一定会屹立在世界的东方。我吃中国粮，喝中国水，这样一个中华民族的子孙、成员，先智先德留下这么多榜样，如果我不跟着他们走，就是中华民族的不肖子孙。所以可以说一息尚存，我就要学习一天，工作一天，为中华文化奋斗一天。这就是信仰。

当然，我可以说是个饱汉，衣食不愁。年轻人不一样，面对的是公公、婆婆、岳父、岳母、丈夫、妻子和儿女，社会不会因为你奉献于文化的推广，就会为你们的孩子上幼儿园减免费用，超市也不会因为你是文化教师给你打七折。所以这又是一个问题，信仰与现实，这个"度"如何把握？怎么样保持这颗心，在可能的条件下不断奋斗，这样不仅我，汉办的同志，陈鼓应先生、杜维明先生，等等，大家的心就沟通了，就和中国古代圣哲和世界各国的先知们沟通了。人同此心，心同此理。我们目前理论的、现实的和我们自身种种主客观的问题很多很多，需要的是韧性，需要的是信仰，在这种情况下，锲而不舍。

附录　研修班学员论文

从问卷调查看汉语国际教育中华文化与传播课程教材

——以中山大学国际汉语学院为例

中山大学国际汉语学院　颜湘茹

中文摘要：2007年开始全国有24所高校开始招生汉语国际教育硕士，2009年又增加了39所，招生规模扩大。但汉语国际教育在井喷式发展的同时，也产生了许多亟待解决的问题，其中包括教材问题。目前有多种对外汉语类教材，但并没有专门为汉语国际教育硕士量身定做的教材。

2010年开始有高校研究配套的汉语国际教育硕士教材，本文则希望通过针对本院2011级汉语国际教育硕士中华文化与传播课程教学的问卷调查，了解硕士生对于中华文化课程尤其是对教材的需求，以利将来的教材编写。

关键词：汉语国际教育　中华文化与传播课程教学　教材　问卷调查

2007年开始全国有24所高校开始招生汉语国际教育硕士，2009年又增加了39所，招生规模扩大。但汉语国际教育在井喷式发展的同时，也产生了许多亟待解决的问题，这其中就包括教材问题。目前市场上虽然有很多对外汉语类教材，但并没有专门为汉语国际教育硕士量身定做的各类教材。教师、教材、教法这"三教"问题是语言教学的永恒主题。汉语国际教育硕士的教材更有双重意义，一方面，它是教学中教师和学生使用和依托的重要工具，即教学教材，而另外一方面，它又是培养高素质汉语教师的重要工具即师资工具，所以具有极为特殊的地位和作用。因为一套成熟的教材，不仅可以使学生的课程学习更具稳定性，也可以帮助一些培养院校中目前对本专业培养方式不熟悉的教师尽快熟悉本专业的培养特点和模式。

2010年开始有高校研究配套的汉语国际教育硕士教材,但关于中华文化与传播课程的教材应该具有哪些特色,硕士生对于该课程教材有哪些需求,研究者却鲜有论述。本文希望通过面向本院汉语国际教育硕士的中华文化与传播课程问卷调查,了解学生对于中华文化与传播课程教材的需求,以期对此类教材编写有所裨益,对汉语国际教育硕士的培养有益。

一 中华文化与传播课教材的具体对象

在探讨本文专题之前,首先必须厘清本课程面向的目标人群。目前汉语国际教育硕士培养院校中,对于这门课的处理各具特色。

2011年7月23日至8月21日,笔者参加在北京举行的"中华文化与传播课程研修班"。研修班由国家汉办、孔子学院总部、全国汉语国际教育硕士专业学位指导委员会联合主办,北京师范大学人文宗教高等研究院承办。来自全国30多所高校的39位教师参加了研修。研修班采用专家讲座与学员研修相结合的方式,围绕中华文化与传播课程大纲、中华文化知识选取、参考书目等议题进行了多角度、多维度、多渠道的研讨和交流。

在与各高校教师交流的过程中,笔者发现,各高校汉语国际教育硕士中华文化与传播课程的讲授情况千差万别。表现之一,师资力量各异,有些教师来自该校文学院,并无给留学生上课的经验,有些教师本人专业是民俗学或文学,以民俗学为主要授课内容,有些教师的专业背景是传播学;表现之二,授课方式各异,有的教师开列了若干非常有分量的文化类参考书目,鼓励学生阅读参考书目,并将阅读成果带来课堂展示,集体探讨,有的以教师讲授文化知识为主,辅以学生课堂实践;表现之三,汉语国际教育硕士的生源也非常不同,有的学校只有留学生硕士生,有的学校则多数是中国研究生。与此相关联的就是,有的院校中国研究生与留学生研究生分开讲授中华文化课,而有的学校因为师资力量有限,则合班上中华文化课。

以笔者所在的中山大学国际汉语学院为例,2007年本院招收了第一届15名汉语国际教育硕士,本科专业背景是英语教育;2008年招收了25名汉语国际教育硕士,专业背景有了较大变化,出现多种专业背景;2009年招收了88名汉语国际教育硕士,首次出现18名留学生研究生,他们有些原来是我院的本科生,有些则来自海外。88名2009级研究生被分为AB两个班,但每个班都各有留学生研究生9名;2010年招收了68名研究生,其中17名留学生；2011年则招收了62名研究生，其中14名留学生。

2007年国家汉办公布的大纲，无论对于中国研究生还是留学生研究生，培养要求都有这样的表述："较高的中华文化素养"或"较好的中华文化理解能力"。无论中国研究生还是留学生研究生，中华文化课程都是他们感兴趣的，但也是他们认为自己比较薄弱的环节。曾参加海外实习的汉语志愿者普遍反映，也许没有专门的中华文化课需要自己去讲授，但文化活动一定少不了。这都充分说明中华文化与传播课程的重要性。

二 中华文化与传播课程问卷调查

不同类别的学生对中华文化与传播课程有哪些具体的需求，学生对于该课程教材有哪些期待？为了解这些内容，2012年1月笔者对本人所授课的中山大学国际汉语学院2011级全日制汉语国际教育专业的硕士进行了一次关于中华文化与传播课程的问卷调查。

问卷调查在2012年1月初进行，关于本问卷所要做的说明是，此时中华文化与传播课程的教学已经完成，按照2011年9月开学初的教学设计，本课程分为三大板块，第一部分，中华文化知识板块，由教师主讲七次中华文化知识专题；第二部分，理论板块，学生分组展示加教师点评的对外汉语文化教材分析与教学研究评价、教师主讲部分传播学理论及传播策略；第三部分，实践板块，学生课堂试讲及组织本学院留学生（非研究生）的汉语沙龙活动。在学期末做问卷调查，此时学生对于所学内容和自己参加设计的活动有了切身体会，可以详细回答与课程相关问题。

问卷一共有8道题，分为单选和多选题，就课程设置、中华文化知识板块、课程学习中的困难等几个方面进行了调查，调查结果如下：

（一）国别及本科专业构成

本院2011级汉语国际教育硕士生共62名，其中留学生14人，中华文化课采取合班上课的方式。中国研究生当中本科所学专业不同，对于中华文化与传播课程的需求也不尽相同。为此，在问卷中专业和国别构成都属于需要调查的选项。

2012年1月初，因为有一批同学前往北京参加汉语志愿者出国教学工作培训，所以此次问卷调查发放问卷50份，回收50份，调查有效。参加调查的同学国别和本科期间所学专业构成如下：

中山大学国际汉语学院 2011 级汉语国际教育硕士专业及国别构成

本科期间所学专业	人数（人）	国别	
对外汉语	18	中国	
英语	11	中国	
汉语言系	2	中国	
韩语系	2	中国	
国际贸易	1	中国	
日语	1	中国	
新闻学	1	中国	
特许经营管理	1	中国	
柬埔寨语	1	中国	
未填专业	1	中国	
统称为汉语专业（例如华文教育）	11	留学生	韩国 4 人
			越南 3 人
			马来西亚 3 人
			泰国 1 人
合计：9 种专业	50	5 国	

具体各项问题的回答情况如下：

（二）关于中华文化与传播课程的意见和建议

调查问卷数据统计

问题	选项	中国学生（总人数39人）	留学生（总人数11人）	合计（其他要说明的情况）（人）
1. 修中华文化课，主要因为	A. 很需要了解中华文化知识	24	9	33
	B. 因为是选修课	14	5	19
	C. 想知道怎么去给别人上中华文化课	32	4	36
	D. 中华文化课可能比较有趣	30	4	34
	E. 为以后的工作增加筹码	1	1	2
	F. 其他（自己填写）	1（未准确统计）	3（对中华文化感兴趣）	4

续表

问题	选项	中国学生（总人数39人）	留学生（总人数11人）	合计（其他要说明的情况）（人）
2. 目前授课内容，最有兴趣的是哪些？	A. 中华文化知识	35	9	44
	B. 对外汉语中国文化教材分析与评介	11	1	12
	C. 对外汉语中国文化教学研究简介	8	0	8
	D. 中国文化课教学录像观摩	9	0	9
	E. 中国文化课教学实践即学生课堂试讲	0	2	2
	F. 组织文化沙龙	0	9	9
	G. 其他	0	0	0
3. 目前授课内容，觉得可以取消的是	A. 中华文化知识	1	0	1
	B. 对外汉语中国文化教材分析与评介	11	5	16
	C. 对外汉语中国文化教学研究简介	10	3	13
	D. 中国文化课教学录像观摩	3	1	4
	E. 中国文化课教学实践即学生课堂试讲	4	1	5
	F. 组织文化沙龙	0	0	0
	G. 其他	12（认为都需要）	3（都需要）	15（所有内容都需要）
4. 目前授课内容中，需要增加课时或补充内容的是	A. 中华文化知识	19	7	26
	B. 对外汉语中国文化教材分析与评介	3	1	4
	C. 对外汉语中国文化教学研究简介	4	2	6
	D. 中国文化课教学录像观摩	18	5	23
	E. 中国文化课教学实践即学生课堂试讲	4	3	7

续表

问题	选项	中国学生（总人数39人）	留学生（总人数11人）	合计（其他要说明的情况）（人）
4. 目前授课内容中，需要增加课时或补充内容的是	F. 组织文化沙龙	7	1	8
	G. 其他	6	0	6
5. 在学习期间，你遇到的最大困难是什么？（单选题）	A. 中华文化知识太多太难	4	5	9
	B. 没有适合的教材	20	6	26
	C. 试讲、点评之类的作业太多	7	2	9
	D. 老师讲得太多，学生讨论的机会比较少	5	0	5
	E. 其他	4	2	6
6. 通过学习，你觉得自己最大的收获是什么？（单选题）	A. 了解了更多的中华文化知识	12	8	20
	B. 对于对外汉语文化教材有了一定了解	6	1	7
	C. 对于对外汉语中国文化教学的基本流程有一定了解	17	1	18
	D. 知道怎么样去组织一次汉语及中华文化活动	16	1	17
	E. 对于如何讲授中华文化课有了一点信心	8	1	9
	F. 其他	0	0	0
7. 在已经讲授的中华文化知识部分，你觉得可以减少课时或者取消的部分是什么？（单选题）	A. 中国历史人文地理	13	3（2名学生选择不减少）	16
	B. 中国茶	0	0	0
	C. 中国京剧	5	2	7
	D. 中国婚姻制度	2	1	3
	E. 中国宗教	5	0	5
	F. 中国烹调	0	0	0
	G. 中国陶瓷	9	3	12

续表

问题	选项	中国学生（总人数39人）	留学生（总人数11人）	合计（其他要说明的情况）（人）
8. 如果由你来上中华文化与传播课，你认为自己最希望添加的内容是什么？（单选题）	A. 更多的中华文化知识	9	2	11
	B. 对外汉语中国文化教材分析与评介	0	0	0
	C. 对外汉语中国文化教学研究简介	2	1	3
	D. 中国文化课教学录像观摩	4	2	6
	E. 组织更多的汉语及中华文化活动	12	4	16
	F. 组织更多的试讲活动	0	1	1
	G. 中华文化课现场观摩	17	2	19
	H. 大大增加关于传播学的知识	5	1	6
	I. 其他	1（如何应对其他国家学生关于文化的问题，不同文化间的对比，没有课程论文真是太好了）	0	1

（三）问卷调查结果分析

从问卷统计结果来看，72%的学生修中华文化课是希望知道如何去给别人上中华文化课，68%的学生是觉得中华文化课有兴趣修中华文化课，66%的学生是因为很需要了解中华文化知识上课；但其中因为国别不同，需求也大不相同，81%的留学生是很需要了解中华文化知识才修中华文化课，只有36%的留学生研究生上中华文化课是因为想知道如何去给别人上中华文化课，但82%的中国研究生因为想知道如何去给别人上中华文化课才修中华文化课，62%的中国研究生是因为很需要了解中华文化知识才来上课。从学习目的来看，二者的区别非常明显。

从本学期的学习情况来看，88%的学生对中华文化知识最有兴趣，24%的学生对于对外汉语文化教材分析感兴趣，但后者与前者相比，比例大幅度下降；从国别因素来看，82%的留学生对中华文化知识最有兴趣，70%的中国研究生对中华文化知识最有兴趣，二者在这一方面有相同的感受，但有82%的留学生对组织中华文化沙龙感兴趣，与此截然相反的是，没有一个中国研究生选择对组织汉语沙龙最有兴趣。所以，从本学期学习情况来看，无论中国研究生还是留学生研究生，同样对中华文化知识最感兴趣，但对待其中的汉语沙龙组织活动却持完全相反的态度。

如果一定要取消一部分学习内容，32%的学生选择取消对外汉语中国文化教材与分析，26%的学生建议取消对外汉语中国文化教学研究简介，有意思的是，也有30%的学生认为目前所有的内容都非常重要，不需要取消任何一部分。对比中国研究生和留学生研究生，可以发现，28%的中国研究生认为可以取消中国文化教材分析，20%的中国研究生认为可以取消对外汉语中国文化教学研究简介，45%的留学生研究生认为可以取消中国文化教材分析，27%的留学生研究生认为可以取消对外汉语中国文化教学研究简介，27%的留学生研究生认为目前所有的内容都非常重要，不需要取消任何一部分。从这一部分来看，中外研究生对于课程的内容设置看法比较接近。

如果要增加一些课时，52%的学生认为应该增加中华文化知识的课时，46%的学生认为应该增加中华文化课程教学录像观摩。对比中国研究生和留学生研究生，可以发现，49%的中国研究生认为应该增加中华文化知识的课时，46%的中国研究生认为应该增加中华文化课程教学录像观摩课时。64%的留学生研究生认为应该增加中华文化知识的课时，45%的留学生研究生认为应该增加中华文化课程教学录像观摩课时。从数据可以看出，关于教学录像观摩课时的增加，二者的看法几乎完全一样，但对于中华文化知识课的比重，留学生研究生显然更为看重。

在谈论自己学习中所遇到的最大困难时（此题为单选题），52%的学生认为是没有合适的教材，18%的学生认为中华文化知识太多太难，还有18%的学生认为点评和试讲之类的作业太多（并且说明是因为本学期其他课程也有类似的作业，集在一起让学生感觉作业非常多）；对比中国研究生和留学生研究生可以发现，40%的中国研究生认为困难在于没有合适的教材，而有55%的留学生研究生认为困难是没有合适的教材，45%的留学生研究生认为中华文化知识太多太难。从这些数据可以看出，不到一半的中国研究生在学习中遇到的最大困难是没有合适的教材，这一比例在留学生研究生中则上升为55%，超过一半。对于中国学生不是特别困难的中华文化知识部分，45%的留学生研究生则仍为比较困难。可见，合适的教材无论对于哪一部分学生，都是非常需要的。

至于什么是自己这个学期最大的收获（此题为单选题），40%的学生选择了了解更多的中华文化知识，36%的学生选择对于对外汉语中国文化教学的流程有了一定了解，34%的学生选择了知道怎样去组织一次汉语及中华文化活动。对比中国研究生和留学生研究生可以发现，这些数据在中外研究生身上是非常不同的，73%的留学生研究生认为收获最大的就是了解了中华文化知识，而其他选项都只有不到10%的留学生研究生选择，换句话来说就是，在中国研究生感到有收获的对外汉语中华文化教学的流程、怎样去组织一次汉语及中华文化活动两方面，留学生几乎没有什么收获。这里自然有语言的问题，但也许还有参与度的问题，组织汉语沙龙更多的是依靠中国研究生，留学生研究生几乎都只是一些不重要的参与者。

具体到本学期讲授过的中华文化知识点，讨论哪些可以删减的时候（此题为单选题），32%的学生选择取消"中国历史人文地理"，24%的学生选择取消"中国陶瓷"的讲授，14%的学生选择取消"中国京剧"的讲授。对比中国研究生和留学生研究生可以发现，在取消哪些中华文化知识点的讲授时，中外研究生看法基本一致，27%的留学生建议取消"中国历史人文地理"的讲授，27%的留学生建议取消"中国陶瓷"的讲授，18%的留学生建议取消"中国京剧"的讲授，33%中国研究生建议取消"中国历史人文地理"的讲授，23%的中国研究生建议取消"中国陶瓷"的讲授。但为什么有三分之一左右的学生建议取消"中国历史人文地理"的讲授，从问卷中暂时无法找到原因。

如果自己可以添加课程内容，38%的学生希望增加中国文化课教学现场观摩，32%的学生希望组织更多的汉语及中华文化活动，22%的学生希望增加中华文化知识。对比中国研究生和留学生研究生可以发现，36%的留学生研究生希望组织更多的汉语及中华文化活动，关于其他内容的增加，则显得比例分散。而排在中国研究生希望添加内容首位的，却是关于中国文化课教学活动，44%的中国研究生希望增加中国文化课教学现场观摩，其次才是组织更多的汉语及中华文化活动，有31%的中国研究生希望组织更多汉语活动。这些数据表明，中国研究生更关心如何上好中国文化课，留学生研究生却没有这样的需求。对于汉语活动，却是双方共同关心并且希望增加课时的部分。

三 问卷对中华文化与传播课程教材编写的意义

从问卷结果可以看出,中国研究生和留学生研究生在学习目标方面显然有极大的区别,所以如果二者合班上课,在课程设置上要注意二者不同的需求,这就要求有一套设计合理,既可以满足双方共同的需求,还可以兼顾二者不同需求,并且方便教师灵活处理的中华文化与传播教材。

(一) 合适的教材非常急需

从调查问卷中可以看出,40%的中国研究生认为学习中的困难在于没有合适的教材,而有55%的留学生研究生认为没有合适的教材很困难,这都充分表明,目前没有一本合适的中华文化与传播课程教材,这让中外研究生都感到学习有困难,所以一本合适的教材在研究生教育过程中非常急需。

(二) 以问题引入中华文化知识

从问卷调查结果中可以看出,中国研究生和留学生研究生都非常重视中华文化知识的学习,所以教材的第一部分必然是中华文化知识。但在浩如烟海的文化点中选取哪些进入教材,值得研究。在问卷中讨论到哪些内容需要增加时,有些学生在问卷提供的选项中选取了"其他",并写下自己的看法"增加如何应对留学生关于文化的提问,增加不同文化的比较"等。

这说明学生除了渴望了解本国文化知识之外,更需要了解在国外对于中国文化有哪些相对集中的疑问。而事实上,2011年国家汉办也从海外汉语志愿者那里征集到了近34个热点问题,这些热点问题以高频率出现在海外志愿者面临的问题中,例如"中国人为什么吃狗肉"、"中国的计划生育政策"等,所以将这些问题及对该问题的示范性回复引入教材,一方面可以提高中国研究生的学习兴趣,另外一方面也可以使中国研究生及早从海外文化传播的角度看待中国文化。中华文化与传播课程教材可以用问题引入中华文化知识板块的传授,以问题带动知识的输入和探讨,结合课外阅读相关文化知识书籍,三者结合来弥补课时不足而知识量大的问题。

此外,教材还可以分教师用书和学生用书两部分,同样的中华文化知识板块,学生用书部分可以针对中国学生和留学生两部分目标人群,针对留学生部分的，可以设计更简单的文字解说和文化对比，而中国研究生使用的学生用书，则可以更注重热点问题的引入，例如"中国人为什么不分餐？"等，强化观照视角。

（三）教材应附送中国文化课教学视频

问卷调查结果表明，有44%的中国研究生希望中华文化与传播课程添加中国文化课教学现场观摩。毋庸置疑，现场观摩可以看到老师如何讲授中国文化课，但实际情况是，中国研究生人数较多，不太可能安排大型的教学观摩课，教学录像却可以弥补这一不足。只是目前国内无法找到成套的中国文化课教学录像或视频，所以在编写教材时，可以事先做好一批中国文化课教学光碟，配合研究生课程教材，以备教师的不时之需。

除了随书附送面向来华留学生的中国文化课教学录像、光碟，还可以添加汉语沙龙活动录像、京剧脸谱、中国画等活动用具，将这些集合起来，分为教师用具资料包和学生用具资料包，方便教学实践开展。

（四）精练的传播学理论部分

除了中华文化知识板块和教学实践板块之外，传播学理论部分也值得重视。从问卷调查结果来看，不同于前两部分的是，中外研究生在这一方面都没有太多意见和建议，但实际上，来自不同本科专业背景的研究生几乎都没有任何的传播学理论基础知识，但作为汉语国际教育硕士，他们必须具备一定的传播基础知识，明白传播的要素，能够分析自己传播时的受众，能够掌握一些基本的传播技巧，能够及时把握传播信息的反馈。所以中华文化与传播教材应该精选传播受众理论和传播效果理论，突出研究生们作为传播者的作用，了解自己在传播过程中的地位和影响。

教材只有使研究生掌握一定的传播基础知识，明白传播的要素，懂得传播受众理论和传播效果理论，才能让他们在文化传播中更好地发挥传播者的主导作用，获得有效传播效果，并从传播受众的信息反馈获得相应信息，为进一步的传播行为打下坚实的基础。

综上所述，本文认为，针对目前的教学情况，整合了中国文化知识、对外汉语文化课教学模式及理论研究、文化传播理论、有针对性的学生实践设计的中国文化教材，并将随书附送的资料包分为教师用具和学生用具两部分的教材，也许才是合适的汉语国际教育中华文化与传播课程教材。

关于文化教学的几点思考[①]

南开大学汉语言文化学院　白宏钟

一　汉语国际教育、中华文化传播与文化教学

目前，对于在汉语国际教育中是否应进行中华文化传播工作，特别是是否要把中华文化传播作为汉语国际教育的主要任务之一，怀疑乃至反对的声音依然存在。20世纪八九十年代对外汉语教学界关于语言与文化关系的讨论，已经说明了文化教学对于对外汉语教学的不可或缺。但由配合语言教学的文化教学提升至目标明确的中华文化传播，仍不是所有人都能认同的。事实上，第二语言教学的文化传播功能是客观存在的，中华文化传播是汉语国际教育中一直客观存在的事实，从教学活动的实践来看，也是学生所要求、受到学生的欢迎的。在这种情况下，忽略、轻视或是回避汉语国际教育中的中华文化传播，对汉语国际教育的发展都是不利的。

任何外语教学的最终目的都是为跨文化交际服务，这一观点早已为第二语言教学界所接受。不过，具体到不同语种的第二语言教学，跨文化交际的具体目标也不相同，英语教学会介绍英美文化，法语教学会传播法国文化，而汉语国际教育，则自然要传播中华文化，因为与目的语文化进行跨文化交际最重要的也是最基本的条件就是要了解目的语文化。只有把中华文化传播的工作做好，才能真正地培养汉语学习者与中国人进行跨文化交际的能力，正是从这一角度出发，我们认为传播中华文化是汉语国际教育必须要做的工作，也是汉语国际教育的主要任务和目标。

汉语国际教育要以传播中华文化为具体的跨文化交际目标，还有另外一层重要意义：目前西方文化在全球范围内的影响远超过其他文化，世界范围内的跨文化交际话语权主要由西方文化主导，中华文化背景的个体与

[①] 本文系南开大学基本科研业务费专项资金项目"汉语国际教育中的中华文化传播"的阶段性成果（课题编号 NKZXYY1101）。

西方文化背景的个体相比，跨文化交际的起点并不相同，在进行跨文化交际时，处于需要更多地去适应西方文化的相对被动的境地。在此情况下，如果我们不主动、努力地去做传播中华文化，扩大中华文化在全球的影响，我们将很难改变自己在跨文化交际中处于相对被动境地的不利局面。而通过不断努力地传播中华文化，增强中华文化在世界上的影响，则可以逐步增加我们在跨文化交际中的话语权，改变目前这种不利局面。

在过去很长的一个时期中，中华文化传播在对外汉语教学工作中所占比重少，形式也比较单一，基本以文化教学为主。近几年来，随着汉语国际教育事业的发展，中华文化传播在其中所占的比重不断增加，内容逐渐丰富，形式也不断向多样化方向发展，除了文化教学之外，文化体验的地位和作用也不断提升，几乎有与文化教学并驾齐驱之势，此外还有汉语教师在海内外所进行的文化传播项目策划与实施、文化宣传、中华才艺培训等活动，这些已经无法用文化教学这一概念来概括，而使用"中华文化传播"这个概念，既从整体上概括了汉语国际教育中所有与文化相关的活动，又一目了然地指出了这些活动的共同宗旨：传播中华文化。

从另一个角度来看，对外汉语教学——汉语国际教育从来都不仅是一个学科，其产生和发展一直受到国家的政策和社会、政治、经济大环境的影响，作为一种受到国家重视和扶持的事业，它担负着国家赋予的使命，特别是在汉语国际教育阶段，承载了国家赋予的向世界传播中华文化的使命。

世界上其他一些著名的对外语言教育机构，如法语联盟[①]、英国文化协会[②]、歌德学院[③]、塞万提斯学院[④]等，都同时对外进行本国语言教育和

[①] Alliance Francaise，创建于1883年的法国，是非营利性的语言文化推广机构，致力于传播法语及法国文化，所有的法国总统都自动成为其名誉主席。目前有超过1000个机构分布于130个以上的国家和地区。

[②] British Council，1934年成立于英国，致力于促进英国文化、教育、国际关系之拓展和交流，于全球100多个国家、200多座城市设有分部，大部分作为当地的英国使馆或领馆的文化教育处开展工作。

[③] Goethe Institut，联邦德国于1951年创建，其主要工作内容为促进德国以外的德语语言教学，同时从事国际文化合作，通过介绍有关德国文化、社会以及政治生活等方面的信息，展现一个丰富多彩的德国。

[④] Instituto Cervantes，是西班牙于1991年成立的官方非营利机构，其宗旨是与以西班牙语为官方语言的二十几个国家合作，共同推动全世界的西班牙语教学和西班牙其他官方语言的教学，传播西班牙语文化。

文化传播的工作。这一方面是因为语言学习与文化学习确实是难以分割的，另一方面则更是因为语言传播是文化传播的天然理想媒介，各国都希望利用对外进行本国语言教育的机会，传播本国文化，扩大本国文化在世界上的影响，增强国家软实力。而中国的情况又更需要进行对外文化传播：我国战略软环境差，国际上对中国及中国文化的误解和敌意太多。在这种情况下，主动地、有意识地进行中华文化传播，澄清世人对中国、中国人及中国文化的误解，消除敌意，是完全有必要的。我们所要做的文化传播，与过去某些国家所进行的强制性的、侵略性的"文化传播"性质完全不同，目的在于展示真实的自己，同时与世界分享自己的优秀文化。"传播"一词本身，也并没有强制、侵略一类的词义，没有必要担心提倡在汉语国际教育中进行中华文化传播，就会使人产生抵触情绪。

总之，从学科专业的角度看，进行中华文化传播工作，是汉语国际教育专业本身的要求；从事业和行业的角度看，进行中华文化传播工作是汉语国际教育所担负的国家赋予的使命。汉语国际教育中所有与文化传播相关的活动，均应由中华文化传播这一概念来统领，作为汉语国际教育中中华文化传播的主要形式之一，文化教学的各种有关问题，也应该放在中华文化传播的思路下考虑。

二 文化课程的定位

文化教学是汉语国际教育中中华文化传播的主要形式之一，文化教学的主要形式则是文化课程的教学。但在讨论"文化课程"的课程定位之前，有必要先来澄清一下文化课程的概念，因为即使在今天，笔者在这里所谈的"文化课程"，在对外汉语教学界的文化教学研究中，仍经常被完全忽略。本文所说的"文化课程"，指的是在对外汉语教学——汉语国际教育中针对各类留学生开设的以介绍和传授中国文化知识为目的的课程，如《中国简史》、《中国旅游地理》、《中国概况》、《中国文学史》、《中国文化专题》、《中国风俗》等。20世纪80年代以来，国内对外汉语教学界出版过一些以对中国文化知识、国情、社会生活等方面的介绍为内容的汉语教材[1]，这类教材，虽然冠以"文化阅读教程"一类的书名，但实际上

---

[1] 如王海龙：《文化中国——中国文化阅读教程Ⅰ》，北京大学出版社2002年版。王海龙：《解读中国——中国文化阅读教程Ⅱ》，北京大学出版社2002年版。

还是语言技能教材。① 使用这样的教材进行教学的课程，实际上还是语言技能课，不属于本文所说的文化课程。但直至今日，仍有许多同行以这样的课程为文化课程，而将真正的文化课程排除在研究视野之外。这种情况的出现，与对外汉语教学界的文化教学研究长期局限于语言教学思路之内有关。

20世纪八九十年代对外汉语教学界有关文化的各种研究和讨论，主要是针对语言教学而展开的，"交际文化"理论是针对语言教学而提出的，其他关于文化定义、文化分类、文化定位、文化因素、文化大纲、文化导入、文化教学等的讨论，也都是在语言教学的视野和思路内展开的。事实上，随着语言教学与文化教学相互促进关系共识的得出，各对外汉语教学部门早就纷纷在教学中开设了专门的文化类课程，其在课程体系中所占的比重也逐渐上升。由于以文化知识的传授为教学目的，这类课程文化传播功能明确，作用突出，是文化教学的主要形式。但在很长的一段时间内，文化课程教学几乎被研究者们完全忽略。直到2004年，张英才从概念上明确地区分了语言技能课中的文化因素和专门的文化课程教学，将两者分别定义为"对外汉语教学中的文化教学"与"对外汉语文化教学"，指出"前者指的是在汉语作为第二语言教学中语言教学所包含的文化因素，二者是一种包容关系；后者指的是汉语作为第二语言的教学，还包含了与语言相次第的文化教学，二者是一种主次关系。"这是对外汉语教学界第一次有人从概念上明确地区分了两种文化教学，但张英却同时也明确地将专门的文化教学即"对外汉语文化教学"与语言教学的关系界定为"主次关系"，认为对外汉语文化教学是"辅助语言教学"的。② 这说明对外汉语教学界对于文化课的定位仍然未能突破语言教学思路的束缚。

在第二语言教学中，语言与文化教学能起到相互促进的作用，这是对外汉语教学界在20世纪形成的共识，但在过去30年的教学实践中，文化

---

① 当然，由于教学的实际需要，这样的教材有其存在的必要：在某些教学部门，特别是海外的一些教学部门，汉语教学课时少，没有单独开设中国文化课程的可能，学生又同时有学习汉语和了解中国及中国文化的需要，在这种情况下，选择使用这类教材就是比较好的办法。

② 张英：《对外汉语文化教材研究——兼论对外汉语文化教学等级大纲建设》，《汉语学习》2004年第1期。

教学被过多地强调发挥配合语言技能课教学的作用，长期被置于从属地位，使得文化课程的课程定位、教学目标、教学内容、教学法、考核方式等都受到了很大程度的影响。其自身的性质、目的和特点都没有得到应有的重视。许多同行在设计文化类课程的教学时，首先考虑的是如何使文化类的课程更好地为第二语言教学服务。如有的学者说："对于对外汉语教学中的文化教学来说，我们更关注的是文化定义的相关性，即什么文化定义更能体现第二语言教学中文化教学的独特性。"并认为"体现语言与文化相结合的特点"是对外汉语文化课程教学的基本原则之一。[①] 这种态度代表了此前对外汉语教学界大部分同行对文化课程定位的看法。但从第二语言教学自身的规律及文化与语言的相互关系来看，这种看法是不合理的。[②]

与目的语文化进行跨文化交际是第二语言教学最终的目的，第二语言教学本身是达成跨文化交际目标的工具。考虑到跨文化交际与第二语言教学之间的这种目的与工具的关系，将如何使文化课教学服务于第二语言教学作为文化课程定位的首要考虑因素是本末倒置的。

从文化与语言的相互关系来看，文化课程对语言教学的配合，主要应从具体设置哪些文化课程方面考虑，具体到每一门文化课程本身，由于文化是语言的上位概念。所以，根据语言教学的需要来设计每门文化课程的目标、形式、内容、方法等是不合理的，应当根据文化学习的自身特点来设计课程各个方面。

总之，文化课程不能被定位于服务于第二语言教学，而是应保持独立性，要根据文化学习自身的特点设计课程的教学目标、教学内容、教学方法和考核方式。具体说来，文化课教学最重要的目标不是要提升学习者的汉语言技能，而是要使学习者增进对中华文化的了解。其最终目的是促使学习者建立对中国文化的包容、承认、理解、欣赏等正面态度，帮助其更好地与中国人或有中华文化背景的个体进行跨文化交际。

以上课程定位思路，是根据跨文化交际的理念和文化教学自身的性质

[①] 祖晓梅、陆平舟：《中国文化课的改革与建设——以〈中国概况〉为例》，《世界汉语教学》2006年第3期。

[②] 由于第二语言教学的跨文化交际目的以及语言与文化的关系，语言技能教学及语言教材中体现语言与文化结合的特点确实是合理而必要的。

而提出的。可以看出：这种定位思路与中华文化传播的思路是不谋而合的。这也再次说明，以中华文化传播的思路来定位汉语国际教育文化教学中的专门文化类课程，是合理而准确的。

三 文化课程教学中的语言障碍及语言因素的比例

许多同行在进行文化课程教材编写和教学时，按照以文化课程配合语言教学以及语言与文化相结合的思路，加入了许多语言技能训练的内容。但按照我们上面所提出的中华文化传播思路下的文化课程的定位和设计思路，在文化课的教学中，语言技能训练不但不能被设置为并列目标，也不能被设置为次要的目标，因为在各门文化课程的教学中，由于课时的限制，许多重要的文化内容都不得不被放弃，在这种情况下，再加入语言教学的内容，文化课将很难完成预定的文化学习目标。笔者的教学经验也证明了这一点。

但不容否认的是，语言障碍确实是制约文化课教学的重要因素。2011年11—12月，笔者所带领的课题组在南开大学汉语言文化学院的留学生中进行了一系列关于文化教学的调查，受访对象涵盖了本科、研究生以及语言进修生三个类别的不同年级、不同层级的外国留学生，目前我们还未能完成对调查结果的详细统计和分析。但从初步的统计情况来看，有超过80%的受访者在对自己学习汉语原因的描述中明确提到了想了解中国及中国文化、和中国人沟通、找工作方面的动机。这表明中国文化的吸引及与中国人进行交际的愿望是绝大多数受访者学习汉语的主要动机。但在回答"汉语技能课与专门的文化课哪个对学习和了解中国文化更有帮助"的问题时，却有一半以上的受访者选择了汉语技能课，并且越是层级低、汉语水平低的受访者，选择汉语技能课对学习和了解中国文化更有帮助者的比例就越高；而随着受访者层级和汉语水平的增高，选择专门的文化课对学习和了解中国文化更有帮助者的比例也随之增加。来自2008级汉语言专业留本（毕业班）的受访者选择专门文化课对学习和了解中国文化更有帮助者更是几乎达到100%的比例。这种结果说明：第一，对于留学生来说，语言障碍是他们学习和了解中国文化的主要障碍；第二，现有的文化课教学未能解决语言障碍问题，不能令留学生满意。

语言障碍是制约汉语国际教育中中华文化传播的主要瓶颈之一，这一制约对于文化课程尤为突出。对此，笔者认为可以采用以下一些对策。

第一，规定文化课开课的语言水平前提。这种办法既适用于在国内汉语言专业的本科留学生或进修留学生，也适用于国外大学汉语专业的学生。比如国内各院校的对外汉语教学部门一般都规定本科留学生的《中国概况》、《中国简史》、《中国文学》等课程应在一年级或二年级以后才开设。这样的规定，保证了学生在学习文化类课程之前，至少已经有了中级以上的汉语水平，再配合专用教材，可以基本上解决文化课教学的语言障碍。

第二，使用国别教材，同时教师用学生母语授课。这种办法适用于在海外所进行的教学活动。采用这种方式，可以使文化课的开课摆脱语言障碍，可以面向无任何汉语基础的学习者开设。但是使用这种方法需要两种前提条件：教师具备以学习者母语授课的语言水平；有可用的国别文化教材。

第三，使用汉外对照的国别教材，教师以汉语授课。这种办法适用于在国内外对已具备一定汉语基础的学习者所进行的文化课教学，其好处是对学习者的汉语水平要求（比起上述第一种办法来）可放低，同时不再像上述第二种方法那样有对教师的外语能力要求。教师按教材的汉字文本讲授，学习者可一边听老师讲授，一边参考母语文字文本，听读结合，即使语言能力不足以完全听懂教师的讲授，仍能完成课程学习任务。同时学习者在课下对照两种语言文本进行复习的过程中，也能起到提高语言能力效果，特别是相关专业词汇量的积累。

至于文化课教学中的语言因素，笔者以为：学习者通过文化课的学习，也许确实（不是一定）会达到同时提高了语言能力的效果，但这主要将由学习者在学习的过程中自主获得，并且这种效果可能将在很大程度上通过课外学习而获得。在教学的设计中，则不必将同时达成提高相关语言能力效果作为考虑因素。但笔者并非完全反对在文化课教学中安排语言因素，笔者认为：文化课教学中的语言因素，应在为完成课程教学任务需要时及时引入，但引入时要注意引入的"度"：只要帮助学生解决了语言理解上的障碍即可，绝不可就此无限展开，否则就会喧宾夺主，影响课程核心教学任务的完成。并且这种引入，笔者建议仍应通过设置学习者的语言水平前提和选择适当教材提前解决语言障碍而尽量予以避免。①

四 文化课教材建设

要提高文化教学的质量，目前主要还是应从教材、教学法、教师三方面入手，但以教材为最急迫。前面所说的三种解决文化课教学语言障碍的对策都涉及了教材的问题。文化课教学自然以使用专门为留学生编写的教材为宜，但目前专为留学生编写的文化课教材尚不能满足对外汉语文化课教学的全部课程需要，在许多领域仍还留有空白，同时，对外汉语文化课教学的发展，早已对教材建设提出了更高的要求。

从目前的情况来看，双语化、国别化、活页化是文化课教材的发展趋势。如前所述，教材双语化和国别化是解决对外汉语文化课教学中语言障碍的重要手段，既国别化又双语化的教材尤其能最大限度帮助教师摆脱语言障碍的限制。因此，编写国别化和双语化，特别是既国别化又双语化的教材应作为未来对外汉语文化课教材建设的主要思路②。教材活页化则是解决《中国概况》、《报刊选读》③ 等课程教材难题的重要思路。这类课程的教学内容与当代中国发展现实密切相关，许多内容随着时间的变化而不断更新，固定教材编写出来不久就会在许多知识、事实和数据方面出现

---

① 实际上，语言教学中所涉及的文化因素也应主要依靠教材编写来解决。过去对汉语教学中文化因素教学的研究很多，一般的结论均认为提高汉语教师的文化素质是解决该问题的重要思路，但笔者认为单靠提高汉语教师的文化素质并不能解决问题，在教材中通过以学生母语或汉语与学生母语双语对照的注释、课后文化知识介绍短文等，将语言教学中涉及的文化因素加以解释、说明，其效果比依靠教师个人课上用汉语或外语讲解，无论准确性还是有效性都要好得多，也节省时间。在这方面，《新实用汉语课本》就是很好的范例。

② 双语化和国别化也应作为语言技能课程教材编写的主要思路。以前笔者个人，包括笔者所观摩到的许多国内同行的示范课录像，在词语讲解环节，都把许多时间花在词义的解释上，为向学生解释清楚词义，大家采用了肢体表现法、解说法、画图法等诸多手段，但效果均不能完全令人满意；与此形成鲜明对比的是，许多学生通过用电子词典或纸质词典提前预习或在课上自学，就很好地完成了词义的学习。因此，笔者认为，即使是在语言技能类课程中，也要考虑通过编写双语化和国别化的教材来解决语言制约因素。《新实用汉语课本》和《当代中文》等教材正在进行的双语化、国别化建设，即是这方面很好的范例。

③ 《报刊选读》课程在大部分院校被归类为语言技能课，但笔者根据个人的教学经验，认为这门课程如设计为文化课，效果也会很好，能很好地帮助学生了解当代中国社会。

落伍的情况，影响教学效果。在这种情况下，必须考虑教材活页化的思路。活页化可以是整本教材活页化，这种方法适用于教学内容求新要求非常高的课程，如《报刊选读》；也可以是教材内容中部分活页化，这种方法适用于部分内容随时间变化而更新较大，其他内容则较为固定的课程，如《中国概况》课，其中政治、人口政策、民族、文学艺术等内容受时间变化影响小，而经济，特别是当代经济发展的一些具体事实和数据、当代科技成果等内容则需随时间变化不断更新。活页化教材或教材的活页部分，可以由编者完成，也可以将编写任务部分或全部交给使用者。在两种情况下，教材的编写者均应当说明活页部分的编写体例、原则、材料选取标准、资料来源等，以利于使用者既能根据自己的需要完成活页教材的编写和更新，同时又保证教材思路和体例的一致性、连贯性。

"三教"问题，即教师、教材和教学法问题，一直是提升汉语国际教育事业发展水平的关键，而教材问题又是其中的核心。随着文化教学的迅速发展，文化教材在数量上特别是在专业和种类上的供应缺口在逐渐增加，仅靠本行业内部新编教材已难以迅速弥合这一缺口，在这种情况下，可以考虑通过改编现有文化教材的方式来解决问题。国家汉办2006年以来出版的汉语与多语种对照的《中国地理常识》、《中国历史常识》、《中国文化常识》三种出版物，即是通过改编已有教材而进行对外汉语文化教材建设的一次成功尝试。这三种读物原来均为国家侨办针对海外华侨所编写的华文教学辅助读物，国家汉办取得侨办授权后，对三部书的内容进行了改编，重新出版了汉语与英、德、法、泰、日、韩、俄、西班牙、阿拉伯语的对照版本。书中有丰富的地图和图片配合文字内容，直观生动，内容充实，语言通俗易懂，充分考虑了海外学习者的需要和特点，相较于过去国内所出版的其他一些对外汉语教学专用文化教材，更适合作为对外汉语文化课教学的教材使用。笔者在为本院汉语言专业留学本科生所开设的《中国简史》中使用《中国历史常识》作为教材，在为外国留学生汉语国际教育专业硕士开设的《中华文化专题》课程中使用《中国文化常识》作为教材，均收到了很好的效果，学生对教材的评价非常好，特别对于有九种外语对照版本可以选择感到很满意。

上述三种教材，是国家汉办与国家侨办合作的产物，体现了在新形势下汉语国际教育事业整合更多部门的可用资源而不拘泥于部门、行业内部的新视野（同时也体现了对外汉语文化课教材既双语化又国别化的新编写思路)。笔者以为,纳入改编视野的教材范围还可以更广泛一些,不但文化部和国家侨办等其他部门已开发的供域外读者使用的文化出版物可以纳入改编的视野,还可以在国内已有的为中国学生编写的文化教材中选择优秀的教材,由本行业的专家按对外汉语文化教学的需要进行改编,然后聘请多语种的外语人才进行外文对译,这样就能够在较短的时间内提供更多的国别化、双语化专业对外汉语文化教材,更加迅速有效地解决文化教材的供应缺口。

在汉语国际推广被纳入国家发展战略的大前提下,汉语国际教育事业面临着前所未有的机遇和挑战,新的形势要求我们不但在专业内部要加强协作,同其他专业、部门之间也必须加强合作。在教材编写方面,尤其需要如此:要编写高水平的教材,往往非一个教师甚至是一个教学单位所能完成,需要多个专业(如美术、小语种外语等)、多个部门的人员协作完成。这就需要行业领导部门更多地从全局上加以规划、引导、协调、整合。高水平的教材是国家文化软实力的重要体现,可以很好地提升国家形象,从这个层面来看,在这方面加大投入力度也是非常必要的。

对于教师个人来说,一方面固然要积极参与教材的编写工作,但更重要的是要掌握现有的教材资源情况,根据教学需要合理地选择所用教材。汉语国际推广是国家的战略,对外汉语教师不是孤军奋战,已有的教材资源是行业领导部门和其他同行为我们提供的重要教学资源支持。掌握并合理地利用已有的教材资源,是每个对外汉语教师应当具备的能力。

五 任务型教学法

笔者在本单位承担了留学研究生、本科生的《当代中国专题》、《中华文化专题》、《中国概况》、《中国简史》等文化课的教学任务,近三年来在这些课程的教学中,笔者一直在尝试采用一种"任务型教学法"。主要方式是:在教学过程中,就一些内容拟定题目,规定为任务,以作业的形式提前一定时间分配给学生,让学生在课下完成,在课堂上以课件的形式展示并讲解。分配给学生的作业内容可以是书上已有但内容较旧与现实不符的,如《中国概况》课中经济发展的一些具体情况和数据,在这种情况下,学生所完成的作业就能起到活页教材的作用;也可以是教材内容的延展或补充,如《中国概况》课的《中国科技》一章中,对于当代中国科技的具体成果谈的不多,可以将其作为作业分配给全部或部分学生,让他们自己通过上网等方式查找当代中国科技新成果，这样学生的作业就可以起到延展和补充教材内容的作用，再如《中国简史》课，笔者选用《中国历史常识》作为教材，该书对于历史事件的叙述都比较简单，学生有时还想了解得更详细一些，笔者就将他们感兴趣并想知道得更多的内容作为题目分配给他们，让他们课下完成后下次上课时来给大家讲，这也起到了延展和补充教材内容的作用。总的说来，所分配给学生的作业任务应紧密配合教学需要，还要具备可行性，同时注意要求学生在作业中多使用音视频材料，以利于教学更加直观、生动。

一般来说，大多数学生都乐于积极主动地完成所分配给他们的作业，但是为了使学生按时完成老师所分配的作业并重视作业的质量，笔者在课程开始之初就会规定每个同学在学期之内需要完成的作业的数量，并将这种作业规定为评定同学们平时成绩的主要依据，还规定学生必须在教师指定的时间内完成作业并在课堂上展示，这样做是为了确保教学进程安排的稳定性，如果学生不按时间进行课堂作业展示和讲解，就会破坏已有的教学安排。当然，还要规定学生每次作业展示的用时，如果不提前规定好，学生展示用时太短或太长，都会对教师的课堂时间分配和教学安排造成影响，笔者对学生作业展示的用时规定视具体作业而定，但最长不超过 10 分钟，大部分情况下控制在 5 分钟以内。每次要安排学生进行作业展示时，笔者一般会安排至少 3 位同学进行展示，每位同学展示之后，还会留出一点时间给其他同学提问、发表意见和讨论。有时，因为课程教学特别需要讨论环节，会安排整个一堂课甚至更多的时间给学生进行作业展示和讨论，但一般不会安排整次课（两节课）的时间给学生展示和讨论，因为每次展示和讨论之后，教师必须作一次整体的评价与总结，才能收到最好的效果。

在留学生汉语国际教育硕士的文化课教学中，由于课堂讨论的比重比本科课程更大，这种教学方法采用的更多，在课程教学中的地位也更为重要。

在文化课教学中采用这种任务教学法，在过去受到学生的语言水平和资料掌握能力不足等条件的限制，但近些年来，网络资源的丰富和利用网络查找资料的简便易行使得学生完全有能力课下自己通过利用网络查找资料完成作业，同时，各教学单位普遍在教室中安装电脑、音响、网络、投影仪等设备又使学生以 PPT 等形式播放展示作业变得简便易行。

当然，作业的完成形式，根据课程和作业题目的不同，也可以是调查报告、人物访谈等形式，但考虑到可行性和效率等因素，作业展示时，还是以 PPT 等形式展示最好。教师在设置分配题目时可以通过设置作业要求，不但规定作业的完成形式，并且引导学生有意识地采用文化比较法、人类学调查法等方法来完成作业，而不必局限于通过在网上查找资料来完成作业。

目前笔者对任务型教学法的使用仍处于初步的摸索阶段，但就过去三年尝试的效果来看，对这种教学法在文化课教学中的前途持乐观态度：从在自己的文化课教学中采用了任务型教学法后，由学生中所得到的反馈评价一直比较好。这种教学法的使用带来了许多好处：学生得到了参与教学的机会，因此学习的态度更为积极主动；学生的作业成了开展课堂讨论的平台，作业展示后往往能引来学生们的讨论，课堂气氛变得更加活跃；学生在作业中较多地使用音视频材料，一定程度上增加了教学的直观性、生动性。在文化课教学中采用这种任务教学法，教师通过作业（任务）的精心设置和分配，仍然可以很好地主导课程的教学，而学生通过作业（任务）的完成与展示参与到教学中来，在此过程中，以教师为主导，以学生为中心的教学原则得到了很好的贯彻。

除了任务型教学法外，文化课教学的有效方法应当还有多种。教学法的欠缺是目前制约文化教学水平提升的另一主要障碍。文化课教学法的研究应当如汉语技能课教学法的研究一样得到重视。希望以上浅陋个人经验的介绍能起到抛砖引玉的作用。

六 结语

以上从几个方面阐述了笔者个人关于文化教学的一些思考。总的说来，中华文化传播是汉语国际教育必须要做的工作，应当被确定为汉语国际教育的主要目标和任务。汉语国际教育中包括文化教学在内的所有与文化传播相关的活动，均应由中华文化传播这一概念来统领，在中华文化传播的思路之下进行。文化课程的定位，当然也应当摆脱语言教学思路的束缚，纳入传播中华文化的思路下。对于文化课程建设来说，正确的课程设计理念、教材资源的支持、好的教学方法的采用以及教师的个人素质和能力缺一不可。作为教学的具体执行者，教师应从整体上把握好以上各个因素并将其有机地结合，才能达到最好的教学效果。

参考文献

1. 许嘉璐、石锓：《关于汉语国际教育热点问题的访谈》，《湖北大学学报》2011 年第 4 期。
2. 许琳：《汉语国际推广的形势和任务》，《世界汉语教学》2007 年第 2 期。
3. 张英：《对外汉语文化教材研究——兼论对外汉语文化教学等级大纲建设》，《汉语学习》2004 年第 1 期。
4. 李泉：《文化内容呈现方式与呈现心态》，《世界汉语教学》2011 年第 3 期。
5. 祖晓梅、陆平舟：《中国文化课的改革与建设——以〈中国概况〉为例》，《世界汉语教学》2006 年第 3 期。

作者简介：白宏钟，男，1973 年生，天津人，历史学博士、南开大学汉语言文化学院副教授，主要从事对外汉语文化教学及中国近代社会史研究。

白族孝道传承机制及其反思

重庆大学国际教育交流学院　重庆　400030　黄雪梅*

内容摘要：传承文化是教育的功能之一，面对日益加剧的全球化，各个国家和民族都面临如何保存和传承传统文化的时代命题。本论文以白族两个自然村落为个案，田野调查了两种祭祖仪式，阐释了孝道传承机制，提出以"化"为主要方式的教育是传承文化、实现育人目的的重要途径。

关键词：白族　孝道　传承　机制　反思

A Study on the Spreading and Inheriting Mechanism of Filial Duty in the Bai People and it's Introspection

Abstract: Spreading and inheriting the culture is the funcation of education. Confronted the growing globalization, countries and nationalities are facing how to keep and pass their traditional culture. Based on the cases of the Bai People's ceremony honouring the ancestor in two villages, the thesis analyzes the spreading and inheriting mechanism of filial duty and puts forward that Hua Yu should be an important way to achieve the educational aim and spreading and inheriting culture.

---

* 作者简介 黄雪梅（1974—），女，四川达县人。西南民族教育与心理研究中心教育学博士，主修过英语教育、课程与教学论、教育学原理专业。重庆大学国际教育交流学院对外汉语教师，从事民族教育、汉语认知、汉字文化方面的研究与教学。
通信地址：重庆市沙坪坝沙正街179号重庆大学国际教育交流学院
hxmcq@ yahoo. com. cn

Key words: the Bai Pepole; Filial Duty; Spreading and Inheriting; Mechanism; Introspection.

导论

教育的主要功能之一是传承文化，文化也因教育的存在而得以传承和发展。面对全球化的日益加剧，不同国家、民族的传统文化都受到极大冲击。而传统文化的一些基本价值不仅可以作为本民族文化整合、基础文明养成和道德教化的重要资源，也可能是在东西文化融合的过程中共同依持的价值元素。作为文化传承与发展的重要途径与方式的教育，又该通过什么样的方式才能将传统文化中所蕴涵的价值观、知识体系、谋生技能和生活方式传下去，使我们在现代化的进程中实现与传统的对接？

教育是源于生活实践的，其本身所具有的实践特征决定了我们要探求的解决教育问题的方式。要寻求教育应以什么样的方式来传承我们的传统文化，只有通过对现有的成功传承传统文化的典型案例的审视与分析，方能得到具有可操作性的理论主张。传统中国社会是奠基于孝道之上的社会，孝道具有根源性作用，是中国文化一个核心观念和首要精神。孝道本义是善事父母的道德行为规范，起源于人们的生活、风俗，被儒家伦理化、哲理化后又融入生活与风俗中，以祭祀祖先仪式为其主要载体。因而，孝道的传承机制必须借由祭祖仪式才能得以阐释。而传承与教育好比同一事物不同的两面，对孝道传承之路的探求也就是对教育之道的寻觅。

位于祖国西南边陲的大理因其独特的自然、人文地理环境，使世居于此的白族，为了自身的生存与发展，建立了一套有效的文化传承机制。喜洲也因其特有的历史、文化地位，为白族自然村落的典范。同时，地处怒江州的勒墨人是大理白族的一个支系，因其闭塞的交通和恶劣的自然环境，使他们的祭祖仪式具有明显的原初特性，对其祭祖仪式的梳理有助于更好地理解和掌握白族祭祖仪式及孝道的传承脉络。据此，本研究选择了喜洲白族和金满村勒墨人的祭祖仪式作为个案，以田野调查法、文献法、比较法，试图揭示孝道如何借由有形的仪式"化"为无形的道德观念的机制，进而反思这种"化"的方式对教育的意义与价值？

一 作为传承者的勒墨祭祖仪式及意义

金满村位于海拔1600米高的高黎贡山的山脉间，大约有230户人家、1331人，当地民族称其为"勒墨人"，至今保持着万物有灵论的原初信仰。祖先灵魂是他们主要崇拜对象之一，在丧葬礼仪和年节中都有特别的祭祖仪式。

（一）祭祖仪式概述

勒墨人离世后，家人为其洗尸，停尸三天后将其入殓、安葬。因为他们相信死者是不吉利的，很可能将家人或者亲戚朋友及其家禽的灵魂也带走，使他们面临灾祸。为了避免不祥事情的发生，死者家人必须请本村的人神之间的沟通者——祭师为其举行杀鸡祭魂、砍猪撵魂的仪式；与家人、亲朋一起多次给死者献祭丰盛的衣食等生活用品；共同分享献祭后的祭品；以用木杵地的方式为死者唱、念祭词，尽其所能安慰死者灵魂，让其感到欣慰，最终满意地离开他的家人和亲朋，不给家里降灾。每次年节时，祭师也要到各家各户去为其举行祭祖仪式。各家会拿出丰厚的供品请祭师象征性地把祖先接回家中过年，给祖先献祭，念诵祭词，一起飨食，享用完毕后再送走祖先。

（二）仪式的意义

此种仪式所包含的意义有两方面：在死人方面来说，灵魂和生人一样需要衣食住行，所以生人务必供给；在生人方面来说，死灵仍旧继续保护照荫子孙，治理教导后代，以是拜奉祖宗乃求获福利。[①]

何以"祭祖就能获得福利？"

在人类生存的整个世界中，宇宙空间最高处被视作"天"，是一种"可能世界"；俯首即是滋生万物的"地"，是存在于天地之间所有一切的"生存世界"；处二者之间的便是"吸天地之灵气"的"人"，即生活于生存世界的主体活动者，以能动的自我创造性参与生存世界的造化活动，

---

① 林耀华：《义序的宗族研究》，生活·读书·新知三联书店2000年版，第138页。

赋予万事万物意义和价值，创造了一个"意义世界"。此三者，正是因为有人的存在才得以相互转换、融合、贯通。

祭祖仪式是将"可能世界"向现实转换的一种途径。随着家中老人生命的结束和灵与肉的分离，他（她）的身份从亲人变成了有可能作祟的鬼魂，生者与死者处于对立的关系中。为了避免不必要的灾祸发生，仪式将生者置于一种卑微的、为死者提供诸如生前的关于衣、食、住、行的各种需要的地位。死者的家庭成员最早以卑微的身份进入仪式之中：他们痛哭，为死者清洗、换干净衣服，向死者倾诉，祈求灵魂尽早离开；为死者献上牺牲和祭品，请祭师与死者灵魂对话，将鸡、猪的神性特质传给死者灵魂，使可能作祟的鬼魂转换为具有护佑功能和神圣地位的祖先神；家人、亲戚、朋友再以飨食的方式，享用献祭过的祭品，通过附着在祭品上的神性特质驱逐可能存在的晦气与不吉，将生者从不利的境遇中"解救"出来。因此，祭祖仪式为生者、死者提供了交融的契机，无数次的献祭、飨食为整个仪式转换功能的发挥提供了切实的方法和途径。仪式中的祭师和与死者紧密相关的人的所有言语、动作、行为，以及仪式的内容和活动程序都是为了将死者转换为神，使祖先能在另一个世界里福佑生者。这份福佑是因家庭成员的永远离去而在感情、经济、社会力量上给家庭和亲族造成的损失，让生者重新获得继续生活下去的力量和勇气，最终化解了生与死的对立，达到了天、地、人三极的和谐共生。

二　作为传承者的喜洲祭祖仪式及意义

喜洲坐落在苍山洱海之间的坝区上，史料记载其具有一千多年的历史，历来是大理地区的政治、经济、文化中心，目前是喜洲镇镇政府所在地，包括附近的城北、寺上、翔龙等8个村落，人口11265人，白族占总数的87.4%。祖先崇拜是喜洲人的重要信仰之一，祭祖仪式普遍存在他们的生活之中，每逢丧葬和中元节，喜洲人都会举行隆重仪式祭拜各自的祖先。经过调查发现：一方面，喜洲祭祖仪式是以勒墨祭祖仪式为基础，吸纳、融合了汉族的孝道思想，应视作孝道的承者；另一方面，喜洲的孝道是经由其祭祖仪式传播孝道观念、发挥孝道教育世人、化育社会的功能，理应视作孝道的传者。

（一）祭祖仪式概述

喜洲人临终之际，长子要为其接气。落气以后，子女为其洗身，请阴阳先生算重丧。报丧、入殓以后，在自家正房堂屋内置孝堂、摆供桌祭奠死者。所有家庭成员都身着孝服，孝子头戴粗麻孝帽，手拄哀杖，跪俯在孝堂旁，向前来吊唁的人回礼。同时，孝子请本族乡老德高望重者、邻里等共同给死者赐谥"乡评"。请法师给死者做法事，让艺人为死者弹唱大本曲。孝子举行献祭、点主、安灵仪式，跪请长者举行"演钉"礼。出殡、安葬以后，孝子要为死者做"五七"，念"百七"，次年中元节期间"烧新包"，并守孝三年。人离世以后，其灵魂被安置在各家和宗族祠堂的祖先牌位上。每逢初一、十五、中元节、年节、祖先生、忌日，家人都要进行祭奠。最隆重的当推中元祭祖：在七月初一，家人以虔诚的礼仪把祖先接回家，直到十五，餐餐先为祖先献上丰盛的祭品，再一起享用祭品；闲暇之余，为祖先制作丰富的生活用品；到七月十五，各家要为祖先"烧包"，将其送走，家族也在祠堂举行献祭、飨食、烧包仪式，祭祀宗族祖先。

（二）仪式的孝道含义

喜洲祭祖仪式不但包含祈福意义，而且隐含着孝道的全部内涵。孝的本义是"子女善事父母"，[①] 是作为一种道德观念而存在意识形态中，其具体的内容就是孝道，即晚辈对长辈的行为规范，存在于礼仪、规范中。善事父母的规范是孝道的基本规范，是为人子的基本义务，包括事生、事死两大方面，在喜洲祭祖仪式中都有体现。

1. 养亲。《孝经·庶人章》说："用天之道，分地之利，谨身节用，以养父母，此庶人之孝也。"[②] 养父母之口、体是最基本的子女应尽的孝道。在喜洲，祖先的供桌上供奉着糖果、点心、茶水等；七月祭祖，每天清早要供一壶烤茶、一盘早点，午饭、晚饭有鸡、鱼、肉、米饭；祭祀的表现形式也是陪祖先吃一顿丰盛的大餐；丧礼过程中的孝子献主食、茶、酒等仪式就十分明确地教育子女要养父母之口、体。

[①] 《尔雅·释训》，《十三经注疏》，中华书局1980年版，第6页。
[②] 汪受宽：《孝经译注》，上海古籍出版社2004年版，第9页。

2. 爱亲。一切伦理关系的感情基础皆发自于人与人之间的仁爱之心。亲子之爱是最早形成的、血缘最浓的一种亲情。人一生下来就不免于父母之爱，这是父母对子女之爱的自然感情的流露。正是父母对子女的养育之爱造就了子女对父母、兄弟、朋友等一切仁人之爱。对祖先的祭祀本身就是源于对亲人的爱，希望通过无数次的献祭让祖先们丰衣足食，在另一个世界中欣然"生活"。

3. 尊亲。《论语·为政》中说到子游问孝，孔子答曰："今之孝者是谓能养，至于犬马皆能有养，不敬，何以别乎？"即"孝敬"老人，不但要"孝"，而且还要"敬"。在喜洲，老人不管是生前还是死后，都居住在坐北朝南的正房内。正房方位为尊，比其余房间都要高出几步梯子，一年四季阳光充足、温暖湿润。仪式中的大孝子必须是死者的长子或长女婿，穿最长、质地最粗的孝服，为死者跪俯守灵，以作揖、跪拜、叩首的礼仪、悲戚的神情和卑躬屈膝的姿态为死者献祭。显示了对死者最大无比的敬畏。

4. 光亲。《孝经·开宗明义章》就指出："立身行道，扬名于后世，以显父母，孝之终也"，[①] 子女能立身行道，在一生中成就一番功名，光前裕后，以显父母，这是为人子者最大的孝。喜洲人极爱荣耀：高大、气派的四合院是喜洲人身份和地位的象征；照壁正中饱满、苍劲的墨笔，宣扬着某姓氏引以为豪的世代家风；门上的匾额上镌刻着家族成员现在或过去获得的荣誉，显示家庭的兴盛；祠堂刻着祖先的丰功伟绩，再现他们辉煌的过去，敦促后辈珍惜先人创下的家业，争取获得更大成就，以光前裕后；祭祀中的篇篇祭文，赞美亡人聪颖过人、才学丰富、孝敬父母、勤劳朴实以及一生的功成名就，等等，都是光耀祖先的体现。

5. 延亲。孟子说过："不孝有三，无后为大。"祖先是我之生命的本原，应得以祭祀，以报答生育之恩。子孙的生命是父母及祖先生命的延续，若我辈无子嗣，祭祀将无法延续，断了祖先享用的香火，这便是最大的不孝。因此，子孙的获得意味着家族香火得以延续和族类生命的无限传承，使生命获得无限延伸的意义。喜洲人无论结婚、生子都会祭祀祖先，前者祈求早生贵子，后者禀告祖先香火得以传续，祈求祖先的福佑。

[①] 汪受宽：《孝经译注》，上海古籍出版社2004年版，第2页。

三 以"化"为主要方式的孝道传承机制解析

化者,"状变而实无别而为异者"①,是将外在的观念、思想、事物等转化为内部结构的一部分的过程,基本程序是先将被化的事物、思想、观念等进行"分解",变为可"吸收"的成分,然后对之吸纳,融入化者的结构中,并在此结构体的基础上最终产生出"异者"。它具有以下特征:其一,"化是逐旋不觉化将去"。宇宙间万事万物,时时刻刻都在渐化,只是人们不觉尔。其二,"化是自阳之阴,渐渐消磨将去,故谓之化"。渐渐消磨,不是飞跃、突然的变化。其三,"阳化为柔,只凭地消缩去,无痕迹,故曰化"。化是无痕迹的、不显著、不显眼的变。②

孝道在白族中的传承就是一个"化"的过程。居于核心地位的是孝道和祭祀祖先的终极目的——让生命得以延续,这也正是祭祀祖先能将孝道内化的前提条件。于是孝道的思想内容就渗透到原初的祭祀内容和程序中,化为喜洲人的祭祖仪式。此种仪式既包含孝道的含义,也有原初祭祖的结构和意义。祭祖仪式本身看似改变了,内容也有所不同,可它还是"祭祖",状变而实无别矣;另一方面,祭祖仪式吸收了孝道成分后,其性质和意义就发生了变化,能起到孝道教育的功能,祭祖已"为异者也。"

个体通过参加祖先祭祀,真实、生动的祭祖场景有效地将早先存于大脑中的孝道图式激活,将外界的孝道信息内化到自身的结构中,并不断地对内化的信息进行整合,这一过程的结果就表现为个体逐渐形成了自己的孝道观念。随着参与祭祖活动的增多,这种孝道观念会越来越明确,内容也不断扩大,最终促进孝行的生成。个体仍然还是此个体,非彼个体,而此个体的言语和行为已有孝道的成分,在对待父母的问题上,此个体的态度和行为与未受过祭祖仪式浸染的人是不同的。这又实现了孝道的一"化"。

个体孝道观念和行为的获得,使其在与家人、宗族、社会交往中,孝道的观念和行为给对方造成的影响,会使他们对个体产生强烈的认

---

① 《汉语大字典》,四川辞书出版社、湖北辞书出版社1987年版,第375页。
② 张立文:《和合学》,中国人民大学出版社2006年版,第76页。

同。养亲、爱亲、尊亲的践行使父母老有所养，将整个家庭团结在一起。在葬送礼仪中，子对父的态度展现在家庭、宗族等人际关系中，以父子关系为中心的血缘关系进行了再整合。丧布发放给亲族和与死者有交往的人，使家庭成员再次确认了家庭以外的血缘集团的关系。而岁时年节的祭亲，完成了对生命的传承，强化了家庭成员与祖先们的关系，以及族内成员间的认同。修祠、续谱通过对祖先之源的追溯和宗族之根的寻觅，确认了自己的文化、精神的价值源泉，加强了"同祖同宗"意识，促进了对同一血缘集团的归属意识，增强了族群的凝聚力。再经过莲池会、洞经会、圣谕堂的示范与宣讲，孝道内化到社会群体的意识和行为中，经过长期的浸染和沉积，形成了孝敬父母、尊敬老人的社会风尚，使社会关系得到了整合，社会稳定得以维系。至此，孝道完成了对家庭、宗族、社会的化育功能。

四　教育价值诉求：人化与化人

教育通过对人的培养与社会、政治、经济发生联系，有自己独立、基本的实践形式，其本质是"能增进人的知识、技能、身体健康和形成人的思想品德的社会过程。……以人类社会所积累的精神财富的总和去促进人的社会化，促进人的发展，即掌握这些知识和经验，使之内化为人的精神财富，内化为人的思想、能力、品质"[①]。因此，教育不仅是要对受教育者施加诸如知识、技能、品德等方面的影响，而且要使受教育者能将这些影响内化为个人的思想、能力、品质，促进人的发展，这才是教育的达成。然而，实践中教育发展有所悖理：本来是用训练有素的方法来处理广泛的学习资料，现在变成了空洞无聊的尽义务而已；本来学生的学习目的是求取最佳发展，现在却变成了虚荣心，只是为了他人的看重和考试的成绩；本来是渐渐进入富有内涵的整体，现在变成了仅仅是学习一些可能有用的事物而已；本来是理想的陶冶，现在却只是为了通过考试学一些很快就被遗忘的知识。[②]这种教育观是建立在对"人的发展"的淡化甚至是牺

[①] 成有信：《教育学原理》，大象出版社1993年版，第56—77页。
[②] [德] 雅斯贝尔斯：《什么是教育？》，邹进译，生活·读书·新知三联书店1991年版，第45页。

牲的基础上的,造成本应该协调发展的人性在不同时代的社会潮流中变得支离破碎。

人是"符号的动物",① 人类整个文化体系都是由无穷无尽的符号形式构成,以科学、语言、宗教、艺术、神话、历史等不同形式存在人类的社会生活中。这些符号形式从不同侧面展示了人性的特点,构筑了人类文化世界。这种文化一经创造便脱离了人而独立出去,成为一种客观的存在,并被世世代代传承下去。人通过符号创造了文化,符号使自然世界变成了文化世界。由此,文化性就成为人的本质特性,教育的全部意义就在于使人"文化化",从自然世界进入文化的世界,使所有外在的文化伴随着整个个体、人类生命的历程,最终凝结为个体、人类的精神内容,促进生命的生成和延续。

人除去生理上的自然生长之外,更需要适应自身所创造的文化世界,从而人才能成为人,这便是人所具有的教育的需要性。我们所处的环境对成长着的一代总在无意识地、无心地产生一种塑造作用。因此,教育应理解为对人的全部存在的必要之举,应从教育角度探讨人的整个生活。因此,教育就从个别科学基础放置到所有学科的更广阔的基础上进行探讨,从学校教育扩展到整个社会生活和事实。在原生的、自然的社会形态中挖掘活生生的教育事件,寻找对现代人类教育可供借鉴的教育理论和实践指导,为人的无限发展提供条件。这就使得教育的逻辑起点由社会的需要开始转向人的发展,人不仅成为教育的起点,也是教育的终点,此便是教育"人化"的要求和体现。

教育蕴藏于社会生活中,人类要生存下来,获得种族的繁衍,就必须要将生活经验传给下一代。可以说,教育从产生之日起就带有满足人的需要的使命,并与人的发展和整个生命的延续有着紧密的联系。人存在于教育的一切活动中,是教育对象的充当者,教育的目的也是影响人、改变人,使人文化化,造就有思想、有精神境界的人。教育不仅是使人获得对由科学、语言、宗教、艺术、神话、历史等组成的社会文化的理解和认同,更是要将文化内化为自身思想、精神的一部分,并在内化的基础上生成出新的思想,进一步提升个体的精神境界,完成其人格的升华,促进个

---

① [德]恩斯特·卡西尔:《人论》,甘阳译,上海译文出版社2004年版,第16页。

体生命的发展。这也是教育"化人"的有力表现。

五　结语

　　教育是对人的发展的影响、干预，是一种外部力量。这种力量只能凭借人的发展才能发挥作用。人的发展是根本，是内部力量，它规定着教育的方向。一方面，两种力量的契合要通过"化"，以"化"的方式达到教育的目的，实现教育功能。另一方面，教育要培养的人不是仅能重复别人的思想，表演某种技能的人，更是能产生自己的思想、精神的人，实现这一目的的根本途径也是"化"。这对于专门的教育机构和教育工作人员来说，是要依据社会的要求和人的发展变化的生理、心理的情况、特点和规律，将外在的丰富多样的文化转化为人可以吸纳的知识、技能、观念、思想、精神等传授给受教育者。对于个体来说，则是将自己所感受的一切内化到自己的认知结构中，使之与个体原有的知识、观念、思想等产生交融，从而生成新的思想与精神。由此，教育应是"人化"与"化人"的统一体。

近代美国来华传教士高第丕的汉语词类观①

——以《文学书官话》为例

山东师范大学文学院　李海英

高第丕（1821—1902），又称高泰培、高乐福，美国南浸信传道会（Foreign Mission Board of the Southern Baptist Conventions）传教士。咸丰二年（1852）来华，曾在上海传教十二年，并编写了《上海土音字写法》，发明了以注音字母学上海方言的办法。同治二年（1863）调往山东登州（今蓬莱）传教，后又到泰安等地。光绪二十六年（1900），因义和团起义而返回美国，两年后去世。《文学书官话》一书编写于高第丕在登州传教期间，刊订于清代同治八年（1869），英文名为"Mandarin Grammar"，又可译为"官话语法"。该书著者署名为"登州府美国高第丕，中国张儒珍"。张儒珍，一说为浙江镇海（今宁波）人，字挺秀，号斑修。其身份应为随高第丕到登州传教的教友。

《文学书官话》一书，作为19世纪中叶的白话文教材，曾被日本学者金谷昭（1867：1）称赞道："音论，字论，句法，文法，以至话说，用法，章解句析，逐一备论无所遗。盖彼国文法之说，实以是书为嚆矢矣。从此法分解论释百般文章，修辞论理之道，亦可以立也。"②作为一部用白话文写成的官话口语教材，它在汉语研究史上有非常重要的地位。

《文学书官话》一书共二十一章，概括说来分为四大块内容。第一章

---

① 本文为教育部人文社会科学项目"近代来华传教士汉语研究文献之研究"（项目编号10YJC870017）的阶段性成果。

② ［日］高第丕、张儒珍：《大清文典》，金谷昭训点，青山清吉出版，明治十年（1867）九月，第1页。

"音母",介绍官话的声母、韵母、声调。第二章"论字",就汉字的笔画、部首、偏旁作了简单的介绍,其中还顺带讲到按音节多少对语言片段可以作分类。这部分内容最为简略。第三章到第二十章,涉及官话语法方方面面的问题,如词类,句式等。第二十一章"论话色",多少带有汉语修辞简介的性质。本书作者将侧重点放在第三部分,其他几部分也都不乏精彩之处。

在《文学书官话》中,高第丕尽力依托汉语实际,对于汉语词类及其他相关问题提出了自己的看法。

1. 划分词类尽量立足于汉语实际。

在《文学书官话》中,高第丕将汉语的词分为 15 类,即名头、替名、指名、形容言、数目言、分品言、加重言、靠托言、帮助言、随从言、折服言、接连言、示处言、问语言、语助言等。现代汉语所研究的词类,《文学书官话》已经都有所涉及,只是叫法不同,分类更为细致。而且,从类目的设定来看,充分考虑到了汉语词使用的实际情况。尤其是对名头(名词)、形容言(形容词)、分品言(量词)、接连言(连词)等词类内涵及语法特征的分析,虽然与今人相比有术语上的差异,但在对基本问题的看法上极为一致。

表一 按时间先后出现的几部中外学者的汉语语法著作的词类名称对照表

《华语官话语法》 (瓦罗) (1703)	《文学书官话》 (高第丕、张儒珍) (1869)	《马氏文通》 (马建忠) (1899)	《现代汉语》 (黄伯荣、廖序东) (2007)
名词(包括抽象动名词、指小词、多次性、行业名称、性)	名头、示处言2	名字	名词
动词	靠托言、帮助言	动字	动词
形容词	形容言	静字	形容词
数词、小词1	数目言1		数词
量词	分品言		量词
代词	替名、指名、问语言2 数目言2	代字	代词
			区别词
副词	加重言、随从言、折服言、问语言1、数目言3	状字	副词
			拟声词

续表

《华语官话语法》 (瓦罗) (1703)	《文学书官话》 (高第丕、张儒珍) (1869)	《马氏文通》 (马建忠) (1899)	《现代汉语》 (黄伯荣、廖序东) (2007)
叹词	语助言2	叹字	叹词
介词、小词3	示处言1	介字	介词
连词	接连言	连字	连词
小词2	语助言1	助字	助词
	问语言3		语气词

从表一的对比不难看出，作为一部正式出版且比《马氏文通》早30年的现代汉语语法著作，其中的词类不乏精妙之处。《文学书官话》所设的15类词，已经深入探讨了现今汉语词类系统的下位分类。目前中国北方大学通用教材黄伯荣、廖序东编《现代汉语》所涉及的14类词，除区别词外，《文学书官话》均有涉及，并且每类词下所涉及的内容基本也是目前语法学界的定论。比如充分注意到一般动词和能愿动词的差别，只不过分别为其定名为靠托言和帮助言而已。与150年前西班牙来华传教士瓦罗的《华语官话语法》相比，《文学书官话》无论在词类设定还是研究内容上，均有了很大的变化。

以希腊－拉丁语模式来观照汉语词类，开始于18世纪初西班牙瓦罗出版的《华语官话语法》(1703)。《华语官话语法》基本是立足于希腊－拉丁语法的八分法（即名词、代词、动词、分词、介词、副词、感叹词、连词）对汉语词进行分析解释。从目前见到的《华语官话语法》的汉译本来看，瓦罗是在八类词的基础上添加了量词和形容词，而且在叹词、连词一章中顺便讨论了否定词、疑问词以及表示条件的词，只不过多数把它们归到小词中，这应该看成他的创见。但在分析每种词的语法特点时，《华语官话语法》多以拉丁语法所涉及的每类词的性、数、格、时、体、态等语法范畴来比对汉语。比如，也以主格、宾格、属格等来分析汉语名词代词的格变；以比较级和最高级来分析形容词；认为"中国人有时用一些小词来表示动词的时态和式，一如拉丁语的动词那样"。

有学者认为，瓦罗所提供的样板，不仅在以后的语言学探索中被其他传教士所遵循，而且可能还决定了日后整个中国语言学的历史发展。"他的影响,不但及于传教士,而且施及传教士,而且施及后来编著汉语语法的中国人和欧洲人。"正像加拿大学者白珊(Sandra Breitenbach)所指出的那样:"通过比较汉语和拉丁语,人们意识到汉语的结构原理不同于欧洲诸语言;但不幸,这类比较也限制了对汉语内在结构的真实认知。"① 即使在近 200 年后出版的《马氏文通》——由国人写成的第一部汉语语法著作中,词类"八分法"痕迹还是非常明显,只是在八种词的基础上添加了"助字"一种,真正应了那句话,"间亦有以拉丁语法强解汉语之处"(《辞海》1989 年版)。

其实,在笔者看来,瓦罗的确是尽量在兼顾有本可依和注重实用两个原则的基础上来分析汉语语法。只不过作为早期著作,《华语官话语法》身上所携带的拉丁语的痕迹更多些。到 1869 年,美国传教士高第丕写成白话汉语语法教材《文学书官话》,就更加能游刃有余地把握汉语实际了。不仅不再受词类八分法的局限,而且在分析每类词的语法特征时,已经完全不再用性、数、格、时、体、态的名目去分析。拿动词来说,《文学书官话》将其(即靠托言)分为"动字"和"静字",即今人所谓的动作动词和非动作动词。同时还注意到了靠托言有的带了"尽头"(即宾语),有的没带尽头,如"草长得快"就是无尽头可归的一例。另外,《文学书官话》的作者还注意到了两三个动词连用的情形,"有个时候,有两三个靠托言,扣起来,都靠一个为根本的。像'你去买肉吃。''去'是靠托言,动字,靠'你'为根本,不归到什么为尽头,……"这些表述,都是立足于汉语动词用法的实际。

从《文学书官话》来看,其中也存在很多依据拉丁语法曲解汉语之处。英语中有代词属格、动名词、动词时态等现象。高第丕在处理汉语词的分类时不自觉地表现出受母语影响的痕迹:1)如"的"归类不清。认为"人的"是名头;"我的"是替名。这也是受属格影响的一个表现。今天大家比较一致的看法是"人"是名词,"我"是代词。2)误将动宾或连谓短语认作名词。认为"像'孝父母是应该做的事'、'念书出门能开眼','孝父母'、'念书出门'算虚总名",将短语看成了名词。这很明显是受了动名词理念的影响。当时国内对于汉语的语法单位在认识上不够

---

① 白珊(Sandra Breitenbach):《华语官话语法》导论,刊于瓦罗《华语官话语法》,外语教学与研究出版社 2003 年版。

充分，来自英语为母语国家的人又有动名词做主语的习惯，以这样的语法理念来观照汉语，自然认为动名词的作用等同于一个名词。3）认为动词即靠托言有"三个时候"，"有标记"。"靠托言有三个时候，叫过时、当时、后时。像'我的朋友走了'、'走了'是靠托言，过时。'先生在书房里念书'、'在'是靠托言，当时，'念'也是靠托言，当时。'我要去买笔'、'去'是靠托言，后时，'买'也是靠托言，后时。""过时的记号是'了'、'咯'，当时没有记号，后时的记号是'要'。这些记号，有个时候用，有个时候不用。所以要看一句话的意思才能知道这一个靠托言是哪一时用的。"其实，汉语是时态变化不怎么丰富的语言，基本上没有必要从标记角度来考虑汉语时态变化。毫无疑问，这一着眼点，不是完全从汉语的实际来考虑的。

当然，高第丕有上述认识似乎并不奇怪。这正是早期传教士语法的一个特点。以印欧语系为母语者，自然而然在看待其他语言时携带原来的语言习得的印记。

2 诸多概念的提出

2.1 "名头"及相关概念

"名头"即名词。以名词为例，高第丕等认为"名头是最要紧的一类字"，将"名头"分为定名、实总名、虚总名三类。再分析一下的话，实际包含两大类，三小类。两大类即"定名"和"总名"，分别指专有名词和普通名词。"总名"下又分实总名和虚总名，分别指具体普通名词和抽象普通名词。可以说，现代汉语的名词类别研究无非是在专有名词、具体名词、抽象名词的基础上又将方位名词和时间名词等单独列出，并因后两类名词经常做状语的特点而将它们与前几种分别开来。

2.2 "三个位次"

在"名头"一章中，《文学书官话》还介绍了"三个位次"。"名头"是有上下层级的，所以讲求"位次"，"叫上位次、中位次、下位次"，"上位次是讲话的，中位次是听话的，下位次是提过的。"

有学者认为，按作者高第丕、张儒珍的意思，似乎是指以传播性和使令性动词为谓语的复杂语句中的不同"名头"："上位次"系指传播和使役行为的主体－执行者所处地位，"中位次"指传播和使役行为中涉及的对象－接受者所处的地位，"下位次"一般表现为事物宾语或者兼语的宾语。① 而对《文学书官话》下过一番功夫的日本学者大槻文彦则认为"位次"指的是与人、物、事相关文章中，其"名头"的各自位置，根据位置情况而分为上中下。也就是说，大槻文彦认为，位次实际是指名头在句子中顺序的先后，即语序问题。有学者指出，大槻文彦的解释没有说清楚，是只看到了表面的形式。②

其实，不能怪上面学者理解的偏差。就《文学书官话》中举的例子来看，"位次"的观念存在着前后矛盾，作者本身在这个问题上就有拿不准的地方。我们先来看其中涉及的例句（见表二）：

表二　　　　　《文学书官话》中的"三个位次"用例表

（1）我<u>保罗</u>	传福<u>音</u>（下）	给你们罗马<u>人</u>（中）。
（2）	请<u>先生</u>	教学<u>生</u>念<u>书</u>。
（3）	求<u>大老爷</u>	听我的<u>话</u>。
（4）我使徒 保罗耶稣的<u>仆</u>	写信	给你们。
（5）		前年一个老<u>人</u>姓孙被贼杀了。
（6）		这管笔是<u>学生　刘注</u>的笔。
（7）		我的<u>学生</u>赵凤华的兄弟　<u>凤云</u>是十八岁。
（8）		真神拿<u>泥</u>造了一个男<u>人</u>，也吹气在他的<u>鼻子</u>里，<u>他</u>就活咯。

在《文学书官话》中，第一列中底下画黑线的名头全部为上位次；第二列中画黑线的"名头"，除第（1）例的"福音"外，中间一列全部为中位次；第三列画黑线词语，除第（1）例中的"人"外，全部为下位次。

从上面的图表来看，《文学书官话》中的位次所指的，既非单指名词充当动作执行者与接受者的差异，也非日本学者大槻文彦所说的名词语序问题。因为例（8）中"神"既是主语，又是动作的执行者，却是"下位次"。虽然《文学书官话》原文中提到"上位次是讲话的，中位次是听话的，下位次是提过的"，但我们认为，"位次"其实是指的对话语境中的

---

① 张延俊、钱道静：《〈文学书官话〉语法体系比较研究》，崇文书局2007年版，第134页。

② 李无未：《日本汉语口语语法研究的先声》，刊于北京大学《语言学论丛》第37辑。

人称问题。上位次如"（1）中的保罗"，（4）中的"使徒"、"保罗"、"仆"，其实在句中都是第一人称"我"的同位语。中位次中的（1）的"人"、（2）的"先生"、（3）的"大老爷"则相当于当时语境中的"第二人称"。至于下位次，从用例来看，既不一定是大槻文彦所云的在句子最前面的主语，如例（5）、（7）、（8）；也不一定是某些学者所说的动作的执行者，如（8），而应该是第三人称。

2.3 "六个地步"

《文学书官话》中还提到，"名头有六个地步"，即"行的地步、有的地步、受的地步、用的地步、得的地步、余的地步"。比如，"先生可以使笔给学生写字"，"先生是行的地步，笔是用的地步，学生是得的地步，字是受的地步"。对"六个地步"的内容，我们可以结合世界上第一部正式刊行的汉语语法书——《华语官话语法》（1703），用图示来加深理解（见表三）：

表三　　　　　　　　"六个地步"及用例表

《文学书官话》的"六个地步"	《文学书官话》用例	标记	特点	《现代汉语》对应术语	《华语官话语法》对应术语
行的地步	瓦匠今天墁了墙。 人是万物之灵。 学生念书的时候要坐在凳子上。	无	根本的名头，必要行出靠托言来。	主语中心	主格（先生）
有的地步	人的房子 师娘的风琴不好。 尧王的时候人不敬神。	的、之	有东西的名头。	定语	属格（先生的）
受的地步	母亲必要爱自己的孩子。 好树要结好果子。	无	是靠托言的尽头。	宾语中心	宾格（先生）
用的地步	女人使用水洗衣裳。 兵可用洋枪杀人。 机匠用线织布。	拿、用、使、以	根本做事所用的材料、器具的名头。	介词宾语，表示工具、材料的名词	
					离格（同先生们）
得的地步	伙计给东家做工。 兵丁要为朝廷出力。	给、为、替、代	得根本的行为中间的益处。	介词宾语，表示动作服务对象的名词	与格（与先生们，即给先生们）

续表

《文学书官话》的"六个地步"	《文学书官话》用例	标记	特点	《现代汉语》对应术语	《华语官话语法》对应术语
余的地步	教师<u>今天</u>讲书。 <u>兄弟</u>啊，我总不相信你的话。 钟表是<u>外国</u>来的东西。	无	无职分的名头。	做状语的时间名词，独立语	呼格（呀先生们）

六个地步来源于印欧语言的六格，即主格、宾格、与格、属格、呼格、离格等。《文学书官话》其实也是以六格来总结名词充当的几种句法成分的，在此基础上有所丰富而已。比如，增加了工具格，其间考虑到了做独立语的情形，还有时间名词做状语。《文学书官话》力图借用拉丁语法的标记来学习名词的掌握。如的之为属格的标记等。并且将的视为属格名词的一部分。这些都是受拉丁语法影响的表现。但观察更为细致。单独的名词做状语，已经注意到了。和《华语官话语法》中能对应上的除上表中列举的五种格以外，还有离格，如同先生们是《华语官话语法》有而《文学书官话》无的。与高相近。只不过对工具格和呼格做了改进。

"承接"，"有的时候有两三个名头承接起来，都在一个位次，连在一个地步里的"。《文学书官话》中的用例，实际是指的同位短语。即几个名词或名词性成分所指相同，语法地位相同，从而形成同位关系。如"我使徒保罗耶稣的仆"、"一个老人姓孙"、"学生刘注"、"我的学生赵凤华的兄弟凤云"等都是同位短语。

2.4 "靠托言"及相关概念

"靠托言一类的话分两支，叫动字、静字。动字就是走、飞、想、讲、写、打、吃、来、去、行、开、爱、恨、信，这样的话都是活动的。静字就是是、有、值、站、坐、死、住、在、为，这样的话都是寂静的。靠托言必有名头或是替名为它的根本，动字是显出它根本的行为来，静字是显出它根本的形式来。名头为君字，靠托言为臣字。"上面的表述涵盖了以下几个意思：动字基本属于今天所说的动作动词或者是心理活动动词；静字即非动作动词，或者非及物动词；名词或者代词是动词的根本；动字是表行为的，静字是表形式。名词在句中为主，动词在句中为辅。

另外，《文学书官话》还提到了"尽头"（宾语）的问题。"靠托言都要靠他的根本，许多要归到尽头去。""'人天天要洗脸。''洗'是靠托言，动字，靠'人'为根本，显出他的行为来，归到脸为尽头。"要么，靠托言靠到主语来，要么归到尽头（宾语）去。当然，尽头可有可无。结合上文"名头为君字，靠托言为臣字"的说法，我们有理由推断说，《文学书官话》的作者注意到汉语句子一般不缺少主语或者宾语的情形。但从另一个方面来说，汉语中的非主谓句如叹词句（如啊!），形容词句（如好得很!），动词句（不带宾语的。如起来!），拟声词句（如哗啦!）等，也比比皆是。《文学书官话》中"名头为君字"的说法在当时应当是没有顾及这些汉语句子的实际存在。

《文学书官话》充分注意到了动词的连用。"有两三个靠托言，扣起来，都靠一个为根本的。"几个动词连续使用来陈述同一个主语。其实，《文学书官话》不止在一个地方提到这种连谓结构。在"读"即短语中，又提到了"扣目读"，即连谓短语中后一个谓词或谓词性短语。作者认为，"我的兄弟要上城去买一处房子"，"你要来吃饭"中，"买一处房子"，"来吃饭"就是扣目读。

《文学书官话》还指出，靠托言有过时，当时，后时"三个时候"。过时，后时还可能有记号"了"或"要"。如前所述，时态在汉语中也属于不怎么明显的语法特征。毕竟，汉语是意合的语言，形态变化不丰富。

《文学书官话》还提到了靠托言的"三个口气"和"三个行法"。三个口气即直说的口气、问的口气、使令的口气。句子是有语气的，单个的动词没有"口气"。《文学书官话》的安排不符合汉语实际，似乎失之偏颇。"三个行法"即顺行、退行、逆行。"顺行的，根本在先，靠托言在中，尽头在后。退行的，根本在先，尽头在中，靠托言在后。逆行的，尽头在先，根本在中，靠托言在后。"三个行法，说到底就是主、谓、宾在句中的语序问题。照今天看来，语序的这种改变对汉语动词本身的影响不明显。而语序，恰恰是按照结构分析汉语句型的一个绝佳的角度。不过在一个半世纪以前，在没有多少像样的汉语语法著述可供参考的条件下，《文学书官话》所做的这些尝试也是难能可贵的。

接纳与排斥：试论十八世纪英国有关饮茶的争论

刘章才

茶文化是中国先民的伟大贡献，世界各国的茶文化无不直接或间接源于中国，但是，茶文化走向世界的历程并非一帆风顺，学界目前对该问题关注不多，本文拟抛砖引玉，以 18 世纪的英国为个案进行一番较为深入的探讨，不当之处尚祈方家指正。

（一）茶入英伦

自原始社会末期，中国的先民就开始利用茶叶，逐渐形成独特的茶文化。但在较长历史时期内，欧洲人对茶文化闻所未闻。直到 16 世纪，因传教而来到东方的天主教传教士最早亲眼见闻茶文化，由此开启了茶文化传入欧洲的历史进程。1556 年，葡萄牙的多明我会传教士加斯柏尔·达·克鲁兹到达中国，曾经在广州居住数月，他亲眼目睹了中国人的饮茶习惯：中国人习惯于以"cha"迎客……此物味道略苦，颜色略红，具有治疗作用。① 克鲁兹的记述尽管也较为简单，但他较为准确地指出了茶的颜色与味道。此后，有关茶文化的资讯不断地从东方传入欧洲：1565 年，居住在日本的意大利传教士写信回国时提及，日本人喜欢饮用一种可口的药草，它被称为茶；1567 年，俄国人彼得罗夫和亚雷舍夫在中国进行游历后回国，他们将有关茶叶的信息首次带到俄国。② 总体看来，上述人士向欧洲介绍有关茶文化的资讯都较为简单，进行深入介绍这一任务是

---

① C. R. Boxer edited, *South China in the Sixteenth Century*, Bangkok: Orchid Press, 2004, pp. 137 – 142.

② William H. Ukers, *All about Tea* (Vol. Ⅰ), New York: Tea and Coffee Trade Journal Company, 1935, pp. 23 – 25.

由利玛窦完成的。

1582年，受耶稣会的差遣，意大利传教士利玛窦来到澳门，开始了在中国的传教历程，直到1610年去世。利玛窦对明代的茶文化非常熟悉，他对中国人的饮茶爱好、饮茶的益处、日本与中国在饮茶方式上的不同点进行了归纳：

> 有一种灌木，它的叶子可以煎成中国人、日本人和他们的邻人叫作茶（Cia）的那种著名饮料。中国人饮用它为期不会太久，因为在他们的古书中并没有表示这种特殊饮料的古字，而他们的书写符号都是很古老的。的确，也可能同样的植物会在我们自己的土地上发现。在这里，他们在春天采集这种叶子，放在阴凉处阴干，然后他们用干叶子调制饮料，供吃饭时饮用或朋友来访时待客。在这种场合，只要宾主在一起谈着话，就不停地献茶。这种饮料需要品啜而不是牛饮，并且总是趁热喝。它的味道不是很好，略带苦涩，但即使经常饮用也被认为是有益于健康的。
>
> 这种灌木叶子分为不同等级，按质量可卖一个或两个甚至三个金锭一磅。在日本，最好的可卖到十个甚至十二个金锭一磅。日本人用这种叶子调制饮料的方式与中国人略有不同：他们把叶子磨成粉末，然后放两三汤匙的粉末到一壶滚开的水里，喝这样冲出来的饮料。中国人则把干叶子放入一壶滚开的水中，当叶子的精华被泡出来以后，就把叶子滤出，饮用剩下的水。①

从利玛窦的记述来看，他对明代中国人的饮茶习俗非常了解，还难能可贵地对中日在饮茶方法上的不同进行了概括，但由于他本身对中国历史文化的了解还较为有限，对茶文化的认识中难免存在不当之处，他认为中国人饮茶的历史不会太久，理由是中国古籍中没有"茶"字，这是因为他不了解"茶"在唐代之前古书中并没有统一称谓，常被称为"荼"、"蒣"、"槚"、"蔎"、"诧"、"茗"、"葭"等，② 相对而言"茶"字更为

---

① 利玛窦：《中国札记》（上册），何高济等译，中华书局1983年版，第17—18页。

② 详见陈宗懋主编《中国茶叶大辞典》（轻工业出版社，2000）的相关词条。

多见。尽管如此,利玛窦对于茶的介绍与前人相比仍深入了许多。随着欧洲人对茶的了解进一步加深,因各种原因而抵达东方的西方人也开始尝试饮茶,这为茶文化西传奠定了基础。

自从欧洲人打通了通往东方的航线之后,葡萄牙人首先闯入东南亚地区,致力于香料贸易,葡萄牙海员还是将茶带回了本国,但他们并没有注意到茶作为一种商品的潜在价值,"在这个时期,茶被看作是一种精细而非凡的事物,是一种极好的稀罕物,是一种美味的饮品,但它并没有成为贸易中的固定商品"。① 随后来到东方冒险的是荷兰人,出于竞争的需要,他们先瞻性地展开茶贸易,"携带了存贮良好的干鼠尾草,用它交换中国人的茶叶,中国人用 3 磅或者是 4 磅茶换得 1 磅鼠尾草——他们称其为"奇妙的欧洲草",……,由于欧洲人不能像进口茶叶那样大量地出口鼠尾草,因而以每磅 8 便士或 10 便士的价格在中国购茶",② 中西茶贸易正式发端。

随着荷兰所进行的茶叶贸易的发展,饮茶在荷兰社会逐渐普及,在荷兰人的影响下,饮茶习俗在欧洲日益扩散开来,甚至还影响到了北美殖民地。17 世纪 30 年代,茶通过荷兰进入英国本土,1637 年,英国人直接从中国进口茶叶,③ 茶的影响日渐扩大。1657 年,伦敦商人汤玛士·卡拉威率先在自己的咖啡馆中卖茶,由于当时英国没有销售茶的惯例,所以他采用的是卖啤酒的方式:将茶冲煮后放在小桶内保存,客人需要时再倒出来加热。为了扩大茶生意,汤玛士·卡拉威还张贴广告,介绍茶有益于身体健康的特质:"茶叶具有非凡的作用,所以,在充满智慧的古老的国家(指中国)之中,人们都以很高的价格买卖茶。这种饮料既被一般人所欣赏,又受到在该处旅行的各国的名人之欢迎,他们通过各种实验与经历对它有了较为深入的认识,所以,都劝导自己国家的人也饮用这种饮料。"该广告首先将茶在东方受欢迎的状况展示在众人面前,继而指出其受欢迎的原因:"它最主要的功效在于质地温和,冬夏皆宜,饮用它有益于卫生,利于保持健康,具有延年益寿的功效。"饮茶能"身轻如燕,提神醒

---

① Godfrey McCalman, *A Natural, Commercial and Medicinal Treatise on Tea*, Glasgow, 1787, p. 45.

② Thomas Short, *A Dissertation upon Tea*, London, 1730, p. 12.

③ 陈椽:《中国茶叶外销史》,台北:碧山岩出版公司 1993 年版,第 47 页。

脑，清除脾脏方面的障碍，（它）对于治疗膀胱石及砂淋症颇为有效，还可以清肾脏与尿管……减除呼吸困难，清除五官方面的障碍，明目清眼，防止并能医治身体衰弱及肝热，治疗心脏及胃肠功能衰退，增加食欲，提高消化能力，对于经常吃肉的人以及身体肥胖的人尤其有效，减少噩梦，增强记忆力，能够防止过度睡眠，多饮茶水可整夜从事研究而不伤身体。饮用品质适当的茶叶液汁，可以医治发冷发热。它还可以与牛奶混合饮用，这样饮用能防止肺痨。它能治疗水肿坏血，通过发汗与排尿而洗涤血液，以防传染，还可以清净胆脏。因为茶的效用如此广大，所以，茶为意大利、法国、荷兰及其他各国的医生及名人所采用。"①

随着汤玛士·卡拉威将茶引入咖啡馆，其竞争者也开始效仿，比如"苏丹妃子头"（Sultanness Head）咖啡馆也开始售茶，还在《政治快报》（Mercurius Politicus）刊登广告："品质优良、已经为医生们证明了的一种中国饮料——中国人称为'Tcha'而其他地方称为'Tey'或'Tay'——在伦敦皇家交易所之旁的'苏丹妃子头'咖啡馆有售。"②

尽管如此，茶最初在英国社会的影响仍非常有限，幸运的是，英国当时的政治事件为茶的传播提供了历史机遇。1660 年，斯图亚特王朝复辟，流亡荷兰的查理回国登上了王位，成为查理二世。1662 年，他与葡萄牙国王约翰四世的女儿凯瑟琳公主成婚。凯瑟琳喜好饮茶，时常"在小巧的杯中——按照时人的说法'其大小与顶针相若'——啜茶"，上行下效，所以茶在英国宫廷当中很快就流行起来，贵族效仿宫廷中的风尚，也开始流行饮茶。③ 可以说，饮茶之风在英国日胜一日。

茶在英国的日益流行为中英茶贸易的兴起奠定了基础。1600 年，英国商人组织了"伦敦商人东印度贸易公司"，自成立始，它就积极开拓东方贸易，茶逐渐成为东印度公司的关注对象，"1668 年，东印度公司遂在

---

① William H. Ukers, *All about Tea* (Vol. I), New York: Tea and Coffee Trade Journal Company, 1935, p. 39.

② Jane Pettigrew, *A Social History of Tea*, London: National Trust Enterprises Ltd., 2001, p. 9.

③ Tom Standage, *A History of the World in 6 Glasses*, New York: Walker&Company, 2005, p. 189.

英政府注册,特准其运茶入英境",① 从此之后,茶叶贸易基本上得到了延续与发展,而且它在中英贸易中的地位日益提高。进入18世纪,东印度公司的茶叶进口数量更是显著增长,到40年代末,已经增长到了20000万担。所以,论者安东尼·法灵顿称"茶是新的奇迹般的商品",因为"它极大地推动了(英国东印度公司)与中国的贸易"。②

(二)关于饮茶与健康问题的争论

随着茶进入英伦并日渐流行,英国社会出现了对饮茶的质疑,饮茶有益还是有害,成为人们关注的问题,各色人士各抒己见,笔者择其要者给以叙述分析。

18世纪初,英国人对于茶的评论还较为积极。③ 1710年,一位不知名的作者出版了小册子《武夷茶的不稳定性》,认为茶具有多种功效,可以很好地治疗肺病与体虚,能够延缓衰老。④ 但随着饮茶的日渐流行,持反对意见者开始积极宣扬"饮茶有害论"。

1722年,一位匿名作者撰写了小册子《茶的性质、使用以及滥用述论》,认为茶对人体有害,是导致患疑病性失调的主要根源。作者指出:"在我们饮食中的多种新鲜物品之中,有一种似乎是导致患疑病性失调的主要根源——它广为人知的名称就是'茶'。它既是一种药物,也是一种用于饮食的物品……它对于动物肌体所起到的破坏性作用丝毫不亚于鸦片或者是其他药品——目前我们已经知悉,这些药品要更为谨慎地避免使用。"⑤ 作者没有仅限于空发议论,而是进行了详细论证,认为饮茶造成恶果的原因如下:首先,茶会将人的血液稀释到能够引发疾病的程度——疾病的根源在于血液过于稀薄。作者对该观点进行了论述,认为"茶的第一个显著影响就是振奋我们的精神:在我们饮茶时或者是饮茶后这一效

---

① 麦克伊文:《中国茶与英国贸易沿革史》,冯国福译,《东方杂志》第10卷第3期。

② Anthony Farrington, *Trading Places: The East India Company and Asia 1600—1834*, London: The British Library, 2002, p.89.

③ 在18世纪之前,英国出现过少量的对茶的负面评论。参见C.H.丹耶:《茶与其他主要饮料的消费》(C. H. Denyer, "The Consumption of Tea and Other Staple Drinks"),《经济杂志》(*The Economic Journal*)第3卷第9期(1893年3月)。

④ Anonymous, *The Volatile Spirit of Bohee-Tea*, London, 1710, 无页码。

⑤ Anonymous, *An Essay of the Nature, Use, and Abuse of Tea in a Letter to a Lady with an Account of Its Mechanical Operation*, London, 1722, pp.14-15.

果就会显现,但是茶本身并不包含元气,因此,它并不能通过增加血液中的元气这种方式而振奋我们的精神,而只能通过促使存在血液中的元气增加分泌,以这种方式来做到这一点,这必然会稀释体内的血液;饮茶的另一个显著影响就是利尿:因为尿是一种稀薄而味苦的分泌液,增加尿分泌必须通过加快血液运动,加快血液运行速度,增加血液中稀薄而苦味的部分来实现,茶只有在首先对血液进行稀释的情况下才能对于上述三种状况的产生发生影响"。① 在进行理论分析后,作者还进行验证,详细说明了用犬所进行的试验,认为试验结果证明了自己的理论。其次,茶会使人的血液衰弱不堪,或者说它会耗费相当数量的元气,从而导致疾病的发生——疾病源于血液过于衰弱或者是缺乏元气。上面已经提到,茶会耗费血液中的元气,由此可以看出,茶必定会导致人的血液衰弱不堪,从而引发源于血液状况较为衰弱而产生的疾病。② 最后,茶会导致一定程度的多血症,这必定会引发源于血液的多血症状态而产生的疾病。作者认为茶不仅会导致血液量的增加而且会导致血液比正常状态下占据更多的空间,所以茶能引发多血症,作者认为这一点毫无疑问。③

经过上述论证,作者得出结论:频繁饮茶会导致一定程度的多血症,而且血液会处于稀薄而衰弱的状态,这必将导致源于人体中拥有大量的处于稀薄而衰弱的血液而产生的疾病。在这一论证的基础上,作者随后又详细地进行了生理学方面的论证,认为滥用茶而造成的血液处于非正常状态导致了疑病性失调。④

根据上述论述可以看出,作者认为饮茶会导致疑病性失调,这种看法并非奇谈怪论,而是在当时的英国医学界占有一定市场。1725 年,署名为"一名医师"的小册子也对该问题进行了论证:认为疑病症是近些年出现的疾病,而疾病出现的原因在于人的身体出现了改变,影响身体的非自然因素不过就是空气、水源、饮食等因素,而饮食在这些因素中变动最大,所以,作者认为饮食原因应该是造成疑病症的根源,而英国人的饮食在新近这段时间中所发生的较大的变化就是很多人开始饮茶,所以,新近

---

① Anonymous, *An Essay of the Nature, Use, and Abuse of Tea in a Letter to a Lady with an Account of Its Mechanical Operation*, London, 1722, pp. 15 – 24.

② Ibid., pp. 24 – 25.

③ Ibid., p. 26.

④ Ibid., pp. 29 – 30.

进入英国人饮食中的物品——茶——应该就是这种新发生的病症之源。①可以看出,"饮茶有害论"出现后在医学界占有一定市场。

1730年,托马斯·肖特撰写了《茶论》一书,他概括了人们对于茶的功效的各种质疑:有些人认为茶并不能防止疾病的发作,有的人将茶能够产生的积极影响视为是泡茶的热水所产生的功效,有人则质疑人们所认为的茶所具有的功效,认为这种吹嘘不过是为了推进茶叶进口,增加商人所获得的利益。②随后,作者又列举了关于茶的功效的资料,然后对此提出了质疑,"为什么我们可以从饮茶中获得这些益处?"③

为了解决这个问题,作者进行了多种试验,对茶的成分和功效进行了研究,最后,他认为:茶中含有油物质、盐物质等成分,它对于治疗头部不适(包括头疼)、中风、全身僵硬症、精神萎靡、肺病、咳嗽、血稠、眩晕、嗜睡、眼花等病症(或不适)均有效果。④也就是说,作者通过试验的方式证明了茶所具有的功效。

但是,那些对于饮茶的功效的质疑是不是无中生有呢?作者在这个问题上比较谨慎,他指出,在很多情况下饮茶会产生较为严重的消极影响:神经比较敏感的人在饮用了绿茶——尤其是红茶——之后,会出现颤抖症状;在因为黏液而导致的肺部通气不畅的情况下,饮用武夷茶不合时宜;表现出水肿、多痰等症状者饮用武夷茶会导致情况更糟;肝脏、脾脏、胰腺以及其他内脏有功能障碍者也不宜饮用武夷茶;长期持续患病并处于康复期者不宜饮用绿茶;胃极为敏感者也不宜饮用;对于某些肠黏膜非常薄的人而言,饮用绿茶——尤其是很浓的绿茶——会引起不适;在患有肠绞痛(dry gripes)这种疾病时,饮用绿茶会加重病情;对于身体较为瘦弱者、生活懈怠懒散者、劳动强度过大者而言,他们也不宜饮用绿茶。⑤

可以看出,作者对茶的功效问题所持的态度是极为严肃的,他既通过试验证明了茶所具有的功效,同时又指出了若干不适于饮茶的情况,与之

---

① A physician, *An Essay on the Use and Abuse of Tea*, The second edition, London, 1725, pp. 9 – 14.

② Thomas Short, *A Dissertation upon Tea*, London, 1730, pp. 19 – 20.

③ Ibid., pp. 19 – 20.

④ Ibid., pp. 28 – 62.

⑤ Ibid., 1730, pp. 62 – 65.

前的论者相比,他对饮茶的功效并非一味肯定或否定,而是采用了辩证与实证相结合的方式,指出了茶所具备的功效及其局限性。应当说,《茶论》一书具有很强的说服力,有利于人们合理地认识茶的功效。

但是,支持饮茶者与反对者之间的争论仍在继续,到18世纪中叶,争论似乎变得更为热烈。1744年,小册子《关于对茶所征收的关税以及经销者所遭受的困苦的思考》问世,文中在谈到某些人主张禁止茶叶进口,认为饮茶是一种恶劣的习气时,作者旗帜鲜明地表明了自己的态度,不相信任何人能证明茶如同那些人认为的那样有害。[1] 1745年,西蒙·梅森撰写了小册子《关于茶的正面与负面功效的思考》,作者叙述了关于茶的功效的争论,同时表明了自己的看法,认为茶具有镇定作用,能帮助消化,振奋精神,促进分泌,加强肠部活动,而人们所认为的痛风与结石对于中国人而言闻所未闻的原因并不是饮茶的功效,而是水被煮沸过的缘故。作者认为:没有必要去重复对茶的赞美之词,茶的功效被人们夸大了,退一步说,即使茶的功效没有被夸大,欧洲的某些植物也具有同样的功效,饮茶之所以产生如此大的影响,很大程度上是因为诗人们形成了对于茶的偏爱,甚至可以说是崇尚![2]

西蒙·梅森的小册子刚刚问世就遭到了批判。同年,小册子《评梅森先生关于茶的论述》问世,矛头指向西蒙·梅森,认为茶简直一无是处。这位作者非常肯定地指出,梅森在文中提到的关于茶的特性的说法都是虚构的,茶对于健康并无益处,最多仅仅是无害而已。

但是,作者随后的论述似乎又否定了自己的上述判断,转而认为茶具有下列危害:首先,饮茶会造成胃气痛;其次,它还会造成精神忧虑,心脏部位感觉到压迫感,这种状况要比上述症状出现的频率更高;最后,饮茶者浑身战栗,作者认为这也是一种神经方面的病症。[3] 那么,为什么很多饮茶者并没有表现出上述症状呢?作者认为,因为很多人饮茶时混合了奶油、牛奶、糖以及黄油,是这些添加物防止了上述病症较快地发作,但

---

[1] Anonymous, *Considerations on the Duties upon Tea and the Hardships Suffered by the Dealers in that Commodity*, London, 1744, p. 2.

[2] Simon Mason, *The Good and Bad Effects of Tea Considered*, London, 1745, pp. 16–21.

[3] F. N. Surgeon, *Remarks on Mr. Mason's Treatise upon Tea*, London, 1745, pp. 6–8.

从较长时间来看,他提到的这些病症在一些人身上肯定会发作。对于有些人将饮茶所产生的负面影响归结到泡茶的水上这一问题,他也提出了自己的看法,"因为用同样的水泡制鼠尾草或者是欧洲人所熟悉的其他饮品,如同饮茶一样进行饮用,并不会出现饮茶所产生的那些有害的影响。"①言外之意,作者还是认为茶本身——而不是泡茶的水——对人体有害。这本小册子对于饮茶持全面否定的态度,那么,该小册子中所列举的饮茶造成的病症是否属实?宗教改革家约翰·卫斯理曾自述,自己就患上过这种疾病,这似乎能够提供佐证。②可以看出,饮茶的功效的争论在18世纪中叶呈现出了一个高峰状态,随后关于茶的争论开始消退。

1772年,约翰·科克利·莱特森的《茶树的自然史》问世,该著作对于茶进行了全面深入的研究,笔者认为,可以将其看作是一本具有总结性意义的著作。作者态度极为严谨,他指出了人们在饮茶的功效问题上产生争论的原因:"对于茶叶的功效,每个人都有自己的判断,至少可以判断它对于自身健康的影响,但作为个体而言,人们的体质各不相同,饮茶而产生的功效肯定也互有差异,这就是人们对茶持有不同看法的原因。"③但是,这并不能成为肯定或否定茶的功效的依据,为了能够对茶有更为深入的了解,作者进行了一系列的试验:④他将同样的牛肉分别浸泡在由普通的红茶泡成的茶水、用优质绿茶泡成的茶水以及普通的清水中,48个小时之后,浸泡在水中的牛肉首先腐坏,经过了72小时之后,浸泡在茶水中的牛肉才腐坏。作者认为这个试验表明,红茶与绿茶均具备防腐功效。在另一个试验中,他向自己能够找到的各种绿茶与红茶泡成的茶水中注入相同数量的含铁的盐,结果它使得数种茶水变成了深紫色。作者认为,试验二表明:茶均具有收敛止血的功效,而且适用于已经死亡的动物的纤维组织。他还做了一个试验,先把清水注入青蛙腹部,20分钟后,青蛙失去了感觉和运动能力,几个小时后,青蛙才逐渐恢复了活力;他以同样的方式,将茶水注入青蛙腹部,结果表明,没有在青蛙身上产生任何

---

① F. N. Surgeon, *Remarks on Mr. Mason's Treatise upon Tea*, London, 1745, pp. 17 – 24.

② John Wesley, *A Letter to a Friend, Concerning Tea*, London, 1748, p. 4.

③ John Coakley Lettsom, *The Natural History of the Tea-tree, with Observations on the Medical Qualities of Tea, and Effects of Tea-drinking*, London, 1772, p. 37.

④ Ibid., pp. 39 – 41.

明显的影响。作者没有解释这个试验说明的问题，笔者以为，他似乎是在说明茶水对于动物的肌体几乎没有不良影响。

在通过一系列试验对茶的特性进行了研究之后，作者又列举了一些人所说的饮茶会造成的负面影响：一些人——身体不够健康而且精力不够充沛者——抱怨在用完"茶早餐"后，发现自己的身体不断震颤，在写字的时候双手不稳……，这种状况大概会很快消失，除此之外，他们没有感到其他影响；另外一些人，早晨时饮茶并没有什么不适，下午饮茶后发现自己非常容易激动。另外，还有一些人连饮一杯茶都无法忍受，其中有的人会出现胃部剧痛、身体颤抖的情况；对于一些体质纤弱而敏感的人而言，他们在饮茶后会出现下述症状：胃肠疼痛；身体痉挛；多尿，尿液颜色较浅而且比较清澈；精神极度兴奋，会因为很小的声响、微不足道的骚扰而惊惶不安。但是，这些症状究竟是不是饮茶引起的呢？作者认为，把上述问题归因于饮茶或许是值得怀疑的。①

最后，作者对茶的功效进行了总结，认为"如果饮茶者的体质不是过于敏感，饮茶时温度不是过高，饮茶的量也不是过多，那么茶（水）或许优于我们所知道的任何其他植物泡制的水——如果我们再考虑到它所具有的使人精神振奋的活力，不是仅仅从它昂贵的价格以及作为一种时髦物品的角度来考虑，更从它的味道和效果来考虑。"②

莱特森的著作对茶的功能问题进行了很好的验证与说明，证明了茶的功效，同时他又指出了茶对于部分人群并不适用，但综而观之，茶这种饮品在合理饮用的情况下优于欧洲人已知的其他植物饮料。

总而言之，英国人对茶的认识经历了一个曲折的过程。到18世纪初叶时，英国人对茶的评价较高，但是，一种新兴事物在传播过程中总会遇到一些阻碍，随着茶的日益普及，反对饮茶的声音也日益高涨，有人对于饮茶是否具有良好功效产生了质疑。在经过了激烈的争论之后，人们基本上达成了共识：饮茶具有良好功效，但是，并不是所有人在所有情况下均宜于饮茶。可以看出，英国人对于茶的功效已经认识得较为深刻。

（三）关于饮茶与经济社会问题的争论

正如上文所述，英国对饮茶的功效展开争论，最终达到了相对合理的

---

① John Coakley Lettsom, *The Natural History of the Tea-tree, with Observations on the Medical Qualities of Tea, and Effects of Tea-drinking*, London, 1772, pp. 43 – 47.

② Ibid., 1772, p. 50.

认识，关于饮茶对社会经济的影响的争论实际上与前文有关，但仔细论来，不同的人士在参与争论的时候侧重点不一，侧重于争论饮茶功效者多为医学人士，而侧重于争论茶的经济社会影响的多为社会活动家，著名宗教家约翰·卫斯理即是认为饮茶有害于经济社会的典型人物。

从茶传播普及的历史过程来看，向来与宗教具有密切联系。佛教对于茶的广泛传播具有重要的推动性作用，它能够提神醒脑、有益于身心健康的特性有利于习佛者坐禅修行，因此，高僧行基等特意将茶引种到日本，日本茶道即是对中国禅茶的发展。

茶文化西传亦与传教士密不可分，但宗教家约翰·卫斯理对饮茶并不认可，他从亲身经历谈起，对饮茶进行了激烈抨击。1748年，卫斯理在信件中写道：年轻的时候自己身上曾经出现手不停地颤抖这一病症，"我无法想象是什么因素导致我的手不断地颤抖，直到我注意到这种现象总是在早餐后加剧为止，我中止了饮茶约两三天后这种现象就消失了。经过调查，我发现：茶对于我认识的一些人产生了同样的恶果，可以看出，这是茶所造成的自然结果之一，大量而频繁地饮茶时尤其如此……，我减少了饮茶量，在茶中加入较多的牛奶与糖。"① 在讲述了亲身体会后，继续讲到，自己后来发现伦敦很多人身上表现出同样的病症，他认为这也是饮茶造成的，因此，约翰·卫斯理劝诫人们停止饮茶。但是，在讲述完上述病症后，他所列举的停止饮茶的理由则转到了饮茶所造成的经济社会影响方面，认为饮茶不仅对于身心无益，而且花费较大，停止饮茶可以拿出财物来帮助贫困无助者，对于某些人而言，饮茶的确有些许益处，但他认为这些益处也可以通过使用本土的饮品获得。②

应当说，卫斯理对茶的批评比较空泛，而在出版于1772年的小册子《茶树的自然史》中，作者的论述则非常具体。作者对于饮茶所造成的花费给予了比较精确的计算，当时有人统计，穷人每次饮茶的花费如下：茶花费（便士；糖）便士；黄油1便士；燃料以及茶具折旧便士，总计2便士。③ 随后，作者进行推理：如果每天饮茶两次，每人每年的花费则为

---

① John Wesley, *A Letter to a Friend, Concerning Tea*, London, 1748, p.4.

② Ibid., pp.5-17.

③ John Coakley Lettsom, *The Natural History of the Tea-tree, with Observations on the Medical Qualities of Tea, and Effects of Tea-drinking*, London, 1772, pp.63-64.

7英镑12先令,对于一个五口之家的劳动者家庭而言,每年花费在面包上的必要消费为14磅15先令9便士,由此可以看出,两个人花费在饮茶上的支出就超过了一个五口之家花费在面包上的必要支出。所以,他认为穷人将钱花费在了价格较为昂贵的茶上,这影响了他们获得适当的食物。作者认为这不仅是理论层面的问题,而现实中确有实例:在文中他特意列举了一个家庭,家庭成员包括母亲与几个孩子,他们对饮茶极为喜爱而收入又很有限,所以,他们每天买三次茶与糖以及少量的面包,(因为食用的面包量过少)结果导致他们的身体日益衰弱,直到一些孩子脱离了这种有害的养育方式,后来他们才恢复了健康。

从上述论述中可以看出,卫斯理似乎是从饮茶对健康有害这一点出发而反对饮茶的,但通过他后来的行为分析,约翰·卫斯理似乎并不真的持有这种看法:尽管他的确戒过茶,但后来又恢复了饮茶,尤其是晚年的时候,在每一个星期天的早晨,他都是与牧师们一同饮茶之后才去主持礼拜。从现有的关于卫斯理的材料来看,他也并没有因为饮茶而再次出现自己所叙述的症状,由此观之,他自己提出的饮茶有害于身体健康的说法似乎并不能成立。

卫斯理之所以反茶,他在后面所讲的社会经济原因才是真正的原因。约翰·卫斯理是卫斯理宗的创始人,他在牛津大学读书时,亲眼见到国教日益腐败、宗教生活流于形式、社会道德腐败的现实,因此,他与弟弟查理·卫斯理等人组成了"牛津圣社",卫斯理宗宗教复兴运动由此萌发。约翰·卫斯理等人提倡严格的清教品质,强烈地主张工作与节俭,而茶在这一时期的价格仍然较为昂贵,茶具亦价格不菲,所以在这些道德家看来,饮茶是奢侈行为,有悖于严肃的道德,所以,约翰·卫斯理将饮茶视为违背清教道德的奢靡行为,因而猛烈地批判饮茶,提出了自己的反茶主张。

另一位著名的反茶人士是社会改革家乔纳斯·汉韦。1756年,乔纳斯·汉韦出版了《论茶有害健康,拖垮经济、……写给两位小姐的二十五封信》,他也进行现身说法:自己每饮一次绿茶,就像喝了毒药,腹内痛苦万分,随后四肢发抖,周身无力。1757年,他对茶的攻击更为猛烈:"这种罪恶什么时候能够结束?"在指出每年有大约不少于四百万磅茶被输入之后,他说:"旅店的女仆失去了青春的光彩,我认为那是喝茶造成的。"乔纳斯·汉韦随后又鞭挞了杜松子酒,痛心疾首地说:"杜松子酒和茶毁了多少人啊！"①

乔纳斯·汉韦对于茶的攻击情绪激昂，将茶与杜松子酒相提并论，看似缺乏理性，其实不然。作为社会改革家，乔纳斯·汉韦非常关注社会发展问题，反对饮茶是因为他认为进口茶会危害经济发展、削弱国力。对这一点他并不避讳，在阐述完饮茶有害于健康的观点后，乔纳斯·汉韦进入正题："喝茶危害经济，花费大量白银去那个荒唐堕落的东方国家进口奢侈的茶叶，有百害而无一利，为什么不用这些钱去修路、建农场、果园，把农民的茅舍变成宫殿！"所以，"喝茶是一种恶习，不仅危害个人身体、社会经济，还有亡国的危险，且想想当年的罗马帝国，商人们用银币去换中国的丝绸，女人们都穿起了华贵的丝袍，男人们一天洗五六次澡，国库空了，道德败落，军事无能，野蛮人入侵，偌大的罗马帝国瞬间分崩离析！"②他所抛出的"喝茶亡国论"才是激烈反对饮茶的真正原因。

到1777年，仍有论者将茶看作奢侈品，大加批判。一位匿名作者撰写了小册子《论茶、糖、白面包、黄油、乡村酒馆、烈性啤酒、杜松子酒以及其他现代奢侈品》，这位论者猛烈地批判各种奢侈品，茶也被列入其中，认为"……面包、黄油再加上茶与糖，以及各种酒精饮料，如杜松子酒、烈性啤酒等是几乎所有的贫困之源，它们构成了所有的影响人类劳动能力的罪恶，它们的身上充斥着从潘多拉的盒子中释放出来的穷困与不幸"。③

综而观之，上述的各位社会活动家对茶的批评主要集中在两个方面：小而言之，他们认为饮茶不仅不利于身体健康，而且造成道德败坏，会给饮茶家庭造成经济负担，影响到基本的生活需求；大而言之，他们认为人们的饮茶行为能够导致严重的经济损失，会危害国家的经济基础，削弱国力，甚至会导致国家的危亡。

对饮茶持积极态度者并不认可，他们更加看重饮茶的积极作用，同时，认为茶能够给英国带来经济利益。早在1722年时，一位匿名作者就

---

① J. C. Drummond Anne Wilbraham, *The English Man's Food: A History of Five Century of English Diet*, London: Jonathan Cape, 1958, p.204.

② 周宁：《鸦片帝国》，学苑出版社2004年版，第14—15页。

③ Anonymous, *An Essay on Tea, Sugar, White Bread and Butter, Country Alehouses, Strong Beer and Geneva and Other Modern Luxuries*, England: J. Hodson, 1777, p.7.

指出了进口茶对英国有益,认为"茶贸易提供了巨额关税,养活了众多的从业者"。① 1744 年,另一位匿名作者也对于茶叶贸易持乐观态度,指出了进口这种货物的益处,认为管理得当的话,大众——特别是东印度公司——尤其重要的是国库均将大为获益。②

在 18 世纪中期,对反茶言论给以坚决反击的是文坛领袖约翰逊博士。约翰逊博士以编撰第一部英文字典而成名,影响颇大。约翰逊博士喜好饮茶,他在一位贵夫人的家中做客时,不断地递出茶杯要茶,直到喝了三十二杯,这位夫人说:"约翰逊博士,您的茶喝得过量了。"他回答道:"夫人,您失礼了。"③ 他批判反茶论者的文章发表在 1757 年的《文学杂志》的第二卷上,约翰逊博士以讽刺性的"顽固不化、寡廉鲜耻的饮茶者"自居,认为:如果说"如今小姐们已经没有当年那么漂亮,那只是因为我们自己老了,小姐们对我们不感兴趣了",至于茶有害健康,那只是对某些老人——他们每天在床上睡十个小时,打八个小时的牌,剩余时间喝茶谈天,茶当然不利于健康。④ 言外之意在于,他认为是这些人的生活方式不利于健康,而不是茶本身。在反驳文章中,约翰逊博士毫不掩饰自己对茶的偏爱,颇为自豪地写道:"数年来,(我)只用这种非常可爱的植物的液汁来减少食量,水壶一直保持着热度,不让它冷却下来,这样,就可以用茶来度过深夜,更用茶来迎接黎明"。⑤

总体来看,约翰逊博士戏谑式地申明了自己对茶的喜爱与支持,但他的批评并没有抓住问题的实质。尽管如此,由于他在文坛享有盛誉,其反驳文章风趣幽默,讽刺辛辣,其影响力不可小觑。

对于饮茶给家庭造成经济负担,影响到必需品的购买这种论调,戴维斯给予了批评。戴维斯认为,茶对于穷人而言就是一种必需品,而不是奢侈品:"在恶劣的天气与艰苦的生活条件下,麦芽酒昂贵,牛奶又喝不

---

① Anonymous, *An Essay of the Nature, Use, and Abuse of Tea in a Letter to a Lady with an Account of Its Mechanical Operation*, London, 1722, p. 6.

② Anonymous, *Considerations on the Duties upon Tea and the Hardships Suffered by the Dealers in that Commodity*, London, 1744, p. 2.

③ Anthony Burgess, *The Book of Tea*, Paris: Flammarion, 1990, p. 9.

④ 周宁:《鸦片帝国》,学苑出版社 2004 年版,第 15 页。

⑤ William H. Ukers, *All about Tea* (Vol. I), New York: Tea and Coffee Trade Journal Company, 1935, p. 48.

起，唯一能为他们软化干面包得以下咽的就是茶。茶是他们迫不得已的饮料。茶配面包，可以维系一家人的日常生活，每周一家人喝茶的花费一般不到1先令……，穷人喝的茶不过是清水上面浮有几片最廉价的茶叶，再加上一点点红糖，这就是你指责的穷人的奢侈。这不是他们生活的奢侈，而是生活中最起码的需要，如果他们连这一点需求都得不到满足，那他们就只能喝凉水吃面包了。"① 作者客观地指出了一个重要的问题，社会各个阶层所饮用的茶叶是不同的，其质量等级有较大差别，社会中上层人士饮用的茶价格相对较高，而穷人所饮用的茶价格低廉，这是他们维持生活必不可少的一个组成部分，而与社会活动家所批评的奢侈浪费毫无关涉。

结语

英国关于茶文化的争论几乎贯穿了整个18世纪，伴随了茶逐渐传播普及的整个过程，对阵的双方所争论的焦点问题是饮茶的功效及其经济社会影响问题，通过争论，人们认识到饮茶具有良好的功效，但也并不是所有的人都适合饮茶，茶可能会造成若干消极的经济社会影响，但是，其积极作用居于主要地位。通过争论，英国人对茶的认识更为深刻而全面，这为茶文化在英国的最终普及奠定了基础。

英国关于茶文化的争论对思考中国文化对外传播颇有裨益。文化传播的基础在于文化势差与文化质差，即便如此，文化传播并非一帆风顺，社会历史背景的差异与接受者的主观认识均能产生重要影响，探讨文化传播需要认真剖析传播过程的每一个环节，而且不能仅限于关注传播的一面，更要对接受的一面即文化利用给以特别关注，从这个角度而言，研究中国文化的传播，不仅需要深入把握中国文化，而且需要深刻认识世界文化。

作者简介：刘章才（1975—），男，博士，山东师范大学国际交流学院教师，主要从事中华文化对外传播研究。

通信地址：山东省济南市文化东路88号山东师范大学国际交流学院（250014）

电子邮箱：liuzhangcai2008@163.com

---

① D. Davies, *The Case of Labourers in Husbandry*, London: G. G. and J. Robinson, 1795, pp. 37-39.